As Etapas do Pensamento Sociológico

Raymond Aron, filósofo e sociólogo francês, nasceu em Paris, em 1905. Doutorou-se em filosofia da história na École Normale Supérieure. Lecionou na Sorbonne e no Collège de France. Foi influente colunista do *Le Figaro* por trinta anos e do *L'Express*, onde manteve uma coluna política até sua morte, em 1983. Além deste livro, escreveu *A sociedade industrial e a guerra, Dezoito lições sobre a sociedade industrial, O espectador engajado, O ópio dos intelectuais, Paz e guerra entre as nações*.

Raymond Aron

As Etapas do Pensamento Sociológico

Tradução
SÉRGIO BATH

martins fontes
selo martins

Título original: *LES ETAPES DE LA PENSEE SOCIOLOGIQUE.*
Copyright © by *Éditions Gallimard, 1967.*
Copyright © *1982, Martins Editora Livraria Ltda.,*
São Paulo, para a presente edição.

Publisher *Evandro Mendonça Martins Fontes*
Coordenação editorial *Vanessa Faleck*
Produção gráfica *Carlos Alexandre Miranda*
Revisão da tradução *Áureo Pereira de Araújo*
Revisões gráficas *Flávia Schiavo*
Andréa Stahel M. da Silva
Dinarte Zorzanelli da Silva
Julio de Mattos
Diagramação *Studio 3*

Dados Internacionais de Catalogação na Publicação (CIP)
(Câmara Brasileira do Livro, SP, Brasil)

Aron, Raymond, 1905-1983.
As etapas do pensamento sociológico / Raymond Aron ; tradução Sérgio Bath. – 7ª ed. – São Paulo : Martins Fontes – selo Martins, 2008. – (Coleção tópicos)

Título original: Les étapes de la pensée sociologique.
Bibliografia.
ISBN 978-85-336-2404-7

1. Sociologia – História I. Título. II. Série.

07-9813   CDD-301.09

Índices para catálogo sistemático:
1. Sociologia : História   301.09

Todos os direitos desta edição reservados à
Martins Editora Livraria Ltda.
Av. Dr. Arnaldo, 2076
01255-000 São Paulo SP Brasil
Tel. (11) 3116 0000
info@emartinsfontes.com.br
www.emartinsfontes.com.br

ÍNDICE

Introdução IX
Nota da edição brasileira XXIX

PRIMEIRA PARTE

OS FUNDADORES

CHARLES-LOUIS DE SECONDAT, BARÃO DE MONTESQUIEU 3
A teoria política 7
Da teoria política à sociologia 28
Os fatos e os valores 43
As interpretações possíveis 55

Indicações biográficas 64
Notas 66
Bibliografia 77

AUGUSTE COMTE 83
As três etapas do pensamento de Comte 84
A sociedade industrial 96

A sociologia, ciência da humanidade	108
Natureza humana e ordem social	123
Da filosofia à religião	137
Indicações biográficas	152
Notas	156
Bibliografia	179

KARL MARX 185

A análise socioeconômica do capitalismo	192
O capital	206
Os equívocos da filosofia marxista	227
Os equívocos da sociologia marxista	247
Sociologia e economia	262
Conclusão	275
Indicações biográficas	280
Notas	283
Bibliografia	301

ALEXIS DE TOCQUEVILLE 317

Democracia e liberdade	319
A experiência americana	327
O drama político da França	343
O tipo ideal da sociedade democrática	360
Indicações biográficas	378
Notas	382
Bibliografia	392

OS SOCIÓLOGOS E A REVOLUÇÃO DE 1848 ... 395

Auguste Comte e a Revolução de 1848	396
Alexis de Tocqueville e a Revolução de 1848	401
Karl Marx e a Revolução de 1848	410
Cronologia da Revolução de 1848 e da II República	428
Notas	432
Indicações bibliográficas sobre a Revolução de 1848	439

SEGUNDA PARTE

A GERAÇÃO DA PASSAGEM DO SÉCULO

Introdução da segunda parte 443

ÉMILE DURKHEIM 457
   Da divisão do trabalho social 458
   O suicídio (1897) 474
   As formas elementares da vida religiosa (1912) 497
   As regras do método sociológico 521
   Sociologia e socialismo 537
   Sociologia e filosofia 561

   Indicações biográficas 577
   Notas 580
   Bibliografia 585

VILFREDO PARETO 589
   A ação não lógica e a ciência 590
   Das expressões aos sentimentos 610
   Resíduos e derivações 623
   A síntese sociológica 654
   Ciência e política 682
   Uma obra contestada 696

   Indicações biográficas 707
   Notas 710
   Bibliografia 721

MAX WEBER 725
   Teoria da ciência 727
   História e sociologia 744
   As antinomias da condição humana 761
   A sociologia da religião 771

Economia e sociedade	802
Weber, nosso contemporâneo	823
Indicações biográficas	834
Notas	839
Bibliografia	853
Conclusão	859
Notas	879

INTRODUÇÃO

> Consideradas no passado, as ciências libertaram o espírito humano da tutela exercida sobre ele pela teologia e pela metafísica, e que, indispensável à sua infância, tendia a prolongá-la indefinidamente. Consideradas no presente, elas devem servir, seja pelos seus métodos, seja por seus resultados gerais, para determinar a reorganização das teorias sociais. Consideradas no futuro, serão, uma vez sistematizadas, a base espiritual permanente da ordem social, enquanto dure a atividade da nossa espécie no planeta.
>
> AUGUSTE COMTE
> "Considérations philosophiques sur les sciences et les savants", 1825, in *Système de politique positive*, t. IV, Apêndice, p. 161.

Este livro – talvez devesse dizer os cursos que lhe deram origem – me foi sugerido pela experiência dos congressos mundiais da Associação Internacional de Sociologia. Desde que nossos colegas soviéticos passaram a participar, esses congressos ofereceram uma oportunidade única de ouvir o diálogo entre sociólogos que se baseiam numa doutrina do século passado, e que apresentam suas ideias fundamentais como conquistas definitivas da ciência, e, de outro lado, sociólogos formados nas técnicas modernas de observação e experimentação, na prática da investigação por meio de sondagens, questionários ou entrevistas. Devemos considerar os sociólogos soviéticos, aqueles que conhecem as leis da história, como pertencendo à mesma profissão científica dos sociólogos ocidentais? Ou devemos vê-los como vítimas de um regime que não pode separar a ciência da ideologia, porque transformou uma ideologia, resíduo de ciência passada, em verdade de Estado, que os guardiões da fé batizaram de ciência?

Esse diálogo de cientistas ou de professores me fascinava ainda mais porque se confundia com um diálogo histórico-político e porque os interlocutores principais, por caminhos diferentes, chegavam, sob certos aspectos, a resultados comparáveis. A sociologia de inspiração marxista tende a uma interpretação de conjunto das sociedades modernas, a fim de situá-las no contexto da história universal. O capitalismo sucede o regime feudal, da mesma forma como este sucedeu a economia antiga e será sucedido pelo socialismo. A mais-valia foi retirada por uma minoria, em prejuízo das massas trabalhadoras, no início por meio da escravidão; depois, graças à servidão; nos nossos dias, graças ao trabalho assalariado. No futuro, após o regime de trabalho assalariado, desaparecerá a mais-valia e, com ela, os antagonismos de classes. Só o modo de produção asiático, um dos cinco modos de produção enumerados por Marx no prefácio da Contribuição à crítica da economia política, *é esquecido: quem sabe as querelas entre russos e chineses incitarão os primeiros a atribuir ao conceito de modo de produção asiático e de "economia hidráulica" a importância que lhe dão, há alguns anos, os sociólogos ocidentais. A China Popular é vulnerável a esse conceito como nunca a União Soviética o foi.*

O marxismo contém uma estática social, ao lado de uma dinâmica social, para usar os termos de Auguste Comte. As leis da evolução histórica se fundamentam numa teoria das estruturas sociais e na análise das forças e das relações de produção, teoria e análises que se baseiam, por sua vez, numa filosofia conhecida corretamente como materialismo dialético.

Uma doutrina como essa é ao mesmo tempo sintética (ou global), histórica e determinista. Comparada às ciências sociais particulares, caracteriza-se por uma intenção totalizante e abrange o conjunto ou o todo de cada sociedade, apreendida em seu movimento. Por conseguinte, ela conhece, no es-

sencial, o que é, assim como o que será. Ela anuncia o surgimento inevitável de um determinado modo de produção, o socialismo. Progressista e ao mesmo tempo determinista, não duvida de que o regime futuro seja superior aos regimes do passado: o desenvolvimento das forças de produção não é simultaneamente a mola da evolução e a garantia do progresso?

A maior parte dos sociólogos ocidentais, e entre eles principalmente os norte-americanos, ouve com indiferença, nos congressos, a repetição monótona das ideias marxistas, simplificadas e vulgarizadas. Também em seus escritos eles já não as discutem. Ignoram as leis da sociedade e da história, as leis da macrossociologia, no duplo sentido que pode ter o verbo ignorar: *não as conhecem e são indiferentes a elas*. Não acreditam na veracidade dessas leis. Não acreditam que a sociologia científica seja capaz de formulá-las e de demonstrá-las, que tenha interesse em pesquisá-las.

A sociologia norte-americana, que a partir de 1945 exerceu uma influência predominante no desenvolvimento dos estudos sociológicos, na Europa e em todos os países não comunistas, é essencialmente analítica e empírica. Multiplica investigações por meio de questionários e de entrevistas, para determinar de que modo vivem, pensam, julgam os homens em sociedade ou, se preferirmos, os indivíduos socializados. Essa sociedade quer saber como votam os cidadãos nas diversas eleições, quais são as variáveis – idade, sexo, lugar de residência, categoria socioprofissional, nível de renda, religião etc. – que influenciam o comportamento eleitoral. Até que ponto, por exemplo, esse comportamento é determinado ou modificado pela propaganda dos candidatos? Em que proporção os eleitores mudam de opinião durante a campanha eleitoral? Quais são os agentes dessa mudança? Eis aí algumas das questões que poderá propor o sociólogo que estude as eleições presidenciais nos Estados Unidos ou na França, *questões que só podem ser respondidas por pesquisas desse tipo. Seria fácil dar outros exemplos – os relativos a operários, camponeses, relações conjugais, rádio e televisão – e, elaborando uma lista interminável de questões que o sociólogo formula, ou pode formular, a respeito desses diversos tipos de* indivíduos socializados, de categorias sociais *ou* grupos institucionalizados *ou* não institucionalizados. *A finalidade da pesquisa é precisar a correlação entre variáveis, a ação de cada uma delas sobre o comportamento de uma ou outra categoria social: de constituir, não a* priori *mas mediante o próprio método científico, os grupos reais, os conjuntos definidos seja pela existência de maneiras comuns de agir, seja pela adesão a um mesmo sistema de valores ou por uma tendência à homeóstase, em que qualquer alteração súbita tende a provocar reações compensatórias.*

Não seria correto dizer que esse tipo de sociologia, por ser analítica e empírica, só leva em consideração os indivíduos, com suas intenções e motivos, sentimentos e aspirações. Ela pode, ao contrário, atingir conjuntos ou grupos reais, classes latentes, que são ignoradas por aqueles que pertencem a elas e que constituem totalidades concretas. A verdade é que a realidade coletiva parece aos indivíduos menos transcendente do que imanente. Só os indivíduos socializados podem ser objeto da observação sociológica; existem sociedades, *não uma* sociedade, *e a sociedade global é composta por uma multiplicidade de sociedades.*

A antítese de uma sociologia sintética e histórica (que, de fato, não passa de uma ideologia*) e de uma sociologia empírica e analítica (que seria, em última análise, uma mera* sociografia*) é caricatural. Já o era há dez anos, quando pensei em escrever este livro; e hoje ela o é ainda mais; mas, nos congressos de sociólogos, as próprias escolas científicas se caricaturizam, levadas que são pela lógica do diálogo e da polêmica.*

A oposição entre ideologia *e* sociografia *não exclui de modo algum que a sociologia tenha funções análogas na União Soviética e nos Estados Unidos. Nos dois países a sociologia deixou de ser crítica, na acepção marxista do termo; não questiona a ordem social nos seus traços fundamentais: a sociologia marxista porque justifica o poder do Estado e do partido (ou do proletariado), a sociologia analítica dos Estados Unidos porque admite implicitamente os princípios da sociedade norte-americana.*

A sociologia marxista do século XIX era revolucionária: saudava antecipadamente a revolução que deveria destruir o regime capitalista. Hoje, na União Soviética, a revolução salvadora já não pertence ao futuro, mas ao passado. O rompimento decisivo profetizado por Marx já se realizou. Desde então, por um processo ao mesmo tempo inevitável e dialético, houve uma inversão passando do "a favor" ao "contra". Uma sociologia que nasceu de uma intenção revolucionária serve, de agora em diante, para justificar a ordem estabelecida. Não há dúvida de que ela mantém, ou julga manter, uma função revolucionária, com relação às sociedades que não são governadas por um partido marxista-leninista. Conservadora na União Soviética, a sociologia marxista é revolucionária, ou se esforça por sê-lo, na França e nos Estados Unidos. Mas nossos colegas dos países do Leste conhecem pouco (e há dez anos conheciam menos ainda) os países que ainda não fizeram sua revolução. As circunstâncias os obrigavam a reservar seu rigor para países que eles eram incapazes de estudar diretamente, tratando com uma indulgência sem limites seu próprio meio social.

A sociologia empírica e analítica dos Estados Unidos não constitui uma ideologia do Estado, menos ainda uma exaltação consciente e voluntária da sociedade norte-americana. Parece-me que os sociólogos americanos são, em sua maio-

ria, liberais – *no sentido em que ali se usa o termo. São mais democratas do que republicanos, favoráveis à mobilidade social e à integração dos negros, hostis às discriminações raciais ou religiosas. Criticam a realidade norte-americana em nome das ideias ou dos ideais do seu país; não hesitam em reconhecer os muitos defeitos que, como a hidra da lenda, parecem ressurgir sempre tão numerosos como na véspera da eliminação ou atenuação das falhas denunciadas anteriormente. Os negros poderão exercer agora o direito de voto, mas que significa esse direito se os jovens continuam desempregados? Alguns estudantes negros entram na universidade, mas que importância têm esses acontecimentos simbólicos se, em sua grande maioria, as escolas frequentadas pelos negros são de qualidade inferior?*

Em suma, os sociólogos soviéticos são conservadores com relação a sua própria sociedade, e revolucionários com relação às demais. Os norte-americanos são reformistas quando se trata de sua própria sociedade e, implicitamente pelo menos, com relação a todas as sociedades. Em 1966, essa oposição não parece[1] *tão marcante como em 1959, data do congresso mundial a que me refiro. Desde então os estudos de caráter empírico, segundo o estilo americano, se multiplicaram na Europa oriental, mais numerosos talvez na Hungria, e sobretudo na Polônia, do que na União Soviética. Mas também na União Soviética se desenvolveu a pesquisa experimental e quantitativa de problemas claramente delimitados. Não é impossível imaginar, num futuro relativamente próximo, uma sociologia soviética reformista, pelo menos com relação à União Soviética, combinando a aprovação global com contestações particulares.*

No universo soviético essa combinação não é tão fácil quanto no norte-americano ou ocidental, por dupla razão. A ideologia marxista é mais precisa do que a ideologia implíci-

ta da escola dominante da sociologia norte-americana; ela exige dos sociólogos uma aprovação que não se compatibiliza tão facilmente com os ideais democráticos como a aprovação, pelos sociólogos norte-americanos, do regime político dos Estados Unidos. Além disso, a crítica de pormenores não pode ser levada muito longe sem comprometer a validade da própria ideologia. Com efeito, esta afirma que o rompimento decisivo no curso da história ocorreu em 1917, com a tomada do poder pelo proletariado, quando o partido permitiu a nacionalização de todos os meios de produção. Se, depois desse rompimento, a marcha normal das atividades humanas prossegue sem modificação notável, como salvaguardar o dogma da Revolução salvadora? Atualmente, parece-me legítimo repetir uma observação irônica feita em Stresa, depois da leitura de dois relatórios, um do professor P. N. Fedesoev, o outro do professor B. Barber: os sociólogos soviéticos estão mais satisfeitos com sua sociedade do que com sua ciência, os sociólogos norte-americanos, pelo contrário, ainda mais satisfeitos com sua ciência do que com sua sociedade.

Nos países europeus, como nos do Terceiro Mundo[2], as duas influências, ideológica, revolucionária de um lado, empírica, reformista de outro, se fazem sentir ao mesmo tempo, e as circunstâncias determinam se uma ou outra é a mais forte.

Nos países desenvolvidos, especialmente nos da Europa ocidental, a sociologia norte-americana leva os sociólogos "da revolução às reformas", em vez de levá-los "das reformas à revolução". Na França, onde o mito revolucionário era particularmente forte, muitos jovens universitários se converteram progressivamente a uma atitude reformista, na medida em que o trabalho empírico os fazia substituir as visões globais pela pesquisa analítica e parcial.

É sempre difícil definir, nessa conversão, o que se explica pelas mudanças sociais e o que se explica pela prática socioló-

gica. Na Europa ocidental, a situação é cada vez menos revolucionária. O rápido crescimento econômico e as maiores possibilidades de promoção social de uma geração para outra deixam de incitar o homem comum à rebeldia. Se acrescentarmos a isso o fato de que o partido revolucionário está ligado a uma potência estrangeira, e que esta tem um regime que é um exemplo cada vez menos edificante, o que surpreende não é o declínio do ardor revolucionário, mas sim a fidelidade, a despeito de tudo, de milhões de eleitores, que continuam a votar pelo partido que pretende ser o único herdeiro das esperanças revolucionárias.

Na Europa, como nos Estados Unidos, a tradição da crítica (no sentido marxista) e da sociologia sintética e histórica não morreu. C. Wright Mills e Herbert Marcuse nos Estados Unidos, T. W. Adorno na Alemanha, L. Goldmann na França, baseados no populismo ou no marxismo, voltam-se ao mesmo tempo contra a teoria formal e a-histórica tal como ela se manifesta na obra de T. Parsons, e contra as investigações parciais e empíricas, características de quase todos os sociólogos que, em todo o mundo, pretendem fazer trabalho científico. A teoria formal e as investigações parciais não são inseparáveis, nem lógica nem historicamente. Muitos dos que praticam efetivamente as pesquisas parciais são indiferentes ou hostis à teoria geral de T. Parsons. Por outro lado, nem todos os parsonianos se dedicam a pesquisas parcelares, cuja multiplicação e diversidade impediriam a unificação e a síntese. Na verdade, os sociólogos de inspiração marxista, interessados em não abandonar a crítica global ou total da ordem existente, têm como inimigos ao mesmo tempo a teoria formal e as pesquisas parcelares, sem que esses dois inimigos se confundam: embora tenham surgido mais ou menos associados, na sociedade e na sociologia norte-americanas, em determinada época, sua conjunção não é necessária nem durável.

INTRODUÇÃO XVII

A teoria econômica dita formal ou abstrata foi rejeitada, no passado, tanto pela escola historicista como pela escola que deseja aplicar o método empírico. A despeito da hostilidade comum à teoria abstrata e a-histórica, essas duas escolas eram essencialmente diferentes. Ambas voltaram a encontrar a teoria e a história. Assim também as escolas sociológicas hostis à teoria formal de Parsons ou à sociografia sem teoria voltam a encontrar, por diversos caminhos, a história e a teoria, pelo menos a elaboração conceitual e a busca de proposições de caráter geral, qualquer que seja o nível em que se situem essas proposições genéricas. Em certos casos podem chegar mesmo a conclusões revolucionárias, mais do que reformistas. Quando se interessa pelos países conhecidos atualmente como subdesenvolvidos, a sociologia empírica põe em evidência os numerosos obstáculos que as relações sociais ou as tradições religiosas ou morais levantam no caminho do desenvolvimento e da modernização. Em certas circunstâncias, uma sociologia empírica, moldada por métodos norte-americanos, pode chegar à conclusão de que só um poder revolucionário conseguiria quebrar tais resistências. Por meio da teoria do desenvolvimento, a sociologia analítica reencontra a história – o que se explica facilmente, pois essa teoria é uma espécie de filosofia formalizada da história contemporânea. Ela encontra assim uma teoria formal, pois a comparação entre sociedades exige um sistema conceitual, isto é, uma das modalidades daquilo que os sociólogos chamam hoje de teoria.

Há sete anos, quando comecei a trabalhar neste livro, perguntava-me se a sociologia marxista, tal como a expunham os sociólogos da Europa oriental, e a sociologia empírica, na forma como a praticavam os sociólogos ocidentais, de modo geral, e os norte-americanos em particular, tinham algo em comum. O retorno às fontes, o "estudo das grandes doutrinas da sociologia histórica" – foi esse o título que dei *aos dois cursos publicados pelo Centro de Documentação Universitária –, tinha por finalidade dar uma resposta a essa questão. O leitor não encontrará neste livro a resposta que naquele momento eu procurava, mas outra coisa. Supondo que seja possível uma resposta, ela aparecerá no fim do volume que deve se seguir ao presente, mas que não foi escrito ainda.*

Não há dúvida de que, desde o ponto de partida, eu me inclinava a dar uma resposta a essa questão, e essa resposta vaga e implícita está presente também neste livro. Entre a sociologia marxista do Leste e a sociologia parsoniana do Oeste, entre as grandes doutrinas do século passado e as pesquisas parcelares e empíricas de hoje, subsiste uma certa solidariedade, ou, se preferirmos, uma certa continuidade. Não se pode ignorar a continuidade que existe entre Marx e Max Weber, entre Max Weber e Parsons, e mesmo entre Auguste Comte e Durkheim, e entre este último, Marcel Mauss e Claude Lévi-Strauss. Os sociólogos de hoje são claramente, sob alguns aspectos, os herdeiros e continuadores daqueles que alguns chamam de pré-sociólogos. A própria expressão pré-sociólogo evidencia a dificuldade da investigação histórica a que me proponho. Qualquer que seja o objeto da história – instituição, nação ou disciplina científica – é preciso defini-lo, delimitá-lo, para acompanhar seu devenir. *A rigor, o historiador da França ou da Europa poderia se limitar a um procedimento muito simples: um pedaço do planeta – o hexágono[3], o espaço situado entre o Atlântico e os Urais – seria denominado França ou Europa e o historiador descreveria o que acontece nesse espaço. Na verdade, porém, ele nunca usa um método tão grosseiro. A Europa, como a França, não são entidades geográficas, mas sim históricas; elas são definidas, tanto uma quanto outra, pelo conjunto de instituições e de ideias reconhecíveis, embora mutáveis, e por uma certa extensão territorial. Essa definição resulta de um intercâmbio entre o presen-*

INTRODUÇÃO   XIX

te e o passado, de uma confrontação entre a França e a Europa de hoje e a França e a Europa do século das Luzes ou da Cristandade. O bom historiador guarda o sentido do caráter específico de cada época da sucessão das épocas e, por fim, das constantes que o autorizam a falar de uma só e mesma história.

Quando o objeto histórico é uma disciplina científica ou pseudocientífica, ou semicientífica, a dificuldade é ainda maior. Em que data começa a sociologia? Que autores merecem ser considerados como ancestrais ou fundadores da sociologia? Que definição de sociologia devemos adotar?

Quanto a mim, adotei uma definição que reconheço ser vaga, embora não a considere arbitrária. A sociologia é o estudo que pretende ser científico, do social como social, seja no nível elementar das relações interpessoais, seja no nível macroscópico de vastos conjuntos, como as classes, as nações, as civilizações ou, para empregar a expressão corrente, as sociedades globais. Esta definição permite mesmo compreender como é difícil escrever uma história da sociologia, saber onde ela começa e termina. Há muitas maneiras de apreender a intenção científica e o objeto social. A sociologia exige a presença concomitante dessa intenção e desse objeto, ou pode começar a existir quando houver apenas um outro desses caracteres?

Todas as sociedades tiveram uma certa consciência de si mesmas. Muitas conceberam estudos, que pretendiam ser objetivos, sobre este ou aquele aspecto da vida coletiva. A Política de Aristóteles nos parece um tratado de sociologia política ou uma análise comparativa dos regimes políticos. Embora comporte também uma análise das instituições familiares e econômicas, seu centro é o regime político, a organização das relações de poder em todos os níveis da vida coletiva e, em particular, no nível em que se realiza, por excelência, a sociabilidade do homem, a cidade. Na medida em que a intenção de apreender o social enquanto tal é constitutiva do pensamento sociológico, Montesquieu merece figurar neste livro como fundador da sociologia, mais do que Aristóteles. Por outro lado, se considerarmos a intenção científica *mais essencial do que a* orientação social, *Aristóteles terá títulos provavelmente iguais aos de Montesquieu e até mesmo aos de Auguste Comte.*

Pode-se dizer mais ainda. A sociologia moderna não tem como origem exclusiva as doutrinas histórico-sociais do século XIX; possui outra fonte, as estatísticas administrativas, os surveys, *as pesquisas empíricas. Há vários anos que o professor Paul Lazarsfeld realiza, com a colaboração dos seus discípulos, uma pesquisa histórica sobre esta outra fonte da sociologia moderna. Pode-se alegar, com argumentos sólidos, que a sociologia empírica e quantitativa dos nossos dias deve mais a Le Play e a Quételet do que a Montesquieu ou a Auguste Comte. Afinal, os professores da Europa oriental se convertem à sociologia no momento em que não se limitam a lembrar as leis da evolução histórica formuladas por Marx, mas começam a interrogar-se por sua vez sobre a realidade soviética com a ajuda de estatísticas, questionários e entrevistas.*

A sociologia do século XIX marca incontestavelmente um momento da reflexão dos homens sobre si mesmos, momento em que o social como tal é tematizado, com seu caráter equívoco, ora relação elementar entre indivíduos, ora entidade global. Exprime também uma intenção, não radicalmente nova, mas original na sua radicalidade, isto é, a de um conhecimento propriamente científico, segundo o modelo das ciências da natureza, e com igual objetivo: o conhecimento científico deveria dar aos homens o controle sobre a sua sociedade e a sua história, assim como a física e a química lhes deram o controle das forças naturais. Para ser científico, esse conhecimento não deveria abandonar as ambições sintéticas e globais das grandes doutrinas de sociologia histórica?

INTRODUÇÃO

Tendo partido em busca da sociologia moderna, cheguei, de fato, a uma galeria de retratos intelectuais. O desligamento ocorreu sem que tivesse chegado a percebê-lo claramente. Dirigia-me a estudantes, e falava com a liberdade que a improvisação autoriza. Em vez de me perguntar, a cada momento, quais as características do que temos o direito de chamar de sociologia, esforcei-me por apreender o essencial do pensamento desses sociólogos, sem esquecer o que consideramos a intenção específica da sociologia e sem esquecer tampouco que essa intenção, no século passado, era inseparável das concepções filosóficas e de um ideal político. Aliás, talvez o mesmo aconteça com os sociólogos da nossa época, quando se aventuram no terreno da macrossociologia e esboçam uma interpretação global da sociedade.

Esses retratos serão de sociólogos ou de filósofos? Não discutirei esta dúvida. Digamos que se trata de uma filosofia social de tipo relativamente novo, de um modo de pensar sociológico, caracterizado pela intenção de ciência e pela orientação social, modo de pensar que floresce nesta parte final do século XX. O homo sociologicus *está em via de substituir o* homo economicus. *As universidades de todo o mundo, sem distinção de regime e de continente, multiplicam suas cadeiras de sociologia e, de congresso a congresso, a taxa de crescimento das publicações sociológicas parece aumentar. Os sociólogos preconizam métodos empíricos, praticam pesquisas por sondagem, empregam um sistema conceitual próprio, questionam a realidade social sob um certo ângulo, possuem uma ótica específica. Esse modo de pensar se nutre de tradição cujas origens são mostradas pela galeria de retratos que preparei.*

Por que escolhi estes sete sociólogos? Por que razão Saint-Simon, Proudhon e Herbert Spencer não figuram na minha galeria? Poderia sem dificuldades invocar motivos ra-

zoáveis. *Auguste Comte por intermédio de Durkheim, Marx graças às revoluções do século XX, Montesquieu por intermédio de Tocqueville, e Tocqueville por intermédio da ideologia norte-americana, pertencem ao presente. Quanto aos três autores da segunda parte, foram já reunidos por Talcott Parsons no seu primeiro grande livro,* The Structure of Social Action, *e são estudados ainda nas nossas universidades mais como mestres contemporâneos do que como autores clássicos. Faltaria contudo à honestidade científica se não confessasse as razões pessoais dessa escolha.*

Comecei por Montesquieu, a quem já tinha consagrado anteriormente um curso com a duração de todo um ano, porque o autor de O espírito das leis *pode ser considerado ao mesmo tempo um filósofo político e um sociólogo. Ele analisa e compara os regimes políticos à maneira dos filósofos clássicos; simultaneamente esforça-se por apreender todos os setores do conjunto social, e por definir as relações múltiplas entre as variáveis. É possível que a escolha de Montesquieu me tenha sido sugerida pela lembrança do capítulo que Léon Brunschvicg lhe consagrou em* Les progrès de la conscience dans la philosophie occidentale, *apresentando-o não como precursor da sociologia, mas como sociólogo por excelência, exemplar no emprego do método analítico, em contraposição ao método sintético de Auguste Comte e seus discípulos.*

Escolhi Alexis de Tocqueville porque muitos sociólogos o ignoram, especialmente os franceses. Durkheim reconheceu em Montesquieu um precursor. Não creio que tenha jamais atribuído o mesmo crédito ao autor de A democracia na América. *Desde o meu tempo de secundarista, ou estudante de faculdade, já era possível colecionar diplomas de letras, filosofia ou sociologia sem ter ouvido jamais falar em Tocqueville, nome que nenhum estudante do outro lado do*

Atlântico pode ignorar. No fim da vida, sob o Segundo Império, Alexis de Tocqueville se queixava de um sentimento de solidão mais intenso do que o que conhecera nos desertos do Novo Mundo. Seu destino póstumo na França prolongou a experiência de seus últimos anos de vida. Depois de ter tido um êxito triunfal com seu primeiro livro, esse descendente de uma grande família normanda, convertido à democracia pela razão e com tristeza, não pôde desempenhar o papel a que aspirava, numa França exposta sucessivamente ao egoísmo sórdido dos proprietários, à fúria dos revolucionários e ao despotismo de um só. Demasiado liberal para o seu partido, insuficientemente entusiasta das novas ideias aos olhos dos republicanos, ele não foi adotado nem pela direita nem pela esquerda, permanecendo suspeito a todos. Esta é a sorte reservada, na França, à escola inglesa ou anglo-americana, isto é, aos franceses que comparam, ou comparavam, nostalgicamente, as peripécias tumultuosas da história da França a partir de 1789 com a liberdade que usufruíram os povos de língua inglesa.

Politicamente isolado pelo estilo da sua adesão reticente à democracia, movimento mais irresistível do que ideal, Tocqueville se opõe a algumas das ideias diretrizes da escola sociológica da qual Auguste Comte passa por fundador e Durkheim por principal representante, pelo menos na França. A sociologia implica a tematização do social como tal, mas não necessariamente que as instituições políticas, o modo de governo possam ser reduzidos à infraestrutura social ou possam ser deduzidos a partir dos traços estruturais da ordem social. Ora, a passagem da tematização do social para a desvalorização do político, ou para a negação do caráter específico da política, é muito fácil: sob formas diferentes encontramos esse mesmo desvio em Auguste Comte e em Karl Marx ou Émile Durkheim. O conflito histórico do pós-guerra, entre regimes de democracia liberal e regimes de partido único, todos vinculados a sociedades que Tocqueville teria chamado de democráticas, e Auguste Comte de industriais, dá uma atualidade atraente à alternativa com que termina A democracia na América: *"As nações dos nossos dias não poderiam impedir que suas condições internas fossem iguais; depende delas, porém, que essa igualdade as leve à servidão ou à liberdade, às luzes ou à barbárie, à prosperidade ou à miséria."*

O leitor poderá especular sobre a razão que me levou a escolher Auguste Comte em lugar de Saint-Simon. A razão é simples: qualquer que seja a importância que se atribua ao próprio Saint-Simon na linha de pensamento que ele inaugurou, sua obra não constitui um conjunto sintético comparável ao pensamento comtista. Supondo que a maior parte dos temas do positivismo já esteja presente na obra do conde de Saint-Simon, eco sonoro do espírito do seu tempo, esses temas só se organizam com rigor filosófico graças ao gênio estranho do politécnico, que teve antes de tudo a ambição de abranger a totalidade do conhecimento da sua época, e que logo se encerrou voluntariamente na construção intelectual que ele próprio edificou.

Proudhon não figura nessa galeria de retratos, embora sua obra me seja familiar, porque o considero mais moralista e socialista do que sociólogo. Não que lhe tenha faltado uma visão sociológica do devenir histórico (poder-se-ia dizer o mesmo de todos os socialistas); no entanto, dificilmente se conseguiria extrair dos seus livros o equivalente do que o Curso de filosofia positiva *ou* O capital *oferecem ao historiador do pensamento sociológico. Quanto a Herbert Spencer, confesso que seu lugar já estava reservado. Mas o retrato exige um conhecimento íntimo do modelo. Li várias vezes as principais obras dos sete autores que chamei de "fundadores" da sociologia, mas não poderia dizer o mesmo das obras de Spencer.*

INTRODUÇÃO XXV

Os retratos, e mais ainda os esboços (esses capítulos merecem ser chamados mais de esboços do que de retratos), refletem sempre, em algum grau, a personalidade do pintor. Ao reler a primeira parte, depois de sete anos, e a segunda, ao fim de cinco anos, penso ter percebido a intenção que orientava cada uma das exposições, e da qual provavelmente não tive consciência no momento em que as preparei. Com relação a Montesquieu e a Tocqueville, quis claramente defender sua causa junto aos sociólogos de estrita observância, e assegurar que esse parlamentar da Gironde e esse deputado da Mancha fossem reconhecidos dignos de um lugar entre os fundadores da sociologia, embora um e outro tenham evitado o sociologismo e mantido a autonomia (no sentido causal) e até mesmo uma certa primazia (no sentido humano) da ordem política com relação à estrutura ou infraestrutura social.

Como Auguste Comte há muito teve sua legitimidade reconhecida, minha exposição de sua doutrina visa a um objetivo diferente: interpretar o conjunto da sua obra a partir de uma intuição original. É possível que eu tenha sido levado, assim, a emprestar à filosofia sociológica de Comte ainda mais unidade sistemática do que ela tem, o que já era muito.

A exposição do pensamento marxista é polêmica, menos contra Marx do que contra as interpretações que estavam muito em moda há dez anos, e que subordinavam O capital ao Manuscrito econômico-filosófico, *deixando de levar em conta a ruptura entre as obras da juventude de Marx, anteriores a 1845, e as obras da maturidade. Ao mesmo tempo, quis identificar as ideias de Marx historicamente essenciais, que os marxistas da II e da III Internacionais aproveitaram e utilizaram. Precisei, para isso, sacrificar a análise em profundidade (que já havia feito em outro curso, e que espero retomar algum dia) da diferença entre a crítica tal como a en-

tendia Marx entre 1841 e 1844, e a crítica da economia política *contida em seus grandes livros. Althusser acentuou este ponto decisivo: a continuidade ou descontinuidade entre o jovem Marx e o Marx de* O capital *depende do sentido que tem o termo "crítica" nos dois momentos da sua carreira.*

As três exposições da segunda parte me parecem mais acadêmicas, talvez menos orientadas no sentido de um objetivo definido. É possível, entretanto, que tenha sido injusto com relação a Émile Durkheim, pois sempre senti uma antipatia imediata com relação às suas ideias. Provavelmente não suporto bem o sociologismo *para o qual se encaminham com tanta frequência as análises sociológicas e as intuições profundas de Durkheim. Insisti, possivelmente mais do que seria razoável, na parte mais contestável da sua obra, isto é, sua filosofia.*

Apresentei o autor do Traité de sociologie générale *sem nenhum envolvimento pessoal, embora lhe tenha dedicado, há trinta anos, um artigo apaixonadamente hostil. Pareto é um solitário, e, ao envelhecer, começo a aproximar-me dos "autores malditos", mesmo se em parte mereceram a maldição que os atingiu. Além disso, o cinismo paretiano entrou nos costumes. Um filósofo, meu amigo, chama Pareto de imbecil (deveria precisar: filosoficamente imbecil); já não conheço professores, como Célestin Bouglé, que, há trinta anos, não podiam ouvir uma referência a Vilfredo Pareto sem uma explosão de cólera, provocada pelo simples nome do grande economista, autor de um monumento sociológico a que a posteridade não soube ainda que lugar atribuir na história do pensamento.*

Obrigado a me conformar em reconhecer o mérito de Durkheim, e sendo desapaixonado com relação a Pareto, conservo por Max Weber a admiração que lhe devoto desde a juventude, embora me sinta muito distante dele em uma série de pontos, alguns importantes. A verdade, porém, é que Max Weber nunca me irrita, mesmo quando não posso concordar com o que diz, enquanto até os argumentos convincentes de Durkheim me produzem uma sensação de mal-estar. Deixo aos psicanalistas e aos sociólogos o cuidado de interpretar essas reações, provavelmente indignas de um homem de ciência. Apesar de tudo, tomei certas precauções contra mim mesmo, multiplicando as citações, embora não ignore que a escolha das citações, como a escolha das estatísticas, tem um importante elemento de arbitrariedade.

Uma última palavra: na conclusão da primeira parte, afirmo pertencer à escola dos sociólogos liberais, de Montesquieu, Tocqueville, aos quais junto Élie Halévy. Faço-o com uma certa ironia ("descendente retardado") que escapou aos críticos deste livro, já publicado nos Estados Unidos e na Inglaterra. Contudo, parece útil acrescentar que nada devo à influência de Montesquieu ou de Tocqueville, cujas obras só estudei com seriedade nos últimos dez anos. Por outro lado, há trinta e cinco anos que leio e releio as obras de Marx. Várias vezes empreguei o procedimento retórico do paralelismo, ou da oposição, Tocqueville–Marx, em particular no primeiro capítulo de Essai sur les libertés. *Cheguei a Tocqueville a partir do marxismo, da filosofia alemã e da observação do mundo atual. Nunca hesitei entre* A democracia na América *e* O capital. *Como a maioria dos estudantes e professores franceses, não tinha lido* A democracia na América *quando pela primeira vez, em 1930, tentei, sem o conseguir, demonstrar a mim mesmo que Marx estava certo, e que o capitalismo tinha sido condenado definitivamente em* O capital. *Quase que a despeito de mim mesmo, continuo a me interessar mais pelos mistérios de* O capital *do que pela prosa límpida e triste de* A democracia na América.

Minhas conclusões pertencem à escola inglesa, minha formação vem sobretudo da escola alemã.

Este livro foi revisto por Guy Berger, auditor do Tribunal de Contas. Sua contribuição ultrapassa de muito a correção do material de aula que não havia sido redigido previamente, e que trazia os defeitos da palavra oral. O livro lhe deve muito e por isso registro minha viva e amigável gratidão.

NOTAS

1. Esta Introdução foi escrita em 1966, para a edição de 1967 de *Les étapes de la pensée sociologique*. Trad. bras. *As etapas do pensamento sociológico*, Martins Fontes, São Paulo. (N. T.)

2. Hoje, a expressão mais comum é: "países em via de desenvolvimento". (N. T.)

3. O Hexágono, isto é, a França metropolitana, assim denominada em razão da sua forma geográfica. (N. E.)

NOTA DA EDIÇÃO BRASILEIRA

Na presente edição foi acrescentada às bibliografias de fim de capítulo uma relação das principais edições em língua portuguesa das obras do autor estudado no capítulo. Na medida do possível, procuramos também fornecer indicações das edições em português das outras obras citadas por R. Aron. As edições utilizadas por R. Aron para a citação de textos estão indicadas na bibliografia no final de cada capítulo. As traduções que apresentamos dos textos citados foram realizadas a partir dessas citações, sendo que as traduções dos textos citados nas notas foram feitas por esta editoria.

Desta edição não constam os anexos "Auguste Comte et Alexis de Tocqueville, juges de l'Angleterre", "Idées politiques et vision historique de Tocqueville et Max Weber et la politique de la puissance".

PRIMEIRA PARTE
OS FUNDADORES

CHARLES-LOUIS DE SECONDAT, BARÃO DE MONTESQUIEU

> Eu me consideraria o mais ditoso dos mortais se pudesse fazer com que os homens se curassem dos seus preconceitos. Chamo de preconceitos não o que nos faz ignorar certas coisas, mas o que nos leva à ignorância de nós mesmos.
>
> *L'esprit des lois*, prefácio.

Pode parecer surpreendente começar uma história do pensamento sociológico pelo estudo de Montesquieu. Na França, esse autor geralmente é considerado um precursor da sociologia e se atribui a Auguste Comte o mérito de ter fundado essa ciência – o que é verdade, se fundador for aquele que criou o termo. Contudo, se o sociólogo se define por uma intenção específica, conhecer cientificamente o social como tal, Montesquieu é, a meu ver, um sociólogo, tanto quanto Auguste Comte. A interpretação da sociologia implícita em *O espírito das leis* é, com efeito, mais "moderna", sob certos aspectos, do que a de Auguste Comte. O que não prova que Montesquieu tenha razão, e Auguste Comte não tenha, mas simplesmente que Montesquieu, a meu modo de ver, não é apenas um precursor, mas um dos fundadores da sociologia.

Considerar Montesquieu como sociólogo é responder a uma pergunta formulada por todos os historiadores: em que disciplina se insere Montesquieu? A que escola pertence?

A incerteza é visível na organização universitária francesa: Montesquieu pode figurar simultaneamente no programa de graduação em literatura, em filosofia e até mesmo, em alguns casos, em história.

Num nível mais elevado, os historiadores das ideias situam Montesquieu ora entre os homens de letras, ora entre os teóricos da política; às vezes como historiador do direito, outras vezes entre os ideólogos que, no século XVIII, discutiram os fundamentos das instituições francesas e prepararam a crise revolucionária, e até mesmo entre os economistas[1]. A verdade é que Montesquieu foi ao mesmo tempo um escritor, um jurista, um filósofo da política e quase um romancista.

Não há dúvida, contudo, de que, na sua obra, *O espírito das leis* ocupa uma posição central. Ora, a intenção de *O espírito das leis*, pelo que me parece, é evidentemente sociológica.

Aliás, Montesquieu não faz mistério disso. Seu objetivo é tornar a história inteligível: deseja compreender o dado histórico. Ora, este se apresenta a seus olhos sob a forma de uma diversidade quase infinita de costumes, ideias, leis e instituições. O ponto de partida da sua investigação é precisamente essa diversidade, que parece incoerente; a finalidade da pesquisa deveria ser a substituição desta diversidade incoerente por uma ordem conceitual. Exatamente como Max Weber, Montesquieu deseja passar do dado incoerente a uma ordem inteligível. Ora, esse processo é próprio do sociólogo.

Mas as duas expressões que utilizei acima – diversidade incoerente, ordem inteligível – colocam evidentemente um problema. Como se chegará a descobrir uma ordem inteligível? Qual será a natureza dessa ordem inteligível que deve substituir a diversidade radical dos hábitos e costumes?

Parece-me que há, na obra de Montesquieu, duas respostas que não são contraditórias, ou melhor, duas etapas de um mesmo processo de investigação.

A primeira consiste na afirmação de que, além do caos dos acidentes, podem-se descobrir causas profundas, que explicam a aparente irracionalidade dos acontecimentos.

Em *Considérations sur les causes de la grandeur et de la décadence des romains* [Considerações sobre as causas da grandeza e da decadência dos romanos], Montesquieu escreve:

> Não é o acaso que domina o mundo. Pode-se perguntar aos romanos, que tiveram uma fase contínua de prosperidade quando se governavam de uma determinada forma, e uma sucessão ininterrupta de reveses quando agiram de outra forma. Há causas gerais, morais ou físicas, que agem em cada monarquia, levantando-a, mantendo-a ou destruindo-a. Todos os acidentes estão sujeitos a essas causas, e se o acaso de uma batalha, isto é, uma causa particular, arruinou um Estado, havia uma causa geral que fazia com que esse Estado devesse perecer em uma única batalha. Numa palavra, a tendência principal traz consigo todos os acidentes particulares (cap. 18; *O. C.*, t. II, p. 173).

E, em *L'esprit des lois*:

> Não foi Poltava que arruinou Carlos XII. Se ele não tivesse sido destruído num local, teria sido em outro. Os acidentes do acaso são facilmente reparados. Mas não é possível evitar fatos que nascem continuamente da natureza das coisas (liv. X, cap. 13; *O. C.*, t. II, p. 387).

A ideia subjacente a essas duas citações é, a meu ver, a primeira ideia propriamente sociológica de Montesquieu. Eu a formularia assim: é preciso captar, por trás da sequência aparentemente acidental dos acontecimentos, as causas profundas que os explicam.

Uma proposição desse tipo não implica, entretanto, que as causas profundas tenham feito com que fosse necessário acontecer tudo o que aconteceu. A sociologia não se define, no seu ponto de partida, pelo postulado segundo o qual os acidentes não têm eficácia no curso da história.

É uma questão, de fato, de saber se uma vitória ou uma derrota militar foi provocada pela corrupção do Estado ou por erros de técnica ou tática. Não é evidente que uma vitória militar, seja ela qual for, signifique a grandeza de um Estado, ou uma derrota, a sua corrupção.

A segunda resposta de Montesquieu é mais interessante e vai mais longe. Consiste em dizer que é possível organizar a diversidade dos hábitos, dos costumes e das ideias num reduzido número de tipos e não que os acidentes podem ser explicados por causas profundas. Entre a diversidade infinita dos costumes e a unidade absoluta de uma sociedade ideal, há um termo intermediário.

O prefácio de *L'esprit des lois* exprime claramente essa ideia essencial:

> Examinei em primeiro lugar os homens, e vi que, nessa infinita diversidade de leis e de costumes, eles não eram conduzidos exclusivamente por suas fantasias.

A fórmula implica que a variedade das leis possa ser explicada, já que as leis próprias a cada sociedade são determinadas por certas causas que atuam às vezes, sem que os homens delas tenham consciência. Continua Montesquieu:

> Coloquei os princípios, e vi os casos particulares se enquadrarem como que por si mesmos; vi as histórias de todas as nações sendo apenas consequências deles; e vi cada lei particular associada com uma outra lei, ou dependendo de uma outra mais geral (*O. C.*, t. II, p. 229).

Assim, é possível explicar de duas maneiras a diversidade dos costumes que se observa: de um lado, remontando às causas responsáveis pelas leis particulares que se observam neste ou naquele caso; de outro, isolando os princípios ou tipos que constituem um nível intermediário entre a diversidade incoerente e um esquema universalmente válido. Tornamos inteligível o *devenir* porque apreendemos as *causas* profundas que determinaram o andamento geral dos acontecimentos. Tornamos a *diversidade* inteligível quando a organizamos dentro de um pequeno número de *tipos* ou de conceitos.

A teoria política

O problema do aparelho conceitual de Montesquieu, esse aparelho que lhe permite substituir uma diversidade incoerente por uma ordem pensada, se reduz, mais ou menos, à questão, clássica entre os intérpretes, do plano de *O espírito das leis*. Essa obra nos oferece uma ordem inteligível ou uma coleção de observações mais ou menos sutis sobre este ou aquele aspecto da realidade histórica?

O espírito das leis se divide em várias partes, cuja aparente heterogeneidade foi muitas vezes constatada. Do meu ponto de vista, a obra contém essencialmente três grandes partes.

Em primeiro lugar, os treze primeiros livros, que desenvolvem a teoria bem conhecida dos três tipos de governo – isto é, o que chamaríamos uma sociologia política: um esforço para reduzir a diversidade das formas de governo a alguns tipos, cada um dos quais definido, ao mesmo tempo, pela sua natureza e pelo seu princípio. A segunda parte vai do livro XIV ao XIX. É consagrada às causas materiais ou físicas, quer dizer, essencialmente à influência do clima e do solo sobre os homens, seus costumes e instituições. A terceira parte, que vai do livro XX ao XXVI, estuda sucessivamente a influência das causas sociais, comércio, moeda, número de habitantes e religião sobre os hábitos, os costumes e as leis.

Portanto, essas três partes são, aparentemente, por um lado uma sociologia da política, e por outro um estudo sociológico das causas – umas físicas e outras morais – que agem sobre a organização das sociedades.

Restaria mencionar, além dessas três partes principais, os últimos livros de *O espírito das leis*, que, consagrados ao estudo da legislação romana e feudal, apresentam ilustrações históricas, bem como o livro XXIX, que é difícil de classificar em qualquer dessas grandes divisões, e que procura responder à questão: como compor uma elaboração pragmática das consequências que se deduzem do estudo científico.

Finalmente, há um livro, também difícil de classificar nesse plano de conjunto – o livro XIX –, que trata do espírito geral de uma nação. Não está associado a nenhuma causa particular nem ao aspecto político das instituições, mas ao que constitui talvez o princípio unificador do todo social. É, de qualquer forma, um dos mais importantes da obra, e representa a transição ou ligação entre a primeira parte de *O espírito das leis*, a sociologia política, e as duas outras, que estudam as causas físicas ou morais.

Esta recapitulação do plano de *O espírito das leis* nos permite situar os problemas essenciais da interpretação de Montesquieu. As diferenças entre a primeira parte da obra e as duas outras têm causado espécie a todos os historiadores. Sempre que observam essa aparente heterogeneidade entre as partes de um mesmo livro, sentem-se tentados a recorrer a uma interpretação histórica, procurando determinar a data em que cada uma delas foi escrita.

No caso de Montesquieu, essa interpretação histórica pode ser desenvolvida sem grandes dificuldades. Os primeiros livros de *O espírito das leis*, se não o primeiro, pelo menos do II ao VIII (isto é, os que analisam os três tipos de governo), têm inspiração aristotélica. Foram escritos antes da viagem do seu autor à Inglaterra, numa época em que se encontrava sob a influência predominante da filosofia política clássica. Ora, na tradição clássica, a *Política* de Aristóteles era considerada a obra essencial. Assim, não se pode duvidar de que Montesquieu tenha escrito os primeiros livros tendo ao lado a *Política*. Em quase todas as páginas, podem-se encontrar referências a Aristóteles, sob a forma de alusões ou críticas.

Os livros seguintes – em especial o famoso livro XI, sobre a Constituição da Inglaterra e a separação dos poderes – foram escritos provavelmente mais tarde, depois da estada na Inglaterra, sob a influência das observações feitas por ocasião dessa viagem. Quanto aos livros de sociologia, consagrados ao estudo das causas físicas ou morais, foram escritos provavelmente ainda mais tarde.

A partir desse ponto seria fácil, mas pouco satisfatório, apresentar *O espírito das leis* como a justaposição de dois modos de pensar, de duas maneiras de estudar a realidade.

Montesquieu seria, por um lado, um discípulo dos filósofos clássicos. Nesse sentido, desenvolveu uma teoria dos tipos de governo que, mesmo se afastando em alguns pontos da teoria clássica de Aristóteles, pertence ainda ao clima e à tradição desses filósofos. Montesquieu seria também, por outro lado, um sociólogo que investiga a influência que o clima, a natureza do solo, a quantidade de pessoas e a religião podem exercer sobre os diferentes aspectos da vida coletiva.

Assim, como o autor é pensador político e, ao mesmo tempo, sociólogo, *O espírito das leis* seria uma obra incoerente, não um livro ordenado por uma intenção predominante e um sistema conceitual, embora reúna trechos de data e, talvez, de inspiração diferentes.

Antes de nos resignarmos a uma interpretação que supõe que o historiador seja mais inteligente do que o autor e capaz de perceber de imediato a contradição que teria escapado ao gênio, é preciso procurar a ordem interna que Montesquieu, com ou sem razão, encontrava no seu próprio pensamento. O problema que aqui se coloca é o da compatibilidade entre a teoria dos *tipos* de governo e a teoria das *causas.*

Montesquieu distingue três modalidades de governo: a república, a monarquia e o despotismo. Cada um desses tipos é definido em relação a dois conceitos que o autor chama de *natureza* e de *princípio* do governo.

A natureza do governo é o que faz com que ele seja o que é. O princípio do governo é o sentimento que deve animar os homens, dentro de um tipo de governo, para que este funcione harmoniosamente. Assim, a virtude é o princípio da república, o que não significa que numa república os homens sejam virtuosos, mas apenas que deveriam sê-lo, e que as repúblicas só prosperam na medida em que seus cidadãos são virtuosos[2].

A natureza de cada governo é determinada pelo número dos que detêm a soberania. Neste sentido escreve Montesquieu: "Suponho três definições, ou antes, três fatos: um é o de que o governo republicano é aquele em que o povo, coletivamente, ou só uma parte do povo, tem o poder soberano; no monárquico, um só governa, mas por meio de leis fixas e estabelecidas; no despotismo, porém, uma só pessoa, sem lei e sem regras, tudo arrasta com sua vontade e seus caprichos." (*L'esprit des lois*, livro II, cap. 1; O. C., t. II, p. 239). A distinção aplicada à república, o povo coletivamente ou só uma parte dele, tem por objetivo lembrar as duas espécies de governo republicano: a democracia e a aristocracia.

Essas definições nos revelam imediatamente que a natureza de um governo não depende somente do número dos que detêm o poder soberano, mas também do modo como este é exercido. Tanto a monarquia quanto o despotismo são regimes que implicam um só detentor do poder, mas no caso do regime monárquico esse detentor único governa de acordo com leis fixas e estabelecidas, e no despotismo governa sem leis e sem regras. Temos assim dois critérios ou, em jargão moderno, duas variáveis para precisar a natureza de cada governo: de um lado, *quem* detém o poder soberano; de outro, a forma como esse poder é exercido.

Convém acrescentar um terceiro critério, o do princípio do governo. Um tipo de governo não é suficientemente definido pela característica quase jurídica da posse do poder soberano. Cada tipo de governo se caracteriza, além disso, pelo sentimento sem o qual não pode durar ou prosperar.

Ora, segundo Montesquieu, existem três sentimentos políticos fundamentais, e cada um deles assegura a estabilidade de um tipo de governo: a república depende da virtude, a monarquia, da honra, o despotismo, do medo.

A virtude da república não é uma virtude moral, mas política: consiste no respeito às leis e no devotamento do indivíduo à coletividade.

A honra, como diz Montesquieu, é, "filosoficamente falando, uma falsa honra". É o respeito de cada um pelo que ele deve à sua posição na sociedade[3].

Quanto ao medo, não é necessário defini-lo. Trata-se de sentimento elementar, por assim dizer, infrapolítico. Mas é um sentimento que foi tratado por todos os pensadores políticos, porque muitos deles, a partir de Hobbes, o consideraram como o sentimento mais humano, o mais radical, aquele a partir do qual se explica o próprio Estado. Montesquieu, porém, não é um pessimista como Hobbes. A seus olhos, um regime baseado no medo é essencialmente corrupto, quase a negação mesma da política. Os súditos que só obedecem movidos pelo medo quase já não são homens.

Essa classificação dos regimes é original, com relação à tradição clássica.

Montesquieu considera inicialmente a democracia e a aristocracia, que, na classificação aristotélica, constituem dois tipos distintos, como duas modalidades de um mesmo regime chamado republicano, e o distingue da monarquia. Na opinião de Montesquieu, Aristóteles não reconheceu a verdadeira natureza da monarquia, o que se explica facilmente, já que a monarquia, como ele a concebe, só se realizou autenticamente nas monarquias europeias[4].

Existe uma razão profunda que explica essa concepção original. A distinção dos tipos de governo, em Montesquieu, é ao mesmo tempo uma distinção das organizações e das estruturas sociais. Aristóteles tinha elaborado uma teoria dos regimes, à qual atribuíra, aparentemente, um valor geral, mas que pressupunha, como base social, a cidade grega. A monarquia, a aristocracia e a democracia eram os três tipos de organização política das cidades gregas. Era legítimo, assim, distinguir os tipos de governo segundo o número dos que detinham o poder soberano. Mas esse tipo de análise implicava que os três regimes correspondessem, para empregar uma expressão moderna, à superestrutura política de uma certa forma de sociedade.

A filosofia política clássica não se preocupara muito com as relações entre os tipos de superestrutura política e as bases sociais. Não havia formulado nitidamente a questão: até que ponto é possível classificar os regimes políticos sem levar em conta a organização social. A contribuição decisiva de Montesquieu consiste precisamente em retomar o problema na sua generalidade e combinar a análise dos regimes com a análise das organizações sociais, de tal modo que cada governo apareça, ao mesmo tempo, como uma sociedade determinada.

A relação entre regime político e sociedade é estabelecida, em primeiro lugar e de modo explícito, na tomada de consciência da dimensão da sociedade. Segundo Montesquieu, cada um dos três tipos de governo corresponde a uma certa dimensão da sociedade. As fórmulas não faltam:

> É próprio da natureza de uma república ter apenas um pequeno território; de outra forma é quase impossível que ela possa subsistir (liv. VIII, cap. 16; *O. C.*, t. II, p. 362).
> Um Estado monárquico deve ter tamanho médio. Se fosse pequeno, ele se constituiria em república. Se muito extenso, os chefes de Estado, importantes por si mesmos, não estando sob os olhos do príncipe, com sua corte fora da corte do soberano, protegidos, aliás, pela lei e pelos costumes, contra a necessidade de obediência imediata, poderiam deixar de obedecê-lo.
> Um grande império supõe uma autoridade despótica naquele que o governa (liv. VIII, cap. 19; *O. C.*, t. II, p. 365).

Se quiséssemos traduzir essas fórmulas em proposições de lógica rigorosa, provavelmente não empregaríamos a linguagem da causalidade, isto é, afirmar que quando o território de um Estado ultrapassa determinada dimensão o despotismo é inevitável, mas diríamos que há uma relação natural entre o volume da sociedade e seu tipo de governo. Isso, aliás, não deixa de colocar para o observador um problema difícil: se a partir de um certo tamanho um Estado não pode deixar de ser despótico, o sociólogo não estará forçado a admitir a necessidade de um regime que considera humana e moralmente mau? A não ser que, para evitar essa consequência indesejável, afirme que os Estados não devam ultrapassar uma certa dimensão.

De qualquer forma, por meio desta teoria da dimensão do Estado, Montesquieu vincula a classificação dos regimes ao que chamamos hoje de morfologia social ou o volume das sociedades, para usar a expressão de Durkheim. Montesquieu associa também a classificação dos regimes à análise das sociedades, baseando-se na noção do princípio de governo, isto é, daquilo que deve ser o sentimento indispensável ao funcionamento de cada regime. A teoria do princípio leva claramente a uma teoria da organização social.

Se a virtude numa república é o amor às leis, o devotamento à coletividade, o patriotismo, para usar uma expressão moderna, ela implica, em última análise, um certo sentido de igualdade. Uma república é um regime no qual os homens vivem pela e para a coletividade, e no qual se sentem cidadãos, o que implica que sejam e se sintam iguais entre si.

Por oposição, o princípio da monarquia é a *honra*. Montesquieu elabora uma teoria sobre esse ponto num tom que parece, às vezes, polêmico e irônico:

> Nas monarquias a política faz realizar as grandes coisas com o mínimo possível de virtude. Como nas melhores máquinas a técnica emprega o mínimo possível de forças e de engrenagens, o Estado subsiste independentemente do amor à pátria, do desejo da glória autêntica, da renúncia a si mesmo, do sacrifício dos interesses pessoais mais caros e de todas essas virtudes heroicas que encontramos nos antigos, e das quais apenas ouvimos falar (liv. III, cap. 6; *O. C.*, p. 255).

O governo monárquico supõe, como dissemos, a existência de distinções, níveis hierárquicos e até mesmo a nobreza de origem. A natureza da honra consiste em exigir privilégios e distinções, por isso mesmo ela fundamenta esse tipo de governo. Na república, a ambição é perniciosa. Ela tem bons efeitos na monarquia; ela dá vida a esse governo, com a vantagem de que não é perigosa, porque sempre pode ser reprimida (Liv. III, cap. 7; *O. C.*, t. II, p. 257).

Esta análise não é inteiramente nova. Desde que se puseram a refletir sobre a política, os homens sempre oscilaram entre duas teses extremas: ou um Estado só é próspero quando os homens querem diretamente o bem da coletividade, ou então, uma vez que isso é impossível, um bom regime é aquele em que os vícios dos homens conspiram para o bem de todos. A teoria da honra, de Montesquieu, é uma modalidade dessa segunda tese. O bem da coletividade está assegurado, se não pelos vícios dos cidadãos, pelo menos por qualidades inferiores, até mesmo por atitudes que, do ponto de vista moral, seriam repreensíveis.

Pessoalmente, acho que nas ideias de Montesquieu a respeito da honra há duas atitudes ou intenções dominantes: de um lado, uma relativa desvalorização da honra, em relação à verdadeira virtude política, a dos antigos e a das repúblicas; do outro, uma valorização da honra como princípio das relações sociais e proteção do Estado contra o mal supremo, o despotismo.

Com efeito, se os dois tipos de governo, o republicano e o monárquico, diferem em essência, porque um se fundamenta na igualdade e o outro na desigualdade, um na virtude política dos cidadãos e o outro num substitutivo de virtude, que é a honra, estes dois regimes possuem, no entanto, uma característica comum: são moderados e neles ninguém comanda de modo arbitrário, à revelia das leis.

Há, porém, um terceiro tipo de governo, o despótico, que não pertence à mesma categoria dos regimes moderados. Montesquieu combina uma classificação dualista, dos governos moderados e não moderados, com a classificação tríplice tradicional. A república e a monarquia são moderadas, mas o despotismo não.

É preciso acrescentar uma terceira espécie de classificação, que chamaria de dialética, para render homenagem à moda. A república se baseia numa organização igualitária das relações entre os membros da coletividade. A monarquia tem base, essencialmente, na diferenciação e na desigualdade. Quanto ao despotismo, ele marca o retorno à igualdade. Porém, se a igualdade republicana é uma igualdade na virtude e na participação de todos no poder soberano, a igualdade despótica é a igualdade no medo, na impotência e na não participação no poder soberano.

Montesquieu mostra, no despotismo, por assim dizer, o mal político absoluto. É verdade que o despotismo talvez seja inevitável quando os Estados se tornam grandes demais; ao mesmo tempo, é o regime em que uma só pessoa governa sem regras nem leis, em que, em consequência, reina o medo. Tem-se a tentação de dizer que, a partir do momento em que o despotismo se estabelece, cada um tem medo de todos.

No pensamento político de Montesquieu, em última análise, a oposição decisiva está entre o despotismo, em que todos têm medo de todos, e os regimes de liberdade, em que nenhum cidadão teme a nenhum outro. Montesquieu exprimiu de forma direta e clara essa segurança, que a liberdade dá a cada um, nos capítulos do Livro XI consagrados à Constituição inglesa. No despotismo, há um único limite ao poder absoluto do governante, a religião. E mesmo assim esta proteção é precária.

Esta síntese não deixa de provocar discussões e críticas. Pode-se perguntar, antes de mais nada, se o despotismo é um tipo político concreto, no mesmo sentido em que a república ou a monarquia o são. Montesquieu esclarece que o modelo da república nos é oferecido pelas repúblicas antigas, em particular pela romana, antes do período das grandes conquistas. Os modelos da monarquia são os reinos europeus do seu tempo, o inglês e o francês. Quanto aos modelos do despotismo, são os impérios que chama de asiáticos, amalgamando assim o Império Persa e o Chinês, o Indiano e o Japonês. Não há dúvida de que os conhecimentos que Montesquieu tinha da Ásia eram fragmentários; contudo, ele dispunha de documentação que lhe teria permitido matizar mais sua concepção do despotismo asiático.

As ideias de Montesquieu constituem a origem de uma interpretação da história asiática que ainda não desapareceu de todo, e que é característica do pensamento europeu: os regimes asiáticos seriam essencialmente despóticos, sem estrutura política, sem instituições nem moderação. Visto por Montesquieu, o despotismo asiático é o deserto da servidão. O soberano absoluto é único, todo-poderoso; pode delegar poderes a um grão-vizir; mas, quaisquer que sejam as relações entre o déspota e os que o cercam, não há classes sociais em equilíbrio, ordens ou níveis hierárquicos estáveis. Não encontramos nele nem o equivalente da virtude antiga, nem o da honra europeia. O medo pesa sobre milhões de pessoas, através de imensos espaços, onde o Estado só se pode manter sob a condição de que um só governe com poder absoluto.

Esta teoria do despotismo asiático não será também, e sobretudo, a imagem ideal do mal político cuja invocação é feita com certa intenção polêmica a respeito das monarquias europeias? Não esqueçamos a frase famosa: "Todas as monarquias se vão perder no despotismo, como todos os rios no mar." A ideia do despotismo asiático reflete a obsessão com o destino que podem ter as monarquias quando perdem o respeito das hierarquias sociais, da nobreza, dos corpos intermediários sem os quais o poder absoluto e arbitrário de uma só pessoa perde toda moderação.

Na medida em que estabelece uma correspondência entre as dimensões territoriais do Estado e a forma de governo, a teoria de Montesquieu se arrisca também a incorrer numa forma de fatalismo.

Em *O espírito das leis* nota-se uma oscilação entre dois extremos. Seria fácil levantar o número de textos segundo os quais existe uma espécie de hierarquia: a república seria o melhor regime, seguido da monarquia e do despotismo. De outro lado, porém, se cada regime está ligado irresistivelmente a uma certa dimensão do corpo social, estamos diante de um determinismo inexorável e não de uma hierarquia de valores.

Há, enfim, uma última crítica ou incerteza que abrange o essencial, e que diz respeito à relação entre os regimes políticos e os tipos sociais.

Essa relação pode ser formulada de diferentes maneiras. O sociólogo ou o filósofo podem considerar que um regime político é suficientemente definido por um único critério, por exemplo, o número dos que detêm o poder soberano, estabelecendo assim uma classificação de significado supra-histórico. Essa era a concepção implícita na filosofia política clássica, na medida em que esta fazia uma teoria dos regimes, não levando em conta a organização da sociedade, pressupondo, por assim dizer, a validade intemporal dos tipos políticos.

Mas é também possível, conforme Montesquieu deixa mais ou menos claro, fazer uma combinação estrita entre o regime político e o tipo social. Nesse caso, chega-se ao que Max Weber chamaria de três tipos ideais: o da *cidade antiga*, Estado de pequenas dimensões, governado como república, democracia ou aristocracia; o tipo ideal da *monarquia europeia*, cuja essência é a diferenciação das ordens sociais, uma monarquia legal e moderada; e, por fim, o tipo ideal do *despotismo asiático*, Estado de grande extensão, com o poder absoluto nas mãos de uma só pessoa, constituindo a religião o único limite da arbitrariedade do soberano. Nesse tipo social a igualdade é restaurada, mas com a impotência de todos.

Montesquieu prefere esta segunda concepção da relação entre regime político e tipo social. Ao mesmo tempo, porém, pode-se perguntar em que medida os regimes políticos são separáveis das entidades históricas em que se realizam.

De qualquer forma, o fato é que a ideia essencial é esse laço estabelecido entre, de um lado, o modo de governo, o tipo de regime, e de outro o estilo das relações interpessoais. De fato, para Montesquieu, não é tão decisivo que o poder soberano pertença a uma só pessoa ou a várias; o que é mais decisivo é que a autoridade seja exercida de acordo com as leis e uma ordem, ou então, ao contrário, arbitrariamente, de forma violenta. A vida social difere em função do modo como o governo é exercido. Essa ideia conserva todo o seu alcance dentro de uma sociologia dos regimes políticos.

Além disso, qualquer que seja nossa interpretação das relações entre a classificação dos regimes políticos e dos tipos sociais, não se pode negar a Montesquieu o mérito de ter colocado claramente o problema. Duvido que o tenha resolvido de forma definitiva. Contudo, alguém mais conseguiu isso?

A distinção entre governo moderado e governo não moderado é provavelmente central no pensamento de Montesquieu, e permite integrar as considerações sobre a Inglaterra, do livro XI, na teoria dos tipos de governo dos primeiros livros.

O texto essencial, neste particular, é o capítulo 6 do livro XI, no qual Montesquieu estuda a Constituição da Inglaterra[5]. Esse capítulo teve tal influência que muitos constitucionalistas ingleses interpretaram as instituições do seu país de acordo com a visão de Montesquieu. O prestígio do seu gênio foi tal que os ingleses acharam que era possível compreender melhor suas próprias instituições lendo *O espírito das leis*[6].

Montesquieu descobriu na Inglaterra um Estado que tem como objeto próprio a liberdade política e também o fato e a ideia da *representação política*.

"Embora todos os Estados tenham, de modo geral, um mesmo objetivo, que é o de se manter, cada Estado tem, no entanto, uma finalidade que lhe é particular", escreve Montesquieu. "A expansão era o objetivo de Roma; a guerra, o da Lacedemônia; a religião, o das leis judaicas; o comércio, o de Marselha... Há também uma nação no mundo que tem como objetivo próprio da sua Constituição a liberdade política." (*L'esprit des lois*, liv. XV, cap. 5; *O. C.*, t. II, p. 396). Quanto à representação, a ideia não figurava em primeiro plano na teoria da república. As repúblicas em que pensa Montesquieu são antigas; nelas havia uma assembleia do povo, e não uma assembleia eleita pelo povo e composta de representantes do povo. Só na Inglaterra ele pôde observar, plenamente realizada, a instituição representativa.

Esse tipo de governo, que tem por objeto a liberdade, e no qual o povo é representado por assembleias, tem como característica principal o que se denominou separação dos poderes, doutrina que permanece atual e a propósito da qual já se especulou indefinidamente.

Montesquieu constata que, na Inglaterra, quem detém o poder executivo é um monarca. Como esse poder exige rapidez de decisão e de ação, é oportuno que uma só pessoa o detenha. O poder legislativo é encarnado por duas assembleias: a Câmara dos Lordes, que representa a nobreza, e a Câmara dos Comuns, que representa o povo.

Os poderes legislativo e executivo são exercidos por pessoas ou instituições distintas. Montesquieu descreve a cooperação desses órgãos, e analisa sua separação. Mostra, com efeito, o que cada um dos poderes pode e deve fazer com relação ao outro.

Há também um terceiro poder, o de julgar. Mas Montesquieu esclarece que "o poder de julgar, tão terrível entre os homens, se torna, por assim dizer, invisível e nulo, porque não está ligado a nenhuma profissão nem a nenhum grupo da sociedade" (*E. L.*, liv. XI, cap. 6; *O. C.*, t. II, p. 398). O que parece indicar que, como o poder judiciário é essencialmente o intérprete das leis, deve ter o mínimo possível de iniciativa e personalidade. Não é um poder de pessoas, mas o poder das leis; "o que se teme é a magistratura, não os magistrados" (ibid.).

O poder legislativo coopera com o executivo; deve examinar em que medida as leis estão sendo aplicadas corretamente por este último. Quanto ao poder executivo, não deve debater os casos, mas manter relação cooperativa com o legislativo, através daquilo que ele chama de sua faculdade de impedir. Montesquieu acrescenta ainda que o orçamento deve ser votado anualmente: "Se o poder legislativo estabelece o levantamento dos dinheiros públicos de modo permanente, e não a cada ano, corre o risco de perder sua liberdade, pois o poder executivo deixará de depender dele." (ibid., p. 405). A votação anual do orçamento é assim uma condição da liberdade.

Diante destes dados gerais, alguns intérpretes têm acentuado a diferença entre o poder executivo e o poder legislativo; outros, o fato de que deve haver uma cooperação permanente entre eles.

Tem-se aproximado o texto de Montesquieu dos de Locke sobre o mesmo assunto. De fato, certas excentricidades da exposição de Montesquieu são explicáveis se nos referimos ao texto de Locke[7]. Em particular, no princípio do capítulo 6 há duas definições do poder executivo. A primeira o define como o que decide "as coisas que dependem do direito das gentes" (ibid., p. 396), o que parece limitá-lo à política exterior. Um pouco mais adiante, é apresentado como o poder que "executa as decisões públicas" (ibid., p. 397), o que lhe dá uma extensão bem maior. Nessas passagens Montesquieu segue o texto de Locke. Entre Locke e Montesquieu, porém, há uma diferença fundamental de intenção. O objetivo de Locke é limitar o poder real, mostrar que se o monarca ultrapassa certos limites ou desrespeita determinadas obrigações, o povo, fonte verdadeira da soberania, tem o direito de reagir. A ideia essencial de Montesquieu, porém, não é a separação de poderes no sentido jurídico, mas o que se poderia chamar de equilíbrio dos poderes sociais, condição da liberdade política.

Em toda sua análise da Constituição inglesa, Montesquieu supõe a existência de uma nobreza e duas Câmaras, uma representando o povo, a outra a aristocracia. Insiste em que os nobres só devem ser julgados por seus pares. De fato, "os grandes estão sempre expostos à inveja; e se fossem julgados pelo povo poderiam correr perigo, sem o privilégio que tem o mais modesto dos cidadãos num Estado livre, o de ser julgado pelos seus pares. É preciso portanto que os nobres respondam àquela parte do corpo legislativo que é composta de nobres, e não perante os tribunais ordinários da nação" (ibid., p. 404). Em outros termos, na sua análise da Constituição inglesa, Montesquieu procura reencontrar a diferenciação social, a distinção das classes e das hierarquias sociais, de acordo com a essência da monarquia, tal como ele a define, e que é indispensável à moderação do poder.

Comentando Montesquieu, eu diria que um Estado é livre quando nele o poder limita o poder. O que há de mais marcante, para justificar essa interpretação, é que no livro XI, depois de terminar o exame da Constituição inglesa, ele volta a falar de Roma e analisa o conjunto da história romana em termos das relações entre a plebe e o patriciado. O que o interessa é a rivalidade entre as classes. Essa competição social é a condição do regime moderado, porque as diversas classes são capazes de se equilibrar.

Quanto à própria Constituição, é bem verdade que Montesquieu indica, com detalhes, como cada um dos poderes tem este ou aquele direito, e como devem cooperar entre si. Mas essa formalização constitucional não é mais do que a expressão de um Estado livre ou, melhor dizendo, de uma sociedade livre, na qual nenhum poder se estende além dos seus limites, porque ele é contido por outros poderes.

Uma passagem de *Considérations sur les causes de la grandeur et de la décadence des romains* resume perfeitamente esse tema central de Montesquieu.

> Como regra geral, sempre que virmos todo o mundo tranquilo, num Estado que se diz uma república, poderemos ter certeza de que não existe ali a liberdade. O que se chama de união, num corpo político, é coisa muito equívoca. A verdadeira união é feita de harmonia, que induz todas as partes, por mais opostas que nos pareçam, a concorrerem para o bem geral da sociedade, como as dissonâncias na música concorrem para o acorde total. Pode haver união num Estado em que se pensa ver apenas perturbação, isto é, uma harmonia da qual resulta a felicidade, que é a única paz verdadeira; como as partes deste universo, que são eternamente ligadas pela ação de umas e a reação de outras (cap. 9; *O. C.*, t. II, p. 119).

A ideia de consenso social é a de um equilíbrio de forças, ou da paz estabelecida pela ação e reação dos grupos sociais[8].

Se esta análise é correta, a teoria da Constituição inglesa é uma parte central da sociologia política de Montesquieu, não porque seja um modelo para todos os países, mas porque permite encontrar, no mecanismo constitucional de uma monarquia, os fundamentos do Estado moderado e livre, graças ao equilíbrio entre as classes sociais, graças ao equilíbrio entre os poderes políticos.

Mas essa Constituição, modelo de liberdade, é aristocrática e, por isso, tem merecido diversas interpretações.

A primeira interpretação, que foi durante muito tempo a dos juristas, e que foi ainda, provavelmente, a dos constituintes franceses de 1958, é uma teoria da separação – concebida em termos jurídicos – dos poderes, dentro do regime republicano. O presidente da República e o primeiro-ministro de um lado, o Parlamento de outro, têm seus direitos bem definidos, chegando-se a um equilíbrio no estilo e dentro das tradições de Montesquieu, justamente pelo agenciamento preciso das relações entre os diversos órgãos[9].

Uma segunda interpretação insiste no equilíbrio dos poderes sociais, como eu o fiz, acentuando também o caráter aristocrático da concepção de Montesquieu. Essa ideia do equilíbrio dos poderes sociais supõe a existência de uma nobreza; ela serviu de justificativa aos corpos intermediários do século XVIII no momento em que estes estavam a ponto de desaparecer. Desse ponto de vista, Montesquieu é um representante da aristocracia, o qual luta contra o poder monárquico, em nome de sua classe, que é uma classe condenada. Vítima do ardil da história, ele se levanta contra o rei, pretendendo agir em favor da nobreza, mas sua polêmica só favorecerá de fato a causa do povo[10].

Pessoalmente, acredito que existe uma terceira interpretação que retoma a linha da segunda, porém ultrapassando-a, no sentido do *aufheben* de Hegel, isto é, vai mais adiante conservando a parte de verdade.

É certo que Montesquieu só concebia o equilíbrio dos poderes sociais, condição da liberdade, baseado no modelo de uma sociedade aristocrática. Pensava que os bons governos eram moderados, e que os governos só podiam ser moderados quando o poder freava o poder, ou ainda quando nenhum cidadão tivesse medo dos demais. Os nobres só se podiam sentir seguros se seus direitos fossem garantidos pela própria organização política. A concepção social do equilíbrio exposta em *O espírito das leis* está associada a uma sociedade aristocrática; e no debate da sua época sobre a Constituição da monarquia francesa, Montesquieu pertence ao partido aristocrático e não ao do rei ou ao do povo.

Resta saber, porém, se a ideia de Montesquieu sobre as condições da liberdade e da moderação não continua válida, independentemente do modelo aristocrático que tinha em mente. Montesquieu provavelmente teria dito que é possível conceber uma evolução social pela qual a diferenciação das ordens e hierarquias sociais tende a se apagar. Poder-se-ia, no entanto, imaginar uma sociedade sem ordens e hierarquias sociais, um Estado sem pluralidade de poderes, que fosse ao mesmo tempo moderado, e no qual os cidadãos fossem livres?

Pode-se argumentar que Montesquieu, lutando pela nobreza e contra o monarca, trabalhou, na realidade, em favor do movimento popular democrático. Os acontecimentos, porém, justificaram em larga medida sua doutrina, demonstrando que um regime democrático, em que o poder soberano pertence a todos, nem por isso é um governo moderado e livre. Parece-me que Montesquieu tem toda a razão ao manter a distinção radical entre o poder do povo e a liberdade dos cidadãos. Pode acontecer que o povo seja soberano e a segurança dos cidadãos e a moderação no exercício do poder desapareçam.

Além da formulação aristocrática da sua doutrina do equilíbrio dos poderes sociais e da cooperação dos poderes políticos[11], Montesquieu elaborou o princípio segundo o qual a condição para o respeito às leis e para a segurança dos cidadãos é a de que nenhum poder seja ilimitado. Este é o tema essencial de sua sociologia política.

Da teoria política à sociologia

Essas análises da sociologia política de Montesquieu permitem formular os principais problemas da sociologia geral.

O primeiro deles tem a ver com a inserção da sociologia política na sociologia do conjunto social. Como passar do aspecto fundamental – o tipo de governo – para a compreensão de toda a sociedade? A questão é comparável à que se coloca a propósito do marxismo, quando se quer passar do seu aspecto privilegiado – a organização econômica – para a compreensão do todo.

O segundo problema é o da relação entre o fato e o valor, entre a compreensão das instituições e a determinação do regime desejável ou bom. Com efeito, de que modo se podem ao mesmo tempo apresentar certas instituições como determinadas, isto é, impostas à vontade dos homens, e fazer julgamentos políticos sobre elas? Será possível, para um sociólogo, afirmar que um regime que ele considera, em certos casos, como inevitável contraria a natureza humana?

O terceiro problema é o das relações entre o universalismo racional e as particularidades históricas.

Para Montesquieu, o despotismo é contrário à natureza humana. Mas o que é a natureza humana? A natureza de todos os homens, em todas as latitudes e em todas as épocas? Até onde vão as características do homem enquanto homem e como se pode combinar o recurso a uma natureza do homem com o reconhecimento da infinita variedade dos costumes, dos hábitos e das instituições?

A resposta ao primeiro problema comporta três etapas, ou três momentos de análise. Quais são as causas exteriores ao regime político que retêm a atenção de Montesquieu? Qual o caráter das relações que ele estabelece entre as causas e os fenômenos a explicar? Há ou não, em *O espírito das leis*, uma interpretação sintética da sociedade considerada como um todo, ou há simplesmente uma enumeração de causas e uma justaposição de relações distintas entre tal determinante e tal determinado, sem que se possa dizer que nenhum desses determinantes seja decisivo?

A enumeração das causas não apresenta, aparentemente, nenhum caráter sistemático.

Montesquieu estuda inicialmente o que chamamos de influência do meio geográfico, subdividindo-se este em clima e solo. Quando considera o solo, ele se pergunta como os homens cultivam a terra e repartem a propriedade, em função da natureza do solo.

Depois de estudar a influência do meio geográfico, Montesquieu passa, no livro XIX, à análise do espírito geral de uma nação, expressão bastante equívoca, pois não se percebe, à primeira vista, se se trata de um determinante, resultado do conjunto dos outros determinantes, ou se se trata de um determinante isolável.

Em seguida, Montesquieu considera não mais as causas físicas, porém as causas sociais, entre as quais o comércio e a moeda. Poder-se-ia dizer que ele trata essencialmente então do aspecto econômico da vida coletiva, se não negligenciasse quase inteiramente um elemento que para nós é essencial na análise da economia, a saber, os meios de produção, para empregar a expressão marxista, ou os utensílios e os instrumentos técnicos de que os homens dispõem. Para Montesquieu, a economia é essencialmente ou bem o regime de propriedade, em particular o da terra, ou bem o comércio, o intercâmbio, as comunicações entre as coletividades, ou, enfim, a moeda, que a seus olhos constitui um aspecto essencial das relações entre os homens dentro das coletividades ou entre coletividades. Tal como a vê, a economia é essencialmente agricultura e comércio. Ele não ignora o que chama as artes – o começo daquilo que, hoje, chamamos de indústria. A seus olhos, contudo, as cidades que dominam a vida econômica são centros de atividades mercantis ou de comércio, como Atenas, Veneza e Gênova. Em outros termos, há uma antítese essencial entre as coletividades cuja preocupação dominante é a atividade militar e aquelas em que a preocupação dominante é o comércio. Essa noção era tradicional na filosofia política pré-moderna. A originalidade das sociedades modernas, que está associada ao desenvolvimento da indústria, não era percebida pela filosofia política clássica. Neste particular, Montesquieu pertence àquela tradição. Neste sentido, pode-se mesmo dizer que é anterior aos enciclopedistas; está longe de ter compreendido plenamente as implicações das descobertas tecnológicas para a transformação dos modos de trabalho e de toda a sociedade.

Depois do comércio e da moeda vem o estudo da população, do número de habitantes. Historicamente, o problema demográfico pode ser colocado de duas formas. Às vezes trata-se de lutar contra a redução da população, o que para Montesquieu é o caso mais frequente porque, segundo ele, o que ameaça a maior parte das sociedades é o despovoamento. Mas ele conhece também o desafio oposto: a luta contra um desenvolvimento da população além dos recursos disponíveis.

Finalmente, examina o papel da religião, que considera como uma das influências mais eficazes sobre a organização da vida coletiva.

Não há dúvida, portanto, de que Montesquieu passa em revista um certo número de causas. Parece que a distinção mais importante para ele é a das causas físicas e morais. O clima e a natureza do solo pertencem às causas físicas, enquanto o espírito geral de uma nação e a religião constituem causas morais. Ele poderia, facilmente, ter feito do comércio e do número de habitantes uma categoria distinta: a categoria das características da vida coletiva que atuam sobre os outros aspectos dessa mesma vida coletiva. Mas Montesquieu não fez nenhuma teoria sistemática das diversas causas.

Bastaria contudo alterar a ordem para chegar a uma enumeração satisfatória. Partindo do meio geográfico, com as duas noções – elaboradas com mais precisão –, de clima e de natureza do solo, passaríamos ao número de habitantes, pois é mais lógico passar do meio físico, que limita o volume da sociedade, para o número de habitantes. A partir daí chegaríamos então às causas propriamente sociais, entre as quais Montesquieu distinguiu, assim mesmo, as duas mais importantes: de um lado, o conjunto das crenças, que ele chama de religião (seria fácil ampliar esta noção), e, de outro, a organização do trabalho e do comércio. Terminaríamos com aquilo que é o verdadeiro ponto culminante da sociologia de Montesquieu: o conceito do espírito geral de uma nação.

Quanto aos determinados, isto é, o que Montesquieu procura explicar pelas causas que examina, penso que emprega essencialmente três noções – de leis, de costumes e de hábitos –, que define com precisão:

> Costumes (*moeurs*) e hábitos (*manières*) são usos que as leis não estabeleceram, não puderam ou não quiseram estabelecer. A diferença entre as leis e os costumes é que as primeiras regulam mais as ações do cidadão e os costumes regulam mais as ações do homem. Costumes e hábitos diferem no sentido de que os costumes regulam mais a conduta interior e os hábitos a exterior (*E. L.*, liv. XIX, cap. 16; *O. C.*, t. II, p. 566).

A primeira distinção, entre leis e costumes, corresponde à que fazem os sociólogos entre o que é decretado pelo Estado e o que é imposto pela sociedade. Num caso, há regras explicitamente formuladas, sancionadas pelo próprio Estado; no outro, regras positivas ou negativas, ordens ou proibições, que se impõem aos membros de uma coletividade sem uma lei que as torne obrigatórias, e sem que haja sanções legalmente previstas, em caso de violação.

A distinção entre costumes (*moeurs*) e hábitos (*manières*) inclui a diferença entre os imperativos interiorizados e as maneiras de agir, puramente exteriores, ordenados pela coletividade.

Montesquieu distingue ainda, essencialmente, três tipos principais de leis: as leis civis, relativas à organização da vida familiar, as leis penais (pelas quais se interessa apaixonadamente, como todos os seus contemporâneos)[12], e as leis constitutivas do regime político.

Para compreender as relações estabelecidas por Montesquieu entre as causas e as instituições, tomarei como exemplo os célebres livros que tratam do meio geográfico. Neles aparece mais claramente o caráter da análise de Montesquieu.

No meio geográfico considera, essencialmente, o clima e o solo, mas sua elaboração conceitual é bastante pobre. Com respeito ao clima, limita-se quase que à oposição frio-quente, moderado-extremado. Desnecessário dizer que os geógrafos modernos utilizam noções muito mais precisas, distinguindo muitos diferentes tipos de clima. Quanto ao solo, Montesquieu considera sobretudo sua fertilidade ou esterilidade e, subsidiariamente, o relevo e sua distribuição por sobre um continente determinado. Em todos esses pontos, aliás, é pouco original: muitas de suas ideias provêm de um médico inglês, Arbuthnot[13]. O que nos interessa aqui, porém, é a natureza lógica das relações causais formuladas.

Em muitos casos, Montesquieu explica diretamente pelo clima o temperamento dos homens, sua sensibilidade, a maneira de ser. Diz, por exemplo: "Nos países frios, encontraremos menor sensibilidade para os prazeres, que será maior nos países temperados e extrema nos países quentes. Da mesma forma como se distinguem os climas pelos graus de latitude, pode-se distingui-los, por assim dizer, pelos graus de sensibilidade. Vi as óperas inglesas e italianas. As peças e os atores são os mesmos, mas a mesma música produz efeitos tão diferentes nas duas nações, numa é tão calma e na outra tão exaltada, que isso nos parece inconcebível." (*E. L.*, liv. XIV, cap. 2; *O. C.*, t. II, p. 476).

A sociologia seria fácil se as proposições deste tipo fossem verdadeiras. Montesquieu parece acreditar que um certo meio físico determina diretamente uma certa maneira de ser fisiológica, nervosa e psicológica dos homens.

Outras explicações, porém, são mais complexas, como aquelas, célebres, relativas à escravidão. No livro XV, cujo título é: "Como as leis da escravidão civil estão relacionadas com a natureza do clima", lê-se:

> Há países onde o calor enfraquece o corpo e debilita de tal forma a disposição, que os homens só cumprem um dever penoso movidos pelo medo de serem castigados. Nesses países, portanto, a escravidão choca menos a razão. E como o senhor é tão covarde com relação ao príncipe quanto o escravo com relação ao senhor, a escravidão civil é acompanhada da escravidão política (cap. 7; O. C., t. II, p. 495).

Um texto como esse é revelador das diferentes facetas do espírito de Montesquieu. Há, em primeiro lugar, uma explicação simples, quase simplória, da relação entre clima e escravidão. Na mesma passagem encontra-se a fórmula: "Nesses países, portanto, a escravidão choca menos a razão", o que implica que a escravidão como tal choca a razão, e contém, implicitamente, uma referência à concepção universal da natureza humana. Nessa passagem encontramos justapostos os dois aspectos da interpretação: de um lado, interpretação determinista das instituições enquanto fatos, de outro, o julgamento sobre essas instituições feito em nome de valores universalmente válidos. A compatibilidade desses dois modos de pensar é assegurada aqui pela fórmula "choca menos a razão". Afirmando que a escravidão é, como tal, contrária à essência da natureza humana, Montesquieu encontra na influência do clima razão para justificá-la. Contudo, uma tal proposição só é admissível, logicamente, na medida em que o clima influencia uma instituição, ou a favorece, sem torná-la inevitável. De fato, se houvesse aí uma relação necessária de causa e efeito, estaríamos evidentemente diante da contradição entre uma condenação moral e um determinismo demonstrado cientificamente.

Esta interpretação é confirmada no capítulo seguinte. Montesquieu conclui com estas linhas, típicas do seu pensamento:

> Não sei se é a mente ou o coração que me dita este artigo. Talvez não haja na terra esse clima que não permita levar homens livres a trabalhar. Por haver leis malfeitas, surgiram homens preguiçosos. Como esses homens eram preguiçosos, foram transformados em escravos (livro XV, cap. 8, p. 497).

Aparentemente, este último texto nega o precedente, que parece atribuir a escravidão ao clima, ao passo que, aqui, ela resulta das más leis, e a frase precedente implica que em nenhuma parte o clima é tal que a escravidão se torne necessária. Na verdade, Montesquieu está embaraçado, como todos os sociólogos, diante de fenômenos dessa natureza. Se vão até o fim da sua explicação causal e descobrem que a instituição que abominam foi inevitável, precisam tudo aceitar. Isso ainda passa quando se trata de instituições de séculos anteriores; o passado estando definitivamente estabelecido, não é necessário perguntar o que teria sido possível; mas, se aplicarmos essas considerações às sociedades atuais – e, se as aplicarmos às sociedades passadas, por que não as aplicar às sociedades atuais! –, chegaremos a um impasse: como poderia o sociólogo aconselhar reformas, se as instituições mais desumanas são inevitáveis?

Esses textos só podem ser compreendidos, a meu ver, se admitimos que as explicações das instituições pelo meio geográfico são do tipo que um sociólogo moderno chamaria de relação de influência, e não de relação de necessidade causal. Uma certa causa torna determinada instituição mais provável do que outra. Além do mais, o trabalho do legislador consiste, muitas vezes, em contrabalançar as influências diretas dos fenômenos naturais, em inserir no tecido do determinismo leis humanas cujos efeitos se opõem aos efeitos diretos e espontâneos dos fenômenos naturais[14]. Montesquieu acredita menos do que se tem afirmado no determinismo rigoroso do clima. É verdade que admitiu, como muitos outros em sua época, e com grande simplicidade, que o temperamento e a sensibilidade dos homens eram função direta do clima, e que, de outro lado, procurou estabelecer relações de probabilidade entre os dados externos e certas instituições; mas também é verdade que reconheceu a pluralidade das causas e a possibilidade da atuação do legislador, também suas análises significam que o meio não determina as instituições, mas as influencia, contribuindo para orientá-las num sentido determinado[15].

Examinando os outros determinantes, Montesquieu se pergunta sobre a relação entre o número de habitantes e as artes[16], colocando o problema, para nós fundamental, do volume da população, que depende, evidentemente, dos meios de produção e da organização do trabalho.

De um modo geral, o número de habitantes é função das possibilidades da produção agrícola. Numa determinada coletividade pode haver tantas pessoas quantas possam ser alimentadas pelos agricultores. Se o solo for bem cultivado, os agricultores serão capazes não só de produzir alimentos para se alimentar, mas para alimentar outras pessoas. É preciso, porém, que os agricultores queiram produzir além daquilo que é necessário para sua subsistência. Convém, portanto, incentivar os agricultores a produzir o máximo possível e encorajar a troca entre os bens produzidos nas cidades, pelas artes ou indústria, e os bens produzidos no campo. Montesquieu conclui que para incitar os camponeses a produzir é bom despertar-lhes o gosto pelo supérfluo.

Essa é outra ideia que corresponde à verdade. Só se pode iniciar o processo de expansão nas sociedades subdesenvolvidas criando novas necessidades para os agricultores que vivem nas condições tradicionais. É preciso que desejem possuir mais do que aquilo a que estão acostumados. Ora, diz Montesquieu, só os artesãos produzem esse supérfluo.

Mas continua:

> Essas máquinas, cujo objeto é poupar o esforço, nem sempre são úteis. Se um produto tem preço moderado, que convém igualmente a quem o compra e ao operário que o produziu, as máquinas que simplificassem sua produção, isto é, reduzissem o número de operários, seriam perniciosas; se os moinhos d'água não estivessem implantados em toda parte, não os consideraria tão úteis quanto se afirma, porque fizeram parar uma infinidade de braços, privando muita gente do uso da água, o que fez com que muitas terras perdessem sua fecundidade (*E. L.*, liv. XXIII, cap. 15; *O. C.*, t. II, p. 692).

Este texto é interessante. Essas máquinas cuja finalidade é abreviar a arte, em estilo moderno inferior ao de Montesquieu, são máquinas que reduzem o tempo de trabalho necessário à produção de objetos manufaturados. O que preocupa Montesquieu, portanto, é o que chamaríamos de desemprego tecnológico. Se, com a ajuda de uma máquina, é possível produzir o mesmo objeto com menos tempo de trabalho, um certo número de operários deverá ser afastado do processo de produção. Isso preocupa Montesquieu, como preocupou muitos outros homens, a cada geração, nos últimos dois séculos.

Esse raciocínio omite, evidentemente, aquilo que se tornou o princípio de toda a economia moderna, a ideia de produtividade. Se se pode produzir o mesmo objeto com menos tempo de trabalho, a mão de obra liberada poderá ser empregada em outra atividade, aumentando assim a produção disponível para toda a coletividade. Esse texto demonstra que falta a nosso autor um elemento de doutrina que era conhecido em seu século – os Enciclopedistas já o tinham compreendido. Montesquieu não entendeu o alcance econômico do progresso científico e tecnológico: lacuna bastante curiosa, porque se interessava muito pela ciência e pela tecnologia, tendo escrito vários ensaios sobre as ciências e as descobertas tecnológicas. Não chegou, contudo, a compreender o mecanismo pelo qual a diminuição do tempo de trabalho necessário para produzir um bem determinado permite empregar mais trabalhadores e aumentar o volume global da produção[17].

Chego agora à terceira etapa do meu questionário sobre o método de Montesquieu. Em que medida sua investigação ultrapassa a sociologia analítica e a pluralidade de causas? De que forma consegue reconstituir o conjunto?

Penso que, se existe uma concepção sintética da sociedade em *L'esprit des lois*, ela está no livro XIX, consagrado ao espírito geral de uma nação.

Montesquieu escreve:

> Várias coisas governam os homens: o clima, a religião, as leis, as máximas do governo, os exemplos das coisas passadas, os costumes, os hábitos; disso resulta um espírito geral.
> À medida que, em cada nação, uma dessas causas age com mais força, as outras lhe cedem lugar. A natureza e o clima dominam, de modo quase exclusivo, a vida dos selvagens; os hábitos governam os chineses; as leis tiranizam o Japão; os costumes davam, outrora, o tom na Lacedemônia, e as máximas de governo e os costumes antigos davam-no em Roma (*E. L.*, liv. XIX, cap. 4; *O. C.*, t. II, p. 558).

Esse texto merece um comentário. No primeiro parágrafo aparece a pluralidade de causas, de novo com uma enumeração aparentemente mais empírica do que sistemática. As coisas que governam os homens são os fenômenos naturais – como o clima – e as instituições sociais – como a religião, as leis, as máximas de governo; são também, por outro lado, a tradição, a continuidade histórica, característica de toda a sociedade e que Montesquieu chama de exemplos das coisas passadas. Todas essas coisas juntas formam o espírito geral. Este portanto não é uma causa parcial, comparável às outras, mas a resultante do conjunto das causas físicas, sociais e morais.

O espírito geral é uma resultante, mas uma resultante que permite apreender o que constitui a originalidade e a unidade de uma determinada coletividade. Há um espírito geral da França, um espírito geral da Inglaterra. Passa-se da pluralidade das causas à unidade do espírito geral, sem que este exclua as causalidades parciais. O espírito geral não é uma causa dominante, todo-poderosa, que possa apagar as outras. São as características que uma determinada coletividade adquire através do tempo, como resultado da pluralidade das influências que atuam sobre ela.

Montesquieu acrescenta uma proposição que, logicamente, não está implicada nas duas precedentes: pode ocorrer, no curso da história, que uma causa se torne progressivamente predominante. Esboça, assim, uma teoria ainda hoje clássica: a de que nas sociedades arcaicas o domínio das causas materiais é mais forte do que nas sociedades complexas, ou, como ele diria, civilizadas.

Provavelmente nosso autor afirmaria que no caso de nações antigas, como a França e a Inglaterra, a ação das causas físicas, do clima ou do solo, é moderada, comparativamente à ação das causas morais. Num certo momento da história, determinada causa deixa sua marca e impõe seu modelo ao comportamento de uma coletividade.

Inclino-me a crer que Montesquieu chama de espírito geral de uma nação o que os antropólogos norte-americanos denominam cultura de uma nação, isto é, um certo estilo de vida e de relações em comum, que é menos uma causa do que um efeito – resultado do conjunto das influências físicas e morais que, através do tempo, modelaram a coletividade.

Existem, contudo, em Montesquieu, implícita ou explicitamente, duas ideias de síntese possíveis. Uma seria a influência predominante do regime político, e a outra, o espírito geral de uma nação.

Em relação à primeira – a da influência predominante das instituições políticas –, pode-se hesitar entre duas interpretações. Trata-se de uma influência predominante no sentido causal do termo ou de uma influência predominante com relação ao que interessa antes de tudo ao observador, como diríamos, em linguagem moderna, com relação aos nossos valores, isto é, com relação à hierarquia da importância que estabelecemos entre diferentes aspectos da vida coletiva.

Entre essas duas interpretações, os textos não permitem uma escolha categórica. Muitas vezes temos a impressão de que Montesquieu admite as duas, simultaneamente. Entre as causas que agem historicamente, ele entende que cabe às instituições políticas a ação mais importante. Mas se lhe tivéssemos perguntado ou objetado: a ação mais importante em relação a quê? Ele teria provavelmente respondido: em relação à grandeza das nações, seus êxitos e infortúnios, isto é, em última análise, em relação ao que constitui o objeto privilegiado da curiosidade científica.

Quanto ao espírito geral de uma nação, ele retorna à teoria das instituições políticas dos primeiros livros, pois um regime só se mantém na medida em que o sentimento que lhe é necessário existe no povo. O espírito geral de uma nação é o que mais contribui para manter esse sentimento ou princípio, indispensável à continuidade do regime.

O espírito geral de uma nação não pode ser comparado à vontade criadora de uma pessoa ou coletividade. Não se parece com a escolha existencial de Kant ou de Sartre, decisão única que está na originalidade da pluralidade dos atos ou episódios de uma existência individual ou coletiva. O espírito geral de uma nação é a maneira de ser, de agir, de pensar e de sentir de uma coletividade, tal como o fizeram a geografia e a história.

Preenche, sem dúvida, duas funções: permite o reagrupamento das explicações parciais, sem representar uma explicação última que englobaria todas as demais; permite, além disso, passar da sociologia política para a sociologia do todo social.

Montesquieu escreve assim: "Os povos das ilhas são mais inclinados à liberdade do que os povos do continente. As ilhas são ordinariamente de pequena extensão; uma parte da população não pode ser empregada para oprimir a outra; o mar as separa dos grandes impérios, e a tirania não pode chegar até lá. Os conquistadores esbarram no mar; os insulares não são envolvidos pelas conquistas e conservam mais facilmente suas leis." (*E. L.*, liv. XVIII, cap. 5; *O. C.*, t. II, p. 534). Várias dessas afirmações são discutíveis; porém, trata-se apenas de definir o método de Montesquieu. Ora, nesse capítulo vemos como uma certa situação geográfica favorece uma espécie de instituição política sem contudo determiná-la.

Igualmente o capítulo 27 do livro XIX, intitulado: "Como as leis podem contribuir para a formação dos costumes, dos hábitos e do caráter de uma nação", e que trata da Inglaterra, mostra também (quando o lemos depois do cap. 6 do livro XI, dedicado à constituição britânica) como a teoria do princípio reencontra a teoria do espírito geral de uma nação, e como as explicações múltiplas, de caráter parcial, podem ser reagrupadas na interpretação global de uma determinada coletividade, sem que essa interpretação totalizante esteja em contradição com a pluralidade das explicações parciais.

Os fatos e os valores

A questão fundamental de toda sociologia histórica poderia ser formulada do seguinte modo: o sociólogo estaria condenado a observar a diversidade das instituições sem formular um juízo de valor sobre elas? Em outras palavras, ele deve explicar a escravidão, assim como as instituições liberais, sem ter possibilidade de estabelecer uma discriminação e uma hierarquia entre os méritos, morais ou humanos, de uma ou de outra instituição? Em segundo lugar, na medida em que constata uma diversidade de instituições, estaria ele obrigado a passar em revista essa diversidade sem integrá-la num sistema ou, ao contrário, ele poderia, para além dessa variedade, encontrar elementos comuns? Essas duas antíteses não se sobrepõem exatamente. Contudo, sem serem equivalentes, podem aproximar-se, desde que os critérios que determinam nossos juízos de valor sejam, também, critérios universalmente válidos.

Para analisar esses problemas, será melhor tomar como ponto de partida uma noção central de *O espírito das leis*, a saber, a própria noção de lei. Afinal, a grande obra de Montesquieu se chama *O espírito das leis*, e é na análise *da* noção, ou *das* noções de lei que encontramos, a resposta para os problemas que acabo de formular.

Para nós, modernos, formados pela filosofia de Kant e pela lógica ensinada nas escolas, o termo *lei* tem duas significações. Pode significar primeiramente uma prescrição do legislador, uma ordem dada pela autoridade competente, que nos obriga a fazer isso ou a não fazer aquilo. Chamemos esse primeiro sentido de lei-preceito e precisemos que a lei-preceito, a lei positiva, a lei do legislador, difere dos costumes e dos hábitos por ser formulada explicitamente, enquanto as obrigações e interdições propostas pelos costumes não são elaboradas, nem codificadas e, de modo geral, não têm o mesmo tipo de sanção.

Pode-se entender também por lei uma relação de causalidade entre um determinante e um efeito. Por exemplo, se afirmamos que a escravidão é uma consequência necessária de determinado clima, temos uma lei causal que estabelece uma relação constante entre um meio geográfico de um tipo determinado e uma instituição particular, a escravidão.

Ora, Montesquieu escreve que "não trata das leis, mas do espírito das leis". As leis positivas, afirma, "devem estar relacionadas ao aspecto do país, seu clima frio, quente ou temperado; à qualidade do solo, à sua situação, à sua extensão, ao tipo de vida dos povos, agricultores, caçadores ou pastores. Elas devem se referir ao grau de liberdade que a Constituição pode suportar: à religião dos habitantes, às suas inclinações, às suas riquezas, ao seu número, ao seu comércio, a seus costumes e hábitos. Enfim, as leis têm relação entre si, com sua origem, com o objeto do legislador, com a ordem das coisas sobre as quais estão estabelecidas. Faz-se necessário considerá-las. É o que pretendo fazer neste livro. Examinarei todas essas relações: elas formam um conjunto, ao qual chamo de Espírito das leis" (*E. L.*, liv. I, cap. 3; *O. C.*, t. II, p. 238).

Montesquieu procura, portanto, as leis causais que explicam as leis-preceitos. De acordo com o texto acima, o espírito das leis é precisamente o conjunto das relações entre as leis-preceitos das diversas sociedades humanas e os fatores suscetíveis de influenciá-las ou de determiná-las. *O espírito das leis* é o conjunto das relações de causalidade que explicam as leis-preceitos. Contudo, o fato de utilizarmos o termo lei nesses dois sentidos, como o faz Montesquieu, traz o perigo de mal-entendidos e dificuldades.

Se o pensamento de Montesquieu se resumisse às fórmulas precedentes, sua interpretação seria fácil. As leis-preceitos constituiriam o objeto de estudo, e as relações de causalidade seriam a explicação dessas leis. Se essa interpretação fosse exata, seria fiel o retrato de Montesquieu feito por Auguste Comte e alguns outros intérpretes modernos. L. Althusser, por exemplo, sustenta que Montesquieu deveria ter pensado assim, mesmo supondo-se que não o tenha feito[18]. Nessa hipótese, tudo seria bem simples. Montesquieu admitiria uma filosofia determinista das leis. Essa filosofia constataria a diversidade das legislações e a explicaria pela multiplicidade das influências que se exercem sobre as coletividades humanas. A filosofia do determinismo se associaria à filosofia da diversidade indefinida das formas de existência coletiva. Montesquieu se limitaria a extrair do estudo causal suas consequências pragmáticas, pressupondo os objetivos do legislador.

Existem, aliás, textos bastante conhecidos que têm esse sentido. Por exemplo:

> Não escrevo para censurar o que foi estabelecido em nenhum país. Cada nação encontrará aqui as razões das suas máximas, e concluiremos, naturalmente, que em consequência só àqueles que tiveram a felicidade de nascer com condições para penetrar, com um ato de genialidade, toda a constituição de um Estado... compete propor alterações. Se pudesse fazer com que todo o mundo tivesse novas razões para gostar de suas obri-

gações, amar seu soberano, sua pátria, suas leis, que as pessoas pudessem sentir melhor sua felicidade em cada país, em cada governo, em cada função em que se encontre, eu me consideraria o mais feliz de todos os mortais (Prefácio *E. L.*; *O. C.*, t. II, p. 230).

É verdade que este texto está no prefácio de *O espírito das leis*, e poderia ser explicado pelas circunstâncias. Mas também é verdade que, na medida em que Montesquieu tivesse sustentado uma filosofia rigorosamente determinista, poderia ser também rigorosamente conservador. Se admitirmos que as instituições de uma coletividade são determinadas necessariamente por um conjunto de circunstâncias, será fácil escorregar para a conclusão de que as instituições existentes são as melhores. Restaria saber se seria o caso de acrescentar: no melhor ou no pior dos mundos possíveis.

É preciso acrescentar que há também em Montesquieu numerosos textos em que ele formula conselhos aos legisladores.

Esses conselhos, é verdade, não são contraditórios com uma filosofia determinista e particularista. Se uma instituição é explicada por uma certa influência, temos o direito de procurar o que seria necessário fazer para atingir determinados objetivos. Por exemplo: se demonstrarmos que a legislação decorre do espírito de uma nação, será lógico retirar daí o seguinte conselho: devem-se adaptar as leis-preceitos a serem promulgadas segundo o espírito dessa nação. O célebre capítulo sobre o espírito da nação francesa termina com o conselho: "Deixai-o fazer seriamente as coisas frívolas, e alegremente as coisas sérias." (*E. L.*, liv. XIX, cap. 5; *O. C.*, t. II, p. 559). Também quando um regime foi reduzido a sua natureza e a seu princípio, é fácil demonstrar as leis que são apropriadas. Assim, se a república se fundamenta na igualdade dos homens, tira-se daí a consequência lógica de que as leis da educação ou da economia devem favorecer o sentido de igualdade, ou impedir a formação de grandes fortunas.

A filosofia determinista não exclui os conselhos, se esses conselhos permanecem relativos a uma determinada situação geográfica, ao espírito de uma nação ou à natureza do regime. Em outras palavras, trata-se de imperativos condicionais ou hipotéticos. O legislador se coloca numa determinada conjuntura e estabelece os preceitos que se impõem, na medida em que ele deseja manter um regime, ou permitir que a nação prospere. Esses tipos de conselhos pertencem à ordem do que Lévy-Bruhl teria chamado de arte racional, extraída da ciência; essas são as consequências pragmáticas de uma sociologia científica.

Há, contudo, em *O espírito das leis*, muitos outros textos em que Montesquieu não formula conselhos pragmáticos ao legislador, mas condena moralmente determinadas instituições. Os textos mais célebres, neste particular, são os capítulos do livro XV relativos à escravidão, ou o capítulo 13 do livro XXV, intitulado: "Minha humilde admoestação aos inquisidores de Espanha e de Portugal", um eloquente protesto contra a Inquisição. Muitas vezes Montesquieu dá livre curso a sua indignação a propósito de certas modalidades de organização coletiva.

Em todos esses textos Montesquieu julga, e julga não como sociólogo, mas como moralista.

Podem-se explicar esses protestos dizendo que Montesquieu é um homem e não apenas um sociólogo. Como sociólogo, ele explica a escravidão. Quando se indigna, é o homem que fala. Ao condenar, ou defender, esquece que está escrevendo um livro de sociologia.

Mas essa interpretação que atribuiria os julgamentos morais ao Montesquieu homem e não ao Montesquieu cientista contradiz alguns dos textos mais essenciais, os do primeiro livro de *O espírito das leis*, em que Montesquieu elabora uma teoria dos diversos tipos de leis.

Desde o primeiro capítulo do livro I, Montesquieu afirma que existem relações de justiça ou de injustiça anteriores às leis positivas. Ora, se formos até o fundo da filosofia da particularidade e do determinismo, diremos que o que é justo ou injusto é constituído como tal pelas leis positivas, pelos preceitos do legislador, e a tarefa do sociólogo consistiria pura e simplesmente em estudar o que os legisladores, em diferentes épocas e diferentes sociedades, consideraram justo ou injusto. Mas Montesquieu afirma de modo bem explícito que não é assim: "É preciso confessar a existência de relações de equidade anteriores à lei positiva que as estabelece." Ou ainda: "Dizer que não há nada justo ou injusto além do que ordenam ou proíbem as leis positivas corresponde a afirmar que antes de termos traçado o círculo, nem todos os seus raios eram iguais." (*E. L.*, liv. I, cap. 1; *O. C.*, t. II, p. 233).

Em outras palavras, se levamos a sério essa formulação, devemos admitir que Montesquieu acredita nas relações de equidade e nos princípios de justiça anteriores à lei positiva, e universalmente válidos. Essas relações de equidade anteriores à lei positiva são, "por exemplo, que, admitindo a existência de sociedades de homens, seria justo respeitar suas leis; que, se seres inteligentes tivessem recebido benefício de algum outro, deveriam ficar-lhe gratos; que, se um ser inteligente tivesse criado um outro ser inteligente, o ser criado deveria permanecer na dependência que existiu desde a sua origem; que um ser inteligente que fez mal a um outro ser inteligente merece receber o mesmo mal; e assim por diante" (ibid.).

Esta enumeração não tem caráter sistemático. Vê-se porém que, no fundo, tudo se reduz a duas noções, a de igualdade humana e a de reciprocidade. Essas leis da razão, essas leis supremas, baseiam-se na igualdade natural dos homens e nas obrigações de reciprocidade que dela decorrem.

Essas leis anteriores às leis positivas não são, evidentemente, leis causais, mas leis-preceitos, que não se originam da vontade de legisladores particulares, mas são consubstanciais à natureza ou à razão do homem.

Haveria, portanto, uma terceira espécie de lei. Além das leis positivas, decretadas em diferentes sociedades, além das leis causais, que estabelecem relações entre as leis positivas e as influências que agem sobre elas, há também leis-preceitos, universalmente válidas, cujo legislador é desconhecido, a não ser que seja o próprio Deus, o que é sugerido por Montesquieu, sem que se possa afirmar que seja o seu pensamento profundo.

Chegamos assim ao problema central da interpretação de *O espírito das leis*.

É possível, com efeito, considerar que essas leis naturais, essas leis da razão, universalmente válidas, não podem ter um lugar no pensamento original de Montesquieu. Este as teria conservado por prudência ou por hábito; os revolucionários são, sob certos aspectos, mais conservadores do que imaginam. O que seria revolucionário em Montesquieu seria a explicação sociológica das leis positivas, o determinismo aplicado à natureza social. A lógica do seu pensamento comportaria apenas três elementos: a observação da diversidade das leis positivas, a explicação dessa diversidade em função de causas múltiplas, e, por fim, os conselhos práticos dados ao legislador, com base na explicação científica das leis. Neste caso Montesquieu seria um verdadeiro sociólogo positivista, que explica aos homens por que eles vivem de determinada maneira. O sociólogo compreende os outros homens melhor do que eles próprios se compreendem; descobre as causas que explicam a forma assumida pela existência coletiva em diferentes climas e em épocas diferentes; ajuda cada sociedade a viver de acordo com sua própria essência, isto é, de acordo com seu regime, seu clima, seu espírito geral. Os juízos de valor estão sempre subordinados ao objetivo que adotamos, e que é sugerido pela realidade. Nesse esquema não há lugar para as leis universais da razão ou da natureza humana. O capítulo 1 do livro I de *O espírito das leis* não teria consequências, ou seria, na doutrina de Montesquieu, um resíduo de um modo de pensar tradicional.

Pessoalmente, não acredito que esta interpretação faça justiça a Montesquieu. Não creio que se possa explicar o capítulo 1 do livro I unicamente pela prudência. Por outro lado, não estou convencido de que alguém tenha aceito algum dia, até suas últimas consequências, essa filosofia integralmente determinista. Se fôssemos até as últimas consequências desse tipo de filosofia, não seria possível dizer nada de universalmente válido para apreciar os méritos comparados da república ou do despotismo. Ora, certamente Montesquieu deseja ao mesmo tempo explicar a diversidade das instituições e conservar o direito de julgar essa diversidade.

Qual é, então, a filosofia para a qual ele tende, de modo mais ou menos confuso?

Montesquieu desejaria, de um lado, explicar de modo causal a diversidade das leis positivas e, em segundo lugar, desejaria dispor de critérios válidos e universais para fundamentar os juízos de valor, ou morais, relativos às instituições consideradas. Esses critérios, do modo como ele os formula, são extremamente abstratos e estão todos associados a uma noção de igualdade ou de reciprocidade. Finalmente, as instituições que condena de modo radical – a escravidão ou o despotismo – são, a seus olhos, contrárias às características do homem enquanto homem. São instituições que contradizem as aspirações naturais do homem.

Como solução, Montesquieu sugere, no primeiro capítulo do livro I, uma espécie de hierarquia dos seres, da natureza inorgânica até o homem: "Todos os seres têm suas leis; a Divindade tem suas leis; o mundo material tem suas leis; as inteligências superiores ao homem têm suas leis; os animais têm suas leis; o homem tem suas leis." (*O. C.*, t. II, p. 232). Quando se trata da matéria, essas leis são pura e simplesmente leis causais; essas são leis necessárias, que não podem ser violadas. Quando chegamos à vida, as leis são também leis causais, embora de natureza mais complexa. Finalmente, quando chegamos ao homem, essas leis, nos diz Montesquieu, impondo-se a um ser inteligente, podem ser violadas, porque a liberdade acompanha a inteligência. As leis relativas à conduta humana já não são do tipo de causalidade necessária.

Em outros termos, a filosofia que permite a combinação da explicação científica das leis positivas com a manutenção de imperativos universalmente válidos é uma filosofia da hierarquia dos seres, que levaria a uma diversidade de leis, hierarquia que começa com a natureza inorgânica, comandada por leis invariáveis, e vai até o homem, submetido a leis racionais que ele é capaz de violar.

Daí a fórmula que sempre pareceu paradoxal: "É preciso que o mundo inteligente seja tão bem governado quanto o mundo físico porque, embora o primeiro tenha também leis que, por sua natureza, são invariáveis, não as segue constantemente, como o mundo físico segue as suas próprias. A razão está em que os seres inteligentes particulares são limitados por sua natureza, e em consequência estão sujeitos ao erro. Por outro lado, é próprio de sua natureza agirem por si mesmos." (*E. L.*, liv. I, cap. 1; *O. C.*, t. II, p. 233). Esse texto parece enunciar uma inferioridade do mundo inteligente com relação ao mundo físico, porque as leis do mundo inteligente – leis racionais que comandam seres inteligentes – podem ser violadas. Com efeito, o filósofo não é obrigado a considerar a violação possível das leis racionais como uma prova da inferioridade do mundo inteligente com relação ao mundo físico, mas pode, pelo contrário, interpretá-la como expressão e prova da liberdade humana.

Pode-se acusar Montesquieu, a propósito dessa concepção da hierarquia dos seres e da heterogeneidade das leis segundo a natureza dos seres, de confundir as duas noções de leis causais e de leis-preceitos. A teoria da hierarquia dos seres parece classificar na mesma categoria as leis necessárias da matéria, as leis do movimento e as leis-preceitos da razão.

Não creio que Montesquieu faça essa confusão. Ele estabelece uma diferença entre as leis positivas promulgadas por um legislador, as relações causais que se encontram na história, como na natureza, e finalmente as leis universalmente válidas, associadas de modo intrínseco à razão. O que ele pretende é simplesmente encontrar uma filosofia que lhe permita combinar a explicação determinista das particularidades sociais com julgamentos morais e filosóficos que sejam universalmente válidos.

Quando L. Althusser critica Montesquieu por essa referência às leis universais da razão e propõe contentar-se com a explicação determinista das leis na sua particularidade, e com os conselhos práticos tirados dessa explicação, ele pensa como marxista. Ora, se o marxismo condena a referência às leis universais da razão, é porque encontra o equivalente no movimento da história em direção a um regime que realizaria todas as aspirações dos homens e dos séculos passados.

De fato, uns ultrapassam a filosofia determinista fazendo apelo ao futuro, outros, a critérios universais de caráter formal. Montesquieu escolheu este último caminho para ir além da particularidade. Não creio que já se tenha demonstrado que sua escolha tenha sido errada.

O segundo aspecto da filosofia de Montesquieu, depois da hierarquia dos seres, é constituído pelo capítulo 2 do livro I, no qual ele especifica o que seja o homem natural, isto é, sua concepção do homem enquanto homem, anterior, por assim dizer, à sociedade. A expressão "anterior à sociedade" não significa que, na sua opinião, tenha havido homens que vivessem afastados da sociedade, mas apenas que podemos tentar conceber, pela razão, o que é o homem, sem levar em conta a influência da coletividade em que vive. Nesse capítulo, Montesquieu pretende refutar a concepção da natureza em Hobbes. Essa refutação constitui, a meu ver, uma maneira de penetrar na compreensão dos temas fundamentais do seu pensamento.

Montesquieu quer demonstrar que, em si mesmo, o homem não é belicoso. O estado da natureza não implica um estado de guerra de todos contra todos mas, se não uma paz verdadeira, pelo menos um estado estranho à distinção paz-guerra. Montesquieu quer refutar Hobbes porque este, considerando que o homem se acha, no estado natural, em hostilidade para com seus semelhantes, justifica o poder absoluto, que é o único capaz de impor a paz e dar segurança a uma espécie belicosa. Montesquieu, porém, não vê a origem da guerra no estado da natureza. Para ele, o homem não é intrinsecamente inimigo do homem, e a guerra é um fenômeno mais social do que humano. Se a guerra e a desigualdade estão ligadas à essência da sociedade, e não à essência do homem, o objetivo da política não será eliminar a guerra e a desigualdade, inseparáveis da vida coletiva, mas simplesmente atenuá-las ou moderá-las.

Esses dois raciocínios, aparentemente paradoxais, são, no fundo, bastante lógicos. Se a guerra é humana, pode-se sonhar com a paz absoluta. Se é social, apoiamos simplesmente o ideal da moderação.

Comparando as ideias de Montesquieu com as de Jean-Jacques Rousseau, observa-se oposição comparável à que acabamos de notar entre Montesquieu e Hobbes. Rousseau se refere a um estado da natureza, concebido pela razão humana, que serve, por assim dizer, de critério à sociedade. Esse critério o leva a uma concepção da soberania absoluta do povo. Nosso autor se limita a constatar que as desigualdades provêm da sociedade, o que não o leva a concluir que é preciso retornar a uma igualdade natural, mas que, na medida do possível, é preciso atenuar as desigualdades, que têm raiz na própria sociedade.

A concepção de estado da natureza de Montesquieu não só é reveladora do conjunto da sua filosofia política, mas está também na origem dos livros IX e X, consagrados ao direito das gentes:

> O direito das gentes se fundamenta naturalmente no princípio de que as diversas nações devem fazer, durante a paz, o maior bem umas às outras e, na guerra, o menor mal possível, sem prejudicar seus interesses verdadeiros. O objetivo da guerra é a vitória; o da vitória, a conquista; o da conquista, a conservação. Deste princípio, e do precedente, devem derivar todas as leis que compõem o direito das gentes (*E. L.*, liv. I, cap. 3; *O. C.*, t. II, p. 237).

Esse texto mostra que há em *O espírito das leis* não somente explicação científica causal das leis positivas, mas também a análise das leis que presidem as relações entre as coletividades, em função do objetivo atribuído por Montesquieu ao direito das gentes. O que significa, em outros termos, que o fim para o qual se encaminham as coletividades pode ser determinado pela análise racional.

As interpretações possíveis

A filosofia de Montesquieu não é nem a filosofia determinista simplificada que Auguste Comte, por exemplo, lhe atribuía, nem uma filosofia tradicional do direito natural, mas uma tentativa de combinação das duas. Assim se explicam as muitas interpretações dadas ao seu pensamento.

O historiador alemão Meinecke, que dedicou a Montesquieu um capítulo do seu livro clássico, *Die Entstehung des Historismus* [A formação do historicismo], considera que a doutrina de Montesquieu oscila entre o universalismo racional, característico do pensamento do século XVIII, e o sentido histórico das particularidades que deveria expandir-se nas escolas históricas do século XIX.

É verdade que encontramos em Montesquieu fórmulas inspiradas pela filosofia de uma ordem racional e universal, e ao mesmo tempo fórmulas que acentuam a diversidade dos costumes e das coletividades históricas. Resta saber se é preciso considerar o pensamento de Montesquieu como uma conciliação precária dessas duas inspirações, como uma etapa no caminho da descoberta do historicismo integral ou como uma tentativa, legítima e imperfeita, de combinar dois tipos de considerações, sem eliminar completamente nenhum deles.

A interpretação de L. Althusser é uma nova versão de um Montesquieu contraditório: contradição que haveria entre seu gênio inovador e suas opiniões reacionárias. Essa interpretação tem uma parte de verdade. Nos conflitos de ideologias do século XVIII, Montesquieu pertence a um partido que se pode qualificar efetivamente de reacionário, porque ele recomendava o retorno a instituições que tinham existido em passado mais ou menos lendário.

Durante o século XVIII, sobretudo durante a primeira metade desse século, a grande querela dos escritores políticos franceses era marcada pela teoria da monarquia[19] e a situação da aristocracia na monarquia. Em linhas gerais, duas escolas se opunham. A escola romanista alegava que a monarquia francesa descendia do império soberano de Roma, de que o rei da França seria o herdeiro. Neste caso, a história justificava a pretensão do rei francês ao absolutismo. A segunda escola, chamada germânica, alegava que a situação privilegiada da nobreza francesa derivava da conquista do país pelos francos. Esse debate deu origem a doutrinas que se prolongaram no século seguinte, chegando a ideologias propriamente racistas; por exemplo, a doutrina segundo a qual os nobres seriam germânicos, e o povo, galo-romano. A distinção entre aristocracia e povo corresponderia à diferença entre conquistadores e conquistados. Esse direito de conquista, que hoje justifica mal a manutenção de uma desigualdade, era visto no século XVIII como fundamento legítimo e sólido da hierarquia social[20].

Nessa disputa de duas escolas, Montesquieu – basta ler os três primeiros livros de *O espírito das leis* para percebê-lo – se coloca do lado da escola germânica, embora com nuanças, com reservas e com maior sutileza do que os teóricos que defendiam com intransigência os direitos da nobreza. No fim do capítulo sobre a constituição da Inglaterra, encontramos a fórmula célebre: a liberdade inglesa, fundada no equilíbrio dos poderes, nasceu "nas florestas", isto é, nas florestas da Germânia.

De um modo geral, Montesquieu se mostra preocupado com os privilégios da nobreza e o reforço dos corpos intermediários[21]. Não é, em absoluto, um doutrinário da igualdade, e menos ainda da soberania popular. Associando a desigualdade social à essência da ordem social, ele se acomoda bem com a desigualdade.

E se admitimos, como L. Althusser, que a soberania popular e a igualdade são as fórmulas políticas que triunfaram ao longo das revoluções dos séculos XIX e XX, através da Revolução Francesa e da Revolução Russa; se acreditamos que a história caminha no sentido da soberania popular e da igualdade, é justo dizer que Montesquieu é um ideólogo do antigo regime e que, nesse sentido, é propriamente um reacionário.

Parece-me contudo que a questão é mais complexa. Montesquieu acredita, de fato, que sempre houve desigualdades sociais; que o governo sempre é exercido por privilegiados; mas, quaisquer que sejam as instituições historicamente definidas às quais se refere, sua última ideia é a de que a ordem social é, em essência, heterogênea, e que a liberdade tem como condição o equilíbrio dos poderes sociais e o governo dos notáveis, atribuindo-se ao termo "notáveis" o sentido mais genérico e mais vago, que engloba tanto os melhores cidadãos de uma democracia igualitária quanto a nobreza na monarquia, ou mesmo, num regime de tipo soviético, os militantes do partido comunista.

Em outras palavras, a essência da filosofia política de Montesquieu é o liberalismo: o objetivo da ordem política é assegurar a moderação do poder pelo equilíbrio dos poderes, o equilíbrio entre povo, nobreza e rei na monarquia francesa ou na monarquia inglesa; o equilíbrio entre povo e privilegiados, entre plebe e patriciado na república romana. Esses são exemplos diversos da mesma concepção fundamental de uma sociedade, heterogênea e hierárquica, em que a moderação do poder exige o equilíbrio dos poderes.

Se esse é o pensamento final de Montesquieu, não fica demonstrado que ele tenha sido um reacionário. Incontestavelmente foi um reacionário nas querelas do século XVIII. Nem previu nem desejou a Revolução Francesa. É possível talvez que a tenha preparado porque nunca se conhece, nem antes nem depois, a responsabilidade histórica de cada um; conscientemente, porém, Montesquieu não desejou a Revolução Francesa. Na medida em que se pode "saber" o que um homem teria feito em circunstâncias diferentes daquelas em que viveu, imagina-se que Montesquieu teria sido, a rigor, um constituinte. Logo depois, teria passado para a oposição, e teria que escolher, como os liberais desse período, entre a emigração, a guilhotina ou a emigração interna, longe das peripécias violentas da Revolução.

Contudo, embora politicamente reacionário, Montesquieu talvez represente uma maneira de pensar que não se pode considerar ultrapassada ou anacrônica. Qualquer que seja a estrutura da sociedade, numa certa época, é sempre possível pensar como Montesquieu, isto é, analisar a forma própria de heterogeneidade de uma determinada sociedade, procurando, pelo equilíbrio dos poderes em confronto, a garantia da moderação e da liberdade.

Encontramos uma última interpretação do pensamento de Montesquieu no curto capítulo que Léon Brunschvicg lhe consagra no seu livro *Le progrès de la conscience dans la philosophie occidentale*. Brunschvicg considera o pensamento de Montesquieu essencialmente contraditório[22].

De acordo com essa crítica, Montesquieu nos deu, de um certo modo, a obra-prima da sociologia pura, isto é, da sociologia analítica, estabelecendo relações múltiplas entre tal fator e tal outro, sem uma tentativa de síntese filosófica, sem pretensão a determinar o fator predominante ou a origem profunda de cada sociedade.

Fora dessa sociologia pura, não haveria para Brunschvicg nenhum sistema em Montesquieu. Citando a fórmula: "É preciso que o mundo inteligível seja tão bem governado quanto o físico...", Brunschvicg pensa que esse paradoxo – ver uma inferioridade, pelo menos aparente, do mundo inteligente na possibilidade de violar as leis a que está submetido – corresponde a uma confusão entre lei causal e lei-preceito.

Brunschvicg mostra também a oscilação de Montesquieu entre as fórmulas cartesianas (do tipo: antes de se traçar o círculo, todos os seus raios já são iguais; assim também existe o justo e o injusto antes da promulgação de leis positivas) e uma classificação dos tipos de regime que deriva da tradição aristotélica. Finalmente, Brunschvicg não encontra nem unidade, nem coerência em *O espírito das leis*, limitando-se a concluir que os leitores, de qualquer forma, viram aí uma filosofia implícita do progresso inspirada por valores liberais.

Pessoalmente, acho esse julgamento severo. É verdade que não há sistema em Montesquieu, o que talvez esteja conforme com o espírito de uma certa sociologia histórica. Mas espero ter demonstrado que o pensamento de Montesquieu está longe de ser tão contraditório como muitas vezes se afirma.

Como sociólogo, Montesquieu procurou combinar duas ideias, que não podem ser abandonadas, mas que são difíceis de combinar. De um lado, afirma implicitamente a pluralidade indefinida das explicações parciais. Demonstrou assim como são numerosos os aspectos de uma coletividade que é preciso explicar, como são numerosas as determinantes a que se podem atribuir as diferentes facetas da vida coletiva. De outro lado, buscou o meio de ir além da justaposição de relações parciais, de apreender algo que constitui a unidade dos conjuntos históricos. Pensou encontrar, de maneira mais ou menos clara, esse princípio de unificação, que não contradiz a pluralidade indefinida das explicações parciais, na noção de espírito de um povo, associado à teoria política por meio do princípio de governo.

Em *O espírito das leis* percebem-se nitidamente muitas espécies de explicações, ou de relações abrangentes como as que os sociólogos de hoje procuram elaborar. Essas relações abrangentes devem servir de orientação para os redatores das leis, e são de diversas ordens. Por exemplo, tendo enunciado o tipo ideal de um determinado governo, Montesquieu pode, logicamente, mostrar como devem ser as diferentes categorias de leis, leis da educação, leis fiscais, leis comerciais, leis suntuárias, a fim de que o tipo ideal de regime seja plenamente realizado. Dá conselhos sem sair do plano científico, supondo simplesmente que os legisladores desejam ajudar o regime a se manter.

Há também referências à finalidade de uma atividade social particular. Um exemplo é o do direito das gentes. Outra questão é a de saber em que medida Montesquieu demonstrou realmente que as diversas nações devem fazer-se o maior bem na paz, e o menor mal possível na guerra. Essas afirmações louváveis são, antes, colocadas dogmaticamente, e não demonstradas cientificamente. De qualquer forma, a sociologia de Montesquieu, tal como se apresenta a nós, implica a possibilidade de associar as leis de um setor determinado à finalidade imanente de uma atividade humana.

Há, por fim, em Montesquieu, a referência a leis universais da natureza humana, que dão o direito, se não de determinar o que deve ser concretamente uma certa instituição, pelo menos de condenar certas instituições, por exemplo, a escravidão. Estaria bastante inclinado a dizer que a noção de um direito natural formal de significação negativa, tal como aparece na filosofia política de Éric Weil, já está presente em *O espírito das leis*[23]. Em Montesquieu, todas as leis racionais da natureza humana são concebidas de modo suficientemente abstrato para excluir a dedução, a partir delas, do que devem ser as instituições particulares, e para autorizar a condenação de certas práticas.

O pensamento sociológico de Montesquieu se caracteriza, em último lugar, pela cooperação incessante entre o que se poderia chamar de pensamento sincrônico e o pensamento diacrônico, isto é, pela combinação, perpetuamente renovada, da explicação das partes contemporâneas de uma sociedade umas pelas outras, com a explicação dessa mesma sociedade pelo passado e pela história. A distinção entre o que Comte chama de estática e dinâmica já é visível no método sociológico de *O espírito das leis*.

Por que, então, Montesquieu é considerado apenas um precursor da sociologia e não um sociólogo? Como se justificariam os que não o colocam entre os fundadores dessa disciplina?

A primeira razão é que a palavra sociologia não existia no tempo de Montesquieu, e que o termo, que entrou pouco a pouco nos costumes, foi forjado por Auguste Comte.

A segunda razão, muito mais profunda, é que Montesquieu não meditou sobre a sociedade moderna. Os autores considerados normalmente como fundadores da sociologia, Auguste Comte ou Marx, tiveram como objeto do seu estudo as características típicas da sociedade moderna, isto é, da sociedade considerada como essencialmente industrial ou capitalista. Montesquieu não tem por objeto de reflexão a sociedade moderna, e além disso as categorias que emprega são, em grande parte, as da filosofia política clássica. Enfim, não há, em *O espírito das leis*, nem o primado da economia, nem o primado da sociedade com relação ao Estado.

Num certo sentido, Montesquieu é o último dos filósofos clássicos; em outro, é o primeiro dos sociólogos. Ainda é um filósofo clássico na medida em que considera que uma sociedade se define essencialmente pelo seu regime político, e na medida em que chega a uma concepção da liberdade. Em outro sentido, porém, reinterpretou o pensamento político clássico no interior de uma concepção global da sociedade, e procurou explicar sociologicamente todos os aspectos das coletividades.

Acrescentemos, por fim, que Montesquieu ignora a crença no progresso. Mas não é surpreendente que não tenha acreditado no progresso no sentido em que acreditou Comte. Na medida em que concentrava sua atenção nos regimes políticos, era levado a não ver no curso da história um movimento unilateral na direção do melhor. De fato, como Montesquieu o percebeu, depois de muitos outros, o *devenir* político até nossos dias é feito efetivamente de alternâncias, de movimentos de progresso e depois de decadência. Montesquieu devia, portanto, ignorar a ideia de progresso que surge naturalmente quando se considera a economia ou a inteligência. A filosofia econômica do progresso, nós a encontramos em Marx; a filosofia do progresso humano pela ciência, nós a encontramos em Auguste Comte.

Indicações biográficas

1689 18 de janeiro. Nascimento de Charles-Louis de Secondat, no castelo de La Brède, perto de Bordéus.
1700-05 Estudos secundários em Juilly, com os Oratorianos.
1708-09 Estudos de direito em Bordeaux, e depois em Paris.
1714 Conselheiro do Parlamento de Bordeaux.
1715 Casamento com Jeanne de Lartigue.
1716 Eleição para a Academia de Ciências de Bordeaux. Charles de Secondat herda, de um tio, todos os seus bens e o nome de Montesquieu. Herda também o cargo de presidente do Parlamento de Bordeaux.
1717-21 Estuda as ciências e prepara diversas memórias sobre o eco, as funções das glândulas renais, a transparência, o peso dos corpos etc.
1721 Publicação anônima de *Lettres persanes*, que alcança imediatamente um êxito considerável.
1722-25 Estada em Paris, onde leva uma vida mundana. Frequenta o círculo do duque de Bourbon, o presidente Henault, a marquesa de Prie, o salão de Mme. Lambert, o clube de Entresol, onde ele lê o seu *Dialogue de Sylla et d'Eucrate.*
1725 Publicação anônima de *Temple de Gnide*. Viaja a Bordeaux, cede seu cargo de presidente do Parlamento e volta a Paris.

Mais tarde, escreverá em *Pensées*: "O que sempre me fez ter sobre mim uma opinião desfavorável é que há poucos cargos na República para os quais eu seria verdadeiramente apto. Exerci com retidão de coração o meu cargo de presidente: tinha boa compreensão das questões, mas não entendia nada dos problemas de regimento interno. Assim mesmo, fui um presidente aplicado. Mas o que mais me desgostava era ver, por assim dizer, em verdadeiros animais, o mesmo talento que de mim fugia." (*O. C.*, t. I, p. 977).

1728 Eleição para a Academia Francesa. Viagem pela Alemanha, Áustria, Suíça, Itália e Holanda, de onde lorde Chesterfield o levou à Inglaterra.

1729-30 Estada na Inglaterra.

1731 Retorno ao castelo de La Brède, onde se dedicará a escrever *O espírito das leis*.

1734 Publicação de *Considérations sur les causes de la grandeur et de la décadence des romains*.

1748 Publicação anônima, em Genebra, de *O espírito das leis*. Grande êxito, mas o livro é mais comentado do que lido.

1750 *Défense de L'esprit des lois*, em resposta aos ataques dos jesuítas e jansenistas.

1754 Elabora *Essai sur le goût*, para a *Encyclopédie*, por solicitação de d'Alembert (publicado em 1756).

1755 Morte em Paris, no dia 10 de fevereiro.

Notas

1. Cabe lembrar a referência irônica, aliás muito discutível, de J. M. Keynes, no prefácio que escreveu para a edição francesa da sua *Teoria geral*: "Montesquieu, o maior economista francês, que se pode comparar com justiça a Adam Smith, e que ultrapassa amplamente os fisiocratas pela sua perspicácia, pela clareza de ideias e bom senso (qualidades que todo economista deveria ter)." (Trad. de J. de Largentaye, Paris, Payot, 1953, p. 13).

2. "A diferença entre a natureza do governo e seu princípio consiste em que a natureza é o que o faz ser como é, o princípio o que o faz agir. A primeira é sua estrutura particular, e o segundo, as paixões humanas que o movem. As leis são tão relativas ao princípio de cada governo quanto à sua natureza." (*E. L.*, liv. III, cap. 1; *O. C.*, t. II, p. 250-1).

3. "Está claro que numa monarquia, na qual quem manda executar as leis se julga acima delas, tem-se menos necessidade da virtude do que num governo popular, no qual aquele que manda executar as leis sente que ele próprio também está sujeito a elas, e que será obrigado a carregar seu peso... Quando desaparece esta virtude, o arbitrário entra no coração dos que podem recebê-lo, e a avareza entra no coração de todos." (*E. L.*, liv. III, cap. 7; *O. C.*, t. II, p. 257).

4. Na verdade, a distinção fundamental entre república e monarquia já se encontra em Maquiavel: "Todos os governos, todas as *seigneuries* que tiveram ou têm comando sobre os homens foram e são Repúblicas ou Principados." (*Le prince*, cap. 1; O. C., Pléiade, p. 290).

5. Vide o livro de F. T. H. Fletcher, *Montesquieu and English Politics* (Londres, 1939), bem como *Montesquieu in America, 1760-1801*, de P. M. Spurlin (Louisiana State University, 1940).

6. Desnecessário dizer que não entrarei aqui num estudo pormenorizado do que era a Constituição inglesa no século XVIII, nem daquilo que Montesquieu pensou que fosse, tampouco daquilo que ela se tornou no século XX. Meu objetivo é apenas mostrar como as ideias essenciais de Montesquieu sobre a Inglaterra se integram na sua concepção geral da política.

7. Os textos de Locke sobre os quais Montesquieu trabalhou são os do *Dois tratados sobre o governo*, in the former the false principles and foundation of Sir Robert Filmer and his followers and detected and overthrown; the later is an Essay concerning the true Origin, Extend and End of Civil Government, editados pela primeira vez em Londres, em 1690. O segundo desses dois tratados, *Ensaios sobre a verdadeira origem, extensão e finalidade do poder civil*, foi traduzido para o francês por David Mazel e publicado em Amsterdam por A. Wolfgang em 1691, com o título *Du gouvernement civil où l'on traité de l'origine, des fondements, de la nature du pouvoir et des fins des sociétés politiques*. Essa tradução de Mazel teve várias edições durante o século XVIII. Existe uma tradução moderna de J. L. Fyot, com o título *Essai sur le pouvoir civil*, Paris, P.U.F., 1953.

A teoria dos poderes e das relações entre estes, de Locke, está exposta nos capítulos XI a XIV do *Essai sur le pouvoir civil*. No capítulo XII Locke distingue três tipos de poder: o legislativo, o executivo e o federativo. "O poder legislativo é o que tem direito de determinar o modo como será empregada a força do Estado para proteger a comunidade e seus membros." O poder executivo é "um poder sempre em exercício para zelar pela execução das leis que permanecem em vigor". Abrange, portanto, ao mesmo tempo, a administração e a justiça. Além disso, "existe, em cada Estado, um outro poder que podemos chamar natural porque corresponde a uma faculdade que todo homem possuía naturalmente antes de entrar em sociedade... Considerada globalmente, a comunidade forma um corpo que está no estado de natureza com relação a todos os outros Estados ou com relação a todas as pessoas que não fazem parte dela. Esse poder compreende o direito de paz e de guerra, o direito de formar ligas e alianças e de entabular qualquer tipo de negociação com as pessoas e as comunidades estranhas ao Estado. Podemos chamá-lo federativo... Os dois poderes, executivo e federativo, são, sem dúvida, em si mesmos, realmente distintos: um trata da aplicação das leis, dentro da sociedade, a todos aqueles que fazem parte dessa sociedade; o outro está encarregado da segurança e dos interesses exteriores da comunidade, diante daqueles que lhe podem servir ou prejudicar; por isso eles estão quase sempre unidos. Aliás, não se poderia confiar o poder executivo e o poder federativo a pessoas que pudessem agir separadamente, porque a força pública estaria, nesse caso, colocada sob comandos diferentes, o que só poderia acarretar, cedo ou tarde, desordens e catástrofes". (Éditions Fyot, p. 158-9).

8. Esta concepção não é inteiramente nova. A interpretação da constituição romana do ponto de vista da divisão e do equilíbrio dos poderes e das forças sociais já pode ser encontrada na teoria do regime misto de Políbio e Cícero, autores que, de forma mais ou menos explícita, viam em tal divisão e nesse equilíbrio uma condição de liberdade. Contudo, é em Maquiavel que encontramos certas fórmulas que prenunciam as de Montesquieu. "Afirmo para aqueles que condenam as querelas do Senado e do povo, que eles estão condenando o que foi o princípio da liberdade e que eles se impressionam mais com os gritos e barulho que elas ocasionavam em praça pública do que com os bons efeitos que elas produziam. Em toda República existem dois partidos: o dos grandes e o

do povo, e todas as leis favoráveis à liberdade só podem nascer da sua oposição." (*Discours sur la première décade de Tite-Live*, liv. I, cap. 4; *O. C.*, Pléiade, p. 390).

9. A separação dos poderes é um dos temas principais da doutrina constitucional de De Gaulle. "Todos os princípios e todas as experiências exigem que os poderes públicos – legislativo, executivo, judiciário – sejam nitidamente separados e fortemente equilibrados." (Discurso de Bayeux, 16 de junho de 1946).

A respeito da interpretação jurídica da teoria da separação dos poderes de Montesquieu, veja-se: L. Duguit, *Traité de droit constitutionnel*, vol. 1; R. Carré de Malberg, *Contribution à la théorie générale de l'État*, Paris, Sirey, t. I, 1920; t. II, 1922; Ch. Eisenmann, "L'esprit des lois et la séparation des pouvoirs", in *Mélanges Carré de Malberg*, Paris, 1933, p. 190; "La pensée constitutionnelle de Montesquieu", in *Recueil Sirey du bicentenaire de "L'esprit des lois"*, Paris, 1952.

10. Esta é a interpretação de Louis Althusser, em *Montesquieu, la politique et l'histoire*, Paris, P.U.F., 1959.

11. Na análise da república segundo Montesquieu, a despeito da ideia essencial de que a natureza da república reside na igualdade dos cidadãos, volta-se a encontrar a diferença entre a massa e as elites.

12. Diderot, os Enciclopedistas, sobretudo Voltaire, que defendeu Calas, Sirven, La Barre e outras vítimas da justiça da época e autor de *Essai sur la probabilité en fait de justice* (1772), mostram o grande interesse que as questões penais suscitam no século XVIII. O ponto culminante deste debate penal foi a publicação, em 1764, do *Traité des délits et des peines*, do milanês Cesare Beccaria (1738-94). Esta obra, escrita por Beccaria aos vinte e seis anos, foi comentada imediatamente por toda a Europa, em especial pelo abade Morellet, por Voltaire e Diderot. O tratado de Beccaria desenvolve a ideia de que a pena deve ser fundamentada não no princípio do *restitutio juris*, mas no princípio relativista e pragmático do *punitur ne peccetur*. Critica, ademais, de modo radical, o processo – ou falta de processo – penal da época, propondo que

os castigos fossem proporcionais aos crimes. Essa obra inaugura a criminologia moderna, e é a origem direta das reformas posteriores em matéria penal. Vide M. T. Maestro, *Voltaire and Beccaria as Reformers of Criminal Law*, Nova York, 1942.

13. A respeito do problema das influências exercidas sobre Montesquieu, é preciso recorrer aos trabalhos de J. Dedieu, um dos mais competentes comentaristas de Montesquieu: *Montesquieu et la tradition politique anglaise en France. Les sources anglaises de "L'esprit des lois"*, Paris, Lecoffre, 1909; *Montesquieu*, Paris, 1913.

14. O cap. 5 do livro XIV é intitulado: "De como os maus legisladores são os que favoreceram os vícios do clima e os bons são os que se opuseram a eles." Escreve Montesquieu: "Quanto mais os fatores físicos levam os homens ao repouso, mais as causas morais devem dele afastá-los." (*O. C.*, t. II, p. 480).

15. A teoria da influência do clima dá lugar a muitas observações curiosas e engraçadas por parte de Montesquieu. Sempre preocupado com a Inglaterra, ele procura assim acentuar as particularidades da vida inglesa e do clima das ilhas britânicas. Mas não é sem dificuldade que ele consegue: "Numa nação em que uma doença do clima afeta de tal modo a alma que ela poderia trazer a aversão por todas as coisas, até chegar à aversão pela vida, vê-se bem que o governo que melhor conviria às pessoas para as quais tudo seria insuportável seria aquele em que elas não pudessem responsabilizar a um só como causador de seus males e em que, mais do que os homens, fossem as leis que governassem, de tal modo que para mudar o Estado fosse necessário derrubar as próprias leis." (*E. L.*, liv. XIV, cap. 13).

Esta frase complicada parece querer dizer que o clima da Inglaterra força os homens ao desespero, a tal ponto que é necessário renunciar ao governo de uma única pessoa, a fim de que a amargura natural dos habitantes das ilhas britânicas só possa se dirigir contra o conjunto das leis e não a um único homem. A análise do clima da Inglaterra prossegue nesse tom durante alguns parágrafos: "Que se a mesma nação tivesse ainda recebido do clima um certo caráter de impaciência que não lhe permitisse suportar por muito tempo as mesmas coisas, ver-se-ia claramente que o governo de que acabamos de falar seria ainda mais conveniente" (ibid.). A impaciência do povo britânico está, portanto, em harmonia sutil com um regime em que os cidadãos, não podendo responsabilizar um único detentor do poder, estão, de certa forma, paralisados na expressão da sua impaciência.

Nos livros sobre o clima, Montesquieu multiplica as fórmulas desse tipo, que são, como se costuma dizer nesses casos, mais brilhantes do que convincentes.

16. A palavra *art* (arte) é empregada no sentido da atividade dos artesãos. Trata-se portanto das atividades que hoje chamamos secundárias, destinadas a produzir objetos e a transformá-los, não a cultivar diretamente a terra.

17. Seria injusto reduzir as análises econômicas de Montesquieu a esse único erro. Na verdade, Montesquieu apresenta um quadro de modo geral pormenorizado e quase sempre exato dos fatores que intervêm no desenvolvimento das economias. Montesquieu, como economista, é pouco sistemático. Não pertence nem à escola mercantilista nem à fisiocrática. Pode-se, no entanto, como se fez recentemente, considerá-lo como o sociólogo que se antecipou ao estudo moderno do desenvolvimento econômico, tomando em consideração os muitos fatores que o afetam. Analisa o trabalho dos camponeses, o próprio fundamento da existência das coletividades. Faz uma discriminação entre os sistemas de propriedade, procura as consequências dos diferentes sistemas de propriedade sobre o número de trabalhadores e sobre o rendimento das culturas, relaciona sistemas de propriedade e trabalho agrícola com o volume da população. Em seguida, relaciona o volume da população com a diversidade das classes sociais. Esboça o que se poderia denominar "uma teoria do luxo": é preciso haver classes ricas para sustentar o comércio dos objetos inúteis – objetos que não atendem a necessidades imperiosas da vida. Relaciona também o comércio interno entre diferentes classes sociais com o comércio exterior da coleti-

vidade. Introduz a noção de moeda e acompanha o papel que ela desempenha dentro das coletividades e entre elas. Finalmente, procura saber em que medida um determinado regime político favorece ou não a prosperidade econômica.

No sentido estrito do termo, é uma análise menos parcial e menos esquemática do que a dos economistas. A ambição de Montesquieu é realizar uma sociologia geral que englobe a teoria econômica propriamente dita.

Numa análise desse tipo há sempre, perpetuamente, ação recíproca dos diferentes elementos. O modo de propriedade reage sobre a qualidade do trabalho agrícola, e esta, por sua vez, reage sobre as relações das classes sociais. A estrutura das classes sociais age sobre o comércio interior e exterior. A ideia central é a da ação recíproca, indefinida, dos diferentes setores do todo social, uns sobre os outros.

18. Segundo Althusser, no seu livro *Montesquieu, la politique et l'histoire*, o autor de *O espírito das leis* originou uma verdadeira revolução teórica. Esta revolução "implica que seja possível aplicar às matérias da política e da história uma categoria newtoniana da lei. Implica que se possa, a partir das próprias instituições humanas, pensar a sua diversidade como uma unidade e a sua mudança como uma constância: a lei da sua diversificação, a lei do seu *devenir*. Já não se trata de uma ordem ideal, mas de uma relação imanente aos fenômenos. Não será da intuição das essências que sairá essa lei, mas dos próprios fatos, sem ideia preconcebida, da pesquisa e da comparação, das tentativas sucessivas" (p. 26). Mas "o sociólogo não lida, como faz o físico, com um objeto (o corpo) que obedece a um determinismo simples e segue uma linha da qual ele não se afasta; ele lida com um tipo de objeto muito particular: os homens, que se afastam até mesmo das leis que estabelecem para si. O que dizer, então, dos homens em relação às suas leis? – Que eles as modificam, as reformam ou as violam. Mas isso em nada impede que se possa tirar da sua conduta – submissa ou rebelde, indiferentemente – a ideia de uma lei que eles seguem sem saber, e que se possa, de seus próprios erros, extrair a

verdade. Para desistir de descobrir as leis da conduta dos homens é preciso ter a simplicidade de tomar as leis que eles estabelecem para si mesmos, com a necessidade que as governa. Na verdade, seu erro, a aberração de seu humor, a violação e as alterações de suas leis fazem parte, simplesmente, da sua conduta. É preciso apenas descobrir as leis da violação das leis, ou da sua alteração. Esta atitude supõe um princípio metodológico muito fecundo, que consiste em não tomar os motivos da ação humana como aquilo que os mobiliza, os fins e as razões que os homens se propõem conscientemente como as causas reais, quase sempre inconscientes, que os fazem agir" (p. 28-9).

19. Sobre toda essa questão da querela ideológica do séc. XVIII, ver a tese de Élie Carcassonne: *Montesquieu et le problème de la constitution française au XVIIIe siècle*, Paris, 1927.

20. Louis Althusser resume assim o debate: "Uma ideia dominou toda a literatura política do século XVIII: a ideia de que a monarquia absoluta foi estabelecida contra a nobreza, e que o rei se apoiou nos não nobres para contrabalançar o poder dos adversários feudais e reduzi-los à sua vontade. A grande querela dos germanistas e dos romanistas sobre a origem do sistema feudal e da monarquia absoluta se desenvolve tendo como pano de fundo esta convicção geral... De um lado, os germanistas (Saint-Simon, Boulainvilliers e Montesquieu, este último mais informado, com mais nuança mas muito seguro) evocam com nostalgia os tempos da monarquia primitiva (um rei eleito pelos nobres, e par entre seus pares, como era na origem, nas 'florestas' da Germânia) para opô-la à monarquia que se tornou absoluta (um rei combatendo e sacrificando os grandes para tomar seus altos funcionários e seus aliados na plebe). De outro lado, o partido absolutista, de inspiração burguesa, os romanistas (o abade Dubos, esse autor de uma conjuração contra a nobreza [E. L. XXX, 10] e alvo dos últimos livros de *L'esprit des lois*) e os enciclopedistas celebram, seja em Luís XIV, seja no déspota esclarecido, o ideal do príncipe que sabe preferir os méritos e os títulos da burguesia laboriosa às pretensões peremptas dos senhores feudais." (op. cit., p. 104-5).

Na origem do tradicionalismo germanista está uma obra inédita do abade Le Laboureur, incumbido em 13 de março de 1664 pelos pares de França de descobrir na história as provas dos direitos e prerrogativas ligados à sua classe. Le Laboureur, cujo trabalho, quase com certeza, Saint-Simon conheceu, acreditou ter encontrado a origem da nobreza na conquista dos francos e desenvolveu a teoria da nobreza participando do governo com o rei fora das assembleias do Campo de Marte ou do Campo de Maio. O duque de Saint--Simon (1675-1775) nos seus projetos de governo redigidos por volta de 1715 e o conde de Boulainvilliers (1658-1722) em sua *Histoire de l'ancien gouvernement de la France* (1727), sua *Mémoire présenté à Monseigneur le Duc d'Orléans Régent* (1727), seu *Essai sur la noblesse de France* (1732) desenvolveram essa apologia da antiga monarquia – le "règne de l'incomparable Charlemagne" – dividindo, segundo as tradições dos francos, seus poderes com os grandes vassalos. O feudalismo germanista devia continuar até a primeira metade do século XIX. Montlosier, em seu *Traité de la monarchie française*, retoma, ainda em 1814, os temas de Boulainvilliers para defender "os direitos históricos da nobreza". E essa forma de argumentação provoca, por reação, a vocação de muitos dos grandes historiadores da geração de 1815: principalmente Augustin Thierry, cujas primeiras obras (*Histoire véritable de Jacques Bonhomme*, de 1820) poderiam trazer como exergo a fórmula de Sieyès: "Por que o Terceiro Estado não manda para as florestas da Francônia todas essas famílias que conservam a louca pretensão de terem saído da raça dos conquistadores?".

O germanismo de Le Laboureur e de Boulainvilliers era, ao mesmo tempo, "racista", no sentido de partidários dos direitos da conquista, e liberal, na medida em que era hostil ao poder absoluto e favorável à fórmula parlamentar. Mas os dois elementos eram dissociáveis.

Sob forma de referência às tradições francas de liberdade e às Assembleias das florestas da Germânia, essa doutrina político-histórica não estava, portanto, totalmente ligada aos interesses da nobreza. O abade Mably, em suas *Observations sur l'histoire de France* (1765), um dos livros que, sem dúvida, mais influenciaram as gerações revolucionárias, dá uma versão que justifica a convocação dos *États généraux* e as ambições políticas do Terceiro Estado. Quando em 1815 Napoleão quis se conciliar com o povo e a liberdade, retirou do livro de Mably a ideia da Assembleia extraordinária do Campo de Maio. Também no século XIX, Guizot, que foi qualificado de historiador da ascensão legítima da burguesia, é, como Mably, germanista convicto (cf. *Essais sur l'histoire de France*, de 1823, ou as Lições de 1928 em *Histoire générale de la civilization en Europe*).

Tocqueville e Gobineau são, sem dúvida, os últimos herdeiros da ideologia germanista. Com Tocqueville, o feudalismo se transforma em queixas pela ascensão do absolutismo monárquico e reforça as convicções liberais do coração e as convicções democráticas da razão. Com Gobineau, que através de seu tio e Montlosier tirou sua inspiração diretamente dos doutrinadores aristocráticos do século XVIII, desaparece a veia liberal em favor do racismo (ver a correspondência Tocqueville–Gobineau no tomo IX da edição de *Oeuvres complètes* de Tocqueville, Paris, Gallimard, 1959, e principalmente o prefácio de J.-J. Chevallier).

21. O que não impede sua visão lúcida do próprio meio. Não faltam, em suas obras, críticas aos vícios dos nobres e cortesãos. É bem verdade que a sátira aos cortesãos é mais uma sátira contra aquilo que a monarquia fez da nobreza do que contra a própria nobreza, ou contra a nobreza tal como ela deveria ser, isto é, livre e independente na sua riqueza. Assim, "O corpo de lacaios é mais respeitável na França do que em outros lugares, é um seminário de grandes senhores. Ele preenche o vazio dos outros Estados" (*Lettres persanes*, carta 98, O. C., t. I, p. 277), ou ainda: "Nada está mais próximo da ignorância das pessoas da corte de França do que a dos eclesiásticos da Itália." (*Mes pensées*, O. C., t. I, p. 1315.)

22. Léon Brunschvicg, *Le progrès de la conscience dans la philosophie occidentale*, p. 489-501.

23. Cf. Éric Weil, *Philosophie politique*, Paris, Librairie Philosophique, J. Vrin, 1956, p. 36-8. Éric Weil escreve, notadamente: "O direito natural do filósofo constitui o fundamento de toda crítica do direito positivo histórico, assim como o princípio da moral fundamenta toda a crítica das máximas individuais... junto com o direito positivo ele determina para todos os homens o que em determinada situação histórica deve fazer, deve admitir e pode exigir; só critica um sistema coerente na medida em que este não leva em conta a igualdade dos homens como seres racionais ou nega o caráter racional do homem... O direito natural não fornece suas premissas materiais mas toma-as tais como as encontra, para desenvolvê-las segundo o seu próprio critério... O direito natural como instância crítica deve, portanto, decidir se os papéis previstos pela lei positiva não estão em conflito e se o sistema que forma o seu conjunto não contradiz o princípio da igualdade dos homens como seres racionais. Toda resposta a esta questão será ao mesmo tempo formal e histórica: o direito natural, desde que procure se aplicar, se aplica necessariamente a um sistema positivo histórico. O que se aplica assim ao direito positivo e o transforma, considerando-o em sua totalidade, não faz parte do direito positivo."

Bibliografia
(obras citadas pelo autor e em português)

Obras de Montesquieu
(citadas pelo autor)

L'esprit des lois, organizado e apresentado por Jean Brethe de la Gressaye, Paris, Les Belles-Lettres, 4 tomos, 1950-61.

Oeuvres complètes, organizada por É. Laboulaye, Paris, Garnier, 7 vols., 1875-79 (não inclui *Correspondance*, *Voyages*, *Scipilège*, *Pensées* e *Mélanges*).

Oeuvres complètes, texto apresentado e anotado por Roger Caillois, la Pléiade, Paris, Gallimard, t. I, 1949; t. II, 1951 (não inclui *Correspondance*). Esta é a edição utilizada e citada pelo autor deste livro.

Oeuvres complètes, publicadas sob a direção de André Masson, Paris, Nagel, 3 vols., 1950-55. Contém *Correspondance* e alguns outros textos inéditos.

Obras gerais

Brunschvicg, Léon. *Le progrès de la conscience dans la philosophie occidentale*, Paris, Alcan, 1927.

Cassirer, Ernst. *La philosophie des lumières*, Paris, Fayard, 1966.

Chevallier, Jean-Jacques. *Les grandes oeuvres politiques*, Paris, A. Colin, 1949.
Laski, J. H. *The Rise of European Liberalism, an Essay in Interpretation*, Londres, Allen & Unwin, 1936.
Leroy, Maxime. *Histoire des idées sociales en France*, I. *De Montesquieu à Robespierre*, Paris, Gallimard, 1946.
Martin, Kingsley. *French Liberal Thought in the Eighteenth Century, a study of political ideas from Bayle to Condorcet*, Londres, Turnstile Press, 1954.
Meinecke, Friedrich. *Die Entstehung des Historismus*, Munique, Berlim, R. Oldernburg, 2 vols., 1936.
Vaughan, C. E. *Studies in the History of Political Philosophy before and after Rousseau*, editado por A. G. Little, Manchester University Press, 2 vols., 1939.

Obras sobre Montesquieu

Althusser, L. *Montesquieu, la politique et l'histoire*, Paris, P.U.F., 1959.
Barkhausen, H. *Montesquieu, ses idées et ses oeuvres d'après les papiers de la Brède*, Paris, Hachette, 1907.
Barrière, P. *Un grand provincial: Charles-Louis de Secondat, baron de la Brède et de Montesquieu*, Bordeaux, Delmas, 1946.
Carcassonne, E. *Montesquieu et le problème de la constitution française au XVIIIe siècle*, Paris, Presses Universitaires, 1927.
Cotta, A. "Le développement économique dans la pensée de Montesquieu", *Revue d'histoire économique et sociale*, 1957.
Cotta, S. *Montesquieu e la scienza della politica*, Turim, Ramella, 1953.
Courtney, C. P. *Montesquieu and Burke*, Oxford, Basil & Blackwell, 1963.
Dedieu, J. *Montesquieu et la tradition politique anglaise en France, les sources anglaises de "L'esprit des lois"*, Paris, J. Gabalda, 1909.
___. *Montesquieu, l'homme et l'oeuvre*, Paris, Boivin, 1943.

Durkheim, E. *Montesquieu et Rousseau, précurseurs de la sociologie;* nota introdutória de G. Davy, Paris, M. Rivière, 1953.
Ehrard, J. *Politique de Montesquieu*, Paris, A. Colin, 1965.
Eisenmann, Ch. *L'esprit des lois* et la séparation des pouvoirs, in *Mélanges Carré de Malberg*, Paris, 1933.
Étiemble, "Montesquieu", *in Histoire des littératures*, III, Encyclopédie de la Pléiade, Paris, Gallimard, 1958, p. 696-710.
Faguet, E. *La politique comparée de Montesquieu, Rousseau et Voltaire*, Paris, Société française d'imprimerie et de librairie, 1902.
Flechter, F. T. H. *Montesquieu and English Politics – 1750-1800*, Londres, E. Arnold, 1939.
Groethuysen, B. *Philosophie de la Révolution Française*, precedido de *Montesquieu*, Paris, Gallimard, 1956.
Shackleton, A. *Montesquieu, a Critical Biography*, Londres, Oxford University Press, 1961.
Sorel, A. *Montesquieu*, Paris, Hachette, 1887.
Starobinski, J. *Montesquieu par lui-même*, Paris, Le Seuil, 1957.

Obras coletivas dedicadas a Montesquieu

Congrès Montesquieu de Bordeaux, 1955. Atas do Congresso Montesquieu, reunido em Bordeaux de 23 a 26 de maio de 1955, em comemoração ao segundo centenário da morte de Montesquieu, Bordeaux, Delmas, 1956.
La pensée politique et constitutionnelle de Montesquieu. Bicentenário de *L'esprit des lois*, 1748-1948. Direção de Boris Mirkine-Guetzevitch e H. Puget, com a colaboração de P. Barrière, P. Bastid, J. Brethe de La Gressaye, R. Cassin, Ch. Eisenmann..., Paris, Sirey, 1952.
Revue de métaphysique et de morale. Número especial de outubro de 1939 (vol. 46), consagrado a Montesquieu por ocasião do 250º aniversário do seu nascimento. Textos de R. Hubert, G. Davy, G. Gurvitch.

Obras de Montesquieu
(em português)

Cartas persas, com um estudo de Abel Grenier, trad. e notas de Mário Barreto, Rio de Janeiro, Livraria Garnier, 1923.

Cartas persas, com um estudo de Abel Grenier, trad. e notas de Mário Barreto, Belo Horizonte, Itatiaia, 1960.

Cartas persas, trad. e apres. de Renato Janine Ribeiro, São Paulo, Pauliceia, 1991.

Considerações sobre as causas da grandeza dos romanos e da sua decadência, trad., intr. e notas de Pedro Vieira Mota, São Paulo, Saraiva, 1997.

Dissertação sobre a política dos romanos na religião por Montesquieu, trad. de João Candido de Deus e Silva, Niterói, Typ Nicteroy de M G S Rego, 1836.

Do espírito das leis, com as anotações de Voltaire, de Grevier, de Mably de la Harpe..., trad. de Gabriela de Andrada Dias Barbosa, 2 vols., São Paulo, Brasil Editora, 1960.

Do espírito das leis, com as anotações de Voltaire, de Grevier, de Mably de la Harpe..., trad. de Gabriela de Andrada Dias Barbosa, Rio de Janeiro, Ediouro, 1993.

Do espírito das leis, São Paulo, Cultura, 1945.

Do espírito das leis, intr. e notas de Gonzague Truc, trad. de Fernando Henrique Cardoso e Leôncio Martins Rodrigues, 2 vols., São Paulo, Difusão Europeia, 1962.

Do espírito das leis, trad. de Fernando Henrique Cardoso e Leôncio Martins Rodrigues, col. Os Pensadores, São Paulo, Nova Cultural, 1997.

O espírito das leis, trad. de Cristina Murachco, apres. de Renato Janine Ribeiro, 2.ª ed., São Paulo, Martins Fontes, 1996.

O espírito das leis, trad. de Fernando Henrique Cardoso e Leôncio Martins Rodrigues, 2.ª ed., Brasília, UnB, 1995.

O espírito das leis: as formas de governo, a federação, a divisão dos poderes, presidencialismo versus *parlamentarismo*, trad., intr. e notas de Pedro Vieira Mota, 6.ª ed., São Paulo, Saraiva, 1999.

Grandeza e decadência dos romanos, trad., comentários e reflexões de Manoel Carlos, São Paulo, Cultura Moderna, s. d.
Grandeza e decadência dos romanos, Rio de Janeiro, Francisco Alves, 1937.
História verdadeira, trad. de Antonio de Pádua Danesi, São Paulo, Scrinium, 1996.
Montesquieu, 2 vols., col. Os Pensadores, São Paulo, Nova Cultural, 1997.

Obras gerais
(em português)

Cassirer, Ernst. *A filosofia do iluminismo*, trad. de Álvaro Cabral, 2.ª ed., Campinas, Unicamp, 1994.
Chevallier, Jean-Jacques. *As grandes obras políticas: de Maquiavel a nossos dias*, trad. de Lydia Christina, 6.ª ed., Rio de Janeiro, Agir, 1993.
Laski, J. H. *O liberalismo europeu*, trad. de Álvaro Cabral, São Paulo, Mestre Jou, 1973.

Obras sobre Montesquieu
(em português)

Althusser, L. *Montesquieu: a política e a história*, trad. de Luiz Cary e Luísa Costa, Lisboa, Presença, 1972.
Starobinski, Jean. *Montesquieu*, trad. de Tomás Rosa Bueno, São Paulo, Companhia das Letras, 1990.

AUGUSTE COMTE

> A sã política não deveria ter por objeto fazer avançar a espécie humana, que se move por impulso próprio, seguindo uma lei tão necessária quanto a da gravidade, embora mais modificável; ela tem por finalidade facilitar sua marcha, iluminando-a.
>
> *Système de politique positive*, Apêndice III, Plan des travaux scientifiques nécessaires pour réorganiser la société, 1828, p. 95.

Montesquieu é, antes de tudo, o sociólogo consciente da diversidade humana e social. Para ele, o objetivo da ciência é pôr ordem num caos aparente; é o que consegue, concebendo tipos de governo ou de sociedade, enumerando determinantes que influenciam todas as coletividades e, talvez mesmo, em última análise, identificando alguns princípios racionais de validade universal, embora sujeitos a eventuais violações, aqui e ali. Montesquieu parte da diversidade para chegar, não sem esforço, à unidade humana.

Auguste Comte, ao contrário, é antes de mais nada o sociólogo da unidade humana e social, da unidade da história humana. Leva sua concepção da unidade até o ponto em que a dificuldade é inversa: tem dificuldade em encontrar e fundamentar a diversidade. Como só há um tipo de sociedade absolutamente válido, toda a humanidade deverá, segundo sua filosofia, chegar a esse tipo de sociedade.

As três etapas do pensamento de Comte

Parece-me que podemos apresentar as etapas da evolução filosófica de Auguste Comte como representando as três formas pelas quais a tese da unidade humana é afirmada, explicada e justificada. Essas três etapas estão marcadas pelas três obras principais de Comte.

A primeira, entre 1820 e 1826, é a dos *Opuscules de philosophie sociale: Sommaire appréciation sur l'ensemble du passé moderne* [Opúsculos de filosofia social: apreciação sumária do conjunto do passado moderno], abril de 1820; *Prospectus des travaux scientifiques nécessaires pour réorganiser la société* [Prospecto dos trabalhos científicos necessários para reorganizar a sociedade], abril de 1822; *Considérations philosophiques sur les idées et les savants* [Considerações filosóficas sobre as ideias e os cientistas], novembro-dezembro de 1825; *Considérations sur le pouvoir spirituel* [Considerações sobre o poder espiritual], 1825-26. A segunda etapa está constituída pelas lições do *Cours de philosophie positive* [Curso de filosofia positiva], 1830-42; a terceira, pelo *Système de politique positive ou traité de sociologie instituant la religion de l'humanité* [Sistema de política positiva ou tratado de sociologia instituindo a religião da humanidade], publicado de 1851 a 1854.

Na primeira etapa, nos *Opúsculos* (republicados por Comte no fim do tomo IV do *Système de politique positive*, para marcar a unidade do seu pensamento), o jovem *polytechnicien* reflete sobre a sociedade do seu tempo. A maior parte dos sociólogos toma como ponto de partida uma interpretação da sua época. Auguste Comte é, nesse aspecto, exemplar. Os *Opúsculos* constituem a descrição e a interpretação do momento histórico vivido pela sociedade europeia no princípio do século XIX.

Segundo Auguste Comte, um certo tipo de sociedade, caracterizado pelos dois adjetivos, teológico e militar, está em via de desaparecer. O cimento da sociedade medieval era a fé transcendental, interpretada pela Igreja Católica. O modo de pensar teológico era contemporâneo da predominância da atividade militar cuja expressão era a atribuição das primeiras posições aos homens de guerra. Um outro tipo de sociedade, científica e industrial, está em via de nascer. A sociedade que nasce é científica, no sentido em que a sociedade que morre era teológica: o modo de pensar dos tempos passados era o dos teólogos e sacerdotes. Os cientistas substituem os sacerdotes e teólogos como a categoria social que dá a base intelectual e moral da ordem social. Estão em via de receber dos sacerdotes, como herança, o poder espiritual que, segundo os primeiros *Opúsculos* de Comte, se encarnou necessariamente, em cada época, nos que oferecem o modelo do modo de pensar predominante, e fornecem as ideias correspondentes aos princípios da ordem social. Assim como os cientistas substituem os sacerdotes, os industriais, no sentido mais amplo – isto é, os empreendedores, diretores de fábricas, banqueiros –, estão assumindo o lugar dos militares. A partir do momento em que os homens pensam cientificamente, a atividade principal das coletividades deixa de ser a guerra de homens contra homens, para se transformar na luta dos homens contra a natureza, ou na exploração racional dos recursos naturais.

Desde essa época, Auguste Comte conclui, a partir da análise da sociedade em que vive, que a reforma social tem como condição fundamental a reforma intelectual. Os imponderáveis de uma revolução ou a violência não permitem reorganizar a sociedade em crise. Para isso é preciso uma síntese das ciências e a criação de uma política positiva.

Como muitos de seus contemporâneos, Auguste Comte considera que a sociedade moderna está em crise, e encontra a explicação dos problemas sociais na contradição entre uma ordem histórica teológico-militar em via de desaparecer e uma ordem social científica-industrial que nasce.

A consequência dessa interpretação da crise da sua época é que Comte, reformador, não é um doutrinário da revolução ao modo de Marx, nem um doutrinário das instituições livres à maneira de Montesquieu ou de Tocqueville; é um doutrinário da ciência positiva e da ciência social.

A orientação geral do pensamento e, sobretudo, os planos de transformação de Comte decorrem dessa interpretação da sociedade da época. Assim como Montesquieu observava a crise da monarquia francesa, e essa observação constituía uma das origens da sua concepção de conjunto, Auguste Comte observa a contradição de dois tipos sociais que, segundo ele, só pode ser resolvida pelo triunfo do tipo social que chama de científico e industrial. Essa vitória é inevitável, mas pode ser mais ou menos acelerada, ou retardada. Com efeito, a função da sociologia é compreender o devenir necessário, isto é, indispensável e inevitável, da história, de modo que ajude a realização da ordem fundamental.

Na segunda etapa, a do *Curso de filosofia positiva*, as ideias diretrizes são as mesmas, mas a perspectiva é ampliada. Nos *Opúsculos*, Auguste Comte considera essencialmente as sociedades da época e seu passado, isto é, a história da Europa. Seria fácil para um não europeu mostrar que, nos primeiros *opúsculos*, Auguste Comte tem a ingenuidade de conceber a história da Europa como se ela absorvesse a história de todo o gênero humano; ou ainda, pressupõe o caráter exemplar da história europeia, admitindo que a ordem social para a qual tende será a ordem social de toda a espécie humana. Durante essa segunda etapa, isto é, no *Curso de filosofia positiva*, Auguste Comte não renova esses temas, mas aprofunda e executa o programa cujas grandes linhas tinha fixado em suas obras de juventude.

Passa em revista as diversas ciências, desenvolve e confirma as duas leis essenciais, que já tinha enunciado nos *opúsculos*: a lei dos três estados e a classificação das ciências[1].

Segundo a lei dos três estados, o espírito humano teria passado por três fases sucessivas. Na primeira, o espírito humano explica os fenômenos atribuindo-os a seres, ou forças, comparáveis ao próprio homem. Na segunda, invoca entidades abstratas, como a natureza. Na terceira, o homem se limita a observar os fenômenos e a fixar relações regulares que podem existir entre eles, seja num momento dado, seja no curso do tempo; renuncia a descobrir as causas dos fatos e se contenta em estabelecer as leis que os governam.

A passagem da idade teológica para a idade metafísica, e depois para a idade positiva, não se opera simultaneamente em todas as disciplinas intelectuais. No pensamento de Comte, a lei dos três estados só tem um sentido rigoroso quando combinada com a classificação das ciências. A ordem segundo a qual são ordenadas as diversas ciências nos revela a ordem em que a inteligência se torna positiva nos vários domínios[2].

Em outras palavras, a maneira de pensar positiva se impôs mais cedo nas matemáticas, na física, na química, e depois na biologia. É normal, aliás, que o positivismo apareça mais tarde nas disciplinas que têm por objeto matérias mais complexas. Quanto mais simples uma matéria, mais fácil pensar sobre ela positivamente. Há mesmo alguns fenômenos cuja observação se impõe por si mesma, de sorte que, nesses casos, a inteligência é imediatamente positiva.

A combinação da lei dos três estados com a classificação das ciências tem por objetivo provar que a maneira de pensar que triunfou na matemática, na astronomia, na física, na química e na biologia deve, por fim, se impor à política, levando à constituição de uma ciência positiva da sociedade, a sociologia.

Mas essa combinação não tem unicamente por objeto demonstrar a necessidade de criar a sociologia. A partir de uma certa ciência, a biologia, intervém uma reviravolta decisiva em termos de metodologia: as ciências deixam de ser analíticas para serem, necessária e essencialmente, sintéticas. Essa inversão irá dar um fundamento à concepção sociológica da unidade histórica.

Esses dois termos, analítico e sintético, têm, na linguagem de Auguste Comte, múltiplas significações. Neste exemplo preciso, as ciências da natureza inorgânica, a física e a química, são analíticas no sentido de que estabelecem leis entre fenômenos isolados, e isolados necessária e legitimamente. Na biologia, porém, é impossível explicar um órgão ou uma função sem considerar o ser vivo como um todo. É com relação ao organismo como um todo que um fato biológico particular tem significado e pode ser explicado. Se quiséssemos separar arbitrária e artificialmente um elemento de um ser vivo, teríamos diante de nós apenas matéria morta. A matéria viva enquanto tal é intrinsecamente global ou total.

Essa ideia da primazia do todo sobre os elementos deve ser transposta para a sociologia. É impossível compreender o estado de um fenômeno social particular se não o recolocamos no todo social. Não se pode entender a situação da religião, ou a forma precisa do Estado, numa sociedade particular, sem considerar o conjunto dessa sociedade. Mas tal prioridade do todo sobre os elementos não se aplica apenas a um momento artificialmente recortado do devenir histórico. Só se compreenderá o estado da sociedade francesa no princípio do século XIX se recolocarmos esse momento histórico na continuidade do devenir francês. A Restauração só pode ser compreendida pela Revolução, e a Revolução pelos séculos de regime monárquico. O declínio do espírito teológico e militar só se explica pelas suas origens, nos séculos passados. Da mesma forma como só é possível compreender um elemento do todo social considerando esse mesmo todo, não se pode entender um momento da evolução histórica sem levar em conta o conjunto dessa evolução.

Continuando porém a pensar nessa linha, defrontamos com uma dificuldade evidente. Isso porque para compreender um momento da evolução da nação francesa será necessário se referir à totalidade da história da espécie humana. A lógica do princípio da prioridade do todo sobre o elemento leva à ideia de que o verdadeiro objeto da sociologia é a história da espécie humana.

Auguste Comte era um homem lógico, formado nas disciplinas da École Polytechnique. Como tinha enunciado a prioridade da síntese sobre a análise, deveria concluir que a ciência social que pretendia fundar teria por objeto de estudo a história da espécie humana, considerada como uma unidade, o que seria indispensável para a compreensão das funções particulares do todo social e de um momento particular do devenir.

No *Curso de filosofia positiva* é criada a nova ciência, a sociologia, que, admitindo a prioridade do todo sobre o elemento e da síntese sobre a análise, tem por objeto a história da espécie humana.

Vê-se aqui a inferioridade ou superioridade – a meu ver a inferioridade – de Auguste Comte em relação a Montesquieu. Enquanto Montesquieu parte do fato, que é a diversidade, Auguste Comte, com a intemperança lógica característica dos grandes homens, e de alguns homens menos grandes, parte da unidade da espécie humana e atribui à sociologia, como objeto de estudo, a história da espécie humana.

Convém acrescentar que Auguste Comte, considerando que a sociologia é uma ciência à maneira das ciências precedentes, não hesita em retomar a fórmula que já empregara nos *Opúsculos*: assim como não há liberdade de consciência na matemática ou na astronomia, não pode haver também em matéria de sociologia. Como os cientistas impõem seu veredicto aos ignorantes e aos amadores, em matemática e astronomia, devem logicamente fazer o mesmo em sociologia e política. O que pressupõe, evidentemente, que a sociologia possa determinar o que é, o que será e o que deve ser. A sociologia sintética de Auguste Comte sugere, aliás, tal competência: ciência do todo histórico, ela determina não só o que foi e o que é, mas também o que será, no sentido da necessidade do determinismo. O que será é justificado como sendo conforme com aquilo que os filósofos do passado teriam chamado a natureza humana, com aquilo que Auguste Comte chama simplesmente de realização da ordem humana e social. Na terceira etapa do seu pensamento, ele justifica, por uma teoria da natureza humana e da natureza social, essa unidade da história humana.

O *Système de politique positive* é posterior à aventura do seu autor com Clotilde de Vaux. O estilo e a linguagem são um pouco diferentes do que encontramos no *Curso de filosofia positiva*. Contudo, o *Système* corresponde a uma tendência do pensamento comtista que já é visível na primeira e, sobretudo, na segunda etapa.

De fato, se, como creio, é possível explicar o itinerário de Auguste Comte pela vontade de justificar a ideia da unidade da história humana, é normal que no seu último livro ele tenha dado uma fundamentação filosófica a esta noção. Para que a história humana seja uma só, é preciso que o homem tenha uma certa natureza reconhecível e definível, através de todos os tempos e de todas as sociedades. É preciso, em segundo lugar, que toda sociedade comporte uma ordem essencial que se possa reconhecer através da diversidade das organizações sociais. Finalmente, é preciso que essa natureza humana e essa natureza social sejam tais que possamos inferir delas as principais características do devenir histórico. Ora, creio que se pode explicar o essencial do *Système de politique positive* por essas três ideias.

A teoria da natureza humana está incluída no que Auguste Comte chama de quadro cerebral, conjunto de concepções relativas às localizações cerebrais. Deixando de lado algumas extravagâncias, esse quadro cerebral corresponde a uma precisão das diferentes atividades características do homem enquanto homem. A ordem social básica que se pode reconhecer através da diversidade das instituições está descrita e analisada no tomo II, que tem como objeto *La statique sociale* [A estática social]. Finalmente o quadro cerebral e a estática social servem de fundamento para o tomo III do *Système de politique positive*, consagrado à dinâmica. Toda a história tende à realização da ordem fundamental da sociedade, analisada no tomo II, e à realização do que existe de melhor na natureza humana, descrito no quadro cerebral do tomo I.

O ponto de partida do pensamento de Comte é, portanto, uma reflexão sobre a contradição interna da sociedade do seu tempo, entre o tipo teológico-militar e o tipo científico-industrial. Como esse momento histórico é caracterizado pela generalização do pensamento científico e da atividade industrial, o único meio de pôr fim à crise é acelerar o devenir, criando o sistema de ideias científicas que presidirá à ordem social, como o sistema de ideias teológicas presidiu à ordem social do passado.

Daí, Comte passa ao *Curso de filosofia positiva*, isto é, à síntese do conjunto da obra científica da humanidade, para identificar os métodos que foram aplicados nas várias disciplinas e os resultados essenciais obtidos em cada uma delas. Esta síntese dos métodos e dos resultados deve servir de base para a criação da ciência que ainda está faltando, a sociologia.

Mas a sociologia que Comte quer criar não é a sociologia prudente, modesta, analítica de Montesquieu, que se esforça por multiplicar as explicações a fim de mostrar a extrema diversidade das instituições humanas. Sua função é resolver a crise do mundo moderno, isto é, fornecer o sistema de ideias científicas que presidirá à reorganização social.

Ora, para que uma ciência possa preencher esse papel, é preciso que apresente resultados indubitáveis e exprima verdades tão incontestáveis quanto as da matemática e da astronomia. É preciso também que a natureza dessas verdades seja de um certo tipo. A sociologia analítica de Montesquieu sugere, aqui e ali, algumas reformas; dá alguns conselhos ao legislador. Admitindo, porém, que as instituições de qualquer sociedade são condicionadas por uma multiplicidade de fatores, não se pode conceber uma realidade institucional fundamentalmente diferente da que existe. Auguste Comte deseja ser, ao mesmo tempo, um cientista e um reformador. Qual é, pois, a ciência que pode ser certa nas suas afirmações e, ao mesmo tempo, imperativa, para um reformador? Incontestavelmente, seria uma ciência sintética conforme a concebe Auguste Comte, ciência que, partindo de leis mais gerais, das leis fundamentais da evolução humana, descobrisse um determinismo global que os homens pudessem, de um certo modo, utilizar segundo a expressão positivista, uma "fatalidade modificável".

A sociologia de Auguste Comte começa por aquilo que é mais interessante saber. Deixa os pormenores aos historiadores, isto é, aos que nosso autor considera empreiteiros obscuros, perdidos em erudição medíocre, e que são desprezados pelos que apreenderam de imediato a lei mais geral do devenir.

Montesquieu e Tocqueville atribuem uma certa primazia à política, à forma do Estado; Marx, à organização econômica. A doutrina de Auguste Comte se baseia na ideia de que toda sociedade se mantém pelo acordo dos espíritos[3]. Só há sociedade na medida em que seus membros têm as mesmas crenças. É a maneira de pensar que caracteriza as diferentes etapas da humanidade, e a etapa final será marcada pela generalização triunfante do pensamento positivo.

Tendo levado, assim, até as últimas consequências a concepção de uma história humana unificada, Auguste Comte se vê, portanto, obrigado a fundamentar essa unidade, e só poderá fundamentá-la em termos filosóficos, referindo-se a uma concepção da natureza humana constante, e também de uma ordem social fundamental, também constante.

A filosofia de Comte pressupõe portanto três grandes temas.

O primeiro é o de que a sociedade industrial, a sociedade da Europa ocidental, é exemplar e se tornará a sociedade de todos os homens. Ainda não está provado que Auguste Comte estivesse errado quando acreditava que certos aspectos da sociedade industrial da Europa tinham uma vocação universal. A organização científica do trabalho, característica da sociedade europeia, é tão mais eficaz do que todas as outras organizações, que, a partir do momento em que seu segredo foi descoberto por um povo, todas as partes da humanidade têm necessidade de aprendê-lo, pois ele é a condição da prosperidade e do poder.

O segundo é a dupla universalidade do pensamento científico. No campo da matemática, da física ou da biologia, o pensamento positivo tem vocação universal, no sentido de que todas as partes da espécie humana adotam esse modo de pensar quando os êxitos atribuíveis a ele se tornam visíveis. Neste particular Comte tinha razão: a ciência ocidental é, hoje, a ciência de toda a humanidade, trate-se de matemática, astronomia, física, química e, até mesmo, em larga medida, de biologia. Mas a universalidade da ciência tem outro sentido. No momento em que se começa a pensar positivamente em astronomia ou física, não se pode pensar de outro modo em termos de política ou de religião. O método positivo, que alcançou êxito nas ciências da natureza inorgânica, deve ser estendido a todos os aspectos do pensamento. Ora, essa generalização do método positivo é evidente. Estaremos condenados, então, a reproduzir em sociologia, moral ou em política o método da matemática e da física? O que se pode dizer é que esse debate continua.

O terceiro tema fundamental de Auguste Comte é o do *Système de politique positive*. Como é possível, em última análise, explicar a diversidade, se a natureza humana é basicamente a mesma, se a ordem social é basicamente a mesma?

Em outras palavras, a concepção comtista da unidade humana assume três formas, nos três momentos principais da sua carreira:

A sociedade que se desenvolve no Ocidente é exemplar, e será seguida como modelo por toda a humanidade;

A história da humanidade é a história do espírito enquanto devenir do pensamento positivo ou enquanto aprendizado do positivismo pelo conjunto da humanidade;

A história da humanidade é o desenvolvimento da natureza humana.

Esses três temas, que não se contradizem, estão de certa forma presentes em todos os momentos da carreira de Auguste Comte, embora com ênfase desigual. Representam três interpretações possíveis do tema da unidade da espécie humana.

A sociedade industrial

As ideias fundamentais de Auguste Comte, durante seus anos de juventude, não são ideias pessoais. Ele recolheu no clima da época a convicção de que o pensamento teológico pertencia ao passado; que Deus estava morto, para empregar a fórmula de Nietzsche; que o pensamento científico comandaria daquele momento em diante a inteligência dos homens modernos; que com a teologia desapareceria a estrutura feudal e a organização monárquica; que os cientistas e os industriais dominariam a sociedade do nosso tempo.

Todos esses temas são desprovidos de originalidade, mas é importante compreender a escolha feita por Auguste Comte, entre as ideias correntes, para definir sua própria interpretação da sociedade da época.

O fato novo que chama a atenção de todos os observadores da sociedade, no princípio do século XIX, é a indústria. Todos consideram que algo de original está acontecendo com relação ao passado. Mas em que consiste a originalidade da indústria moderna?

Parece-me que os traços característicos da indústria, tais como os observam os homens do começo do século XIX, são em número de seis:

1º. A indústria se baseia na organização científica do trabalho. Em vez de se organizar segundo o costume, a produção é ordenada com vistas ao rendimento máximo.

2º. Graças à aplicação da ciência à organização do trabalho, a humanidade desenvolve prodigiosamente seus recursos.

3º. A produção industrial leva à concentração dos trabalhadores nas fábricas e nas periferias das cidades; surge um novo fenômeno social: as massas operárias.

4º. Essas concentrações de trabalhadores nos locais de trabalho determinam uma oposição, latente ou aberta, entre empregados e empregadores, entre proletários de um lado e empresários ou capitalistas do outro.

5º. Enquanto a riqueza, graças ao caráter científico do trabalho, não para de aumentar, multiplicam-se crises de superprodução, que têm por consequência criar a pobreza no meio da abundância. Enquanto milhões de indivíduos sofrem as carências da pobreza, mercadorias deixam de ser vendidas, para escândalo do espírito.

6º. O sistema econômico, associado à organização industrial e científica do trabalho, se caracteriza pela liberdade de trocas e pela busca do lucro por parte dos empresários e comerciantes. Alguns teóricos concluem daí que, a condição essencial do desenvolvimento da riqueza é, precisamente, a busca do lucro e a concorrência, e que, quanto menos o Estado intervier na economia, mais rapidamente aumentará a produção e a riqueza.

As interpretações diferem conforme a importância atribuída a cada uma dessas características. Auguste Comte considera as três primeiras como decisivas. A indústria se define pela organização científica do trabalho, que produz o crescimento constante das riquezas e a concentração dos operários nas fábricas; essa última característica é a contrapartida da concentração de capitais ou dos meios de produção nas mãos de um pequeno número de pessoas.

Para ele, a quarta característica, oposição entre operários e empresários, é secundária[4]. Resulta da má organização da sociedade industrial e pode ser corrigida por meio de reformas. A seus olhos as crises são fenômenos episódicos e superficiais. O liberalismo, para Comte, não é a essência da nova sociedade, mas um elemento patológico, um momento de crise no desenvolvimento de uma organização que será muito mais estável do que aquela fundada no livre jogo da concorrência.

Naturalmente, segundo os socialistas, as duas características decisivas são a quarta e a quinta. O pensamento socialista, como o dos economistas pessimistas da primeira metade do século XIX, se desenvolve a partir da constatação do conflito proletários-empresários, e da frequência das crises consideradas como sequela inevitável da anarquia capitalista. É a partir dessas duas características que Marx edifica sua teoria do capitalismo e a interpretação histórica do sistema capitalista.

Quanto à sexta característica, o livre comércio, é a acentuada pelos teóricos liberais, que a consideram a causa decisiva do progresso econômico.

No princípio do século XIX, todo o mundo constatava a ocorrência simultânea de três fenômenos: o crescimento da riqueza, a aplicação da ciência à indústria e um regime liberal de intercâmbios. As interpretações variavam segundo a responsabilidade atribuída a cada um destes dois últimos fenômenos no desenvolvimento do primeiro.

Auguste Comte define sua própria teoria da sociedade industrial pelas críticas que dirige aos economistas liberais e aos socialistas. Sua versão da sociedade industrial não é nem liberal nem socialista, mas poderia ser definida como a teoria da organização, se essa palavra não tivesse sido utilizada para a tradução francesa do livro de Burnham *The Managerial Revolution*[5], pois os organizadores de Auguste Comte são muito diferentes dos organizadores ou *managers* de Burnham.

Auguste Comte acusa de metafísicos os economistas liberais que se interrogam sobre o valor e se esforçam por determinar, em abstrato, o funcionamento do sistema. O pensamento metafísico, segundo ele, é um pensamento abstrato, é um pensamento por conceitos, como, a seus olhos, o pensamento dos economistas de seu tempo[6].

Esses metafísicos cometem, além disso, o erro de considerar os fenômenos econômicos separando-os do todo social. A economia política começa pelo isolamento ilegítimo de um setor do todo social, que só pode ser compreendido rigorosamente no interior desse conjunto.

Essas duas críticas foram retomadas pela maior parte dos sociólogos franceses da escola de Durkheim, e determinaram a atitude de semi-hostilidade daqueles que, hoje, chamamos de sociólogos com relação aos que chamamos de economistas, pelo menos nas universidades francesas.

Finalmente, Auguste Comte critica os liberais por superestimar a eficácia dos mecanismos de troca e de competição no desenvolvimento da riqueza.

Os economistas têm o mérito, contudo, de afirmar que, a longo prazo, os interesses privados se ajustam. A oposição essencial entre liberais e socialistas está no fato de que os primeiros acreditam na conciliação final dos interesses, e os segundos admitem o caráter fundamental da luta de classes. Auguste Comte, sobre este ponto essencial, está do lado dos liberais. Não acredita numa oposição fundamental de interesses entre proletários e empresários. Podem existir, de modo temporário e secundário, rivalidades pela repartição da riqueza. Contudo, como os economistas liberais, Comte acha que o desenvolvimento da produção se ajusta, por definição, aos interesses de todos. A lei da sociedade industrial é o desenvolvimento da riqueza, que postula ou implica a conciliação final dos interesses.

Comparativamente aos economistas que consideram a liberdade e a concorrência como causas essenciais do crescimento, o fundador do positivismo pertence à escola daqueles que chamarei de *polytechniciens organisateurs* (politécnicos organizadores).

Há hoje dois economistas franceses que representam duas tendências do espírito politécnico. O primeiro é Maurice Allais, que acredita na importância decisiva dos mecanismos da concorrência para o processo de regulagem da economia[7]. O segundo, Alfred Sauvy, muito menos simpático aos mecanismos do mercado do que Maurice Allais ou Jacques Rueff, representa a tendência que valoriza a eficiência da organização[8]. Auguste Comte pode ser considerado como o patrono da escola da organização.

Comte, este politécnico organizador, é hostil ao socialismo, ou, para ser mais exato, àqueles que chama de comunistas, isto é, os doutrinários ou teóricos do seu tempo, inimigos da propriedade privada. É um organizador que acredita nas virtudes não tanto da concorrência, mas da propriedade privada, e até mesmo, o que é mais curioso, nas virtudes da propriedade privada das riquezas concentradas.

Com efeito, Comte justifica a concentração de capitais e dos meios de produção, que não lhe parece contraditória com a propriedade privada. Para ele tal concentração é, antes de mais nada, inevitável, o que significa, segundo o otimismo providencial tão característico da sua filosofia da história, que é igualmente benéfica. Está em conformidade com a tendência fundamental que se observa no curso da história humana. A civilização material só se pode desenvolver se cada geração produzir mais do que é necessário para sua sobrevivência, transmitindo assim à geração seguinte um estoque de riqueza maior do que o recebido da geração precedente. A capitalização dos meios de produção é característica do desenvolvimento da civilização material, e leva à concentração.

Auguste Comte não é sensível ao argumento de que a importância dos capitais concentrados deveria determinar o caráter público da propriedade. A concentração dos meios de produção não o faz concluir que a nacionalização seja necessária. Pelo contrário, é indiferente à oposição entre propriedade privada e propriedade pública, porque considera que a autoridade, econômica ou política, é sempre pessoal. Em toda sociedade são homens, em pequeno número, que comandam. Um dos motivos, consciente ou inconsciente, da reivindicação da propriedade pública é a crença, bem ou mal fundamentada, de que a substituição do regime de propriedade modificaria a estrutura da ordem social. Ora, Comte é cético a este respeito. São sempre os ricos que detêm a parte do poder que não pode deixar de acompanhar a riqueza, e que é inevitável em qualquer ordem social. Em toda parte há homens que comandam; é bom que os homens que detêm o capital concentrado sejam os que exerçam a autoridade econômica e social indispensável.

Mas a propriedade pessoal deve ser esvaziada do seu caráter arbitrariamente pessoal, pois o que ele chama de patrícios, os chefes temporais, industriais, banqueiros, devem conceber sua função como uma função social. A propriedade privada é necessária, inevitável, indispensável; mas só é tolerável quando assumida, não como o direito de usar e abusar, mas como o exercício de uma função coletiva por aqueles que a sorte ou o mérito pessoal designou para isso[9].

Comte assume, portanto, uma posição intermediária entre o liberalismo e o socialismo. Não é um doutrinário da propriedade privada, concebida à maneira do direito romano. Não é um reformador que se inclina à socialização dos meios de produção. É um organizador que deseja manter a propriedade privada e transformar seu sentido, para que, embora exercida por alguns indivíduos, tenha também uma função social. Essa concepção não se afasta muito de certas doutrinas do catolicismo social.

Além dessa teoria da propriedade privada, Comte enuncia outra ideia que adquire importância, sobretudo em seu último livro, o *Système de politique positive*, isto é, a ideia do caráter secundário da hierarquia temporal.

O doutrinário do positivismo inclina-se a aceitar a concentração da riqueza e a autoridade dos industriais, porque a existência dos indivíduos não se define exclusivamente pelo lugar que ocupam na hierarquia econômica e social. Além da ordem temporal, que comanda o poder, há uma ordem espiritual, que é a dos méritos morais. O operário que se encontra embaixo na hierarquia temporal pode ocupar uma posição superior na hierarquia espiritual, se seu merecimento pessoal e devotamento à coletividade forem maiores do que os de seus superiores hierárquicos.

Essa ordem espiritual não é transcendente, como a religião cristã a conceberia. Não é a ordem da vida eterna. É uma ordem daqui deste mundo, mas que substitui a hierarquia temporal do poder e da riqueza por uma ordem espiritual dos méritos morais. O objetivo supremo de todos deve ser alcançar o primeiro lugar, não na ordem do poder, mas na ordem dos méritos.

Auguste Comte limita suas ambições de reforma econômica porque a sociedade industrial só pode existir de maneira estável se for regulada, moderada e transfigurada por um poder espiritual. E, na medida em que sua intenção de reforma se concentra na criação do poder espiritual, ele parece, em termos de reforma econômica, um moderado.

Essa interpretação da sociedade industrial desempenhou um papel quase nulo no desenvolvimento das doutrinas econômicas e sociais, pelo menos na Europa. A concepção comtista da sociedade industrial ficou como uma espécie de curiosidade, à margem da rivalidade entre as doutrinas. Nenhum partido político, da esquerda ou da direita, a tomou como fundamento, exceto alguns indivíduos isolados. Destes, alguns da extrema direita, outros da esquerda.

Entre os pensadores franceses deste século, há dois que recolheram as ideias de Comte. Um foi Charles Maurras, teórico da monarquia, e o outro foi Alain, teórico do radicalismo. Ambos se declaravam positivistas, por razões distintas. Maurras era positivista porque via em Comte o doutrinário da organização, da autoridade e do poder espiritual renovado[10]. Alain era positivista porque interpretava Comte à luz de Kant; para ele a ideia essencial do pensamento positivista consistia na desvalorização da hierarquia temporal: "Que o melhor cozinheiro seja feito rei, mas que não nos obrigue a beijar as panelas."[11]

Podemos identificar em Auguste Comte estes dois aspectos: a aceitação de uma ordem temporal, autoritária e hierárquica, e a superposição de uma ordem espiritual à hierarquia temporal. Comte só aceitava a filosofia de Hobbes na ordem temporal, isto é, a filosofia do poder, acrescentando-lhe a filosofia de Kant. Só o espírito é respeitável, só o valor moral é digno de respeito. Como escreveu Alain, "A ordem nunca é venerável".

Por que a concepção de Auguste Comte permaneceu fora da grande corrente de ideias filosóficas da sociedade moderna? A questão precisa ser colocada. Num certo sentido, a doutrina de Comte está hoje mais perto das doutrinas em moda do que muitas outras doutrinas do século XIX. Todas as teorias que atualmente salientam a semelhança de um grande número de instituições dos dois lados da cortina de ferro, desvalorizam a importância da concorrência e procuram identificar os traços fundamentais da civilização industrial poderiam ser aproximadas do pensamento de Auguste Comte. Ele é o teórico da sociedade industrial, aquém ou à margem das querelas entre liberais e socialistas, entre doutrinários do mercado e apologistas da planificação.

Os temas comtistas fundamentais, o trabalho livre, a aplicação da ciência à indústria, a predominância da organização são bem característicos da concepção atual da sociedade industrial. Por que, então, Auguste Comte foi esquecido ou é desconhecido?

A primeira razão é que, embora as ideias principais do positivismo sejam profundas, sua descrição minuciosa da sociedade industrial, notadamente no *Système de politique positive*, se presta muitas vezes à ironia fácil. Comte quis explicar em pormenor a organização da hierarquia temporal, a posição exata dos chefes temporais, industriais e banqueiros. Quis mostrar por que os que exercem as funções mais gerais teriam maior autoridade e se situariam mais alto na hierarquia da sociedade. Quis precisar o número de habitantes de cada cidade, o número dos patrícios. Quis explicar como as riquezas seriam transmitidas. Em suma, traçou um plano preciso dos seus sonhos, ou dos sonhos aos quais cada um de nós pode se abandonar nos momentos em que se considera Deus.

De outro lado, a concepção da sociedade industrial de Auguste Comte está associada à afirmação de que as guerras seriam anacrônicas[12]. Ora, não foi o que se viu no período entre 1840 e 1945. Na primeira metade deste século houve várias guerras de excepcional violência, que causaram decepção aos discípulos fiéis da escola positivista[13]. Esta tinha decretado o fim das guerras na vanguarda da humanidade, isto é, na Europa ocidental. E foi justamente na Europa ocidental que ocorreram as guerras do século XX.

Segundo Auguste Comte, a minoria ocidental, que felizmente estava à testa do desenvolvimento da humanidade, não devia conquistar os povos de outras raças para impor-lhes sua civilização. Explicara com excelentes argumentos, isto é, com argumentos que lhe pareciam excelentes, e que nos parecem excelentes graças à lição dos acontecimentos, que os ocidentais não deveriam conquistar a África e a Ásia, que, se cometessem o erro de expandir sua civilização pelas armas, o resultado seria desastroso para todos. Se Comte acertou, foi à custa de ter-se enganado. Durante todo um século os acontecimentos não estiveram de acordo com o que havia anunciado[14].

Auguste Comte falou como profeta da paz porque acreditava que a guerra já não tinha função na sociedade industrial. A guerra tinha sido necessária para obrigar ao trabalho regular homens naturalmente anárquicos e preguiçosos, para criar Estados de grande extensão, para que surgisse a unidade do Império Romano, na qual se difundiu o cristianismo, e do qual surgiria finalmente o positivismo. A guerra tinha desempenhado uma dupla função histórica: o aprendizado do trabalho e a formação de grandes Estados. No século XIX, porém, ela já não tinha nenhum papel a desempenhar: as sociedades eram definidas pelo primado e pelos valores do trabalho; já não havia uma classe militar, nem motivo para combater[15].

As conquistas tinham representado, no passado, um meio legítimo, ou pelo menos racional, para os que se beneficiavam delas, de aumentar os recursos. Mas, numa época em que a riqueza depende da organização científica do trabalho, os ganhos de guerra perdem significado, se tornam anacrônicos. A transmissão dos bens se faria doravante pela doação e pela troca e, segundo Comte, a doação exerceria um papel de crescente importância, reduzindo em certa medida o da troca[16].

Finalmente, a filosofia de Auguste Comte não se centrava realmente na interpretação da sociedade industrial. Tendia sobretudo à reforma da organização temporal pelo poder espiritual, que deveria ser exercido pelos cientistas e filósofos, que substituiriam os sacerdotes. O poder espiritual deve regular os sentimentos dos homens, uni-los com vistas a um trabalho comum, consagrar os direitos daqueles que governam, moderar o arbítrio ou o egoísmo dos poderosos. A sociedade sonhada pelos positivistas não se caracteriza tanto pela dupla rejeição do liberalismo e do socialismo, mas sobretudo pela criação de um poder espiritual que seria, na idade positiva, o equivalente ao das Igrejas e dos sacerdotes nas idades teológicas do passado.

É neste ponto, provavelmente, que a história mais decepcionou os discípulos de Comte. Embora a organização temporal da sociedade industrial lembre a que foi imaginada por Auguste Comte, o poder espiritual dos filósofos e cientistas ainda não foi instituído. O que há de poder espiritual é exercido ou pelas Igrejas do passado ou por ideólogos que Comte não reconheceria como verdadeiros cientistas ou como verdadeiros filósofos.

Na medida em que os homens que pretendem interpretar cientificamente a ordem social exercem um poder espiritual, na União Soviética, por exemplo, acentuam não os traços comuns a todas as sociedades industriais, mas uma doutrina particular da organização das sociedades industriais. Nem de um lado nem do outro se toma como patrono o pensador que desvalorizou os conflitos ideológicos dos quais viveram as sociedades europeias e que causaram a morte de milhões de pessoas.

Auguste Comte teria desejado um poder espiritual exercido pelos intérpretes da organização social, que tivesse ao mesmo tempo reduzido a importância moral da hierarquia temporal. Esse gênero de poder espiritual nunca existiu e não existe hoje. Provavelmente os homens preferem sempre o que os divide ao que os une. Provavelmente cada sociedade se sente obrigada a insistir naquilo que tem de particular, em vez de acentuar as características que tem em comum com todas as outras sociedades. Provavelmente também as sociedades ainda não estão bastante convencidas das virtudes que Auguste Comte atribuía à sociedade industrial.

Comte pensava, com efeito, que a organização científica da sociedade industrial levaria a atribuir a cada indivíduo um lugar proporcional à sua capacidade, realizando assim a justiça social. Havia muito otimismo nesse ponto de vista. No passado, a idade ou o berço determinavam a posição privilegiada ocupada na sociedade por um indivíduo; doravante, na sociedade do trabalho, seria a aptidão individual que determinaria, cada vez mais, a posição de cada um.

Um sociólogo inglês, Michael Young, dedicou um livro satírico a um regime que chamou de meritocracia, isto é, a ideia comtiana de como seria a ordenação da sociedade industrial[17]. O autor não cita Comte, e este não teria reencontrado suas esperanças na descrição de uma tal ordem. Michael Young mostra, com humor, que se cada um ocupar uma posição proporcional à sua capacidade, os que estiverem nos escalões inferiores estarão condenados ao desespero, pois já não poderão acusar a sorte ou a injustiça. Se todos os homens estiverem convencidos de que a ordem social é justa, esta será, de certo modo, para alguns, insuportável, a menos que, simultaneamente, os homens sejam convencidos pelos ensinamentos de Auguste Comte de que a hierarquia das qualidades intelectuais não é nada ao lado da verdadeira hierarquia, a única que conta, a dos méritos e do coração. Não é fácil, porém, convencer a humanidade de que a ordem temporal é secundária.

A sociologia, ciência da humanidade

Nos três últimos volumes do *Curso de filosofia positiva*, e especialmente no tomo IV, Auguste Comte expôs sua concepção da nova ciência chamada sociologia.

Ele diz apoiar-se em três autores, que apresenta como seus inspiradores ou predecessores, Montesquieu,

Condorcet e Bossuet, sem contar Aristóteles, a respeito do qual falarei mais adiante. Esses três nomes introduzem a alguns dos temas fundamentais do seu pensamento sociológico.

Auguste Comte atribui a Montesquieu o mérito eminente de ter afirmado o determinismo dos fenômenos históricos e sociais. Oferece uma interpretação simplificada de *O espírito das leis*, cuja ideia central seria enunciada na famosa fórmula do livro I: "As leis são as relações necessárias que derivam da natureza das coisas." Auguste Comte vê nessa fórmula o princípio do determinismo, aplicado à diversidade dos fenômenos sociais e ao devenir das sociedades.

Por outro lado, para que pudesse fundar a sociologia, faltava a Montesquieu a ideia do progresso. Auguste Comte vai descobri-la em Condorcet, no famoso *Esquisse d'un tableau historique des progrès de l'esprit humain*[18], que pretende descobrir no passado um certo número de fases pelas quais passou o espírito humano. Essas fases têm um número definido, e sua sequência tem uma ordem necessária. Comte colhe em Condorcet a ideia de que o progresso do espírito humano é o fundamento do devenir das sociedades humanas.

Combinando o tema de Montesquieu – do determinismo – com o de Condorcet – das etapas necessárias, segundo uma ordem inelutável dos progressos do espírito humano – chega-se à concepção central de Comte: os fenômenos sociais estão sujeitos a um determinismo rigoroso, que se apresenta sob a forma de um devenir inevitável das sociedades humanas, comandado pelos progressos do espírito humano.

Esse modo de conceber o devenir histórico leva a uma visão da história totalmente unificada, em marcha para um estado definitivo do espírito humano e das sociedades humanas, muito comparável ao providencialismo de Bossuet, que Comte saúda como a mais eminente tentativa que precedeu a sua própria:

> É sem dúvida a nosso grande Bossuet que devemos sempre atribuir a primeira tentativa importante feita pelo espírito humano para contemplar, de um ponto de vista suficientemente elevado, o conjunto do passado social. Sem dúvida, os recursos, fáceis mas ilusórios, de toda filosofia teológica para estabelecer uma certa ligação aparente entre os acontecimentos humanos não permitem utilizar hoje, na construção direta da verdadeira ciência do desenvolvimento social, explicações que se caracterizam inevitavelmente pela preponderância (então, irresistível nesse gênero) de uma tal filosofia. Mas essa admirável composição, na qual o espírito de universalidade – indispensável a qualquer concepção desse tipo – é apreciado com tanta força e até mesmo mantido sempre que a natureza do método empregado o permite, nunca deixará de ser um modelo imponente, sempre o mais apropriado para marcar com clareza o objetivo geral que nossa inteligência deve propor sem cessar, como resultado final de todas as nossas análises históricas, isto é, a coordenação racional da série fundamental dos diferentes acontecimentos humanos, segundo um desígnio único, mais real e ao mesmo tempo mais amplo do que o imaginado por Bossuet (*Cours de philosophie positive*, t. IV, p. 147).

A fórmula: "a coordenação racional da série fundamental dos diferentes acontecimentos humanos, segundo um desígnio único" é a chave da concepção sociológica de Comte. Ele é bem o sociólogo da unidade humana. Seu objetivo é reduzir a infinita diversidade das sociedades humanas, no espaço e no tempo, a uma série fundamental, o devenir da espécie humana, e a um projeto único, o de chegar a um estado final do espírito humano.

Vê-se, assim, como aquele que se considera o fundador da ciência positiva também pode ser apresentado como o último discípulo do providencialismo cristão; vemos como pode se dar a passagem entre a interpretação da história pela providência e a interpretação pelas leis gerais. Quer se trate das intenções da providência quer das leis necessárias do devenir humano, a história é concebida como una e necessária. Seu desígnio é único porque foi fixado por Deus, ou pela natureza humana; a evolução é necessária, porque ou a providência determinou suas etapas e seu fim, ou a própria natureza do homem e da sociedade determinou as leis.

Dessa forma o pensamento de Auguste Comte, mesmo no *Curso de filosofia positiva*, em que aparece em sua forma mais científica, passa facilmente de uma certa concepção da ciência a uma nova versão da providência.

O desígnio único da história, segundo Auguste Comte, é o progresso do espírito humano. Se este dá unidade ao conjunto do passado social, é porque a mesma maneira de pensar deve se impor em todos os domínios.

Auguste Comte, sabemos, constata que o método positivo é, hoje, necessário nas ciências, e conclui que este método, baseado na observação, na experimentação e na formulação de leis, deve ser estendido aos domínios que, ainda hoje, são deixados à teologia e à metafísica, isto é, são deixados às explicações por meio de seres transcendentais ou entidades ou ainda das causas últimas dos fenômenos. Para ele há um modo de pensar, o positivo, que tem validade universal, tanto em política como em astronomia[19].

Simultaneamente, Comte insiste numa proposição complementar à precedente, embora pareça contradizê-la. Afirma que só pode haver verdadeira unidade numa sociedade quando o conjunto das ideias diretrizes, adotadas pelos diferentes membros da coletividade, forma um todo coerente. A sociedade é caótica quando nela se justapõem modos de pensar contraditórios e ideias extraídas de filosofias incompatíveis.

Ao que parece, seria possível extrair desse tema a conclusão de que no passado as sociedades que não viviam em crise deviam ter um conjunto de ideias coerentes, unindo ao mesmo tempo as inteligências e a coletividade. Mas essa conclusão só poderia ser parcialmente válida, pois Auguste Comte demonstrou que as diversas ciências alcançam o estado positivo em momentos diferentes da história. As primeiras ciências a atingirem o estado positivo são as que estão em primeiro lugar numa classificação das ciências que marca as etapas da difusão do pensamento positivo. Em todas as épocas houve ciências que já eram parcialmente positivas, enquanto outras disciplinas intelectuais ainda eram fetichistas ou teológicas. A coerência do pensamento, objetivo final de Comte, jamais foi realizada plenamente no curso da história. Desde a aurora dos tempos históricos, certos elementos das ciências tinham chegado ao estado positivo, enquanto em outros domínios continuava a reinar o espírito teológico.

Em outras palavras, uma das molas do movimento histórico tem sido, precisamente, a incoerência dos modos de pensar em cada etapa da história. Antes do positivismo houve um só período marcado por verdadeira coerência intelectual: o fetichismo, que é o modo de pensar imediato e espontâneo do espírito humano, e que consiste em atribuir animação a todas as coisas, vivas ou inanimadas, e em supor que as coisas e os seres são semelhantes aos homens ou à consciência humana. O espírito só tornará a encontrar uma verdadeira coerência na fase final, quando o positivismo se estender ao conjunto das disciplinas intelectuais, inclusive a política e a moral. Entre o fetichismo e o positivismo, porém, a regra é a diversidade dos métodos de pensamento, diversidade que é, provavelmente, o que impede a história de se deter.

É verdade que Comte tomou como ponto de partida, no princípio da sua carreira, a ideia de que não podia haver duas filosofias diferentes numa sociedade, mas o desenvolvimento do seu pensamento o forçou irresistivelmente a reconhecer que a pluralidade das filosofias predominou quase sempre no decorrer da história. Por fim, o objetivo do devenir social é levar o pensamento humano à coerência à qual ele está destinado, e que só pode ser realizada de duas formas: pelo fetichismo espontâneo ou pelo positivismo final. Ou o espírito explica todas as coisas, supondo-as animadas, ou renuncia a qualquer explicação causal, teológica ou metafísica, e se limita a estabelecer leis.

Nestas condições, porém, pode-se perguntar por que existe uma história. Se o estado final e normal da inteligência humana é a filosofia positiva, por que precisou a humanidade passar por tantas etapas sucessivas? Por que foi necessário esperar tantos séculos ou milênios para que surgisse o homem que, enfim, tomasse consciência daquilo que devia ser o espírito humano, isto é, o próprio Auguste Comte?

A razão profunda é que o positivismo só pode ser uma filosofia tardia, ou seja, não pode ser uma filosofia espontânea. Com efeito, ele consiste, para o homem, em reconhecer uma ordem que lhe é exterior, em confessar sua incapacidade de dar uma explicação última e em se contentar em decifrá-la. O espírito positivo observa os fenômenos, analisa-os, descobre as leis que comandam suas relações. Ora, é impossível, pela observação e análise, descobrir imediata e rapidamente essa ordem exterior. Antes de filosofar o homem precisa viver. Desde a primeira fase da aventura da espécie humana foi possível, a rigor, explicar certos fenômenos simples de maneira científica. A queda de um corpo, por exemplo, pôde ser explicada espontaneamente de forma positiva[20]. Mas a filosofia positivista, filosofia da observação, da experimentação, da análise e do determinismo, não podia se fundamentar na explicação autenticamente científica desses poucos fenômenos. Na fase inicial da história, era preciso outra filosofia, diferente daquela que, no final, é sugerida pela descoberta das leis.

Essa outra filosofia, que Comte chama a princípio de teológica, e depois de fetichista, permitia à humanidade viver. Confortava o homem apresentando-lhe o mundo como inteligente, benevolente, povoado de seres semelhantes a ele.

A filosofia fetichista dá à espécie humana uma síntese provisória, válida intelectualmente (para lhe dar certeza da inteligibilidade da natureza exterior) e moralmente (para lhe dar confiança em si mesmo e na sua capacidade de superar obstáculos).

Contudo, se a história é necessária, por que precisa ir até o fim? Comte responde: uma vez que fenômenos são explicados científica e positivamente desde o ponto de partida, uma pausa no progresso do espírito humano é, no fundo, inconcebível. A contradição entre o positivismo parcial e a síntese fetichista atormenta a humanidade e impede o espírito humano de parar antes de atingir a fase final do positivismo universal.

Acrescentemos todavia que, segundo Comte, diversas partes da humanidade se detiveram em sínteses provisórias em uma ou outra das fases intermediárias. No fim da sua vida Comte chegou a pensar que certas populações poderiam passar da síntese inicial do fetichismo à síntese final do positivismo sem passar por todas as etapas da dinâmica social.

A concepção da história de Comte coloca outro problema: se a história é essencialmente a história do progresso do espírito humano, quais são as relações entre este progresso dos conhecimentos e as outras atividades humanas?

No *Curso de filosofia positiva*, Comte afirma que, tomada no seu conjunto, a história é, essencialmente, o devenir da inteligência humana:

> A parte principal dessa evolução, a que mais influenciou o progresso geral, consiste, sem dúvida, no desenvolvimento contínuo do espírito científico, desde os trabalhos primitivos dos Tales e dos Pitágoras até os dos Lagrande e dos Bichat. Nenhum homem esclarecido duvidaria hoje que, nessa longa sucessão de esforços e de descobertas, o gênio humano tenha seguido sempre um caminho exatamente determinado, cujo conhecimento prévio exato teria permitido, de alguma forma, a uma inteligência suficientemente informada, prever, antes da sua realização mais ou menos próxima, os progressos essenciais reservados a cada época, segundo o feliz esboço já indicado no começo do século passado pelo ilustre Fontenelle (t. IV, p. 195).

Assim, o progresso necessário do espírito é o aspecto essencial da história da humanidade[21]. Auguste

Comte deixa pouca coisa ao acaso e aos acidentes. Afirma que os momentos principais do espírito humano poderiam ser previstos por uma inteligência superior, porque lhe correspondiam a uma necessidade.

O fato de o progresso do espírito humano ser o aspecto mais característico do devenir histórico não significa que o movimento da inteligência *determine* a transformação dos outros fenômenos sociais. Aliás, Comte não coloca o problema nesses termos. Em nenhum momento ele se pergunta qual é a relação entre o progresso da inteligência humana e as transformações da economia, da guerra ou da política. É fácil, no entanto, tirar de suas análises a solução desse problema.

Já não se trata, para Auguste Comte, da determinação do conjunto social pela inteligência, como não se trata, na obra de Montesquieu, da determinação do conjunto social pelo regime político. A diferença entre os dois está em que para um o aspecto mais característico é o estado da inteligência; para o outro, o regime político. Em um como em outro, porém, o movimento histórico se realiza por ação e reação entre os diferentes setores da realidade social global[22].

Na dinâmica social, tanto no tomo V do *Curso de filosofia positiva* como no tomo III do *Système de politique positive*, a passagem de uma etapa para outra tem como força motriz a contradição entre os diferentes setores da sociedade. De acordo com o caso, o fator que provoca a desagregação de um certo conjunto, e o advento da etapa seguinte, se encontra na política, na economia ou na inteligência.

O primado do devenir da inteligência, porém, não deixa de subsistir. Com efeito, as grandes etapas da história da humanidade são fixadas pelo modo de pensar;

a etapa final é a do positivismo universal, e a impulsão última do devenir é a crítica incessante que o positivismo, ao nascer e ao amadurecer, exerce sobre as sínteses provisórias do fetichismo, da teologia e da metafísica.

É a inteligência que indica a direção da história e marca o que será o pleno desenvolvimento da sociedade e da natureza humana na sua fase final.

Compreende-se que a história humana possa ser considerada como a "de um único povo". Se a história fosse a história da religião, para postular a unidade da história humana seria necessário admitir uma religião universalizável. Mas, se a história é a da inteligência, é suficiente, para que toda a história seja a história de um único povo, que exista uma maneira de pensar válida para todos os homens, o que é relativamente fácil de conceber. Assim, as matemáticas de hoje nos parecem verdadeiras para todos os homens, de todas as raças. Está claro que esta proposição não é inteiramente evidente; Spengler afirmava ter havido uma matemática dos gregos, como existe hoje uma matemática moderna. Mas o próprio Spengler entendia essa fórmula num sentido particular. Achava que o modo de pensar matemático era influenciado pelo estilo próprio de uma cultura. Não creio que tivesse negado que os teoremas matemáticos fossem universalmente verdadeiros[23].

Se a ciência, ou a filosofia positiva, é válida para todos os homens, e se a história é a história da inteligência, concebe-se que ela deva ser pensada como a história de um único povo.

Contudo, se a história é a história de um só povo, se suas etapas são necessárias e se há uma marcha inevitável em busca de um objetivo determinado, por que diferentes partes da humanidade têm histórias particulares, diferentes entre si?

Assim como o problema de Montesquieu é explicar a unidade, o de Auguste Comte é explicar a diversidade. Se, por uma espécie de experiência intelectual, formos até o fundo desta maneira de pensar – o próprio Comte não iria, talvez, tão longe –, o que é misterioso é o fato de que existam ainda *histórias*, isto é, que as diferentes partes da humanidade não tenham o mesmo passado.

Auguste Comte justifica essa diversidade enumerando três fatores de variação: a raça, o clima e a ação política[24]. Sobretudo no *Système de politique positive*, ele interpretou a diversidade das raças atribuindo a cada uma a predominância de certas disposições. Assim, segundo ele, a raça negra deveria caracterizar-se, sobretudo, pela propensão à afetividade, o que, na última parte de sua carreira, lhe parecia, aliás, uma superioridade moral. As diferentes partes da humanidade não evoluíram do mesmo modo porque, no ponto de partida, não tinham os mesmos dons. Mas é evidente que essa diversidade se desenvolve tendo como pano de fundo uma natureza comum.

Quanto ao clima, ele designa o conjunto das condições naturais em que se encontra cada parte da humanidade. Cada sociedade teve de vencer obstáculos mais ou menos difíceis, conheceu circunstâncias geográficas mais ou menos favoráveis, o que permite explicar, até certo ponto, a diversidade da sua evolução[25].

Examinando o papel da ação política, voltamos a encontrar o providencialismo. De fato, Comte se propõe, antes de mais nada, fazer com que os políticos e os reformadores sociais percam a ilusão de que um indivíduo, por mais importante que seja, possa modificar substancialmente o curso necessário da história. Não se recusa a admitir que depende das circunstâncias, dos encontros ou dos grandes homens que a evolução necessária se produza de modo mais ou menos acelerado e que o resultado – de qualquer modo inevitável – seja mais ou menos custoso. Se tomarmos, porém, o caso de Napoleão, por exemplo, não teremos dificuldade em descobrir os limites da eficácia possível dos grandes homens.

De acordo com Comte, Napoleão, como o imperador Juliano ou Filipe II da Espanha, não compreendeu o espírito do seu tempo ou, como se diria hoje, o sentido da história. Fez uma vã tentativa de restauração do regime militar. Lançou a França à conquista da Europa, multiplicando conflitos, levantou os povos da Europa contra a Revolução Francesa e, no fim, nada resultou dessa aberração temporária. Por maior que seja, um soberano, quando comete o erro de se enganar a respeito da natureza da sua época, não deixa, finalmente, nenhum rastro[26].

Essa teoria, que afirma a incapacidade dos indivíduos de alterar o rumo dos acontecimentos, desemboca numa crítica dos reformadores sociais, dos utopistas e revolucionários, de todos os que acreditam que é possível transformar a marcha da história traçando o plano de uma nova sociedade ou empregando a violência.

É verdade que, à medida que passamos do mundo das leis físicas para o das leis históricas, a fatalidade é cada vez mais modificável. Graças à sociologia, que descobre a ordem essencial da história, a humanidade poderá talvez apressar o surgimento do positivismo, e reduzir o seu custo. Mas Auguste Comte, com base em sua teoria do curso inevitável da história, se opõe às ilusões dos grandes homens e às utopias dos reformistas. Há, sobre esse ponto, uma passagem significativa:

> Numa palavra, como indiquei no meu trabalho de 1822, a marcha da civilização não se realiza, propriamente, segundo uma linha reta, mas segundo uma série de oscilações, desiguais e variáveis, como na locomoção animal, em torno de um movimento médio, que tende sempre a predominar, e cujo conhecimento exato permite regularizar previamente a preponderância natural, diminuindo as oscilações e as hesitações mais ou menos funestas que lhes correspondem. Seria, contudo, exagerar o alcance real de tal arte, embora cultivada tão racionalmente quanto possível, e aplicada em toda a extensão conveniente, atribuir-lhe a propriedade de impedir, em todos os casos, as revoluções violentas que nascem dos obstáculos que se opõem ao curso espontâneo da evolução humana. No organismo social, em virtude da sua maior complexidade, as doenças e crises são, necessariamente, ainda mais inevitáveis, sob muitos aspectos, do que no organismo individual. No entanto, enquanto a ciência real é forçada a reconhecer sua impotência momentânea e fundamental diante de desordens profundas ou de pressões irresistíveis, pode ainda contribuir utilmente para atenuar e, sobretudo, para abreviar as crises, graças à apreciação exata de seu caráter principal e à previsão racional da sua solução final, sem renunciar jamais a uma intervenção prudente, a menos que sua impossibilidade seja suficientemente constatada. Aqui, como em outros pontos, e mais ainda do que em outros, não se trata de controlar os fenômenos, mas apenas de modificar seu desenvolvimento espontâneo; isso exige, é evidente, o conhecimento prévio de suas leis reais (*Cours de philosophie positive*, t. IV, p. 213-4).

A nova ciência social proposta por Auguste Comte é o estudo das leis do desenvolvimento histórico. Ela se fundamenta na observação e na comparação, portanto em métodos análogos aos empregados por outras ciências, notadamente a biologia. Mas esses métodos se enquadrarão de certo modo nas ideias diretrizes da doutrina positivista, pela sua concepção da estática e da dinâmica, ambas sintéticas. Para compreender a ordem de uma sociedade determinada ou as grandes linhas da história, nos dois casos o espírito subordina as observações parciais à compreensão anterior do conjunto.

Estática e dinâmica são as duas categorias centrais da sociologia de Auguste Comte. A estática consiste essencialmente no estudo do que ele chama de consenso social. Uma sociedade se assemelha a um organismo vivo. Assim como é impossível estudar o funcionamento de um órgão sem situá-lo no conjunto do ser vivo, é impossível estudar a política e o Estado sem situá-los no conjunto da sociedade, num dado momento. A estática social comporta, portanto, de um lado a análise anatômica da estrutura da sociedade num certo momento, de outro a análise dos elementos que determinam o *consenso*, isto é, que fazem do conjunto dos indivíduos ou famílias uma coletividade e da pluralidade das instituições uma unidade. Mas, se a estática é o estudo do consenso, ela nos leva a procurar saber quais são os órgãos essenciais de toda sociedade, a ultrapassar, por conseguinte, a diversidade das sociedades históricas para descobrir os princípios que regem toda ordem social.

Assim, a estática social, que começa como uma simples análise positiva da anatomia das diversas sociedades e dos laços de solidariedade recíproca entre as instituições de uma coletividade particular, leva, no tomo II do *Système de politique positive*, ao estudo da ordem essencial de toda coletividade humana.

A dinâmica, em seu ponto de partida, é apenas a descrição das etapas sucessivas percorridas pelas sociedades humanas. Partindo do conjunto, sabemos que o devir das sociedades humanas e o espírito humano são comandados por leis. Como o conjunto do passado constitui uma unidade, a dinâmica social não se parece com a história dos historiadores que colecionam fatos ou observam a sucessão das instituições. A dinâmica social percorre as etapas, sucessivas ou necessárias, do devir do espírito humano e das sociedades humanas.

A estática social trouxe à luz a ordem essencial de toda sociedade humana; a dinâmica social retraça as vicissitudes pelas quais passou essa ordem fundamental, antes de alcançar o termo final do positivismo.

A dinâmica está subordinada à estática. É a partir da ordem de toda sociedade humana que se pode compreender a história. A estática e a dinâmica levam aos termos de ordem e progresso que figuram nas bandeiras do positivismo e do Brasil[27]: "O progresso é o desenvolvimento da ordem".

No ponto de partida, estática e dinâmica são simplesmente o estudo da coexistência e da sucessão. No ponto de chegada, são o estudo da ordem humana e social essencial, de suas transformações e de seu desenvolvimento. Mas a passagem da fórmula, aparentemente científica, estática e dinâmica, para a fórmula, aparentemente filosófica, ordem e progresso é necessária em virtude das duas ideias de Comte: o primado do todo e das leis que se aplicam ao conjunto e a confusão entre o movimento inevitável da história e uma espécie de providência.

Natureza humana e ordem social

Numa primeira análise, a estática social é comparável à anatomia: estuda como se organizam os diferentes elementos do corpo social. Contudo, como a sociologia tem por objeto a história da humanidade considerada como formando um só povo, esta estética anatômica se torna facilmente a análise da estrutura de toda sociedade humana. Fundamentalmente só há uma história; assim, pelo estudo estático é possível identificar as características de toda sociedade. Comte expõe com clareza os objetivos da estática:

> É preciso..., mediante uma abstração provisória, estudar primeiramente a ordem humana como se fosse imóvel. Apreciaremos assim as diversas leis fundamentais, necessariamente comuns a todos os tempos e lugares. Esta base sistemática nos permitirá depois a explicação geral de uma evolução gradual que nunca pôde consistir senão na realização crescente do regime próprio à verdadeira natureza humana, e do qual todos os germes essenciais devem ter existido sempre...
> Este segundo volume deve caracterizar sucessivamente a ordem humana sob todos os diversos aspectos fundamentais que lhe são próprios. No que diz respeito a cada um deles, é preciso antes de mais nada determinar o regime normal que corresponde a nossa verdadeira natureza, e explicar, em seguida, a necessidade que subordina seu aparecimento decisivo a uma longa preparação gradual (*Système de politique positive*, t. II, p. 3-4).

É no *Système de politique positive* que esta concepção comtista da estática encontra seu desenvolvimento completo. O tomo II do *Système de politique positive* é inteiramente consagrado à estática social, e tem um subtítulo bem característico: "Traité abstrait de l'ordre humain" [Tratado abstrato da ordem humana]. No *Curso de filosofia positiva* há, sem dúvida, o esboço de uma estática, mas esta só tem um capítulo, e as ideias estão apenas delineadas[28].

Esta estática pode ser decomposta logicamente em duas partes: o estudo preliminar da estrutura da natureza humana, contido no tomo I do *Système de politique positive*, e o estudo propriamente dito da estrutura da natureza social.

Auguste Comte expôs suas ideias sobre a natureza humana no que chamou de "quadro cerebral" (*tableau cérébral*), apresentado como um estudo científico das localizações cerebrais. O quadro indica onde se situam, no cérebro, os correspondentes anatômicos das diferentes disposições humanas. Esta teoria das localizações cerebrais é o que menos nos interessa: é o aspecto menos defensável do pensamento de Comte. Podemos abandoná-la sem prejudicar e sem trair o pensamento do seu autor, que é o primeiro a admitir que essas localizações são, em certa medida, hipotéticas. A interpretação fisiológica leva a uma hipótese anatômica que não passa da transposição de uma interpretação do funcionamento do espírito.

Há certamente uma grande diferença entre a maneira como Auguste Comte expôs o que é a natureza humana e o modo como Platão poderia fazê-lo. Encontramos em Platão um esboço de localizações, se não cerebrais, pelo menos físicas. Depois de distinguir o *nous* do *thymos*, Platão situa diferentes aspectos da natureza humana em diferentes partes do corpo. Também neste caso podemos deixar de lado a teoria da localização das disposições do corpo, retendo apenas a imagem que Platão tinha do homem[29].

Auguste Comte indica que se pode considerar a natureza humana como dupla ou tripla. Pode-se dizer que o homem se compõe de um coração e de uma inteligência ou dividir o coração em sentimento (ou afeição) e atividade, considerando que o homem é ao mesmo tempo sentimento, atividade e inteligência. Comte afirma que o duplo sentido da palavra coração é uma ambiguidade reveladora. Ter coração (*avoir du coeur*) é ter sentimento ou coragem. As duas noções são expressas pela mesma palavra, como se a linguagem tivesse consciência do vínculo existente entre afeição e coragem.

O homem é sentimental, ativo e inteligente. É, antes de tudo, um ser essencialmente ativo. No fim da sua vida Comte retoma as fórmulas que já se encontravam nos *Opúsculos* e escreve no *Système de politique positive* que o homem não foi feito para perder seu tempo em especulações e dúvidas sem fim. Foi feito para agir.

Mas o impulso da atividade virá sempre do coração (no sentido de sentimento). O homem nunca age movido pela inteligência, isto é, o pensamento abstrato nunca é o fator determinante da sua ação. Contudo, a atividade, animada pela afeição, precisa ser controlada pela inteligência. Segundo uma fórmula célebre, é preciso *agir por afeição e pensar para agir*.

Desta concepção decorre a crítica de uma interpretação intelectualista do racionalismo, segundo a qual o desenvolvimento histórico faria da inteligência, progressivamente, o órgão determinante da conduta humana. Segundo Comte, não pode ser assim. O impulso virá sempre do sentimento, alma da humanidade e motor da ação. A inteligência nunca será mais do que um órgão de direção ou de controle.

Com isso não se desvaloriza a inteligência, pois na filosofia positivista existe a ideia de uma relação inversa entre a força e a nobreza. O mais nobre é o mais fraco. Pensar que a inteligência não determina a ação não é depreciá-la. Ela não é nem pode ser a força, precisamente porque, de certo modo, ela é o que há de mais elevado.

As localizações cerebrais desses três elementos da natureza humana não passam da transposição das ideias relativas ao seu funcionamento. Comte coloca a inteligência na parte anterior do cérebro, para relacioná-la com os órgãos da percepção ou os órgãos dos sentidos. A afeição está atrás, para ficar diretamente ligada aos órgãos motores.

Pode-se distinguir em seguida, nos sentimentos, o que está relacionado com o egoísmo e o que está relacionado com o altruísmo e a abnegação. A classificação dos sentimentos feita por Comte é bastante curiosa. Enumera os instintos puramente egoístas (nutritivo, sexual, maternal) e a seguir acrescenta as inclinações que, embora egoístas, já estão voltadas para as relações com os outros: as militares e as industriais, que são a transposição, na natureza humana, dos dois tipos de sociedade que pensou observar na sua época. O instinto militar é o que nos impulsiona a destruir os obstáculos; o instinto industrial, ao contrário, é o que nos induz a construir meios. Acrescenta ainda dois sentimentos que podem ser reconhecidos sem dificuldade: o orgulho e a vaidade. O orgulho é o instinto da dominação; a vaidade, a procura da aprovação dos outros. Pela vaidade, de certo modo, já passamos do egoísmo para o altruísmo.

As inclinações não egoístas são três: a amizade, de uma pessoa por outra, no mesmo pé de igualdade; a veneração, que já amplia o círculo, ou então é a disposição do filho em relação ao pai, do discípulo ao mestre, do inferior ao superior; finalmente, a bondade, que em princípio tem extensão universal e que deve se realizar plenamente na religião da humanidade.

A inteligência pode ser decomposta em concepção e expressão. A concepção, por sua vez, é passiva ou ativa. Quando passiva, é abstrata ou concreta. Quando ativa, é indutiva ou dedutiva. A expressão pode ser mímica, oral ou escrita.

A atividade, por fim, se divide em três tendências: a virtude, para empregar uma expressão da filosofia clássica, que pressupõe a coragem de empreender; a prudência na execução; e a firmeza na realização, ou perseverança.

Essa é a teoria da natureza humana. Em virtude do quadro cerebral fica claro que o homem é, antes de mais nada, egoísta, mas não exclusivamente egoísta. As inclinações voltadas para os outros, que desabrocham em abnegação e amor, existem desde o início.

A história não altera a natureza humana. O primado atribuído à estática equivale à afirmação do caráter eterno das disposições características do homem enquanto homem. Auguste Comte não teria escrito, como Sartre, que "O homem é o futuro do homem", e que o homem se cria a si mesmo através do tempo. Para Comte as inclinações essenciais estão presentes desde a origem.

Disso não resulta porém que a sucessão das sociedades não traga nada ao homem. Pelo contrário, a história lhe dá a possibilidade de realizar o que há de mais nobre na sua natureza, e favorece o desenvolvimento progressivo das disposições altruístas. Dá-lhe a possibilidade de utilizar plenamente a inteligência, como guia de sua ação. A inteligência nunca será para o homem mais do que um órgão de controle, mas não pode ser, no princípio da sua evolução, um controle válido da atividade, pois, como foi dito acima, o pensamento positivo não é espontâneo. Ser positivo significa descobrir as leis que governam os fenômenos. Ora, é preciso tempo para tirar da observação e da experiência o conhecimento dessas leis. A história é indispensável para que a inteligência humana atinja seu fim imanente e realize sua vocação própria.

As relações estruturais entre as partes da natureza humana permanecerão sempre o que já são no ponto de partida. Auguste Comte se opõe assim a uma versão otimista e racionalista da evolução da humanidade. Contra aqueles que imaginam que a razão poderia ser o determinante essencial do comportamento do homem, afirma que os homens serão sempre movidos pelos sentimentos. O verdadeiro objetivo consiste em fazer com que sejam movidos, cada vez mais, por sentimentos desinteressados e não por instintos egoístas, e que o órgão de controle que dirige a atividade humana possa realizar plenamente sua função, descobrindo as leis que comandam a realidade.

Essa interpretação da natureza humana nos permite passar à análise da natureza social.

Nos sete capítulos do primeiro tomo do *Système de politique positive*, Auguste Comte esboça sucessivamente uma teoria da religião, uma teoria da propriedade, uma teoria da família, uma teoria da linguagem, uma teoria do organismo social ou da divisão do trabalho, antes de terminar consagrando um capítulo à existência social sistematizada pelo sacerdócio – esboço da sociedade humana que se tornou positivista – e outro relativo aos limites gerais de variação próprios à ordem humana – explicação estática da possibilidade da dinâmica, ou, ainda, explicação, a partir das leis da estática, da possibilidade e necessidade das variações históricas. Esses diferentes capítulos constituem uma teoria da estrutura fundamental das sociedades.

A análise da religião tem por objetivo mostrar a função da religião em toda sociedade humana. A religião resulta de uma dupla exigência. Toda sociedade comporta necessariamente consenso, isto é, acordo entre as partes, união dos membros que a constituem. A unidade social exige o reconhecimento de um princípio de unidade por todos os indivíduos, isto é, uma religião.

A religião implica a divisão ternária característica da natureza humana. Comporta um aspecto intelectual, o dogma; um aspecto afetivo, o amor, que se exprime no culto; e um aspecto prático, que Comte chama de regime. O culto regula os sentimentos, e o regime o comportamento privado ou público dos crentes. A religião reproduz as diferenças da natureza humana: criando a unidade, precisa dirigir-se simultaneamente à inteligência, ao sentimento e à ação, isto é, a todas as disposições do ser humano.

Esta concepção não é fundamentalmente diferente da que Comte havia exposto no princípio da sua carreira, ao afirmar que as ideias da inteligência fixavam as etapas da história da humanidade. Contudo, na época do *Système de politique positive*, já não considera as simples ideias diretrizes ou a filosofia como o fundamento de cada organização social. É a religião que constitui a base da ordem social, e a religião é afeição e atividade, ao mesmo tempo que dogma ou crença.

> Neste tratado a religião será sempre caracterizada pelo estado de plena harmonia, própria à existência humana (tanto coletiva como individual) quando todas as suas partes são dignamente coordenadas. Esta definição, a única que é comum aos diversos casos principais, diz respeito igualmente ao coração e ao espírito, cujo concurso é indispensável a tal unidade. A religião constitui, portanto, para a alma, um consenso normal, comparável exatamente à saúde, com relação ao corpo (*Système de politique positive*, t. II, p. 8).

Deve-se fazer uma aproximação dos dois capítulos relativos à propriedade e à linguagem. Essa aproximação pode parecer surpreendente, mas corresponde ao pensamento profundo de Auguste Comte[30]. Propriedade e linguagem têm, de fato, uma mútua correspondência. A propriedade é a projeção da atividade na sociedade, enquanto a linguagem é a projeção da inteligência. A lei comum à propriedade e à linguagem é a lei da acumulação. Há progresso na civilização porque as conquistas materiais e intelectuais não desaparecem com aqueles que as realizaram. A humanidade existe porque há tradição, isto é, transmissão. A propriedade é a acumulação dos bens transmitidos de uma geração a outra. A linguagem é, por assim dizer, o receptáculo no qual são conservadas as aquisições da inteligência. Ao recebermos uma linguagem, recebemos uma cultura criada pelos nossos antepassados.

É preciso não nos deixarmos impressionar pelo termo propriedade, com sua ressonância política ou sectária. Para Auguste Comte o importante não é que a propriedade seja pública ou privada. Para ele a propriedade, enquanto função essencial da civilização, é o fato que permite que as obras materiais dos homens durem além da existência dos seus criadores, e que possamos transmitir a nossos descendentes o que produzimos. Os dois capítulos – propriedade e linguagem – são dedicados aos dois instrumentos essenciais da civilização, baseando-se esta na continuidade das gerações e na retomada, pelos vivos, do pensamento dos que morreram. Daí as célebres frases: "A humanidade se compõe mais de mortos do que de vivos"; "Os mortos governam cada vez mais os vivos."

Essas fórmulas merecem reflexão. Uma das originalidades de Auguste Comte é o fato de que, partindo da ideia da sociedade industrial, convencido de que as sociedades científicas são fundamentalmente diferentes das sociedades do passado, ele não tenha chegado, como a maioria dos sociólogos modernos, à depreciação do passado e à exaltação do futuro, mas a uma espécie de reabilitação do passado. Utopista, sonhando com um futuro mais perfeito do que todas as sociedades conhecidas, permanece, contudo, como um homem da tradição, com uma percepção aguda da unidade humana através do tempo[31].

Entre o capítulo dedicado à propriedade e o capítulo consagrado à linguagem, há intercalado um capítulo sobre a família, ao qual está relacionado o capítulo dedicado ao organismo social, ou à divisão do trabalho. Esses dois capítulos correspondem a dois dos elementos da natureza humana. A família é essencialmente a unidade afetiva, e o organismo social, ou a divisão do trabalho, corresponde ao elemento ativo da natureza humana.

A teoria da família, de Comte, toma como modelo e considera implicitamente como exemplar a família do tipo ocidental, o que, naturalmente, tem sido objeto de crítica. Comte afasta definitivamente como patológicos certos tipos de organização familiar que existiram em diferentes países e em épocas distintas, tais como a poligamia.

Sem dúvida, ele é demasiadamente sistemático e categórico. Na sua descrição da família confunde muitas vezes características de uma sociedade particular com características universais. Não creio, porém, que esta crítica fácil esgote o assunto. O doutrinário do positivismo esforça-se sobretudo por demonstrar que as relações existentes dentro da família eram características ou exemplares das diversas relações que podem existir entre as pessoas humanas, e também que a afetividade humana recebia educação e formação na família.

As relações familiares podem ser relações de igualdade, entre irmãos; relações de veneração, entre filhos e pais; relações de bondade, entre pais e filhos; relações complexas de comando e obediência, entre o homem e a mulher. Segundo Auguste Comte, com efeito, é evidente que o homem deve comandar. Ativo e inteligente, deve ser obedecido pela mulher, que é essencialmente sensibilidade. Contudo, essa supremacia, baseada de certo modo na força, é, de outro ponto de vista, uma inferioridade. Na família, o poder espiritual, isto é, o mais nobre, pertence à mulher.

Auguste Comte tinha o sentido de igualdade dos seres, mas para ele essa igualdade se baseava numa diferenciação radical das funções e disposições. Ao dizer que a mulher é intelectualmente inferior ao homem, estava perto de ver nisso uma situação de superioridade; ao mesmo tempo, a mulher tem, para ele, o poder espiritual, o poder do amor, que é mais importante do que a vã superioridade da inteligência. Vale lembrar a bela fórmula de Comte: "Cansamo-nos de agir, e até mesmo de pensar; mas nunca nos cansamos de amar."

Ao mesmo tempo, na família, os homens têm a experiência da continuidade histórica e aprendem o que corresponde à condição básica da civilização: a transmissão, de geração para geração, do capital físico e das aquisições intelectuais.

As ideias essenciais de Comte, sobre a divisão do trabalho, são as da diferenciação das atividades e da cooperação entre os homens, ou, para empregar os termos exatos, a da separação dos ofícios e a da combinação dos esforços. Mas o princípio fundamental do positivismo, que pode parecer chocante, é reconhecer, e até mesmo proclamar, o primado da força na organização prática da sociedade. Como organização das atividades humanas, a sociedade é dominada pela força, e não pode ser de outro modo.

Auguste Comte só reconhece dois filósofos políticos: Aristóteles e Hobbes. Segundo ele, Hobbes é o único (ou quase) filósofo político que merece ser citado, entre ele próprio (A. Comte) e Aristóteles. Hobbes viu que toda sociedade é governada e deve ser governada (nos dois sentidos, de inevitável e de conforme ao que deve ser) pela força. E a força, na sociedade, é constituída pelo número ou pela riqueza[32].

Comte rejeita uma certa forma de idealismo. Para ele a sociedade é e será dominada pela força do número ou da riqueza (ou por combinação dessas forças), ficando entendido que, entre uma e outra, não há uma diferença essencial de qualidade. É normal que a força leve a melhor. E como poderia ser diferente quando consideramos a vida real como ela é e as sociedades tais como são?

> Todos os que se chocam com a proposição de Hobbes achariam estranho, sem dúvida, que em vez de fundamentar a ordem política na força quiséssemos fundamentá-la na fraqueza. Ora, este seria o resultado da sua inútil crítica, segundo minha análise fundamental dos três elementos necessários de todo poder social. De fato, na ausência de uma verdadeira força material, seríamos obrigados a encontrar no espírito e no coração as bases primitivas que esses frágeis elementos são sempre incapazes de proporcionar. Exclusivamente aptos a modificar dignamente uma ordem preexistente, não poderiam exercer nenhuma função social se a força material não tivesse estabelecido, prévia e adequadamente, um regime qualquer (*Système de politique positive*, t. II, p. 229-300).

Entretanto, uma sociedade ajustada à natureza humana deve comportar uma contrapartida ou correção ao domínio da força, que seria o poder espiritual, do qual Comte desenvolve a teoria, opondo-a à sua concepção realista da ordem social. O poder espiritual é uma exigência permanente das sociedades humanas, como entidades de ordem temporal, porque estas serão sempre dominadas pela força.

Há um duplo poder espiritual, o da inteligência e o do sentimento ou da afeição. No princípio da sua carreira, Auguste Comte apresentava o poder espiritual como o da inteligência. No fim de sua carreira, o poder espiritual se torna essencialmente o da afeição ou do amor. Contudo, qualquer que seja sua forma exata, a distinção entre poder temporal e espiritual é permanente através dos tempos, embora só se realize plenamente na fase positiva, isto é, na fase final da história humana.

O poder espiritual tem diversas funções. Rege a vida interior dos homens, une-os para que possam viver e agir em comum, consagra o poder temporal para convencer os indivíduos da necessidade da obediência: a vida social não é possível sem que alguns indivíduos comandem e os outros obedeçam. Para o filósofo, pouco importa saber quem comanda e quem obedece. Os que comandam são e serão sempre os poderosos.

O poder espiritual não deve apenas reger, unir, consagrar, mas também moderar e limitar o poder temporal. Para esse fim, contudo, é preciso que a diferenciação social já tenha sido levada muito longe. Quando o poder espiritual consagra o poder temporal, isto é, quando os sacerdotes afirmam que os reis são ungidos por Deus, ou que governam em nome de Deus, o poder espiritual aumenta a autoridade do poder temporal. Essa consagração dos fortes pelo espírito pode ter sido necessária no curso da história. Era necessário que houvesse uma ordem social, e uma ordem social aceita, mesmo se o espírito não tivesse encontrado as verdadeiras leis da ordem exterior, e menos ainda as leis verdadeiras da ordem social. Na fase final, o poder espiritual concederá apenas uma consagração parcial ao poder temporal. Os cientistas explicarão a necessidade da ordem industrial e da ordem social, dando em consequência autoridade moral ao poder dos empresários e dos banqueiros. Mas sua função essencial será menos consagrar do que moderar e limitar, isto é, lembrar os poderosos de que se devem limitar a executar uma função social, e que sua situação de comando não implica superioridade moral ou espiritual.

Para que o poder espiritual preencha todas as suas funções, e para que a verdadeira distinção entre o temporal e o espiritual seja enfim reconhecida e aplicada, é necessária a história, uma necessidade descoberta pela análise estática da distinção entre os dois poderes.

Esse estudo da estática elucida o sentido da dinâmica, do tríplice ponto de vista da inteligência, da atividade e do sentimento.

A história da inteligência vai do fetichismo ao positivismo, isto é, da síntese baseada na subjetividade e na projeção sobre o mundo exterior de uma realidade semelhante à da consciência, até a descoberta e a constituição das leis que comandam os fenômenos, sem pretensão a identificar suas causas. A atividade passa da fase militar à fase industrial, isto é, em termos marxistas, da luta dos homens entre si à luta vitoriosa do homem com a natureza, com a reserva de que Auguste Comte não nutre esperanças exageradas sobre os resultados que dará o domínio do homem sobre as forças da natureza.

Finalmente, a história da afetividade é a do desenvolvimento progressivo das disposições altruístas, sem que o homem deixe jamais de ser, espontânea e primariamente, egoísta.

Essa tríplice significação da história resulta da estática, que permite compreender a história com relação à estrutura fundamental da sociedade.

A história leva, simultaneamente, a uma diferenciação crescente das funções sociais e a uma unificação crescente das sociedades. Poder temporal e poder espiritual serão mais distintos do que nunca, na fase final, e essa distinção será condição para um consenso mais estreito e para uma unidade profunda mais sólida. Os homens aceitarão a hierarquia temporal porque terão consciência da precariedade dessa hierarquia e reservarão seu apreço supremo para a ordem espiritual que talvez seja a inversão da hierarquia temporal[33].

Da filosofia à religião

Depois de identificar seus traços característicos, Auguste Comte considera a sociedade industrial como a forma universalizável da organização social. No *Curso de filosofia positiva* considerou a história como a de um povo único. Por fim, fundamentou essa unidade da espécie humana na constância da natureza do homem, que se exprime no plano social por meio de uma ordem fundamental, que podemos encontrar através da diversidade das instituições históricas.

O sociólogo da unidade humana tem, portanto, um ponto de vista filosófico, que comanda a fundação da sociologia. Auguste Comte é filósofo, enquanto sociólogo, e sociólogo, enquanto filósofo. A vinculação indissolúvel entre filosofia e sociologia resulta do princípio do seu pensamento, isto é, a afirmação da unidade humana, que implica uma determinada concepção do homem, da sua natureza, da sua vocação, da relação entre indivíduo e coletividade. Convém também identificar as ideias filosóficas de Comte, referenciando o seu pensamento às três intenções que encontramos em sua obra: a intenção do reformador social, a intenção do filósofo que sintetiza os métodos e os resultados das ciências e, por fim, a intenção do homem que assume a posição de pontífice de uma nova religião, a religião da humanidade.

A maioria dos sociólogos de uma forma ou de outra se preocupou em agir ou em exercer influência sobre a evolução social. Todas as grandes doutrinas sociológicas do século XIX, talvez mesmo as de hoje, comportam uma passagem do pensamento à ação, ou da ciência à política e à moral.

Uma tal intenção coloca um certo número de questões. De que forma o sociólogo passa da teoria à prática? Qual o gênero de conselhos para a ação que se pode tirar da sua sociologia? Deve-se propor uma solução global para o conjunto do problema social ou soluções parciais para uma multiplicidade de problemas particulares? Enfim, uma vez concebida essa solução, como pensa o sociólogo transformá-la em realidade?

Sob esse aspecto, a comparação de Montesquieu com Auguste Comte é ilustrativa. Montesquieu deseja compreender a diversidade das instituições sociais e históricas, mas é muito prudente quando se trata de passar da ciência, cuja função é compreender, para a política, cuja função é ordenar ou aconselhar. Não há dúvida de que sua obra contém sugestões dirigidas aos legisladores, embora se discutam ainda hoje as preferências de Montesquieu a respeito de determinados aspectos, bastante importantes, da organização social. Mesmo quando Montesquieu dá conselhos, prefere antes condenar determinadas maneiras de agir a recomendar o que é preciso fazer. Suas lições, implícitas, são mais negativas do que positivas. Explica que a escravidão enquanto tal lhe parece contrária à natureza humana, que uma certa igualdade entre os homens está ligada à própria essência da humanidade. Mas, quando se trata de uma sociedade determinada, numa época dada, o conselho supremo que se extrai da sua obra é: observai o povo, o meio em que vive, levai em consideração sua evolução, seu caráter, e procurai não vos afastar do bom senso. Um excelente programa, mas que não é muito preciso. Essa imprecisão, aliás, reflete a essência de um pensamento que não concebe uma solução global para o que se chamou, no século XIX, de "crise da civilização", isto é, o problema social.

As consequências que podem ser deduzidas legitimamente da obra de Montesquieu são, portanto, conselhos metodológicos válidos para um engenheiro social, consciente do fato de que há certas características comuns a todas as sociedades, mas que uma política apropriada a alguns casos pode ser má em outros.

Em outras palavras, Montesquieu só admite uma passagem, prudente e limitada, da ciência para a ação; soluções parciais, não uma solução global. Não recomenda o emprego da violência para transformar as sociedades existentes de acordo com a ideia que possa ter da ordem social justa. Não tem receitas milagrosas para que o príncipe se comporte com sabedoria, e não recomenda que conselheiros do príncipe leiam *O espírito das leis*. Em suma, Montesquieu é modesto. Ora, a modéstia não é, decerto, a qualidade dominante em Auguste Comte, o reformador social. Como a história da humanidade é uma só, e a ordem fundamental é o tema em torno do qual se fazem variações, não hesita em imaginar o que devem ser a realização da vocação humana e a realização perfeita da ordem fundamental. Acredita possuir a solução para o problema social.

Na sua representação da reforma necessária, Comte desvaloriza o econômico e o político, em favor da ciência e da moral. A organização científica do trabalho é necessária, mas essa organização lhe parece, afinal, relativamente fácil de realizar. Não é esta a essência da reforma que porá fim à crise das sociedades modernas.

Comte vê a política com o duplo desprezo do homem de ciências e do fundador de religião. Convencido de que as sociedades têm os poderes públicos que merecem e que correspondem ao estado da sua organização social, não acredita que, com a mudança do regime e da constituição, o homem possa pôr fim às perturbações sociais profundas.

Reformador social, quer transformar a maneira de pensar dos homens, divulgar o pensamento positivista e estendê-lo ao domínio da sociedade, eliminando os resíduos da mentalidade feudal e teológica. Quer convencer seus contemporâneos de que as guerras são anacrônicas, e as conquistas coloniais, absurdas. Para ele, porém, esses fatos são tão evidentes que não dedica o essencial da sua obra a esse tipo de demonstração. Preocupa-se antes de mais nada em difundir uma maneira de pensar que levará por si mesma à justa organização da sociedade e do Estado. Sua tarefa é fazer com que todos se tornem positivistas; mostrar a todos que a organização positivista é racional para a ordem temporal, ensinar-lhes o altruísmo e o amor na ordem espiritual ou moral. O paradoxo é que a ordem fundamental que Auguste Comte quer fazer entrar na realidade deve, segundo sua filosofia, realizar-se por si mesma. De fato, se as leis da estática são as de uma ordem constante, as da dinâmica dão a garantia de que a ordem fundamental se realizará. Daí o determinismo histórico que desvaloriza a intenção e os esforços do reformador.

Há aí uma dificuldade que encontramos também, sob outra forma, no pensamento de Marx, mas que Comte conhece igualmente, e resolve de modo muito diferente. Como Montesquieu, e mais ainda do que Montesquieu, Comte é avesso à violência. Não acredita que a revolução poderá resolver a crise moderna e levar as sociedades à plena realização da sua vocação. Admite que é necessário tempo para que as sociedades diaceradas de hoje se transformem nas sociedades harmoniosas do futuro. Simultaneamente, aceita o papel da ação e justifica os esforços dos homens de boa vontade pelo caráter transformável da fatalidade. A história está sujeita a leis, e já não ignoramos em que sentido evoluem espontaneamente as sociedades humanas. Mas essa evolução pode tomar mais ou menos tempo, custar mais ou menos esforço e sangue. A liberdade reservada aos homens se manifesta na duração e nas modalidades da evolução, em si mesma inevitável. Segundo Comte, quanto mais nos elevamos na escala dos seres, indo dos mais simples até os mais complexos, mais se amplia a margem de liberdade, a "margem de transformabilidade da fatalidade". O que existe de mais complexo é a sociedade, ou talvez o ser humano individual, objeto da moral, sétima ciência, última na classificação comtiana. É na história que as leis deixam aos homens mais liberdade[34].

Portanto, para Comte, o sociólogo reformador social não é um engenheiro de reformas parciais, no estilo de Montesquieu ou à maneira dos sociólogos de hoje, que não são positivistas, mas sim positivos. Comte não é também um profeta da violência, como Marx. É o anunciador sereno dos novos tempos. É o homem que sabe qual é essencialmente a ordem humana e, por conseguinte, qual será a sociedade do futuro, quando os homens se tiverem aproximado do objetivo do seu empreendimento comum.

O sociólogo é uma espécie de profeta pacífico, que instrui os espíritos, congrega as almas e, secundariamente, atua como grande sacerdote da religião sociológica.

Desde sua juventude, Comte teve dois objetivos principais: reformar a sociedade e estabelecer a síntese dos conhecimentos científicos. A vinculação entre estas duas ideias é clara. Com efeito, a única reforma social válida seria a que transformasse o modo de pensar teológico e difundisse a atitude própria ao positivismo. Ora, essa reforma das crenças coletivas só pode ser uma consequência do desenvolvimento científico. A melhor maneira de criar, de acordo com a ciência nova, é seguir, através da história e por meio da ciência atualmente existente, os progressos do espírito positivo.

Não se pode duvidar de que, no pensamento de Comte, houvesse uma solidariedade entre os três primeiros volumes do *Curso de filosofia positiva*, em que se encontra realizada sua ambição de síntese das ciências, e os três volumes seguintes, que fundam a sociologia e esboçam os temas da estática e da dinâmica.

A síntese das ciências permite fundamentar e enquadrar as ideias sociais. Mas as ideias sociológicas não são rigorosamente dependentes da síntese das ciências, embora essa síntese só seja possível em função de uma concepção da ciência que, em si mesma, está estreitamente associada às intenções do reformador social e do sociólogo. As interpretações comtistas da ciência explicam a passagem do positivismo da primeira época para o positivismo da última, ou também do pensamento do *Curso* para o pensamento do *Système*, passagem que muitos positivistas, tais como É. Littré e J. S. Mill, que seguiram Comte desde a primeira parte da sua carreira, consideraram uma negação das suas noções iniciais.

A síntese filosófica das ciências pode ser ordenada em torno de quatro ideias:

1) Tal como é concebida por Auguste Comte, a ciência não é uma aventura, uma busca incessante e indefinida, é uma fonte de dogmas. Auguste Comte quer eliminar os últimos traços de espírito teológico mas, de certo modo, ele nasceu com algumas das pretensões dos teólogos, no sentido caricatural do termo. Procura verdades definitivas, que não possam ser questionadas. Está convencido de que o homem não foi feito para duvidar, mas para crer. Ter-se-á equivocado? É possível que o homem seja feito para crer, e não para duvidar. Mas se dissermos que a ciência é uma mistura de dúvida e de fé, será preciso acrescentar que Comte tinha muito mais consciência da necessidade da fé do que da legitimidade da dúvida. As leis estabelecidas pelos cientistas são, para Comte, comparáveis a dogmas; devem ser aceitas de uma vez por todas, e não perpetuamente questionadas. Se as ciências levam à sociologia, isso se deve em grande parte ao fato de que proporcionam um conjunto de proposições verificadas, que constituem o equivalente dos dogmas do passado.

2) Auguste Comte acredita que o conteúdo essencial da verdade científica é representado pelo que se chama de leis, isto é, relações necessárias entre fenômenos ou fatos dominantes ou constantes, característicos de um certo tipo de ser.

A ciência de Auguste Comte não é uma busca de explicações últimas, não pretende atingir as causas. Ela se limita a constatar a ordem que reina no mundo, menos por curiosidade desinteressada para com a verdade do que para ter condições de explorar os recursos que nos oferece a natureza, e para pôr ordem em nosso próprio espírito.

Portanto, a ciência é duplamente pragmática. É o princípio de que são tiradas as receitas técnicas como consequências inelutáveis; tem valor educativo para nossa inteligência, ou antes para nossa consciência. Se não houvesse no mundo exterior uma ordem que descobrimos e que é a origem e o princípio da nossa inteligência, nossa própria consciência seria caótica, as impressões subjetivas, para usar a linguagem de Comte, se misturariam confusamente e nada produziriam de inteligível[35].

Essa concepção da ciência leva, logicamente, à sociologia e à moral, como ao seu resultado e à realização da sua intenção imanente. Se a ciência fosse anseio pela verdade, busca indefinida de explicações, intenção de perceber uma inteligibilidade que nos escapa, talvez ela se assemelhasse mais ao que ela é na realidade; levaria mais dificilmente à sociologia do que à ciência dogmática e pragmática concebida por Auguste Comte.

Não tenho dúvida de que o fundador do positivismo ficaria indignado com os *sputniks* e a pretensão de explorar o espaço para além do sistema solar. Consideraria um tal empreendimento insensato: por que ir tão longe, se não sabemos o que fazer no lugar onde estamos? Por que explorar regiões do espaço que, como não agem diretamente sobre a espécie humana, não lhe dizem respeito? Toda ciência que não tivesse o mérito de nos revelar uma ordem, ou de nos permitir agir, era, a seus olhos, inútil, e portanto injustificável. Dogmático, Auguste Comte condenava o cálculo de probabilidades.

Já que as leis, em geral, são verdadeiras, por que essa preocupação excessiva com os detalhes, por que essas precisões que não servem para nada? Por que pôr em questão as leis sólidas, que tornam o mundo inteligível?

3) Quando Comte procura reunir os resultados e os métodos das ciências, descobre, ou pensa descobrir, uma estrutura do real, essencial para a compreensão do homem por ele mesmo e das sociedades pelos sociólogos: uma estrutura hierárquica dos seres, segundo a qual cada categoria está sujeita a determinadas leis. Há na natureza uma hierarquia, que vai dos fenômenos mais simples até os mais complexos, da natureza inorgânica à orgânica e, por fim, aos seres vivos e ao homem. Estrutura que, no fundo, é quase imutável. É a hierarquia que é um dado da natureza.

A ideia-chave dessa interpretação do mundo é a de que o inferior condiciona o superior, mas não o determina. Essa visão hierárquica permite situar os fenômenos sociais no seu lugar e, ao mesmo tempo, determinar a própria hierarquia social: o superior é condicionado pelo inferior, como os fenômenos da vida são condicionados, mas não determinados, pelos fenômenos físicos e químicos.

4) As ciências, que constituem a expressão e a realização do espírito positivo e proporcionam os dogmas da sociedade moderna, são espreitadas por um perigo permanente, ligado à sua natureza: o da dispersão na análise. Auguste Comte não cessa de criticar seus colegas cientistas por uma dupla especialização, que lhe parece excessiva. Os cientistas estudam um pequeno setor da realidade, uma pequena parte de uma ciência, e se desinteressam por tudo o mais. Por outro lado, os cientistas não estão tão convencidos quanto Comte de

que representam os sacerdotes da sociedade moderna e de que devem exercer uma espécie de magistratura espiritual. Deploravelmente, tendem a se contentar com o trabalho de cientista, sem ambição de reformar a sociedade. Modéstia culpável, dizia Auguste Comte, aberração fatal! Ciências puramente analíticas terminariam por ser mais prejudiciais que úteis. De que nos serve uma acumulação indefinida de conhecimentos?

É necessário que ocorra uma síntese das ciências que tenha como centro ou princípio a própria sociologia. Todas as ciências convergem para a sociologia, que representa o nível mais alto de complexidade, de nobreza e de fragilidade. Ao estabelecer essa síntese das ciências, para chegar à sociologia, Auguste Comte apenas segue a tendência natural das ciências, que se dirigem para a ciência da sociedade como para o seu fim, no duplo sentido de termo e de objetivo. Não somente a síntese das ciências se realiza objetivamente com relação à sociologia, ciência da espécie humana, mas a sociologia é o único princípio subjetivo de síntese possível: a reunião dos conhecimentos e métodos só é possível se se toma como ponto de referência a humanidade. Se estivéssemos animados por curiosidade pura e simples, poderíamos limitar-nos a observar indefinidamente a diversidade dos fenômenos e as suas relações. Para que haja uma síntese, é necessário pensar objetivamente a hierarquia dos seres que se elevam até a espécie humana, e subjetivamente os conhecimentos adquiridos pela humanidade, cuja situação eles explicam, e que são úteis ao homem para explorar os recursos naturais e para viver de acordo com a ordem.

Encontramos também no tomo IV do *Système de politique positive* uma espécie de filosofia primeira (é assim que se exprime Auguste Comte, utilizando uma fórmula de Bacon). Compreende quinze leis chamadas leis da filosofia primeira. Umas são objetivas, outras subjetivas; permitem compreender como a sociologia sintetiza os resultados das ciências que, objetiva e subjetivamente, só se podem unificar tomando como referência a humanidade[36].

Para Comte, a sociologia é, portanto, a ciência do entendimento. O homem só pode entender o espírito humano se observar sua atividade e sua obra na sociedade e através da história. O espírito humano não pode ser conhecido por introspecção, à maneira dos psicólogos, ou pelo método da análise reflexiva, à maneira de Kant.

Essa verdadeira ciência do entendimento é o que chamaríamos hoje de sociologia do conhecimento. É observação, análise e compreensão das capacidades do espírito humano, tais como se manifestam a nós pelas suas obras na duração histórica.

A sociologia é também a ciência do entendimento porque o modo de pensar e a atividade do espírito são, em todos os momentos, solidários com o contexto social. Não há um eu transcendental que se pudesse apreender pela análise reflexiva. O espírito é social e histórico. O espírito de cada época e de cada pensador está vinculado a um contexto social. É preciso compreender esse contexto para poder compreender como funciona o espírito humano. Conforme escreve Comte, no início da dinâmica social do *Système de politique positive*:

> O século atual será caracterizado, principalmente, pela preponderância irrevogável da história na filosofia, na política e até mesmo na poesia. Essa supremacia universal do ponto de vista histórico constitui o princípio essencial do positivismo e o seu resultado geral. Como

a verdadeira positividade consiste, sobretudo, na substituição do relativo pelo absoluto, sua primazia se torna completa quando a mobilidade regulada, já reconhecida com relação ao objeto, está convenientemente ampliada ao próprio sujeito, cujas variações dominam, assim, nossos pensamentos, quaisquer que sejam (*Système de politique positive*, t. III, p. 1).

A religião comtista tem hoje pouca ressonância. Fazer rir de Auguste Comte é fácil, mais importante porém é compreender o que há de profundo nas suas ingenuidades.

Comte é o fundador de uma religião, e assim se considerava. Acreditava que a religião da nossa época pode e deve ter inspiração positivista. Já não pode ser a religião do passado, que implica um modo de pensar ultrapassado. O homem de espírito científico não pode crer na revelação, no catecismo da Igreja, ou na divindade, de acordo com a concepção tradicional. Por outro lado, a religião corresponde a uma necessidade permanente do homem. O homem tem necessidade de religião porque precisa amar algo que seja maior do que ele. As sociedades têm necessidade da religião porque precisam de um poder espiritual que consagre e modere o poder temporal e lembre aos homens que a hierarquia das capacidades não é nada ao lado da hierarquia dos méritos. Só uma religião pode pôr no seu verdadeiro lugar a hierarquia técnica das capacidades, e lhe sobrepor uma hierarquia eventualmente contrária, a hierarquia dos méritos.

A religião que puder atender a essas necessidades constantes da humanidade, que busque o amor e a unidade, será a religião da humanidade. Como a hierarquia dos méritos morais que é preciso criar pode contrariar a hierarquia temporal, a humanidade que Auguste Comte nos convida a amar não é a humanidade que conhecemos, grosseira e injusta. O Grande Ser não é a totalidade dos homens mas, entre os homens, aqueles que sobrevivem nos seus descendentes porque viveram de modo que deixaram uma obra ou um exemplo.

Se é verdade que "a humanidade se compõe mais de mortos do que de vivos", isso não ocorre porque, estatisticamente, haja menos vivos do que o número total dos mortos. A razão é que só os mortos constituem a humanidade, só eles sobrevivem na humanidade que devemos amar e são dignos do que Comte chama de imortalidade subjetiva[37].

Em outros termos, o Grande Ser que Auguste Comte nos convida a amar é o que os homens tiveram ou fizeram de melhor. É, finalmente, aquilo que, no homem, ultrapassa os homens, ou pelo menos o que, em alguns homens, a humanidade essencial realizou.

Essa humanidade essencial que amamos no Grande Ser será muito diferente da humanidade das religiões tradicionais? Sem dúvida há uma diferença fundamental entre amar a humanidade como Auguste Comte recomenda e amar o deus transcendente das religiões tradicionais. Contudo, o deus do Cristianismo se fez homem. Entre a humanidade essencial e a divindade, na religião da tradição ocidental, há uma relação que se presta a várias interpretações.

Pessoalmente, acredito que a religião de Comte, que como se sabe não teve grande êxito temporal, é menos absurda do que ordinariamente se acredita. Ela me parece superior a muitas outras concepções religiosas ou semirreligiosas que outros sociólogos difundiram, deliberadamente ou não. A amar alguma coisa na humanidade, além de pessoas determinadas, mais vale amar a humanidade essencial representada e simbolizada pelos grandes homens do que amar apaixonadamente uma ordem econômica e social, a ponto de querer a morte de todos os que não acreditam nessa doutrina da salvação.

Se é preciso retirar uma religião da sociologia – o que pessoalmente não desejo fazer –, a única que me parece, no final das contas, razoável é a de Auguste Comte. Ela não ensina a amar uma sociedade entre outras, o que seria fanatismo tribal, ou a amar a ordem social do futuro, que ninguém conhece e em nome da qual se exterminam os céticos. O que Auguste Comte nos recomenda é o amor à excelência de que alguns homens foram capazes, e na direção da qual todos os homens devem se elevar, e não o amor à sociedade francesa de hoje, nem à sociedade russa de amanhã ou à norte-americana de depois de amanhã.

Pode ser que a humanidade essencial não seja um objeto de amor que toque a maioria dos homens, contudo, de todas as religiões sociológicas, a sociocracia de Comte me parece também filosoficamente melhor. Aliás, talvez por isso tenha sido a mais fraca politicamente. Desde que não amem realidades transcendentes, os homens têm muita dificuldade em amar o que os une e em não amar o que os divide.

Resta dizer, porém, que Auguste Comte provavelmente não teria concebido a religião da humanidade se não tivesse vivido sua aventura com Clotilde de Vaux. Pode-se portanto considerar a religião que criou como um acidente biográfico. Se minha interpretação de Auguste Comte é correta, este acidente biográfico parece-me ter um sentido profundo. Afirmei que Comte foi o sociólogo da unidade humana; ora, uma das realizações possíveis, se não necessárias, da sociologia da unidade humana é a religião da unidade humana. A religião do Grande Ser é o que há de melhor no homem transfigurado em princípio de unidade de todos os homens.

Comte quer que os homens, embora destinados a viver indefinidamente em sociedades temporais fechadas, estejam unidos por convicções comuns e um objeto único de amor. Como esse objeto já não pode existir na transcendência, haveria outra saída além da de conceber os homens reunidos no culto da sua própria unidade, pela vontade de realizar e de amar o que, através dos séculos e dos grupos, ultrapassa as particularidades, é válido para todos e, em consequência, justifica a unidade, não como um fato, mas como um objetivo ou um ideal?

Indicações biográficas

1791 Em 19 de janeiro nasce Auguste Comte em Montpellier, de família católica e monarquista. Seu pai é funcionário de nível médio.
1807-14 Estudos secundários no liceu de Montpellier. Comte abandona muito cedo a fé católica, atraído por ideias liberais e revolucionárias.
1814-16 Estudo na École Polytechnique onde foi admitido em primeiro lugar na lista do Sul.
1816 Em abril, o governo da Restauração decide fechar provisoriamente a École Polytechnique, suspeita de jacobinismo. Comte volta a Montpellier, por alguns meses, e ali segue alguns cursos de medicina e fisiologia. De volta a Paris, ganha a vida dando lições de matemática.
1817 Em agosto, Comte se torna secretário de Saint-Simon, de quem será colaborador e amigo até 1824. Durante todo este período, estará associado às diversas publicações do filósofo do industrialismo: *L'industrie, Le politique, L'organisateur, Du système industriel* e *Catéchisme des industriels*.
1819 *Séparation générale entre les opinions et les désirs*. Colabora com o *"Censeur"* de Charles Comte e Charles Dunoyer.
1820 *Sommaire appréciation sur l'ensemble du passé moderne*, publicado em abril em *L'organisateur*.

1822 *Prospectus des travaux scientifiques nécessaires pour réorganiser la société*, publicado no *Système industriel*.
1824 *Système de politique positive*, t. I, 1.ª parte. Em abril, Comte vende este trabalho a Saint-Simon, que o apresenta no *Catéchisme des industriels*, sem indicação de autor. Comte protesta; segue-se o rompimento. "Seu patrão considera-o como a terceira parte de um todo que se intitula *Catéchisme des industriels* e que expõe o industrialismo de Saint-Simon. O jovem considera-o como a primeira parte de um todo que se denomina *Système de politique positive* e que expõe o positivismo de Auguste Comte." (H. Gouhier.) A partir daqui Comte passará a falar da "desastrosa influência" que uma "funesta relação" com um "malabarista depravado" exerceu sobre ele.
1825 *Considérations philosophiques sur les sciences et les savants. Considérations sur le pouvoir spirituel*. Estas duas obras ainda foram publicadas em *Le Producteur* de Saint-Simon. Casamento de Comte com Caroline Massin, uma antiga prostituta. Este casamento, realizado "por um cálculo generoso", foi, dirá Comte, "o único erro realmente grave de toda a minha vida". Caroline Massin deixará várias vezes o domicílio comum.
1826 Em abril, princípio das aulas públicas do *Curso de filosofia positiva*. Entre os seus alunos estão Humbolt, H. Carnot, o fisiólogo Blainville e o matemático Poinsot.
1826-27 Crise mental: perturbado por uma primeira fuga da mulher e estafa intelectual, teve de ser internado. Sai, depois de oito meses, não curado, e tenta, pouco depois, o suicídio. Logo a crise nervosa se aplaca. Consciente das causas dessa crise, impõe-se um regime físico e mental muito severo, para prevenir qualquer nova crise.
1829 Reinicia o *Curso de filosofia positiva* em 4 de janeiro.
1830 Publicação do tomo I do *Curso de filosofia positiva*. Os outros tomos serão publicados sucessivamente em 1835, 1838, 1839, 1841 e 1842.
1831 Início do curso gratuito de astronomia popular, que continua a ser dado até 1848. Comte se candidata, sem êxito, à cadeira de análise da École Polytechnique.

1832 Nomeado assistente de análise e de mecânica na École Polytechnique.
1833 Comte solicita a Guizot a criação de uma cadeira de história das ciências, no Collège de France, que ele próprio ocuparia. Recusa. A cadeira de geometria da École Polytechnique lhe é igualmente recusada em razão de suas opiniões republicanas.
1836 Nomeado examinador da admissão à École Polytechnique.
1842 Separação definitiva da esposa.
1843 *Traité élémentaire de géométrie analytique.*
1844 *Discours sur l'esprit positif*, preâmbulo ao *Traité philosophique d'astronomie populaire.*
Comte perde seu cargo de examinador na École Polytechnique; passa a viver do "livre subsídio positivista" enviado inicialmente (em 1845) por J. S. Mill e alguns ingleses ricos, e depois (a partir de 1848) por É. Littré e uma centena de discípulos e admiradores franceses. Em outubro, Comte encontra Clotilde de Vaux, irmã de um ex-aluno, que, com cerca de trinta anos, vive separada do marido e sabe que está com a "doença".
1845 "O ano sem igual." Comte declara seu amor a Clotilde de Vaux, que só lhe oferece amizade, declarando-se "impotente para tudo o que ultrapasse os limites da afeição".
1846 5 de abril. Clotilde de Vaux morre sob os olhos de Auguste Comte que, a partir desse momento, passa a dedicar-lhe um verdadeiro culto.
1847 Comte proclama a religião da humanidade.
1848 Fundação da Sociedade Positivista.
Discours sur l'ensemble du positivisme.
1851 Comte perde seu cargo de assistente na École Polytechnique. Publicação do primeiro tomo do *Système de politique positive* ou *Traité de sociologie instituant la religion de l'humanité*. Os outros tomos serão publicados em 1852, 1853 e 1854.
Em 22 de abril Comte escreve a M. de Thoulouze: "Estou convencido de que antes de 1860 pregarei o posi-

tivismo em Notre-Dame, como a única religião real e completa."

Em dezembro, Littré e vários discípulos, chocados com a aprovação de Comte ao golpe de Estado de Luís Napoleão, e apreensivos com a orientação da nova filosofia, se afastam da Sociedade Positivista.

1852 *Catéchisme positiviste ou Sommaire exposition de la religion universelle.*

1853 *Appel aux conservateurs.*

1856 *Synthèse subjective ou Système universel des conceptions propres à l'état normal de l'humanité.*

Comte propõe ao Superior-Geral dos Jesuítas uma aliança contra a "irrupção anárquica do delírio ocidental".

1857 Morte, em Paris, no dia 5 de setembro, na presença de seus discípulos.

Notas

1. Auguste Comte concebeu a lei dos três estados em fevereiro ou março de 1822, expondo-a pela primeira vez no *Prospectus des travaux scientifiques nécessaires pour réorganiser la société*, publicado em abril de 1822 num volume de Saint-Simon intitulado *Suite des travaux ayant pour objet de fonder le système industriel*. Essa obra, que Comte chamará, no prefácio do *Système de politique positive*, o *Opuscule fondamental* e que é citada às vezes com o título de *Premier système de politique positive* (nome da edição de 1824), será reeditada no tomo IV do *Système de politique positive* sob o título *Plan des travaux scientifiques nécessaires pour réorganiser la société*.

A lei dos três estados é objeto da primeira lição do *Cours de philosophie positive* (5.ª ed., t. I, p. 2-8), a classificação das ciências é objeto da segunda. (ibid., p. 32-63).

Sobre a descoberta da lei dos três estados e da classificação das ciências, ver: Henri Gouhier, *La jeunesse d'Auguste Comte et la formation du positivisme*, tomo III, *Auguste Comte et Saint-Simon*, Paris, Vrin, 1941, p. 289-91.

2. "Ao estudar o desenvolvimento total da inteligência humana, nas suas diversas esferas de atividade, desde sua primeira e mais simples manifestação até os nossos dias, creio ter descoberto uma grande lei fundamental, à qual esse

desenvolvimento está sujeito por necessidade invariável, e que me parece poder ser solidamente demonstrada, seja por meio das provas racionais fornecidas pelo conhecimento da nossa organização, seja pelas verificações históricas resultantes de um exame atento do passado. Essa lei consiste no seguinte: cada uma das nossas principais concepções, cada ramo dos nossos conhecimentos passa sucessivamente por três estados teóricos distintos: o estado teológico, ou fictício; o estado metafísico, ou abstrato; e o estado científico, ou positivo. Em outras palavras, o espírito humano, por sua própria natureza, emprega sucessivamente, em cada uma de suas buscas, três métodos de filosofar cujo caráter é essencialmente diferente, e até mesmo radicalmente oposto: a princípio o método teológico, em seguida o metafísico, e por fim o positivo. Daí a existência de três modalidades de filosofia, ou de sistemas gerais de concepções sobre o conjunto dos fenômenos, que se excluem mutuamente: a primeira é o ponto de partida necessário da inteligência humana, a terceira, seu estado fixo e definitivo; a segunda está destinada unicamente a servir de transição..."

"No estado positivo o espírito humano, reconhecendo a impossibilidade de obter noções absolutas, desiste de procurar a origem e o destino do universo e de conhecer as causas internas dos fenômenos, para se dedicar a descobrir, pelo uso bem combinado do raciocínio e da observação, suas leis efetivas, isto é, suas relações invariáveis de sucessão e de semelhança. A explicação de fatos, reduzida, então, a seus termos reais, passa a ser apenas a ligação que se estabelece entre os diversos fenômenos particulares e alguns fatos gerais cujo número tende a ser cada vez mais reduzido pelo progresso das ciências." (*Cours de philosophie positive*, t. I, p. 2-3).

3. Comte escreve: "As ideias governam e revolucionam o mundo; em outras palavras, todo o mecanismo social repousa, afinal, sobre opiniões... A grande crise política e moral das sociedades atuais está ligada, em última análise, à anarquia intelectual. Com efeito, nosso mal mais grave consiste nessa profunda divergência que existe hoje entre todos

os espíritos, com relação a todas as máximas fundamentais, cuja fixidez é a condição primeira de uma ordem social autêntica. Enquanto as inteligências individuais não tiverem aderido, por assentimento unânime, a um certo número de ideias gerais capazes de formar uma doutrina social comum, é impossível dissimular o fato de que obrigatoriamente as nações permanecerão em estado essencialmente revolucionário, a despeito de todos os paliativos políticos que se possam adotar, e comportando apenas instituições provisórias." (*Cours de philosophie positive*, t. I, p. 25).

4. Auguste Comte não esconde a sua importância: "Na falta de um impulso geral para tudo coordenar sem nada perturbar, a vida industrial suscita apenas classes que se ligam de modo imperfeito; e isso constitui o principal problema da civilização moderna. Uma verdadeira solução só será possível se for baseada na coesão cívica." (*Système de politique positive*, t. III, p. 364). "Desde a abolição da servidão pessoal, as massas proletárias não se incorporam verdadeiramente ao sistema social – deixando-se de lado a oratória anárquica. O poder do capital, a princípio meio natural de emancipação e depois de independência, tornou-se agora exorbitante nas transações do dia a dia, apesar da justa preponderância que ele deva, necessariamente, exercer em razão de uma generalidade e responsabilidade superiores, segundo a sã teoria hierárquica." (*Cours de philosophie positive*, t. VI, p. 512). "A principal desordem é a que afeta hoje a existência material, em que os dois elementos necessários da força dirigente, isto é, o número e a riqueza, vivem em estado de hostilidade mútua crescente, pelo qual são igualmente culpados." (*Système de politique positive*, t. II, p. 391).

5. James Burnham, *The Managerial Revolution*, Nova York, 1941, livro traduzido em francês com o título *L'ère des organisateurs*, em 1947, com prefácio de Léon Blum.

6. O exame da natureza e do objeto da economia política consta da 47.ª lição do *Cours de philosophie positive*. Comte estudou a economia política da sua época, isto é, a economia clássica e liberal, quando era secretário de Saint-Simon e em

suas críticas ressalva "o caso eminentemente excepcional do ilustre e judicioso filósofo Adam Smith".

Suas críticas são endereçadas sobretudo aos sucessores de Smith: "Se os nossos economistas são, de fato, os sucessores científicos de Adam Smith, que nos mostrem, então, em que eles efetivamente aperfeiçoaram ou completaram a doutrina desse mestre imortal; que descobertas verdadeiramente novas acrescentaram às brilhantes observações iniciais que foram, ao contrário, desfiguradas em sua essência por uma exibição inútil e pueril de formas científicas.

Observando com imparcialidade as estéreis contestações que os dividem sobre as noções mais elementares de *valor*, de *utilidade*, de *produção* etc. parece que estamos assistindo aos mais estranhos debates dos escolásticos da Idade Média, sobre as atribuições fundamentais de suas puras entidades metafísicas com as quais as concepções econômicas se assemelham cada vez mais, à medida que vão se tornando mais dogmáticas e mais sutis" (ibid., p. 141). No entanto o que Comte critica fundamentalmente nos economistas é querer criar uma ciência autônoma "isolada do conjunto da filosofia social"... "Porque, pela natureza do sujeito, nos estudos sociais, assim como em todos os estudos relativos aos corpos vivos, os diversos aspectos gerais são, de modo necessário, mutuamente solidários e racionalmente inseparáveis, a ponto de não poderem ser convincentemente esclarecidos uns pelos outros... quando se passa do mundo das entidades para as especulações reais, torna-se claro que a análise econômica ou industrial da sociedade não poderia ser positivamente realizada – não considerando sua análise intelectual, moral e política – no passado ou mesmo no presente; de tal modo que, reciprocamente, essa operação irracional fornece um sintoma irrecusável de natureza essencialmente metafísica das doutrinas que a tomam por base." (ibid., p. 142).

7. Maurice Allais, professor de economia na École des Mines, autor, entre outros livros, de *Economie et intérêt*, Paris, Imprimerie Nationale, 1947, 2 vols.; *Traité d'économie pure*, Paris, Imprimerie Nationale, 1952; *Économie pure et rendement*

social, Paris, Sirey, 1945; *L'Europe unie route de la prospérité*, Paris, Calmann-Lévy, 1960; *Le Tiers Monde au carrefour*, Bruxelas, Les cahiers africains, 2 vols., 1963.

8. Alfred Sauvy, professor do Collège de France, autor, entre outros livros, de *Théorie générale de la population*, Paris, P.U.F., t. I, 1963, t. II, 1959; *La nature sociale*, Paris, Armand Colin, 1957; *De Malthus à Mao Tsé-Toung*, Paris, Denoël, 1958; *La montée des jeunes*, Paris, Calmann-Lévy, 1960; *Le Plan Sauvy*, Paris, Calmann-Lévy, 1960; *Mythologies de notre temps*, Paris, Payot, 1965; *Histoire économique de la France entre les deux guerres*, t. I; *De l'armistice à la dévaluation de la livre*, Paris, Fayard, 1965.

9. Assim escreve Comte: "Depois de ter explicado as leis naturais que devem determinar, no sistema da sociabilidade moderna, a indispensável concentração das riquezas entre os líderes industriais, a filosofia positiva mostrará que para os interesses populares pouco importa em que mãos habitualmente se encontram os capitais, contanto que sua utilização normal seja necessariamente útil à massa social. Ora, esta condição essencial, pela sua natureza, depende muito mais dos meios morais do que de medidas políticas. Por mais laboriosos entraves que as opiniões estreitas e as paixões rancorosas possam instituir legalmente contra a acumulação espontânea dos capitais, mesmo correndo o risco de paralisar diretamente toda a verdadeira atividade social, é claro que esses procedimentos tirânicos teriam uma eficácia real muito menor do que a reprovação universal aplicada pela moral positiva a qualquer uso demasiado egoísta das riquezas; reprovação tanto mais irresistível quanto aqueles mesmos que deveriam sofrê-la não poderiam recusar o princípio inculcado em todos pela educação fundamental comum, como foi demonstrado pelo catolicismo na época da sua predominância. ... Contudo, mostrando ao povo a natureza essencialmente moral de suas reclamações mais graves, a mesma filosofia fará que também as classes superiores sintam, de modo necessário, o peso dessa apreciação, impon-

do-lhes com energia, em nome de princípios que já não são contestáveis abertamente, as grandes obrigações morais inerentes à sua posição; de modo que, a propósito da propriedade, por exemplo, os ricos se considerarão moralmente como depositários necessários dos capitais públicos, cujo emprego efetivo, embora não possa acarretar nenhuma responsabilidade política (salvo em alguns casos excepcionalmente aberrantes), será contudo sujeito a escrupulosa discussão moral, acessível necessariamente a todos, sob condições apropriadas, e cuja autoridade espiritual constituirá ulteriormente o órgão normal. Segundo um estudo aprofundado da evolução moderna, a filosofia positiva mostrará que desde a abolição da servidão pessoal as massas proletárias ainda não estão – não levando em conta a oratória anárquica – verdadeiramente incorporadas ao sistema social; que o poder do capital, inicialmente meio natural de emancipação e, a seguir, de independência, tornou-se, agora, exorbitante nas transações do dia a dia, por mais justa que seja a preponderância do papel que esse poder deva, necessariamente, exercer em função de uma generalidade e de uma responsabilidade superiores, segundo a sã teoria hierárquica. Em síntese, essa filosofia mostrará que as relações industriais, em vez de continuarem à mercê de um empirismo perigoso e de um antagonismo opressivo, devem ser sistematizadas segundo as leis morais da harmonia universal." (*Cours de philosophie positive*, t. VI, p. 357-8).

10. Maurras escreveu um estudo sobre Auguste Comte que foi publicado com outros ensaios (*Le romantisme féminin, Mademoiselle Mank*) em *L'avenir de l'intelligence* (Paris, Nouvelle Librairie Nationale, 1918). Maurras escreve sobre Comte: "Se é certo que existem mestres, se é falso que o céu e a terra e os meios de interpretá-los só tenham vindo ao mundo no dia em que nascemos, não sei de nenhum outro nome de homem que deva ser pronunciado com um sentimento de reconhecimento mais vivo. Sua imagem não pode ser evocada sem emoção... Alguns dentre nós eram uma anarquia viva.

Ele lhes deu a ordem ou o seu equivalente, a esperança da ordem. Ele lhes mostrou a bela face da Unidade, sorrindo em um céu que não parece tão distante."

11. Há constantes referências a Comte na obra de Alain. Vide, notadamente, *Propos sur le christianisme*, Paris, Rieder, 1924; *Idées*, Paris, Hartmann, 1932, reeditado na Coleção 10/18, Paris, Union Générale d'Éditions, 1964 (este último volume contém um estudo dedicado a Comte).

A política de Alain está exposta em *Éléments d'une doctrine radicale*, Paris, Gallimard, 1925; e *Le citoyen contre les pouvoirs*, Paris, S. Kra, 1926.

12. Abordei o tema da guerra no pensamento de Auguste Comte em *La société industrielle et la guerre*, Paris, Plon, 1959, principalmente o primeiro ensaio, texto de uma "Auguste Comte Memorial Lecture" pronunciada na London School of Economics and Political Science.

13. Há muitos anos participei da banca examinadora de uma tese sobre Alain feita por um homem que se tinha convertido ao positivismo através dos seus ensinamentos, e que quase rejeitou as ideias de Alain e de Comte quando eclodiu a guerra de 1939. Falso profeta, aquele que anunciava a paz num século de guerra!

14. Auguste Comte escreveu numa época de transição da história colonial, no momento em que os impérios constituídos do século XVI ao XVIII acabavam de se dissolver e no limiar da criação dos impérios do século XIX. A emancipação das colônias americanas da Espanha havia terminado; a Grã-Bretanha perdera suas principais colônias da América do Norte; a França tinha perdido a Índia, o Canadá e São Domingos. A Grã-Bretanha, no entanto, conservara seu império da Ásia e Canadá. Entre 1829 e 1842, período em que Comte redige o *Curso de filosofia positiva*, a França começou a construir seu segundo império colonial, conquistando a Argélia e pontos de apoio nas costas da África e da Oceania. A Grã-Bretanha fez o mesmo apoderando-se da Nova Zelândia em 1840. Comte descreve assim o sistema colonial dos séculos XVII e XVIII:

"Sem retornar, evidentemente, às dissertações declamatórias do século passado sobre as vantagens ou o perigo final dessa ampla operação para o conjunto da humanidade – o que é um problema tão inútil quanto insolúvel –, seria interessante verificar se daí resultou, definitivamente, uma aceleração ou um atraso para a evolução total, negativa e positiva ao mesmo tempo, das sociedades modernas. Ora, sob esse aspecto, parece, primeiramente, que a nova direção principal, que se abria assim ao espírito guerreiro, na terra e no mar, bem como o grande recrudescimento impresso igualmente ao espírito religioso, como mais bem adaptado para civilizar populações atrasadas, tenderam diretamente a prolongar a duração geral do regime militar e teológico e, na sequência, a afastar a reorganização final. Mas, em primeiro lugar, a ampliação gradual a que tendia, desde então, o sistema das relações humanas deve ter tornado mais compreensível a verdadeira natureza filosófica de uma tal regeneração, mostrando-a como sendo destinada, no final, ao conjunto da humanidade; isso devia mostrar com toda a evidência a insuficiência radical de uma política que, diante da impossibilidade de assimilar as raças humanas, era levada, como em tantos casos, a destruí-las sistematicamente. Em segundo lugar, por uma influência mais direta e mais próxima, a nova estimulação ativa que o grande evento europeu teve que imprimir por toda parte na indústria certamente aumentou muito sua importância social e mesmo política; desse modo, tudo compensado, a evolução moderna, ao que me parece, teve necessariamente uma aceleração real da qual, no entanto, formamos uma ideia muito exagerada." (*Cours de philosophie positive*, t, VI, p. 68).

Comte analisa as conquistas coloniais do século XIX nos seguintes termos: "Temos notado, é certo, (...) a introdução espontânea de um perigoso sofisma, que hoje se procura consolidar, e que tenderá a conservar indefinidamente a atividade militar, atribuindo às sucessivas invasões o enganoso objetivo de estabelecer diretamente, no interesse final da civilização universal, a preponderância material dos povos mais evoluídos sobre os menos evoluídos. No lamentável estado atual da filosofia política que permite a ascendência efêmera de toda e qualquer aberração, uma tendência como essa é por certo muito grave como fonte de perturbação universal, na sua sequência lógica chegaria, sem dúvida, depois de ter motivado a opressão mútua das nações, a jogar as diversas cidades umas sobre as outras, seguindo os seus diferentes graus de desenvolvimento social. Sem chegar até essa rigorosa extrapolação, que certamente permanecerá sempre ideal, é, de fato, com o apoio de um pretexto assim que se pretendeu fundamentar a odiosa justificativa da escravidão colonial, de acordo com a incontestável superioridade da raça branca. Mas, apesar de algumas desordens graves que um sofisma como esse possa provocar momentaneamente, o instinto característico da sociabilidade moderna deve, por certo, dissipar toda preocupação irracional que tenderia a ver ali, mesmo que unicamente para um futuro próximo, uma nova fonte de guerras gerais, inteiramente incompatíveis com as mais perseverantes disposições de todas as populações civilizadas. Antes da formação e da propagação da sã filosofia política, a retidão popular terá, sem dúvida, apreciado suficientemente, mesmo que seja por meio de um empirismo confuso, esta grosseira imitação retrógrada da grande política romana que vimos, em sentido inverso, destinada essencialmente, sob condições sociais radicalmente opostas ao ambiente moderno, reprimir por toda parte, exceto em um único povo, a expansão iminente da vida militar, que esta inútil paródia estimularia, ao contrário, nas nações de há muito entregues a uma atividade eminentemente pacífica." (*Cours de philosophie positive*, t. VI, p. 237-8).

15. Encontramos em Comte inúmeras fórmulas para afirmar o anacronismo das guerras, enfatizar a contradição entre a sociedade moderna e o fenômeno militar e bélico:

"Todos os espíritos verdadeiramente filosóficos devem reconhecer com facilidade, com uma perfeita satisfação, moral e intelectual ao mesmo tempo, que chegou, enfim, a época na qual a guerra séria e durável deve desaparecer totalmente da elite da humanidade." (*Cours de philosophie positive*, t. VI, p. 239). Ou ainda:

"Todos os diferentes meios gerais de exploração racional aplicáveis às pesquisas políticas já ajudaram a constatar, espontaneamente e de modo decisivo, a inevitável tendência primitiva da humanidade a uma vida predominantemente militar e a sua destinação última, não menos irresistível, a uma existência industrial. Assim, nenhuma inteligência um pouco avançada ainda se recusa a reconhecer, de modo mais ou menos explícito, o decrescimento contínuo do espírito militar e a ascendência gradual do espírito industrial, como uma dupla consequência necessária de nossa evolução progressiva, que foi, em nossos dias, avaliada com muito critério, sob esse aspecto, pela maioria daqueles que se ocupam adequadamente de filosofia política. Numa época em que a repugnância característica das sociedades modernas pela vida militar se manifesta continuamente, das mais variadas formas e com uma energia sempre crescente até no seio das forças armadas; quando, por exemplo, a insuficiência de vocações militares se torna, por toda parte, inegável em razão da própria obrigação do recrutamento compulsório, cada dia mais indispensável – e ao qual quase nunca se segue a perseverança voluntária na vida militar; a experiência cotidiana dispensaria sem dúvida qualquer demonstração direta para um assunto que, também de modo gradual, caiu no domínio público. Apesar do enorme desenvolvimento excepcional, determinado momentaneamente, no início deste século, pelo envolvimento inevitável que deve ter sucedido a circunstâncias anormais irresistíveis, nosso espírito industrial e pacífico não demorou a retomar, de uma maneira mais rápida, o curso regular do seu desenvolvimento principal, para garantir, realmente, sob esse aspecto, o descanso fundamental do mundo civilizado, embora frequentemente a harmonia europeia deva parecer comprometida em consequência da falta provisória de toda organização sistemática das relações internacionais; o que, sem poder realmente produzir a guerra, basta, no entanto, para inspirar, com frequência, perigosas inquietações. (...) Enquanto a atividade industrial apresenta esta característica admirável de poder ser simultaneamente estimulada em todos os indivíduos e em todos os povos sem que o desenvolvimento de uns seja inconciliável com o dos outros, a plenitude da vida militar em uma parte notável da humanidade, pelo contrário, supõe e determina no final, em todo o resto, uma inevitável repressão que constitui o principal ofício de um tal regime, considerando o conjunto do mundo civilizado. Igualmente, enquanto a época industrial comporta apenas esse único termo geral, ainda indeterminado, conferido à existência progressiva de nossa espécie pelo sistema das leis naturais, a época militar teve de ser essencialmente limitada à época de uma realização gradual suficiente das condições prévias que ela estava destinada a realizar." (*Cours de philosophie positive*, t. IV, p. 375-9).

16. "Nossas riquezas materiais podem mudar de mãos, livremente ou pela força. No primeiro caso, a transmissão é gratuita ou interessada. Da mesma forma, a transferência involuntária pode ser violenta ou legal. Estes são, em última análise, os quatro modos gerais com que se transmitem naturalmente os produtos materiais... De acordo com a ordem decrescente da sua dignidade e eficácia, devem ser classificados nesta ordem normal o dom, a troca, a herança e a conquista. Somente os dois modos intermediários se tornaram muito comuns entre os povos modernos, como sendo os que melhor se adaptam à existência industrial que devia prevalecer. Contudo, os dois extremos concorreram de forma mais importante para a formação inicial dos grandes capitais. Embora o último deva cair por fim em desuso completo, o mesmo não acontecerá jamais com o primeiro, cuja importância e pureza nosso egoísmo industrial faz hoje desprezar... Sistematizada pelo positivismo, a tendência à doação deve proporcionar ao regime final um dos melhores auxiliares temporais da ação contínua do verdadeiro poder espiritual, para tornar a riqueza útil e mais respeitada. O mais antigo e mais nobre de todos os modos próprios à transmissão material secundará a organização industrial mais do que a vã metafísica dos nossos toscos economistas pode indicar." (*Système*

de politique positive, t. II, p. 155). Esta passagem se aproxima de algumas análises modernas. Vide, notadamente, de François Perroux, "Le don, sa signification économique dans le capitalisme contemporain", Diogène, abril de 1954, reproduzido em *L'économie du XXe siècle*, 1.ª ed., Paris, P.U.F., 1961, p. 322-44.

17. Michael Young, *The Rise of Meritocracy*, Londres, Thames and Hudson, 1958; Penguin Books, 1961.

18. Condorcet, *Esquisse d'un tableau historique des progrès de l'esprit humain*. Esta obra, escrita em 1793, foi editada pela primeira vez no ano III. Para uma edição moderna, vide a da Bibliothèque de Philosophie, Paris, Boivin, 1933. Antes de Condorcet, Turgot havia escrito um *Tableau philosophique des progrès successifs de l'esprit humain*.

19. De onde Auguste Comte concluiu que, como não há liberdade de consciência em astronomia, não deveria havê-la em política.

20. "A filosofia teológica propriamente dita nunca pôde ser rigorosamente universal, nem mesmo na nossa infância individual ou social; isto é, para todas e quaisquer ordens de fenômenos, os fatos mais simples e mais comuns sempre foram vistos como sendo essencialmente sujeitos a leis naturais, em lugar de serem atribuídos à vontade arbitrária dos agentes sobrenaturais. Por exemplo: o ilustre Adam Smith observou, com muita felicidade, nos seus ensaios filosóficos, que não se podia encontrar em nenhum país, em tempo algum, um deus para o peso. É o que acontece, de modo geral, mesmo com respeito aos temas mais complicados, para todos os fenômenos bastante elementares e familiares para que a invariabilidade das suas relações efetivas tenha sempre chamado a atenção, espontaneamente, do observador menos preparado." (*Cours de philosophie positive*, t. IV, p. 365).

21. "Apesar da inevitável solidariedade que sem cessar reina entre os diferentes elementos da nossa evolução social, segundo os princípios já estabelecidos, é preciso também que, no meio de suas mútuas reações contínuas, uma dessas ordens gerais de progresso seja espontaneamente preponde-

rante, para que possa imprimir habitualmente a todos os outros um indispensável impulso primitivo, ainda que ele mesmo deva receber depois, por sua vez, de sua própria evolução, um novo impulso. Aqui, basta identificar imediatamente esse elemento preponderante, cujo exame dirigirá o conjunto da nossa exposição dinâmica, sem que nos ocupemos expressamente com a subordinação especial dos meios em relação a ele ou entre eles, o que, a seguir, a realização espontânea de um tal trabalho deixará suficientemente manifesto. Ora, assim reduzida, a determinação não poderia apresentar nenhuma dificuldade grave, porque bastaria distinguir o elemento social, do qual se pudesse conceber melhor o desenvolvimento, deixando-se de lado o desenvolvimento de todos os demais a despeito da sua conexão necessária e universal, enquanto, inversamente, do exame direto do desenvolvimento destes últimos, a noção se reproduzirá de modo inevitável. Neste caráter duplamente decisivo não se poderia hesitar em pôr no primeiro plano a evolução intelectual, como princípio necessariamente preponderante do conjunto da evolução da humanidade. Se, como expliquei no capítulo anterior, o ponto de vista intelectual deve predominar no que diz respeito ao simples estudo estático do organismo social propriamente dito, com mais razão se dirá o mesmo com respeito ao estudo direto do movimento geral das sociedades humanas. Embora nossa fraca inteligência tenha, sem dúvida, necessidade do despertar primitivo e da estimulação contínua dos apetites, paixões e sentimentos, foi sempre sob sua direção necessária que teve de se realizar o conjunto do desenvolvimento humano... em todos os tempos, desde a primeira manifestação do gênio filosófico, sempre se reconheceu, de modo mais ou menos claro, mas constantemente irrecusável, que a história da sociedade era dominada principalmente pela história do espírito humano." (*Cours de philosophie positive*, t. IV, p. 340).

22. No *Discours sur l'esprit positive*, Comte escreveu: "O politeísmo se adaptava sobretudo ao sistema de conquista da Antiguidade; o monoteísmo, à organização defensiva da

Idade Média. Fazendo prevalecer cada vez mais a vida industrial, a sociabilidade moderna deve, portanto, secundar vigorosamente a grande revolução mental que hoje eleva nossa inteligência, de forma definitiva, do regime teológico para o positivismo. Esta ativa tendência cotidiana ao aperfeiçoamento prático da condição humana é necessariamente pouco compatível com as preocupações religiosas, sempre relativas (sobretudo sob o monoteísmo) e com destinação muito diversa. Além disso, uma tal atividade é própria para provocar ao final uma oposição universal, tão radical quanto espontânea, a toda filosofia teológica." (Ed. 10/18, Paris, Union Générale d'Éditions, 1963, p. 62-3).

23. Oswald Spengler, *Der Untergang des Abendlandes*, Munique, 1918, 1922. Traduzido em francês com o título de *Le déclin de l'Occident, esquisse d'une morphologie de l'histoire universelle*, Paris, Gallimard, 2 vols., 1938. Esta obra, concebida na época da crise de Agadir, foi publicada pela primeira vez em 1916. No entanto o sucesso, que na Alemanha foi fulminante, só veio depois da derrota de 1918.

24. "A meu ver, as três fontes gerais da variação social resultam: 1) da raça; 2) do clima; 3) da ação política propriamente dita, considerada em toda a sua extensão científica; não se pode procurar saber, aqui, se sua importância relativa está realmente de acordo com esta ordem ou com alguma outra. Mesmo que tal determinação não estivesse evidentemente deslocada, no estado nascente da ciência, as leis do método obrigariam, pelo menos, a postergar sua exposição direta para depois do exame do assunto principal, para evitar uma confusão irracional entre os fenômenos fundamentais e suas diversas modificações." (*Cours de philosophie positive*, t. IV, p. 210).

25. Colocando, no início da lição 52 do *Curso de filosofia positiva* a questão "por que a raça branca possui, de modo tão pronunciado, o privilégio efetivo do principal desenvolvimento social e por que a Europa tem sido o lugar essencial dessa civilização preponderante?", Comte, depois de precisar que "esta grande discussão de sociologia concreta" deve "ser

reservada até depois da primeira elaboração abstrata das leis fundamentais do desenvolvimento social", oferece, no entanto, algumas razões, "noções parciais e isoladas, necessariamente insuficientes": "Sem dúvida já se percebe, quanto ao primeiro aspecto, na organização característica da raça branca, e sobretudo quanto ao aparelho cerebral, alguns germes positivos de sua superioridade real; embora os naturalistas estejam, hoje, muito longe de chegar a um acordo a esse respeito. Igualmente, sob o segundo ponto de vista, podem-se entrever, de um modo um pouco mais satisfatório, diversas condições físicas, químicas e mesmo biológicas que certamente tiveram alguma influência sobre a eminente propriedade das regiões europeias de servir até hoje de teatro essencial desta evolução preponderante da humanidade." E Comte, em uma nota, dá maiores precisões:

"Tais são, por exemplo, em relação ao aspecto físico, além da situação termológica tão vantajosa na zona temperada, a existência da admirável bacia do Mediterrâneo ao redor da qual se realizou inicialmente o mais rápido desenvolvimento social, a partir do momento em que a arte náutica se tornou suficientemente avançada para permitir a utilização desse precioso intermediário, oferecendo ao conjunto, nas nações ribeirinhas, tanto a contiguidade própria para facilitar a continuidade das relações quanto a diversidade que os torna importantes para uma recíproca estimulação social. De modo semelhante, sob o ponto de vista químico, a abundância mais pronunciada do ferro e do carvão nesses países privilegiados deve ter, certamente, contribuído muito para acelerar a evolução humana. Enfim, sob o aspecto biológico, seja fitológico ou zoológico, é claro que esse mesmo meio, tendo sido mais favorável às principais culturas alimentares e, por outro lado, ao desenvolvimento dos animais domésticos mais úteis, a civilização deve ter sido, só por esse único aspecto, especialmente encorajada. Mas, qualquer que seja a importância real que já se possa atribuir a essas diversas constatações, elas estão ainda muito longe de ser o suficiente para uma explicação verdadeiramente positiva do fenômeno em pauta; e, quando a formação adequada da dinâmica social tiver, no futuro, permitido uma tentativa direta de tal explicação, é até mesmo evidente que cada uma das indicações precedentes terá necessidade de ser submetida a uma escrupulosa revisão científica baseada no conjunto da filosofia natural." (*Cours de philosophie positive*, t. V, p. 12-3).

26. Auguste Comte é extremamente severo com Napoleão: "Por uma fatalidade para sempre deplorável, essa inevitável supremacia (militar), à qual o grande Hoche parecia, no início, tão afortunadamente destinado, acabou caindo nas mãos de um homem quase estranho à França, saído de uma civilização atrasada, e particularmente animado, sob o secreto impulso de uma natureza supersticiosa, por uma admiração involuntária pela antiga hierarquia social; enquanto, apesar do seu vasto charlatanismo característico, a imensa ambição que o devorava não estava realmente em harmonia com nenhuma superioridade mental eminente, exceto a relacionada com um incontestável talento para a guerra, que, sobretudo em nossos dias, está muito mais ligado à energia moral do que à força intelectual.

Hoje, não é possível lembrar esse nome sem recordar que bajuladores vis e ignorantes entusiastas ousaram, por muito tempo, comparar com Carlos Magno um soberano que sob todos os aspectos esteve tão atrasado em relação ao seu século quanto o admirável tipo da Idade Média esteve adiantado em relação ao dele. Embora toda apreciação pessoal deva permanecer essencialmente estranha à natureza e à finalidade de nossa análise histórica, cada filósofo verdadeiro precisa agora, segundo penso, considerar um dever social irrecusável apontar à razão pública a perigosa aberração que, sob a mentirosa exposição de uma imprensa tão culpada quanto desnorteada, leva hoje o conjunto da escola revolucionária a se esforçar, por uma cegueira funesta, para reabilitar a memória, tão justamente execrada no início, daquele que organizou, da forma mais desastrosa, o mais intenso movimento retrógrado de política que a humanidade já padeceu." (*Cours de philosophie positive*, t. VI, p. 210).

27. A influência do positivismo no Brasil foi muito profunda; chegou a tornar-se a doutrina quase oficial do Estado. Benjamin Constant, presidente da República*, promoveu a adoção da *Enciclopédia das ciências positivas* como base para o programa de estudo das escolas oficiais. Em 1880 foi fundado um Instituto do Apostolado, e no ano seguinte era inaugurado no Rio de Janeiro um templo positivista, para celebrar o culto da humanidade. A divisa "Ordem e Progresso" figura no pavilhão brasileiro, cujo verde é, também, a cor das bandeiras positivistas.

28. Existem diferenças de detalhes entre as ideias do *Curso* e as do *Système*, que deixarei de lado para examinar as linhas gerais do pensamento de Comte. A estática social que estou examinando é concebida por Auguste Comte na época em que escreveu o *Système de politique positive*.

29. A distinção entre razão e coerção encontra-se, em Platão, na *República* e no *Fedro*. É retomada, numa descrição fisiológica dos seres vivos mortais, no *Timeu*, em que Platão constrói um quadro das localizações corporais situando a alma imortal na cabeça e a alma mortal no peito. Existem, aliás, outros pontos de semelhança entre as ideias de Platão e as de Comte. Assim, o mito platônico da atrelagem (cf. *Fedro*) lembra a dialética que Comte descobre no homem, entre a afeição, a ação e a inteligência.

30. "Sob este aspecto, a instituição da linguagem deve ser, por fim, comparada à da propriedade... De fato, a primeira tem, na vida espiritual da humanidade, uma função fundamental, que corresponde àquela que a segunda exerce na vida material. Depois de ter facilitado essencialmente a aquisição de todos os conhecimentos humanos, teóricos ou práticos, e dirigido nosso impulso estético, a linguagem consagra esta dupla riqueza e a transmite a novos cooperadores. Mas a diversidade das contribuições (*dépôts*) estabelece uma diferença fundamental entre as duas instituições conser-

---

* O autor comete um engano ao afirmar que Benjamin Constant foi presidente da República. (N. T.)

vadoras: para a produção destinada a satisfazer a necessidades pessoais, que fatalmente as destroem, a propriedade deve instituir conservadores individuais, cuja eficácia social é até mesmo aumentada por uma sábia concentração; com relação porém às riquezas que comportam a posse simultânea, sem sofrer nenhuma alteração, a linguagem institui, naturalmente, uma comunidade plena, na qual todos servindo-se livremente do tesouro universal concorrem de forma espontânea à sua conservação. Apesar dessa diferença fundamental, os dois sistemas de acumulação suscitam abusos que se equivalem e que são devidos igualmente ao desejo de desfrutar sem produzir. Os conservadores dos bens materiais podem degenerar em árbitros exclusivos do seu emprego, dirigido, com excessiva frequência, para satisfações egoístas. Assim, também aqueles que nada depositaram se adornam com ele para usurpar uma parte que os dispensa de todo serviço real." (*Système de politique positive*, t. II, p. 254).

31. Para Auguste Comte só há *uma* história da humanidade, e sua ambição é integrar numa síntese todos os momentos do passado. Chega a ver nesse sentido da tradição uma das principais superioridades do positivismo: "A anarquia ocidental consiste, principalmente, na alteração da continuidade humana, sucessivamente violada pelo catolicismo amaldiçoando a Antiguidade, o protestantismo reprovando a Idade Média, e o deísmo negando toda filiação. Nada invoca melhor o positivismo para fornecer, enfim, à situação revolucionária a única saída que ela comporta, superando todas essas doutrinas mais ou menos subversivas que empurraram gradualmente os vivos a se insurgirem contra o conjunto dos mortos. Depois desse serviço a história se tornará, logo, a ciência sagrada, em conformidade com o seu papel normal, o estudo direto dos destinos do Grande Ser cuja noção resume todas as nossas sãs teorias. A política sistematizada apoiará nela todos os seus empreendimentos, subordinados naturalmente ao estado correspondente da grande revolução. Mesmo a poesia regenerada buscará aí os quadros destinados a preparar o futuro, idealizando o passado." (*Système de politique positive*, t. III, p. 2).

32. "Assim só o princípio da cooperação, sobre o qual se baseia a sociedade política propriamente dita, suscita naturalmente o governo que deve mantê-la e desenvolvê-la. Tal poder se apresenta, na verdade, como essencialmente material, porque resulta sempre da grandeza ou da riqueza. Mas é importante reconhecer que a ordem social nunca pode ter outra base imediata. O célebre princípio de Hobbes sobre a dominação espontânea da força constitui, no fundo, o único passo importante que tenha sido dado, de Aristóteles até mim, pela teoria positiva do governo. A admirável antecipação da Idade Média sobre a divisão dos dois poderes foi devida, na verdade, numa situação favorável, mais ao sentimento do que à razão. Depois, ela só pôde resistir à discussão quando a retomei. Todas as críticas, carregadas de ódio, que recebeu a concepção de Hobbes resultaram exclusivamente de sua origem metafísica e da confusão radical que houve, em seguida, entre a avaliação estática e a avaliação dinâmica – que não era possível, então, distinguir. Mas essa dupla imperfeição só teria conseguido, com juízes menos malévolos, e mais esclarecidos, fazer apreciar melhor a dificuldade e a importância dessa percepção luminosa que a filosofia positiva seria a única a utilizar adequadamente." (*Système de politique positive*, t. II, p. 299).

33. "Mas a harmonia habitual entre as funções e os funcionários terá sempre enormes imperfeições. Ainda que se quisesse pôr cada um no seu lugar, a curta duração da nossa vida objetiva impediria necessariamente o êxito, pela impossibilidade de examinar suficientemente os títulos, a fim de realizar em tempo as mutações. Aliás, é preciso reconhecer que a maioria das funções sociais não exige nenhuma aptidão natural que não possa ser plenamente compensada por um exercício adequado do qual nada poderia justificar a dispensa. Como o melhor órgão tem sempre necessidade de um aprendizado especial, toda posse efetiva, tanto de função como de capital, deve ser muito respeitada, reconhecendo-se o quanto essa segurança pessoal é importante para a eficácia social. Além disso, as qualidades naturais constituem causa

de orgulho ainda menor do que as vantagens adquiridas, porque nelas nossa intervenção é menor. Nosso verdadeiro mérito depende, portanto, assim como nossa felicidade, do digno emprego voluntário de quaisquer forças que a ordem real, artificial ou natural, nos proporcione. Esta é a sã apreciação de acordo com a qual o poder espiritual deve inspirar continuamente aos indivíduos e às classes uma prudente resignação para com as imperfeições necessárias da harmonia social, que sua complicação superior expõe a mais abusos."

"Essa convicção habitual seria, portanto, insuficiente para conter as reclamações anacrônicas, caso o sentimento que pode justificá-las não recebesse, ao mesmo tempo, uma certa satisfação normal, dignamente regrada pelo sacerdócio. Ela resulta da capacidade de avaliação que constitui diretamente a principal característica do poder espiritual, do qual derivam claramente todas as funções sociais de aconselhamento, de consagração e de disciplina. Ora, esta avaliação, que começa necessariamente pelas profissões, deve estender-se aos órgãos individuais. O sacerdócio deve, sem dúvida, esforçar-se sempre para conter as mutações pessoais cujo livre curso se tornaria em breve mais funesto que os abusos que as teriam inspirado. Mas também deve construir e desenvolver, por contraste com esta ordem objetiva que resultou do poder efetivo, uma ordem subjetiva baseada na estima pessoal, de acordo com uma avaliação adequada de todos os títulos individuais. Embora esta segunda classificação nunca possa nem deva prevalecer, exceto no culto sagrado, sua justa oposição à primeira suscita aperfeiçoamentos realmente praticáveis, consolando, também, das imperfeições insuperáveis." (*Système de politique positive*, t. II, p. 329-30).

34. "A verdadeira filosofia se propõe sistematizar, na medida do possível, toda a existência humana, individual e sobretudo coletiva, contemplada, ao mesmo tempo, nas três ordens de fenômenos que a caracterizam, pensamentos, sentimentos e ações. Sob todos esses aspectos, a evolução fundamental da humanidade é necessariamente espontânea, e

só a apreciação exata da sua marcha natural pode nos oferecer a base geral para uma sábia intervenção. Mas as modificações sistemáticas que podemos introduzir têm contudo extraordinária importância para diminuir de muito os desvios parciais, os atrasos funestos e as incoerências graves, próprias a um impulso igualmente complexo, se fosse inteiramente abandonado a si mesmo. A realização contínua desta intervenção indispensável constitui o domínio essencial da política. Todavia, sua verdadeira concepção só pode emanar da filosofia, que aperfeiçoa sem cessar sua determinação geral. Para esta destinação fundamental comum, a função própria da filosofia consiste em coordenar entre si todas as partes da existência humana, para levar a noção teórica a uma completa unidade. Tal síntese só pode ser real na medida em que representa exatamente o conjunto das relações naturais, cujo estudo judicioso se torna assim a condição prévia dessa construção. Se a filosofia tentasse influenciar diretamente a vida ativa, de outro modo que não fosse por meio de tal sistematização, ela usurparia viciosamente a missão necessária da política – único árbitro legítimo para toda evolução prática. Entre essas duas funções principais do grande organismo, a ligação contínua e a separação normal residem ao mesmo tempo na moral sistemática, que constitui naturalmente a aplicação característica da filosofia, e no guia geral da política." (*Système de politique positive*, t. I, Discurso preliminar, p. 8).

35. Auguste Comte define sua filosofia do conhecimento sobretudo no capítulo sobre a religião da estática social, do *Système de politique positive*: "A sã filosofia (...) representa todas as leis reais como sendo construídas por nós com materiais do exterior. Apreciadas objetivamente, sua exatidão nunca será mais do que aproximativa. Mas, destinando-se unicamente a nossas necessidades, sobretudo ativas, essas aproximações tornam-se plenamente suficientes quando são bem instituídas de acordo com as exigências práticas, que estabelecem habitualmente a precisão adequada. Além dessa medida principal, ainda resta, frequentemente, um grau normal de liberdade teórica." (...)

"Nossa construção fundamental da ordem universal resulta, pois, de um concurso necessário entre o exterior e o interior. As leis reais, isto é, os fatos gerais, nunca são mais do que hipóteses bastante confirmadas pela observação. Se a harmonia não existisse de modo algum fora de nós, nosso espírito seria totalmente incapaz de concebê-la; mas em nenhum caso ela se verifica tanto quanto supomos. Nessa cooperação contínua o mundo fornece a matéria e o homem a forma de cada noção positiva. Ora, a fusão desses dois elementos só se torna possível por meio de sacrifícios mútuos. Um excesso de objetividade impediria qualquer visão geral, sempre baseada na abstração. No entanto, seria impossível proceder à decomposição que nos permite abstrair se não afastássemos o excesso natural de subjetividade. Cada homem, ao se comparar com os outros, oculta espontaneamente às suas próprias observações tudo aquilo que elas têm principalmente de muito pessoal, a fim de permitir o acordo social que constitui a principal finalidade da vida contemplativa. Mas o grau de subjetividade que é comum a toda a nossa espécie persiste normalmente; aliás sem nenhum inconveniente grave." (...)

"Se [a ordem universal] fosse plenamente objetiva ou puramente subjetiva, há muito tempo isso teria sido percebido por nossas observações ou teria emanado de nossas concepções. Mas a sua noção exige o concurso de duas influências, heterogêneas apesar de inseparáveis, cuja combinação só se pôde desenvolver muito lentamente. As diversas leis redutíveis que a compõem formam uma hierarquia natural em que cada categoria repousa sobre a precedente, segundo sua generalidade decrescente e sua complicação crescente. Assim, sua sã apreciação deve ter sido sucessiva." (*Système de politique positive*, t. II, p. 32-4).

36. As quinze leis da filosofia primeira estão enunciadas no tomo IV do *Système de politique positive*, cap. III, p. 173-81.

37. "O Grande Ser é o conjunto dos seres, passados, futuros e presentes, que concorrem livremente para aperfeiçoar a ordem universal." (*Système de politique positive*, t. IV, p. 30).

"O culto dos homens verdadeiramente superiores forma uma parte essencial do culto da humanidade. Mesmo durante a sua vida objetiva cada um deles constitui uma certa personificação do Grande Ser. Essa representação, no entanto, exige que se afastem idealmente as graves imperfeições que com frequência alteram as melhores naturezas." (ibid., t. II, p. 63).

"A humanidade não só se compõe de existências suscetíveis de assimilação como também só admite a parte incorporável de cada uma delas, esquecendo todo desvio individual." (ibid., t. II, p. 62).

Bibliografia
(obras citadas pelo autor e em português)

Obras de Auguste Comte
(citadas pelo autor)

Os textos de Auguste Comte não foram reunidos em uma coleção de Obras Completas. Para uma bibliografia completa, podem-se consultar as obras de H. Gouhier e P. Arbousse-Bastide.

Aqui mencionamos apenas as principais obras nas edições que utilizamos.

Auguste Comte, oeuvres choisies, com uma introdução de H. Gouhier, Paris, Aubier, 1943. Essa coletânea contém as duas primeiras lições do *Cours de philosophie positive*, o prefácio que abre o tomo IV do *Cours*, e o *Discours sur l'esprit positif*.

Auguste Comte, sociologie, textos selecionados por J. Laubier, Paris, P.U.F., 1957, extratos do *Système de politique positive*.

Cours de philosophie positive, 5.ª ed., idêntica à primeira, 6 vols., Paris, Schleicher Frères Éditeurs, 1907-08.

Discours sur l'esprit positif, editado por H. Gouhier, *in Oeuvres choisies*, Paris, Aubier, 1943; ou na Coleção 10/18, Paris, Union Générale d'Éditions, 1963.

Politique d'Auguste Comte: extratos apresentados por Pierre Arnaud, Paris, Armand Colin, 1965 (com uma grande introdução).

Système de politique positive, 5.ª ed., conforme a primeira, 4 vols., Paris, na sede da Société Positiviste, 10, rue Monsieur-le-Prince, 1929.

O tomo I inclui também o *Discours sur l'ensemble du positivisme*, o tomo IV os *Opuscules* de juventude: *Séparation générale entre les opinions et les désirs, Sommaire appréciation sur l'ensemble du passé moderne, Plan des travaux scientifiques nécessaires pour réorganiser la société, Considérations philosophiques sur les sciences et les savants, Considérations sur le pouvoir spirituel, Examen du traité de Broussais sur l'irritation, Catéchisme positiviste ou sommaire exposition de la religion universelle*, com cronologia, introdução e nota de Pierre Arnaud, Paris, Garnier-Flammarion, 1966.

Entre os textos escolhidos disponíveis atualmente no comércio, citemos:

Obras gerais

Alain. *Idées*, Paris, Hartmann, 1932 (um capítulo sobre A. Comte).

Bayer, R. *Épistémologie et logique depuis Kant jusqu'à nos jours*, Paris, P.U.F., 1954 (um capítulo sobre A. Comte).

Bréhier, E. *Histoire de la philosophie*, t. II, 3.ª parte, Alcan, 1932.

Brunschvicg, L. *Les étapes de la philosophie mathématique*, Paris, Alcan, 1912.

___. *Le progrès de la conscience dans la philosophie occidentale*, 2 vols., Paris, Alcan, 1927.

Gilson, E. *L'école des muses*, Paris, Vrin, 1951 (um capítulo sobre A. Comte e Clotilde de Vaux).

Gurvitch, G. *Auguste Comte, Karl Marx et Herbert Spencer*, Paris, C.D.U., 1957.

Leroy, M. *Histoire des idées sociales en France*, Paris, Gallimard, t. II, *De Babeuf à Tocqueville*, 1950; t. III, *D'Auguste Comte à P.-J. Proudhon*, 1954.

de Lubac, H. *Le drame de l'humanisme athée*, Paris, Union Générale d'Éditions, Col. 10/18, 1963; reed. Spes, 1944 (a segunda parte sobre Comte e o cristianismo).
Maurras, Ch. *L'avenir de l'intelligence*, Paris, Nouvelle Librairie Nationale, 1916.
Vaughan, C. E. *Studies in the History of Political Philosophy before and after Rousseau*, A. G. Little, 2 vols., Manchester University Press, 1939, Nova York, Russel & Russel, 1960.

Obras sobre Auguste Comte

Arbousse-Bastilde, P. *La doctrine de l'éducation universelle dans la philosophie d'Auguste Comte*, 2 vols., Paris, P.U.F., 1957 (importante bibliografia).
Audiffrent, Dr. G. *Centenaire de l'École Polytechnique. Auguste Comte, sa plus puissante émanation. Notice sur sa vie et sa doctrine*, Paris, P. Ritti, 1894.
Delvolve, J. *Réflexions sur la pensée comtienne*, Paris, Alcan, 1932.
Deroisin. *Notes sur Auguste Comte par un de ses disciples*, Paris, G. Grès, 1909.
Ducassé, P. *Essai sur les origines intuitives du positivisme*, Paris, Alcan, 1939.
Dumas, Dr. Georges. *Psychologie de deux messies positivistes, Saint-Simon et Auguste Comte*, Paris, Alcan, 1905.
Gouhier, H. *La vie d'Auguste Comte*, 2.ª ed., Paris, Vrin, 1965.
___. *La jeunesse d'Auguste Comte et la formation du positivisme*, 3 tomos, Paris, Vrin: I, *Sous le signe de la liberté*, 1933; II, *Saint-Simon jusqu'à la Restauration*, 2.ª ed., 1964; III, *Auguste Comte et Saint-Simon*, 1941.
Gruber, R. P. *Auguste Comte, fondateur du positivisme*, Paris, Lethielleux, 1892.
Halbwachs, M. *Statique et dynamique sociale chez Auguste Comte*, Paris, C.D.U., 1943.
Lacroix, J. *La sociologie d'Auguste Comte*, Paris, P.U.F., 1956.
Lévy-Bruhl, L. *La philosophie d'Auguste Comte*, Paris, Alcan, 1900.

Marvin, F. S. *Comte, the Founder of Sociology*, Londres, Chapman & Hall, 1936.
Mill, J. S. *Auguste Comte and Positivism*, Ann Arbor, University of Michigan Press, 1961.
Robinet, Dr. *Notice sur l'oeuvre et la vie d'Auguste Comte*, 3.ª ed., Paris, Société Positiviste, 1891.
Seillière, E. *Auguste Comte*, Paris, Vrin, 1924.

Obras de Auguste Comte
(*em português*)

Apelo aos conservadores, trad. de Miguel Lemos, Rio de Janeiro, Sede Central da Igreja Positiva, 1899.
Auguste Comte: sociologia, org. de Evaristo de Moraes Filho, coord. de Florestan Fernandes, 2.ª ed., col. Grandes Cientistas Sociais, São Paulo, Ática, 1983.
Catecismo pozitivista; ou sumária expozição da religião da humanidade, trad. e notas de Miguel Lemos, 4.ª ed., Rio de Janeiro, Igreja Pozitivista do Brazil, 1934.
Catessismo pozitivista, Rio de Janeiro, Apostolado Pozitivista do Brasil, 1890.
Comte (inclui: *Catecismo pozitivista; ou sumária expozição da religião da humanidade*; *Curso de filosofia positiva*; *Discurso sobre o espírito positivo*), trad. de José Arthur Giannotti e Miguel Lemos, 5.ª ed., col. Os Pensadores, São Paulo, Nova Cultural, 1991.
Comte e Clotilde, Rio de Janeiro, s.n., 1936.
Discurso sobre o espírito positivo, São Paulo, Martins Fontes, 1990.
Discurso sobre o espírito positivo, trad. de Renato Barbosa Rodrigues Pereira, Porto Alegre, Globo, 1976.
Importância da filosofia positiva, trad. de Freitas e Silva, Lisboa, Ed. Inquérito, 1939.
Opúsculos de filosofia social, 1819-1828, trad. de Ivan Monteiro de Barros Lins e João Francisco de Souza, intr. de Sofia Beatriz Lins Peixoto, Porto Alegre, Globo; São Paulo, Edusp, 1972.

Tratado elementar de geometria analytica a duas e a três dimensões, Rio de Janeiro, s.n., 1881.

Obras gerais
(em português)

Alain. *Ideias: introdução à filosofia: Platão, Descartes, Hegel, Comte*, trad. de Paulo Neves, São Paulo, Martins Fontes, 1993.
Bréhier, É. *História da filosofia*, trad. de Eduardo Sucupira Filho, 2 vols., São Paulo, Mestre Jou, 1979.

Obra sobre Auguste Comte
(em português)

Arbousse-Bastilde, P. *A doutrina da educação da filosofia de Auguste Comte*, Lisboa, Edições 70, 1984.

KARL MARX

> O país mais desenvolvido industrialmente mostra aos que o seguem na escala industrial a imagem do seu próprio futuro... Mesmo quando uma sociedade chega a descobrir a pista da *lei natural que preside ao seu movimento*..., ela não pode ultrapassar de um salto nem abolir por meio de decretos as fases do seu desenvolvimento natural; pode, contudo, reduzir o período de gestação e minorar os males da sua gravidez.
>
> *O capital*
> Prefácio à 1.ª edição alemã

Para analisar o pensamento de Marx procurarei responder às mesmas questões formuladas a propósito de Montesquieu e de Comte: que interpretação Marx dá de seu tempo? Qual a sua teoria do conjunto social? Qual a sua visão da história? Que relação estabelece entre sociologia, filosofia da história e política? Num certo sentido, esta exposição não é mais difícil do que as duas precedentes. Se não existissem milhões de marxistas, ninguém teria dúvidas sobre quais teriam sido as ideias diretrizes de Marx.

Marx não é, como disse Axelos, o filósofo da tecnologia. Também não é, como pensam muitos, o filósofo da alienação[1]. Antes de mais nada, é o sociólogo e o economista do regime capitalista. Marx tinha uma teoria sobre esse regime, sobre a influência que exerce sobre os homens e sobre o devenir pelo qual passará. Sociólogo e economista do que chamava de capitalismo, não tinha uma ideia precisa do que seria o regime socialista, e não se cansava de repetir que o homem não podia conhecer o futuro antecipadamente. Não tem muito interesse, portanto, indagar se Marx foi stalinista, trotskista, partidário de Khruschev ou de Mao. Karl Marx teve a sorte, ou a infelicidade, de ter vivido há um século. Não deu respostas às questões que formulamos hoje. Podemos procurar respondê-las por ele, mas as respostas serão nossas, não dele. Um homem, sobretudo um sociólogo marxista, porque, apesar de tudo, Marx tinha algumas relações com o marxismo, é inseparável da sua época. Perguntar o que teria pensado Marx significa querer saber o que um outro Marx teria pensado no lugar do verdadeiro Karl Marx. A resposta, contudo, é possível, mas é aleatória e de pouco interesse.

Mesmo se nos limitarmos a expor o que o Marx que viveu no século XIX pensava sobre seu tempo e sobre o futuro, e não o que ele pensaria de nosso tempo e de nosso futuro, essa análise apresentará dificuldades particulares, por muitas razões, algumas extrínsecas, outras intrínsecas.

As dificuldades extrínsecas têm a ver com o destino póstumo de Marx. Hoje, quase um bilhão de seres humanos são instruídos numa doutrina que, com ou sem razão, se denomina marxismo. Uma determinada interpretação da doutrina de Marx se transformou na ideologia oficial do Estado russo, e em seguida dos Estados da Europa oriental e do Estado chinês.

Essa doutrina oficial pretende oferecer uma interpretação autêntica do pensamento de Marx. Basta portanto que o sociólogo apresente uma certa interpretação desse pensamento para que, aos olhos dos que seguem a doutrina oficial, passe a ser visto como porta-voz da burguesia, a serviço do capitalismo e do imperialismo. Em outras palavras, a boa-fé que, sem muita dificuldade, me é atribuída quando se trata de Montesquieu ou de Auguste Comte, alguns me negam antecipadamente, quando se trata de Karl Marx.

Outra dificuldade extrínseca provém das reações à doutrina oficial dos Estados soviéticos. Essa doutrina apresenta as características de simplificação e exagero inseparáveis das doutrinas oficiais, que são ensinadas sob forma de catecismo a espíritos de qualidade heterogênea.

Por outro lado, alguns filósofos sutis que vivem às margens do Sena, por exemplo, e que desejariam ser marxistas sem precisar retornar à infância, imaginaram uma série de interpretações do pensamento último e profundo de Marx, cada uma mais inteligente do que a outra[2].

De minha parte, não buscarei uma interpretação supremamente inteligente de Marx. Não que não tenha um certo gosto por estas especulações sutis; creio, porém, que as ideias centrais de Marx são mais simples do que as que se podem encontrar na revista *Arguments*, por exemplo, ou nas obras dedicadas aos escritos de juventude de Marx, escritos de juventude a que Marx dava tanta importância que os abandonou à crítica dos ratos[3]. Por isso, farei referência essencialmente aos textos que Marx publicou, e que sempre considerou como a principal manifestação do seu pensamento.

Contudo, mesmo se deixarmos de lado o marxismo da União Soviética e dos marxistas mais sutis, encontraremos algumas dificuldades intrínsecas. Estas dificuldades se relacionam primeiramente com o fato de que Marx foi um autor fecundo, que escreveu muito, e que, como acontece às vezes com os sociólogos, escreveu tanto artigos de jornal como obras de fôlego. Tendo escrito muito, nem sempre disse a mesma coisa sobre os mesmos temas. Com um pouco de engenho e de erudição é sempre possível encontrar, sobre a maioria dos problemas, fórmulas marxistas que não parecem conciliáveis ou que, pelo menos, se prestam a diferentes interpretações.

Além disso, a obra de Marx comporta textos de teoria sociológica, de teoria econômica, de história; e, às vezes, a teoria explícita que se encontra nesses escritos científicos parece estar em contradição com a teoria implícita dos seus livros históricos. Por exemplo: Marx esboça uma certa teoria das classes sociais; contudo, quando estuda historicamente a luta de classes na França, entre 1848 e 1850, ou o golpe de Estado de Luís Napoleão, ou a história da Comuna, as classes que reconhece, e que coloca como personagens do drama, não são necessariamente as que havia indicado na sua teoria.

Além da diversidade das obras de Marx, é preciso levar em conta a diversidade dos períodos em que foram escritas. Distinguem-se em geral dois períodos principais. O primeiro, que é chamado de período de juventude, compreende os trabalhos escritos entre 1841 e 1847-48. Dentre os escritos desse período, alguns foram publicados enquanto Marx ainda era vivo, ensaios e artigos breves, como a *Introdução à crítica da filosofia do direito de Hegel*, ou o *Ensaio sobre a questão judaica*. Os outros só foram publicados depois de sua morte. A publicação de conjunto é de 1931. Foi a partir dessa data que se desenvolveu toda uma literatura que reinterpretou o pensamento de Marx, à luz dos escritos de juventude.

Entre esses escritos, encontramos um fragmento de uma crítica da filosofia do direito de Hegel, um texto intitulado *Manuscrito econômico-filosófico*, *A ideologia alemã*.

As obras mais importantes desse período, que já eram conhecidas desde muito tempo, incluem *A sagrada família* e uma polêmica contra Proudhon intitulada *Miséria da filosofia*, réplica do livro de Proudhon: *Filosofia da miséria*.

Esse período de juventude se encerra com *Miséria da filosofia* e com a pequena obra clássica intitulada *Manifesto comunista*, obra-prima da literatura sociológica de propaganda, na qual encontramos expostas pela primeira vez, de maneira tão lúcida quanto brilhante, as ideias diretrizes de Marx. Contudo, *A ideologia alemã*, de 1845, marca também uma ruptura com a fase anterior.

A partir de 1848, e até o fim dos seus dias, Marx aparentemente deixou de ser filósofo, tornando-se um sociólogo e, sobretudo, um economista. A maioria dos que se dizem hoje mais ou menos marxistas tem a peculiaridade de ignorar a economia política do nosso tempo. É uma fraqueza da qual Marx não compartilhava. Com efeito, possuía admirável formação econômica, conhecia o pensamento econômico do seu tempo como poucos. Era e queria ser um economista, no sentido rigoroso e científico do termo.

No segundo período da sua vida, as duas obras mais importantes são um texto de 1859 intitulado *Contribuição à crítica da economia política* e, naturalmente, sua obra-prima, o centro do seu pensamento, *O capital*.

Insisto no fato de que Marx é, antes de mais nada, o autor de *O capital*, porque essa banalidade é, hoje, questionada por homens muitíssimo inteligentes... Não há sombra de dúvida de que Marx, que tinha por objeto analisar o funcionamento do capitalismo e prever a sua evolução, era, a seus próprios olhos e acima de qualquer outra coisa, o autor de *O capital*.

Marx tem uma certa visão filosófica do devenir histórico. É possível, e até mesmo provável, que tenha dado um sentido filosófico às contradições do capitalismo. Contudo, o essencial no esforço científico de Marx foi demonstrar cientificamente a evolução, a seus olhos inevitável, do regime capitalista.

Qualquer interpretação de Marx que não encontre um lugar para *O capital*, ou que seja capaz de resumir esta obra em algumas páginas, é aberrante com relação ao que o próprio Marx pensou e pretendeu.

Naturalmente, pode-se sempre dizer que um grande pensador se equivocou a respeito de si mesmo, e que os textos essenciais são justamente os que ele não teve interesse em publicar. Mas é preciso estar muito seguro da própria genialidade para ter certeza de compreender um grande autor de modo tão superior ao do próprio autor. Quando não se está tão certo da própria genialidade, é melhor começar compreendendo o autor do modo como ele próprio se compreendeu, isto é, no caso de Marx, colocando no centro do marxismo *O capital*, em lugar do *Manuscrito econômico-filosófico*, rascunho informe, medíocre ou genial, de um jovem que especula sobre Hegel e sobre o capitalismo, numa época em que seguramente conhecia melhor Hegel do que o capitalismo.

Por isso, levando em conta os dois momentos da carreira científica de Marx, tomarei como ponto de partida o pensamento da maturidade que irei procurar no *Manifesto comunista*, na *Contribuição à crítica da economia política* e em *O capital*, reservando para etapa ulterior a procura do substrato filosófico do pensamento histórico e sociológico de Marx.

Finalmente, fora da ortodoxia soviética chamada marxismo, há muitas interpretações filosóficas e sociológicas de Marx. Há mais de um século, escolas diferentes têm a característica comum de afirmar sua filiação a Marx e dar versões diferentes ao seu pensamento. Não tentarei expor aqui o pensamento, último e secreto, de Marx porque, confesso, não sei qual é. Procurarei mostrar por que os temas do pensamento de Marx são simples e falsamente claros e se prestam, assim, a várias interpretações, entre as quais é quase impossível escolher com segurança.

Pode-se apresentar um Marx hegeliano, pode-se também apresentar um Marx kantiano. Pode-se afirmar, como Schumpeter, que a interpretação econômica da história nada tem a ver com o materialismo filosófico[4]. Pode-se demonstrar também que a interpretação econômica da história é solidária com uma filosofia materialista. Pode-se considerar *O capital*, como o fez Schumpeter, como uma obra rigorosamente científica, de ordem econômica, sem nenhuma referência à filosofia. E podemos também, como o padre Bigo e outros comentaristas, mostrar que *O capital* elabora uma filosofia existencial do homem no campo da economia[5].

Minha ambição será mostrar por que, intrinsecamente, os textos de Marx são equívocos, o que significa que têm as qualidades necessárias para que sejam comentados indefinidamente e transfigurados em ortodoxia.

Toda teoria que pretende tornar-se ideologia de movimento político, ou doutrina oficial de um Estado, deve prestar-se à simplificação para os simples e à sutileza para os sutis. Não há dúvida de que o pensamento de Marx apresenta, em grau supremo, essas virtudes. Cada um pode encontrar somente o que pretende[6].

Marx era incontestavelmente um sociólogo, mas um sociólogo de tipo determinado, sociólogo-economista, convicto de que não podemos compreender a sociedade moderna sem uma referência ao funcionamento do sistema econômico, nem compreender a evolução do sistema econômico se desprezamos a teoria do funcionamento. Enfim, como sociólogo, ele não distinguia a compreensão do presente da previsão do futuro e da determinação de agir. Comparativamente às sociologias ditas objetivas de hoje, era, portanto, um profeta e um homem de ação, além de um cientista. Talvez, apesar de tudo, haja o mérito da franqueza em não negar os laços que encontramos sempre ligando a interpretação daquilo que é e o julgamento do que deveria ser.

A análise socioeconômica do capitalismo

O pensamento de Marx é uma análise e uma compreensão da sociedade capitalista no seu funcionamento atual, na sua estrutura presente e no seu devenir necessário. Auguste Comte tinha desenvolvido uma teoria daquilo que ele chamava de sociedade industrial, isto é, das principais características de todas as sociedades modernas. No pensamento de Comte havia uma oposição essencial entre as sociedades do passado, feudais, militares e teológicas, e as sociedades modernas, industriais e científicas. Incontestavelmente Marx também considera que as sociedades modernas são industriais e científicas, em oposição às sociedades militares e teológicas. Porém, em vez de pôr no centro da sua interpretação a antinomia entre as sociedades do passado e a sociedade presente, Marx focaliza a contradição que lhe parece inerente à sociedade moderna, que ele chama capitalismo.

Enquanto no positivismo os conflitos entre trabalhadores e empresários são fenômenos marginais, imperfeições da sociedade industrial cuja correção é relativamente fácil, para Marx esses conflitos entre os operários e os empresários ou, para empregar o vocabulário marxista, entre o proletariado e os capitalistas são o fato mais importante das sociedades modernas, o que revela a natureza essencial dessas sociedades, ao mesmo tempo que permite prever o desenvolvimento histórico.

O pensamento de Marx é uma interpretação do caráter contraditório ou antagônico da sociedade capitalista. De um certo modo, toda a obra de Marx é um esforço destinado a demonstrar que esse caráter contraditório é inseparável da estrutura fundamental do regime capitalista e é, também, o motor do movimento histórico.

Os três textos célebres que me proponho analisar, o *Manifesto comunista*, o prefácio da *Contribuição à crítica da economia política* e *O capital*, são três maneiras de explicar, de fundamentar e precisar esse caráter antagônico do regime capitalista.

Se compreendermos bem que o centro do pensamento de Marx é a afirmação do caráter contraditório do regime capitalista, entenderemos imediatamente por que é impossível separar o sociólogo do homem de ação, já que demonstrar o caráter antagônico do regime capitalista leva irresistivelmente a anunciar a autodestruição do capitalismo e, ao mesmo tempo, a incitar os homens a contribuir com alguma coisa para a realização desse destino já traçado.

O *Manifesto comunista* é um texto que, se quisermos, podemos qualificar de não científico. Trata-se de uma brochura de propaganda, mas nele Marx e Engels apresentaram, de forma sucinta, algumas das suas ideias científicas.

O tema central do *Manifesto comunista* é a luta de classes.

> A história de toda sociedade até nossos dias é a história da luta de classes. Homem livre e escravo, patrício e plebeu, barão e servo, mestre de ofício e companheiro, numa palavra, opressores e oprimidos se encontraram sempre em constante oposição, travaram uma luta sem trégua, ora disfarçada, ora aberta, que terminava sempre por uma transformação revolucionária de toda a sociedade, ou então pela ruína das diversas classes em luta (Manifesto comunista, *in Oeuvres*, t. I, p. 161).

Eis aí, portanto, a primeira ideia decisiva de Marx: a história humana se caracteriza pela luta de grupos humanos, que chamaremos classes sociais, cuja definição, que por enquanto permanece equívoca, implica uma dupla característica; por um lado, a de comportar o antagonismo dos opressores e dos oprimidos e, por outro lado, de tender a uma polarização em dois blocos, e somente em dois.

Todas as sociedades sendo divididas em classes inimigas, a sociedade atual, capitalista, não é diferente das que a precederam. No entanto, ela apresenta certas características novas.

Para começar, a burguesia, classe dominante, é incapaz de manter seu reinado sem revolucionar permanentemente os instrumentos da produção. "A burguesia não pode existir", escreve Marx, "sem transformar constantemente os instrumentos de produção, portanto as relações de produção, portanto o conjunto das condições sociais. Ao contrário, a primeira condição da existência de todas as classes industriais anteriores era a de conservar inalterado o antigo modo de produção... No curso do seu domínio de classe, que ainda não tem um século, a burguesia criou forças produtivas mais maciças e mais colossais do que as que haviam sido criadas por todas as gerações do passado, em conjunto." (ibid., p. 164 e 167)[7]. Por outro lado, as forças de produção que levarão ao regime socialista estão em processo de amadurecimento dentro da sociedade atual.

No *Manifesto comunista* são apresentadas duas formas da contradição característica da sociedade capitalista, que, aliás, encontramos também nas obras científicas de Marx.

A primeira é a contradição entre as forças e as relações de produção. A burguesia cria incessantemente meios de produção mais poderosos. Mas as relações de produção, isto é, ao que parece, ao mesmo tempo as relações de propriedade e a distribuição das rendas, não se transformam no mesmo ritmo. O regime capitalista é capaz de produzir cada vez mais. Ora, a despeito desse aumento das riquezas, a miséria continua sendo a sorte da maioria.

Aparece assim uma segunda forma de contradição, a que existe entre o aumento das riquezas e a miséria crescente da maioria. Dessa contradição sairá, um dia ou outro, uma crise revolucionária. O proletariado, que constitui e constituirá cada vez mais a imensa maioria da população, se constituirá em classe, isto é, numa unidade social que aspira à tomada do poder e à transformação das relações sociais. Ora, a revolução do proletariado será diferente, por sua natureza, de todas as revoluções do passado. Todas as revoluções do passado eram feitas por minorias, em benefício de minorias. A revolução do proletariado será feita pela imensa maioria, em benefício de todos. A revolução proletária marcará assim o fim das classes e do caráter antagônico da sociedade capitalista.

Essa revolução, que provocará a supressão simultânea do capitalismo e das classes, será obra dos próprios capitalistas. Os capitalistas não podem deixar de transformar a organização social. Empenhados numa concorrência inexpiável, não podem deixar de aumentar os meios de produção, de ampliar ao mesmo tempo o número dos proletários e sua miséria.

O caráter contraditório do capitalismo se manifesta no fato de que o crescimento dos meios de produção, em vez de se traduzir pela elevação do nível de vida dos trabalhadores, leva a um duplo processo de proletarização e pauperização.

Marx não nega a existência de muitos grupos intermediários entre os capitalistas e os proletários, como artesãos, pequenos burgueses, comerciantes, camponeses, proprietários de terras. Mas faz duas afirmações: que, à medida que evolui o regime capitalista, haverá uma tendência para a cristalização das relações sociais em dois – e somente dois – grupos, os proletários e os capitalistas; que duas – e somente duas – classes representam uma possibilidade de regime político e uma ideia de regime social. As classes intermediárias não têm iniciativa nem dinamismo histórico. Só duas classes têm condições de imprimir sua marca na sociedade. Uma é a classe capitalista e a outra a classe proletária. No dia do conflito decisivo, todos serão obrigados a se alinhar, seja com os capitalistas seja com os proletários.

Quando a classe proletária tiver tomado o poder, haverá uma ruptura decisiva com o curso da história precedente. Com efeito, o caráter contraditório de todas as sociedades conhecidas, até o presente, terá desaparecido. Marx escreve:

> Quando, no curso do desenvolvimento, os antagonismos de classes tiverem desaparecido e toda a produção estiver concentrada nas mãos dos indivíduos associados, o poder público perderá seu caráter político. No sentido estrito do termo, o poder político é o poder organizado de uma classe para a opressão de uma outra. Se, na luta contra a burguesia, o proletariado é forçado a se unir em uma classe; se, através de uma revolução, ele se constitui em classe dominante e, como tal, abole pela violência as antigas relações de produção – então, ao suprimir o sistema de produção, ele elimina ao mesmo tempo as condições de existência do antagonismo de classe; então, ao suprimir as classes em geral, ele elimina pelo mesmo ato sua própria dominação como classe. A antiga sociedade burguesa, com suas classes e seus conflitos de classe, será substituída por uma associação em que o livre desenvolvimento de cada um será a condição do livre desenvolvimento de todos. (Manifesto comunista, *in Oeuvres*, t. I, p. 182-3).

Esse texto é bem característico de um dos temas essenciais da teoria de Marx. A tendência dos escritores do começo do século XIX é considerar a política ou o Estado como um fenômeno secundário em relação aos fenômenos essenciais, econômicos ou sociais. Marx participa desse movimento geral; também ele considera que a política e o Estado são fenômenos secundários, com relação ao que acontece na sociedade.

Por isso apresenta o poder político como a expressão dos conflitos sociais. O poder político é o meio pelo qual a classe dominante, a classe exploradora, mantém seu domínio e sua exploração.

Nesta linha de raciocínio, a supressão das contradições de classe deve levar logicamente ao desaparecimento da política e do Estado, pois política e Estado são, na aparência, o subproduto ou a expressão dos conflitos sociais.

Esses são os temas da visão histórica e também da propaganda política de Marx. Trata-se de uma expressão simplificada, mas a ciência de Marx tem por fim demonstrar rigorosamente essas proposições: o caráter antagônico da sociedade capitalista, a autodestruição inevitável dessa sociedade contraditória, a explosão revolucionária que porá fim ao caráter antagônico da sociedade atual.

Portanto, o centro do pensamento de Marx é a interpretação do regime capitalista como contraditório, isto é, dominado pela luta de classes. Auguste Comte considerava que faltava consenso à sociedade do seu tempo por causa da justaposição de instituições que vinham das sociedades teológicas e feudais e instituições da sociedade industrial. Observando à sua volta essa falta de consenso, procurava no passado os princípios de consenso das sociedades históricas. Marx observa, ou pensa observar, a luta de classes na sociedade capitalista, e encontra em diferentes sociedades históricas o equivalente à luta de classes do presente.

Segundo Marx, a luta de classes tenderá a uma simplificação. Os diferentes grupos sociais se polarizarão em torno da burguesia e do proletariado, e é o desenvolvimento das forças produtivas que será o motor do movimento histórico, levando, pela proletarização e pela pauperização, à explosão revolucionária e ao surgimento, pela primeira vez na história, de uma sociedade não antagônica.

A partir desses temas gerais da interpretação histórica de Marx, temos duas tarefas a cumprir, dois fundamentos a buscar. Em primeiro lugar, qual é, no pensamento de Marx, a teoria geral da sociedade que explica as contradições da sociedade atual e o caráter antagônico de todas as sociedades conhecidas? Em segundo lugar, qual a estrutura, qual o funcionamento, qual a evolução da sociedade capitalista que explica a luta de classes e o final revolucionário do regime capitalista?

Em outras palavras, partindo dos temas marxistas que encontramos no *Manifesto comunista*, precisamos explicar:

– a teoria geral da sociedade, isto é, aquilo a que se chama vulgarmente *materialismo histórico*;

– as ideias econômicas essenciais de Marx, que encontramos em *O capital*.

O próprio Marx, num texto que é talvez o mais célebre de todos os que escreveu, resumiu o conjunto da sua concepção sociológica. No prefácio da *Contribuição à crítica da economia política* publicada em Berlim, em 1859, ele assim se exprime:

> Eis, em poucas palavras, o resultado geral a que cheguei e que, uma vez alcançado, serviu-me como fio condutor para meus estudos. Na produção social da sua existência, os homens estabelecem relações determinadas, necessárias, independentemente da sua vontade. Essas relações de produção correspondem a um certo grau de evolução das suas forças produtivas materiais. O conjunto de tais relações forma a estrutura econômica da sociedade, o fundamento real sobre o qual se levanta um edifício jurídico e político, e ao qual respondem formas determinadas da consciência social. O modo de

produção da vida material domina em geral o desenvolvimento da vida social, política e intelectual. Não é a consciência dos homens que determina sua existência, mas, ao contrário, é sua existência social que determina a sua consciência. Num certo grau de desenvolvimento, as forças produtivas materiais da sociedade colidem com as relações de produção existentes, ou com as relações de propriedade dentro das quais se vinham movimentando até aquele momento, e que não passam da sua expressão jurídica. Essas condições que ainda ontem eram formas de desenvolvimento das forças produtivas se transformam agora em sérios obstáculos. Começa então uma era de revolução social. A transformação dos fundamentos econômicos é acompanhada de mudança mais ou menos rápida em todo esse enorme edifício. Ao considerarmos tais mudanças, é preciso distinguir duas ordens de coisas. Há a transformação material das condições de produção econômica, que se deve constatar com o espírito rigoroso das ciências naturais. Mas há também as formas jurídicas, políticas, religiosas, artísticas, filosóficas, em suma, as formas ideológicas com as quais os homens tomam consciência desse conflito e o levam até o fim. Não se julga uma pessoa pela ideia que tem de si própria. Não se julga uma época de revolução de acordo com a consciência que ela tem de si mesma. Esta consciência pode ser mais bem explicada pelas contrariedades da vida material, pelo conflito que opõe as forças produtivas sociais e as relações de produção. Nunca uma sociedade expira antes que se desenvolvam todas as forças produtivas que ela pode comportar; nunca se estabelecem relações de produção superiores sem que as condições materiais da sua existência tenham nascido no próprio seio da antiga sociedade. A humanidade nunca se propõe tarefas que não possa realizar. Considerando mais atentamente as coisas, veremos sempre que a tarefa surge lá onde as condições materiais da sua realização já se formaram, ou estão em via de se criar. Reduzidos a suas grandes linhas, os modos de produção asiático, antigo, feudal e burguês moderno aparecem como épocas progressivas da formação econômica da sociedade. As relações de produção burguesas são a última forma antagônica do processo social da produção. Não se trata aqui de um antagonismo individual; nós o entendemos antes como o produto das condições sociais da existência dos indivíduos; mas as forças produtivas que se desenvolvem no seio da sociedade burguesa criam ao mesmo tempo as condições materiais próprias para resolver esse antagonismo. Com esse sistema social, encerra-se portanto a pré-história da sociedade humana (*Contribuição à crítica da economia política*, Introdução, in *Oeuvres*, t. I, p. 272-5).

Encontramos nessa passagem todas as ideias essenciais da interpretação econômica da história, com a única reserva de que nem a noção de classes nem o conceito de luta de classes aparecem aí explicitamente. No entanto é fácil reintroduzi-los nessa concepção geral.

1) Primeira ideia e ideia essencial: os homens entram em relações determinadas, necessárias, que são independentes da sua vontade. Em outras palavras, convém seguir o movimento da história analisando a estrutura das sociedades, as forças de produção e as relações de produção, e não adotando como origem da interpretação o modo de pensar dos homens. Há relações sociais que se impõem aos indivíduos, não se levando em conta suas preferências. A compreensão do processo histórico está condicionada à compreensão de tais relações sociais supraindividuais.

2) Em toda sociedade podemos distinguir a base econômica, ou infraestrutura, e a superestrutura. A primeira é constituída essencialmente pelas forças e pelas

relações de produção; na superestrutura figuram as instituições jurídicas e políticas, bem como os modos de pensar, as ideologias, as filosofias.

3) O motor do movimento histórico é a contradição, em cada momento da história, entre as forças e as relações de produção. As forças de produção são, ao que parece, essencialmente a capacidade de uma certa sociedade de produzir; capacidade que é função dos conhecimentos científicos, do aparelhamento técnico, da própria organização do trabalho coletivo. As relações de produção, que não aparecem definidas precisamente nesse texto, parecem caracterizadas essencialmente pelas relações de propriedade. Existe, com efeito, a fórmula: "as relações de produção existentes, ou aquilo que é apenas sua expressão jurídica, as relações de propriedade dentro das quais elas atuaram até aquele momento". Contudo, as relações de produção não se confundem necessariamente com as relações de propriedade, ou, quando menos, as relações de produção podem incluir também a distribuição da renda nacional, mais ou menos estreitamente determinada pelas relações de propriedade.

Em outras palavras, a dialética da história é constituída pelo movimento das forças produtivas, que entram em contradição, em certas épocas revolucionárias, com as relações de produção, isto é, tanto as relações de propriedade como a distribuição da renda entre os indivíduos ou grupos da coletividade.

4) Nessa contradição entre forças e relações de produção, é fácil introduzir a luta de classes, embora o texto não faça alusão. Basta considerar que nos períodos revolucionários, isto é, nos períodos de contradição entre forças e relações de produção, uma classe está associada

às antigas relações de produção, que constituem um obstáculo ao desenvolvimento das forças produtivas, enquanto outra classe é progressiva, representa novas relações de produção que, em vez de serem um obstáculo no caminho do desenvolvimento de forças produtivas, favorecerão ao máximo o desenvolvimento dessas forças.

Passemos dessas fórmulas abstratas à interpretação do capitalismo. Na sociedade capitalista, a burguesia está associada à propriedade privada dos meios de produção e, por isso mesmo, a uma certa distribuição da renda nacional. Em contrapartida, o proletariado, que constitui o outro polo da sociedade, que representa uma outra organização da coletividade, se torna, num certo momento da história, o representante de uma nova organização da sociedade, organização que será mais progressiva do que a organização capitalista. Esta nova organização marcará uma fase ulterior do processo histórico, um desenvolvimento mais avançado das forças produtivas.

5) Essa dialética das forças e das relações da produção sugere uma teoria das revoluções. Com efeito, dentro dessa visão histórica, as revoluções não são acidentais, mas sim a expressão de uma necessidade histórica. As revoluções preenchem funções necessárias, e se produzem quando ocorrem determinadas condições.

As relações de produção capitalistas se desenvolveram a princípio no seio da sociedade feudal. A Revolução Francesa se realizou no momento em que as novas relações de produção capitalistas atingiram certo grau de maturidade. Pelo menos nesse texto, Marx prevê um processo análogo para a passagem do capitalismo ao socialismo. As forças de produção devem desenvolver-se no seio da sociedade capitalista; as relações de produção socialistas devem amadurecer dentro da sociedade atual, antes que se produza a revolução que marcará o fim da pré-história da humanidade. Em função dessa teoria da revolução, a II Internacional, a social-democracia, se inclinava para uma atitude relativamente passiva. Era preciso o amadurecimento natural das forças e das relações de produção do futuro antes que ocorresse a revolução. Marx diz que a humanidade nunca coloca problemas que não pode resolver: a social-democracia tinha medo de realizar a revolução cedo demais – é por isso, aliás, que ela nunca a realizou.

6) Nesta interpretação histórica, Marx não distingue só a infra e a superestrutura, mas também a realidade social e a consciência: não é a consciência dos homens que determina a realidade, mas, ao contrário, é a realidade social que determina sua consciência. Daí a concepção de conjunto segundo a qual é preciso explicar a maneira de pensar dos homens pelas relações sociais às quais estão integrados.

Proposições como essa podem servir de fundamento para aquilo que hoje chamamos de sociologia do conhecimento.

7) Finalmente, o último tema que está incluído no texto: Marx esboça, em largos traços, as etapas da história humana. Assim como Auguste Comte distinguia os momentos do processo do devir humano segundo o modo de pensar, Marx distingue as etapas da história humana a partir dos regimes econômicos. Determina quatro regimes ou, para empregar sua terminologia, quatro modos de produção: o *asiático*, o *antigo*, o *feudal* e o *burguês*.

Esses quatro modos de produção podem ser divididos em dois grupos:

Os modos de produção antigo, feudal e burguês se sucederam na história do Ocidente. Representam as três etapas da história ocidental, caracterizadas por determinado tipo de relações entre os homens que trabalham. O modo de produção antigo é caracterizado pela escravidão; o modo de produção feudal, pela servidão; o modo de produção burguês, pelo trabalho assalariado. Eles constituem três modos distintos de exploração do homem pelo homem. O modo de produção burguês constitui a última formação social antagônica porque, ou na medida em que, o modo de produção socialista, isto é, a associação dos produtores, não mais implica a exploração do homem pelo homem, a subordinação dos trabalhadores manuais a uma classe, detentora da propriedade dos meios de produção e do poder político.

Por outro lado, o modo de produção asiático não parece constituir uma etapa da história do Ocidente. Na verdade, os intérpretes de Marx têm discutido incansavelmente a respeito da unidade, ou falta de unidade, do processo histórico. Com efeito, se o modo de produção asiático caracteriza uma civilização distinta da do Ocidente, é provável que várias linhas de evolução histórica sejam possíveis segundo os grupos humanos.

Além disso, o modo de produção asiático não parece definido pela subordinação de escravos, de servos ou assalariados a uma classe proprietária dos meios de produção, mas pela subordinação de todos os trabalhadores ao Estado. Se esta interpretação do modo de produção asiático é correta, sua estrutura social não seria caracterizada pela luta de classes, no sentido ocidental do termo, mas pela exploração de toda a sociedade pelo Estado, ou pela classe burocrática.

Percebe-se logo o uso que se pode dar à noção de modo de produção asiático. De fato, pode-se conceber que, no caso da socialização dos meios de produção, o resultado do capitalismo não seja o fim de toda a exploração, mas a difusão do modo de produção asiático, por toda a humanidade. Os sociólogos que não são favoráveis à sociedade soviética comentaram extensamente estas referências rápidas ao modo de produção asiático. Chegaram mesmo a encontrar, nos escritos de Lênin, certas passagens em que ele manifestava o temor de que uma revolução socialista levasse não ao fim da exploração do homem pelo homem, mas à instalação do modo de produção asiático, tirando daí conclusões de ordem política fáceis de adivinhar[8].

Essas são, a meu ver, as ideias diretrizes de uma interpretação econômica da história. Não encontramos, até aqui, problemas filosóficos complicados. Cabe perguntar até que ponto essa interpretação é solidária, ou não, com uma metafísica materialista. Qual o sentido exato que se deve atribuir ao termo dialética? No momento, é suficiente limitarmo-nos às ideias fundamentais, expostas por Marx, e que contêm um certo equívoco, uma vez que a determinação dos limites precisos da infraestrutura e da superestrutura pode levar (e tem levado) a discussões infindáveis.

O capital

O capital tem sido objeto de dois tipos de interpretação. Segundo alguns, como Schumpeter, é essencialmente uma obra de economia científica, sem implicações filosóficas. Segundo outros, como o padre Bigo, por exemplo, é uma espécie de análise fenomenológica ou existencial da economia, e algumas passagens que se prestam a uma interpretação filosófica, como o capítulo sobre o fetichismo das mercadorias, forneceriam a chave do pensamento de Marx. Sem entrar nessa controvérsia, direi qual é minha interpretação pessoal.

Creio que Marx se considerava um economista científico, à maneira dos economistas ingleses em que se baseou. Com efeito, ele acreditava ser herdeiro e crítico da economia política inglesa. Estava convencido de ter captado o que havia de melhor naquela economia, corrigindo-lhe os erros e ultrapassando suas limitações, atribuíveis à perspectiva capitalista ou burguesa. Ao analisar o valor, a troca, a exploração, a mais-valia, o lucro, Marx se coloca como economista puro. Não lhe ocorreria justificar uma proposição científica inexata ou discutível invocando uma intenção filosófica. Marx levava a sério a ciência.

Contudo, Marx não é um economista clássico, por razões muito precisas, que ele próprio revela, e que nos permitem compreender onde se situa sua obra.

Marx critica os economistas clássicos por terem considerado que as leis da economia capitalista eram universalmente válidas. Ora, para ele cada regime econômico tem suas próprias leis. As leis econômicas clássicas não passam, nas circunstâncias em que são verdadeiras, de leis do regime capitalista. Marx passa assim da ideia de uma teoria econômica universalmente válida para a ideia do caráter específico das leis de cada regime.

Por outro lado, um regime econômico não pode ser compreendido abstraindo-se sua estrutura social. Existem leis econômicas características de cada regime porque as leis econômicas constituem a expressão abstrata de relações sociais que definem um determinado modo de produção. No regime capitalista, por exemplo, é a estrutura social que explica o fenômeno capitalista essencial da exploração, e que determina a autodestruição inevitável do regime capitalista.

O resultado é que Marx assume como objetivo explicar o modo de funcionamento do regime capitalista, com base na sua estrutura social, e o desenvolvimento desse regime, com base no seu modo de funcionamento. Em outras palavras, *O capital* é um empreendimento grandioso e – digamos num sentido estrito – um empreendimento genial, destinado a explicar simultaneamente o modo de funcionamento, a estrutura social e a história do regime capitalista. Marx é um economista que pretende ser também um sociólogo. A compreensão do funcionamento do capitalismo deve permitir compreender por que os homens são explorados no regime da propriedade privada e por que esse regime está condenado, por suas próprias contradições, a evoluir no sentido de uma revolução que o destruirá.

A análise do desenvolvimento e da história do capitalismo proporciona também uma visão da história da humanidade através dos modos de produção. *O capital* é um livro de economia que é, ao mesmo tempo, uma sociologia do capitalismo e uma história filosófica da humanidade, embaraçada nos seus próprios conflitos até o fim da pré-história.

Uma tal tentativa é evidentemente grandiosa, mas acrescento imediatamente que não creio que tenha dado certo. Aliás, até hoje, nenhuma tentativa dessa ordem deu certo. A ciência econômica ou sociológica de hoje dispõe de análises parciais válidas do modo de funcionamento do capitalismo, dispõe de análises sociológicas válidas da condição dos homens ou das classes num regime capitalista, dispõe de certas análises históricas que explicam a transformação do regime capitalista, mas não existe uma teoria de conjunto que vincule, de modo necessário, estrutura social, modo de funcionamento, destino dos homens no regime, evolução do regime. E se não existe uma teoria que consiga abraçar o conjunto talvez seja porque esse conjunto não exista e a história talvez não seja tão racional e necessária.

De qualquer forma, compreender *O capital* é compreender como Marx quis analisar o funcionamento e o devenir do regime e descrever a condição dos homens no interior do regime.

O capital compreende três livros. Só o primeiro foi publicado pelo próprio Marx. Os livros II e III são póstumos. Foram extraídos por Engels dos volumosos manuscritos de Marx, e não foram terminados. As interpretações que encontramos nos livros II e III se prestam à contestação, porque algumas passagens podem parecer contraditórias. Não pretendo resumir aqui o conjunto de *O capital*, mas não me parece impossível separar os temas essenciais que são, aliás, aqueles que Marx considerava os mais importantes, e também os que tiveram maior influência na história.

O primeiro desses temas é que a essência do capitalismo é, antes de tudo, a busca do lucro. Na medida em que se baseia na propriedade privada dos instrumentos de produção, o capitalismo está fundamentado também na busca do lucro pelos empresários ou produtores.

Quando, na sua última obra, Stálin escreveu que a lei fundamental do capitalismo era a busca do lucro máximo, enquanto a lei fundamental do socialismo era a satisfação das necessidades e a elevação do nível cultural delas, ele levou, evidentemente, o pensamento de

Marx do nível do ensino superior para o nível do ensino primário, mas não há dúvida de que reiterou o tema inicial da análise marxista, que vamos encontrar nas primeiras páginas de *O capital*, em que Marx opõe dois tipos de troca[9].

Existe um tipo de troca que vai da mercadoria à mercadoria, passando ou não pelo dinheiro. Possuímos um bem de que não fazemos uso, trocamo-lo por um bem de que temos necessidade, entregando o bem que possuímos àquele que o deseja. Quando isso se opera de modo direto, trata-se de uma simples troca. Mas essa troca pode ser feita de modo indireto, por intermédio do dinheiro, que é o equivalente universal das mercadorias.

A troca que vai da mercadoria à mercadoria é, pode-se dizer, troca imediatamente inteligível, imediatamente humana, mas é também troca que não proporciona lucro ou excedente. Enquanto passamos da mercadoria para a mercadoria, mantemo-nos numa relação de igualdade.

Contudo, há um segundo tipo de troca, que vai do dinheiro ao dinheiro, passando pela mercadoria, com a particularidade de que no fim do processo de troca possuímos uma quantia em dinheiro superior àquela da fase inicial. Este tipo de troca que vai do dinheiro ao dinheiro passando pela mercadoria é característico do capitalismo. No capitalismo, o empresário ou produtor não passa de uma mercadoria que é inútil para ele para outra que lhe é útil, por intermédio do dinheiro; a essência da troca capitalista consiste em passar do dinheiro ao dinheiro passando pela mercadoria, para ter, no fim do processo, mais dinheiro do que no ponto de partida.

Para Marx, este é o tipo de troca capitalista por excelência, e o mais misterioso. Como é possível adquirir pela troca o que não se possuía ou, quando menos, ter mais do que o que se tinha no ponto de partida? O problema principal do capitalismo, segundo Marx, poderia ser assim formulado: qual a origem do lucro? Como é possível um regime em que o motor essencial da atividade é a busca do lucro e em que, em suma, produtores e comerciantes podem lucrar?

Marx está convencido de que tem uma resposta plenamente satisfatória para essa questão. Com a teoria da mais-valia ele demonstra que tudo é trocado pelo seu valor, e que, no entanto, existe uma fonte de lucro.

As etapas da sua demonstração são: a teoria do valor do salário e, por fim, a teoria da mais-valia.

Primeira proposição: o valor de qualquer mercadoria é, de modo geral, proporcional à quantidade de trabalho social médio nela contida. É o que chamamos de teoria do valor-trabalho.

Marx não pretende que a lei do valor seja rigorosamente respeitada em toda e qualquer troca. O preço de uma mercadoria oscila abaixo e acima do seu valor em função do estado da oferta e da demanda. Marx não só conhece essas variações como afirma claramente a sua existência. Por outro lado reconhece que as mercadorias só têm valor na medida em que existe uma demanda por elas. Em outros termos, se houvesse trabalho cristalizado numa mercadoria, mas nenhum poder de compra fosse dirigido a ela, esta mercadoria já não teria valor; isto é, a proporcionalidade entre o valor e a quantidade de trabalho pressupõe, por assim dizer, uma demanda normal da mercadoria considerada. Isso equivale, em suma, a deixar de lado um dos fatores das variações do preço da mercadoria. No entanto, se supomos uma demanda normal para a mercadoria considerada, existe, segundo Marx, uma certa proporcionalidade entre o valor dessa mercadoria – expresso no preço – e a quantidade de trabalho social médio cristalizado nessa mercadoria.

Por que é assim? O argumento essencial que Marx apresenta é o de que a quantidade de trabalho é o único elemento quantificável que se descobriu na mercadoria. Se consideramos o valor de uso, estamos diante de um elemento rigorosamente qualitativo. Não é possível comparar o uso de uma caneta com o de uma bicicleta. Trata-se de dois usos estritamente subjetivos e, sob esse aspecto, não podem ser comparáveis um com o outro. Como procuramos saber em que consiste o valor de troca das mercadorias, precisamos encontrar um elemento que seja quantificável, como o próprio valor de troca. E, diz Marx, o único valor quantificável é a quantidade de trabalho que está inserido, integrado, cristalizado em cada uma delas.

Naturalmente existem dificuldades, que Marx admite igualmente, a saber, as desigualdades do trabalho social. O trabalho do operário não qualificado e do operário especializado não têm o mesmo valor, ou a mesma capacidade criadora de valor, que o trabalho do contramestre, ou do engenheiro. Admitindo essas diferenças qualitativas de trabalho, Marx acrescenta que para resolver a dificuldade basta reduzir esses diferentes tipos de trabalho à unidade que é o trabalho social médio.

Segunda proposição: o valor do trabalho pode ser medido, como o valor de qualquer mercadoria. O salário pago pelo capitalista ao trabalhador assalariado, como contrapartida da força de trabalho que este último lhe vende, equivale à quantidade de trabalho social necessário para produzir mercadorias indispensáveis à vida do trabalhador e de sua família. O trabalho humano é pago pelo seu valor, de acordo com a lei geral do valor, aplicável a todas as mercadorias.

Marx apresenta essa proposição como evidente por si mesma. Ora, normalmente, quando se toma uma afirmação como evidente, isto significa que ela se presta à discussão.

Marx afirma: como o operário chega ao mercado de trabalho para vender sua força de trabalho, é preciso que ela seja paga pelo seu valor. E Marx acrescenta que o valor só pode ser, nesse caso, o que ele é em todos os casos, isto é, o valor medido pela quantidade de trabalho. Porém, não se trata exatamente da quantidade de trabalho necessária para produzir um trabalhador, o que nos faria sair do campo das trocas sociais para ingressar no terreno das trocas biológicas. É preciso admitir que é a quantidade de trabalho que vai medir o valor da sua força de trabalho e das mercadorias de que o operário necessita para sobreviver, ele e a família.

A dificuldade dessa proposição está em que a teoria do valor-trabalho se baseia no caráter quantificável do trabalho enquanto princípio do valor, e que, na segunda proposição, quando se trata das mercadorias necessárias para a subsistência do operário e de sua família, aparentemente se deixa o terreno do quantificável. Neste último caso, trata-se com efeito do montante definido pelos costumes e pela psicologia coletiva, conforme o próprio Marx reconhece. Por isto Schumpeter afirmou que a segunda proposição da teoria da exploração não passa de um jogo de palavras.

Terceira proposição: o tempo de trabalho necessário para o operário produzir um valor igual ao que recebe sob forma de salário é inferior à duração efetiva do seu trabalho. O operário produz, por exemplo, em cinco horas um valor igual ao que está contido no seu salário, mas na verdade trabalha dez horas. Portanto, trabalha metade do tempo para si mesmo e a outra metade para o dono da empresa. A mais-valia é a quantidade de valor produzido pelo trabalhador além do tempo de trabalho necessário, isto é, do tempo de trabalho necessário para produzir um valor igual ao que recebe sob a forma de salário.

A parte da jornada de trabalho necessária para produzir o valor cristalizado no salário é o chamado trabalho necessário; o resto é o sobretrabalho. O valor produzido durante o sobretrabalho é chamado mais-valia. E a taxa de exploração é definida pela relação entre a mais-valia e o capital variável, isto é, o capital que corresponde ao pagamento do salário.

Se admitirmos as duas primeiras proposições, teremos de aceitar logicamente a terceira, desde que o tempo de trabalho necessário para produzir o valor encarnado no salário seja inferior à duração total do trabalho.

Marx afirma, pura e simplesmente, a existência dessa diferença entre a jornada de trabalho e o trabalho necessário. Está convencido de que a jornada de trabalho do seu tempo, que era de 10 horas, às vezes de 12 horas, era muito superior à duração do trabalho necessário, isto é, do trabalho necessário para criar o valor encarnado no próprio salário.

A partir desse ponto, Marx desenvolve uma casuística da luta pela duração do trabalho. Invoca um grande número de fenômenos do seu tempo, em particular o fato de que os empresários pretendiam só ter lucro com a última ou as duas últimas horas de trabalho. Sabe-se, aliás, que há um século que os empresários protestam cada vez que se reduz a jornada de trabalho. Em 1919, alegavam que com uma jornada de 8 horas não conseguiriam equilibrar-se. Os argumentos dos empresários ilustravam a teoria de Marx, que implica que o lucro só seja obtido na parte final da jornada de trabalho.

Existem dois procedimentos fundamentais para aumentar a mais-valia à custa dos assalariados, isto é, para elevar a taxa de exploração. Um consiste em prolongar a duração do trabalho; o outro, em reduzir o mais possível o trabalho necessário. Um dos meios de conseguir reduzir a duração do trabalho é aumentar a produtividade, isto é, produzir o valor igual ao do salário num tempo mais curto. Isso explica o mecanismo da tendência pela qual a economia capitalista procura aumentar constantemente a produtividade do trabalho. O aumento dessa produtividade do trabalho proporciona automaticamente uma redução do trabalho necessário e, em consequência, uma evolução da taxa de mais-valia, se for mantido o nível dos salários nominais.

Compreendem-se assim a origem do lucro e o modo como um sistema econômico, em que tudo se troca de acordo com o seu valor, pode, ao mesmo tempo, produzir mais-valia, isto é, lucro para os empresários. Há uma mercadoria que tem esta particularidade de ser paga pelo seu valor e ao mesmo tempo produzir mais que seu valor, é o trabalho humano.

Uma análise desse tipo parecia a Marx puramente científica, já que explicava o lucro por um mecanismo inevitável, ligado intrinsecamente ao regime capitalista. Contudo, esse mesmo mecanismo se prestava a denúncias e a invectivas, uma vez que, se tudo se passar conforme a lei do capitalismo, o operário estará sendo explorado, trabalhando uma parte do seu tempo para si e outra parte do seu tempo para o capitalista. Marx era um cientista, mas era também um profeta.

Estes são, num lembrete rápido, os elementos essenciais da teoria da exploração. Teoria que tem, para Marx, uma dupla importância. Em primeiro lugar, ela parece resolver uma dificuldade intrínseca da economia capitalista, que pode ser formulada nos seguintes termos: uma vez que nas trocas há igualdade de valores, qual a origem do lucro? Em segundo lugar, ao resolver um enigma científico, Marx tem a sensação de dar um fundamento rigoroso e racional ao protesto contra um determinado tipo de organização econômica. Finalmente, sua teoria da exploração dá uma base sociológica, para usar linguagem moderna, às leis econômicas do funcionamento da economia capitalista.

Marx acredita que as leis econômicas são históricas, e que cada regime tem suas próprias leis. A teoria da exploração é um exemplo dessas leis históricas, pois o mecanismo da mais-valia e da exploração pressupõe a distinção de classes na sociedade. Uma classe, a dos empresários ou proprietários dos meios de produção, adquire a força de trabalho dos operários. A relação econômica entre capitalistas e proletários é função de uma relação social de poder entre duas categorias sociais.

A teoria da mais-valia tem uma dupla função, científica e moral. A conjunção desses dois elementos deu ao marxismo uma influência incomparável. Os espíritos racionais encontraram nela uma satisfação, e os espíritos idealistas ou revoltados também. Esses dois tipos de satisfação se multiplicavam um pelo outro.

Até aqui analisei apenas o primeiro livro de *O capital*, o único publicado durante a vida de Marx. Conforme notei, dos dois livros seguintes, ele deixou os manuscritos que foram publicados por Engels.

O livro II estuda a circulação do capital. Deveria explicar o funcionamento do sistema econômico capitalista considerado como um todo. Em termos modernos, poderíamos dizer que, a partir de uma análise microeconômica da estrutura do capitalismo e do seu funcionamento, contida no livro I, Marx teria elaborado, no livro II, uma teoria macroeconômica comparável ao *Tableau économique* de Quesnay, e também uma teoria das crises, cujos elementos encontramos dispersos em vários pontos. Na minha opinião, não há em Marx uma teoria geral das crises. É verdade que ele tentou elaborar essa teoria, mas não a completou, e é possível, a partir das indicações dispersas do livro II, reconstruir várias teorias e atribuí-las a Marx. A única ideia que não se presta a dúvidas é a de que, segundo Marx, o caráter concorrencial anárquico do mecanismo capitalista e a necessidade da circulação do capital criam uma possibilidade permanente de hiato entre a produção e a repartição do poder de compra. O que equivale a dizer que é da natureza de uma economia anárquica comportar crises. Qual é o esquema, ou o mecanismo, que faz com que essas crises ocorram? Elas são regulares ou irregulares? Qual a conjuntura econômica da qual brota a crise? Sobre todos esses pontos encontramos em Marx indicações, mas não uma teoria acabada[10].

O livro III é o esboço de uma teoria do desenvolvimento histórico do regime capitalista baseada na análise da sua estrutura e do seu funcionamento.

O problema central do livro III é o seguinte: se considerarmos o esquema do livro I, veremos que quanto mais trabalho houver numa determinada empresa ou num determinado setor da economia mais haverá mais-valia nessa empresa ou nesse setor; ou então, que a porcentagem do capital variável em relação ao capital total é mais elevada.

Para Marx, o capital constante é a parte do capital das empresas que corresponde seja às máquinas, seja às matérias-primas investidas na produção. No esquematismo do livro I, o capital constante se transfere para o valor dos produtos sem criar mais-valia. A mais-valia provém toda do capital variável, correspondente ao pagamento dos salários. A composição orgânica do capital é a relação entre o capital variável e o capital constante. A taxa de exploração é a relação entre a mais-valia e o capital variável.

Se considerarmos, pois, essa relação abstrata, característica da análise esquemática do livro I de *O capital*, chegaremos necessariamente à conclusão de que numa empresa ou num setor determinado da economia haverá mais-valia proporcional ao capital variável; a mais-valia diminuirá na medida em que a composição orgânica do capital evoluir para a redução da relação entre capital variável e capital constante. Em termos concretos, deveria haver uma quantidade menor de mais-valia na medida em que houvesse uma maior mecanização da empresa ou do setor.

Ora, salta aos olhos que não é o que acontece, e Marx tem perfeita consciência do fato de que as aparências da economia parecem contradizer as relações fundamentais que ele postula na sua análise esquemática. Enquanto o livro III de *O capital* não havia sido publicado, os marxistas e seus críticos se perguntavam: se a teoria da exploração é válida, por que razão as empresas e os setores da economia que aumentam o capital constante, em relação ao capital variável, conseguem maiores lucros? Em outras palavras, o modo aparente do lucro parece contradizer o modo essencial da mais-valia.

A resposta de Marx é a seguinte: a taxa de lucro é calculada não com relação ao capital variável, como a taxa de exploração, mas com relação ao conjunto do capital, isto é, a soma do capital constante e do variável.

Por que motivo a taxa de lucro é proporcional não à mais-valia, mas ao conjunto do capital constante e variável? O capitalismo não poderia funcionar, evidentemente, se a taxa de lucro fosse proporcional ao capital variável. Com efeito, atingiríamos uma desigualdade extrema da taxa de lucro, já que em diferentes setores da economia a composição orgânica do capital, isto é, a relação entre capital variável e capital constante, é muito diferente. Portanto, a taxa de lucro é efetivamente proporcional ao conjunto do capital, e não ao capital variável, pois de outra forma o regime capitalista não poderia funcionar.

Mas por que essa aparência do modo do lucro é diferente da realidade essencial do modo da mais-valia? Há duas respostas a esta questão, a resposta oficial de Marx e a dos não marxistas, ou dos antimarxistas.

Schumpeter, por exemplo, tem uma resposta muito simples: a teoria da mais-valia é falsa. O fato de que a aparência do lucro esteja em contradição direta com a essência da mais-valia prova apenas que o esquematismo da mais-valia não corresponde à realidade. Quando se verifica que a realidade contradiz uma teoria, pode-se evidentemente conciliar a teoria com a realidade fazendo intervir um certo número de hipóteses suplementares. Há, porém, outra solução, mais lógica, que consiste em reconhecer que o esquematismo teórico foi mal construído.

A resposta de Marx é a seguinte: o capitalismo não poderia funcionar se a taxa de lucro fosse proporcional à mais-valia, e não ao conjunto do capital. Há assim uma taxa de lucro média em cada economia. Essa taxa de lucro média é formada pela concorrência entre as empresas e os vários setores da economia. A concorrência força o lucro no sentido de uma taxa média; não há proporcionalidade da taxa de lucro com relação à mais-valia em cada empresa ou setor, mas o conjunto da mais-valia constitui no conjunto da economia um montante global que se distribui entre os vários setores em proporção ao capital total, constante e variável, investido em cada setor.

É assim porque não pode ser de outro modo. Se houvesse um hiato muito grande entre as taxas de lucro dos vários setores, o sistema não funcionaria. Se houvesse num determinado setor taxa de lucro de 30 a 40% e num outro uma taxa de 3 a 4%, não se encontraria capital para investir nos setores em que a taxa de lucro fosse baixa. O próprio exemplo fornece a argumentação marxista: não pode ser assim; portanto, deve-se constituir, pela concorrência, uma taxa de lucro média que garanta, ao final, que a massa global da mais-valia seja repartida entre os setores com base na importância do capital investido em cada um deles.

Esta teoria conduz à teoria do devenir, àquilo que Marx chama de lei da tendência para a baixa da taxa de lucro.

O ponto de partida de Marx foi uma constatação que todos os economistas do seu tempo faziam ou pensavam fazer, a saber, que existe uma tendência secular para a baixa da taxa de lucro. Marx, sempre desejoso de explicar aos economistas ingleses até que ponto ele, graças ao seu método, lhes era superior, pensou ter descoberto, no seu esquematismo, a explicação histórica da tendência para a baixa da taxa de lucro[11].

O lucro médio é proporcional ao conjunto do capital, isto é, ao total do capital constante e do capital variável. A mais-valia, porém, deriva apenas do capital variável, isto é, do trabalho dos homens. Ora, a composição orgânica do capital se transforma com a evolução capitalista e a mecanização da produção, e a parte do capital variável com relação ao capital total tende a diminuir. Marx conclui daí que a taxa de lucro tende a baixar à medida que a composição orgânica do capital se modifica, reduzindo a parte do capital variável no capital total.

Essa lei da tendência para a baixa da taxa de lucro proporcionava a Marx uma grande satisfação intelectual. Com efeito, acreditava ter demonstrado, de modo cientificamente satisfatório, um fato constatado pelos observadores, mas não explicado, ou mal explicado. Além disso, acreditava ter encontrado mais uma vez aquilo que seu mestre Hegel teria chamado de astúcia da razão, isto é, a autodestruição do capitalismo por mecanismo inexorável, passando ao mesmo tempo pela ação dos homens e por cima de suas cabeças.

De fato, a modificação da composição orgânica do capital torna-se inevitável pela concorrência e também pelo desejo dos empresários de diminuir o tempo de trabalho necessário. A concorrência das empresas capitalistas aumenta a produtividade; o aumento da produtividade se traduz normalmente pela mecanização da produção, isto é, pela redução do capital variável em relação ao capital constante. Em outras palavras, o mecanismo da concorrência de uma economia baseada no lucro tende à acumulação do capital, à mecanização da produção, à redução da parte do capital variável no capital total. Esse mecanismo inexorável é, ao mesmo tempo, o que provoca a tendência para a baixa da taxa de lucro, isto é, o que torna cada vez mais difícil o funcionamento de uma economia cujo eixo fundamental é a busca do lucro.

Encontramos uma vez mais o esquema fundamental do pensamento marxista. O de uma sociedade histórica que passa pela ação dos homens e, ao mesmo tempo, é superior à ação de cada um deles, o de um mecanismo histórico que tende a destruir o regime, pelo jogo das leis intrínsecas a seu funcionamento.

O centro e a originalidade do pensamento marxista estão, a meu ver, na conjunção de uma análise do funcionamento e de uma análise de um devenir inevitável. Cada indivíduo, agindo racionalmente em função do seu interesse, contribui para destruir o interesse comum de todos, ou, pelo menos, de todos os que estão interessados em salvaguardar o regime.

Essa teoria é uma espécie de inversão das proposições básicas dos liberais. Para eles, cada indivíduo trabalha pelo interesse da coletividade, ao trabalhar pelo interesse próprio. Para Marx, acontece o contrário: trabalhando no interesse próprio, cada um contribui para o funcionamento necessário e para a destruição final do regime. O mito é sempre o do aprendiz de feiticeiro, como no *Manifesto comunista.*

Até aqui demonstramos que a taxa de lucro tende a baixar em função da modificação da composição orgânica do capital. Contudo, a partir de que taxa de lucro o capitalismo deixa de funcionar? Marx não dá, estritamente, nenhuma resposta porque, de fato, nenhuma teoria racional permite fixar a taxa de lucro indispensável ao funcionamento do regime[12]. Em outras palavras, a lei da tendência para a baixa da taxa de lucro sugere que o funcionamento do capitalismo deve tornar-se cada vez mais difícil, em função da mecanização ou da elevação da produtividade, mas não demonstra a necessidade da catástrofe final, e menos ainda o momento em que ela ocorrerá.

Quais são as proposições que demonstram a autodestruição do regime? Curiosamente, as únicas proposições nesse sentido são as mesmas que já podíamos encontrar no *Manifesto comunista* e nas obras escritas por Marx antes de desenvolver seus estudos aprofundados de economia política. São as afirmações relacionadas com a proletarização e a pauperização. O processo de proletarização significa que, à medida que se desenvolve o regime capitalista, as camadas intermediárias, entre capitalistas e proletários, serão desgastadas, corroídas, e um número crescente dos membros dessas camadas serão absorvidos pelo proletariado. A pauperização é o processo pelo qual os proletários tendem a se tornar cada vez mais miseráveis à medida que se desenvolvem as forças da produção. Se admitirmos que, com o aumento da produção, ocorrerá uma diminuição do poder aquisitivo das massas operárias, será de fato provável que essas massas tendam a se revoltar. Nessa hipótese, o mecanismo de autodestruição do capitalismo seria sociológico, passando pelo comportamento dos grupos sociais. Uma outra hipótese é a de que a renda distribuída às massas populares fosse insuficiente para absorver a produção crescente, havendo neste caso uma paralisia do regime pela impossibilidade de estabelecer uma igualdade entre as mercadorias produzidas e a respectiva demanda no mercado consumidor.

Existem duas representações possíveis da dialética capitalista da autodestruição: uma dialética econômica, que é uma nova versão da contradição entre as forças de produção, que crescem indefinidamente, e as relações de produção, que estabilizam as rendas distribuídas às massas; ou então um mecanismo sociológico que passa pelo intermediário da insatisfação crescente dos trabalhadores proletarizados e da revolta desses trabalhadores.

Porém como demonstrar a pauperização? Por que razão, no esquematismo de Marx, a renda distribuída aos trabalhadores deve diminuir, em termos absolutos ou relativos, em função do aumento da força produtiva?

Para falar a verdade, não é fácil, no esquema de Marx, demonstrar a pauperização. Com efeito, de acordo com a teoria, o salário é igual à quantidade de mercadorias necessárias para a vida do trabalhador e sua família. Por outro lado, Marx acrescenta imediatamente que o que é necessário para a vida do trabalhador e sua família não é objeto de avaliação matematicamente exata, mas o resultado de uma avaliação social, que pode mudar de uma sociedade para outra. Se admitirmos essa avaliação social do nível de vida considerado como mínimo, deveremos concluir, ao contrário, que o nível de vida do operário tende a melhorar. De fato, é provável que cada sociedade considere como nível de vida mínimo o que corresponda a suas possibilidades de produção. É, aliás, o que acontece na prática: o nível de vida considerado hoje como mínimo nos Estados Unidos ou na França é muito superior ao que seria adotado há um século. É claro que se trata de uma avaliação social aproximada desse mínimo, mas os cálculos feitos pelos sindicatos sobre esse nível de vida mínimo têm sempre uma relação com as possibilidades da economia.

Se, portanto, o montante dos salários é função de uma avaliação coletiva do mínimo, deveria, ao contrário, haver aumento.

Por outro lado, segundo o próprio Marx, não é impossível elevar o nível de vida dos operários sem modificar a taxa de exploração. Basta para isso que a elevação da produtividade permita criar um valor igual ao salário com uma duração menor do trabalho necessário. A produtividade permite melhorar o nível de vida real dos trabalhadores, no esquema marxista, sem diminuir a taxa de exploração.

Se admitirmos a elevação da produtividade e, em consequência, a redução da duração do trabalho necessário, só poderemos afastar a hipótese da elevação do nível de vida real admitindo um aumento da taxa de exploração. Ora, segundo Marx, a taxa de exploração é mais ou menos constante, em diferentes períodos.

Em outras palavras, se seguirmos o mecanismo econômico tal como Marx o analisou, não veremos uma demonstração da pauperização, e nossa conclusão, pelo contrário, coincidirá com aquilo que de fato ocorreu: uma elevação do nível de vida real dos operários.

De onde é tirada, então, nas obras de Marx, uma demonstração da pauperização?

A meu ver, a única demonstração passa pelo intermediário de um mecanismo sociodemográfico, o do exército industrial de reserva. O que impede a elevação dos salários é o excedente permanente de mão de obra não empregada, que pesa sobre o mercado de trabalho e modifica as relações de troca entre capitalistas e assalariados, em detrimento dos operários.

Na teoria de *O capital* a pauperização não é um mecanismo estritamente econômico, mas uma teoria econômico-sociológica. O elemento sociológico é a ideia –

que ele compartilhava com Ricardo mas que, na verdade, não o satisfazia – de que, uma vez que os salários tendem a se elevar, a taxa de natalidade aumenta, criando assim um excesso de mão de obra. O mecanismo propriamente econômico (este, sim, próprio de Marx) é o do desemprego tecnológico. A permanente mecanização da produção tende a liberar uma parte dos operários empregados. O exército de reserva é a própria expressão do mecanismo de realização do progresso técnico-econômico no capitalismo. É ele que pesa sobre o nível dos salários, impedindo-o de subir. Na sua ausência seria possível integrar no esquema marxista o fato histórico da elevação do nível de vida dos operários sem renunciar aos elementos essenciais da teoria.

Nesse caso, a pergunta continuaria de pé: por que a autodestruição do capitalismo é necessária? Minha impressão é que, ao terminar a leitura de *O capital*, descobrimos as razões pelas quais o funcionamento do sistema capitalista é difícil, e se torna cada vez mais difícil, embora esta última proposição me pareça historicamente falsa; mas não creio que *O capital* nos demonstre conclusivamente a autodestruição necessária do capitalismo, a não ser pela revolta das massas indignadas com a sorte que lhes é imposta. Se essa sorte não suscitar uma indignação extrema, como por exemplo nos Estados Unidos, *O capital* não nos dá razões para acreditar que a condenação do regime capitalista seja inexorável.

Contudo, os regimes conhecidos no passado eram, teoricamente, suscetíveis de sobreviver, mas desapareceram. Não tiremos conclusões precipitadas pelo fato de que a morte do capitalismo não tenha sido demonstrada por Marx. Os regimes podem morrer sem que tenham sido condenados à morte pelos teóricos.

Os equívocos da filosofia marxista

O centro do pensamento marxista é uma interpretação sociológica e histórica do regime capitalista, condenado, em função das suas contradições, a evoluir para a revolução e para um regime não-antagônico.

É bem verdade que Marx pensava que a teoria geral da sociedade que desenvolveu a partir do estudo do capitalismo podia e devia servir para a compreensão de outros tipos de sociedade. Não há dúvida contudo de que se preocupava antes de mais nada com a interpretação da estrutura e do futuro do capitalismo.

Por que razão essa sociologia histórica do capitalismo comporta tantas interpretações diferentes? Por que é a tal ponto equívoca? Mesmo deixando de lado as razões acidentais, históricas, póstumas, o destino dos movimentos e das sociedades que se dizem marxistas e as razões deste equívoco parecem ser, a meu ver, essencialmente três.

A concepção marxista da sociedade capitalista, e das sociedades em geral, é sociológica, mas sua sociologia está vinculada a uma filosofia. Muitas dificuldades de interpretação nascem das relações entre a filosofia e a sociologia, relações que podem ser compreendidas de diferentes maneiras.

Por outro lado, a sociologia marxista propriamente dita comporta interpretações diversas, de acordo com a definição mais ou menos dogmática que se dá a noções como forças de produção ou relações de produção, e conforme se considere que o conjunto da sociedade seja *determinado* ou *condicionado* pela infraestrutura. Os conceitos de infraestrutura e superestrutura não são claros, e se prestam a especulações infindáveis.

Enfim, as relações entre economia e sociologia levam a interpretações diversas. Segundo Marx, é a partir da ciência econômica que se pode compreender a sociedade global, mas as relações entre os fenômenos econômicos e o conjunto social são equívocas.

Uma proposição me parece incontestável, isto é, uma proposição que todos os textos de Marx deixam clara. Marx passou da filosofia para a economia política, através da sociologia, e permaneceu filósofo até o fim da vida. Sempre considerou que a história da humanidade, tal como se desenrola através de sucessão de regimes, e tal como ela desemboca numa sociedade não antagônica, tem uma significação filosófica. É através da história que o homem cria a si mesmo, e a realização da história é, simultaneamente, um fim da filosofia. Pela história, a filosofia, definindo o homem, se realiza a si mesma. O regime não antagônico pós-capitalista não é apenas um tipo social entre outros: é o termo da procura da humanidade por si mesma.

Contudo, se esta significação filosófica da história é incontestável, restam ainda muitas questões difíceis.

Classicamente, explicava-se o pensamento de Marx pela conjunção de três influências, que o próprio Engels havia enumerado: a filosofia alemã, a economia inglesa e a ciência histórica francesa. Essa enumeração de influências parece banal e por isso é hoje desprezada pelos intérpretes mais sutis. Todavia, é preciso começar pelas interpretações não sutis, isto é, pelo que o próprio Marx e o próprio Engels revelaram a respeito das origens do seu pensamento.

Segundo eles, situavam-se na sequência da filosofia clássica alemã, porque guardavam uma das ideias fundamentais de Hegel, isto é, de que a sucessão das sociedades e dos regimes representa simultaneamente as etapas da filosofia e as etapas da humanidade.

Por outro lado, Marx estudou a economia inglesa; utilizou conceitos dos economistas ingleses; assumiu algumas das teorias admitidas no seu tempo, por exemplo, a teoria do valor-trabalho, ou a lei da tendência para a baixa da taxa de lucro, aliás, aplicada de modo diferente por outros. Acreditava que, servindo-se dos conceitos e das teorias dos economistas ingleses, poderia encontrar uma fórmula cientificamente rigorosa para a economia capitalista.

Finalmente, tomou emprestada aos historiadores e aos socialistas franceses a noção de luta de classes, que se encontrava comumente nas obras históricas do fim do século XVIII e do princípio do século XIX. Marx, porém, de acordo com o seu próprio testemunho, acrescentou um novo conceito. A divisão da sociedade em classes não é um fenômeno ligado ao conjunto da história e à essência da sociedade, mas corresponde a uma fase determinada. Numa fase ulterior, a divisão em classes poderá desaparecer[13].

Essas três influências foram exercidas sobre o pensamento de Marx, e trazem uma interpretação válida, embora grosseira, da síntese feita por Marx e Engels. Mas essa análise das influências deixa em aberto a maioria das questões mais importantes e, em particular, a questão do relacionamento entre Hegel e Marx.

A maior dificuldade está ligada, em primeiro lugar e antes de qualquer outra coisa, ao fato de que a interpretação de Hegel é, pelo menos, tão contestada quanto a de Marx. De acordo com o sentido que se atribua ao pensamento de Hegel, as duas doutrinas podem ser aproximadas ou afastadas à vontade.

Há um método fácil para mostrar um Marx hegeliano que consiste em apresentar um Hegel marxista. Esse método é empregado com um talento que confina com a genialidade, ou com a mistificação, por A. Kojève. Na sua interpretação, Hegel é a tal ponto marxizado que a fidelidade de Marx à obra de Hegel não deixa nenhuma dúvida[14].

Por outro lado, para quem não aprecia Marx, como G. Gurvitch, basta apresentar Hegel de acordo com os manuais de história da filosofia, como um filósofo idealista que concebe o devenir histórico como o processo de desenvolvimento do espírito, para que Marx se torne essencialmente anti-hegeliano[15].

De qualquer forma, encontramos no pensamento marxista um certo número de temas incontestavelmente hegelianos, tanto nas obras de juventude como nas da maturidade.

Na última das onze teses sobre Feuerbach, Marx escreve: "Os filósofos apenas interpretaram o mundo de diferentes maneiras; trata-se, agora, de transformá-lo." (*Études philosophiques*, Paris, Éd. Sociales, 1951, p. 64).

Para o autor de *O capital*, a filosofia clássica, que levou ao sistema de Hegel, chegou ao seu fim. Não seria possível avançar mais, porque Hegel refletiu sobre o todo histórico e o todo da humanidade. A filosofia completou sua tarefa, que consiste em levar à consciência explícita as experiências da humanidade. Essa tomada de consciência das experiências da humanidade está formulada na *Fenomenologia do espírito* e na *Enciclopédia*[16]. O homem, porém, depois de tomar consciência da sua vocação, não realizou essa vocação. A filosofia é total enquanto tomada de consciência, mas o mundo real não se ajusta ao sentido que a filosofia atribui à existência do homem. O problema filosófico-histórico original do pensamento marxista será, portanto, o de saber em que condições o curso da história pode realizar a vocação do homem tal como a concebeu a filosofia hegeliana.

A incontestável herança filosófica de Marx é a convicção de que o devenir histórico tem uma significação filosófica. Um novo regime econômico e social não é apenas uma peripécia que será oferecida posteriormente à curiosidade desprendida dos historiadores profissionais, mas uma etapa do devenir da humanidade.

O que é, então, essa natureza humana, essa vocação do homem que a história deve realizar para que a própria filosofia se realize?

Encontraremos nas obras de juventude de Marx várias respostas a esta questão; todas giram em torno de alguns conceitos, como a universalidade, a totalidade – conceitos positivos – ou, ao contrário, a alienação – um conceito negativo.

O indivíduo, tal como aparece na *Filosofia do direito* de Hegel[17], e nas sociedades do seu tempo, tem, com efeito, uma situação dupla e contraditória. De um lado, como cidadão, o indivíduo participa do Estado, isto é, da universalidade. Mas, no empíreo da democracia formal, ele só é cidadão uma vez a cada quatro ou cinco anos, e esgota sua cidadania ao votar. Fora dessa atividade única, com a qual realiza sua universalidade, o indivíduo pertence ao que conhecemos, segundo a terminologia de Hegel, como a *bürgerliche Gesellschaft*, a sociedade civil, isto é, ao conjunto das atividades profissionais. Ora, como membro da sociedade civil, ele está encerrado nas suas particularidades e não se comunica com o conjunto da comunidade. É um trabalhador às ordens de um empresário, ou então um empresário separado da organização coletiva. A sociedade civil impede os indivíduos de realizar sua vocação de universalidade.

Para que essa contradição seja superada, é preciso que os indivíduos no seu trabalho possam participar da universalidade da mesma maneira como dela participam com sua atividade de cidadãos.

O que significam essas fórmulas abstratas? A democracia formal, que se define pela eleição dos representantes do povo pelo sufrágio universal, e pelas liberdades abstratas do voto e do debate, não toca as condições de trabalho e de vida dos membros da coletividade. O trabalhador, que vende sua força de trabalho no mercado em troca de um salário, não é como o cidadão que, a cada quatro ou cinco anos, elege seus representantes e, direta ou indiretamente, seus governantes. Para que se realizasse a democracia real, seria necessário que as liberdades limitadas à ordem política nas sociedades atuais fossem transpostas para o campo da existência concreta, econômica, dos homens.

Contudo, para que os indivíduos no trabalho pudessem participar da universalidade, como os cidadãos com seu voto, para que se pudesse realizar a democracia real, seria necessário suprimir a propriedade privada dos meios de produção, que põe alguns indivíduos a serviço de outros, provoca a exploração dos trabalhadores pelos empresários e interdita a estes últimos o trabalho direto para a coletividade, já que, no sistema capitalista, eles trabalham visando ao lucro.

Uma primeira análise, que vamos encontrar na *Crítica da filosofia do direito de Hegel*, gira em torno da oposição entre o particular e o universal, a sociedade civil e o Estado, a escravidão do trabalhador e a liberdade fictícia do eleitor e do cidadão[18]. Esse texto constitui a origem de uma das oposições clássicas do pensamento marxista, entre democracia formal e democracia real; mostra também uma certa forma de aproximação entre a inspiração filosófica e a crítica sociológica.

A inspiração filosófica se manifesta na rejeição de uma universalidade do indivíduo limitada à ordem política e se transpõe facilmente para uma análise sociológica. Em linguagem comum, a ideia de Marx é a seguinte: o que significa o direito de votar a cada quatro ou cinco anos para os indivíduos que não têm outro meio de subsistência a não ser os salários que recebem dos patrões, em condições que estes estabelecem?

O segundo conceito em torno do qual gira o pensamento de juventude de Marx é o do homem total, provavelmente um equívoco ainda maior do que o do homem universalizado.

O homem total é o que não é mutilado pela divisão do trabalho. Para Marx, e a maioria dos observadores, o homem da sociedade industrial moderna é, com efeito, um homem especializado. Adquiriu uma formação específica para exercer uma profissão particular. Permanece encerrado a maior parte de sua vida nessa atividade setorial, deixando de utilizar muitas aptidões e faculdades que poderiam se desenvolver.

Nessa linha, o homem total seria aquele que não fosse especializado. Alguns textos de Marx sugerem uma formação politécnica, em que todos os indivíduos fossem preparados para o maior número possível de profissões. Com tal formação, não estariam condenados a fazer a mesma coisa, de manhã à noite[19].

Se o significado do homem total é o homem não amputado de algumas das suas aptidões pelas exigências da divisão do trabalho, esta noção é um protesto contra as condições impostas aos indivíduos pela sociedade industrial, protesto ao mesmo tempo inteligível e simpático. Efetivamente, a divisão do trabalho tem como resultado fazer com que a maioria dos indivíduos não realizem tudo aquilo de que são capazes. Mas esse protesto um tanto romântico não me parece adequado ao espírito de um socialismo científico. É difícil conceber (a não ser numa sociedade extraordinariamente rica, em que o problema da pobreza tivesse sido resolvido definitivamente) como uma sociedade, capitalista ou não capitalista, poderia formar todos os seus membros em todas as profissões; é difícil imaginar como funcionaria uma sociedade industrial em que os indivíduos não fossem especializados no seu trabalho.

Procurou-se assim, em outra direção, um outro tipo de interpretação, menos romântica. O homem total não seria o homem capaz de fazer tudo, mas aquele que realiza autenticamente sua humanidade, que exerce as atividades que definem o homem.

Nesse caso, a noção de trabalho se torna essencial. O homem é concebido essencialmente como um ser que trabalha. Se trabalha em condições desumanas, é desumanizado, porque deixa de cumprir a atividade que constitui sua humanidade, em condições adequadas. Encontramos efetivamente nas obras de juventude de Marx, em particular no *Manuscrito econômico-filosófico*, de 1844, uma crítica das condições capitalistas do trabalho[20].

Voltamos a encontrar aqui o conceito de alienação, que está hoje no centro da maior parte das interpretações de Marx. No capitalismo, o homem é alienado. Para que o homem possa se realizar, é preciso que supere essa alienação.

Marx usa três termos diferentes que são traduzidos muitas vezes pela mesma palavra – alienação –, embora as palavras alemãs não tenham exatamente o mesmo sentido. São elas *Entäusserung*, *Veräusserung* e *Entfremdung*. O termo que corresponde aproximadamente à palavra alienação é o último, que etimologicamente significa: tornar-se estranho a si mesmo. A ideia é que, em certas circunstâncias, ou em certas sociedades, as condições impostas ao homem são tais que este se torna um estranho para si mesmo, isto é, já não se reconhece na sua atividade e nas suas obras.

O conceito de alienação deriva, evidentemente, da filosofia hegeliana, em que tem um papel primordial. Mas a alienação hegeliana é concebida no plano filosófico ou metafísico. Na concepção de Hegel, o espírito (*der Geist*) se aliena nas suas obras; constrói edifícios intelectuais e sociais e se projeta fora de si mesmo. A história do espírito, a história da humanidade, é a história das alienações sucessivas, ao fim das quais o espírito voltará a ser o possuidor do conjunto das suas obras e do seu passado histórico, com a consciência de possuir esse conjunto. No marxismo, inclusive nas obras marxistas de juventude, o processo de alienação, em vez de ser um processo filosófica ou metafisicamente inevitável, torna-se a expressão de um processo sociológico pelo qual os homens ou as sociedades edificam organizações coletivas, nas quais se perdem[21].

Interpretada sociologicamente, a alienação é uma crítica ao mesmo tempo histórica, moral e sociológica da ordem social da época. No regime capitalista, os homens são alienados, eles mesmos se perderam na coletividade, e a raiz de todas as alienações é a alienação econômica.

Há duas modalidades de alienação econômica que correspondem aproximadamente a duas críticas de Marx ao sistema capitalista. A primeira alienação é imputável à propriedade privada dos meios de produção; a segunda, à anarquia do mercado.

A alienação imputável à propriedade privada dos meios de produção se manifesta no fato de que o trabalho, atividade essencialmente humana, que define a humanidade do homem, perde suas características humanas, já que passa a ser, para os assalariados, nada mais do que um meio de existência. Em vez de o trabalho ser a expressão do próprio homem, o trabalho se vê degradado a instrumento, a meio de viver.

Os empresários também são alienados, pois a finalidade das mercadorias de que dispõem não é atender a necessidades realmente sentidas pelos outros, mas são levadas ao mercado para obter lucro. O empresário se torna escravo de um mercado imprevisível, sujeito aos azares da concorrência. Explora os assalariados, mas nem por isso ele é humanizado no seu trabalho, pelo contrário, aliena-se em benefício de um mecanismo anônimo.

Qualquer que seja a interpretação exata que se dê a essa alienação econômica, parece-me que a ideia central é bastante clara. A crítica da realidade econômica do capitalismo no pensamento de Marx era, na sua origem, uma crítica filosófica e moral, antes de se tornar uma análise rigorosamente sociológica e econômica.

Assim, é possível expor o pensamento de Marx como o de um puro economista e sociólogo, porque no fim da sua vida ele queria ser um cientista, economista e sociólogo; contudo, Marx chegou à crítica econômico-social tomando como ponto de partida temas filosóficos. Esses temas filosóficos, a universalização do indivíduo, o homem total, a alienação, animam e orientam a análise sociológica das suas obras da maturidade. Em que medida a análise sociológica da maturidade de Marx não passa do desenvolvimento das intuições filosóficas da sua juventude? Ou então, em que medida ela é, ao contrário, a substituição total dessas intuições filosóficas? Coloca-se aí um problema de interpretação que ainda não foi totalmente resolvido.

Certamente, durante toda a sua vida, Marx conservou esses temas filosóficos num segundo plano. Para ele a análise da economia capitalista era a análise da alienação dos indivíduos e das coletividades, que perdiam o controle da sua própria existência num sistema sujeito a leis autônomas. A crítica da economia capitalista era também a crítica filosófica e moral da situação imposta ao homem pelo capitalismo. Sobre este ponto, estou de acordo com a interpretação corrente, a despeito da opinião de Althusser.

Por outro lado, certamente a análise do devenir do capitalismo era, para Marx, a análise do devenir do homem e da natureza humana através da história. Esperava da sociedade pós-capitalista a realização da filosofia.

Qual seria, no entanto, esse homem total que a revolução pós-capitalista deveria realizar? Sobre isso, pode-se discutir, porque no fundo havia em Marx uma oscilação entre dois temas, até certo ponto contraditórios. De acordo com o primeiro deles, o homem realiza sua humanidade no trabalho, e é a liberação do trabalho que marcará a humanização da sociedade. Mas em vários lugares aparece uma outra concepção segundo a qual o homem só é verdadeiramente livre fora do trabalho. Nesta segunda concepção o homem só realiza sua humanidade na medida em que reduz suficientemente a duração da jornada de trabalho, a fim de que possa fazer outras coisas além do trabalho[22].

Podem-se naturalmente combinar os dois temas, dizendo que a humanização completa da sociedade pressuporia, antes de mais nada, que as condições impostas ao homem no seu trabalho fossem humanizadas, e que, simultaneamente, a duração do trabalho diminuísse o bastante para que o lazer lhe permitisse a leitura de Platão, por exemplo.

Filosoficamente, resta contudo uma dificuldade: qual é a atividade essencial que define o próprio homem e que deve se desenvolver para que a sociedade permita a realização da filosofia? Se não se determina qual é a atividade essencialmente humana, corre-se o risco de adotar a concepção do homem total na sua acepção mais vaga. É preciso que a sociedade permita a todos os homens realizar todas as suas aptidões. Essa proposição representa uma boa definição do ideal da sociedade, mas não é fácil traduzi-la num programa concreto e preciso. Por outro lado, é difícil imputar exclusivamente à propriedade privada dos meios de produção o fato de todos os homens não realizarem todas as suas aptidões.

Em outras palavras, parece haver uma desproporção extrema entre a alienação humana atribuível à propriedade privada dos meios de produção e a realização do homem total que deve resultar da revolução. Como se pode conciliar a crítica da sociedade atual com a esperança de realização do homem total pela simples substituição de um modo de propriedade por outro?

Aqui aparecem a grandeza e o equívoco da sociologia marxista. Pretende ser uma filosofia. Ela é, essencialmente, uma sociologia.

Mas, além – ou aquém – dessas ideias, restam ainda muitos pontos obscuros ou equívocos que explicam a variedade das interpretações dadas ao pensamento de Marx.

Um desses equívocos, de ordem filosófica, está relacionado com a natureza da lei histórica. A interpretação histórica de Marx pressupõe um devenir inteligível de ordem supraindividual. Formas e relações de produção estão em relação dialética. Por meio da luta de classes e da contradição entre formas e relações de produção, o capitalismo destrói a si mesmo. Ora, essa visão geral da história pode ser interpretada de duas maneiras diferentes.

De acordo com uma interpretação que chamarei de objetivista, esta representação das contradições históricas que levam à destruição do capitalismo e ao surgimento de uma sociedade não-antagonista corresponderia ao que chamamos vulgarmente de grandes linhas da história. Da confusão dos fatos históricos Marx extrai os dados essenciais, o que é mais importante no próprio devenir histórico, sem que o detalhe dos acontecimentos seja incluído nessa visão.

Admitindo essa interpretação, a destruição do capitalismo e o advento de uma sociedade não antagônica seriam fatos certos e conhecidos previamente, mas indeterminados quanto à sua data e à modalidade.

As previsões do tipo: "o capitalismo será destruído pelas suas contradições, mas não se sabe quando ou como" não são satisfatórias. A previsão de um acontecimento sem data e não especificado não significa grande coisa; pelo menos, uma lei histórica dessa ordem não se parece absolutamente com as leis das ciências naturais.

Essa é uma das interpretações possíveis do pensamento de Marx, e é a interpretação hoje admitida como ortodoxa no mundo soviético. Afirma-se a destruição necessária do capitalismo e sua substituição por uma sociedade mais progressiva, isto é, pela sociedade soviética, reconhecendo-se, simultaneamente, que a data desse acontecimento inevitável ainda não é conhecida, e que a forma dessa catástrofe previsível é indeterminada. Indeterminação que, no plano dos acontecimentos políticos, representa uma grande vantagem, já que permite proclamar, com toda segurança, que a coexistência é possível. Para o regime soviético não é necessário destruir o regime capitalista, uma vez que ele próprio, de qualquer modo, se destruirá[23].

Há outra interpretação que chamaremos de dialética, não no sentido vulgar do termo, mas num sentido sutil. Nesse caso, a visão marxista da história nasceria de uma forma de reciprocidade de ação entre, por um lado, o mundo histórico e a consciência que pensa esse mundo e, por outro, entre os diferentes setores da realidade histórica. Essa dupla reciprocidade de ação permitiria evitar o que há de pouco satisfatório na representação das grandes linhas da história. De fato, se tornarmos dialética a interpretação do movimento histórico, já não estaremos obrigados a abandonar os detalhes dos acontecimentos, e poderemos compreender os acontecimentos, tais como se realizaram, em seu caráter concreto.

Assim, Jean-Paul Sartre ou Maurice Merleau-Ponty conservam certas ideias essenciais do pensamento marxista: a alienação do homem na e pela economia privada, a ação predominante das forças e das relações de produção. Contudo, para ambos, esses conceitos não visam à identificação das leis históricas, na acepção científica do termo, ou das grandes linhas do devir. São instrumentos necessários para tornar inteligível a situação do homem no regime capitalista ou para relacionar os acontecimentos com a situação do homem no seio do capitalismo, sem que se possa falar propriamente de determinismo.

Uma visão dialética desse tipo, de que há diversas versões entre os existencialistas franceses e em toda a escola marxista ligada a Lukács, é filosoficamente mais satisfatória, embora comporte também algumas dificuldades[24].

A dificuldade essencial consiste em localizar as duas ideias fundamentais do marxismo simples, a saber, a alienação do homem no capitalismo e o advento de uma sociedade não antagônica depois da autodestruição do capitalismo. Uma interpretação dialética, postulando a ação recíproca entre sujeito e objeto, entre vários setores da realidade, não leva necessariamente a essas duas proposições essenciais. Deixa sem resposta a questão sobre como determinar a interpretação global, total e verdadeira. Se todo sujeito histórico pensa a história em função da sua situação, por que a interpretação dos marxistas ou do proletariado é verdadeira? Por que é total?

A visão objetivista que invoca as leis da história comporta a dificuldade essencial de declarar inevitável um acontecimento não datado e não precisado; a interpretação dialética não explica a necessidade da revolução, nem o caráter não antagônico da sociedade pós-capitalista, nem o caráter total da interpretação histórica.

Um segundo equívoco se relaciona com a natureza do que poderíamos chamar de imperativo revolucionário. O pensamento de Marx pretende ser científico. Contudo, parece implicar imperativos, já que ordena a ação revolucionária como a única consequência legítima da análise histórica. Como no caso anterior, há duas interpretações possíveis que podemos resumir com a fórmula: Kant ou Hegel? O pensamento marxista deve ser interpretado no quadro do dualismo kantiano, do fato e do valor, da lei científica e do imperativo moral, ou no quadro da tradição hegeliana?

Na história póstuma do marxismo encontramos aliás duas escolas, uma kantiana, a outra hegeliana; esta última mais numerosa do que a primeira. A escola kantiana do marxismo é representada pelo social-democrata alemão Mehring e pelo austro-marxista Max Adler, mais kantiano do que hegeliano, porém, kantiano de estilo muito particular[25]. Os kantianos dizem: não se passa do fato para o valor, do julgamento sobre o real para o imperativo moral; portanto, não se pode justificar o socialismo pela interpretação da história tal como ela se desenrola. Marx analisou o capitalismo tal como ele é; desejar o socialismo diz respeito a uma decisão de ordem espiritual. Contudo, a maioria dos intérpretes de Marx preferiu permanecer na tradição do monismo. O sujeito que compreende a história está engajado na própria história. O socialismo, ou a sociedade não antagônica, deve surgir necessariamente da sociedade antagônica atual porque o intérprete da história é levado, por uma dialética necessária da constatação daquilo que é, a querer uma sociedade de outro tipo.

Certos intérpretes, como L. Goldman, vão mais longe e afirmam que na história não há observação desinteressada. A visão da história global traz consigo um engajamento. É em virtude de querer o socialismo que se percebe o caráter contraditório do capitalismo. É impossível dissociar tomada de posição em relação à realidade e observação da realidade. Não que essa tomada de posição seja arbitrária e resulte de uma decisão não-justificada, mas segundo a dialética do objeto e do sujeito é da realidade histórica que cada um de nós tira os quadros do nosso pensamento, os conceitos com que a interpretamos. A interpretação nasce do contato do objeto, um objeto que não é reconhecido passivamente, mas é, ao mesmo tempo, reconhecido e negado; a negação do objeto é a expressão do querer um regime diferente[26].

Existem portanto duas tendências: uma, que tende a dissociar a interpretação da história, cientificamente válida, da decisão pela qual se adere ao socialismo; outra que, pelo contrário, une a interpretação da história à vontade política.

Mas qual era o pensamento de Marx sobre este ponto? Como homem, Marx era ao mesmo tempo cientista e profeta, sociólogo e revolucionário. Se alguém lhe tivesse perguntado se é possível separar essas duas coisas, creio que teria respondido que, em abstrato, elas eram, de fato, separáveis. De fato, seu propósito científico era forte demais para que admitisse que sua interpretação do capitalismo fosse solidária com uma decisão moral. Não obstante, estava a tal ponto convencido da indignidade do regime capitalista que a análise do real lhe sugeria irresistivelmente a vontade revolucionária.

Além destas duas alternativas, a da visão objetiva das grandes linhas da história e a da interpretação dialética, Kant ou Hegel, há uma conciliação possível, que é hoje considerada a filosofia oficial do sovietismo, a filosofia objetivista dialética, tal como Engels a formulou no *Anti-Dühring*, e Stálin resumiu no *Materialismo dialético e materialismo histórico*[27].

As teses essenciais desse materialismo dialético são as seguintes:

1) O pensamento dialético afirma que a lei do real é a lei da transformação. Existe uma transformação incessante, tanto na natureza inorgânica como no universo do homem. Não há um princípio eterno; as concepções humanas e morais se transformam de época para época.

2) O mundo real comporta uma progressão qualitativa que vai da natureza inorgânica até o mundo humano e, no mundo humano, dos regimes sociais primitivos até o regime que marcará o fim da pré-história, isto é, o socialismo.

3) Essas mudanças se operam de acordo com determinadas leis abstratas. As mudanças quantitativas a partir de um certo ponto se tornam mudanças qualitativas. As transformações não se realizam insensivelmente, gradualmente, mas por meio de uma mudança brutal, revolucionária. Engels dá um exemplo: a água é líquida; se abaixamos a temperatura até um certo ponto, o líquido se torna sólido. Num dado momento, a mudança quantitativa passa a ser uma mudança qualitativa. Finalmente, essas transformações parecem obedecer a uma lei inteligível, a lei da contradição e da negação da negação.

Um exemplo dado por Engels permite compreender em que consiste a negação da negação: se negamos A, temos menos A; multiplicando menos A por menos A, temos A^2, que é a negação da negação. O mesmo acontece no universo humano: o regime capitalista é a negação do regime de propriedade feudal; a propriedade pública do socialismo será a negação da negação, isto é, a negação da propriedade privada.

Em outras palavras, uma das características dos movimentos tanto cósmicos como humanos seria o fato de as transformações estarem em relação contraditória umas com as outras. Essa contradição teria a seguinte forma: no momento B haveria contradição com o que era no momento A, e o momento C seria contradição do que era no momento B, representando, de certo modo, o retorno ao estado inicial do momento A, mas num plano superior. Assim, o conjunto da história é a negação da propriedade coletiva inicial das sociedades indiferenciadas e arcaicas; o socialismo nega as classes sociais e os antagonismos para retornar à propriedade coletiva das sociedades primitivas, porém, num plano superior.

Essas leis dialéticas não satisfizeram plenamente todos os intérpretes de Marx. Já se discutiu muito para saber se Marx aprovava a filosofia materialista de Engels. Além do problema histórico, a questão principal consiste em saber em que medida a noção de dialética se aplica à natureza, orgânica ou inorgânica, como ao mundo humano.

Na noção de dialética há a ideia de mudança e o conceito da relatividade das ideias ou dos princípios circunstanciais. Mas há também as duas ideias da totalidade e da significação. Para que haja interpretação dialética da história é necessário que o conjunto dos elementos de uma sociedade ou de uma época constitua um todo, e que a passagem de uma dessas totalidades para outra seja inteligível. Essas duas exigências, de totalidade e de inteligibilidade da sucessão, parecem estar associadas ao mundo humano. Compreende-se que no mundo histórico as sociedades constituam unidades totais, porque efetivamente as diferentes atividades das coletividades estão ligadas entre si. Os diferentes setores de uma realidade social podem ser explicados a partir de um elemento considerado essencial, por exemplo, as forças e as relações de produção. Porém será possível encontrar na natureza orgânica, e sobretudo na inorgânica, o equivalente das totalidades e da significação das sucessões?

Na verdade, essa filosofia dialética do mundo material não é indispensável para admitir a análise marxista do capitalismo, ou para ser revolucionário. É possível duvidar de que $- A \times - A = A^2$ seja um bom exemplo de dialética, e no entanto ser um excelente socialista. O vínculo entre a filosofia dialética da natureza conforme foi exposta por Engels e a essência do pensamento marxista não é evidente nem necessário.

Historicamente, uma determinada ortodoxia pode, por certo, combinar essas diferentes proposições, porém, lógica e filosoficamente, a interpretação econômica da história e a crítica do capitalismo a partir da luta de classes nada têm a ver com a dialética da natureza. De modo mais geral, a vinculação entre a filosofia marxista do capitalismo e o materialismo metafísico não me parece nem logicamente, e nem filosoficamente, necessária.

Na verdade, porém, muitos marxistas que tiveram atividade política acreditavam que para ser um bom revolucionário era preciso ser materialista, no sentido filosófico do termo. Como esses homens eram muito competentes em matéria de revolução, quando não em matéria filosófica, é de crer que tivessem boas razões. Lênin, em particular, escreveu um livro, *Materialismo e empiriocriticismo*, para demonstrar que os marxistas que abandonavam uma filosofia materialista se afastavam também da via real que leva à revolução[28]. Logicamente, é possível ser discípulo de Marx em economia política e não ser materialista no sentido metafísico do termo[29]. Historicamente, porém, estabeleceu-se uma espécie de síntese entre uma filosofia de tipo materialista e uma visão histórica.

Os equívocos da sociologia marxista

Mesmo se abstrairmos sua base filosófica, veremos que a sociologia marxista comporta alguns equívocos.

A concepção do capitalismo e da história de Marx está associada à combinação dos conceitos de forças de produção, relações de produção, luta de classes, consciência de classe, infraestrutura e superestrutura.

É possível utilizar esses conceitos em qualquer análise sociológica. Pessoalmente, quando procuro analisar uma sociedade, como a soviética ou a norte-americana, gosto de tomar como ponto de partida o estado da sua economia, ou mesmo o estado das suas forças de produção, para chegar às relações de produção e, em seguida, às relações sociais. O emprego crítico e metodológico dessas noções, para compreender e explicar uma sociedade moderna, e talvez até mesmo qualquer sociedade histórica, é perfeitamente legítimo.

Contudo, se nos limitarmos a utilizar dessa forma esses conceitos, não encontraremos uma filosofia da história. Poderemos descobrir, por exemplo, que a um mesmo grau de desenvolvimento das forças produtivas correspondem diferentes relações de produção. A propriedade privada não exclui um grande desenvolvimento das forças produtivas; por outro lado, já pode haver propriedade coletiva com um desenvolvimento mínimo das forças de produção. Em outras palavras, o emprego crítico das categorias marxistas não implica uma interpretação dogmática do curso da história.

Ora, o marxismo pressupõe uma espécie de paralelismo entre o desenvolvimento das forças produtivas, a transformação das relações de produção, a intensificação da luta de classes e a marcha para a revolução. Na sua versão dogmática, implica que o fator decisivo sejam as forças de produção, que o desenvolvimento destas marque o sentido da história humana e que às diferentes fases do desenvolvimento das forças de produção correspondam etapas determinadas das relações de produção e da luta de classes. Se, no regime capitalista, a luta de classes se atenuar com o desenvolvimento das forças de produção, ou ainda, se houver propriedade coletiva numa economia pouco desenvolvida, o paralelismo entre esses movimentos, que é indispensável para a filosofia dogmática da história, será rompido.

Marx quer compreender o conjunto das sociedades a partir da sua infraestrutura, isto é, ao que parece, do estado das forças produtivas, dos conhecimentos científicos e técnicos, da indústria e da organização do trabalho. Essa compreensão das sociedades, sobretudo das sociedades modernas, a partir da sua organização econômica é perfeitamente legítima e, do ponto de vista metodológico, talvez seja a melhor. No entanto, para passar dessa análise a uma interpretação do movimento histórico, é preciso admitir relações determinadas entre os diferentes setores da realidade.

Os intérpretes consideraram que, efetivamente, era difícil usar termos muito precisos, como o de *determinação*, para explicar as relações entre as forças ou relações de produção e o estado da consciência social. Como o termo causalidade (ou determinação) pareceu por demais rígido ou, no vocabulário da escola, como mecanicista e não dialético, passou-se a usar o termo *condi-*

cionamento em lugar de *determinação*. A fórmula é, por certo, preferível, mas é vaga demais. Numa sociedade, qualquer setor condiciona os outros. Se tivéssemos outro regime político, provavelmente teríamos outra organização econômica. Se tivéssemos outra economia, provavelmente teríamos um regime político que não seria o da V República.

O termo determinação é excessivamente rígido; condicionamento corre o risco de ser flexível demais e de tal modo incontestável que o alcance da fórmula torna-se duvidoso.

Seria necessário encontrar uma fórmula intermediária entre a *determinação* do conjunto da sociedade pela infraestrutura – proposição refutável – e o *condicionamento*, que não tem muita significação. Como sempre acontece nesses casos, a solução miraculosa é a solução dialética: passa-se a falar em condicionamento dialético, e tem-se a impressão de que o problema foi resolvido.

Mesmo admitindo que a sociologia marxista consista numa análise dialética das relações entre as forças produtivas materiais, os modos de produção, os quadros sociais e a consciência dos homens, é preciso, num momento determinado, chegar à ideia essencial, isto é, a determinação do todo social. A meu ver, o pensamento de Marx não comporta dúvida. Acreditava que um regime histórico era definido por certas características principais: o estado das forças produtivas, a forma da propriedade e as relações dos trabalhadores entre si. Os diferentes tipos sociais são caracterizados por um certo modo de relações entre os trabalhadores associados. A escravidão foi um tipo social, o trabalho assalariado é um outro tipo. A partir daí, pode haver relações efetivamente flexíveis e dialéticas entre os diferentes setores da realidade, mas o essencial é a definição de um regime social a partir de um pequeno número de fatos considerados como decisivos.

A dificuldade está em que esses diferentes fatos – que para Marx são decisivos, e estão ligados entre si – aparecem hoje separáveis, porque a história os separou.

A visão coerente de Marx é a de um desenvolvimento das forças produtivas que torna cada vez mais difícil manter as relações de produção capitalista e o funcionamento dos mecanismos desse regime, tornando a luta de classes cada vez mais impiedosa.

Na verdade, porém, o desenvolvimento das forças produtivas se fez, em alguns casos, com a propriedade privada, em outros com a propriedade pública. A revolução não ocorreu onde as forças produtivas tinham atingido o maior desenvolvimento. Os fatos a partir dos quais Marx encontra a totalidade social e histórica foram dissociados pela história. O problema teórico provocado por tal dissociação pode ter duas soluções: a interpretação flexível, crítica, mantida por uma metodologia de interpretação sociológica e histórica aceitável para todos; e a interpretação dogmática, que mantém o esquema do devenir histórico concebido por Marx, numa situação que, sob certos aspectos, é totalmente diferente. Esta segunda interpretação é hoje considerada ortodoxa. Ela anuncia o fim da sociedade ocidental com base no esquema da contradição intrínseca e da autodestruição do regime capitalista. Cabe perguntar, contudo, se esta visão dogmática corresponde à sociologia de Marx.

Outro equívoco da sociologia marxista tem a ver com a análise e a discussão dos conceitos essenciais, notadamente os de infraestrutura e superestrutura. Quais são os elementos da realidade social que pertencem à infraestrutura? Quais os que pertencem à superestrutura?

De modo geral, parece que devemos chamar de infraestrutura a economia, em particular as forças de produção, isto é, o conjunto do equipamento técnico de uma sociedade, e também a organização do trabalho. Mas o equipamento técnico de uma civilização é inseparável dos conhecimentos científicos. Ora, estes parecem pertencer ao domínio das ideias ou do saber, e deveriam estar ligados, ao que parece, à superestrutura, pelo menos na medida em que o saber científico está, em muitas sociedades, intimamente ligado aos modos de pensar e à filosofia.

Em outras palavras, na infraestrutura, definida como força de produção, já entram elementos que deveriam pertencer à superestrutura. Este fato por si mesmo não implica que não se possa analisar uma sociedade considerando sucessivamente a infraestrutura e a superestrutura. Contudo, esses exemplos, muito simples, mostram a dificuldade de separar realmente o que pertence, segundo a definição, a uma e a outra.

Por outro lado, as forças de produção dependem, como o instrumental técnico, da organização do trabalho comum que, por sua vez, depende das leis de propriedade. Estas últimas pertencem ao domínio jurídico. Ora, pelo menos de acordo com certos textos, o direito é parte da realidade do Estado[30], e o Estado pertence à superestrutura. Vê-se aí, outra vez, a dificuldade de separar realmente o que é infraestrutura e o que é superestrutura.

O debate sobre o que pertence a uma e à outra pode ser prolongado indefinidamente.

Na qualidade de simples instrumentos de análise, esses dois conceitos podem ter uma utilização legítima.

A objeção que se levanta só atinge a interpretação dogmática segundo a qual um dos dois termos determinaria o outro.

De modo comparável, não é fácil precisar a contradição existente entre as forças e as relações de produção. Segundo uma das versões mais simples desta dialética, que tem um papel importante no pensamento de Marx e dos marxistas, num certo grau de desenvolvimento das forças de produção, o direito individual de propriedade representaria um entrave no progresso das forças de produção. Nesse caso, a contradição estaria na relação entre o desenvolvimento da técnica de produção e a manutenção do direito individual de propriedade.

A meu ver, essa contradição implica uma parte de verdade, mas não se coaduna com as interpretações dogmáticas. Se considerarmos as grandes empresas modernas na França, Citroën, Renault, Péchiney, e nos Estados Unidos, Dupont de Nemours ou General Motors, poderemos dizer que, de fato, a amplitude das forças de produção tornou inviável a manutenção do direito individual de propriedade. As usinas da Renault não pertencem a ninguém, uma vez que pertencem ao Estado (não que o Estado não seja ninguém, mas a propriedade do Estado é abstrata e, por assim dizer, fictícia). Péchiney não pertence a ninguém, antes mesmo que se distribuam as ações aos operários, porque pertence a milhares de acionistas que, embora sejam proprietários no sentido jurídico do termo, já não exercem o direito tradicional e individual da propriedade. Da mesma forma, a Dupont de Nemours ou a General Motors pertencem a centenas de milhares de acionistas, que mantêm a ficção jurídica da propriedade, mas não têm seus privilégios autênticos.

O próprio Marx, aliás, fez alusão, em *O capital*, às grandes sociedades por ações, para constatar que a propriedade individual estava em via de desaparecimento e concluir que o capitalismo típico estava se transformando[31].

Pode-se dizer portanto que Marx tinha razão quando mostrava a contradição existente entre o desenvolvimento das forças de produção e o direito individual de propriedade, já que, no capitalismo moderno das grandes sociedades por ações, o direito de propriedade, de certo modo, desapareceu.

Por outro lado, se considerarmos que essas grandes sociedades são a própria essência do capitalismo, poderemos mostrar com igual facilidade que o desenvolvimento das forças produtivas não elimina absolutamente o direito de propriedade, e que a contradição teórica entre forças e relações de produção não existe. O desenvolvimento das forças de produção exige o aparecimento de novas formas de relações de produção, que podem, porém, não ser contraditórias com respeito ao direito tradicional de propriedade.

De acordo com uma segunda interpretação da contradição entre as forças e as relações de produção, a distribuição da renda determinada pelo direito individual de propriedade é tal que uma sociedade capitalista é incapaz de absorver sua própria produção. Neste caso, a contradição entre forças e relações de produção tem a ver com o próprio funcionamento da economia capitalista. O poder de compra distribuído às massas populares seria sempre inferior às necessidades da economia.

Essa versão continua a ter curso, depois de um século e meio. Nesse período, em todos os países capitalistas, as forças de produção se desenvolveram prodigiosamente. A incapacidade de uma economia baseada na propriedade privada de absorver sua própria produção já era denunciada quando a capacidade produtiva era apenas uma quinta ou décima parte da de hoje. Provavelmente a denúncia continuará a ser feita quando a capacidade de produção for cinco ou seis vezes maior do que ela é hoje. A contradição não parece portanto evidente.

Em outras palavras, as duas versões da contradição entre forças e relações de produção não estão demonstradas; nem uma, nem outra. A única versão que comporta manifestamente uma parte da verdade é a que não leva às proposições, política e messiânica, às quais os marxistas se apegam mais.

A sociologia de Marx é uma sociologia da luta de classes. Algumas das suas proposições são fundamentais. A sociedade atual é uma sociedade antagônica. As classes são os principais atores do drama histórico, do capitalismo em particular, e da história em geral. A luta de classes é o motor da história, e leva a uma revolução que marcará o fim da pré-história e o surgimento de uma sociedade não antagônica.

Mas o que é uma classe social? Já é tempo de responder a esta pergunta, com a qual deveria ter começado se estivesse expondo o pensamento de um professor.

Sobre esse ponto, encontramos na obra de Marx um grande número de textos que, pelo menos os mais importantes, creio poder classificar em três tipos.

Há uma passagem clássica nas últimas páginas do manuscrito de *O capital*, o último capítulo publicado por Engels, no livro III, intitulado "As classes". Como *O capital* é a principal obra científica de Marx, é preciso fazer referência a esse texto, que infelizmente não está completo. Marx escreve: "Os proprietários da simples força de trabalho, os proprietários do capital e os proprietários de terras, cujas fontes de renda são, respectivamente, o salário, o lucro e a renda, isto é, os assalariados, os capitalistas e os proprietários fundiários, constituem as três grandes classes da sociedade moderna, baseada no sistema de produção capitalista."[32] A distinção entre as classes se baseia, aqui, na distinção, que aliás é clássica, da origem econômica das rendas: capital–lucro; terra–renda fundiária; trabalho–salário, isto é, no que se convencionou chamar de "fórmula trinitária que engloba todos os mistérios do processo social de produção." (*Le capital*, liv. III, cap. 48, p. 193).

O lucro é a forma aparente da realidade essencial que é a mais-valia; a renda fundiária, que Marx analisou longamente no mesmo livro III de *O capital*, é uma parte da mais-valia, valor não distribuído ao trabalhadores.

Essa interpretação das classes em função da estrutura econômica é a que melhor responde à intenção científica de Marx. Permite identificar algumas das proposições essenciais da teoria marxista das classes.

Primeiramente, pode-se dizer que uma classe social é um grupo que ocupa um lugar determinado no processo de produção, ficando entendido que esse lugar tem um duplo significado: é um lugar no processo tecnológico de produção e um lugar no processo jurídico, imposto ao processo técnico.

O capitalista é, simultaneamente, senhor da organização do trabalho, portanto senhor no processo técnico, e também, juridicamente, graças à sua situação de proprietário dos meios de produção, quem tira, dos produtores associados, a mais-valia.

Pode-se concluir, por outro lado, que as relações de classe tendem a se simplificar à medida que o capitalismo se desenvolve. Se só existem duas fontes de renda – deixando de lado a renda fundiária, cuja importância diminui com a industrialização –, existem apenas duas grandes classes: o proletariado, constituído por aqueles que só possuem sua força de trabalho, e a burguesia capitalista, isto é, todos aqueles que se apropriam de uma parte da mais-valia.

Um segundo tipo de textos de Marx relacionados com as classes sociais reúne os estudos históricos tais como *As lutas de classes na França (1848-1850)* ou *O 18 brumário de Luís Bonaparte*. Marx emprega, nesses textos, a noção de classe, mas sem fazer uma teoria sistemática. A enumeração das classes é mais longa e mais estrita do que na apresentação da distinção estrutural das classes que acabamos de analisar[33].

Assim, em *As lutas de classes na França* Marx distingue as seguintes classes: burguesia financeira, burguesia industrial, burguesia comercial, pequena burguesia, classe camponesa, classe proletária e, por fim, o que chama de *Lumpenproletariat*, que corresponde mais ou menos ao que chamamos de subproletariado.

Essa enumeração não contradiz a teoria das classes, esboçada no último capítulo de *O capital*. O problema colocado por Marx nesses dois tipos de textos não é o mesmo. Num caso, ele procura determinar quais são os grandes agrupamentos característicos de uma economia capitalista; em outros, os grupos sociais que exerceram influência sobre os acontecimentos políticos, em circunstâncias históricas particulares.

É verdade, porém, que é difícil passar da teoria estrutural das classes, baseada na distinção das fontes de renda, à observação histórica dos grupos sociais. Com efeito, uma classe não constitui uma unidade pelo simples fato de que, do ponto de vista da análise econômica, as rendas têm uma só e mesma fonte; é preciso, evidentemente, acrescentar também uma certa homogeneidade psicológica e, possivelmente, uma certa consciência de unidade ou até mesmo uma vontade de ação comum.

Esta observação nos leva à terceira categoria de textos. Em *O 18 brumário de Luís Bonaparte*, Marx explica por que um grande número de pessoas não representa necessariamente uma classe social, mesmo que essas pessoas tenham a mesma atividade econômica e o mesmo gênero de vida:

> Os camponeses, pequenos proprietários, constituem uma enorme massa, cujos membros vivem todos na mesma situação, mas sem que estejam ligados uns aos outros por relações variadas. Seu modo de produção os isola em vez de levá-los a um relacionamento recíproco. Esse isolamento é agravado pela deficiência dos meios de comunicação na França e pela pobreza dos camponeses. A exploração das suas pequenas propriedades não permite nenhuma divisão do trabalho, nenhuma utilização de métodos científicos, e consequentemente nenhuma diversidade de desenvolvimento, nenhuma variedade de talentos, nenhuma riqueza de relações sociais. Cada família camponesa se basta a si mesma quase completamente, produz diretamente a maior parte do que consome e obtém assim os meios de subsistência mais por uma troca com a natureza do que por uma troca com a sociedade. Uma pequena propriedade, um camponês e sua família; ao lado, outra pequena propriedade, outro camponês e outra família. Um certo número dessas famílias formam uma aldeia, e um certo número de aldeias um município. Assim, a grande massa da nação francesa está constituída pela simples soma

de unidades iguais, como um saco cheio de batatas forma um saco de batatas. Na medida em que milhões de famílias camponesas vivem em condições econômicas que as separam umas das outras e opõem seus interesses, tipo de vida e sua cultura aos de outras classes da sociedade, essas famílias constituem uma classe. Mas, na medida em que só existe entre esses camponeses um vínculo local, e a semelhança dos seus interesses não cria entre eles nenhuma comunidade, nenhuma ligação nacional ou nenhuma organização política, eles não constituem uma classe (*Le 18 Brumaire de Louis Bonaparte*, p. 97-8, Éd. Sociales).

Em outras palavras, a comunidade de atividade, de maneira de pensar e de modo de vida é a condição necessária da realidade de uma classe social, mas não a condição suficiente. Para que uma classe exista, é preciso que haja tomada de consciência da unidade e sentimento de separação das outras classes sociais, quem sabe até mesmo sentimento de hostilidade em relação às outras classes sociais. No caso-limite, os indivíduos separados só formam uma classe na medida em que precisam desenvolver uma luta comum contra outra classe.

Levando em conta o conjunto desses textos, parece-me que se chega não a uma teoria completa e professoral das classes, mas a uma teoria político-sociológica, que aliás é bastante clara.

Marx parte da noção de uma contradição fundamental de interesses entre os assalariados e os capitalistas. Estava convencido, além disso, de que tal oposição dominava o conjunto da sociedade capitalista e que, com a evolução histórica, iria assumindo uma forma cada vez mais simples.

Por outro lado, contudo, como observador da realidade histórica, Marx constatava como qualquer outro, e ele era um excelente observador, a pluralidade dos grupos sociais. No sentido estrito, a classe não se confunde com nenhum grupo social. Implica, além da comunidade de existência, a consciência dessa comunidade no plano nacional e a vontade de uma ação comum, com vistas a uma certa organização coletiva.

Nesse nível, compreende-se que aos olhos de Marx só existam, na verdade, duas grandes classes, já que só existem dois grandes grupos, na sociedade capitalista, que têm verdadeiramente representações contraditórias do que deva ser a sociedade e que têm realmente um propósito político e histórico definido.

No caso dos operários, como no dos proprietários dos meios de produção, confundem-se os diferentes critérios que se podem imaginar ou observar. Os operários da indústria têm um modo de vida determinado, que depende da sua função na sociedade capitalista. Têm consciência da sua solidariedade, e tomam consciência do antagonismo com relação a outros grupos sociais. São portanto, no sentido pleno da expressão, uma classe social que se define política e historicamente por uma vontade própria, que os coloca em oposição essencial aos capitalistas. Isso não exclui a existência de subgrupos, dentro de cada classe, ou a presença de grupos ainda não absorvidos pelos dois grandes atores do drama histórico. Mas, no curso da evolução histórica, esses grupos exteriores ou marginais, como os comerciantes, os pequenos burgueses, os sobreviventes da antiga estrutura da sociedade, serão obrigados a se unir aos proletários ou aos capitalistas.

Nessa teoria há dois pontos equívocos e discutíveis.

No ponto de partida da sua análise, Marx assemelha a expansão da burguesia à expansão do proletariado. Desde seus primeiros escritos descreve o surgimento de um quarto estado como análogo à ascensão do terceiro. A burguesia desenvolveu as forças de produção no seio da sociedade feudal. Da mesma maneira, o proletariado está em via de desenvolver as forças de produção da sociedade capitalista. Ora, esta aproximação, a meu ver, é um erro. É preciso ter, além do gênio, a paixão política, para perceber que os dois casos são radicalmente diferentes.

Quando a burguesia, comercial ou industrial, criava forças de produção no seio da sociedade feudal, era realmente uma classe social nova, formada dentro da antiga sociedade. Mas a burguesia, seja comerciante, seja industrial, era uma minoria privilegiada, que exercia funções socialmente indispensáveis. Opunha-se à classe dirigente feudal como uma aristocracia econômica se opõe a uma aristocracia militar. Pode-se explicar como essa classe privilegiada, historicamente nova, podia criar, no seio da sociedade feudal, novas forças e relações de produção, e como fez explodir a superestrutura política do sistema feudal. Para Marx, a Revolução Francesa constitui o momento em que a classe burguesa tomou o poder político que estava nas mãos dos restos da classe feudal, politicamente dirigente.

Entretanto, na sociedade capitalista, o proletariado não é uma minoria privilegiada mas, ao contrário, a grande massa dos trabalhadores não privilegiados. Não cria novas forças ou relações de produção dentro da sociedade capitalista; os operários são os agentes de execução de um sistema de produção dirigido pelos capitalistas ou pelos técnicos.

Por isso, a comparação entre a expansão do proletariado e a expansão da burguesia é sociologicamente falsa. Para restabelecer a equivalência entre a ascensão da burguesia e a ascensão do proletariado, os marxistas são forçados a usar aquilo que eles condenam quando empregado pelos outros: o mito. Para comparar a expansão do proletariado com a expansão da burguesia, é preciso confundir a minoria que dirige o partido político, e alega representar o proletariado, com o próprio proletariado. Em outras palavras, para manter a semelhança entre a ascensão da burguesia e a ascensão do proletariado, é preciso admitir que sucessivamente Lênin, Stálin, Khruschev, Brejnev e Kossiguin sejam o proletariado.

No caso da burguesia, são os burgueses os privilegiados, os que dirigem o comércio e a indústria, os que governam. Quando o proletariado faz sua revolução, são os homens *que dizem representá-lo* que dirigem as empresas comerciais e industriais e que exercem o poder.

A burguesia é uma minoria privilegiada, que passou da situação socialmente dominante ao exercício político do poder; o proletariado é a grande massa não privilegiada que não pode tornar-se, enquanto tal, uma minoria privilegiada e dominante.

Não estou fazendo aqui nenhum julgamento sobre os méritos respectivos de um regime que se diz burguês e de um que se diz proletário. Afirmo apenas, porque acredito tratar-se de fatos, que a ascensão do proletariado não pode ser assemelhada, a não ser pela mitologia, à ascensão da burguesia, e que aí está o erro central de toda a visão marxista da história, que salta aos olhos e cujas consequências têm sido imensas.

Marx quis definir de modo unívoco, pela classe que exerce o poder, um regime econômico, social e político. Ora, essa definição do regime é insuficiente, porque implica, aparentemente, uma redução da política à economia, ou do Estado à relação entre os grupos sociais.

Sociologia e economia

Marx se esforçou para combinar uma teoria do funcionamento da economia com uma teoria do devir da economia capitalista. Esta síntese da teoria e da história tem uma dificuldade intrínseca dupla, na origem e na conclusão.

Tal como o descreve Marx, o regime capitalista só pode funcionar com a condição de que exista um grupo de pessoas dispondo de capital e em condições de comprar a força de trabalho daqueles cuja única coisa que possuem é essa força de trabalho. Como se constituiu historicamente esse grupo de homens? Qual é o processo de formação da acumulação primitiva do capital, indispensável para que o próprio capital possa funcionar? A violência, a força, a astúcia, o furto e outros procedimentos clássicos da história política explicam, sem dificuldade, a formação de um grupo de capitalistas. Seria mais difícil explicar por meio da economia a formação desse grupo. A análise do funcionamento do capitalismo supõe a existência, no ponto de partida, de fenômenos extraeconômicos que criem condições nas quais o regime possa funcionar.

Há uma dificuldade da mesma natureza que surge no ponto de chegada. Não há, em *O capital*, nenhuma demonstração conclusiva sobre o momento em que o capitalismo deixará de funcionar, nem mesmo sobre o fato de que num dado momento ele deva deixar de funcionar. Para que a autodestruição do capitalismo fosse economicamente demonstrada, seria necessário que o economista pudesse dizer: o capitalismo não pode funcionar com uma taxa de lucro inferior a determinada porcentagem. Ou então: a partir de determinado ponto, a distribuição da renda é tal que o regime se torna incapaz de absorver sua própria produção. Mas, de fato, nenhuma dessas demonstrações pode ser encontrada em *O capital*. Marx apresentou uma série de razões para demonstrar que o funcionamento do regime capitalista seria cada vez pior, mas não demonstrou economicamente a destruição do capitalismo por suas contradições internas. Assim, somos obrigados a introduzir no princípio e no fim do processo de evolução do regime capitalista um fator externo à economia do capitalismo, e que é de natureza política.

A teoria puramente econômica do capitalismo, enquanto economia de exploração, comporta também uma dificuldade essencial. Está baseada na noção da mais-valia, que é inseparável da teoria do salário. Ora, toda economia moderna é progressiva, isto é, precisa acumular uma parte da produção anual para ampliar as forças de produção. Assim, se definirmos a economia capitalista como uma economia de exploração, será preciso demonstrar em que sentido e em que medida o mecanismo capitalista de poupança e investimento difere do mecanismo de acumulação que existe ou existiria numa economia moderna de outro tipo.

Para Marx, a característica da economia capitalista era uma taxa elevada de acumulação do capital: "Acumulai, acumulai, esta é a lei e os profetas." (*Le capital*, liv. I, *Oeuvres*, t. I, p. 1099)[34].

Mas, numa economia do tipo soviético, a acumulação de 25% da renda nacional anual foi considerada, durante muito tempo, como parte integrante da doutrina. Hoje, um dos méritos reivindicados pelos apologistas da economia soviética é a alta porcentagem de formação de capital.

Um século depois de Marx, a competição ideológica entre os dois regimes tem por objeto a taxa de acumulação praticada por ambos, na medida em que ela determina a taxa de crescimento. Resta saber, assim, se o mecanismo capitalista de acumulação é melhor ou pior do que o de outro regime (melhor para quem? pior para quem?).

Em sua análise do capitalismo Marx considerou simultaneamente as características de toda economia e as características de uma economia moderna de tipo capitalista, porque não conhecia outros tipos. Um século mais tarde, o verdadeiro problema, para um economista de tradição autenticamente marxista, seria analisar as particularidades de uma economia moderna de outro tipo.

A teoria do salário, a teoria da mais-valia, a teoria da acumulação deixam de ser plenamente satisfatórias em si mesmas. Passam a representar antes indagações ou pontos de partida para a análise, permitindo diferenciar o que se poderia chamar de exploração capitalista da exploração soviética, ou seja, para dizê-lo de forma mais neutra, para diferenciar a mais-valia capitalista da mais-valia em regime soviético. Em nenhum regime é possível dar aos trabalhadores todo o valor do que produzem, pois é preciso reservar uma parte desse valor para a acumulação coletiva.

Isto não exclui, aliás, que haja diferenças substanciais entre os dois mecanismos. A acumulação passa, no regime capitalista, pela intermediação dos lucros individuais e do mercado, e a distribuição da renda não é a mesma nos dois regimes.

Estas observações, fáceis de fazer um século depois de Marx, não implicam nenhuma pretensão de superioridade, que seria ridícula. Quero apenas demonstrar que Marx, observando a fase inicial do regime capitalista, não podia distinguir com facilidade de um lado o que implica um regime de propriedade privada e, de outro, o que implica uma fase de desenvolvimento tal como a que a Inglaterra atravessava no momento em que ele a estudava; e, por fim, o que constituía a essência de qualquer economia industrial.

Hoje, a tarefa da análise sociológica da economia consiste justamente em traçar a distinção entre esses três tipos de elementos: as características de toda economia moderna, características ligadas a um regime particular de economia moderna, e enfim as características ligadas a uma fase de crescimento da economia.

Essa discriminação é difícil porque todas essas características estão sempre presentes na realidade, misturadas umas às outras. Mas se quisermos fazer um julgamento crítico, político ou moral sobre um certo regime, será preciso, evidentemente, não lhe atribuir o que é imputável a outros fatores.

A teoria da acumulação e a da mais-valia exemplificam bem a confusão existente entre estes diferentes elementos. Toda economia moderna implica acumulação. A taxa de acumulação é mais ou menos elevada, de acordo com a etapa do crescimento e também de acordo com as intenções do governo. O que varia é o mecanismo econômico-social da mais-valia, ou o modo de circulação da poupança. Uma economia planificada tem um circuito de poupança relativamente simples, enquanto uma economia em que subsiste a propriedade privada dos meios de produção comporta um mecanismo mais complicado, misturando o mercado livre com os descontos impostos por meio da autoridade.

Não aceita facilmente a determinação autoritária da poupança e da taxa de formação de capital com relação ao produto nacional.

As relações entre a análise econômica e a análise sociológica levantam o problema das relações entre regimes políticos e regimes econômicos. A meu ver, é nesse ponto que a sociologia de Marx é mais vulnerável à crítica.

Em *O capital*, como nas outras obras de Marx, encontramos, sobre este ponto de grande importância, apenas um pequeno número de ideias que são, aliás, sempre as mesmas.

O Estado é considerado essencialmente como instrumento da dominação de uma classe. Em consequência, um regime político é definido pela classe que exerce o poder. Os regimes da democracia burguesa são assemelhados àqueles em que a classe capitalista exerce o poder, embora mantenham a fachada das instituições livres. Em oposição ao regime econômico-social feito de classes antagônicas e baseado na dominação de uma classe sobre as outras, Marx concebe um regime econômico-social em que não mais haja dominação de classe. Por isso, por definição, o Estado desaparecerá, pois ele só existe na medida em que uma classe necessita dele para explorar as outras.

Entre a sociedade antagônica e a sociedade não antagônica do futuro interpõe-se o que é chamado de ditadura do proletariado, expressão que encontramos em particular num texto célebre de 1875, a *Crítica do programa do Partido Operário Alemão*, ou *Crítica do programa de Gotha*[35]. A ditadura do proletariado é o fortalecimento supremo do Estado, antes do momento crucial do seu desaparecimento. Antes de desaparecer, o Estado atingirá sua expansão máxima.

A ditadura do proletariado aparece definida com pouca clareza nos escritos de Marx, em que coexistem duas interpretações. A primeira é de tradição jacobina, e assemelha a ditadura do proletariado ao poder absoluto de um partido baseado nas massas populares; a outra, quase oposta, foi sugerida a Marx pela experiência da Comuna de Paris, que tendia à supressão do Estado centralizado.

Essa concepção da política e do desaparecimento do Estado numa sociedade não antagônica me parece, sem a menor dúvida, a concepção sociológica mais facilmente refutável de toda a obra de Karl Marx.

Ninguém nega que em toda sociedade, e em particular numa sociedade moderna, haja funções comuns de administração e de autoridade que precisam ser exercidas. Ninguém pode pensar, de modo razoável, que uma sociedade industrial complexa como a nossa possa dispensar uma administração, sob certos aspectos, centralizada.

Além disso, se admitimos a planificação da economia, é inconcebível que não haja organismos centralizados que tomem as decisões fundamentais implicadas pela própria ideia da planificação. Ora, essas decisões pressupõem funções que chamamos normalmente de estatais. Por isso, a menos que imaginemos uma situação de abundância absoluta, em que o problema da coordenação da produção deixe de ser relevante, um regime de economia planejada exige o reforço das funções administrativas exercidas pelo poder central.

Neste sentido, as duas ideias de planificação da economia e de enfraquecimento do Estado são contraditórias para o futuro previsível, enquanto for importante produzir o mais possível, produzir em função das diretrizes do plano, e distribuir a produção entre as classes sociais segundo as ideias dos governantes.

Se chamamos de Estado o conjunto das funções administrativas e dirigentes da coletividade, não é admissível que o Estado pereça em nenhuma sociedade industrial, e menos ainda numa sociedade industrial planificada, já que, por definição, o planejamento central implica que o governo tome um maior número de decisões do que no caso da economia capitalista, que se define, em parte, pela descentralização do poder de decisão.

O desaparecimento do Estado não pode ocorrer, portanto, a não ser num sentido simbólico. O que desaparece é o caráter de classe do Estado considerado. Pode-se, de fato, pensar que, a partir do momento em que desaparece a rivalidade das classes, as funções administrativas e de direção, em vez de expressarem a intenção egoísta de um grupo particular, tornam-se a expressão de toda a sociedade. Nesse sentido, pode-se conceber o desaparecimento do caráter de classe, de dominação e de exploração do próprio Estado.

No regime capitalista, porém, pode o Estado ser definido essencialmente pelo poder de uma determinada classe?

A ideia central de Marx é a de que a sociedade capitalista é antagônica; consequentemente, todas as características essenciais do regime capitalista têm origem nesse fenômeno. Como poderia haver uma sociedade sem antagonismo? A argumentação toda repousa na diferença de natureza entre a classe burguesa, que exerce o poder quando possui os instrumentos de produção, e o proletariado, considerado como a classe que sucederá a burguesia.

Afirmar que o proletariado é uma classe universal que assume o poder só pode ter portanto uma significação simbólica, uma vez que a massa dos trabalhadores nas fábricas não pode ser confundida com uma minoria dominante que exerce o poder. A fórmula "o proletariado no poder" é apenas uma fórmula simbólica para dizer: no poder o partido, ou o grupo que representa a massa popular.

Na sociedade em que deixou de haver propriedade privada dos meios de produção, por definição, já não há antagonismo ligado à propriedade; há, porém, homens que exercem o poder em nome da massa popular. Existe, portanto, um Estado que exerce as funções administrativas indispensáveis a toda sociedade desenvolvida. Uma sociedade desse tipo não comporta os mesmos antagonismos que uma sociedade na qual existe propriedade privada dos instrumentos de produção. Mas numa sociedade em que o Estado, por meio de decisões econômicas, determina amplamente a condição de todas as pessoas pode haver evidentemente antagonismos entre grupos, seja entre grupos horizontais, camponeses e operários, seja entre grupos verticais, isto é, entre os que estão situados embaixo e os que estão no alto da hierarquia social.

Não afirmo que numa sociedade em que a condição de todas as pessoas depende do plano, e o plano é determinado pelo Estado, haja *necessariamente* conflitos. Mas não se pode deduzir a certeza da ausência de antagonismos do simples fato da inexistência da propriedade privada dos meios de produção, e do fato de que a condição de todas as pessoas depende do Estado. Se as decisões do Estado são tomadas por indivíduos, ou por uma minoria, essas decisões podem corresponder aos interesses desses indivíduos ou dessas minorias. Numa sociedade planificada não há uma harmonia preestabelecida entre os interesses dos diferentes grupos.

O poder do Estado não desaparece em tal sociedade, e não pode desaparecer. Uma sociedade planificada pode ser governada, indubitavelmente, de modo equitativo; contudo, não há uma garantia, *a priori*, de que os dirigentes da planificação tomarão decisões que correspondam aos interesses de todos, ou aos interesses supremos da coletividade, na medida, aliás, em que estes interesses possam ser definidos.

A garantia do desaparecimento dos antagonismos implicaria que as rivalidades entre os grupos se originassem exclusivamente na propriedade privada dos meios de produção ou que o Estado desaparecesse. Nenhuma dessas hipóteses é verossímil. Não há razão para que todos os interesses dos membros de uma coletividade passem a ser harmônicos no momento em que os meios de produção deixam de ser passíveis de apropriação individual. Desaparecerá um tipo de antagonismo, mas outros tipos de antagonismo poderão subsistir. Por outro lado, no momento em que subsistem as funções administrativas ou de direção, existe, por definição, o risco de que as pessoas que as exerçam sejam injustas, insensatas, ou que estejam mal informadas; em consequência, que os governados não se satisfaçam com as decisões tomadas pelos governantes.

Finalmente, além dessas observações, há um problema fundamental, o da redução da política enquanto tal à economia.

A sociologia de Marx, pelo menos na sua forma profética, supõe a redução da ordem política à ordem econômica, isto é, a extinção do Estado a partir do momento em que forem impostas a propriedade coletiva dos meios de produção e a planificação. Contudo, a ordem política é essencialmente irredutível à ordem econômica. Qualquer que seja o regime econômico e social, o problema político persistirá, porque ele consiste em determinar quem governa, como são recrutados os governantes, como o poder é exercido, ou qual a relação de consentimento ou de revolta entre governantes e governados. A ordem política é tão essencial e autônoma quanto a ordem econômica. As duas ordens estão em relações recíprocas.

O modo como são organizadas a produção e a distribuição dos recursos coletivos influencia a maneira como se resolve o problema da autoridade; inversamente, a maneira como este problema é resolvido influi no modo como se resolve o problema da produção e da distribuição dos recursos. É falso pensar que uma determinada organização da produção e da repartição dos recursos resolve automaticamente o problema do comando, suprimindo-o. O mito do enfraquecimento do Estado é o mito de que o Estado só existe para produzir e distribuir os recursos e que, resolvido o problema da produção e da distribuição dos recursos, já não será necessário[36].

Trata-se de mito duplamente enganador. Em primeiro lugar, a gestão planificada da economia acarreta um reforço do Estado. E mesmo que não fosse assim, continuaria a haver sempre, numa sociedade moderna, o problema do comando, isto é, da forma do exercício da autoridade.

Em outras palavras, não é possível definir um regime político simplesmente pela classe que se presume estar exercendo o poder. Não se pode portanto definir o regime político do capitalismo pelo poder dos monopolistas, como não se pode definir o regime político de uma sociedade socialista pelo poder do proletariado. No regime capitalista, não são os monopolistas que, pessoalmente, exercem o poder; no regime socialista, não é o proletariado, como um grupo, que exerce o poder. Nos dois casos, trata-se de determinar quais são as pessoas que vão exercer as funções políticas, como recrutá-las, de que forma devem exercer a autoridade, qual é a relação entre os governantes e os governados.

A sociologia dos regimes políticos não pode ser reduzida a um simples apêndice da sociologia da economia ou das classes sociais.

Marx se referiu com frequência às ideologias, e procurou explicar as maneiras de pensar ou os sistemas intelectuais pelo contexto social.

A interpretação das ideias pela realidade social comporta diversos métodos. É possível explicar as maneiras de pensar pelo modo de produção ou pelo estilo tecnológico da sociedade. Contudo, a explicação que até hoje teve maior êxito é a que atribui determinadas ideias a uma certa classe social.

De modo geral, Marx entende por ideologia a falsa consciência, ou falsa representação, que uma classe social tem a respeito da sua própria situação, e da sociedade em conjunto. Em larga medida considera as teorias dos economistas burgueses como uma ideologia de classe. Não que atribua aos economistas burgueses a intenção de enganar seus leitores, ou de se iludirem com uma interpretação mentirosa da realidade. Tende a acreditar, porém, que uma classe só pode ver o mundo em função da sua própria situação. Como diria Sartre, o burguês vê o mundo definido pelos direitos que possui. A imagem jurídica de um mundo de direitos e obrigações é a representação social em que o burguês manifesta ao mesmo tempo sua maneira de ser e sua situação.

Essa teoria da falsa consciência, associada à consciência de classe, pode ser aplicada a muitas ideias ou sistemas intelectuais. Quando se trata de doutrinas econômicas e sociais, pode-se a rigor considerar que a ideologia é uma falsa consciência, e o sujeito desta falsa consciência é a classe. Mas essa concepção da ideologia traz duas dificuldades.

Se uma classe tem, devido a sua situação, uma falsa ideia do mundo, se, por exemplo, a classe burguesa não compreende o mecanismo da mais-valia, ou permanece prisioneira da ilusão das mercadorias-fetiches, por que um indivíduo consegue se livrar dessas ilusões e dessa falsa consciência?

Por outro lado, se todas as classes têm uma maneira de pensar parcial, onde está a verdade? Como pode uma ideologia ser melhor do que outra, se toda ideologia é inseparável da classe que a adota? O pensamento marxista se sente aqui tentado a responder que, entre as ideologias, há uma que é melhor do que as outras, porque há uma classe que pode pensar o mundo em sua verdade.

No mundo capitalista, é o proletariado, e só o proletariado, que pensa a verdade do mundo, porque só ele pode pensar o futuro além da revolução.

Lukács, um dos últimos grandes filósofos marxistas, se esforçou por demonstrar, em *Geschichte und Klassenbewusstsein*, que as ideologias de classe não se equivalem, e que a ideologia da classe proletária é verdadeira, porque o proletariado, na situação que lhe é imposta pelo capitalismo, é capaz, e o único capaz, de pensar a sociedade em seu desenvolvimento, em sua evolução para a revolução e, portanto, na sua verdade[37].

A primeira teoria da ideologia procura portanto evitar o desvio para o relativismo integral, mantendo ao mesmo tempo o vínculo das ideologias com as classes e a verdade de uma das ideologias.

A dificuldade dessa fórmula consiste em que é fácil questionar a veracidade de uma ideologia de classe, fácil aos defensores das outras ideologias e fácil às outras classes achar que todas estão no mesmo plano. Admitindo que minha visão do capitalismo seja orientada pelos meus interesses burgueses, a visão proletária é comandada pelos interesses proletários. Por que os interesses dos que estão *out* (como se diria em inglês) seriam mais importantes do que os interesses dos *in*? Por que os interesses daqueles que estão do lado mau da barricada valeriam, como tal, mais do que os dos que estão do lado bom? Tanto mais que a situação pode se inverter, e, de fato, de tempos em tempos ela se inverte.

Esse modo de argumentação só pode levar a um ceticismo integral, para o qual todas as ideologias são equivalentes, igualmente parciais e facciosas, interessadas e, em decorrência, mentirosas.

Por isso procurou-se em outra direção, que me parece preferível, a mesma em que se empenhou a sociologia do conhecimento, que estabelece distinções entre tipos diferentes de edifícios intelectuais. Todo pensamento está associado, de certo modo, ao meio social, mas o vínculo da pintura, da física, da matemática, da economia política e das doutrinas políticas com a realidade social não é o mesmo.

Convém distinguir as maneiras de pensar ou as teorias científicas, que estão ligadas à realidade social mas que não dependem dela, das ideologias ou falsas consciências, que resultam, na consciência dos homens, de situações de classe que os impedem de ver a verdade.

Esta tarefa é a mesma que os diferentes sociólogos do conhecimento, marxistas ou não, procuram executar, buscando identificar a verdade universal de algumas ciências e o valor universal das obras de arte.

Para um marxista, como para um não marxista, é importante não reduzir a significação de uma obra científica ou estética a seu conteúdo de classe. Marx, que era um grande admirador da arte grega, sabia tão bem quanto os sociólogos do conhecimento que o significado das criações humanas não se esgota no seu conteúdo de classe. As obras de arte valem e têm sentido mesmo para outras classes e para outras épocas.

Sem negar, em absoluto, que o pensamento esteja ligado à realidade social, e que certas formas de pensamento estejam vinculadas à classe, é necessário restabelecer a discriminação das espécies e sustentar duas proposições que me parecem indispensáveis para evitar o niilismo:

Existem domínios em que o pensador pode atingir uma verdade válida para todos, e não só uma verdade de classe.

Existem domínios em que as criações das sociedades têm valor e significado para os homens de outras sociedades.

Conclusão

Nos últimos cem anos houve, fundamentalmente, três grandes crises no pensamento marxista[38].

A primeira foi o revisionismo da social-democracia alemã, nos primeiros anos deste século. Seus dois protagonistas foram Karl Kautsky e Edouard Bernstein. O tema essencial era: a economia capitalista está em via de se transformar de modo tal que a revolução anunciada não se produza de acordo com nossa expectativa? Bernstein, o revisionista, achava que os antagonismos de classe não se acentuavam, que a concentração não se produzia nem tão rápida nem tão completamente quanto previsto, e que, em consequência, não era provável que a dialética histórica realizasse a catástrofe da revolução e a sociedade não antagônica. A querela Kautsky–Bernstein terminou, dentro do partido social-democrático alemão e da II Internacional, com a vitória de Kautsky e a derrota dos revisionistas. A tese ortodoxa foi mantida.

A segunda crise do pensamento marxista foi a do bolchevismo. Um partido que se dizia marxista tomou o poder na Rússia, e este partido, como era normal, definiu sua vitória como a vitória da revolução proletária. Mas uma fração dos marxistas, os ortodoxos da II Internacional, a maioria dos socialistas alemães e dos socialistas ocidentais, julgaram de outro modo. A partir de 1917-20, começou a haver, dentro dos partidos marxistas, uma disputa cujo tema central poderíamos definir assim: o poder soviético é uma ditadura *do* proletariado ou uma ditadura *sobre* o proletariado? Essas expressões eram empregadas desde os anos 1917 e 1918 pelos dois grandes protagonistas da segunda crise: Lênin e Kautsky. Na primeira crise do revisionismo, Kautsky estava do lado dos ortodoxos. Na crise do bolchevismo pensava ainda estar do lado dos ortodoxos, mas havia uma nova ortodoxia.

A tese de Lênin era simples: o partido bolchevique, que se proclamava marxista e proletário, representa o proletariado no poder; o poder do partido bolchevique é a ditadura do proletariado. Como, afinal de contas, nunca se soubera com certeza em que consistiria exatamente a ditadura do proletariado, a hipótese segundo a qual o poder do partido bolchevique era a ditadura do proletariado era sedutora e não era proibido apoiá-la. Tudo ficava fácil: se o poder do partido bolchevique era o poder do proletariado, o regime soviético era um regime proletário, e a construção do socialismo viria a seguir.

Por outro lado, admitida a tese de Kautsky segundo a qual uma revolução feita num país não industrializado, onde a classe operária era uma minoria, não podia ser uma revolução verdadeiramente socialista; a ditadura de um partido, mesmo marxista, não podia ser uma ditadura do proletariado, mas sim uma ditadura sobre o proletariado.

Depois disso, houve duas correntes no pensamento marxista: uma reconhecia no regime da União Soviética a realização das previsões de Marx, com algumas modalidades imprevistas; a outra considerava que a essência do pensamento marxista estava desfigurada, porque o socialismo não implicava apenas a propriedade coletiva dos meios de produção e o planejamento, mas a democracia política. Ora, dizia a segunda escola, a planificação socialista sem a democracia não é o socialismo.

Seria necessário, aliás, procurar saber qual o papel desempenhado pela ideologia marxista na construção do socialismo soviético. Está claro que essa sociedade não nasceu do cérebro de Marx e que em larga medida ela é o resultado das circunstâncias. Mas a ideologia marxista, tal como foi interpretada pelos bolchevistas, teve também um papel, e um papel importante.

A terceira crise do pensamento marxista é aquela a que assistimos hoje. Trata-se de saber se há um termo intermediário entre a versão bolchevista do socialismo e a versão, digamos, escandinavo-britânica.

Atualmente, vemos uma das modalidades possíveis de uma sociedade socialista: a planificação central, sob a direção de um Estado mais ou menos total, que se confunde com o partido que se afirma socialista. Essa é a versão soviética da doutrina marxista. Mas há uma segunda versão, a ocidental, cuja forma mais aperfeiçoada é provavelmente a da sociedade sueca, com sua mistura de instituições públicas e privadas, com uma redução da desigualdade de rendas e a eliminação da maior parte dos fenômenos sociais que causavam escândalo. A planificação parcial e a propriedade mista dos meios de produção se combinam com as instituições democráticas do Ocidente, isto é, com a pluralidade partidária, eleições livres, livre discussão das ideias.

Os marxistas ortodoxos não têm dúvida de que a verdadeira descendência de Marx é a sociedade soviética. Os socialistas ocidentais não duvidam de que a versão ocidental é menos infiel ao espírito de Marx do que a versão soviética. Contudo, muitos intelectuais marxistas não se satisfazem com nenhuma das duas versões. Prefeririam uma sociedade que fosse de certo modo tão socialista e planificada quanto a soviética, e ao mesmo tempo tão liberal quanto uma sociedade de tipo ocidental.

Deixo de lado aqui a questão de saber se é possível a existência desse terceiro tipo de sociedade fora da mente dos filósofos; afinal, como dizia Hamlet a Horácio, "há mais coisas na terra e no céu do que em todos os sonhos da nossa filosofia". Pode ser, portanto, que haja um terceiro tipo de socialismo; no momento, porém, a fase atual da discussão doutrinária focaliza a existência de dois tipos ideais claramente definíveis, duas sociedades que podem dizer-se mais ou menos socialistas, uma das quais não é liberal e a outra é burguesa.

O cisma entre a China e a União Soviética abre uma nova fase. Aos olhos de Mao Tsé-tung, o regime e a sociedade soviéticos estão em via de emburguesamento. Os dirigentes de Moscou são tratados de revisionistas, como E. Bernstein e os socialistas de direita haviam sido no princípio do século.

E Marx, de que lado ficaria? Em vão fazemos esta pergunta, pois Marx não imaginou a diferenciação que o curso da história realizou. A partir do momento em que somos obrigados a dizer que certos fenômenos que Marx criticou não são imputáveis ao capitalismo, mas sim à sociedade industrial ou à fase de crescimento que ele pôde observar, entramos num mecanismo de pensamento de que Marx era perfeitamente capaz (porque era um grande homem), mas que, de fato, foi estranho a ele.

Muito provavelmente, ele, que tinha temperamento rebelde, não se entusiasmaria com nenhuma dessas versões, com nenhuma das modalidades de sociedade que se apresentaram com seu nome. Qual dos dois modelos preferiria? Parece-me impossível decidir, o que é, aliás, inteiramente inútil. Se tivesse de dar uma resposta, ela não passaria da manifestação das minhas preferências pessoais. Creio que é mais honesto revelar quais são as minhas preferências do que atribuí-las a Karl Marx, que já não tem condições de manifestar o que pensa.

Indicações biográficas

1818 No dia 5 de maio, nasce Karl Marx em Trier, então Prússia renana, segundo dos oito filhos do advogado Heinrich Marx que, descendente de rabinos, se converteu ao protestantismo em 1816.
1830-35 Estudos secundários no liceu de Trier.
1835-36 Estudos de direito na Universidade de Bonn. Noivado com Jenny von Westphalen.
1836-41 Estudos de direito, filosofia e história em Berlim. Marx frequenta os jovens hegelianos do Doktor Club.
1841 Doutoramento pela Faculdade de Filosofia da Universidade de Jena.
1842 Marx se instala em Bonn, como colaborador (e depois redator) da *Rheinische Zeitung*, de Colônia.
1843 Decepcionado com a atitude dos acionistas, que considera medrosa, deixa o cargo. Casamento com Jenny von Westphalen. Partida para a França. Colaborações nos *Annales Franco-Allemandes* de A. Ruge, em que publica o *Ensaio sobre a questão judaica*, e *Crítica da filosofia do direito de Hegel*, Introdução.
1844-45 Estada em Paris. Frequenta Heine, Proudhon, Bakunin. Início dos estudos de economia política. Preenche vários cadernos com reflexões filosóficas sobre a

Economia e a *Fenomenologia* de Hegel. Faz amizade com Engels. *A sagrada família* é o primeiro livro que escrevem juntos.

1845 Expulsão de Paris, a pedido do governo prussiano. Marx se instala em Bruxelas. Em julho e agosto faz uma viagem de estudo à Inglaterra, na companhia de Engels.

1845-48 Estada em Bruxelas. Em colaboração com Engels e Mores, Marx escreve *A ideologia alemã*, que não será publicada.
Briga com Proudhon.
Miséria da filosofia (1847).
Em novembro de 1847, Marx vai a Londres com Engels para o segundo congresso da Liga dos Comunistas, que os incumbe de redigir um manifesto. Publicação do *Manifesto comunista* em fevereiro de 1848.

1848 Marx é expulso de Bruxelas. Depois de curta estada em Paris, instala-se em Colônia, onde se torna redator-chefe da *Neue Rheinische Zeitung*. Desenvolve uma campanha ativa no jornal para radicalizar o movimento revolucionário na Alemanha.

1849 *Trabalho, salário e capital*, publicado na *Neue Rheinische Zeitung*. Marx é expulso da Renânia. Após uma curta estada em Paris, parte para Londres, onde se instala definitivamente.

1850 *As lutas de classes na França*.

1851 Marx começa a colaborar com o *New York Tribune*.

1852 Dissolução da Liga dos Comunistas. Processo dos comunistas de Colônia. *O 18 brumário de Luís Bonaparte*.

1852-57 Marx precisa abandonar seus estudos econômicos para se dedicar ao trabalho de sobrevivência no jornalismo. Dificuldades financeiras contínuas.

1857-58 Marx retoma os trabalhos de economia. Redige numerosas notas, que só serão descobertas em 1923.

1859 *Crítica da economia política*.

1860 *Herr Vogt*.

1861 Viagem à Holanda e à Alemanha. Visita a Lassalle, em Berlim. Colaboração com o jornal *Die Presse*, de Viena.

1862 Marx rompe com Lassalle. Obrigado a cessar a colaboração para o *New York Tribune*. Grave a situação financeira.
1864 Marx participa da formação da Associação Internacional dos Trabalhadores, para a qual ele redigiu os estatutos e o discurso inaugural.
1865 *Salário, preço e mais-valia*.
Reunião da Internacional, em Londres.
1867 Publicação do livro I de *O capital*, em Hamburgo.
1868 Marx começa a se interessar pela comuna rural russa e estuda russo.
1869 Início da luta contra Bakunin, no seio da Internacional. Engels garante a Marx uma renda anual.
1871 *A guerra civil na França*.
1875 *Crítica do programa de Gotha*. Publicação da tradução francesa do livro I de *O capital*. Marx colaborou com o trabalho do tradutor J. Roy.
1880 Marx dita a Guesde os Consideranda do programa do Partido Operário Francês.
1881 Morte de Jenny Marx. Correspondência com Vera Zassoulitch.
1882 Viagem à França e à Suíça, estada em Argel.
1883 Em 14 de março, morte de Karl Marx.
1885 Publicação, por Engels, do livro II de *O capital*.
1894 Publicação, por Engels, do livro III de *O capital*.
1905-10 Publicação, por Kautsky, de *Teoria sobre a mais-valia*.
1932 Publicação, por Riazanov e Landshut, e Meyer, das obras de juventude.
1939-41 Publicação de *Princípios da crítica da economia política*.

Notas

1. Kostas Axelos, *Marx, penseur de la technique*, Paris, Éd. de Minuit, col. *Arguments*, 1961, 327 p.

O fato de considerar a noção de alienação como uma das chaves do pensamento de Marx é comum tanto aos intérpretes cristãos como R. P. Yves Calvez (*in La pensée de Karl Marx*, Paris, Éd. du Seuil, 1956) quanto a comentadores marxistas como L. Goldmann ou H. Lefebvre. Este último diz: "A crítica do fetichismo da mercadoria, do dinheiro e do capital é a chave da parte econômica da obra de Marx, isto é, de *O capital*." (Entrevista para o jornal *Arts*, 13 de fevereiro de 1963); no entanto, mais adiante, ele esclarece: "Os textos de Marx sobre a alienação e suas diferentes formas estão dispersos por toda a obra, a tal ponto que a sua unidade passou despercebida até uma data bastante recente." (*Le marxisme*, Paris, P.U.F., "Que sais-je?", 1958, p. 48).

2. Estou errado quando digo nas margens do Sena. Há vinte anos era nas margens do Spree, em Berlim; hoje, essas formas do marxismo sutil emigraram para a margem esquerda do Sena, onde suscitaram discussões apaixonadas, publicações interessantes, controvérsias eruditas.

3. *A ideologia alemã* é obra conjunta de Marx e Engels, escrita entre setembro de 1845 e maio de 1846, em Bruxelas.

No prefácio à *Crítica da economia política*, em 1859, Marx irá escrever: "Decidimos desenvolver nossas ideias em comum, opondo-as à ideologia da filosofia alemã. No fundo, pretendíamos fazer nosso exame de consciência filosófica. Executamos nosso projeto sob a forma de uma crítica da filosofia pós-hegeliana. O manuscrito, dois grossos volumes in-oitavo, estava, desde muito tempo, nas mãos de um editor da Vestefália, quando nos informaram que uma alteração de circunstâncias não mais permitia a impressão. Havíamos atingido o objetivo principal: a boa compreensão de nós mesmos. Foi com prazer que abandonamos o manuscrito à crítica roedora dos ratos." (*Oeuvres*, t. I, p. 274).

4. J. Schumpeter, *Capitalisme, socialisme et démocracie*, Paris, Payot, 1954, primeira parte, "A doutrina marxista", p. 65-136 (a primeira edição inglesa é de 1942). Os capítulos sobre Marx foram reproduzidos na obra póstuma de Schumpeter, *Ten Great Economists*, 1951.

5. P. Bigo, *Marxisme et humanisme*, "Introduction à l'oeuvre économique de Marx", Paris, P.U.F., 1953, 269 p.

6. Georges Gurvitch encontrou aí, em certa medida, uma antecipação das suas próprias ideias.

7. O elogio que Marx faz do papel revolucionário e construtivo da burguesia chega a ser lírico: "ela realizou maravilhas diferentes das pirâmides egípcias, dos aquedutos romanos, das catedrais góticas; as expedições que realizou são muito diferentes das invasões e das cruzadas" (Manifesto comunista, in *Oeuvres*, t. I, p. 164).

8. Vide notadamente Karl A. Wittfogel, *Oriental Despotism, a Comparative Study of Total Power*, New Haven, Yale University Press, 556 pp. A tradução francesa tem o título *Le despotisme oriental*, Paris, Éd. de Minuit, col. *Arguments*, 1964. Cf. também os seguintes artigos, publicados em *Le contrat social*: Karl A. Wittfogel, "Marx et le despotisme oriental", maio, 1957; Paul Barton, "Du despotisme oriental", maio, 1959; "Despotisme et totalitarisme", julho, 1959; "Despotisme, totalitarisme et classes sociales", março, 1960; Kostas Papaioannou, "Marx et le despotisme", janeiro, 1960.

Para uma reflexão marxista ortodoxa sobre o problema vide o número especial da revista *La pensée* sobre "Le mode de production asiatique" (n. 114, abril de 1964) e os seguintes artigos: J. Chesneaux, "Oú en est la discussion sur le mode de production asiatique", *La pensée*, n? 122, 1965; M. Godelier, "La notion de mode de production asiatique", *Les temps modernes*, maio de 1965.

9. J. Stálin, *Les problèmes économiques du socialisme en U.R.S.S.*, Éd. Sociales, 1952, 112 p. "Os traços principais e os dispositivos da lei econômica fundamental do capitalismo atual poderiam ser formulados, aproximadamente, assim: garantir o máximo de lucro capitalista explorando, arruinando, empobrecendo a maior parte da população de um determinado país; sujeitando e despojando de modo sistemático povos de outros países, principalmente dos países atrasados; e finalmente desencadeando greves e militarizando a economia nacional para garantir o máximo de lucro... Os traços essenciais e os dispositivos da lei econômica fundamental do socialismo poderiam ser formulados, aproximadamente, assim: garantir ao máximo a satisfação das necessidades materiais e culturais continuamente crescentes de toda a sociedade, aumentando e aperfeiçoando sempre a produção socialista assentada sobre a base de uma técnica superior." (p. 41 e 43).

10. Além da doença e das dificuldades financeiras, foi a consciência de que o estudo não estava completo que levou Marx a retardar a publicação das duas últimas partes de *O capital*. De 1867 (data da publicação do primeiro livro) até morrer, Marx não deixou de prosseguir os estudos que o deixavam insatisfeito e de recomeçar a trabalhar naquilo que considerava como a obra de sua vida. Assim, em setembro de 1878, ele escreve a Danielson que o livro II de *O capital* estará pronto para impressão no fim de 1879, mas em 10 de abril de 1879 declara que não o publicará antes de ter observado o desenvolvimento e o final da crise industrial na Inglaterra.

11. O tema da baixa secular da taxa de lucro tem sua origem em David Ricardo, e foi desenvolvido especialmente por

John Stuart Mill. Procurando demonstrar que os particulares têm sempre motivos para investir, Ricardo escreve: "Não é possível haver num país um montante de capital acumulado, seja ele qual for, que não possa ser empregado produtivamente até o momento em que os salários tenham aumentado tanto, em consequência do encarecimento das coisas necessárias, que não sobre mais do que uma parte muito pequena para os lucros do capital e que, em consequência, já não haja motivo para acumular." (*Principes de l'économie politique et de l'impôt*, Paris, Costes, 1934, t. II, p. 90).

Para Ricardo, em outras palavras, a queda da taxa do lucro a zero é apenas uma eventualidade. Resultaria do crescimento, na repartição do produto, da parte dos salários nominais, se estes fossem forçados à alta pelo aumento relativo dos preços dos bens indispensáveis à sobrevivência. Esse aumento dos preços seria, por sua vez, o resultado do jogo combinado da expansão da demanda induzida pela demografia e do rendimento decrescente das terras. Mas, pensava Ricardo, o obstáculo ao crescimento constituído pelo rendimento decrescente das terras agrícolas pode ser superado pela abertura ao mundo, a especialização internacional e a livre importação do trigo do estrangeiro.

Mill, depois da abolição das *Corn Laws*, retoma a teoria de Ricardo, no seu *Principles of Political Economy with some of their Applications to Social Philosophy* (1848), mas dá uma versão mais evolutiva e a mais longo prazo, que se aproxima das teses estagnacionistas modernas. A baixa da taxa de lucro é a tradução contábil, no nível da empresa, da marcha da sociedade para o estado estacionário no qual não mais haverá acumulação pura de capital. A lei dos rendimentos decrescentes está nas origens desta baixa do lucro até zero.

12. Numa análise de inspiração keynesiana pode-se dizer, no máximo, que a taxa de lucro da última unidade de capital, cujo investimento é necessário para manter o pleno emprego (eficácia marginal do capital), não deve ser inferior à taxa de juros do dinheiro tal como a determina a preferência pela liquidez dos que possuem dinheiro vivo. Mas um

esquema deste tipo é, na verdade, dificilmente integrável à teoria econômica marxista, cujos instrumentos intelectuais são pré-marginalistas. Há, aliás, uma certa contradição na análise econômica de Marx, entre a lei da baixa tendencial da taxa de lucro, que, implicitamente, supõe a lei dos escoamentos dos autores clássicos, e a tese da crise pelo subconsumo dos trabalhadores, que implica o bloqueio do crescimento por falta de demanda efetiva. A distinção entre curto prazo e longo prazo não permite solucionar o problema, porque essas duas teorias não têm por objetivo explicar a tendência longa e as flutuações, mas sim uma crise geral de todo o sistema econômico (cf. Joan Robinson, *An Essay on Marxian Economics*, Londres, Macmillan, 1942).

13. Em carta escrita a Joseph Weydemeyer, em 5 de março de 1852, Marx afirma: "No que me concerne, não me cabe o mérito de ter descoberto nem a existência das classes na sociedade moderna nem a luta das classes entre si. Muito tempo antes de mim, historiadores burgueses já tinham descrito o desenvolvimento histórico dessa luta de classes, e economistas burgueses haviam mostrado a anatomia econômica dessas lutas. O que fiz de novo foi: 1º.) demonstrar que a existência das classes só está ligada a fases de determinado desenvolvimento histórico da produção; 2º.) que a luta das classes conduz necessariamente à ditadura do proletariado; 3º.) que essa ditadura constitui apenas a transição para a abolição de todas as classes e para uma sociedade sem classes." (*In* Karl Marx-F. Engels, *Études philosophiques*, Paris, Éd. Sociales, 1951, p. 125).

14. A. Kojève, *Introduction à la lecture de Hegel*, Paris, Gallimard, 1947.

Para a interpretação marxista de Hegel, vide também G. Lukács, *Der Junge Hegel*, Zurique-Viena, 1948, e a análise desse livro feita por J. Hyppolite em *Études sur Marx et Hegel*, Paris, M. Rivière, 1955, p. 82-104.

G. Lukács chega a chamar de lenda reacionária o tema de um período teológico em Hegel, e estuda a crítica da obra de Adam Smith feita por Hegel nas suas obras de juventude.

Hegel teria visto as contradições essenciais do capitalismo sem, naturalmente, ter chegado a encontrar a solução, o que estava reservado para Marx expor.

15. G. Gurvitch, *La sociologie de Karl Marx*, Paris, Centre de Documentation Universitaire, 1958, mimeografado, 93 p.; *Les fondateurs de la sociologie contemporaine*, I. *Saint-Simon sociologue*, Paris, Centre de Documentation Universitaire, 1955, mimeografado.

G. Gurvitch, pretendendo reduzir ao máximo a herança hegeliana de Marx, deu uma interpretação das origens do pensamento marxista que enfatiza o saint-simonismo de Marx. Mostra, a meu ver de modo convincente, as influências saint-simonianas sobre o pensamento do jovem Marx: "Marx descende em linha direta de Saint-Simon e do saint-simonismo: de Hegel ele apenas toma a terminologia; e o hegelianismo de esquerda nada mais é do que a influência saint-simoniana, às vezes abertamente reconhecida, sobre certos hegelianos. Proudhon, por seu lado, utiliza enormemente Saint-Simon, mas é um saint-simoniano revoltado que submete o saint-simonismo a uma crítica arrasadora. Mas, ao mesmo tempo, foi ele que, ao democratizar o saint-simonismo e associá-lo ao movimento operário, levou Marx a uma ligação mais profunda com o saint-simonismo, um saint-simonismo proudhonizado que foi a fonte principal de Marx, não apenas no início mas ao longo de todo seu itinerário intelectual." (*In Saint-Simon sociologue, op. cit.*, p. 7-8). Mais adiante, depois de citar algumas frases de Saint-Simon – do tipo "A ciência da liberdade tem seus fatos e suas generalidades como todas as outras... Se quisermos ser livres, criemos nós mesmos nossa liberdade e não a esperemos de fora." –, Gurvitch escreve: "Os textos de juventude de Marx, principalmente a quarta tese sobre Feuerbach, levaram alguns marxistas a falar da filosofia de Marx como de uma filosofia da liberdade ou de uma ciência da liberdade. É a posição de Henri Lefebvre que atribui a Hegel – o filósofo mais fatalista que se conhece – a origem desse aspecto do pensamento de Marx. Na realidade, a ciência da liberdade em Marx, na medida em que é possível encontrar uma, vem, com toda a evidência, de Saint-Simon." (ibid., p. 25).

Não duvido de que Marx possa ter, no seu meio, encontrado as ideias saint-simonianas, pelo simples motivo de que essas ideias circulavam na Europa quando Marx era jovem e se encontravam, sob uma forma ou outra, por toda parte, particularmente na imprensa; da mesma forma como encontramos hoje, por exemplo, sob todas as formas, as teorias sobre o desenvolvimento e o subdesenvolvimento. No entanto, se Marx conheceu as ideias saint-simonianas, ele não pôde extrair delas aquilo em que, a meu ver, consiste o centro de sua própria sociologia.

Marx encontrou, no saint-simonismo, a oposição entre os dois tipos de sociedades, as sociedades militares e as sociedades industriais, as ideias sobre a aplicação da ciência à indústria, a renovação dos métodos de produção, a transformação do mundo graças à indústria. Mas o centro do pensamento marxista não é uma concepção saint-simoniana ou comtista da sociedade industrial. O centro do pensamento marxista é o caráter contraditório da sociedade industrial capitalista. Ora, a ideia das contradições intrínsecas do capitalismo não está incluída na herança de Saint-Simon ou de Comte. Saint-Simon e Comte têm em comum a primazia da ideia de organização sobre a ideia de conflitos sociais. Nem um nem outro acredita que os conflitos sociais sejam a mola principal dos movimentos históricos. Nem um nem outro pensa que a sociedade de seu tempo esteja dividida por contradições insolúveis.

A meu ver, o centro do pensamento marxista está no caráter contraditório da sociedade capitalista e no caráter essencial da luta de classes; por isso recuso-me a ver a influência de Saint-Simon como uma das principais influências que formaram o pensamento marxista.

Sobre o problema das relações entre Marx e Saint-Simon, ver também o artigo de Aimé Patri "Saint-Simon et Marx", *Le contrat social*, janeiro de 1961, vol. V, n. 1.

16. *La phénoménologie de l'esprit*, trad. francesa de Jean Hyppolite, 2 vols., Paris, Aubier, 1939 e 1941; *Précis de l'encyclopédie des sciences philosophiques*, trad. de J. Gibelin, Paris, Vrin. *La phénoménologie de l'esprit* é de 1807, a *Encyclopédie des sciences philosophiques* teve, durante a vida de Hegel, três edições.

17. *Grundlinien der Philosophie des Rechts*, publicado por Hegel em 1821, em Berlim. Trata-se de uma seção mais desenvolvida da *Enciclopédia*. Tradução francesa: Hegel, *Principes de la philosophie du droit*, trad. de A. Kaan, Paris, prefácio de J. Hyppolite, Gallimard, 1940; reeditado na coleção "Idées", Paris, Gallimard, 1963.

18. Existem dois textos que contêm uma crítica da *Filosofia do direito* de Hegel. O primeiro é *Kritik des Hegelschen Rechtsphilosophie – Einleitung*, texto curto; já era conhecido, pois foi publicado por Marx em 1844, em Paris, na revista que dirigia com A. Ruge: *Deutsch-französische Jahrbücher* ou *Annales franco-allemandes*. O outro é *Kritik des Hegelschen Staatsrechts, d. i. Hegels Rechtsphilosophie*, texto muito mais longo, comportando uma crítica linha a linha de uma fração da *Philosophie du droit* de Hegel, e que foi publicado somente nos anos trinta, por D. Riazanov, em Moscou, em nome do Instituto Marx–Engels, e por Landshut e Meyer, em Leipzig.

Sobre esse ponto, ver o estudo de J. Hyppolite, "La conception hégélienne de l'État et sa critique par K. Marx", *in Études sur Marx et Hegel*, Paris, M. Rivière, 1955, p. 120-41.

19. Alguns textos idílicos de Marx chegam a pintar uma sociedade futura em que os homens iriam pescar pela manhã, trabalhariam à tarde e à noite cultivariam o espírito. O que não é uma representação absurda. Conheci, de fato, trabalhadores de *kibutz*, em Israel, que liam à noite as obras de Platão. Mas esse é um caso excepcional, pelo menos até agora.

Na *Ideologia alemã*, Marx escreve: "A partir do momento em que o trabalho começa a ser dividido, cada um passa a ter uma esfera de atividade exclusiva e determinada que lhe é imposta e da qual não pode sair; ele é caçador, pescador ou crítico e tem que permanecer para não perder os meios de vida; na sociedade comunista, no entanto, em que o indivíduo não está preso a uma esfera exclusiva de atividade, mas pode aperfeiçoar-se no ramo que mais lhe agrade, a sociedade regulamenta a produção geral e me dá assim a possibilidade de fazer uma coisa hoje, outra amanhã, de caçar pela manhã, pescar depois do almoço e praticar a pecuária de tarde, de fazer crítica depois do jantar, de acordo com meu bel-prazer, sem nunca me tornar caçador, pescador, crítico...". Desse modo serão abolidos "este fracionamento da atividade social, esta consolidação do nosso próprio produto num poder objetivo que nos domina, escapando ao nosso controle, contrapondo-se às nossas expectativas, reduzindo a nada nossos cálculos" (*L'idéologie allemande*, trad. de Renée Cartelle, baseada na edição Mega, Paris, Éd. Sociales, 1962, p. 31-2).

20. *Oeknomisch-philosophische Manuskripte*. Textos escritos por Marx em Paris, em 1844, e que ficaram inéditos até 1932, data em que foram editados por D. Riazanov, nas Éditions Mega I, e também por S. Landshut e J. P. Meyer, em dois volumes de textos de Marx, com o título *Der Historische Materialismus* (A. Kröner, Leipzig). A edição francesa de J. Molitor (t. VI de *Oeuvres philosophiques*, edição Costes) foi feita com base na publicação de Leipzig, que continha inúmeros erros. Uma nova tradução francesa com base na edição Mega corrigida foi feita por E. Bottigelli e publicada com o título *Manuscrits de 1844* (*Économie politique et philosophie*) para a edição das obras completas de Karl Marx das Éd. Sociales (*Oeuvres complètes*, Paris, 1962). Há também uma tradução de Rubel no 2º volume da edição Pléiade (1968).

21. Em Hegel, os três termos traduzidos em francês por *aliénation* (alienação) são *Veräusserung*, *Entäusserung* e, às vezes, *Entfremdung*. Para Hegel, a alienação é o momento dialético da diferença, da cisão entre o sujeito e a substância. É um processo enriquecedor; é preciso que a consciência percorra as múltiplas alienações para se enriquecer com determinações que, no fim, a constituirão como uma totalidade. No princípio do capítulo sobre o Saber Absoluto, Hegel escreve: "A alienação da consciência de si coloca a reificação e

esta alienação não tem só um significado negativo mas também positivo; não é só para nós ou em si, porém para ela mesma. Para ela, a negativa do objeto ou a auto-supressão deste tem significação positiva; em outras palavras, a consciência de si conhece esta nulidade do objeto porque ela própria se aliena, porque nessa alienação ela se coloca a si mesma como objeto ou, em virtude da unidade indivisível do ser-para-si, coloca o objeto como si-mesmo. Assim é o movimento da consciência e, no movimento, ela é a totalidade de seus momentos. A consciência deve se referir ao objeto segundo a totalidade de suas determinações e tê-lo apreendido segundo cada uma dentre elas." (*Phénoménologie de l'esprit*, trad. Hyppolite, t. II, p. 293-4).

Marx dá uma interpretação diferente da alienação porque "num certo sentido a totalidade já é dada desde o ponto de partida" (J.-Y. Calvez, *La pensée de Karl Marx*, Paris, Éd. du Seuil, 1956, p. 53). Segundo Marx, Hegel teria confundido objetivação, isto é, a exteriorização do homem na natureza e no mundo social, e alienação. Como escreve J. Hyppolite comentando Marx: "A alienação não é a objetivação. A objetivação é natural. Não é uma maneira de a consciência se tornar estranha a si mesma, mas de se exprimir naturalmente." (*Logique et existence*, Paris, P.U.F., 1953, p. 236.) Marx se expressa assim: "O ser objetivo age de maneira objetiva e não agiria objetivamente se a objetividade não estivesse incluída na determinação de sua essência. Ele não cria, ele só estabelece objetos porque ele próprio é ordenado pelos objetos, porque na origem ele é natureza." (*Manuscrits de 1844*, Éd. Sociales, p. 136).

Essa distinção baseada num "naturalismo consequente" segundo o qual "o homem é, de modo imediato, ser da natureza" (ibid.) permite que Marx retenha apenas o aspecto crítico da noção de alienação e das determinações sucessivas da consciência tais como estão expostas na *Fenomenologia do espírito*. "A Fenomenologia é uma crítica oculta, ainda obscura por si mesma e mistificante, mas na medida em que ela aborda a alienação do homem – embora o homem apareça apenas sob a forma de espírito –, encontramos ocultos nela todos os elementos da crítica e estes já estão frequentemente preparados e elaborados de uma maneira que ultrapassa de muito o ponto de vista hegeliano." (ibid., p. 131).

Para um comentador de Hegel como Jean Hyppolite, essa diferença radical entre Hegel e Marx na concepção da alienação tem sua origem no fato de que enquanto Marx parte do homem como ser da natureza, ou seja, de uma positividade que não é em si uma negação, Hegel "descobriu essa dimensão da pura subjetividade que é nada" (op. cit., p. 239). Para Hegel, "no início dialético da história existe o desejo sem limite do reconhecimento, o desejo do desejo do outro, um poder sem limite porque sem positividade primeira" (p. 241).

22. Essa ambiguidade no pensamento de Marx foi salientada particularmente por Kostas Papaioannou, "La fondation du marxisme", *in Le contrat social* n.º 6, novembro-dezembro de 1961, vol. V; "L'homme total de Karl Marx" *in Preuves*, n. 149, julho de 1963; "Marx et la critique de l'aliénation", *in Preuves*, novembro de 1964.

Para Kostas Papaioannou, haveria uma oposição radical entre a filosofia do jovem Marx tal como ela se expressa, por exemplo, nos *Manuscritos de 1844* e a filosofia da maturidade, tal como é expressa principalmente no terceiro livro de *O capital*. Marx teria substituído o pietismo produtivista que consideraria o trabalho como a essência exclusiva do homem, e a participação não alienada na atividade produtiva como o verdadeiro fim da existência, por um saber bem clássico, para o qual o desenvolvimento humano, "que é o único a possuir o valor de um fim em si e que é o verdadeiro reino da liberdade", começaria "além do domínio da necessidade".

23. Essa visão objetiva pode ser considerada, aliás, segundo os observadores, como favorável ou desfavorável à paz. Uns dizem: enquanto os dirigentes soviéticos estiverem convencidos da morte necessária do capitalismo, o mundo viverá numa atmosfera de crise. Pode-se contudo dizer, no sentido contrário, como o faz um sociólogo inglês: enquanto os soviéticos acreditarem na sua filosofia, não compreende-

rão nem sua própria sociedade nem a nossa; convencidos do seu triunfo necessário, eles nos deixarão viver em paz. Praza aos céus que eles continuem a acreditar na sua filosofia...

24. Vide Jean-Paul Sartre, "Les communistes et la paix" (*Temps modernes*, 81, 84-5 e 101), reeditado *in Situations VI*, Paris, Gallimard, 1965, 384 p. (cf. também *Situations VII*, Paris, Gallimard, 1965, 342 p.) e *Critique de la raison dialectique* (Paris, Gallimard, 1960); Maurice Merleau-Ponty, *Sens et non-sens*, Paris, Nagel, 1948; *Humanisme et terreur*, Paris, Gallimard, 1947; *Les aventures de la dialectique*, Paris, Gallimard, 1953.

25. Sobre a interpretação kantiana do marxismo, vide Max Adler, *Marxistische Probleme-Marxismus und Ethik*, 1913; Karl Vorländer, *Kant und Marx*, 2.ª ed., 1926.

26. L. Goldmann, *Recherches dialectiques*, Paris, Gallimard, 1959.

27. F. Engels, *Anti-Dühring.* O título alemão original é *Herrn Eugen Dühring's Umwälzung der Wissenschaft.* Publicado primeiramente em *Vorwärts* e *Volksstaat* em 1877-78. Existem duas edições francesas: trad. de Bracke, Éd. Costes, 3 vols., 1931-33; trad. de Bottigelli, Éd. Sociales, Paris, 1950.

Vale notar que o *Anti-Dühring* foi publicado em vida de Marx, que ajudou seu amigo enviando-lhe notas sobre diversos pontos de história do pensamento econômico, as quais são utilizadas parcialmente por Engels no texto definitivo.

Cf. Karl Marx, *Oeuvres*, t. I, p. 1494-1526; J. Stálin, *Matérialisme dialectique et matérialisme historique* (1937), trecho da *Histoire du Parti communiste bolchevik*, Paris, Éd. Sociales, 1950.

28. Lênin, *Matérialisme et empiriocriticisme*, Paris, Éd. Sociales, 1948. O livro é de 1908, e Lênin expõe nessa obra um materialismo e um realismo radicais: "O mundo material percebido pelos sentidos, e ao qual nós mesmos pertencemos, é a única realidade... nossa consciência e nosso pensamento, por mais suprassensíveis que pareçam, não são mais do que produtos de um órgão material e corporal: o cérebro. A matéria não é um produto do espírito; mas o próprio espírito é o produto superior da matéria"; ou ainda "As leis gerais do movimento, tanto do mundo quanto do pensamento huma-

no, são idênticas no fundo, mas diferentes na sua expressão, pois o cérebro humano pode aplicá-las conscientemente enquanto na natureza elas avançam de maneira inconsciente sob a forma de uma necessidade exterior, através de uma sucessão infinita de coisas aparentemente fortuitas." Esse livro iria tornar-se a base do marxismo soviético ortodoxo. Numa carta a Gorki de 24 de março de 1908, Lênin reclamará o direito, como "homem de partido", de tomar posição contra as "doutrinas perigosas", embora, ao mesmo tempo, propusesse a seu correspondente um pacto de neutralidade em relação ao "empiriocriticismo" que não justificava, dizia, "uma luta divisionista".

29. O ateísmo, porém, está associado à essência do marxismo de Karl Marx. Pode-se ser crente e socialista, mas não crente e discípulo fiel do marxismo-leninismo.

30. No prefácio à *Crítica da economia política*, Marx escreve: "As relações jurídicas não se podem explicar por si mesmas melhor do que as formas do Estado; nem por si mesmas nem pela pretensa evolução geral do espírito humano; elas se enraízam nas condições materiais da vida." (*Oeuvres*, t. I, p. 272). Mais adiante: "O conjunto das relações de produção forma a estrutura econômica da sociedade, o fundamento real sobre o qual se assenta um edifício jurídico e político." Ou ainda: "As formas jurídicas, políticas, religiosas, artísticas, filosóficas, em suma, as formas ideológicas com as quais os homens tomam consciência do conflito e o levam até o fim." (ibid., p. 273).

Um dos capítulos de *A ideologia alemã* se intitula "Relações do Estado e do direito com a propriedade". De modo geral, para Marx, o Estado e o direito não estão incluídos nas condições materiais da vida dos povos, e são a expressão da vontade dominante da classe que detém o poder no Estado.

31. Eis o texto mais significativo de Marx, *Le capital*, liv. III, t. II, Éd. Sociales, p. 102-4. "Constituição de sociedades por ações. Consequências: 1º) Enorme ampliação da escala de produção e empresas que teriam sido inviáveis com capitais isolados. Ao mesmo tempo, empresas que antes eram go-

vernamentais se constituem em sociedades anônimas; 2º) O capital que, por definição, está baseado no modo de produção social e pressupõe uma concentração social de meios de produção e de força de trabalho reveste-se aqui, diretamente, da forma de capital social – capital de indivíduos diretamente associados – por oposição ao capital privado; essas empresas se apresentam, portanto, como empresas sociais por oposição às empresas privadas. Isso é a supressão do capital como propriedade privada dentro dos próprios limites do modo de produção capitalista; 3º) Transformação do capitalista realmente ativo num simples dirigente e administrador do capital alheio, e dos proprietários de capital em simples proprietários, em simples capitalistas financeiros... É a supressão do modo de produção capitalista no interior do próprio modo de produção capitalista, portanto, uma contradição que se destrói a si mesma e que, com toda a evidência, se apresenta como uma simples fase transitória para uma nova fase de produção. É, também, como uma contradição semelhante que essa fase de transição se apresenta. Em certas esferas ela estabelece o monopólio provocando assim a intromissão do Estado. Faz renascer uma nova aristocracia financeira, uma nova espécie de parasitas, sob a forma de fazedores de projetos, de fundadores e de diretores simplesmente nominais; um sistema completo de vigarice e de fraude em relação à criação, à emissão e ao tráfico de ações. Essa é a produção privada sem o controle da propriedade privada." Em Marx, o crítico, e mesmo o panfletário, nunca está distante do analista, economista e sociólogo.

32. *Le capital*, liv. III, cap. 52, Éd. Sociales, Paris, 1960, p. 259-60. Marx prossegue da seguinte forma: "É sem oposição na Inglaterra que a divisão econômica da sociedade moderna conhece o seu desenvolvimento mais avançado e mais clássico. No entanto, mesmo nesse país a divisão em classes não aparece com uma forma pura. Também ali, os estágios intermediários e transitórios atenuam as demarcações precisas (muito menores no campo do que nas cidades). No entanto, para o nosso estudo, isso não tem impor-

tância. Vimos que o modo capitalista de produção tende constantemente – é a lei da sua evolução – a separar sempre, cada vez mais, meios de produção e trabalho e a concentrar cada vez mais em grupos importantes esses meios de produção disseminados, transformando assim o trabalho em trabalho assalariado e os meios de produção em capital. Por outro lado, esta tendência tem como corolário a separação da propriedade da terra, que se torna autônoma em relação ao capital e ao trabalho, ou ainda a transformação de toda a propriedade da terra em uma forma de propriedade que corresponda ao modo capitalista de produção.

"A questão inicial é a seguinte: O que constitui uma classe? A resposta decorre naturalmente da resposta que se dê a esta outra questão: o que faz com que os operários assalariados, os capitalistas e os proprietários de terras constituam as três grandes classes da sociedade?

"À primeira vista, é a identidade das rendas e das fontes de rendas. Temos aí três grupos sociais importantes, cujos membros, os indivíduos que os constituem, vivem, respectivamente, do salário, do lucro e do rendimento da terra; da utilização da sua força de trabalho, de seu capital e de sua propriedade.

"No entanto, desse ponto de vista, os médicos e os funcionários, por exemplo, constituiriam, também eles, duas classes distintas, porque pertencem a dois grupos sociais distintos, cujos membros tiram seus rendimentos da mesma fonte. Esta distinção se aplicaria, da mesma forma, à infinita variedade de interesses e de situações que a divisão do trabalho social provoca dentro da classe operária, da classe capitalista e dos proprietários de terras; sendo que estes últimos, por exemplo, estão divididos em viticultores, proprietários de campos, de florestas, de minas, de pesquisas etc." (*Neste ponto o manuscrito é interrompido*. [Friedrich Engels]).

33. *As lutas de classes na França (1848-1850)*. Escrito entre janeiro e outubro de 1850. O texto, que só seria publicado em brochura e com esse título em 1895, se compõe em sua maior parte de uma série de artigos publicados nos quatro primeiros

números da *Neue Rheinische Zeitung*, revista econômica e política cuja publicação teve início em Londres, no princípio de março de 1850; ver Karl Marx, *Les luttes de classes en France*, Paris, Éd. Sociales, 1952.

O 18 brumário de Luís Bonaparte. Escrito entre dezembro de 1851 e março de 1862, e publicado pela primeira vez em Nova York em 20 de maio de 1852, por Weydemeyer. Reeditado por Engels em 1885, foi traduzido em francês pela primeira vez em 1891 e publicado em Lille. Cf. *Le 18 Brumaire de Louis Bonaparte*, Paris, Éd. Sociales, 1956.

34. No primeiro tomo de *O capital*, Marx escreve: "Agente fanático da acumulação, o capitalismo força os homens, sem piedade ou trégua, a produzir por produzir, obrigando-os assim, instintivamente, a desenvolver as potências produtivas e as condições materiais que, só elas, podem formar a base de uma sociedade nova e superior. O capitalista só é respeitável na medida em que é o capital feito homem. Nesse papel, ele é como o entesourador, dominado por sua paixão cega pela riqueza abstrata, o valor. Mas o que neste parece ser uma mania individual é, no outro, o efeito do mecanismo social do qual ele é apenas uma engrenagem. O desenvolvimento da produção capitalista necessita um aumento contínuo do capital colocado numa empresa, e a concorrência impõe as leis imanentes da produção capitalista como leis coercitivas externas a cada capitalista individual. Ela não lhe permite conservar seu capital sem aumentá-lo e ele não pode continuar a aumentá-lo a não ser com uma acumulação progressiva" (*Oeuvres*, t. I, p. 1046), ou ainda: "Poupai, poupai sempre, isto é, retransformai sem cessar a maior parte possível da mais-valia ou do produto líquido em capital! Acumular por acumular, produzir por produzir; essa é a palavra de ordem da economia política que proclama a missão histórica do período burguês. E em momento algum ela se iludiu sobre as dores de parto da riqueza: mas para que servem as lamentações que não alteram em nada as fatalidades históricas? Desse ponto de vista, se o proletário é apenas uma máquina

para produzir mais-valia, o capitalismo não é senão uma máquina para capitalizar essa mais-valia." (ibid., p. 1099-100).

35. A frase de Marx é a seguinte: "Entre a sociedade capitalista e a sociedade comunista se situa o período de transformação revolucionária de uma para outra. A este período corresponde igualmente uma fase de transição política, em que o Estado só poderia ser a ditadura revolucionária do proletariado." (*Oeuvres*, t. I, p. 1429). Marx emprega também essa expressão na carta (já citada na nota 13) a Joseph Weydemeyer de 5 de março de 1852, e, se não a ideia, a palavra já se encontrava no *Manifesto do Partido Comunista*: "O proletariado servir-se-á de sua supremacia política para arrancar, pouco a pouco, à burguesia, toda espécie de capital, para centralizar todos os instrumentos de produção nas mãos do Estado – isto é, do proletário organizado como classe dominante – e para aumentar, o mais rapidamente possível, a massa das forças produtivas." (*Oeuvres*, t. I, p. 181).

Sobre a frequência com que a expressão ditadura do proletariado é empregada por Marx e Engels, cf. Karl Draper, *Marx and the Dictatorship of the Proletariat*, Cadernos do I.S.E.A., série 5, n. 6, novembro de 1962.

36. Esta desvalorização da ordem política, reduzida à econômica, encontramos também em Saint-Simon e nos liberais de Manchester. Saint-Simon escrevera no *L'organisateur* (vol. IV, p. 197-8):

"Numa sociedade organizada para o objetivo positivo de trabalhar para a sua prosperidade por meio das ciências, das belas-artes e das artes aplicadas", em oposição portanto às sociedades militares e teológicas, "o ato mais importante, aquele que consiste em determinar a direção em que a sociedade deve caminhar, já não pertence aos homens investidos de funções governamentais. Ele é exercido pelo próprio corpo social. Além disso, o objetivo e o objeto de uma tal organização social estão tão claros, tão determinados, que já não há lugar para o arbítrio dos homens, nem mesmo para o das leis. Numa tal ordem de coisas, os cidadãos encarregados das diferentes funções sociais, mesmo as mais elevadas, sob certo ponto de vista, preenchem apenas papéis subalternos, uma vez que sua função, qualquer que seja a sua importância, consiste apenas em marchar numa certa direção que não foi escolhida por eles. A ação de governar no sentido de ação de comandar é, então, nula ou quase nula." Texto citado por G. Gurvitch no Curso sobre os Fundadores da Sociologia Contemporânea. (op. cit., "Saint-Simon", p. 29).

Sobre o pensamento político de Marx, cf. Maximilien Rubel, "Le concept de démocratie chez Marx", *in Le contrat social*, julho-agosto de 1962; Kostas Papaioannou, "Marx et l'état moderne", *in Le contrat social*, julho de 1960.

37. Georg Lukács, *Geschichte und Klassenbewusstsein*, Berlim, 1923. Tradução francesa: *Histoire et conscience de classe*, Paris, Éd. de Minuit, col. Arguments, 1960.

38. Para uma análise mais detalhada, vide meu estudo "L'impact du marxisme au XXe siècle", Boletim de S.E.D.E.I.S., *Études*, n. 906, janeiro de 1965.

Bibliografia
(obras citadas pelo autor e em português)

Obras de Karl Marx
(citadas pelo autor)

A bibliografia de Karl Marx é, em si mesma, quase que uma ciência autônoma; não poderíamos dar aqui, portanto, um repertório completo das obras de Marx. Para tanto, aliás, basta remeter o leitor às duas obras de Rubel:

Rubel, Maximilien. *Bibliographie des oeuvres de Karl Marx.*
    Contém um apêndice com um repertório das obras de F. Engels. Paris, Rivière, 1956.
Rubel, Maximilien. *Supplément à la bibliographie des oeuvres de Karl Marx*, Paris, Rivière, 1960.

Em francês, há três grandes edições das obras de Marx:

I. *Oeuvres complètes de Karl Marx*, Paris, Costes.
    Esta tradução compreende:

> *Oeuvres philosophiques*, 9 vols.;
> *Misère de la philosophie*, 1 vol.;
> *Révolution et contre-révolution en Allemagne*, 1 vol.
> (esta obra é, hoje, atribuída a F. Engels);

> *Karl Marx devant les jurés de Cologne. Révélations sur le procès des communistes*, 1 vol.;
> *Oeuvres politiques*, 8 vols.;
> *Herr Vogt et le 18 Brumaire de Louis Bonaparte*, 3 vols.;
> *Le capital*, 14 vols.;
> *Histoire des doctrines économiques*, 8 vols.;
> *Correspondance K. Marx–F. Engels*, 9 vols.

Apesar do título, esta edição não é completa. Além disso, a tradução, principalmente das obras filosóficas de juventude, foi feita a partir de textos alemães incompletos e inexatos. Hoje em dia esta edição está esgotada. No entanto, continua sendo um instrumento de trabalho indispensável, pois certas obras, como *Histoire des doctrines économiques* (ou *Théorie sur la plus-value*) só se encontram traduzidas aí.

II. *Oeuvres*, Bibliothèque de la Pléiade, Paris, Gallimard.

Esta edição, organizada por M. Rubel, atualmente se compõe de dois volumes. O primeiro, surgido em 1963, compreende, com uma única exceção, textos publicados pelo próprio Marx, ou seja: *Misère de la philosophie* (1847), *Discours sur le libre-échange* (1848), *Manifeste communiste* (1848), *Travail salarié et capital* (1849), *Introduction générale à la critique de l'économie politique* (redigido em 1857), *Critique de l'économie politique* (1859), *L'adresse inaugurale et les status de l'A.I.T.* (1869), *Salaire, prix et plus-value* (1865), *Le capital*, liv. I (1867), *Critique du programme de Gotha* (1875).

Para o livro I de *Le capital* foi adotada a tradução feita em 1875, por Joseph Roy. Marx colaborou longamente nessa tradução e, em sua nota para os leitores franceses, escreveu que ela "possuía um valor científico independente do original e deveria ser consultada mesmo pelos leitores familiarizados com a língua alemã".

O segundo volume, que surgiu em 1968, compreende textos econômicos que não foram publicados pelo próprio Marx, ou seja: *Économie et philosophie* (os manuscritos parisienses de 1844), *Salaire* (notas de 1847), *Principes d'une criti-*

que de l'économie politique (redigidos em 1857-58), *Matériaux pour l'"économie"* (redigidos em 1861-65), os livros II e III de *Le capital*. Em apêndice, encontram-se notas e cartas de Marx. Esta edição é um monumento de erudição. O primeiro volume contém uma longa cronologia bibliográfica organizada por M. Rubel; o segundo contém uma introdução de M. Rubel sobre a formação do pensamento econômico de Marx e a história dos textos econômicos. Mas nos livros II e III de *Le capital*, a escolha dos textos e apresentação diferem das de Engels, o que torna o livro pouco utilizável. Lamenta-se também que M. Rubel tenha julgado possível modificar a apresentação do livro I de *Le capital*, que, no entanto, havia sido editada quando Marx era vivo.

As citações das obras cuja tradução foi publicada no primeiro volume foram feitas segundo esta edição.

III. *Oeuvres complètes de Karl Marx*, Paris, Éd. Sociales.

Ainda não inteiramente publicada, como a anterior, esta edição, cujas traduções são feitas a partir das edições do Instituto Marx–Engels de Moscou, contém atualmente:

– as grandes obras históricas: *Les luttes de classe en France (1848-1850), Le 18 Brumaire de Louis Bonaparte, La guerre civile en France*;

– os três livros de *Le capital*: liv. I, 3 vols.; liv. II, 2 vols.; liv. III, 3 vols.

A tradução do livro I é a que foi realizada em 1875 por Joseph Roy, e revista por Marx. A tradução dos livros II e III é nova, e foi feita a partir da edição de Engels. Esta edição de *Le capital* é preciosa, pois contém, ao contrário da de M. Rubel, os prefácios e introdução integrais de Marx e Engels.

> *Contribution à la critique de l'économie politique,*
> *Travail salarié et capital* e *Salaire, prix et profit,*
> *Misère de la philosophie,*
> *L'idéologie allemande* (edição integral),
> *Les manuscrits de 1844* (edição integral),
> *Manifeste du parti communiste,*

Critique des programmes de Gotha et d'Erfurt,
La nouvelle gazette rhénane, t. I.

As citações das obras de Marx que não foram publicadas no tomo I da edição da Pléiade foram feitas de acordo com esta edição.

IV. Além dessas duas últimas edições gerais, devem ser assinaladas três edições de textos particulares:

Marx, Karl. *La question juive,* col. 10-18, Paris, Union Générale d'Éditions, 1968.

___. *Fondements de la critique de l'économie politique,* Paris, Anthropos, t. I, 1967; t. II, 1968.

___. *Lettres à Kugelman,* Paris, Anthropos, 1967.

V. Há numerosas antologias das obras de Marx. Citemos, entre outras:

Marx, Karl. *Pages choisies pour une éthique socialiste,* seleção de M. Rubel, Paris, Rivière, 1948.

___. *Oeuvres choisies,* seleção de N. Guterman e H. Lefebvre, col. Idées, Paris, Gallimard, t. I, 1963; t. II, 1966.

Marx, K. e Engels, F. *Études philosophiques,* nova ed., Paris, Éd. Sociales, 1961.

___. *Sur la littérature et l'art,* Paris, Éd. Sociales, 1954.

___. E *Sur la religion,* Paris, Éd. Sociales, 1960.

___. *Lettres sur "Le capital",* Paris, Éd. Sociales, 1964.

Biografias de Marx

Berlin, I. *Karl Marx, sa vie, son oeuvre,* col. Idées, Paris, Gallimard, 1962.

Blumenberg, W. *Marx,* Paris, Mercure de France, 1967.

Cornu, A. *Karl Marx, sa vie et son oeuvre,* Alcan, 1934.

___. *Karl Marx et Friedrich Engels,* Paris, P.U.F., 3 vols. I. *Les années d'enfance et de jeunesse, la gauche hégélienne (1818/1820-1844),* 1955; II. *Du libéralisme démocratique au communisme,*

La gazette rhénane, Les annales franco-allemandes (1842-1844), 1958; III. *Marx à Paris*, 1962.

Mehring, F. *Karl Marx, Geschichte seines Lebens*, Leipzig, Soziologische Verlagsanstalt, 1933 (tradução inglesa: *Karl Marx, the Story of his Life*, Londres, Allen and Unwin, 1966).

Nicolaievski, B. e Maenchen-Helfen, O. *Karl Marx*, Paris, Gallimard, 1937.

Riazanov, D. *Marx et Engels*, Paris, Anthropos, 1967.

___. *Marx, homme, penseur et révolutionnaire*, Paris, Anthropos, 1968.

Obras consagradas ao pensamento de Marx

Althusser, L. *Pour Marx*, Paris, Maspéro, 1965.

Althusser, L., Rancière, J. e Macheray, P. *Lire "Le capital"*, t. I, Paris, Maspéro, 1965.

Althusser, L., Balibar, E. e Establet, R. *Lire "Le capital"*, t. II, Paris, Maspéro, 1965.

Andler, Ch. *Le manifeste communiste de Karl Marx et Engels. Introduction historique et commentaire*, Paris, Rieder, 1925.

Bendix, R. e Lipset, S. M. "Karl Marx's Theory of Social Classes", *in* R. Bendix e S. M. Lipset, eds., *Class, Status and Power*, 2.ª ed., Londres, Routledge and Kegan, 1967, p. 6-11.

Calvez, J. Y. *La pensée de Karl Marx*, Paris, Le Seuil, 1956.

Dahrendorf, R. *Class and Class Conflict in Industrial Society*, Londres, Routledge and Kegan, 1959 (primeira parte: "The Marxian Doctrine in the Light of Historical Changes and Sociological Insights", p. 3-154).

Fallst, J. *Marx et le machinisme*, Paris, Cujas, 1966.

Gurvitch, G. *La vocation actuelle de la sociologie*, Paris, P.U.F., 1950.

___. *La sociologie de Karl Marx*, Paris, C.D.U., 1958.

Hook, S. *From Hegel to Marx. Studies in the Intellectual Development of Karl Marx*, Nova York, Reynal & Hitchcock, 1936.

Lefebvre, H. *Sociologie de Marx*, Paris, P.U.F., 1966.

___. *Pour connaître la pensée de Karl Marx*, Paris, Bordas, 1947.
Lichtheim, G. *Marxism, an Historical and Critical Study*, Nova York, Praeger, 1961.
Lindsay, A. D. *Karl Marx's Capital*, Londres, Oxford University Press, 1931.
Pareto, V. *Les systèmes socialistes*, Paris, Girard et Brière, t. I, 1902; t. II, 1903 (os capítulos sobre Marx estão no t. II, p. 322-456).
Parsons, T. *Sociological Theory and Modern Society*, Nova York, The Free Press, 1967, cap. 4 (p. 102-35): "Some Comments on the Sociology of Karl Marx".
Rubel, M. *Karl Marx. Essai de biographie intellectuelle*, Paris, Rivière, 1957.
___. *Karl Marx devant le bonapartisme*, Paris, La Haye, Mouton, 1960.
Schumpeter, J. *Capitalisme, socialisme et démocratie*, Paris, Payot, 1950 (só a primeira parte deste livro, intitulada "La doctrine marxiste", refere-se diretamente ao pensamento de Marx, p. 65-136).

Obras sobre a economia política de Marx

Bartoli, H. *La doctrine économique et sociale de Karl Marx*, Paris, Le Seuil, 1950.
Bénard, J. *La conception marxiste du capital*, Paris, Sedes, 1952.
Von Böhm-Bawerk, E. *Histoire critique des théories de l'intérêt et du capital*, Paris, Girard et Brière, t. I, 1902; t. II, 1903 (o capítulo relativo à teoria marxista do valor e da exploração está no tomo II, p. 70-136).
Dickinson, H. D. "The Falling Rate of Profit in Marxian Economics", *The Review of Economic Studies*, fevereiro de 1957.
Fellner, W. "Marxian Hypotheses and Observable Trends under Capitalism: a Modernized Interpretation", *Economic Journal*, março de 1957.
Gottheil, F. M. *Marx's Economic Predictions*, Evanston, Northwestern University Press, 1966.

Lange, O. *Économie politique*, t. I, Problèmes généraux, Paris, P.U.F., 1960.

___. "Marxian Economics and Modern Economic Theory", *The Review of Economic Studies*, junho de 1935.

Luxemburg, R. *L'accumulation du capital*, Paris, Maspéro, 1967, 2 vols.

Mandel, E. *La formation de la pensée économique de Karl Marx*, Paris, Maspéro, 1967.

Robinson, J. *An Essay on Marxian Economics*, Londres, Mac Millan, 1942.

Samuelson, P. A. "Wages and Interest: Marxian Economic Models", *American Economic Review*, dezembro de 1957.

Sweezy, P. M. *The Theory of Capitalist Development, Principles of Marxian Political Economy*, Londres, D. Dobson, 1946.

Sweezy, P. M. de, ed. *Karl Marx and the Close of his System*, de E. von Böhm-Bawerk; *Böhm-Bawerk's Criticism of Marx*, de Hilferding; juntamente com um apêndice de L. von Bortkiewicz, *On the Correction of Marx's Fundamental Theoretical Construction in the Third Volume of Capital*, Nova York, A. M. Kelley, 1949 (Esta obra contém três dos textos econômicos mais importantes suscitados pela teoria marxista do valor; o ensaio de Böhm-Bawerk foi publicado pela primeira vez sob o título: "Zum Abschluss des Marx'schen Systems", em *Festgaben für Karl Knies*, em Berlim, em 1896. A resposta de Hilferding é de 1904).

Wiles, P. J. D. *The Political Economy of Communism*, Oxford, Basil and Blackwell, 1962.

Wolfson, M. *A Reappraisal of Marxian Economics*, Nova York, Columbia University Press, 1966.

O número da *American Economic Review* de maio de 1967 contém, sob o título geral "Das Kapital: a Centenary Appreciation", três artigos que reproduzem comunicações feitas no congresso da American Economic Association de dezembro de 1966: A. Ehrlich, "Notes on Marxian Model of Capital Accumulation"; P. A. Samuelson, "Marxian Economics as Economics"; M. Bronfenbrenner, "Marxian Influences in Bourgeois economics".

A revista *Économie et sociétés*, cadernos do I.S.E.A., série S, junho de 1967, também dedicou um número especial ao centenário de *O capital*. Esse número contém artigos de M. Rubel, P. Mattick e B. Ollman, assim como artigos inéditos de Marx e a reedição de um artigo de O. Bauer.

Obras sobre o marxismo

Aron, R., Ulam, A. B., Wolfe, B. D. *et al. De Marx à Mao Tsétoung. Un siècle d'internationale marxiste*, Paris, Calmann-Lévy, 1967.
Chambre, H. *Le marxisme en Union Soviétique*, Paris, Le Seuil, 1955.
Drachkovitch, M. M., ed. *Marxist Ideology in the Contemporary World*, Nova York, Praeger, 1966.
Labedz, Léopold, ed. *Revisionism. Essays on the History of Marxist Ideas*, Nova York, Praeger, 1962.
Papaioannou, K. *Les marxistes* (antologia comentada), Paris, Éd. "J'ai lu", 1965.
Wetter, G.-A. *Le matérialisme historique et le matérialisme dialectique* (t. I, *L'idéologie soviétique contemporaine*), Paris, Payot, 1965.
Wolfe, B.-D. *Le marxisme*, Paris, Fayard, 1967.

Obras de Marx
(em português)

Marx, Karl. *O 18 brumário de Luís Bonaparte e cartas a Kugelmann*, trad. de Leandro Konder e Renato Guimarães; 6.ª ed., São Paulo, Paz e Terra, 1997.
___. *18 brumário de Louis Bonaparte*, trad. de M. Tereza de Sousa Coimbra, s.l., Nosso Tempo, 1971.
___. *18 brumário de Luís Bonaparte*, São Paulo, Escriba, 1968.
___. *18 brumário de Luís Bonaparte*, Rio de Janeiro, Vitória, 1968.

___. *A burguesia e a contrarrevolução*, pref. de José Chasin, São Paulo, Ensaio, 1987.

___. *Acumulação do capital*, trad. de Alberto Saraiva, Porto, Publicações Escorpião, 1974.

___. *O capital: crítica da economia política*, trad. de Reginaldo Sant'Anna, 3 vols., 16.ª ed., Rio de Janeiro, Civilização Brasileira, 1998.

___. *O capital: crítica da economia política*, trad. de Reginaldo Sant'Anna, 14.ª ed., Rio de Janeiro, Bertrand Brasil, 1994.

___. *O capital*, trad. de Reginaldo Sant'Anna, 11.ª ed., 9 vols. São Paulo, Difel, 1987.

___. *O capital: crítica da economia política*, trad. Régis Barbosa e Flávio R. Kothe, 4 vols., col. Os Economistas, São Paulo, Nova Cultural, 1996.

___. *Capítulo VI inédito de O capital: resultados do processo de produção imediata*, São Paulo, Moraes, 1985.

___. *Consequências sociais do avanço tecnológico*, apres. de Rudi Supek, São Paulo, Edições Populares, 1980.

___. *Contribuição à crítica da economia política*, trad. de Maria Helena Barreiro Alves, 2.ª ed., São Paulo, Martins Fontes, 1983.

___. *Contribuição para a crítica da economia política*, trad. de Maria Helena Barreiro Alves, São Paulo, Mandacaru, 1989.

___. *Contribuição à crítica da economia política*, trad. e intr. de Florestan Fernandes, São Paulo, Flama, 1946.

___. *Contribuição para uma história da América Latina*, São Paulo, Edições Populares, 1982.

___. *Cooperativismo e socialismo*, Coimbra, Centelha, 1979.

___. *Crítica do programa de Gotha*, trad. de Neuza Campos. Rio de Janeiro, Ciência e Paz, 1984.

___. *Crítica da filosofia do direito de Hegel*, São Paulo, Grijalbo, 1977.

___. *Diferenças entre as filosofias da natureza em Demócrito e Epicuro*, São Paulo, Global, s.d.

___. *Economia política e filosofia*, Rio de Janeiro, Melso, 1963.

___. *Formações econômicas pré-capitalistas*, intr. de Eric Hobsbawm, trad. de João Maia, rev. de Alexandre Addor, 3.ª ed., Rio de Janeiro, Paz e Terra, 1981.

___. *A guerra civil na França*, apres. e coord. de Antonio Roberto Bertelli, São Paulo, Global, 1986.

___. *Karl Marx: economia*, trad. de Edgar Malagodi *et al.*, coord. de Florestan Fernandes, org. de Paul Singer, col. Grandes Cientistas Sociais, São Paulo, Ática, 1982.

___. *Karl Marx: sociologia*, trad. de Maria Elisa Mascarenhas, Ione de Andrade e Fausto N. Pellegrini, org. de Octavio Ianni, 8.ª ed., col. Grandes Cientistas Sociais, São Paulo, Ática, 1996.

___. *A liberdade de imprensa*, trad. de Cláudia Schilling e José Fonseca, 19.ª ed., Porto Alegre, L&PM, 1999.

___. *As lutas de classes na França*, apres. e coord. de Antonio Roberto Bertelli, São Paulo, Global, 1986.

___. *As lutas de classes na França*, trad. de Luiz Carlos Machado, Rio de Janeiro, Cátedra, 1986.

___. *Lutas de classes na França: 1848 a 1850*, intr. de Friedrich Engels, Rio de Janeiro, Vitória, 1956.

___. *Lutas de classes na França: 1848 a 1850*, Rio de Janeiro, Avante, 1984.

___. *Manuscritos econômico-filosóficos e outros textos escolhidos*, seleção de José Arthur Giannotti, trad. de José Carlos Bruni, Edgar Malagodi, José Arthur Giannotti, Walter Rehfeld e Leandro Konder, 2 vols., 5.ª ed., col. Os Pensadores, São Paulo, Nova Cultural, 1991.

___. *Manuscritos econômicos e filosóficos*, trad. de T. B. Bottomore; 4.ª ed. Rio de Janeiro, Zahar, 1967.

___. *Marx* (inclui: *Para a crítica da economia política*; *Salário, preço e lucro*; *O rendimento e suas fontes: a economia vulgar*), trad. de Edgar Malagodi *et al.*; col. Os Economistas, São Paulo, Abril Cultural, 1982.

___. *Miséria da filosofia*, trad. de Luís M. Santos, São Paulo, Mandacaru, 1990.

___. *Miséria da filosofia*, trad. de José Paulo Netto, 2.ª ed., São Paulo, Global, 1989.

___. *Miséria da filosofia*, pref. de Friedrich Engels, São Paulo, Exposição do Livro, s.d.

___. *Miséria da filosofia: resposta à filosofia da miséria de Pierre-Joseph Proudhon*, São Paulo, Grijalbo, 1976.

___. *Miséria da filosofia: resposta à "filosofia da miséria" de Pierre-Joseph Proudhon*, Rio de Janeiro, Leitura, 1965.

___. *A origem do capital: a acumulação primitiva*, trad. de Walter S. Maia, 6ª ed., São Paulo, Global, 1989.

___. *Origem do capital: a acumulação primitiva*, trad. de Walter S. Maia, São Paulo, Fulgor, 1964.

___. *Para a crítica da economia política*, colab. de José Arthur Giannotti, trad. de Edgard Malagodi, col. Os Pensadores, São Paulo, Nova Cultural, 1999.

___. *Para uma crítica de economia política*, São Paulo, Global, 1979.

___. *A questão judaica*, 2ª ed., São Paulo, Moraes, 1991.

___. *A questão judaica*, trad. de Wladimir Gomide, Rio de Janeiro, Laemmert, 1969.

___. *Salário, preço e lucro*, trad. de Olinto Beckerman, 6ª ed., São Paulo, Global, 1988.

___. *Salário, preço e lucro*, São Paulo, Moraes, 1985.

___. *Salário, preço e lucro*, 3ª ed., Rio de Janeiro, Vitória, 1963.

___. *Salários, preços e lucros*, Curitiba, Guaíra, s.d.

___. *Sociedade e mudanças sociais*, ed. e intr. de Neil Smelser, rev. port. de Artur Morão, 2ª ed., Lisboa, Edições 70, 1976.

___. *Teoria da mais-valia: os fisiocratas*, 2ª ed., São Paulo, Global, 1979.

___. *Textos econômicos*, Estampa, 1975.

___. *Trabalho assalariado e capital*, trad. de Olinto Beckerman, 4ª ed., São Paulo, Global, 1987.

___. *Trabalho assalariado e capital*, Rio de Janeiro, Vitória, 1980.

___. *Trechos escolhidos sobre economia política*, trad. de Inácio Rangel, Rio de Janeiro, Calvino, 1946.

___. *Trechos escolhidos sobre filosofia*, trad. de Inácio Rangel, Rio de Janeiro, Calvino, 1946.

___. *Troca, igualdade, liberdade*, São Paulo, Ciências Humanas, 1978.

Marx, Karl e Engels, Friedrich. *Cartas filosóficas: o manifesto comunista de 1848*, São Paulo, Moraes, 1987.

___. *Cartas filosóficas e outros escritos*. São Paulo, Grijalbo, 1977.

___. *A ideologia alemã*, intr. de Jacob Gorender, 2.ª ed., São Paulo, Martins Fontes, 1998.
___. *A ideologia alemã* (I-Feuerbach), trad. de José Carlos Bruni, 10.ª ed. São Paulo, Hucitec, 1996.
___. *A ideologia alemã*, trad. de José Carlos Bruni e Marco Aurélio Nogueira, 3.ª ed., São Paulo, Ciências Humanas, 1982.
___. *Ideologia alemã* (I-Feuerbach), trad. de José Carlos Bruni, São Paulo, Grijalbo, 1977.
___. *A ideologia alemã: 1.º capítulo seguido das teses sobre Feuerbach*, trad. de Álvaro Pina, São Paulo, Moraes, 1984.
___. *Ideologia alemã e outros escritos*, Rio de Janeiro, Zahar, 1965.
___. *Karl Marx e Friedrich Engels: história*, org. de Florestan Fernandes *et al.*, 3.ª ed., col. Grandes Cientistas Sociais, São Paulo, Ática, 1989.
___. *Ludwig Feuerbach e o fim da filosofia clássica alemã e outros textos filosóficos*, trad. de Isabel Vale, Fernando Guerreiro, António Reis e António Melo, 3.ª ed., Lisboa, Estampa, 1975.
___. *Manifesto comunista*, comentários de Chico Alencar, Rio de Janeiro, Garamond, 1998.
___. *O manifesto comunista*, Paz e Terra, 1996.
___. *Manifesto comunista*, São Paulo, Ched, 1980.
___. *Manifesto comunista de 1848*, 2.ª ed., Rio de Janeiro, Zahar, 1967.
___. *O manifesto comunista 150 anos depois*, org. de Daniel Aarão Reis Filho, São Paulo, Fundação Perseu Abramo; Rio de Janeiro, Contraponto, 1998.
___. *Manifesto do partido comunista*, trad. de Leandro Konder e Marco Aurélio Nogueira, 10.ª ed., Petrópolis, Vozes, 2000.
___. *Manifesto do partido comunista*, prólogo de José Paulo Netto. São Paulo, Cortez, 1998.
___. *Manifesto do partido comunista*, 9.ª ed., São Paulo, Global, 1993.
___. *Manifesto do partido comunista*, São Paulo, Novos Rumos, 1986.
___. *Manifesto do partido comunista*, Rio de Janeiro, Cátedra, 1985.
___. *Manifesto do partido comunista*, Rio de Janeiro, Vitória, 1960.

___. *Obras escolhidas*, trad. de José Barata Moura, 3 vols., Lisboa, Avante, 1982.
___. *Obras escolhidas*, trad. de Almir Matos, 3 vols., Rio de Janeiro, Vitória, 1961.
___. *Obras escolhidas*, 3 vols., São Paulo, Alfa-Ômega, s.d.
___. *Princípios do comunismo e outros textos*, São Paulo, Mandacaru, 1990.
___. *Revolução espanhola*, Rio de Janeiro, Leitura, 1966.
___. *A sagrada família*, trad. de Sérgio José Schirato, São Paulo, Moraes, 1987.
___. *A sagrada família*, trad. de Fiama Hasse Pais Brandão, João Paulo Casquilho e José Bettencourt, 2.ª ed., Lisboa, Presença; São Paulo, Martins Fontes, s.d.
___. *Sindicalismo*, 2.ª ed., São Paulo, Ched, 1981.
___. *Sobre literatura e arte*, 2.ª ed., São Paulo, Global, 1980.
___. *Textos filosóficos*, trad. de Maria Flor Marques Simões, Lisboa, Estampa, 1975.
___. *Textos filosóficos*, Lisboa, Presença, s.d.
___. *Textos sobre educação e ensino*, São Paulo, Moraes, 1983.
___. *Textos*, São Paulo, Ed. Sociais, 1975.
Marx, K. e Luxemburg. R. *Cooperativismo e socialismo*, Coimbra, Centelha, 1979.
Marx, Karl; Engels, Friedrich e Lênin, V. I. *Questão do partido*, São Paulo, Kairós, 1978.

Biografia de Marx
(em português)

Berlin, Isaiah. *Karl Marx: sua vida, seu meio e sua obra*, São Paulo, Siciliano, 1991.

Obras consagradas ao pensamento de Marx
(em português)

Althusser, Louis. *A favor de Marx: pour Marx*, trad. de Dirceu Lindoso, 2.ª ed., Rio de Janeiro, Zahar, 1979.

Althusser, Louis; Balibar, E. e Establet, R. *Ler o Capital*, trad. de Nathanael C. Caixeiro, Rio de Janeiro, Zahar, 1979.
Calvez, Jean-Yves. *Pensamento de Karl Marx*, 2 vols., Porto, Tavares Martins, 1959.
Dahrendorf, Ralf. *Classes e seus conflitos na sociedade industrial*, trad. de José Viegas, Brasília, UnB, 1982.
Gurvitch, Georges. *A sociologia de Karl Marx*, trad. de Iolanda Leite, São Paulo, Anhambi, 1960.
___. *Vocação atual da sociologia*, Lisboa, Cosmos, 1968.
Lefebvre, Henri. *Sociologia de Marx*, trad. de Carlos Roberto Alves Dias, Rio de Janeiro, Forense-Universitária, 1979.
Schumpeter, Joseph Alois. *Capitalismo, socialismo e democracia*, trad. de Sérgio Góes de Paula, Rio de Janeiro, Zahar, 1984.
___. *Capitalismo, socialismo e democracia*, trad. de R. Jungmann, Rio de Janeiro, Fundo de Cultura, 1984.

Obras sobre a economia política de Marx
(em português)

Lange, Oskar. *Moderna economia política: problemas gerais*, trad. de Pedro Lisboa, São Paulo, Vértice, 1986.
___. *Moderna economia política: problemas gerais*, trad. de Pedro Lisboa, 2.ª ed., Rio de Janeiro, Fundo de Cultura, 1967.
Luxemburg, Rosa. *Acumulação do capital: contribuição ao estudo econômico do imperialismo*, trad. de Marijane Vieira Lisboa e Otto Erich Walter Maas, 2 vols., 2.ª ed., col. Os Economistas, São Paulo, Nova Cultural, 1985.
___. *A acumulação do capital: estudo sobre a interpretação econômica do imperialismo*, trad. de Moniz Bandeira, 3.ª ed., Rio de Janeiro, Zahar, 1983.
Mandel, Ernest. *Formação do pensamento econômico de Karl Marx: de 1843 até a redação de O capital*, trad. de Carlos Henrique de Escobar, 2.ª ed., Rio de Janeiro, Zahar, 1980.
Robinson, Joan. *Economia marxista*, trad. de José Luis Silveira Miranda, Rio de Janeiro, Fundo de Cultura, 1960.

Sweezy, Paul M. *Teoria do desenvolvimento capitalista: princípios de economia política marxista*, trad. de Waltensir Dutra, 2ª ed., col. Os Economistas, São Paulo, Nova Cultural, 1986.
___. *Teoria do desenvolvimento capitalista: princípios de economia política marxista*, trad. de Waltensir Dutra, 5ª ed., Rio de Janeiro, Zahar, 1982.
Wolfson, Murray. *Uma reavaliação da economia marxista*, trad. de Ruy Jungmann, Rio de Janeiro, Zahar, 1972.

Obra sobre o marxismo
(em português)

Drachkovitch, M. M. *Marxismo no mundo moderno*, trad. de Waltensir Dutra, Rio de Janeiro, Zahar, 1966.

ALEXIS DE TOCQUEVILLE

> Quem procura na liberdade outra coisa que não seja a própria liberdade é feito para servir.
>
> L'*Ancien Régime et la Révolution*,
> I, III, 3, p. 217.

Em geral Tocqueville não figura entre os inspiradores do pensamento sociológico. Essa falta de reconhecimento de uma obra importante me parece injusta.

Contudo, tenho outra razão para analisar seu pensamento. Ao analisar o pensamento de Montesquieu, como o de Auguste Comte e Marx, coloquei no centro de minhas análises a relação entre os fenômenos econômicos e o regime político, ou o Estado, partindo regularmente da interpretação que esses autores davam à sociedade em que viviam. O diagnóstico do presente constituía o fato básico a partir do qual tentava interpretar o pensamento desses sociólogos. Neste particular, porém, Tocqueville difere tanto de Comte como de Marx. Em vez de pintar a preponderância do fato industrial, como Comte, ou do fato capitalista, como Marx, ele atribui primazia ao fato democrático.

Uma última razão da minha escolha é o modo como o próprio Tocqueville concebe sua obra, ou seja, em termos modernos, o modo como concebe a sociologia. Tocqueville parte da determinação de certos traços estruturais das sociedades modernas para a comparação das diversas modalidades dessas sociedades. Comte observava a sociedade industrial e, sem negar que ela comporta diferenças secundárias, de acordo com as nações e os continentes, acentuava as características comuns a todas as sociedades industriais. Tendo definido a sociedade industrial, pensava ser possível, a partir dessa definição, indicar as características da organização política e intelectual de qualquer sociedade industrial. Marx definiu o regime capitalista e descreveu certos fenômenos que, segundo ele, seriam encontráveis em todas as sociedades capitalistas. Comte e Marx concordam, portanto, quando insistem nos traços genéricos de toda sociedade, seja industrial, seja capitalista, subestimando contudo a margem de variação da sociedade industrial ou do regime capitalista.

Tocqueville, ao contrário, constata certas características associadas à essência de toda sociedade moderna, ou democrática, mas acrescenta que, a partir desses fundamentos comuns, há uma pluralidade de regimes políticos possíveis. As sociedades democráticas são liberais ou despóticas; podem e devem assumir características distintas nos Estados Unidos e na Europa, na Alemanha e na França. Tocqueville é o sociólogo comparativista por excelência; procura identificar o que é importante, confrontando espécies de sociedade pertencentes a um mesmo gênero ou a um mesmo tipo.

Nos países anglo-saxões Tocqueville é considerado um dos mais importantes pensadores políticos, comparável a Montesquieu no século XVIII. Na França, porém, nunca foi objeto de interesse por parte dos sociólogos, porque a moderna escola de Durkheim se originou da obra de Auguste Comte. Por isso os sociólogos franceses acentuaram os fenômenos da estrutura social, em detrimento dos fenômenos das instituições políticas. Provavelmente pelo mesmo motivo, Tocqueville não costuma figurar, na França, na lista dos grandes mestres.

Democracia e liberdade

Tocqueville escreveu dois livros principais: *A democracia na América* e *O Antigo Regime e a Revolução*. Postumamente foi publicado um volume de memórias da Revolução de 1848 e da sua passagem pelo Ministério dos Assuntos Estrangeiros, como também sua correspondência e discursos. O essencial, contudo, são os dois grandes livros citados: um sobre os Estados Unidos da América, o outro sobre a França, que constituem, por assim dizer, as duas partes de um díptico.

O livro sobre os Estados Unidos da América procura responder à seguinte indagação: por que nos Estados Unidos a sociedade democrática é liberal? *O Antigo Regime e a Revolução* pergunta: por que a França encontra tanta dificuldade, no curso da sua evolução rumo à democracia, para manter um regime político de liberdade?

Precisamos, portanto, definir inicialmente a noção de democracia, ou de sociedade democrática, que se encontra em toda a obra de Tocqueville, do mesmo modo como definimos preliminarmente a noção de sociedade industrial em Auguste Comte e a de capitalismo em Marx.

Essa tarefa apresenta alguma dificuldade; já se disse que Tocqueville empregava constantemente a noção de sociedade democrática, sem nunca defini-la com rigor.

Quase sempre ele emprega essa expressão para designar um certo tipo de sociedade, mais do que um certo tipo de poder. Há um texto de *De la démocracie en Amérique* bastante revelador da maneira de Tocqueville:

> Se vos parece útil desviar a atividade intelectual e moral do homem para atender às necessidades da vida material, empregando-a na produção do bem-estar; se a razão vos parece mais útil aos homens do que o gênio; se vossa finalidade não é criar virtudes heroicas, mas hábitos tranquilos; se tendes preferência por ver vícios em vez de crimes, e se preferis encontrar menos ações grandiosas a fim de encontrar menos ações hediondas; se, em lugar de agir no seio de uma sociedade brilhante, vos parece suficiente viver no meio de uma sociedade próspera; se, por fim, o objetivo principal do governo não é, segundo vossa opinião, dar a maior força ou a maior glória possível a todo o corpo da nação, mas sim garantir a cada um dos indivíduos que a compõem o maior bem-estar, resguardando-o da miséria, neste caso, deveis igualizar as condições, para constituir o governo democrático. Se não há mais tempo de fazer uma escolha, e uma força superior à do homem vos arrasta, sem consultar vossos desejos, a um dos dois tipos de governo, procurai, pelo menos, extrair dele todo o bem de que é capaz; conhecendo seus bons instintos, e também suas más inclinações, esforçai-vos por promover os primeiros e restringir estas últimas (*O. C.*, t. I, vol. 1, p. 256).

Este texto, muito eloquente, repleto de antíteses retóricas, é característico do estilo, da linguagem e, diria mesmo, do fundo do pensamento de Tocqueville.

A seus olhos, a democracia consiste na igualização das condições. Democrática é a sociedade em que não subsistem distinções de ordens e de classes; em que todos os indivíduos que compõem a coletividade são socialmente iguais, o que não significa que sejam intelectualmente iguais, o que é absurdo, ou economicamente iguais, o que, para Tocqueville, é impossível. A igualdade social significa a inexistência de diferenças hereditárias de condições; quer dizer que todas as ocupações, todas as profissões, dignidades e honrarias são acessíveis a todos. Estão portanto implicadas na ideia da democracia a igualdade social e, também, a tendência para a uniformidade dos modos e dos níveis de vida.

Mas, se essa é a essência da democracia, compreende-se que o governo adaptado a uma sociedade igualitária seja aquele que, em outros textos, Tocqueville chama de governo democrático. Se não há uma diferença essencial de condição entre os membros da coletividade, é normal que a soberania pertença ao conjunto dos indivíduos.

Volta-se a encontrar assim a definição de democracia de Montesquieu e dos autores clássicos. O conjunto do corpo social é soberano, porque a participação de todos na escolha dos governantes e no exercício da autoridade é a expressão lógica de uma sociedade democrática, isto é, de uma sociedade igualitária.

Além disso, uma sociedade dessa ordem, em que a igualdade constitui a lei social, e a democracia o caráter do Estado, é também uma sociedade que tem por objetivo prioritário o bem-estar do maior número possível. É uma sociedade que não tem por objeto o poder ou a glória, mas sim a prosperidade e a tranquilidade; uma sociedade que chamaríamos de pequeno-burguesa. Descendente de uma grande família, Tocqueville oscila, nos seus julgamentos a respeito da sociedade democrática, entre a severidade e a indulgência, entre uma reticência do seu coração e uma adesão hesitante da sua razão[1].

Se essa é a característica da sociedade democrática moderna, creio que se pode compreender o problema central de Tocqueville a partir de Montesquieu, autor que o próprio Tocqueville confessou ter tomado como modelo ao escrever *A democracia na América*. O problema central de Tocqueville é o desenvolvimento de um dos problemas formulados por Montesquieu.

Segundo este último, a república e a monarquia podem ser regimes moderados, com a preservação da liberdade, enquanto o despotismo, isto é, o poder arbitrário de uma só pessoa, não é um regime moderado, e não pode sê-lo. Contudo, entre os dois regimes moderados, a república e a monarquia, há uma diferença fundamental: a igualdade é o princípio das repúblicas antigas, e a desigualdade das classes (*ordres*) e das condições constitui a essência das monarquias modernas, ou pelo menos da monarquia francesa. Montesquieu considera, portanto, que a liberdade pode ser preservada de acordo com dois métodos, ou em dois tipos de sociedade: as pequenas repúblicas da Antiguidade, cujo princípio era a virtude, e nas quais os indivíduos eram e deviam ser o mais iguais possível; as monarquias modernas, que são grandes Estados cujo princípio é a honra, e em que a desigualdade de condições é, por assim dizer, a própria condição de liberdade. Com efeito, na medida em que cada um se julga obrigado a permanecer fiel aos deveres da sua condição, o poder do soberano não se corrompe em poder absoluto e arbitrário. Em outras palavras, na monarquia francesa, tal como a concebe Montesquieu, a desigualdade é o motor e a garantia da liberdade.

Contudo, estudando a Inglaterra, Montesquieu tinha examinado o regime representativo, fenômeno novo para ele. Constatara que naquele país a aristocracia se dedicava ao comércio, mas nem por isso se corrompia. Tinha visto uma monarquia liberal, baseada na representação e no primado da atividade mercantil.

O pensamento de Tocqueville pode ser considerado como o desenvolvimento da teoria de Montesquieu sobre a monarquia inglesa. Escrevendo depois da Revolução, Tocqueville não pode conceber que a liberdade dos modernos tenha como fundamento e garantia a desigualdade das condições, desigualdade cujos fundamentos intelectuais e sociais desapareceram. Seria insensato querer restaurar a autoridade e os privilégios de uma aristocracia que fora destruída pela Revolução.

A liberdade dos modernos, para falar à maneira de Benjamin Constant, já não se pode fundamentar, como Montesquieu sugeriu, na distinção das classes e dos estados. A igualdade das condições se tornou o fato mais importante da sociedade[2].

A tese de Tocqueville é, então, esta: a liberdade não pode se fundamentar na desigualdade; deve assentar-se sobre a realidade democrática da igualdade de condições, salvaguardada por instituições cujo modelo lhe parecia existir na América.

Mas que entendia Tocqueville por liberdade? Tocqueville não escrevia à maneira dos sociólogos modernos, e não nos deixou uma definição por critérios. Creio, porém, que não é difícil precisar, de acordo com as exigências científicas do século XX, o que entendia por liberdade. Penso, aliás, que sua concepção se aproxima muito da de Montesquieu.

O primeiro termo que constitui a noção de liberdade é a ausência de arbitrariedade. Quando o poder só é exercido de acordo com as leis, os indivíduos gozam de segurança. Mas é preciso desconfiar dos homens, e, como ninguém tem a virtude necessária para exercer o poder absoluto sem se corromper, é preciso não dar o poder absoluto a ninguém. Torna-se necessário, como diria Montesquieu, que o próprio poder imponha limites ao poder; que haja uma pluralidade de centros de decisão, de órgãos políticos e administrativos, equilibrando-se uns aos outros. E, como todos participam da soberania, é necessário que os que exercem o poder sejam, de certo modo, os representantes ou os delegados dos governados. Em outras palavras, é necessário que o povo, tanto quanto lhe seja materialmente possível, se governe a si mesmo.

O problema de Tocqueville pode, pois, ser resumido assim: em que condições uma sociedade em que o destino dos indivíduos tende a ser uniforme pode evitar o despotismo? Ou ainda: como compatibilizar a igualdade e a liberdade? Tocqueville, porém, pertence ao pensamento sociológico tanto quanto à filosofia clássica, da qual deriva por intermédio de Montesquieu. Remonta pois ao estudo da sociedade para compreender as instituições da política.

Antes de ir mais longe, convém analisar a interpretação que Tocqueville deu daquilo que aos olhos de seus contemporâneos, Auguste Comte ou Marx, era essencial, porque tal interpretação determina a compreensão exata do seu pensamento.

Pelo que sei, Tocqueville não conheceu a obra de Auguste Comte; seguramente ouviu referências a ela, mas as ideias de Comte não parecem ter tido nenhuma influência no seu pensamento. Quanto às obras de Marx, também não creio que as tenha conhecido. O *Manifesto comunista* era mais célebre em 1948 do que em 1848. Em 1848 não passava de um panfleto de um emigrado político, refugiado em Bruxelas; não há nenhuma prova de que Tocqueville tenha tido contato com esse panfleto obscuro, que teve depois tão grande carreira.

É evidente, porém, que Tocqueville se referiu aos fenômenos que Comte e Marx consideravam essenciais, a saber, a sociedade industrial e o capitalismo.

Tocqueville concorda com Comte e com Marx a respeito do fato, por assim dizer, evidente, de que as atividades privilegiadas das sociedades modernas são a comercial e a industrial. É o que afirma a respeito dos Estados Unidos da América, e não duvida de que a tendência seja a mesma na Europa. Embora não se exprima da mesma maneira de Saint-Simon ou Auguste Comte, ele também opõe as sociedades do passado, em que predominava a atividade militar, às sociedades do seu tempo, cujo objetivo e missão eram o bem-estar do maior número possível de pessoas.

Escreveu muitas páginas sobre a superioridade da América em matéria de indústrias e nunca deixou de perceber a característica mais importante da sociedade americana[3]. Contudo, quando mostra essa predominância da atividade comercial e industrial, Tocqueville a interpreta essencialmente com relação ao passado e com relação ao seu tema central, que é o da democracia.

Esforça-se, então, por demonstrar que a atividade industrial e comercial não pode reconstituir uma aristocracia do tipo tradicional. A desigualdade da sorte, implicada pela atividade comercial e industrial, não lhe parece contradizer a tendência igualitária das sociedades modernas.

Em primeiro lugar, a riqueza comercial, industrial e imobiliária é, se podemos dizer assim, móvel. Não se cristaliza em famílias que mantêm situação privilegiada através das gerações.

Por outro lado, entre o industrial e seus operários não se criam laços de solidariedade hierárquica como os que existiam no passado entre os senhores e seus camponeses ou parceiros. Os únicos fundamentos históricos de uma verdadeira aristocracia são a propriedade da terra e a atividade militar.

Por isso, na visão sociológica de Tocqueville, as desigualdades de riqueza, por maiores que sejam, nunca contradizem a igualdade fundamental das condições, característica das sociedades modernas. É verdade que, numa determinada passagem, Tocqueville indica que na sociedade democrática voltará a se constituir uma aristocracia, por meio dos líderes industriais[4]. No conjunto, porém, não acredita que a indústria moderna leve a uma aristocracia. Prefere pensar que as desigualdades de riqueza tenderão a se atenuar à medida que as sociedades modernas se tornem mais democráticas. Crê, sobretudo, que as fortunas industriais e mercantis são muito precárias para originar uma estrutura hierárquica durável.

Em outras palavras, ao contrário da visão catastrófica e apocalíptica do desenvolvimento do capitalismo, própria do pensamento de Marx, Tocqueville sustentava, desde 1835, a teoria semi-entusiástica, semirresignada, mais resignada do que entusiástica, do *welfare state*, ou do emburguesamento generalizado.

É interessante confrontar essas três visões, a de Comte, a de Marx e a de Tocqueville. Uma era a visão organizadora daqueles que hoje chamamos de tecnocratas; a outra, a visão apocalíptica dos que, ontem, eram revolucionários; a terceira, a visão mitigada de uma sociedade em que cada um possui alguma coisa, e em que todos, ou quase todos, estão interessados na conservação da ordem social.

Pessoalmente, creio que, dessas três visões, a que mais se aproxima das sociedades europeias ocidentais dos anos sessenta é a de Tocqueville. Para ser justo, é preciso acrescentar que a sociedade europeia dos anos trinta tinha uma tendência a se aproximar da visão de Marx. Resta em aberto, portanto, a questão de saber qual das três visões se parecerá mais com a sociedade europeia dos anos noventa.

A experiência americana

No primeiro tomo de *A democracia na América*, Tocqueville enumera as causas que tornam a democracia americana liberal. Essa enumeração nos permite precisar qual é a teoria dos determinantes sociais que ele assume.

Tocqueville enumera três tipos de causas segundo um método que lembra bastante o de Montesquieu:
– a situação acidental e particular em que se encontra a sociedade americana;
– as leis;
– os hábitos e costumes.

A situação acidental e particular inclui tanto o espaço geográfico em que se estabeleceram os imigrantes vindos da Europa como a ausência de Estados vizinhos – isto é, de Estados inimigos que inspirassem temor. Até o momento em que Tocqueville a observa, a sociedade norte-americana conheceu situação excepcionalmente favorável, com o mínimo de obrigações diplomáticas e o mínimo de riscos militares. Ao mesmo tempo, essa sociedade foi instituída por homens que, equipados com todo o instrumental tecnológico de uma civilização desenvolvida, ocuparam um espaço muito amplo. É uma situação sem equivalente na Europa, e constitui uma das explicações para a inexistência de uma aristocracia e o primado da atividade industrial.

De acordo com uma teoria da sociologia moderna, a formação das aristocracias ligadas à terra tem como condição a escassez da terra. Ora, na América o espaço era tão amplo que a propriedade aristocrática não pôde se constituir. Encontramos esta ideia em Tocqueville no meio de muitas outras, e não creio que para ele representasse a explicação fundamental.

Com efeito, Tocqueville acentua sobretudo o sistema de valores dos imigrantes puritanos, sobre o seu duplo sentido da igualdade e da liberdade, e esboça uma teoria segundo a qual as características de uma sociedade decorrem das suas origens. A sociedade norte-americana teria conservado o sistema moral dos seus fundadores, os primeiros imigrantes.

Tocqueville, como bom discípulo de Montesquieu, estabelece uma hierarquia entre esses três tipos de causas, a situação geográfica e histórica pesou menos do que as leis, e as leis foram menos importantes do que os hábitos, os costumes e a religião. Nas mesmas condições, mas com outros costumes e outras leis, teria surgido uma outra sociedade. As condições geográficas e históricas que analisa são apenas circunstâncias favoráveis. As verdadeiras causas da liberdade de que goza a democracia americana são as boas leis e, mais ainda, os hábitos, os costumes e as crenças, sem as quais não pode haver liberdade.

A sociedade americana não pôde representar um modelo para as sociedades europeias, mas pôde dar-lhes uma lição, mostrando como a liberdade é salvaguardada numa sociedade democrática.

Os capítulos dedicados por Tocqueville às leis americanas podem ser estudados sob dois pontos de vista. De um lado, pode-se perguntar em que medida Tocqueville compreendeu exatamente o funcionamento da constituição americana da sua época, e em que medida previu as transformações por que passaria. Em outras palavras, há um tema de estudo possível, interessante e legítimo, que seria a confrontação da interpretação de Tocqueville com as interpretações correntes na sua época, ou as de hoje[5]. Deixarei de lado, aqui, esse tipo de estudo.

O segundo método possível consiste em identificar simplesmente as grandes linhas da interpretação de Tocqueville sobre a constituição americana, para daí tirar uma significação com respeito ao problema sociológico geral: quais são, numa sociedade democrática, as leis mais propícias à salvaguarda da liberdade?

Antes de mais nada, Tocqueville insiste nos benefícios que proporciona aos Estados Unidos o caráter federativo de sua constituição. Uma Constituição federativa pode, de certo modo, combinar as vantagens dos grandes e dos pequenos Estados. Em *O espírito das leis*, Montesquieu já tinha desenvolvido esse princípio, que permite dispor da força necessária para a segurança do Estado sem os males das grandes concentrações humanas.

Em *La démocratie en Amérique*, Tocqueville escreve:

> Se não existissem grandes nações, só pequenas, a humanidade seguramente seria mais livre e feliz; contudo, não se pode fazer com que não haja grandes nações.

Isto introduz no mundo um novo elemento de prosperidade nacional, que é a força. Que importa se um povo apresenta imagem de bem-estar e liberdade se está exposto todos os dias à pilhagem ou conquista? Que importa se é industrial ou comerciante, se um outro domina os mares, impondo sua lei sobre todos os mercados? As nações pequenas são muitas vezes miseráveis, não por serem pequenas, mas porque são fracas; as grandes são prósperas, não por serem grandes, mas por serem fortes. Portanto, a força é muitas vezes uma das primeiras condições de felicidade e até mesmo de existência das nações. Disto decorre que, a menos que haja circunstâncias particulares, as pequenas nações terminam sempre por serem anexadas pela violência às grandes; ou então se voltam voluntariamente para essa união. Não conheço condição mais deplorável do que a de um povo que não pode bastar-se, nem defender-se.

O sistema federativo foi criado para juntar as vantagens diferentes que resultam da grande e da pequena extensão das nações. Basta lançar os olhos sobre os Estados Unidos da América para perceber todos os benefícios que lhes traz a adoção de tal sistema. Entre as grandes nações centralizadas, o legislador está obrigado a atribuir às leis um caráter uniforme, que não comporta a diversidade dos lugares e dos costumes; como nunca está instruído a respeito dos casos particulares, só pode proceder por meio de regras gerais. Os homens são obrigados, assim, a se curvar às necessidades da legislação, pois esta não sabe como se acomodar às necessidades e aos costumes dos homens, o que corresponde a uma causa importante de dificuldades e de miséria. Este inconveniente não existe nas confederações (*O. C.*, t. I, vol. 1, p. 164-5).

Tocqueville manifesta, portanto, um certo pessimismo a respeito da possibilidade da existência das pequenas nações que não têm a força necessária para se defender. É curioso reler hoje esta passagem; perguntamo-nos, em razão dessa visão das coisas humanas, o que ele diria do grande número de nações, incapazes de se defender, que surgiram no mundo. É possível que revisse sua fórmula geral, acrescentando que as nações pequenas podem sobreviver, desde que o sistema internacional crie as condições necessárias para a segurança delas.

De qualquer forma, de acordo com a convicção permanente dos filósofos clássicos, Tocqueville exige que o Estado seja suficientemente extenso para dispor da força necessária à sua segurança, e pequeno o bastante para que sua legislação se adapte à diversidade das circunstâncias e dos meios. Uma combinação que só é possível mediante uma confederação, ou uma Constituição federativa. Este é, para Tocqueville, o maior mérito das leis americanas.

Com perfeita clarividência ele percebeu que a Constituição federativa americana garantia a livre circulação de bens, pessoas e capitais. Em outras palavras, o princípio federativo bastava para impedir a formação de barreiras alfandegárias internas e impedir a desarticulação da unidade econômica constituída pelo território americano.

Em último lugar, de acordo com Tocqueville: "Existem dois perigos principais que ameaçam a existência das democracias: a subordinação completa do poder legislativo à vontade do corpo eleitoral e a concentração no poder legislativo de todos os outros poderes do governo." (*O. C.*, t. I, vol. 1, p. 158).

Esses dois perigos estão enunciados em termos tradicionais. Para Montesquieu ou Tocqueville, um governo democrático não deve ser tal que o povo possa se abandonar a todos os impulsos passionais e determinar as decisões do governo. Por outro lado, segundo Tocqueville, todo regime democrático tende à centralização do poder no corpo legislativo.

Ora, a Constituição norte-americana previu a divisão do legislativo em duas assembleias; instituiu uma presidência, que, na época, Tocqueville considerava fraca, mas que era relativamente independente das pressões diretas do corpo eleitoral ou do corpo legislativo. Além disso, nos Estados Unidos o espírito legalista substitui a aristocracia, pois o respeito das formas jurídicas é favorável à salvaguarda das liberdades. Tocqueville constata ainda a pluralidade dos partidos, os quais, aliás, como observa com justiça, não são animados por convicções ideológicas, como os partidos franceses, e não aderem a princípios contraditórios de governo, mas representam a organização dos interesses, inclinando-se para a discussão pragmática dos problemas enfrentados pela sociedade.

Tocqueville acrescenta duas outras circunstâncias políticas semiconstitucionais, semissociais, que contribuem para a salvaguarda da liberdade. A primeira é a liberdade de associação e a outra a utilização que se faz dessa liberdade, com a multiplicação de organizações de voluntários. Desde que se coloque uma questão num vilarejo, num município ou mesmo no âmbito do Estado federal, surge um certo número de cidadãos para se agrupar em organizações de voluntários, com o objetivo de estudar e tentar resolver o problema colocado. Quer se trate de construir um hospital em uma pequena cidade, quer de pôr fim às guerras, qualquer que seja a ordem de grandeza do problema, uma organização de voluntários consagrará lazer e dinheiro na busca de uma solução.

Finalmente, Tocqueville fala sobre a liberdade de imprensa, que lhe parece ter muitos inconvenientes, pois os jornais tendem a cometer abusos, sendo difícil evitar que degenere em licenciosidade. Acrescenta, porém, o que faz lembrar a fórmula de Churchill a propósito da democracia, que só há um regime pior do que a liberdade de imprensa, é a supressão desta liberdade. Nas sociedades modernas, a liberdade total é preferível à sua supressão completa. E entre as duas formas extremas, não há uma intermediária[6].

Tocqueville reúne em uma terceira categoria de causas os costumes e as crenças. Desenvolve a ideia central da sua obra – central com respeito à sua interpretação da sociedade americana, e à comparação explícita ou implícita que faz, a todo o instante, entre a América e a Europa.

Esse tema fundamental é o de que em última análise a liberdade tem como condição os costumes e as crenças dos homens, sendo que o fator decisivo dos costumes é a religião. Para Tocqueville, a sociedade americana soube unir o espírito de religião ao espírito de liberdade. Se se quisesse procurar a causa única que torna provável a manutenção da liberdade na América, e precário o futuro da liberdade na França, ela seria o fato de que a sociedade americana une o espírito de religião ao de liberdade, enquanto a sociedade francesa está dilacerada pela oposição entre a Igreja e a democracia, entre a religião e a liberdade.

Na França, o conflito entre o espírito moderno e a Igreja constitui a causa última das dificuldades encontradas pela democracia que pretende ser liberal; pelo contrário, a proximidade de inspiração que existe entre o espírito religioso e o espírito de liberdade é que constitui o fundamento último da sociedade norte-americana. Escreve Tocqueville:

> Já falei bastante sobre o assunto para pôr em evidência o caráter da civilização anglo-norte-americana. Ela é o resultado (e esse ponto de partida devemos ter sempre presente no nosso espírito) de dois elementos perfeitamente distintos, os quais muitas vezes se têm hostilizado, mas que na América se conseguiu de alguma forma incorporar um ao outro, combinando-os maravilhosamente. Quero me referir ao espírito da religião e ao espírito da liberdade.
> Os fundadores da Nova Inglaterra eram ao mesmo tempo sectários ardorosos e inovadores exaltados. Presos na rede mais estreita de certas crenças religiosas, estavam livres de todos os preconceitos políticos. Daí as duas tendências diversas, mas não contraditórias, cujos traços se podem encontrar em toda a parte, nos costumes e nas leis.

E, um pouco mais adiante:

> Assim, no mundo moral tudo está classificado, coordenado, previsto, decidido antecipadamente. No mundo político tudo é agitado, contestado, incerto. No primeiro, temos a obediência passiva, embora voluntária; no outro, a independência, o desprezo pela experiência e a inveja de toda autoridade. Em lugar de se prejudicarem, estas duas tendências, aparentemente tão opostas, concordam uma com a outra, e parecem prestar-se um mútuo apoio. A religião vê na liberdade civil um nobre exercício das faculdades do homem; no mundo político, um campo concedido pelo Criador aos esforços da inteligência. Livre e poderosa na sua esfera, satisfeita com o lugar que lhe é reservado, ela sabe que seu im-

pério é ainda mais firme, porque reina com suas próprias forças e domina sem apoio nos corações. A liberdade vê na religião uma companheira de lutas e triunfos, o berço da sua infância, a fonte divina dos seus direitos. Considera a religião como a salvaguarda dos costumes; os costumes como a garantia das leis e o penhor da sua própria duração (*O. C.*, t. I, vol. 1, p. 42-3).

Pondo à parte o estilo, que não é o que empregaríamos hoje, esse texto me parece uma admirável interpretação sociológica da maneira como, numa civilização de tipo anglo-americano, a liberdade política e o rigor religioso se combinam. Um sociólogo de hoje traduziria esses fenômenos nos conceitos mais refinados, multiplicaria reservas e manias. Mas a audácia de Tocqueville não deixa de ter encanto. Como sociólogo, ele pertence ainda à tradição de Montesquieu: usa a linguagem de todos, faz-se compreender sem dificuldade, está mais interessado em dar forma literária à ideia do que em multiplicar conceitos e discriminar critérios.

Tocqueville explica, em *La démocratie en Amérique*, como as relações entre a religião e a liberdade representam, na França, o extremo oposto do que são nos Estados Unidos:

> Todos os dias me demonstram doutamente que tudo vai muito bem nos Estados Unidos, exceto precisamente este espírito religioso que admiro; fico sabendo que para a liberdade e a felicidade da espécie humana, do outro lado do Atlântico, só falta crer, como Spinoza, na eternidade do mundo, e sustentar, com Cabanis, que o cérebro secreta o pensamento. A isso nada tenho a responder, a não ser que os que falam desse modo não estiveram no continente americano e não viram um povo mais religioso nem mais livre. Espero-os portanto na sua volta.

> Há pessoas na França que consideram as instituições republicanas como o instrumento passageiro da sua grandeza. Medem com os olhos o imenso espaço que separa seus vícios e sua miséria do poder e das riquezas, e gostariam de acumular ruínas nesse abismo para tentar preenchê-lo. Estes estão para a liberdade como as companhias francas da Idade Média estavam para os reis: faziam a guerra por sua própria conta, mesmo quando vestiam as cores reais. A república viverá sempre o tempo suficiente para tirá-los da sua atual baixeza. Não é a eles que me dirijo.
>
> Mas há outros que veem na república um estado permanente e tranquilo, um fim necessário para o qual as ideias e os costumes arrastam cada dia as sociedades modernas, e que desejariam sinceramente preparar os homens para a liberdade. Quando atacam as crenças religiosas, seguem suas paixões, e não seus interesses. É o despotismo que pode prescindir da fé, não a liberdade (*O. C.*, t. I, vol. 1, p. 307-8).

Esse texto, que sob certos aspectos é admirável, é também típico do terceiro partido francês, que nunca terá força suficiente para exercer o poder, porque é ao mesmo tempo democrático, favorável às instituições representativas (ou pelo menos resignado a elas) e hostil às paixões antirreligiosas. Tocqueville é um liberal e teria preferido que os democratas reconhecessem a solidariedade necessária das instituições livres e das crenças religiosas.

De resto, devido aos seus conhecimentos históricos e análises sociológicas, ele deveria saber (e provavelmente sabia) que tal reconciliação não era possível. O conflito entre a Igreja católica e o espírito moderno decorre, na França, de uma longa tradição, como acontece com a afinidade entre a religião e a democracia na civilização anglo-americana. É preciso, portanto, ao mesmo tempo deplorar o conflito e identificar suas causas, que são difíceis de eliminar: ele continua vivo, mais de cem anos depois do momento em que foi descrito por Tocqueville.

O tema fundamental de Tocqueville é, portanto, a necessidade de uma disciplina moral inscrita na consciência individual, nas sociedades igualitárias que se querem autogovernar. É preciso que os cidadãos se sujeitem, interiormente, a uma disciplina que não seja apenas imposta pelo medo da punição. Para Tocqueville, neste aspecto discípulo de Montesquieu, a fé capaz de melhor criar esta disciplina moral é a fé religiosa.

Além da influência dos seus sentimentos religiosos, os cidadãos norte-americanos são bem informados; conhecem os assuntos públicos, passam todos por uma instrução cívica. Tocqueville salienta, finalmente, o contraste com a centralização administrativa francesa. Os cidadãos norte-americanos têm o hábito de resolver os assuntos coletivos a partir do nível do município. São levados, assim, ao aprendizado do autogoverno, no meio limitado que estão em condições de conhecer pessoalmente, e estendem o mesmo espírito aos assuntos do Estado.

Esta análise da democracia americana difere evidentemente da teoria de Montesquieu, que se referia às repúblicas antigas. Mas o próprio Tocqueville considera que sua teoria das sociedades democráticas modernas é uma ampliação e uma renovação da concepção de Montesquieu.

Num texto que encontramos entre os rascunhos do segundo volume de *La démocratie en Amérique*, nosso autor confronta sua própria interpretação da democracia americana com a teoria da república de Montesquieu:

> Não se deve tomar a ideia de Montesquieu num sentido estrito. O que este grande homem quis dizer é que a república só podia subsistir pela ação da sociedade sobre si mesma. O que ele entende por virtude é o poder moral exercido sobre si mesmo por cada indivíduo, e que o impede de violar os direitos alheios. Quando este triunfo do homem sobre as tentações resulta da debilidade da tentação ou do cálculo dos interesses pessoais, não constitui uma virtude para o moralista, mas cabe na ideia de Montesquieu, que se referia ao efeito mais do que à sua causa. Na América, não é a virtude que é grande, a tentação é que é pequena, o que vem a dar no mesmo. Não é o desprendimento que é grande, mas o interesse que é bem compreendido, o que também vem a dar quase no mesmo. Montesquieu tinha razão, portanto, embora falasse sobre a virtude antiga; o que ele diz a respeito dos gregos e dos romanos se aplica ainda aos americanos.

Este texto permite fazer a síntese das relações entre a teoria da democracia moderna, de acordo com Tocqueville, e a teoria da república antiga, segundo Montesquieu.

Não há dúvida de que existem diferenças essenciais entre a república, vista por Montesquieu, e a democracia, vista por Tocqueville. A democracia antiga era igualitária e virtuosa, mas frugal e combativa. Os cidadãos tendiam à igualdade porque rejeitavam o primado das considerações comerciais. A democracia moderna, ao contrário, é basicamente uma sociedade comercial e industrial. Assim, o interesse não pode deixar de ser seu sentimento dominante. É sobre o interesse bem compreendido que se fundamenta a democracia moderna. O princípio (no sentido de Montesquieu) da democracia moderna é, pois, o interesse e não a virtude. Mas, como o texto indica, entre o interesse, princípio das democracias modernas, e a virtude, princípio da república antiga, há elementos comuns. Nos dois casos os cidadãos devem submeter-se a uma disciplina moral, e a estabilidade do Estado se baseia na influência predominante que os costumes e as crenças exercem sobre o comportamento dos indivíduos.

De modo geral, em *A democracia na América*, Tocqueville é sociólogo no estilo de Montesquieu e, diríamos mesmo, nos dois estilos que Montesquieu nos legou.

A síntese dos diferentes aspectos de uma sociedade é feita em *O espírito das leis* graças ao conceito do espírito de uma nação. Segundo Montesquieu, o primeiro objetivo da sociologia é apreender o conjunto de uma sociedade. Não há dúvida de que Tocqueville quer apreender na América o espírito de uma nação; para isso, emprega as diferentes categorias que Montesquieu distinguiu em *O espírito das leis*. Discrimina entre as causas históricas e as causas atuais, entre o meio geográfico e a tradição histórica, entre a ação das leis e dos costumes. O conjunto destes elementos se reagrupa para definir, na sua singularidade, uma sociedade única, a sociedade americana. A descrição desta sociedade singular é feita mediante a combinação de diferentes tipos de explicação, de acordo com um grau mais ou menos grande de abstração ou de generalidade.

Tocqueville, porém, como se verá mais adiante na análise do segundo volume de *A democracia na América*, visa a um segundo objetivo da sociologia e pratica um outro método. Coloca um problema mais abstrato, num nível mais elevado de generalidade, o problema da democracia das sociedades modernas. Isto é: fixa o estudo de um tipo ideal, comparável ao tipo de regime político de Montesquieu na primeira parte de *O espírito das leis*. Partindo da noção abstrata de uma sociedade democrática, Tocqueville pergunta qual a forma política de que esta sociedade democrática pode se revestir, por que ela se reveste aqui de uma forma e em outro lugar de outra. Em outras palavras, começa por definir um tipo ideal, o da sociedade democrática, e tenta, pelo método comparativo, identificar o efeito das várias causas, das mais gerais às mais particulares.

Há em Tocqueville, como em Montesquieu, dois métodos sociológicos, sendo que um leva ao retrato de uma coletividade singular, e o outro coloca o problema histórico abstrato de um certo tipo de sociedade.

Tocqueville não é nenhum admirador ingênuo da sociedade americana. No fundo, conserva a hierarquia de valores da classe a que pertence, a aristocracia francesa. É sensível à mediocridade que caracteriza uma civilização desse gênero. Não tem para com a democracia moderna nem o entusiasmo dos que esperavam dela uma transfiguração do destino do homem nem a hostilidade dos que a consideravam a decomposição da sociedade. Para ele, a democracia se justifica pelo fato de que favorece o bem-estar do maior número, mas este bem-estar não tem brilho ou grandeza, e não deixa de apresentar perigos políticos e morais.

Com efeito, toda democracia tende à centralização e, em consequência, tende a uma espécie de despotismo, que traz o perigo de degenerar no despotismo de um homem. A democracia comporta permanentemente o perigo de uma tirania da maioria. Todo regime democrático postula que a maioria tem razão; pode ser difícil impedir uma maioria de abusar da sua vitória e de oprimir a minoria.

Para Tocqueville, a democracia tende a generalizar o espírito de corte, embora o soberano bajulado pelos candidatos seja o povo, não o monarca. Contudo, bajular o povo soberano não é melhor do que adular o monarca soberano. Talvez seja pior, porque, na democracia, o espírito de corte é o que chamamos, em linguagem ordinária, de demagogia.

Por outro lado, Tocqueville tinha muita consciência dos dois grandes problemas enfrentados pela sociedade americana: as relações entre brancos e índios e entre brancos e negros. Se um problema ameaçava a União era, sem dúvida, o da escravidão, no Sul. A esse respeito Tocqueville era sombriamente pessimista; acreditava que, à medida que desaparecesse a escravidão, e a igualdade jurídica tendesse a se estabelecer entre negros e brancos, se elevariam as barreiras que os costumes criaram entre as duas raças.

Considerava que, em última análise, havia apenas duas soluções: a mistura de raças ou a separação. A mistura de raças seria rejeitada pela maioria branca; a separação seria quase inevitável, uma vez extinta a escravidão. Tocqueville previa, assim, conflitos terríveis.

Uma passagem sobre o assunto, no melhor estilo do autor, permite-nos ouvir a voz desse homem solitário:

> Os espanhóis soltam seus cães sobre os índios, como se estes fossem animais ferozes. Pilham o Novo Mundo como uma cidade assaltada, sem discernimento nem piedade. Mas não se pode destruir tudo; a fúria tem um limite. O resto das populações indígenas salvas do mas-

sacre terminam por se misturar aos conquistadores, adotando sua religião e costumes. A conduta dos Estados Unidos com relação aos indígenas, pelo contrário, é inspirada no mais puro amor das formas e da legalidade. Desde que os índios se mantenham no estado selvagem, os americanos não interferem na vida deles, tratando-os como um povo independente. Não se permitem ocupar suas terras sem antes adquiri-las devidamente, por meio de um contrato. Se uma nação indígena já não pode viver no seu território, levam-na fraternalmente pela mão para morrer fora da terra dos seus ancestrais. Por meio de monstruosidades sem exemplo, cobrindo-se de vergonha indelével, os espanhóis não conseguiram exterminar a raça indígena, nem a impediram de partilhar dos seus direitos. Os americanos atingiram este duplo resultado com uma facilidade maravilhosa, tranquilamente, legalmente, filantropicamente, sem derramar sangue nem violar um só dos grandes princípios morais, aos olhos do mundo. Não se poderiam destruir os homens respeitando melhor as leis da humanidade (*O. C.*, t. I, vol. 1, p. 354-5).

Esse texto, em que Tocqueville não cumpre a regra dos sociólogos modernos, que é a de se abster de julgamentos de valor, proibindo-se as ironias[7], é característica do espírito humanitário aristocrático. Estamos quase sempre habituados, na França, a pensar que só os homens de esquerda são humanistas. Tocqueville teria dito que na França os radicais, os republicanos extremistas, não são humanitários, mas revolucionários embriagados de ideologia, prontos a sacrificar milhões de seres humanos às suas ideias. Condenava os ideólogos de esquerda, representativos do partido intelectual francês, mas também o espírito reacionário dos aristocratas, nostálgicos de uma ordem definitivamente extinta.

Tocqueville é um sociólogo que não cessa de julgar, ao mesmo tempo que descreve. Nesse sentido, pertence à tradição dos filósofos políticos clássicos, que não podiam analisar os regimes sem também julgá-los.

Na história da sociologia, ele está muito próximo da filosofia clássica, tal como a interpreta Léo Strauss[8].

Para Aristóteles, não se pode interpretar adequadamente a tirania sem entender que é o regime que mais se afasta do melhor dos regimes porque a realidade do fato é inseparável de sua qualidade. Querer descrever as instituições sem julgá-las é não ver o que faz com que elas sejam o que são.

Tocqueville não rompe com essa prática. Sua descrição dos Estados Unidos é também a explicação das causas cuja ação salvaguarda a liberdade numa sociedade democrática. Ela mostra, a cada momento, o que ameaça o equilíbrio da sociedade americana. A própria linguagem significa julgamento, e Tocqueville não acreditava estar violando as regras da ciência social ao julgar na descrição e pela descrição. Se fosse obrigado a explicar-se, provavelmente diria, como Montesquieu ou, em todo caso, como Aristóteles, que uma descrição não pode ser fiel se não contém os julgamentos ligados intrinsecamente à descrição; um regime é o que é pela sua qualidade intrínseca, e uma tirania só pode ser descrita como tirania.

O drama político da França

O Antigo Regime e a Revolução é um esforço comparável ao de Montesquieu em *Considerações sobre as causas da grandeza dos romanos e da sua decadência*. É uma tentativa de explicar sociologicamente os acontecimentos históricos.

Tocqueville percebe tão claramente quanto Montesquieu os limites da explicação sociológica. Os dois acreditam, de fato, que os grandes acontecimentos são explicados por grandes causas, mas que os detalhes dos acontecimentos não podem ser deduzidos dos dados estruturais.

Tocqueville estuda a França pensando, até certo ponto, na América. Quer compreender por que razão a França encontra tantas dificuldades em ser uma sociedade politicamente livre, embora seja, ou pareça, democrática. No caso dos Estados Unidos, procurava compreender as causas do fenômeno inverso, isto é, a persistência da liberdade política por causa ou a despeito do caráter democrático da sociedade.

O Antigo Regime e a Revolução é uma interpretação sociológica de uma crise histórica, destinada a tornar os acontecimentos inteligíveis. Tocqueville inicia observando e raciocinando como um sociólogo. Recusa-se a admitir que a crise revolucionária seja um acidente puro e simples. Afirma que as instituições do Antigo Regime ficaram em ruínas quando a tempestade revolucionária as arrastou. Acrescenta que a crise revolucionária teve características específicas porque se desenvolveu à maneira de uma revolução religiosa.

> A Revolução Francesa funcionara, com relação a este mundo, precisamente do mesmo modo como a revolução religiosa agindo com vistas ao outro. Ela considerou o cidadão de um modo abstrato, fora de todas as sociedades particulares, assim como a religião considera o homem, em geral, independentemente do país e do tempo. Não procurou somente saber qual era o di-

reito particular do cidadão francês, mas quais eram os deveres e direitos gerais dos homens em matéria política. Foi assim, remontando sempre ao que tinha de menos particular e, por assim dizer, mais natural, em matéria de estado social e de governo, que pôde tornar-se compreensível para todos e pôde ser imitada em cem lugares ao mesmo tempo (*O. C.*, t. II, vol. 1, p. 89).

Esta coincidência de uma crise política com uma espécie de revolução religiosa é, ao que parece, uma das características das grandes revoluções das sociedades modernas. Aos olhos de um sociólogo da escola de Tocqueville, a Revolução Russa de 1917 tem igualmente a mesma característica de ser uma revolução de essência religiosa.

Creio que é possível generalizar a proposição: toda revolução política assume certas características de revolução religiosa, quando pretende ser universalmente válida e se considera o caminho da salvação para toda a humanidade.

Para esclarecer seu método, Tocqueville acrescenta: "Falo de classes; só elas devem ocupar a história." Esta frase é textual, e estou certo, contudo, de que se uma revista a publicasse com a pergunta: "quem a escreveu?", quatro entre cinco pessoas responderiam: Karl Marx.

As classes cujo papel decisivo é evocado por Tocqueville são: a nobreza, a burguesia, os camponeses e, secundariamente, os operários. São, portanto, intermediárias entre as ordens do Antigo Regime e as classes das sociedades modernas. Aliás, Tocqueville não apresenta uma teoria abstrata das classes. Não as define, nem enumera suas características, mas toma os principais grupos sociais da França e do Antigo Regime, no momento da Revolução, para explicar os acontecimentos.

Em seguida, Tocqueville pergunta: se o conjunto das instituições do Antigo Regime está em ruínas em toda a Europa, por que a Revolução ocorreu na França? Quais os fenômenos principais que explicam este acontecimento?

O primeiro deles já foi estudado indiretamente em *A democracia na América*: é a centralização e a uniformidade administrativas. Sem dúvida a França do Antigo Regime apresentava extraordinária diversidade provincial e local, em matéria de legislação e regulamentação; contudo, a administração real dos intendentes tornava-se, cada vez mais, a única força eficaz. A diversidade não passava de sobrevivências inócuas: a França era administrada do centro, e era administrativamente uniforme, bem antes da tempestade revolucionária.

> Surpreendemo-nos com a facilidade extraordinária com que a Assembleia Constituinte pôde destruir de uma só vez todas as antigas províncias da França, sendo que muitas delas eram mais antigas do que a monarquia, e dividir metodicamente o reino em 83 partes distintas, como se se tratasse das terras virgens do Novo Mundo. Nada surpreendeu mais, e até mesmo apavorou, o resto da Europa, que não estava preparado para tal espetáculo. Burke dizia que pela primeira vez viam-se homens a fazer em pedaços sua pátria, de modo tão bárbaro. Parecia, de fato, que se estavam a retalhar corpos vivos, mas não se fazia mais do que cortar os membros de cadáveres.
> Assim, ao mesmo tempo que Paris acabava de adquirir a suprema onipotência, via-se processar no seu próprio seio uma outra transformação, que merece também a atenção da história. Em vez de ser uma cidade apenas de comércio, de negócios, de consumo e prazeres, Paris acabava de se tornar uma cidade de fábricas e indús-

trias, um segundo fato que dava ao primeiro um caráter novo e mais formidável...

Embora os documentos estatísticos do Antigo Regime de modo geral inspirem pouca confiança, creio podermos afirmar sem medo que, durante os sessenta anos que precederam a Revolução Francesa, o número dos operários mais do que dobrou em Paris, enquanto no mesmo período a população geral da cidade só aumentou de um terço (*O. C*, t. II, vol. 1, p. 141-2).

Nesta altura somos levados a pensar no livro de J.-F. Gravier, *Paris e o deserto francês*[9]. De acordo com Tocqueville, antes mesmo do fim do século XVIII Paris se tornara o centro industrial da França. As considerações sobre o distrito parisiense e as formas de impedir a centralização industrial na capital não datam de hoje.

Em segundo lugar, nessa França administrada do centro e na qual os mesmos regulamentos se aplicavam cada vez mais a todo seu território, a sociedade estava, por assim dizer, esfacelada. Os franceses não tinham condições de discutir seus assuntos, porque lhes faltava a condição essencial para a formação do corpo político, a liberdade.

Tocqueville faz uma descrição puramente sociológica do que Durkheim teria chamado de desintegração da sociedade francesa. Não havia unidade entre as classes privilegiadas e, de modo mais geral, entre as diversas classes da nação, devido à carência de liberdade política. Subsistia uma separação entre os grupos privilegiados do passado, que tinham perdido sua função histórica mas conservavam seus privilégios, e os grupos da nova sociedade, que desempenhavam um papel decisivo mas permaneciam separados da antiga nobreza.

No fim do século XVIII podia-se perceber ainda uma diferença entre as maneiras da nobreza e as da burguesia, pois nada se igualiza mais lentamente do que esta superfície de costumes que conhecemos como maneiras; no fundo, porém, todas as pessoas situadas acima do povo se pareciam; tinham as mesmas ideias, os mesmos hábitos, seguiam os mesmos gostos, dedicavam-se aos mesmos prazeres, liam os mesmos livros e falavam a mesma linguagem. Só se diferenciavam entre si pelos direitos. Duvido de que se tenha visto situação igual, no mesmo grau, em qualquer outra parte, até na Inglaterra, onde as diferentes classes, embora associadas solidamente entre si por interesses comuns, se distinguiam muitas vezes pelo espírito e pelos costumes, pois a liberdade política, que tem o admirável poder de criar relações necessárias e laços mútuos de dependência entre todos os cidadãos, nem por isso os iguala. É o governo de uma só pessoa que, a longo prazo, tem sempre o efeito inevitável de assemelhar os homens entre si e torná-los mutuamente indiferentes a seu destino (ibid., p. 146).

Esse é o centro da análise sociológica da França por Tocqueville. Os diferentes grupos privilegiados da nação francesa tendiam ao mesmo tempo à uniformidade e à separação. Eram de fato semelhantes uns aos outros, mas estavam separados por privilégios, maneiras, tradições; e, com a falta de liberdade política, eles não chegavam a adquirir este sentido de solidariedade indispensável à saúde do organismo político.

A divisão das classes foi o crime da antiga realeza, e se tornou depois sua justificativa, pois, quando todos os que compõem a parte rica e esclarecida da nação já não podem entender-se e cooperar no governo, a administração do país por si mesmo se torna impossível, sendo preciso que um *maître* intervenha (ibid., p. 166).

Esse texto é fundamental. Vê-se nele antes de tudo a concepção mais ou menos aristocrática do governo das sociedades, característica ao mesmo tempo de Montesquieu e de Tocqueville. O governo só pode ser exercido pela parte rica e esclarecida da nação. Os dois autores não hesitam em reunir os dois adjetivos. Não são demagogos, e a associação entre os dois termos lhes parece evidente. Contudo, também não são cínicos, pois o fenômeno para eles era óbvio. Escreviam numa época em que os que não tinham meios materiais não dispunham de lazer para se instruir. No século XVIII, só a parte rica da nação podia ser esclarecida.

De outro lado, Tocqueville pensa observar, e creio que observa bem, que na França o fenômeno característico, na origem da Revolução – e eu acrescentaria: na origem de todas as revoluções francesas –, era a incapacidade dos grupos privilegiados de chegarem a um acordo sobre o modo de governar o país. Esse fenômeno explica a frequência das mudanças de regime.

Essa análise das características da política francesa é, a meu ver, notavelmente lúcida. Pode-se aplicá-la a toda a história política da França nos séculos XIX e XX. Com ela se explica o fato curioso de que a França tenha sido, no Ocidente, no século XIX e até bem recentemente, o país que menos transformações sofreu, economica e socialmente, e também possivelmente o que passou por maiores turbulências políticas. A combinação do conservadorismo econômico e social com esta agitação política pode ser explicada sem dificuldade pela sociologia de Tocqueville, mas será mais difícil de entender se buscarmos uma correspondência termo a termo entre dados sociais e políticos.

> Quando as diferentes classes que compartilhavam a sociedade da antiga França entraram em contato, há sessenta anos, depois de terem ficado isoladas durante tanto tempo, por tantas barreiras, elas se tocaram inicialmente apenas nos pontos doloridos, e só se encontraram para se dilacerarem. Mesmo nos nossos dias seus ódios e ciúmes sobrevivem a elas (ibid., p. 167).

O tema central da interpretação da sociedade francesa por Tocqueville é o de que, no fim do Antigo Regime, de todas as sociedades europeias, a França era a mais democrática (no sentido do autor, isto é, aquela em que a tendência para a uniformidade das condições e a igualdade social das pessoas e dos grupos eram mais pronunciadas) e também aquela em que havia menos liberdade política, a sociedade mais cristalizada nas instituições tradicionais, que correspondiam cada vez menos à realidade.

Se Tocqueville tivesse elaborado uma teoria das revoluções dos tempos modernos, seguramente teria apresentado uma concepção diferente da concepção marxista, diferente, pelo menos, da que afirma que a revolução socialista deve ocorrer ao fim do desenvolvimento das forças produtivas, dentro dos regimes de propriedade privada.

Tocqueville sugeriu, e várias vezes chegou a declarar explicitamente, que para ele as grandes revoluções dos tempos modernos seriam aquelas que marcam a passagem do Antigo Regime para a democracia. Em outras palavras, a concepção que tem Tocqueville das revoluções é essencialmente política. É a resistência das instituições políticas do passado ao movimento democrático moderno que pode provocar, aqui e ali, uma explosão. Tocqueville acrescentava que esses tipos de revolução ocorrem não quando as coisas vão muito mal, mas, ao contrário, quando estão melhores[10].

Tocqueville não teria duvidado um só momento de que a Revolução Russa entrava no seu esquema político das revoluções muito mais do que no esquema marxista. A economia russa conheceu um impulso inicial de crescimento na década de 1880. Entre 1880 e 1914, teve uma das taxas de crescimento mais elevadas da Europa[11]. De outro lado, a Revolução Russa começou com uma revolta contra as instituições políticas do Antigo Regime, no sentido em que se fala de Antigo Regime a respeito da Revolução Francesa. Se se levantasse a objeção de que o partido que assumiu o poder na Rússia se baseia em ideologia diferente, ele teria respondido que a seus olhos a característica das revoluções democráticas consiste em preconizar a liberdade e tender, efetivamente, à centralização política e administrativa. Tocqueville não teria encontrado nenhuma dificuldade em integrar esses fenômenos no seu sistema. Aliás, em diversas ocasiões ele evocou a possibilidade de um Estado que procurasse gerir o conjunto da economia.

Na perspectiva da sua teoria, a Revolução Russa representa a extinção das instituições políticas do Antigo Regime numa fase de modernização da sociedade. Essa explosão foi facilitada pelo prolongamento de uma guerra. Desembocou num governo que, embora se dizendo defensor do ideal democrático, leva até o fim a ideia da centralização administrativa e da gestão do conjunto da sociedade pelo Estado.

Duas alternativas obcecaram os historiadores da Revolução Francesa: foi uma catástrofe ou um acontecimento benéfico, uma necessidade ou um acidente? Tocqueville se recusa a aceitar as duas teses extremas. A Revolução Francesa, para ele, não é, evidentemente, um acidente puro e simples; é necessária, se isto significa que o movimento democrático devia, algum dia, sobrepujar as instituições do Antigo Regime; e não necessária, na forma precisa de que se revestiu no detalhe dos seus episódios. Benéfica ou catastrófica? Tocqueville responderia, provavelmente, que ela foi as duas coisas ao mesmo tempo. Mais precisamente, encontramos no seu livro todos os elementos da crítica que os homens de direita fizeram à Revolução Francesa; simultaneamente encontramos, também, a justificação do que aconteceu, por meio da história ou, às vezes, por meio do inevitável, com tristeza por não ter sido diferente.

A crítica da Revolução Francesa atinge primeiramente os homens de letras, que eram conhecidos no século XVIII como filósofos, e que no século XX chamamos de intelectuais. Os filósofos, homens de letras ou intelectuais têm a facilidade de se criticar mutuamente. Tocqueville comenta o papel dos escritores na França do século XVIII e na Revolução da mesma forma como continuamos a comentar com admiração ou pesar o papel que eles têm hoje.

> Os escritores não deram apenas suas ideias ao povo que a fez (a Revolução); deram-lhe seu temperamento e seu humor. Sob sua longa disciplina, à falta de quaisquer outros líderes, no meio da ignorância profunda em que se vivia no cotidiano, toda a nação, ao lê-los, terminava por contrair seus instintos, sua inclinação espiritual, o gosto e até os cacoetes próprios aos que escrevem. De sorte que, quando ela começou a atuar, transportou para a política todos os hábitos da literatura.

Quando se estuda a história da nossa Revolução, vê-se que ela foi conduzida precisamente no mesmo espírito que a fez produzir tantos livros abstratos sobre o governo. Vemos a mesma atração pelas teorias gerais, os sistemas completos de legislação e a simetria exata nas leis; o mesmo desprezo pelos fatos reais; a mesma confiança na teoria; o mesmo gosto pelo original, o engenhoso e o novo nas instituições; a mesma vontade de refazer de uma só vez toda a Constituição seguindo as regras da lógica e segundo um plano único, em vez de procurar emendá-la nas suas várias partes. Um espetáculo assustador! De fato, o que é qualidade num escritor é, às vezes, vício num estadista; as mesmas coisas que fizeram muitas vezes belos livros podem conduzir a grandes revoluções (*O. C*, t. II, vol. 1, p. 200).

Esse texto originou toda uma literatura. O primeiro tomo das *Origines de la France contemporaine* de Taine, por exemplo, não passa do desenvolvimento deste tema do papel maléfico dos escritores e homens de letras[12].

Tocqueville desenvolve sua crítica analisando o que chama de irreligião fundamental que se difundira numa parte da nação francesa. Pensava que a união do espírito religioso com o espírito de liberdade constituía o fundamento da democracia liberal americana. Numa contrapartida exata, encontramos em *L'Ancien Régime et la Révolution* o exemplo de situação contrária[13]. A parte do país que se tornara ideologicamente democrática não só tinha perdido a fé como havia passado a ser anticlerical e antirreligiosa. Aliás, Tocqueville se declara cheio de admiração pelos sacerdotes do Antigo Regime[14] e exprime explicitamente o pesar de que não tenha sido possível salvaguardar, pelo menos em parte, o papel da aristocracia na sociedade moderna.

Essa tese, que não faz parte das ideias em moda, é muito característica de Tocqueville.

> Sente-se, ao ler seus escritos [apresentados pela nobreza aos Estados Gerais], no meio dos seus preconceitos e dos seus cacoetes, o espírito e algumas das grandes qualidades da aristocracia. Lamentaremos sempre que, em vez de se dobrar essa nobreza com o peso das leis, se a tenha abatido e desenraizado. Agindo assim, tirou-se da nação uma parte necessária da sua substância, e fez-se na liberdade uma ferida que jamais cicatrizará. Uma classe que durante séculos caminhou na frente contraiu, nesse longo e incontestado uso da grandeza, um sentimento elevado do orgulho e da honra, uma confiança natural em suas forças, um hábito de ser respeitada que a torna o ponto mais resistente do organismo social. Não tem apenas costumes viris mas com seu exemplo reforça a virilidade das outras classes. Extirpando-a tiramos o vigor até dos seus próprios inimigos. Nada poderia substituí-la completamente; por si mesma não poderia nunca renascer: pode voltar a ter títulos e bens, mas não o espírito dos seus antepassados (*O. C.*, t. II, vol. 1, p. 170).

O significado sociológico desta passagem é o seguinte: para salvaguardar a liberdade numa sociedade democrática, é preciso que os homens tenham o sentido e o gosto da liberdade.

Bernanos escreveu, em páginas que certamente não têm a precisão analítica de Tocqueville, mas que levam à mesma conclusão, que não basta ter as instituições da liberdade, eleições, partidos, parlamento, é preciso também que os homens tenham um certo gosto pela independência, um certo sentido da resistência ao poder, para que a liberdade possa ser autêntica.

O julgamento que Tocqueville faz da Revolução, os sentimentos que o animam são exatamente os que Auguste Comte teria considerado aberrantes. Aos olhos de Comte, a tentativa da Constituinte estava condenada porque visava a uma síntese das instituições teológicas e feudais do Antigo Regime com as instituições dos tempos modernos. Ora, Comte afirmava, com sua intransigência habitual, que é impossível a síntese de instituições tiradas de modos de pensar radicalmente diferentes. Tocqueville teria preferido, precisamente, não que o movimento democrático fosse derrotado pelas instituições da antiga França (o movimento era irresistível), mas que estas instituições fossem conservadas na medida do possível, sob a forma da monarquia, sob a forma também do espírito aristocrático, a fim de que dessem uma contribuição para a salvaguarda das liberdades numa sociedade dedicada à procura do bem-estar e condenada à revolução social.

Para um sociólogo como Comte, a síntese da Constituinte era desde o início impossível. Para um sociólogo como Tocqueville, possível ou não (ele não se decide a esse respeito), teria sido desejável. Politicamente, Tocqueville era favorável à primeira Revolução Francesa, a da Constituinte, e é para esse período que se dirige seu pensamento nostálgico. A seus olhos, o grande momento da Revolução Francesa e da França é 1788-89, a época em que os franceses estavam animados por uma confiança e uma esperança sem limites.

> Não creio que em nenhum momento da história se tenha visto, em nenhuma parte, um tal número de pessoas tão sinceramente apaixonadas pelo bem público, tão verdadeiramente esquecidas dos seus próprios interesses, tão absorvidas na contemplação de um gran-

de objetivo, tão resolvidas a arriscar o que os homens têm de mais caro na vida, a se esforçarem para se elevar acima do nível das paixões do coração. É como um fundo comum de paixão, coragem e devotamento, do qual vão sair todas as grandes ações da Revolução Francesa. Esse espetáculo foi breve, mas apresentou belezas incomparáveis, e não sairá nunca da memória dos homens. Todas as nações estrangeiras o viram, todas o aplaudiram, todas se emocionaram com ele. Inútil procurar um lugar tão afastado da Europa onde não tenha sido percebido, onde não tenha provocado admiração e estima: não se poderia encontrá-lo na multidão de memórias particulares que os contemporâneos da Revolução nos deixaram, nunca encontrei uma em que os primeiros dias de 1789 não tenham deixado uma marca indelével, transmitindo a clareza, a vivacidade e a frescura das emoções da juventude. Ouso dizer que um só povo neste mundo poderia proporcionar tal espetáculo. Conheço a nação a que pertenço. Vejo muito bem seus erros, suas falhas, suas fraquezas e suas misérias; mas sei também do que é capaz. Há empreendimentos que só a nação francesa é capaz de conceber, resoluções magnânimas que só ela pode ousar. Só ela pode querer abraçar um certo dia a causa comum da humanidade para lutar por ela. E, se está sujeita a quedas profundas, tem por outro lado impulsos sublimes que a levam de súbito a um ponto que nenhum outro povo jamais atingirá (*O. C.*, t. II, vol 2, p. 132-3).

Vê-se nesta passagem como Tocqueville, que passa por crítico da França, e o era efetivamente, que confronta a evolução da França com a dos países anglo-saxões lamentando que não tivesse tido uma história semelhante à da Inglaterra ou dos Estados Unidos, está pronto a transformar a autocrítica em autoglorificação. A expressão "só a França..." poderia muito bem evocar discursos sobre a vocação única do país. Tocqueville procura tornar sociologicamente inteligíveis os acontecimentos; há nele, porém, como em Montesquieu, uma ideia subjacente do caráter nacional.

O tema do caráter nacional aparece na sua obra de maneira precisa. No capítulo sobre os homens de letras (liv. III, cap. 4), Tocqueville se recusa a dar explicações com base no caráter nacional. Afirma, ao contrário, que o papel dos intelectuais nada tem a ver com o espírito da nação francesa, e busca explicação nas condições sociais: os homens de letras se perderam em teorias abstratas porque não participavam na prática do governo, e portanto ignoravam seus problemas reais.

Esse capítulo de Tocqueville está na origem de uma análise que hoje está muito em moda, isto é, a do papel dos intelectuais nas sociedades em via de modernização em que, de fato, os intelectuais são inexperientes em problemas reais de governo, e ébrios de ideologia.

Em compensação, quando se trata da Revolução Francesa e do seu período de grandeza, Tocqueville é levado a desenhar uma espécie de retrato sintético, no estilo de Montesquieu. Esse retrato sintético é a descrição da conduta de uma coletividade, sem que tal conduta seja dada como explicação definitiva, pois é tanto um resultado como uma causa. Contudo, é suficientemente original, e suficientemente específico, para que o sociólogo possa, ao fim da análise, reunir suas observações num conjunto[15].

O segundo tomo de *L'Ancien Régime et la Révolution* deveria apresentar a sequência dos acontecimentos, isto é, a Revolução, examinando o papel dos homens, dos acidentes e do acaso. Nas notas que foram publicadas, há numerosas indicações sobre o papel dos atores e dos indivíduos:

> O que me impressiona mais não é o gênio dos que serviram a Revolução conscientemente, mas a singular imbecilidade dos que a fizeram chegar, sem o querer. Quando considero a Revolução Francesa, espanta-me sua grandeza prodigiosa, seu brilho, que atingiu até as extremidades da terra, seu vigor que influenciou mais ou menos todos os povos.
> Considero em seguida essa corte, que dela tanto participou, vendo aí os quadros mais vulgares que podemos encontrar na história: ministros leviano ou inábeis, padres libertinos, mulheres fúteis, cortesãos temerários ou cúpidos, um monarca que só tem virtudes inúteis ou perigosas. Vejo contudo que esses personagens pouco importantes facilitam, provocam, precipitam esses acontecimentos da maior importância (*O. C.*, t. II, vol. 2, p. 116).

Este texto brilhante não tem só valor literário. Contém, na minha opinião, a visão de conjunto que Tocqueville nos teria dado se pudesse ter concluído seu livro. Depois de ter sido sociólogo no estudo das origens, demonstrando como a sociedade pós-revolucionária foi, em larga medida, preparada pela sociedade pré-revolucionária, sob a forma de uniformidade e de centralização administrativa, Tocqueville iria procurar seguir o curso dos acontecimentos, sem suprimir o que era, para ele como para Montesquieu, a própria história, isto é, o que acontece numa determinada conjuntura, o encontro de séries contingentes ou de decisões tomadas por indivíduos, e que se poderia facilmente conceber de outra forma. Há um plano em que aparece a necessidade do movimento histórico, e outro em que encontramos o papel dos homens.

Para Tocqueville, o fato essencial era o fracasso da Constituinte, isto é, o fracasso da síntese das virtudes da aristocracia ou da monarquia com o movimento democrático. A seu ver, o fracasso dessa síntese tornava difícil alcançar um equilíbrio político. Tocqueville considerava que a França do seu tempo tinha necessidade de uma monarquia; mas não deixava de perceber a debilidade do sentimento monárquico. Pensava que a liberdade política só se poderia estabilizar se se pusesse fim ao processo de centralização e de uniformização administrativa. Ora, esse processo centralizado e esse despotismo administrativo lhe pareciam associados ao movimento democrático.

A mesma análise que explicava a vocação liberal da democracia americana explicava também os riscos da falta de liberdade na França democrática.

> Em resumo – escreve Tocqueville, numa frase muito característica da atitude política dos homens do centro e de suas críticas dos extremos –, até hoje imagino que um homem esclarecido, de bom senso e com boas intenções se torne um radical na Inglaterra. Mas nunca pude conceber a união dessas três coisas no radical francês.

Há trinta anos era comum esta brincadeira, a propósito dos nazistas: todos os alemães são inteligentes, honestos e hitleristas, mas nunca têm mais de duas destas qualidades simultaneamente. Tocqueville dizia que, na França, um homem esclarecido, de bom senso e com boas intenções não podia ser um radical. Se era esclarecido e tinha bom senso, não tinha boas intenções.

É evidente que o bom senso, em política, é objeto de julgamentos contraditórios, com base em preferências individuais. Auguste Comte não teria hesitado em afirmar que a nostalgia de Tocqueville pela síntese da Constituinte era desprovida de bom senso.

O tipo ideal da sociedade democrática

O primeiro volume de *A democracia na América* e *O Antigo Regime e a Revolução* desenvolvem dois aspectos do método sociológico de Tocqueville: de um lado, o retrato de uma sociedade particular, a americana; de outro, a interpretação sociológica de uma crise histórica, a da Revolução Francesa. O segundo volume de *A democracia na América* é a expressão de um terceiro método, característico do autor: a constituição de uma espécie de tipo ideal, a sociedade democrática, a partir do qual ele deduz algumas das tendências da sociedade futura.

O segundo tomo de *A democracia na América* difere, com efeito, do primeiro, pelo método e pelas questões que propõe. Trata-se quase do que se poderia chamar de uma experiência mental. Tocqueville imagina os traços estruturais de uma sociedade democrática, definida pelo desaparecimento progressivo das diferenças de classe e pela uniformidade crescente das condições de vida. Em seguida, enuncia sucessivamente as quatro indagações seguintes: qual o resultado disso no que concerne ao movimento intelectual, no que concerne aos sentimentos dos americanos, no que concerne aos costumes propriamente ditos e, por fim, no que concerne à sociedade política?

O empreendimento é em si mesmo difícil, pode-se mesmo dizer, uma aventura. Para começar, não está provado que a partir das características estruturais de uma sociedade se possa determinar o que será o movimento intelectual, ou o que serão os costumes.

Se imaginarmos uma sociedade democrática, em que as distinções de classe e de condições tenham quase desaparecido, será possível saber antecipadamente como serão a religião, a poesia, a prosa, ou a eloquência parlamentar? Estas são as questões colocadas por Tocqueville. No jargão da sociologia moderna, são questões que pertencem à sociologia do conhecimento.

Em que medida o contexto social determina a forma das diferentes atividades intelectuais? Uma tal sociologia do conhecimento tem caráter abstrato e aleatório: a prosa, a poesia, o teatro e a eloquência parlamentar das diferentes sociedades democráticas serão, sem dúvida, tão heterogêneas no futuro quanto foram no passado.

Além disso, pode ser que alguns traços estruturais da sociedade democrática, que Tocqueville toma como ponto de partida, estejam ligados às particularidades da sociedade americana e outros sejam inseparáveis da essência da sociedade democrática. Esta ambiguidade acarreta uma certa incerteza sobre o grau de generalidade das respostas que Tocqueville pode dar às questões que formulou[16].

As respostas às indagações do segundo volume serão às vezes da ordem da *tendência*, outras vezes da ordem da *alternativa*. A política de uma sociedade democrática será despótica ou será liberal. Às vezes, também, não é possível dar nenhuma resposta a uma questão enunciada em termos tão genéricos.

Os julgamentos sobre o segundo volume de *A democracia na América* variam muito. Desde o aparecimento o livro recebeu críticas que lhe negaram os méritos que foram atribuídos ao primeiro. Pode-se dizer que nele Tocqueville ultrapassa seus próprios limites, no sentido integral da expressão. Seu estilo é mais característico do que nunca, com uma grande capacidade de reconstrução ou de dedução a partir de pequeno número de fatos, o que às vezes os sociólogos apreciam e que frequentemente os historiadores lamentam.

Na primeira parte do seu livro, que é consagrada a estabelecer as consequências da sociedade democrática sobre o movimento intelectual, Tocqueville passa em revista a atitude com relação às ideias, à religião e aos diferentes gêneros literários, a poesia, o teatro, a eloquência.

O título do capítulo quatro do livro I lembra uma das comparações preferidas de Tocqueville, entre os franceses e os americanos:

> Por que os americanos nunca se apaixonaram tanto quanto os franceses pelas ideias gerais em matéria política? (*O. C.*, t. I, vol. 2, p. 27).

A essa questão Tocqueville responde:

> Os americanos formam um povo democrático que sempre dirigiu seus próprios assuntos públicos e nós somos um povo democrático que durante muito tempo só pôde sonhar com a melhor forma de administrá-los. Nosso estado social já nos levava a conceber ideias muito genéricas no campo do governo, enquanto nossa constituição política nos impedia de retificar essas ideias pela experiência, descobrindo aos poucos sua insuficiência, ao passo que entre os americanos as duas coisas se equilibram sem cessar e se corrigem naturalmente (ibid., p. 27).

Essa explicação, que pertence à sociologia do conhecimento, é contudo de um tipo empírico, simples. Os franceses têm o gosto da ideologia porque durante séculos não se puderam ocupar efetivamente com os assuntos públicos. Essa interpretação tem um alcance amplo. De modo geral, os estudantes jovens cultivam tanto mais as teorias em matéria política quanto menos experiência têm da atividade política. Pessoalmente, sei que, na época em que não possuía nenhuma experiência do modo como se praticava a política, tinha as maiores certezas teóricas neste terreno. Esta é quase que uma regra do comportamento político-ideológico dos indivíduos e dos povos.

No capítulo cinco do mesmo livro I, Tocqueville desenvolve uma interpretação de certas crenças religiosas com base na sociedade. Essa análise das relações entre os instintos democráticos e a forma da crença religiosa vai longe e não deixa de ter interesse, mas é também muito aleatória.

> O que disse antes, que a igualdade leva os homens a ter ideias muito genéricas e muito amplas, é válido principalmente em matéria de religião. Homens semelhantes e iguais concebem facilmente a noção de um Deus único, que impõe as mesmas regras a todos, concedendo-lhes a felicidade futura ao mesmo preço. A ideia da unidade do gênero humano impele-os sem cessar para a noção de unidade do Criador. Pelo contrário, os homens muito distanciados uns dos outros, e muito diferentes, acabam por criar tantas divindades quantos forem os povos, as castas, as classes e as famílias, traçando mil caminhos particulares para chegar ao céu (ibid., p. 30).

Esse texto apresenta outra modalidade de interpretação que pertence ao campo da sociologia do conhecimento. A uniformidade crescente dos indivíduos, cada vez mais numerosos, não integrados em grupos separados, leva a conceber ao mesmo tempo a unidade do gênero humano e a unidade do Criador.

Podemos encontrar estas explicações também em Auguste Comte. Seguramente, são explicações simples demais. É um tipo de análise genérica que já indispôs legitimamente muitos historiadores e sociólogos.

Tocqueville diz ainda que uma sociedade democrática tem tendência a crer na perfectibilidade indefinida da natureza humana. Nas sociedades democráticas predomina a mobilidade social; cada indivíduo tem a esperança ou a perspectiva de ascender na hierarquia social. Uma sociedade em que a ascensão é possível tende a conceber, no plano filosófico, uma ascensão comparável para toda a humanidade. Uma sociedade aristocrática, em que cada indivíduo tem sua condição determinada pelo nascimento, aceita com dificuldade a perfectibilidade indefinida da humanidade, porque essa crença seria contraditória com a fórmula ideológica sobre a qual ela repousa. Ao contrário, a ideia do progresso é quase consubstancial com uma sociedade democrática[17].

Nesse caso, há não só uma passagem da organização social para uma certa ideologia, mas também uma relação íntima entre a organização social e a ideologia, servindo esta última como fundamento da primeira.

Também em outro capítulo Tocqueville afirma que os norte-americanos se inclinam mais a brilhar nas ciências aplicadas do que nas ciências básicas. Esta proposição hoje já não é válida, mas foi válida durante um longo período. No estilo que lhe é próprio, Tocqueville mostra que uma sociedade democrática, preocupada essencialmente com o bem-estar, mostrará menos interesse pelas ciências básicas do que uma sociedade de tipo mais aristocrático, em que os que se dedicam à investigação são ricos e têm bastante lazer[18].

Pode-se citar ainda a descrição das relações entre democracia, aristocracia e poesia[19]. Algumas linhas mostram bem quais podem ser os impulsos da imaginação abstrata:

> A aristocracia conduz naturalmente o espírito humano à contemplação do passado, fixando-o. A democracia, pelo contrário, dá ao homem uma espécie de desagrado instintivo por tudo o que é antigo. Nisso, a aristocracia é bem mais favorável à poesia, pois as coisas ordinariamente se ampliam, e se escondem, à medida que se tornam distantes, e sob esta dupla condição se prestam melhor à pintura do ideal (*O. C.*, t. I, vol. 2, p. 77).

Vê-se aqui como é possível, a partir de um pequeno número de fatos, construir uma teoria que seria verdadeira se só existisse uma espécie de poesia, e se a poesia só pudesse florescer em virtude da idealização das coisas e dos seres afastados no tempo.

Tocqueville observa que os historiadores democráticos tendem a explicar os acontecimentos por forças anônimas e por mecanismos irresistíveis da necessidade histórica, enquanto os historiadores aristocráticos tendem a acentuar o papel dos grandes homens[20].

Nisso, certamente tinha razão. A teoria da necessidade histórica, que nega a eficácia dos acasos e dos grandes homens, pertence indubitavelmente à era democrática em que vivemos.

Na segunda parte, sempre a partir dos traços estruturais da sociedade democrática, Tocqueville procura acentuar os sentimentos fundamentais em toda sociedade desse tipo.

Numa sociedade democrática reinará a paixão pela igualdade, que terá mais força que o gosto pela liberdade. A sociedade se preocupará mais em apagar as desigualdades entre os indivíduos e os grupos do que em manter o respeito pela legalidade e a independência pessoal. Será animada pela preocupação com o bem-estar material, e trabalhada por uma espécie de permanente inquietação, devido a esta obsessão pelo bem-estar material. O bem-estar material e a igualdade não podem, com efeito, criar uma sociedade tranquila e satisfeita, pois cada indivíduo se compara com os outros, e a prosperidade nunca está garantida. Mas as sociedades democráticas, segundo Tocqueville, não serão agitadas ou instáveis em profundidade.

Superficialmente turbulentas, elas se inclinarão para a liberdade, mas é de temer que os homens amem a liberdade mais como condição do bem-estar material do que por si mesma. É concebível que, em certas circunstâncias, quando as instituições livres parecem funcionar mal e comprometer a prosperidade, os homens se inclinem a sacrificar a liberdade na esperança de consolidar o bem-estar ao qual tanto aspiram.

Sobre esse ponto, há um trecho particularmente típico do pensamento de Tocqueville:

> A igualdade proporciona a cada dia uma infinidade de pequenos prazeres a cada homem. Os encantos da igualdade são sentidos a todo o instante, estão ao alcance de todos. Os corações mais nobres não são insensíveis a eles, e as almas mais vulgares fazem deles as suas maiores delícias. A paixão que a igualdade faz nascer deve portanto ser ao mesmo tempo enérgica e geral...
> Penso que os povos democráticos têm uma preferência natural pela liberdade. Entregues a si mesmos, eles a

amam, a procuram, e encaram com pesar a sua perda. Mas têm pela igualdade uma paixão ardente, insaciável, eterna, invencível. Querem a igualdade na liberdade e, quando não podem obtê-la, querem-na ainda mais na escravidão. Suportarão a pobreza, a servidão, a barbárie, mas não suportarão a aristocracia (*O. C.*, t. I, vol. 2, p. 103-4).

Encontramos aqui dois traços da formação intelectual de Tocqueville: a atitude do aristocrata, de antiga família, sensível à rejeição da tradição nobiliária característica das sociedades atuais; e também a influência de Montesquieu, o jogo dialético dos dois conceitos de liberdade e igualdade. Na teoria dos regimes políticos de Montesquieu, a dialética essencial é, com efeito, a da liberdade e da igualdade. A liberdade das monarquias se baseia na distinção das classes e no sentimento da honra. A igualdade do despotismo é a igualdade na servidão. Tocqueville retoma a problemática de Montesquieu e mostra como o sentimento predominante das sociedades democráticas é a vontade de igualdade a qualquer preço, o que pode levar a aceitar a servidão, mas não implica a servidão.

Numa sociedade desse tipo, todas as profissões serão honrosas, porque terão no fundo a mesma natureza, e serão todas assalariadas. Tocqueville diz que a sociedade democrática é uma sociedade de trabalho assalariado universal. Ora, uma sociedade desse tipo tende a suprimir as diferenças de natureza e de essência entre as atividades nobres e as não nobres. Assim, a distinção entre o serviço doméstico e as profissões livres tenderá progressivamente a diminuir, e todas as profissões serão um *job* do mesmo tipo, proporcionando uma certa renda. Subsistirão, sem dúvida, desigualdades de prestígio entre as ocupações, de acordo com a importância do salário atribuído a cada uma. Mas já não haverá uma diferença de natureza.

> Não existe profissão em que não se trabalhe por dinheiro. O salário que é comum a todas dá a todas um ar de família (*O. C.*, t. I, vol. 2, p. 159).

Tocqueville está aqui no seu elemento. De um fato aparentemente banal, e muito genérico, tira uma série de consequências que vão longe, pois na época em que escrevia essa tendência apenas se iniciava, embora hoje pareça ampla e profunda. Uma das características menos duvidosas da sociedade americana é a convicção de que todas as profissões são honrosas, isto é, têm essencialmente a mesma natureza.

Tocqueville continua:

> Isto serve para explicar as opiniões dos americanos com relação às diversas profissões. Os empregados nos Estados Unidos não se consideram degradados porque trabalham, já que à sua volta todos trabalham. Não se sentem diminuídos pela ideia de que recebem um salário, pois o presidente dos Estados Unidos também recebe um salário. Ele é pago para comandar, como os empregados recebem para servir. Nos Estados Unidos, as profissões são penosas e lucrativas em diferentes graus, mas nunca são elevadas ou baixas. Toda profissão honesta é honrosa (ibid.).

Poderíamos certamente estabelecer certas precisões neste quadro, mas o esquema me parece fundamentalmente verdadeiro.

Para Tocqueville, uma sociedade democrática é uma sociedade individualista, em que cada um tende a se isolar dos outros, com sua família. Curiosamente, esta sociedade individualista apresenta certos traços comuns com o isolamento característico das sociedades despóticas, pois o despotismo tende a isolar os indivíduos uns dos outros. O resultado, porém, não é a inclinação ao despotismo da sociedade democrática e individualista, pois certas instituições podem impedir o desvio no sentido deste regime corrompido. Essas instituições são associações livremente criadas pela iniciativa dos indivíduos, que podem e devem interpor-se entre o indivíduo solitário e o Estado todo-poderoso.

Uma sociedade democrática tende à centralização e comporta o risco de uma gestão pela administração pública do conjunto das atividades sociais. Tocqueville concebeu a sociedade totalmente planificada pelo Estado; mas essa administração, que abrangeria o conjunto da sociedade, e que sob certos aspectos se realiza na sociedade que chamamos hoje de socialista, longe de criar o ideal de uma sociedade não alienada, que sucede à sociedade capitalista, representa, no seu esquematismo, o próprio tipo de uma sociedade despótica, que devemos temer. Vê-se aqui até que ponto é possível chegar a visões antitéticas e a julgamentos de valor contraditórios, de acordo com o conceito utilizado como ponto de partida para nossa reflexão.

As sociedades democráticas são, em conjunto, materialistas, o que significa que os indivíduos têm a preocupação de adquirir o máximo de bens deste mundo, e que o objetivo da coletividade é fazer com que o maior número possível de pessoas vivam do melhor modo.

Tocqueville lembra, todavia, que como contrapartida desse materialismo ambiente surgem de vez em quando explosões de espiritualismo exaltado, erupções de exaltação religiosa. Esse espiritualismo que irrompe é contemporâneo do materialismo normalizado e corrente. Os dois fenômenos opostos fazem parte da essência de uma sociedade democrática.

A terceira parte do segundo volume de *A democracia na América* trata dos costumes. Focalizarei sobretudo as ideias de Tocqueville a respeito das revoluções e da guerra. Os fenômenos da violência me parecem em si mesmos sociologicamente interessantes. Algumas das grandes doutrinas sociológicas, como o marxismo, estão centralizadas, aliás, em fenômenos de violência, revoluções e guerras.

Tocqueville explica primeiramente que os costumes das sociedades democráticas tendem a se abrandar, que o relacionamento entre os americanos tende a ser simples e fácil, pouco artificial e pouco estilizado. Desaparecem os refinamentos sutis e delicados da polidez aristocrática, cedendo lugar a uma espécie de "bommeninismo" (para empregar uma linguagem moderna). O estilo das relações entre os indivíduos, nos Estados Unidos, é direto. Mais ainda: as relações entre senhores e servidores tendem a ser do mesmo tipo das relações entre as pessoas da mesma origem social. A gradação da hierarquia aristocrática que sobrevive nas relações interindividuais, nas sociedades europeias, desaparece cada vez mais numa sociedade fundamentalmente igualitária como é a americana.

Tocqueville tem consciência de que esse fenômeno está associado às particularidades da sociedade americana, mas é tentado a acreditar que as sociedades europeias evoluirão no mesmo sentido, à medida que se democratizem.

Depois, examina as guerras e as revoluções, em função desse tipo ideal da sociedade democrática:

Afirma, em primeiro lugar, que as grandes revoluções políticas ou intelectuais pertencem à fase de transição entre as sociedades tradicionais e as sociedades democráticas, e não à essência destas últimas. Em outras palavras, as grandes revoluções nas sociedades democráticas se tornarão raras. Contudo, essas sociedades serão naturalmente sociedades insatisfeitas[21].

Tocqueville escreve que as sociedades democráticas nunca podem estar satisfeitas, porque, como são igualitárias, fomentam a inveja; contudo, a despeito dessa turbulência superficial, são fundamentalmente conservadoras.

As sociedades democráticas são antirrevolucionárias, pela razão profunda de que, à medida que melhoram as condições de vida, aumenta o número dos que têm alguma coisa a perder com uma revolução. Nas sociedades democráticas, muitos indivíduos e classes têm um certo patrimônio, e não se arriscam a perder seus bens nas incertezas da revolução[22].

> Acredita-se que as sociedades novas vão mudar a cada dia; eu, porém, temo que terminem por se fixar de modo invariável nas mesmas instituições, nos mesmos preconceitos, nos mesmos costumes, de tal modo que o gênero humano se detenha e se limite, que o espírito se dobre e se feche eternamente sobre si mesmo, sem produzir novas ideias; que o homem se esgote em pequenos movimentos estéreis e solitários, e que a humanidade deixe de avançar, perdendo-se numa agitação incessante (*O. C.*, t. I, vol. 2, p. 269).

Neste ponto o aristocrata tem e não tem razão. Tem razão na medida em que as sociedades democráticas desenvolvidas são de fato mais querelosas do que revolucionárias. Não tem razão, contudo, quando subestima o princípio do movimento que anima as sociedades democráticas modernas, a saber, o desenvolvimento da ciência e da indústria. Sua tendência era combinar as duas imagens, a das sociedades fundamentalmente estabilizadas e a daquelas basicamente preocupadas com o bem-estar; mas o que não viu com suficiente atenção foi que a preocupação com o bem-estar, associada ao espírito científico, provoca um processo ininterrupto de descobertas e inovações técnicas. Um princípio revolucionário, a ciência, trabalha no seio das sociedades democráticas, que sob outros pontos de vista são essencialmente conservadoras.

Tocqueville foi marcado profundamente pelas lembranças da Revolução: seus pais tinham sido aprisionados durante o Terror, sendo salvos da guilhotina pelo 9 termidor. Muitos dos seus parentes, entre eles Malesherbes, tinham sido guilhotinados. Por isso era espontaneamente contrário às revoluções e, como qualquer pessoa, encontrava razões convincentes para justificar seus sentimentos[23].

Uma das melhores proteções das sociedades democráticas contra o despotismo, dizia, é o respeito à legalidade. Ora, por definição, as revoluções violam a legalidade. Habituam os homens a não respeitar a lei. Este desprezo pela lei sobrevive às revoluções e se torna uma das causas possíveis do despotismo. Tocqueville se inclinava a acreditar que quanto mais as sociedades democráticas fizessem revoluções, mais correriam perigo de se tornarem despóticas.

Isso talvez seja uma justificação de sentimentos anteriores; o que não significa que o raciocínio seja falso.

Tocqueville pensava que as sociedades democráticas seriam pouco propensas à guerra. Incapazes de preparar a guerra em tempos de paz, seriam incapazes de terminá-la uma vez que a tivessem iniciado. Desse ponto de vista, traçou um retrato bastante fiel da política externa dos Estados Unidos até uma data recente.

A guerra é considerada pela sociedade democrática como um intervalo desagradável na sua existência normal, que é pacífica. Em tempos de paz, pensa-se o menos possível na guerra e não se toma nenhuma precaução; assim, as primeiras batalhas são geralmente derrotas. Contudo, se o Estado democrático não é inteiramente derrotado no curso dos primeiros combates, termina por se mobilizar completamente, e leva a guerra até a vitória total.

Tocqueville nos dá uma bela descrição da guerra total das sociedades democráticas do século XX:

> Quando a guerra, prolongando-se, afasta finalmente todos os cidadãos dos seus trabalhos pacíficos, provocando o fracasso dos seus pequenos empreendimentos, o que acontece é que a mesma paixão que os fazia atribuir tanta importância à paz leva-os às armas. Depois de destruir todas as indústrias, a guerra se torna em si mesma uma grande e exclusiva indústria, para a qual se dirigem de todas as partes os desejos ardentes e ambiciosos que a igualdade fez nascer. É por isso que estas mesmas nações democráticas, que têm tanta dificuldade em se mover para o campo de batalha, realizam às vezes feitos prodigiosos (*O. C.*, t. I, vol. 2, p. 283).

O fato de que as sociedades democráticas sejam pouco inclinadas à guerra não significa que não entrem em guerra. Tocqueville considerou que possivelmente fariam a guerra, e que esta contribuiria para acelerar a centralização administrativa que abominava e que via triunfar em todos os lugares.

Por outro lado, temia (e neste ponto creio que se equivocou) que nas sociedades democráticas os exércitos fossem, como diríamos hoje, belicistas. Mostrava, por meio de uma análise clássica, que os soldados profissionais, em particular os suboficiais, gozando de pouco prestígio em tempo de paz e encontrando as dificuldades de promoção consequentes da baixa mortalidade dos oficiais em períodos normais, se inclinavam mais a desejar a guerra do que os homens comuns. Confesso minha inquietação com essas precisões no aleatório. Não decorrerão de uma propensão excessiva à generalização?[24]

Por fim, Tocqueville acreditava que, se surgissem déspotas nas sociedades democráticas, eles seriam tentados a fazer a guerra, para reforçar seu poder e ao mesmo tempo para satisfazer seus exércitos.

A quarta e última parte é conclusiva. As sociedades modernas são atravessadas por duas revoluções; uma tende a realizar a igualdade crescente de condições, a uniformidade das maneiras de viver, mas também a concentrar cada vez mais a administração na cúpula, a reforçar indefinidamente os poderes da gestão administrativa; a outra debilita sem cessar os poderes tradicionais.

Supondo-se essas duas revoluções, revolta contra o poder e centralização administrativa, as sociedades democráticas enfrentam a alternativa das instituições livres ou do despotismo.

Assim, duas revoluções parecem operar atualmente em sentidos contrários, uma debilitando continuamente o poder, a outra revigorando-o sem cessar. Em nenhuma outra época da nossa história o poder pareceu tão fraco, ou tão forte (*O. C.*, t. I, vol. 2, p. 320).

É uma bela antítese, mas não está formulada com exatidão. O que Tocqueville quer dizer é que o poder se enfraquece, e ao mesmo tempo sua esfera de ação se amplia. Na realidade, ele visa à ampliação das funções administrativas e estatais e ao enfraquecimento do poder político de decisão. A antítese teria sido talvez menos retórica e mais marcante se Tocqueville tivesse posto em oposição a ampliação de um lado e o enfraquecimento do outro, em lugar de opor, como ele fez, revigoramento e enfraquecimento.

Como homem político, Tocqueville é um solitário, ele próprio o disse. Procedendo do partido legitimista, uniu-se, não sem hesitação e escrúpulos de consciência, à dinastia de Orléans, pois de certo modo rompia com a tradição familiar. Mas tinha posto na Revolução de 1830 a esperança de que se realizaria finalmente seu ideal político, isto é, a combinação de uma democratização da sociedade e de um reforço das instituições liberais sob a forma da síntese que parecia desprezível a Auguste Comte e desejável a seus olhos: a monarquia constitucional.

A Revolução de 1848 o deixou consternado, pois lhe pareceu ser a prova de que a sociedade francesa era incapaz de liberdade política.

Estava portanto só, separado dos legitimistas pela razão e dos orleanistas pelo coração. No parlamento tinha feito parte da oposição dinástica, mas havia condenado a campanha dos banquetes, explicando à oposição que, ao tentar conseguir uma reforma da lei eleitoral, mediante tais procedimentos de propaganda, ela iria derrubar a dinastia. Em 27 de janeiro de 1848 fez um discurso profético, em resposta ao Discurso do Trono, anunciando a revolução que se aproximava. No entanto, ao redigir suas memórias, depois da Revolução de 1848, confessa muito francamente que tinha sido melhor profeta do que esperava, no momento em que pronunciou seu discurso. Anunciei a revolução, dirá ele em substância, e meus ouvintes pensaram que exagerava; e eu também pensava. A revolução estourou cerca de um mês depois de ele a ter anunciado, no meio do ceticismo geral, que ele compartilhava[25].

Depois da Revolução de 1848 Tocqueville teve a experiência da República, que ele queria que fosse liberal, ocupando durante alguns meses o posto de Ministro dos Negócios Estrangeiros[26].

Politicamente, Tocqueville pertence, portanto, ao Partido Liberal, isto é, a um partido que provavelmente tem poucas oportunidades de encontrar satisfação, ainda que em querelas, na vida política francesa.

Como sociólogo, Tocqueville pertence à descendência de Montesquieu. Combina o método do retrato sociológico com a classificação dos tipos de regime e dos tipos de sociedade, e a propensão a construir teorias abstratas a partir de um pequeno número de fatos. Opõe-se aos sociólogos considerados como clássicos, Auguste Comte ou Marx, pela rejeição das sínteses amplas, que pretendem prever o curso da história. Não acredita que a história passada tenha sido determinada por leis inexoráveis e que os acontecimentos futuros estejam predeterminados. Como Montesquieu, Tocqueville deseja tornar a história inteligível, não quer suprimi-la. Ora, os sociólogos do tipo de Comte e de Marx estão sempre inclinados a suprimir a história, pois conhecê-la antes de que se realize é tirar-lhe a dimensão propriamente humana, a da ação e da imprevisibilidade.

Indicações biográficas

1805 29 de julho. Nasce Alexis de Tocqueville em Verneuil. É o terceiro filho de Hervé de Tocqueville e sua esposa, da família Rosambos, neta de Malesherbes – antigo diretor da Biblioteca, nos tempos da *Encyclopédie*, e depois advogado de Luís XVI. Os pais de Alexis de Tocqueville estiveram presos em Paris na época do Terror, tendo escapado da morte com o 9 termidor. Na Restauração, Hervé de Tocqueville foi prefeito em vários departamentos, entre eles Moselle e Seine-et-Oise.
1810-25 Estudos sob a direção do abade Lesueur, antigo preceptor de seu pai. Estudos secundários no Colégio de Metz. Estudos de direito em Paris.
1826-27 Viagem à Itália em companhia do irmão Édouard. Estada na Sicília.
1827 Nomeado, por ordem do rei, juiz-auditor em Versalhes, onde seu pai reside desde 1826, como prefeito.
1828 Encontro de Mary Motley. Noivado.
1830 A contragosto, Tocqueville presta juramento a Louis-Philippe. Escreve à noiva: "Finalmente, acabo de prestar juramento. Minha consciência não me reprova, mas nem por isso me sinto menos profundamente ferido; considerarei este dia como um dos mais infelizes da minha vida."

1831 Tocqueville e Gustave de Beaumont, seu amigo, solicitam e obtêm do ministro do Interior uma missão para estudar, nos Estados Unidos, o sistema penitenciário americano.

1831-32 De maio de 1831 a fevereiro de 1832, permanência nos Estados Unidos; viagem através da Nova Inglaterra, Québec, o Sul (Nova Orleans) e o Oeste, até o lago Michigan.

1832 Tocqueville pede demissão como magistrado, em solidariedade a seu amigo Gustave de Beaumont, demitido por ter recusado se pronunciar num caso em que a participação do ministério público não lhe parecia honrosa.

1833 *Du système pénitentiaire aux États-Unis et de son application en France*, seguido de um apêndice sobre as colônias; de G. de Beaumont e A. de Tocqueville, advogados da Corte Real de Paris, membros da Sociedade Histórica da Pensilvânia.

1835 Publicação dos tomos I e II de *A democracia na América*, com grande êxito. Nova viagem à Inglaterra e à Irlanda.

1836 Casamento com Mary Motley.
Artigo na *London and Westminster Review*, "L'état social et politique de la France avant et depuis 1789".
Viagem à Suíça.

1837 Tocqueville se apresenta pela primeira vez às eleições legislativas; tendo recusado o apoio oficial – apesar de este lhe ter sido oferecido pelo conde Molé, seu parente –, foi derrotado.

1838 Eleito membro da *Académie des sciences morales et politiques*.

1839 Tocqueville é eleito, por grande maioria de votos, deputado de Vologne, circunscrição em que está situado o castelo de Tocqueville. Até se retirar da política, em 1851, será muitas vezes reeleito.

1840 Relator do projeto de lei sobre a reforma das prisões. Publicação dos tomos III e IV de *La démocratie en Amérique*: o êxito é menor do que em 1835.

1841 Tocqueville é eleito para a Académie française. Viagem à Argélia.
1842-44 Membro da comissão extraparlamentar sobre as questões africanas.
Eleito conselheiro geral da Mancha, como representante dos cantões de Sainte Mère-Église e de Montebourg.
1846 Outubro–dezembro. Nova viagem à Argélia.
1847 Relator dos créditos extraordinários para a Argélia. Em relatório, Tocqueville estabelece sua doutrina sobre a questão da Argélia. Com relação aos indígenas muçulmanos, preconiza uma atitude firme mas interessada pelo seu bem-estar, recomendando ao governo que incentive ao máximo a colonização europeia.
1848 27 de janeiro. Discurso na Câmara: "Creio que neste momento estamos dormindo sobre um vulcão."
23 de abril. Nas eleições por sufrágio universal para a Assembleia Constituinte, Tocqueville mantém seu mandato.
Junho. Membro da comissão incumbida de elaborar a nova Constituição.
Dezembro. Nas eleições presidenciais, Tocqueville vota em Cavaignac.
1849 2 de junho. Tocqueville torna-se ministro dos Negócios Estrangeiros. Escolhe Arthur de Gobineau como chefe de gabinete e nomeia Beaumont embaixador em Viena.
30 de outubro. Tocqueville é obrigado a pedir demissão (sobre este período, leia-se *Souvenirs*).
1850-51 Tocqueville escreve *Souvenirs*.
A partir de 2 de dezembro, retira-se da vida política.
1853 Instalado perto de Tours, pesquisa sistematicamente, nos arquivos da cidade, a documentação proveniente da Ancienne Généralité para obter informações sobre a Société d'Ancien Régime.
1854 Junho a setembro. Viagem à Alemanha, para estudar o antigo sistema feudal e o que resta dele no século XIX.
1856 Publicação da primeira parte de *L'Ancien Régime et la Révolution*.

1857 Viagem à Inglaterra para consultar documentos sobre a história da Revolução. Para retornar à França, o Almirantado britânico coloca à sua disposição um navio de guerra como forma de homenagem.
1859 Morre em Cannes, no dia 16 de abril.

Notas

1. Embora racionalmente Tocqueville seja favorável a uma sociedade desse tipo, cujo objetivo e justificativa consistem em assegurar o máximo de bem-estar ao maior número possível de pessoas, com o coração ele não aceita sem reservas uma sociedade em que o sentido da grandeza e da glória tende a se perder. No prefácio de *La démocratie en Amérique*, ele escreve: "A nação considerada como um corpo coletivo será menos brilhante, menos gloriosa, menos forte, talvez; mas a maioria dos cidadãos desfrutará de condições mais prósperas, e o povo mostrar-se-á pacífico, não por ter desesperado de estar melhor, mas porque sabe que está bem." (*O. C.*, t. I, vol. 1, p. 8).

2. No prefácio de *La démocratie en Amérique*, Tocqueville escreve: "Uma grande revolução democrática está se operando entre nós; todos a enxergam, mas nem todos a julgam da mesma maneira. Uns a consideram como uma coisa nova e, tomando-a como um acidente, esperam ainda poder detê-la; outros a julgam irresistível, porque ela lhes parece o fato mais contínuo, mais antigo e mais permanente que se conhece na história." (*O. C.*, t. I, vol. 1, p. 1). "O desenvolvimento gradual da igualdade de condições é, portanto, um fato providencial, e tem dele as principais características: é universal,

é duradouro, escapa a cada dia do poder humano; todos os acontecimentos, assim como todos os homens, estão a serviço do seu desenvolvimento..." O livro todo foi escrito sob a impressão de uma espécie de terror religioso produzido na alma do autor pela observação dessa revolução irresistível, que caminha há tantos séculos transpondo todos os obstáculos, e que vemos avançar, ainda hoje, por entre as ruínas que ela provocou... "Se longas observações e reflexões sinceras levassem os homens de hoje a reconhecer que o desenvolvimento gradual e progressivo da igualdade é, ao mesmo tempo, o passado e o futuro da sua história, esta descoberta por si só daria a esse desenvolvimento o caráter sagrado da vontade do senhor soberano. Querer deter a democracia pareceria então lutar contra Deus mesmo e, às nações, só restaria acomodar-se ao Estado social que a Providência lhes impõe." (ibid., p. 4 e 5).

3. Notadamente nos capítulos 18, 19 e 20 da segunda parte do segundo volume de *La démocratie en Amérique*. O capítulo 18 se intitula: "Por que entre os norte-americanos todas as profissões são consideradas honrosas"; o cap. 19, "O que faz com que quase todos os americanos se inclinem para as profissões liberais"; o cap. 20, "De que modo a indústria poderia dar origem à aristocracia". No cap. 19, Tocqueville escreve: "Os americanos chegaram ainda ontem à terra onde moram e já alteraram toda a ordem da natureza em seu proveito. Uniram o Hudson ao Mississippi, e puseram o oceano Atlântico em comunicação com o golfo do México, através de mais de quinhentas léguas de continente que separam esses dois mares. As estradas de ferro mais longas já construídas estão nos Estados Unidos." (*O. C.*, t. I, vol. 2, p. 162).

4. Cap. XX, segunda parte, 2º volume de *La démocratie en Amérique*. Esse capítulo se intitula: "De que modo a aristocracia poderia dar origem à indústria". Tocqueville escreve: "À medida que a massa da nação se volta para a democracia, a classe específica que se ocupa das indústrias se torna mais aristocrática. Numa, os homens cada vez mais se assemelham uns aos outros; na outra, cada vez mais os homens di-

ferem entre si; a desigualdade aumenta na pequena sociedade na mesma proporção em que diminui na grande sociedade. É assim que, quando remontamos à origem, parece-me que vemos a aristocracia sair, por meio de um esforço natural, do próprio seio da democracia." Tocqueville baseia essa observação numa análise dos efeitos psicológicos e sociais da divisão do trabalho. O operário que passa a vida fazendo cabeças de alfinete – esse exemplo Tocqueville tomou emprestado de Adam Smith – se degrada. Só se tornará um bom operário na medida em que for menos homem, menos cidadão – pensamos aqui em certas páginas de Marx. O patrão, pelo contrário, adquire o hábito do comando e, no vasto mundo dos negócios, seu espírito alcança a percepção das totalidades. E isso no mesmo momento em que a indústria atrai para si os homens ricos e instruídos das antigas classes dirigentes. Tocqueville, no entanto, logo acrescenta: "Mas essa aristocracia não se assemelha às que a precederam...". A conclusão é bastante característica do método e dos sentimentos de Tocqueville: "Penso que, em última análise, a aristocracia manufatureira a cuja ascensão nós assistimos é uma das mais duras que apareceram no mundo; mas ela é, ao mesmo tempo, uma das mais restritas e das menos perigosas. De qualquer forma, é para esse lado que os amigos da democracia devem voltar seus olhares apreensivamente, pois se algum dia a desigualdade permanente de condições e a aristocracia penetrarem novamente no mundo, pode-se prever que elas entrarão por essa porta." (*O. C.*, t. I, vol. 2, p. 166-7).

5. Existem duas obras americanas importantes sobre esse assunto. Um historiador americano em particular, G. W. Pierson, reconstituiu a viagem de Tocqueville, detalhou os encontros do viajante com as personalidades americanas, identificou a origem de algumas de suas ideias; em outros termos, confrontou Tocqueville como intérprete da sociedade americana com seus informantes e comentaristas: G. W. Pierson, *Tocqueville and Beaumont in America*, Nova York, Oxford University Press, 1938; Doubleday Anchor Books, 1959.

O segundo volume do primeiro tomo de *Oeuvres complètes* contém uma longa bibliografia sobre os problemas tratados em *A democracia na América*. Essa bibliografia foi compilada por J.-P. Mayer.

6. Seria oportuno estudar também as muitas páginas que Tocqueville escreveu sobre o sistema jurídico norte-americano, a função legal e até mesmo política do júri.

7. Deve-se acrescentar que Tocqueville provavelmente é injusto: as diferenças entre as relações dos americanos com os indígenas e as relações hispano-indígenas não estão ligadas apenas à atitude adotada por uns e outros, mas também às diferenças quanto à densidade dos povoamentos indígenas do Norte e do Sul.

8. Duas obras de Léo Strauss foram traduzidas para o francês. *De la tyrannie*, precedida do *Hiéron* de Xenofonte e seguida de *Tyrannie et sagesse*, de Alexandre Kojève, Paris, Gallimard, 1954; *Droit naturel et histoire*, Paris, Plon, 1954.

Ver também: *Persecution and the Art of Writing*, Glencoe, The Free Press, 1952, *The Political Philosophy of Hobbes: its Basis and its Genesis*, Chicago, University of Chicago Press, 1952.

(Segundo Léo Strauss: "A ciência política clássica deve sua existência à perfeição humana ou à maneira pela qual os homens deveriam viver, e ela atinge seu ponto culminante na descrição do melhor sistema político. Esse sistema devia ser realizável sem nenhuma mudança, milagrosa ou não, na natureza humana, mas sua realização não era considerada como provável, porque acreditava-se que ela dependia do acaso. Maquiavel ataca essa ideia, ao mesmo tempo pedindo que cada um avalie suas posições, não sobre a questão de saber como os homens deveriam viver, mas como eles vivem realmente, e sugerindo que o acaso pode ser, ou é, controlado. É esta crítica que estava na base de todo o pensamento político especificamente moderno." [*De la tyrannie*, op. cit., p. 45]).

9. J.-F. Gravier, *Paris et le désert français*, 1.ª ed., Paris, Le Portulan, 1947; 2.ª ed., totalmente modificada, 1958. O primeiro capítulo desse livro contém, aliás, como epígrafe, uma citação de *O Antigo Regime e a Revolução*.

Ver também, do mesmo autor, *L'aménagement du territoire et l'avenir dés régions françaises*, Paris, Flammarion, 1964.

10. O capítulo 4 do livro III de *L'Ancien Régime et la Révolution* intitula-se: "Que le règne de Louis XIV a été l'époque la plus prospère de l'ancienne monarchie et comment cette prospérité même hâta la Révolution". (Como o reinado de Luís XIV foi a época mais próspera da antiga monarquia e como esta mesma prosperidade precipitou a Revolução) (*O. C.*, t. II, vol. 1, p. 218-25). Esta ideia que, à sua época, era relativamente nova foi retomada pelos historiadores modernos da Revolução. A. Mathiez escreve: "A Revolução não eclodirá num país esgotado, mas, ao contrário, num país florescente, em pleno progresso. A miséria, que às vezes determina insurreições, não pode provocar as grandes alterações sociais. Estas surgem sempre do desequilíbrio entre as classes." (*La Révolution Française*, t. I: *La chute de la royauté*, Paris, Armand Collin, 1951, 1ª ed. de 1921, p. 13). Ela foi mais bem definida por Ernest Labrousse em sua grande obra: *La crise de l'économie française à la fin de l'Ancien Régime et au début de la Révolution*, Paris, P.U.F., 1944.

11. Na Rússia, entre 1890 e 1913 o número dos trabalhadores industriais dobrou, passando de 1,5 para 3 milhões. A produção das empresas industriais se multiplicou por 4. A produção de carvão passou de 5,3 para 29 milhões de toneladas; a de aço, de 0,7 para 4 milhões de toneladas; a de petróleo, de 3,2 para 9 milhões de toneladas. De acordo com Prokopowicz, em valor constante a renda nacional russa aumentou globalmente de 40%, e a renda *per capita*, de 17%, entre 1900 e 1913. Os progressos no campo da educação foram também consideráveis. Em 1874, só 21,4% dos homens sabiam ler e escrever; em 1914, essa porcentagem era de 67,8%. Entre 1880 e 1914, o número de alunos da escola elementar passou de 1.141.000 para 8.147.000. Já em 1899, em *O capitalismo na Rússia*, Lênin observava que os progressos da indústria eram mais rápidos na Rússia do que na Europa ocidental, e mesmo nos Estados Unidos. Acrescentava: "O

desenvolvimento do capitalismo nos países jovens é muito acelerado pela ajuda e pelo exemplo dos países velhos." Em 1914, um economista francês, Edmond Théry, de volta de longa viagem de estudo na Rússia, afirmava, num livro intitulado *La transformation économique de la Russie*: "Se entre 1912 e 1950 as coisas se passarem, nas grandes nações da Europa, como entre 1900 e 1912, em meados deste século a Rússia dominará a Europa, tanto do ponto de vista político como do econômico e financeiro." As características do crescimento russo antes de 1914 eram:

– participação muito grande do capital estrangeiro (o que se traduzia, no plano do comércio exterior, por um grande déficit da balança comercial);

– estrutura moderna e concentrada do capitalismo;

– grande influência do Estado czarista tanto no estabelecimento da infraestrutura como na organização dos circuitos financeiros.

12. H. Taine, *Les origines de la France contemporaine*, Paris, Hachette, 1876-93. A obra de Taine compreende três partes: I. *L'Ancien Régime* (2 vols.); II. *La Révolution* (6 vols.); III. *Le régime moderne* (3 vols.). Os três textos sobre o papel dos intelectuais na crise do Antigo Regime e a evolução da Revolução constam dos livros III e IV da primeira parte. Esses livros intitulam-se: "L'esprit et la doctrine", "La propagation de la doctrine". Ver principalmente os capítulos 2 (L'esprit classique), 3 e 4 do livro III. Para corrigir o que há de excessivo nesta interpretação, leia-se o excelente livro de D. Mornet, *Les origines intellectuelles de la Révolution*, Paris, 1933. D. Mornet demonstra que, em grande medida, os escritores e homens de letras não tinham semelhança com a imagem que nos dão a respeito deles Tocqueville e Taine.

13. *Oeuvres complètes*, t. II, *L'Ancien Régime et la Révolution*, vol. 1, p. 302. O capítulo 2 do livro III intitula-se: "Comment l'irréligion avait pu devenir une passion générale et dominante chez les Français du XVIIIe siècle et quelle sorte d'influence cela eut sur le caractère de la Révolution". (Como a irre-

ligião pôde se tornar uma paixão geral e dominante nos franceses do séc. XVIII e que tipo de influência isso teve no caráter da Revolução).

14. "Não sei se, em última análise, e a despeito dos vícios chocantes de alguns dos seus membros, houve jamais em todo o mundo um clero mais notável do que o clero católico da França, no momento em que foi surpreendido pela Revolução – mais esclarecido, mais nacionalista, menos entrincheirado em suas virtudes privadas, dotado de virtudes públicas e, ao mesmo tempo, de mais fé: a perseguição bem o demonstrou. Iniciei o estudo da antiga sociedade cheio de preconceitos contra ele; concluí-o cheio de respeito." (*O. C.*, t. II, vol. 1, p. 173).

15. Este retrato sintético se encontra no final de *L'Ancien Régime et la Révolution*. Começa com estas palavras: "Quando considero esta nação em si mesma, acho-a mais extraordinária do que qualquer dos eventos de sua história. Terá jamais aparecido no mundo..." (*O. C.*, t. II, vol. 1, p. 249-50). Tocqueville anuncia-o assim: "Sem uma visão clara da antiga sociedade, de suas leis, de seus vícios, de seus preconceitos, de suas misérias, de suas grandezas, jamais se compreenderá o que os franceses fizeram durante os sessenta anos que se seguiram à sua queda; mas essa visão ainda não seria suficiente se não penetrássemos na própria natureza de nossa nação."

16. Tocqueville tem muita consciência dessa dificuldade. No prefácio do segundo volume de *La démocratie en Amérique*, afirma: "Devo prevenir o leitor, imediatamente, contra um erro que me seria muito prejudicial. Vendo-me atribuir tantos efeitos diversos à igualdade, ele poderia concluir que a considero causa única de tudo o que acontece em nossos dias. Isto seria me atribuir um ponto de vista muito estreito. Há, em nossa época, muitas opiniões, sentimentos e instintos que devem sua origem a fatos estranhos, e até mesmo contrários, à igualdade. Assim, se eu tomasse os Estados Unidos como exemplo, provaria facilmente que a natureza do país, a origem dos seus habitantes, a religião dos fundadores, as luzes que adquiriram e seus hábitos anteriores exerceram

e exercem ainda uma imensa influência sobre sua maneira de pensar e de sentir, independentemente da democracia. Na Europa encontraríamos causas diferentes, mas também distintas do fato da igualdade, que explicariam em boa parte o que acontece ali. Reconheço a existência de todas essas diferentes causas e seu poder, mas meu tema não é esse. Não estou empenhado em demonstrar a razão de todas as nossas inclinações e de todas as nossas ideias; quis somente fazer ver em que a igualdade tinha modificado umas e outras." (*O. C.*, t. I, vol. 2, p. 7).

17. Primeira parte, cap. VIII: "Como a igualdade sugere aos norte-americanos a ideia da perfectibilidade indefinida do Homem" (*O. C.*, t. I, vol. 2, p. 39-40).

18. Primeira parte, cap. X: "Por que os norte-americanos se interessam mais pela prática das ciências do que pela sua teoria" (*O. C.*, t. I, vol. 2, p. 46-52).

19. Primeira parte, cap. XIII a XIX, especialmente o cap. XIII: "Fisionomia literária dos séculos democráticos" e o cap. XVII: "Sobre algumas fontes de poesia nas nações democráticas".

20. Primeira parte, cap. XX: "Sobre algumas tendências particulares dos historiadores nos séculos democráticos". (*O. C.*, t. I, vol. 2, p. 89-92).

21. Relendo Tocqueville, percebi que uma ideia que eu considerava mais ou menos como minha, e que já havia exposto nas minhas aulas sobre a sociedade industrial e a luta de classes, já se encontrava, com palavras diferentes, em Tocqueville: o gosto das sociedades industriais modernas pela querela. Vide R. Aron, *Dix-huit leçons sur la société industrielle*, Paris, Gallimard, 1962 (ed. brasileira: *Dezoito lições sobre a sociedade industrial*, São Paulo, Martins Fontes, 1981, trad. Sérgio Bath. N. E.); *La lutte de classes*, Paris, Gallimard, 1964.

22. "Nas sociedades democráticas a maioria dos cidadãos não veem claramente o que poderiam ganhar com uma revolução, sentindo, contudo, a cada instante e de mil maneiras, o que poderiam perder." (*O. C.*, t. I, vol. 2, p. 260). "Se houver algum dia grandes revoluções nos Estados Unidos da

América, elas serão provocadas pela presença dos negros em solo americano; isto é: sua origem não será a igualdade de condições, mas, ao contrário, a desigualdade." (ibid., p. 263).

23. "Lembro-me, como se fosse hoje, de uma noite, num castelo onde morava meu pai, em que uma festa de família reunira muitos dos nossos parentes próximos. Os empregados foram mantidos afastados. Toda a família estava reunida em torno da lareira. Minha mãe, que tinha a voz suave e penetrante, pôs-se a cantar uma ária famosa durante o período dos distúrbios, cuja letra fazia referência às desgraças do rei Luís XVI, e à sua morte. Quando ela terminou, todos choravam; não pelas muitas misérias individuais sofridas, nem pelos muitos parentes perdidos na guerra civil e no cadafalso, mas pelo destino daquele homem morto havia mais de quinze anos, e que a maior parte daqueles que vertiam lágrimas por ele nunca tinha visto. Mas aquele homem tinha sido o rei." (Citado por J.-P. Mayer, in *Alexis de Tocqueville*, Paris, Gallimard, 1948, p. 15).

24. Sobre esse assunto, ver o cap. XXIII da terceira parte: "Qual é, nos exércitos democráticos, a classe mais guerreira e mais revolucionária". Tocqueville termina esse capítulo assim: "Em todo exército democrático, é sempre o suboficial que representará menos o espírito pacífico e regular do país e o soldado que o representará melhor. O soldado trará para a carreira militar a força ou a fraqueza dos costumes nacionais; ele fará com que apareça só a imagem fiel da nação. Se ela é ignorante e fraca, ele deixará que seus chefes o levem à desordem, sem que o perceba ou à sua revelia. Se ele for esclarecido e enérgico, ele mesmo os manterá dentro da ordem." (*O. C.*, t. I, vol. 2, p. 280).

25. Esse discurso se encontra, na edição de *Oeuvres complètes*, de J.-P. Mayer, como um dos apêndices do segundo volume de *La démocratie en Amérique*, *O. C.*, t. I, vol. 2, p. 368-9. Foi pronunciado em 27 de janeiro de 1848 durante a discussão do projeto de mensagem em resposta ao discurso do trono. Nesse discurso, Tocqueville denunciava a indignidade da classe dirigente, que ficara clara nos inúmeros escândalos

do fim do reinado de Louis-Philippe. Tocqueville concluía: "Será que os senhores não sentem, por uma espécie de intuição instintiva que não se pode analisar, mas que é certa, que mais uma vez o solo da Europa está tremendo? Será que os senhores não sentem... como diria? um vento de revoluções que está no ar? Não se sabe onde esse vento nasce, nem de onde vem, e nem, acreditem, quem ele arrebata: e é numa época como esta que os senhores se mantêm tranquilos diante da degradação dos costumes públicos pois essa palavra não é forte demais."

26. Teve, como chefe de gabinete, Arthur de Gobineau, ao qual continuou ligado por uma grande amizade, apesar da incompatibilidade radical das respectivas ideias. Mas nessa época Gobineau ainda era jovem, e Tocqueville já era um homem famoso. Em 1848, os dois volumes de *La démocratie en Amérique* já tinham sido publicados, e Gobineau ainda não havia escrito nem *Essai sur l'inégalité des races humaines*, nem suas grandes obras literárias (*Les pléiades, Les nouvelles asiatiques, La Renaissance, Adelaïde* e *Mademoiselle Irnois*).

Bibliografia
(*obras citadas pelo autor e em português*)

Obras de Tocqueville
(*citadas pelo autor*)

Oeuvres complètes d'Alexis de Tocqueville, edição definitiva publicada sob a direção de Jakob Peter Mayer, Paris, Gallimard.

Segundo as previsões, esta edição deverá compreender treze tomos e vinte e dois volumes. Até 1967 tinham sido publicados:

T. I, *De la démocratie en Amérique*, 2 vols.

T. II, *L'Ancien Régime et la Révolution*, 2 vols.: 1º vol.: texto da primeira parte publicado em 1856; 2º vol.: *Fragments et notes inédites sur la Révolution*.

T. III, *Écrits et discours politiques*: 1º vol.: *Études sur l'abolition de l'esclavage, l'Algérie, l'Inde*.

T. V, *Voyages*: 1º vol.: *Voyages en Sicile et aux États-Unis*; 2º vol.: *Voyages en Angleterre, Irlande, Suisse et Algérie*.

T. VI, *Correspondance anglaise*: 1º vol.: *Correspondance avec Henry Reeve et John-Stuart Mill*.

T. IX, *Correspondance d'Alexis de Tocqueville et d'Arthur de Gobineau*.

T. XII, *Souvenirs*.

Obras Gerais

Chevallier, J.-J. *Les grandes oeuvres politiques*, Paris, Armand Colin, 1949.
Hearnshaw, F. J. C., ed. *The Social Political Ideas of some Representative Thinkers of the Victorian Age* (artigo de H. J. Laski, "Alexis de Tocqueville and Democracy"), Londres, G. G. Harrap, 1933.
Leroy, Maxime. *Histoire des idées sociales en France*, t. II, *de Babeuf à Tocqueville*, Paris, Gallimard, 1950.

Obras sobre Tocqueville

Brunius, T. *Alexis de Tocqueville, the Sociological Aesthetician*, Uppsala, Almquist and Wiksell, 1960.
Diez del Corral, L. *La mentalidad politica de Tocqueville con especial referencia a Pascal*, Madri, Ediciones Castilla, 1965.
D'Eichtal, E. *Alexis de Tocqueville et la démocratie libérale*, Paris, Calmann-Lévy, 1857.
Gargon, E. T. *Alexis de Tocqueville, the Critical Years 1848-1851*, Washington, The Catholic University of America Press, 1955.
Göring, H. *Tocqueville und die Demokratie*, Munique-Berlim, R. Oldenburg, 1928.
Herr, R. *Tocqueville and the Old Regime*, Princeton, Princeton University Press, 1962.
Lawlor, M. *Alexis de Tocqueville in the Chamber of Deputies, his Views on Foreign and Colonial Policy*, Washington, The Catholic University of America Press, 1959.
Lively, J. *The Social and Political Thought of Alexis de Tocqueville*, Oxford, Clarendon Press, 1962.
Mayer, J. P. *Alexis de Tocqueville*, Paris, Gallimard, 1948.
Pierson, G. W. *Tocqueville and Beaumont in America*, Nova York, Oxford University Press, 1938.
Roland Marcel, P.-R. *Essai politique sur Alexis de Tocqueville*, Paris, Alcan, 1910.

Alexis de Tocqueville, le livre du centenaire 1859-1959, Paris, Éd. du C.N.R.S., 1960.

Obras de Tocqueville
(*em português*)

O antigo regime e a revolução, trad. de Yvonne Jean da Fonseca, 4ª ed., Brasília, UnB, 1997.
A democracia na América, 2 vols.; 1º vol.: *Leis e costumes*, 1998; 2º vol.: *Sentimentos e opiniões*, 2000; trad. de Eduardo Brandão; São Paulo, Martins Fontes.
Democracia na América, trad. de Neil Ribeiro da Silva, posf. de Antônio de Paim, 3ª ed., Belo Horizonte, Itatiaia; São Paulo, Edusp, 1987.
A emancipação dos escravos, trad. de Fani Goldfarb Figueira, Campinas, Papirus, 1994.
Igualdade social e liberdade política, trad. de Cícero Araújo, São Paulo, Nerman, 1988.
Lembranças de 1848: as jornadas revolucionárias em Paris, trad. de Modesto Florenzano, São Paulo, Companhia das Letras, 1991.
Tocqueville (inclui: *O antigo regime e a revolução*; *A democracia na América*), sel. de Francisco Weffort, trad. de Leonidas Gontijo de Carvalho *et al.*, 3ª ed., col. Os Pensadores, São Paulo, Abril, 1985.

Obra geral
(*em português*)

Chevallier, Jean-Jacques. *Grandes obras políticas: de Maquiavel a nossos dias*, trad. de Lydia Christina, 6ª ed., Rio de Janeiro, Agir, 1993.

OS SOCIÓLOGOS E A REVOLUÇÃO DE 1848

> Quando me ponho a procurar, em diferentes épocas, nos diferentes povos, a causa eficiente que provocou a ruína das classes que governavam, distingo com clareza um certo acontecimento, um certo homem, uma certa causa acidental ou superficial, mas, acreditem, o motivo real, a causa eficiente que leva os homens a perderem o poder é o fato de se tornarem indignos de exercê-lo.
>
> ALEXIS DE TOCQUEVILLE
> Discurso na Câmara dos Deputados
> em 24 de janeiro de 1848.

É interessante, sob vários aspectos, estudar a atitude dos três últimos sociólogos apresentados, em relação à Revolução de 1848.

Para começar, a Revolução de 1848, a curta duração da II República e o golpe de Estado de Luís Napoleão Bonaparte marcaram sucessivamente a destruição de uma monarquia constitucional em benefício da república e em seguida a destruição da república em benefício de um regime autoritário. O pano de fundo de todos esses acontecimentos foi a ameaça ou o medo de uma revolução socialista. No curso do período 1848-51 sucederam-se a dominação temporária de um governo provisório, no qual a influência socialista era forte; a luta entre a Assembleia Constituinte e o povo de Paris; e por fim a rivalidade entre uma Assembleia Legislativa de maioria monarquista, que defendia a república, e um presidente eleito pelo sufrágio universal, que pretendia estabelecer um império autoritário.

Em outros termos, no curso do período de 1848-51, a França conheceu uma luta política que se assemelha mais às lutas políticas do século XX do que a qualquer outro episódio do século XIX. Pode-se observar, com efeito, no período de 1848-51, a luta triangular entre os que chamaríamos hoje de fascistas, de democratas mais ou menos liberais e de socialistas, luta que se observou também, por exemplo, entre 1920 e 1933 na Alemanha de Weimar.

Não há dúvida de que os socialistas franceses de 1848 não têm grande semelhança com os comunistas do século XX; os bonapartistas de 1850 não são os fascistas de Mussolini nem os nacional-socialistas de Hitler. Contudo, não deixa de ser verdade que esse período da história política da França, no século XIX, já mostra os principais atores e as rivalidades típicas do século XX.

Além disso, este período, intrinsecamente interessante, foi comentado, analisado e criticado por Auguste Comte, Marx e Tocqueville. Seus julgamentos sobre os acontecimentos da época são característicos da doutrina de cada um e nos ajudam a compreender ao mesmo tempo a diversidade dos julgamentos de valor, a variedade dos sistemas de análises e a abrangência das teorias abstratas desenvolvidas por estes autores.

Auguste Comte e a Revolução de 1848

O caso de Auguste Comte é o mais simples. Ele se regozija primeiramente pela destruição das instituições representativas e liberais, que, para ele, estavam associadas ao espírito metafísico, crítico e anarquizante, ligadas também às particularidades da evolução da Inglaterra.

Nos escritos de juventude, Auguste Comte compara o processo de desenvolvimento político da França com o da Inglaterra. Na Inglaterra, pensava, a aristocracia se havia aliado à burguesia, e até mesmo ao povo, para reduzir gradualmente a influência e a autoridade da monarquia. A evolução política da França tinha sido em sentido oposto: a monarquia se aliara às comunas e à burguesia para reduzir a influência e a autoridade da aristocracia.

Segundo Auguste Comte, o regime parlamentar inglês não era mais do que a forma assumida pela dominação da aristocracia. O parlamento inglês era a instituição através da qual a aristocracia governava a Inglaterra, como antes governara Veneza.

Para Comte, portanto, o parlamentarismo não é uma instituição política de vocação universal, mas um simples acidente da história inglesa. Querer introduzir na França instituições representativas importadas de além-Mancha é um erro histórico fundamental, pois não há neste país as condições essenciais que permitam o florescimento do parlamentarismo. Mais ainda: é cometer um erro político de consequências funestas procurar justapor monarquia e parlamentarismo, uma vez que a Revolução Francesa teve por inimigo justamente a monarquia, expressão suprema do Antigo Regime.

Em suma, a combinação da monarquia e do parlamentarismo, ideal da Constituinte, parece a Auguste Comte impossível, pois repousa num duplo erro de princípio, relativo à natureza das instituições representativas em geral e à história da França em particular.

Além disso, Auguste Comte é favorável à centralização, que lhe parece refletir a lei da história da França. Vai tão longe que considera a distinção entre as leis e os decretos como sutilezas inúteis de legistas metafísicos.

Em função desta interpretação da história, ele se satisfaz, portanto, com a supressão do parlamento francês em benefício do que chama de ditadura temporária, e é tentado a se alegrar com o fato de que Napoleão III tenha definitivamente liquidado o que Marx teria denominado cretinismo parlamentar[1].

Um texto do *Curso de filosofia positiva* caracteriza o pensamento político e histórico de Auguste Comte a esse respeito:

> De acordo com nossa teoria histórica, em virtude de toda a condensação anterior dos diversos elementos do regime antigo em torno da realeza, está claro que o esforço primordial da Revolução Francesa para abandonar irrevogavelmente a antiga organização devia consistir, de modo necessário, na luta direta do poder popular contra o poder real, cuja preponderância caracterizava um tal sistema desde o fim da segunda fase moderna. Ora, embora esta época preliminar só possa ter tido, com efeito, como única destinação política a de preparar gradualmente a eliminação próxima da realeza, que até então os mais intrépidos inovadores não teriam ousado conceber, é notável que a metafísica constitucional sonhasse, então, ao contrário, com a união indissolúvel do princípio monárquico com o poder popular, como a da Constituição católica com a emancipação mental. Especulações tão incoerentes não mereceriam hoje a menor atenção filosófica, se não devêssemos ver nelas a primeira prova direta de uma aberração geral, que exerce ainda a influência mais deplorável para dissimular radicalmente a verdadeira natureza da reorganização moderna, que reduz esta regeneração fundamental a uma vã imitação universal da Constituição transitória, particular à Inglaterra.
> Tal foi, com efeito, a utopia política dos principais líderes da Assembleia Constituinte, e eles buscaram, certamente, a sua realização direta na medida em que a contradi-

ção radical dessa utopia com o conjunto das tendências características da sociabilidade francesa comportava essa busca.

Eis, portanto, o lugar apropriado para aplicar imediatamente nossa teoria histórica à breve apreciação desta perigosa ilusão. Embora em si mesma ela tenha sido por demais grosseira para exigir uma análise especial, a gravidade das suas consequências me obriga a indicar ao leitor as bases principais deste exame que, aliás, não terá dificuldade em desenvolver espontaneamente, de conformidade com as explicações específicas dos dois capítulos precedentes.

A ausência de toda sã filosofia política, antes de mais nada, leva a imaginar sem dificuldade o impulso empírico que determinou naturalmente tal aberração, que sem dúvida devia ser profundamente inevitável, já que pôde seduzir de forma completa até mesmo a razão do grande Montesquieu[2] (*Cours de philosophie positive*, t. VI, p. 190).

Essa passagem levanta várias questões fundamentais: é verdade que a modernidade excluía, na França, a manutenção da monarquia? Auguste Comte tem razão de considerar que uma instituição ligada a um certo sistema de pensamento não pode sobreviver em outro sistema?

Um positivista tem motivos para crer que a monarquia francesa tradicional estava vinculada a um sistema intelectual e social católico, feudal e teológico; mas um liberal teria respondido que uma instituição contemporânea de determinado sistema de pensamento pode, transformando-se, sobreviver em outro sistema histórico, e continuar a prestar serviços.

Comte estará certo ao reduzir as instituições de tipo britânico à singularidade do governo de uma etapa de transição? Terá razão em considerar as instituições representativas como ligadas intrinsecamente ao domínio de uma aristocracia mercantil?

Inspirando-se nessa teoria geral, o ex-aluno da École Polytechnique via em consequência, sem desprazer, um ditador temporal pôr fim à inútil imitação das instituições inglesas e ao domínio aparente dos falastrões metafísicos do Parlamento. Em *Système de politique positive* manifestou esta satisfação, chegando mesmo a escrever, na introdução do tomo II, uma carta ao Czar em que exprimia a esperança de que esse ditador, que qualificava de empírico, pudesse aceitar os ensinamentos do mestre da filosofia positiva, contribuindo assim de forma decisiva para a reorganização fundamental da sociedade europeia.

Essa dedicatória ao Czar provocou algumas reações na escola positivista. No tomo II o autor modificou um pouco o tom, devido à aberração temporária à qual o ditador se deixou arrastar, a saber, a guerra da Crimeia, cuja responsabilidade Auguste Comte parece ter atribuído à Rússia. O período das grandes guerras estava de fato historicamente encerrado, e Auguste Comte felicitou o ditador temporal da França por haver posto fim, nobremente, à aberração temporária do ditador temporal da Rússia.

Esse modo de ver as instituições parlamentares não está, se ouso empregar a linguagem de Auguste Comte, associado exclusivamente ao caráter especial do grande mestre do positivismo. Essa hostilidade em relação às instituições parlamentares, consideradas metafísicas ou britânicas, existe ainda hoje[3]. Vale notar, aliás, que Auguste Comte não queria excluir inteiramente a representação, mas achava suficiente que uma assembleia se reunisse a cada três anos, para aprovar o orçamento.

A meu ver, os julgamentos históricos e políticos se explicam pela inspiração principal da sociologia. Esta, tal como Auguste Comte a concebeu e Durkheim ainda a praticou, tomava como centro o *social* e não o *político*, subordinando mesmo o segundo ao primeiro, o que pode levar à depreciação do regime político, em benefício da realidade social fundamental. Durkheim compartilhava a indiferença tingida de agressividade ou desprezo do criador da palavra sociologia com relação às instituições parlamentares. Apaixonado pelas questões sociais, pelos problemas de moral e de reordenação das organizações profissionais, considerava o que acontecia no Parlamento como secundário, talvez irrisório.

Alexis de Tocqueville e a Revolução de 1848

O contraste entre Tocqueville e Comte é marcante. Tocqueville considera como o grande projeto da Revolução Francesa o que Auguste Comte qualifica de uma aberração à qual até o grande Montesquieu sucumbiu. Lamenta o insucesso da Constituinte, isto é, o fracasso dos reformadores burgueses que pretendiam combinar a monarquia com as instituições representativas. Considera importante, se não mesmo essencial, a descentralização administrativa que Comte vê com desprezo. Finalmente, interessa-se pelas combinações constitucionais que Auguste Comte afastava como metafísicas e indignas de consideração séria.

A posição social destes dois autores é também muito diferente. Auguste Comte era examinador na École Polytechnique e viveu muito tempo com os modestos vencimentos que recebia por esse trabalho. Tendo perdido o emprego, passou a viver graças às contribuições dos positivistas. Pensador solitário, que mal saía do seu domicílio na rua Monsieur-le-Prince, criou uma religião da humanidade, de que era ao mesmo tempo Profeta e Grande Sacerdote. Esta condição singular devia dar à manifestação das suas ideias uma forma extrema, não adaptada diretamente à complexidade dos acontecimentos.

Na mesma época, Alexis de Tocqueville, descendente de uma antiga família da aristocracia francesa, representava a circunscrição da Mancha na Câmara dos Deputados da Monarquia de julho. Quando ocorreu a Revolução de 1848, encontrava-se em Paris. Ao contrário de Auguste Comte, sai do seu apartamento e passeia pelas ruas; emociona-se profundamente com o que vê. Depois, no momento das eleições para a Assembleia Constituinte, volta à sua circunscrição eleitoral, onde é eleito por imensa maioria. Na Assembleia desempenha papel importante, como membro da comissão que redige a Constituição da II República.

Em maio de 1849, com Luís Napoleão Bonaparte na presidência da República, Tocqueville é nomeado ministro dos Negócios Estrangeiros, na pasta de Odilon Barrot, quando do remanejamento ministerial. Será ministro durante cinco meses, até que o presidente da República decide demitir esse Ministério, que tinha ainda um caráter excessivamente parlamentar e que era dominado pela antiga posição dinástica, isto é, pelo partido liberal monarquista, que se tornara republicano por resignação, já que não era possível naquele momento restaurar a monarquia.

Portanto, no período de 1848-51 Tocqueville é um monarquista transformado em republicano conservador, porque não há restauração possível, nem da monarquia legitimista nem da monarquia de Orléans. Mas ele é também hostil ao que chama de "monarquia bastarda", que vê como uma ameaça. A monarquia bastarda é o Império de Luís Napoleão, que todos os observadores com um mínimo de clarividência passam a temer a partir do dia em que o povo francês votou, em sua grande maioria, não em Cavaignac, o general republicano defensor da ordem burguesa, mas em Luís Napoleão, que só tinha em seu favor o nome, o prestígio do tio e algumas aventuras ridículas.

As reações de Tocqueville aos acontecimentos estão registradas num livro apaixonante, *Souvenirs*. É o único livro que escreveu ao correr da pena. Tocqueville trabalhava muito seus escritos, meditando no que escrevia e corrigindo incessantemente. Contudo, a propósito dos acontecimentos de 1848, lançou sobre o papel, para sua satisfação pessoal, memórias em que se exprime com franqueza admirável, já que não se destinavam à publicação. Fez julgamentos severos sobre vários de seus contemporâneos, dando assim um testemunho de inestimável valor sobre os sentimentos reais que os atores da grande história e os da pequena história têm uns pelos outros.

No dia da Revolução, 24 de fevereiro, a reação inicial de Tocqueville é quase de desespero e de desalento. O parlamentar Tocqueville é um conservador liberal, resignado com a modernidade democrática, apaixonado pelas liberdades intelectuais, pessoais e políticas. Para ele essas liberdades estão encarnadas nas instituições representativas, que as revoluções sempre põem em perigo. Está convencido de que, ao se multiplicarem, as revoluções tornam cada vez mais improvável a sobrevivência das liberdades.

Em 30 de julho de 1830, ao raiar do dia, encontrei na alameda exterior de Versalhes as carruagens do rei Carlos X, os brasões reais já raspados, rodando vagarosamente, em fila, com um ar de funeral. Não pude conter as lágrimas diante desse espetáculo. Desta vez (isto é, em 1848), minha impressão era de outra natureza, mas ainda mais viva. Era a segunda revolução a que assistia em dezessete anos. Ambas me haviam afligido, mas as impressões causadas pela última eram mais amargas. Havia sentido até o fim, por Carlos X, um resto de afeição hereditária. Mas esse rei caía por ter violado direitos que me eram caros; esperava ainda que a liberdade do meu país fosse reanimada com sua queda, e não extinta. Agora, essa liberdade me parecia morta. Os príncipes que fugiam nada representavam para mim; no entanto, sentia que minha causa estava perdida. Havia passado os mais belos anos da juventude numa sociedade que parecia retornar à prosperidade e à grandeza ao reconquistar a liberdade. Tinha concebido a ideia de uma liberdade moderada, regular, contida pelas crenças, pelos costumes e pelas leis. Os encantos de tal liberdade me haviam tocado. Ela se tornara a paixão de toda a minha vida. Sentia que nunca me consolaria da sua perda e que era preciso renunciar a ela (*O. C.*, t. XII, p. 86).

Mais adiante, Tocqueville conta uma conversa com Ampère, um dos seus amigos e colegas do Instituto que, segundo ele, era um típico homem de letras. Regozijava-se por uma revolução que lhe parecia estar de acordo com seu ideal, já que os partidários da reforma levavam a melhor sobre os reacionários ao modo de Guizot. Via no horizonte, depois da ruína da monarquia, as perspectivas de uma república próspera. Segundo o seu testemunho, Tocqueville e Ampère discutiram com paixão se a revolução seria um acontecimento bom ou mau. "Depois de muito gritar, terminamos por apelar para o julgamento do futuro, juiz esclarecido e íntegro, mas que sempre chega tarde demais." (*O. C.*, t. XII, p. 85).

Escrevendo alguns anos depois da Revolução de 1848, Tocqueville está mais convencido do que nunca de que fora um acontecimento infausto. Do seu ponto de vista, não poderia ser de outro modo, uma vez que o último resultado da Revolução tinha sido a substituição de uma monarquia semilegítima, liberal e moderada, pelo que Comte chamou de ditador temporário, e Tocqueville descreveu como monarquia bastarda, e que nós, mais vulgarmente, chamamos de Império autoritário. É difícil acreditar, aliás, que do ponto de vista político o regime de Luís Napoleão fosse superior ao de Louis-Philippe. Mas estes são julgamentos matizados por preferências pessoais; hoje ainda, nos compêndios escolares de história, o entusiasmo de Ampère aparece mais do que o ceticismo moroso de Tocqueville. As duas atitudes características da *intelligentzia* francesa, a do entusiasmo revolucionário, que não vê consequências, e a do ceticismo sobre os resultados últimos das revoluções, sobrevivem ainda hoje, e provavelmente continuarão vivas quando meus estudantes começarem a ensinar o que se deve pensar da história da França.

Naturalmente, Tocqueville procura explicar as causas da Revolução, no seu estilo normal que é o mesmo de Montesquieu. A Revolução de fevereiro, como todos os grandes acontecimentos do gênero, tem causas gerais, completadas pela ação de acidentes. Seria tão superficial excluir as primeiras como os segundos. Existem causas gerais, mas estas não bastam para explicar um acontecimento particular que poderia ser diferente.

O texto mais característico, sobre este ponto, é o seguinte:

A Revolução Industrial, que em trinta anos tinha feito de Paris a maior cidade industrial da França, atraiu para seus muros toda uma nova população de operários, à qual o trabalho das fortificações acrescentara outra multidão de agricultores, agora desempregada; o ardor dos prazeres materiais que, sob o aguilhão do governo, excitava essa multidão cada vez mais; a doença democrática da inveja, que a trabalhava surdamente; as teorias econômicas e políticas que começavam a se evidenciar, tendendo a fazer crer que as misérias humanas eram o resultado das leis e não da Providência, que era possível suprimir a pobreza mudando a base da sociedade; o desprezo em que haviam caído a classe governante e sobretudo os homens que se encontravam à sua frente, desprezo tão generalizado e profundo que paralisava a resistência até mesmo dos que tinham mais interesse na manutenção do poder que se subvertia; a centralização que reduzia as operações revolucionárias à conquista de Paris e à tomada da máquina governamental; a mobilidade, enfim, de todas as coisas, instituições, ideias, homens e costumes, numa sociedade móvel que foi revolvida por sete grandes revoluções em menos de sessenta anos, sem contar um grande número de pequenos distúrbios secundários: estas foram as causas gerais sem as quais a Revolução de fevereiro teria sido impossível. Os principais acidentes que a provocaram foram a paixão da oposição dinástica, que preparou uma revolta querendo fazer uma reforma; a repressão dessa revolta, a princípio excessiva, depois abandonada; o desaparecimento súbito dos antigos ministros, destruindo subitamente os fios do poder, que os novos ministros, muito perturbados, não souberam reparar a tempo ou refazer; os erros e o espírito desordenado desses ministros, tão insuficientes para reconstruir aquilo que tinham tido tanta força para destruir; as hesitações dos generais, a ausência dos únicos príncipes que tinham suficiente vigor e popularidade; sobretudo, a imbecilidade senil do rei Louis-Philippe, fraqueza que ninguém poderia ter previsto e que ainda hoje, depois que os fatos a revelaram, continua sendo quase incrível (*O. C.*, t. XII, p. 84).

Esse tipo de descrição analítica e histórica de uma revolução é característico de um sociólogo que não aceita nem o determinismo inexorável da história nem sua explicação como mera sucessão de acidentes. Como Montesquieu, Tocqueville quer tornar a história inteligível. Contudo, torná-la inteligível não é mostrar que os acontecimentos não poderiam ter sido diferentes; é encontrar a combinação de causas gerais e secundárias que tecem a trama dos acontecimentos.

De passagem, Tocqueville acentua um fenômeno endêmico na França: o desprezo com que são tratados os governantes. Esse fenômeno se repete ao fim de cada regime e explica o caráter pouco sangrento de muitas revoluções francesas. De modo geral, os regimes caem quando ninguém quer continuar a lutar por eles. Assim, cem anos depois de 1848, a classe política que governava a França havia caído num desprezo tão geral que paralisou mesmo os que teriam tido o maior interesse em se defender.

Tocqueville compreendeu bem que a Revolução de 1848 apresentava inicialmente um caráter socialista. Contudo, embora politicamente liberal, ele era socialmente conservador. Pensava que as desigualdades sociais estavam inscritas na ordem natural das coisas, ou, pelo menos, que eram inevitáveis na sua época. Julgou portanto com extrema severidade os membros socialistas do governo provisório, considerando, como o fez Marx, aliás, que tinham ultrapassado os limites toleráveis da estupidez. Aliás, um pouco como Marx, Tocqueville constata, puramente como observador, que numa primeira fase, entre o mês de fevereiro de 1848 e a reunião da Assembleia Constituinte, em maio, os socialistas tiveram em Paris, portanto em toda a França, uma influência considerável. Serviram-se bastante dessa influência para aterrorizar os burgueses e a maioria dos camponeses, e bem pouco para ganhar uma posição de poder. No momento do choque definitivo com a Assembleia Constituinte, não tinham nenhum meio de saírem vitoriosos senão por uma revolta. Os líderes socialistas da Revolução de 1848 não souberam explorar as circunstâncias favoráveis, entre fevereiro e maio. A partir da reunião da Assembleia Constituinte, não sabiam se deviam fazer o jogo da Revolução ou o do regime constitucional. Depois, no momento decisivo, abandonaram suas tropas, os operários de Paris, que, nas terríveis jornadas de junho, combateram sozinhos, sem chefes.

Tocqueville é violentamente hostil aos líderes socialistas e aos revoltosos de junho. Mas sua hostilidade não o cega. De um lado, reconhece a coragem extraordinária demonstrada pelos operários parisienses ao enfrentar o exército regular, mas admite que o descrédito dos líderes socialistas talvez não seja definitivo.

Segundo Marx, a Revolução de 1848 mostra que o problema essencial das sociedades europeias passara a ser o problema social. As revoluções do século XIX serão sociais, e não políticas. Preocupado com a liberdade individual, Tocqueville vê essas revoltas, insurreições ou revoluções como catastróficas, mas tem consciência do fato de que apresentam um certo caráter socialista. Por um lado, se uma revolução socialista lhe parece, no momento, impossível, e se não vê com bons olhos um regime estabelecido sobre outras bases que não seja o princípio da propriedade, por outro lado, conclui prudentemente que:

> O socialismo continuará sepultado no desprezo que cobre tão justamente os socialistas de 1848? Faço esta pergunta sem respondê-la. Não duvido de que a longo prazo as leis constitutivas da nossa sociedade moderna sejam modificadas; na verdade já o foram em muitas das suas partes principais. Chegar-se-á porém algum dia a destruí-las, substituindo-as por outras? Isto me parece impraticável. Não avançarei nada mais, pois, à medida que estudo a situação do mundo antigo, e que vejo mais detalhadamente o mundo de nossos dias, quando considero sua prodigiosa diversidade, não só de leis, mas dos princípios em que se assentam, e as diferentes modalidades assumidas pelo direito de propriedade da terra, sou tentado a acreditar que aquilo que chamamos de instituições necessárias muitas vezes são apenas as instituições com as quais estamos habituados, e que em matéria de constituição social o campo do possível é bem mais amplo do que imaginam os homens que vivem em cada sociedade (*O. C.*, t. XII, p. 97).

Em outras palavras, Tocqueville não exclui que os socialistas, derrotados em 1848, possam ser, num futuro mais ou menos longínquo, aqueles que transformarão a própria organização social.

Depois da descrição das jornadas de junho, o restante das lembranças de Tocqueville está consagrado ao relato sobre a redação da Constituição da II República, a sua participação no segundo Ministério Odilon Barrot, a luta dos monarquistas liberais que se tornaram republicanos por oposição tanto à maioria realista da Assembleia quanto a seu presidente, suspeito de pretender restabelecer o Império[4].

Assim Tocqueville viu o caráter socialista da Revolução de 1848 e condenou a ação dos socialistas como insensata. Pertencia ao partido da ordem burguesa, e, durante as revoltas de junho, estava pronto a se bater contra os operários revoltados. Na segunda fase da crise, foi um republicano moderado, um partidário daquilo que se chamaria mais tarde de república conservadora, e se fez antibonapartista. Foi derrotado mas não se surpreendeu com a derrota, pois, desde junho de 1849, pensava que as instituições livres estavam provisoriamente condenadas; que a Revolução tornaria inevitável um regime autoritário; e depois da eleição de Luís Napoleão previu naturalmente a restauração do Império. No entanto, como não é necessário ter esperança para empreender, lutou contra a solução que lhe parecia ao mesmo tempo a mais provável e a menos desejável. Sociólogo da escola de Montesquieu, não pensava que o que acontece é necessariamente o que devia acontecer, ou o que a Providência decidiria se fosse bondosa, ou a Razão se fosse todo-poderosa.

Karl Marx e a Revolução de 1848

Marx viveu o período histórico entre 1848 e 1851 de modo bem diferente de Comte e de Tocqueville. Não se retirou na torre de marfim da rua Monsieur-le-Prince, como o primeiro, nem foi deputado à Assembleia Constituinte ou à Assembleia Legislativa e ministro de Odilon Barrot e de Luís Napoleão, como o segundo. Jornalista e agitador revolucionário, participou ativamente dos acontecimentos, na Alemanha. Tinha morado na França e conhecia muito bem a política e os revolucionários franceses. Era, portanto, uma testemunha ativa, com relação àquele país. Além disso, acreditava no caráter internacional da Revolução e se sentia diretamente interessado pela crise francesa.

Muitos julgamentos que encontramos em seus dois livros, *As lutas de classes na França, 1848-1850* e *O 18 brumário de Luís Bonaparte*, estão de acordo com os *Souvenirs* de Tocqueville.

Como Tocqueville, Marx ficou impressionado com o contraste entre as revoltas de 1848, em que as massas operárias de Paris combateram sós e sem líderes durante vários dias, e os distúrbios de 1849, nos quais os líderes parlamentares da Montagne tentaram em vão desencadear revoltas sem serem seguidos por seus partidários.

Os dois estão igualmente conscientes de que os acontecimentos de 1848-51 já não representam, simplesmente, dificuldades políticas; são o pródromo de uma revolução social. Tocqueville constata com espanto que agora se questiona todo o fundamento da sociedade, e leis respeitadas há séculos. Marx exclama, com um tom de triunfo, que a subversão social, a seus olhos necessária, está em via de se realizar. As escalas de valores do aristocrata liberal e do revolucionário são diferentes, e até contrárias. O respeito pelas liberdades políticas, que para Tocqueville é algo sagrado, aos olhos de Marx é superstição de um homem do Antigo Regime. Marx não tem nenhum respeito pelo parlamento e pelas liberdades formais. O que um quer salvar acima de tudo é, para o outro, secundário e até mesmo um obstáculo no caminho daquilo que lhe parece essencial: a revolução social.

Os dois veem uma espécie de lógica histórica na passagem da Revolução de 1789 para a Revolução de

1848. Para Tocqueville, a revolução continua provocando o questionamento da ordem social e da propriedade, depois da destruição da monarquia e das ordens privilegiadas. Marx vê nesta revolução social o surgimento do quarto estado, após a vitória do terceiro. As expressões não são as mesmas; os juízos de valor são opostos, embora se encontrem num ponto essencial: uma vez destruída a monarquia tradicional, derrubada a aristocracia do passado, é normal que o movimento democrático, que tende à igualdade social, se dirija contra os privilégios subsistentes, que são os da burguesia. No pensamento de Tocqueville a luta contra a desigualdade econômica está condenada à derrota, pelo menos na sua época. Ele parece quase sempre considerar as desigualdades da sorte como naturais, ligadas à ordem eterna das sociedades. Marx, porém, acha que não é impossível, por uma reorganização da sociedade, reduzir ou eliminar as desigualdades econômicas. Mas os dois notam a passagem da revolução contra a aristocracia para a revolução contra a burguesia, da subversão contra o Estado monárquico para a subversão contra toda a ordem social.

Finalmente, Marx e Tocqueville se encontram na análise das fases da revolução. Os acontecimentos de 1848-51 na França fascinavam os espectadores daquela época, e continuam a nos parecer fascinantes, pela articulação dos conflitos. Em poucos anos a França viveu a maioria das situações típicas dos conflitos políticos nas sociedades modernas.

Durante uma primeira fase, de 24 de fevereiro de 1848 a 4 de maio do mesmo ano, uma rebelião derruba a monarquia, e o governo provisório inclui vários socialistas, que exercem uma influência predominante durante alguns meses.

Com a reunião da Assembleia Constituinte inicia-se uma segunda fase. A maioria da Assembleia, eleita pelo conjunto da nação, é conservadora, e até mesmo reacionária e monarquista. Surge um conflito entre o governo provisório, predominantemente socialista, e a Assembleia, conservadora. Esse conflito leva às revoltas de junho de 1848, revolta do proletariado parisiense contra uma assembleia eleita por sufrágio universal mas que, em razão da sua composição, é vista como um inimigo pelos operários de Paris.

A terceira fase tem início com a eleição de Luís Napoleão, em dezembro de 1848, ou, segundo Marx, com o fim da Constituinte, em maio de 1849. O presidente da República aceita a legitimidade bonapartista e se considera ungido pelo destino. Presidente da II República, tem de se haver primeiramente com uma Assembleia Constituinte de maioria monarquista, depois com uma Assembleia Legislativa que tem igualmente maioria monarquista, mas que inclui cento e cinquenta representantes da Montagne.

A partir da eleição de Luís Napoleão, começa um conflito sutil com frentes múltiplas. Incapazes de chegar a um acordo sobre o nome do monarca e a restauração da monarquia, os monarquistas se tornam defensores da república por hostilidade a um Luís Napoleão desejoso de restaurar o Império. Este utiliza procedimentos que os parlamentares consideram demagógicos. De fato, há na tática de Luís Napoleão elementos do pseudossocialismo (ou do socialismo verdadeiro) dos fascistas do século XX. Como a Assembleia Legislativa comete o erro de suprimir o sufrágio universal, no dia 2 de dezembro Luís Napoleão revoga a Constituição, dissolve a Assembleia Legislativa e restabelece simultaneamente o sufrágio universal.

Mas Marx também procura, e está aí a sua originalidade, explicar os acontecimentos políticos pela infraestrutura social. Esforça-se por mostrar, nos conflitos propriamente políticos, a manifestação ou, por assim dizer, o afloramento no nível político dos distúrbios profundos dos grupos sociais. Tocqueville, evidentemente, também o faz. Mostra os grupos sociais em conflito na França de meados do século XIX. Os atores principais do drama são os camponeses, a pequena burguesia parisiense, os operários de Paris, a burguesia e os resíduos da aristocracia, atores que não são muito diferentes dos que Marx mostra em cena. Contudo, embora explique os conflitos políticos pelas disputas sociais, Tocqueville mantém o caráter específico ou a autonomia, pelo menos relativa, da ordem política. Marx, pelo contrário, procura em todas as ocasiões encontrar uma correspondência termo a termo entre os acontecimentos no plano político e na infraestrutura social. Em que medida conseguiu isso?

As duas brochuras de Marx, *As lutas de classes na França* e *O 18 brumário de Luís Bonaparte* são obras brilhantes. Sob muitos aspectos são, a meu ver, mais profundas e satisfatórias do que seus grossos livros científicos. Inspirado pela sua clarividência de historiador, Marx esquece suas teorias e analisa os acontecimentos como observador genial.

Exemplificando a interpretação da política pela infraestrutura social, escreve:

> 10 de dezembro de 1848 [isto é, o dia da eleição de Luís Napoleão] foi o dia da insurreição dos camponeses. Somente a partir desse dia os camponeses da França tiveram seu fevereiro, símbolo que exprime sua entrada no movimento revolucionário, desajeitado e astuto, ingê-

nuo e maroto, sublime e rude, superstição calculada, burlesco patético, anacronismo genial e estúpido, travessura da história mundial, hieróglifo indecifrável para a razão dos homens civilizados, um símbolo que marcou, sem que possamos nos enganar, a fisionomia da classe que representa a barbárie no seio da civilização. A ela a República se tinha anunciado pelo arauto da corte; mas ela própria se anunciara à República pelo imperador. Napoleão era o único homem que representava até o fundo os interesses e a imaginação da nova classe camponesa, que 1789 tinha criado. Ao escrever seu nome sobre o frontispício da República, ela declarava guerra ao estrangeiro e reivindicava seus interesses de classe, no interior do país. Para os camponeses Napoleão não era uma pessoa, mas um programa. Com bandeiras, e com música, foram às urnas gritando: *Não mais impostos! Abaixo os ricos! Abaixo a República! Viva o imperador!* Por trás do imperador se ocultava a rebelião camponesa. A República abatida com seus votos era a República dos ricos (*Les luttes de classes en France*, Éd. Sociales, p. 57).

Mesmo os não marxistas admitem que os camponeses votaram em Luís Napoleão. Representando na época a maioria do eleitorado, preferiram o sobrinho, real ou suposto, do imperador Napoleão a Cavaignac, um general republicano. Num sistema de interpretação psicopolítico, dir-se-ia que, por causa do seu nome, Luís Napoleão era um chefe carismático. Diz Marx, revelando seu desprezo pelo camponês, que este, pouco civilizado, preferiu um símbolo napoleônico a uma personalidade republicana autêntica; nesse sentido, Luís Napoleão foi bem o representante dos camponeses contra a república dos ricos. O que parece problemático é saber em que Luís Napoleão, por ter sido eleito pelos camponeses, se teria tornado o representante dos interesses da classe. Não era necessário que os camponeses escolhessem Luís Napoleão para interpretar seus interesses de classe. Como também não era necessário que as medidas tomadas por Luís Napoleão estivessem de acordo com o interesse de classe dos camponeses. O imperador fez o que seu gênio, ou sua estupidez, lhe sugeriu. O voto camponês em favor de Luís Napoleão é um fato incontestável. A transformação desse fato em teoria leva à proposição: "O interesse de classe dos camponeses foi expresso em Luís Napoleão."

Um texto relativo aos camponeses, em *O 18 brumário de Luís Bonaparte*, permite compreendê-lo. Marx descreve a situação de classe dos camponeses:

> Na medida em que milhões de famílias camponesas vivem em condições econômicas que as separam umas das outras e opõem seus interesses, tipos de vida e cultura aos de outras classes da sociedade, essas famílias constituem uma classe. Contudo, deixam de ser uma classe na medida em que só existe entre esses camponeses um vínculo local, e em que a semelhança dos seus interesses não cria entre eles nenhuma comunidade, ligação nacional ou organização política. Por isso são incapazes de defender diretamente seus interesses de classe por meio de um Parlamento ou Assembleia. Não podem representar a si mesmos, precisam ser representados. Seus representantes devem parecer-lhes, ao mesmo tempo, como uma autoridade superior e como um poder governamental absoluto que os protege contra as outras classes e lhes manda do alto a chuva e o bom tempo. A influência política dos camponeses encontra assim sua expressão última na subordinação da sociedade ao poder executivo (*Le 18 Brumaire de Louis Bonaparte*, Éd. Sociales, p. 98).

Vemos aí uma descrição muito penetrante da condição equívoca, classe e não classe, da massa camponesa. Os camponeses têm um modo de vida mais ou menos semelhante, que lhes dá a primeira característica de uma classe social; falta-lhes porém a capacidade de tomar consciência de si mesmos como uma unidade. Incapazes de representar seus próprios interesses, eles são uma classe passiva, que só pode ser representada por pessoas que não pertençam a ela – o que constitui um princípio de explicação para o fato de que os camponeses tenham eleito um homem, Luís Napoleão, que não era camponês.

Resta porém uma dificuldade importante: o que acontece no cenário político pode ser explicado adequadamente pelo que ocorre na infraestrutura social?

Por exemplo: segundo Marx, a monarquia legitimista representava a propriedade rural e a monarquia orleanista a burguesia financeira e mercantil. Ora, estas duas dinastias nunca puderam entender-se. Durante a crise de 1848-51, a disputa das duas dinastias foi o obstáculo intransponível à restauração da monarquia. Será que as duas famílias reais não podiam chegar a um acordo sobre o nome do pretendente ao trono porque uma representava a propriedade rural e a outra a propriedade industrial e mercantil? Ou essa dificuldade de entendimento se explica pelo fato de que, por definição, só um dos pretendentes podia ocupar o trono?

A dúvida não se inspira numa rigidez da crítica, ou em falta de sutileza, mas coloca o problema fundamental da interpretação da política pela infraestrutura social. Admitamos que Marx tenha razão, que a monarquia legitimista seja de fato o regime da grande propriedade fundiária e da nobreza tradicional, e que a monarquia de

Orléans represente os interesses da burguesia financeira. Era o conflito de interesses econômicos que impedia a unidade ou o simples fenômeno, aritmético, por assim dizer, de que só podia haver um monarca?

Naturalmente, Marx é tentado a explicar a impossibilidade do acordo pela incompatibilidade dos interesses econômicos[5]. A fragilidade desta interpretação está no fato de que em outros países e em outras circunstâncias os proprietários de terras puderam conciliar seus interesses com os da burguesia industrial e mercantil.

Um trecho de *O 18 brumário de Luís Bonaparte* é particularmente significativo:

> Os diplomatas do partido favorável à ordem acreditavam poder liquidar a luta pelo que chamavam de *fusão* das duas dinastias, dos partidos realistas e suas respectivas casas reais. A verdadeira fusão da Restauração e da Monarquia de julho era a república parlamentar, na qual se baseavam as cores orleanistas e legitimistas, e na qual os diferentes tipos de burgueses desapareciam na burguesia pura e simples, no gênero burguês. Agora, porém, o orleanista devia tornar-se legitimista, e o legitimista, um orleanista (*Le 18 Brumaire de Louis Bonaparte*, Éd. Sociales, p. 76-7).

Marx tem razão. Não se pode exigir nada de semelhante, a menos que, por sorte, o pretendente de uma das duas famílias consinta em morrer. A interpretação é aqui puramente política, exata e satisfatória. Os dois partidos monarquistas só podiam entrar num acordo em uma república parlamentar, única forma de reconciliar os dois pretendentes a um trono, que só tolera um ocupante. Quando há dois pretendentes, para evitar que um esteja nas Tulherias e o outro no exílio, é preciso que nenhum esteja no poder. Neste sentido, a república parlamentar representava a conciliação das duas dinastias. Marx continua:

> A realeza, que personificava seu antagonismo, devia encarnar sua unidade, e transformar em interesse comum da sua classe a expressão dos seus interesses exclusivos de facções. A monarquia devia realizar o que a negação das duas monarquias, isto é, a república, podia realizar e tinha efetivamente realizado. Era a pedra filosofal: para fabricá-la os doutores do partido da ordem quebravam a cabeça. Como se a monarquia legítima pudesse tornar-se a monarquia da burguesia industrial, ou a realeza burguesa pudesse ser a realeza da aristocracia fundiária e hereditária! Como se a propriedade da terra e a indústria pudessem confraternizar sob a mesma coroa, coroa que adornaria uma só cabeça, a do irmão mais velho ou a do caçula! Como se a indústria pudesse, de modo geral, conciliar-se com a propriedade fundiária, sem que esta se decidisse a se transformar em industrial! Se Henrique V morresse amanhã, o conde de Paris não se tornaria o rei dos legitimistas, a menos que deixasse de ser o rei dos orleanistas (ibid., p. 77).

Marx faz uma mistura sutil e insinuante de duas explicações: a explicação política segundo a qual dois pretendentes ao trono se opondo, a única forma de conciliar seus seguidores era a república parlamentar; e a interpretação socioeconômica, fundamentalmente diferente, segundo a qual a propriedade da terra não podia conciliar-se com a burguesia industrial, a menos que se industrializasse. Encontramos hoje uma teoria deste último tipo entre os analistas marxistas, ou de inspiração marxista, para explicar a V República francesa. Esta não pode ser a república de De Gaulle. É preciso que seja a república do capitalismo modernizado ou de qualquer outro elemento da infraestrutura social[6]. Esta explicação é naturalmente mais profunda, sem contudo ser necessariamente verdadeira. A impossibilidade de conciliar os interesses da propriedade fundiária e da burguesia industrial é um fantasma sociológico. O dia em que um dos dois príncipes já não tiver descendentes, a conciliação dos dois pretendentes se fará automaticamente, e os interesses até então opostos encontrarão milagrosamente uma forma de compromisso. A impossibilidade da reconciliação entre os dois pretendentes era de natureza essencialmente política.

Não há dúvida de que a explicação dos acontecimentos políticos pela sua base social é legítima e válida, mas a explicação termo a termo é, em larga medida, parte da mitologia sociológica. Ela se realiza de fato pela projeção, na infraestrutura social, do que observamos na cena política. Depois de constatar que os dois pretendentes não podiam se entender, decretamos que a propriedade fundiária não pode ser conciliada com a propriedade industrial – o que negamos um pouco adiante, ao explicarmos que tal conciliação se faz no seio da república parlamentar. Ora, se o acordo fosse *socialmente* impossível, sê-lo-ia tanto numa república parlamentar como numa monarquia.

Este caso é, a meu ver, típico. Mostra, ao mesmo tempo, o que é aceitável (e até necessário) nas explicações sociais dos conflitos políticos e o que é errado. Os sociólogos profissionais ou amadores sentem a consciência pesada quando se limitam a explicar as mudanças de regime e as crises políticas pela política. Pessoalmente, inclino-me a acreditar que o detalhe dos acontecimentos políticos raramente pode ser explicado a não ser pelos homens, pelos partidos, por suas disputas e por suas ideias.

Luís Napoleão é o representante dos camponeses no sentido de que foi eleito pelo eleitorado do campo. O general De Gaulle é, do mesmo modo, o representante dos camponeses, porque sua política foi aprovada em 1958 por 85% dos franceses. Há cem anos o mecanismo psicopolítico não era essencialmente diferente do que é hoje; mas ele nada tem a ver com as distinções das classes sociais, e menos ainda com os interesses de classe de um grupo determinado. Quando se cansam com os conflitos sem solução, e pressentem a presença de um homem marcado pelo destino, os franceses de todas as classes se unem àquele que promete salvá-los.

Na última parte de *O 18 brumário de Luís Bonaparte*, Marx procede a uma análise pormenorizada do governo de Luís Napoleão e do modo como ele serviu aos interesses de diferentes classes. Luís Napoleão foi aceito pela burguesia, diz Marx, porque defendia seus interesses econômicos fundamentais. Em contrapartida, ela teve de renunciar ao exercício direto do poder político.

> A burguesia não tinha então claramente uma alternativa, senão eleger Bonaparte. Era o despotismo ou a anarquia, e favoreceu, como era natural, o despotismo... Como poder executivo independente da sociedade, Bonaparte se sente chamado a garantir a "ordem burguesa". Mas a força dessa ordem burguesa é a classe média. Por isso se coloca como representante dessa classe e promulga decreto dentro desse espírito. Mas ele só é alguma coisa porque quebrou e ainda quebra, diariamente, a influência política dessa classe média. Por isso se posiciona como adversário do poder político e literário da classe média (*Le 18 Brumaire de Louis Bonaparte*, Éd. Sociales, p. 104).

Há, em toda esta análise, um elemento particularmente interessante: o reconhecimento do poder decisivo do Estado.

O poder executivo, com sua imensa organização burocrática e militar, seu mecanismo estatal complexo e artificial, seu exército de funcionários de meio milhão de homens e seu outro exército de quinhentos mil soldados, espantoso corpo parasita que cobre como por uma membrana a sociedade francesa, obturando todos os seus poros, se constitui na época da monarquia absoluta, quando do declínio do feudalismo que ele ajudou a subverter. Os privilégios senhoriais dos grandes proprietários fundiários e das cidades se transformaram em outros tantos atributos do poder do Estado, os dignitários feudais em funcionários com vencimentos, e o mapa complexo dos direitos soberanos medievais contraditórios tornou-se o plano bem formulado de um poder de Estado cujo trabalho é dividido e centralizado como numa fábrica. A primeira revolução francesa, que assumiu como objetivo destruir todos os poderes independentes, locais, territoriais, municipais e provinciais, para criar a unidade burguesa da nação, devia necessariamente desenvolver a obra começada pela monarquia absoluta, a centralização, mas, ao mesmo tempo, também, a ampliação, os atributos e o aparelho do poder governamental. Napoleão acabou de aperfeiçoar o mecanismo do Estado. A monarquia legítima e a monarquia de julho só fizeram acrescentar uma maior divisão do trabalho, crescendo à medida que a divisão do trabalho dentro da sociedade burguesa criava novos grupos de interesses e, em consequência, um novo material para a administração de Estado. Cada interesse comum foi imediatamente destacado da sociedade, oposto a ela a título de interesse superior, *geral*, retirado à iniciativa dos membros da sociedade, transformado em objeto da atividade governamental: desde a ponte, a escola e a propriedade municipal da menor povoação até as estradas de ferro, as universidades e o patrimônio nacional. A república parlamentar, por fim, se viu obrigada, na sua luta contra a revolução, a fortalecer com suas medidas repressivas os meios de ação e a centralização do poder governamental. Todas as revoluções políticas só tinham levado ao aperfeiçoamento desta máquina, em vez de levar à sua destruição. Os partidos que se revezaram na luta pelo poder consideravam a conquista desse imenso edifício do Estado como a mais importante presa do vencedor (*Le 18 Brumaire de Louis Bonaparte*, Éd. Sociales, p. 96).

Em outras palavras, Marx descreveu o prodigioso desenvolvimento do Estado administrativo centralizado – este mesmo Estado que Tocqueville analisou e do qual ele mostrou as origens pré-revolucionárias –, que ele viu ganhar progressivamente amplitude e poderio à medida que se processava o desenvolvimento democrático.

Quem dirige esse Estado exerce inevitavelmente uma influência considerável sobre a sociedade. Também Tocqueville considera que todos os partidos contribuem para o crescimento dessa enorme máquina administrativa. Está convencido, além disso, de que um Estado socialista contribuiria ainda mais para ampliar as funções do Estado e para centralizar a administração. Marx afirma que o Estado adquiriu uma espécie de autonomia com relação à sociedade. Basta "que um aventureiro vindo do estrangeiro seja guindado ao poder por uma soldadesca embriagada, comprada com aguardente e linguiça, e à qual é necessário sempre atirar mais" (ibid., p. 97). Para Marx a verdadeira revolução consistiria não em se apropriar dessa máquina, porém em destruí-la. A isso Tocqueville teria respondido: se a propriedade dos meios de produção deve tornar-se coletiva, e a gestão da economia precisa ser centralizada, que milagre poderia levar à destruição da máquina estatal?

Na verdade, encontramos em Marx duas teorias sobre o papel do Estado na revolução. Em *A guerra civil na França*, o livro que escreveu sobre a Comuna de Paris, sugere que a Comuna, isto é, a desativação do Estado central e a descentralização forçada, constitui o conteúdo genuíno da ditadura do proletariado. Em outras passagens, porém, encontramos a ideia oposta de que é preciso reforçar ao máximo o poder político e a centralização estatal, para poder fazer a revolução.

Tocqueville e Marx observaram igualmente a máquina estatal centralizada. Tocqueville concluiu que se deveriam multiplicar os corpos intermediários e as instituições representativas para limitar o poder e a extensão indefinida do Estado. Marx admitiu a autonomia parcial do Estado, com relação à sociedade, fórmula contraditória com sua teoria geral de que o Estado era a simples expressão da classe dominante, esperando ao mesmo tempo que a revolução socialista pudesse induzir à destruição da máquina administrativa.

Como teórico, Marx pretende fundamentar a política e seus conflitos nas relações e nas lutas das classes sociais. Em vários pontos essenciais, contudo, sua clarividência de observador vence seu dogmatismo, e ele reconhece, de certa forma involuntariamente, os fatores políticos dos conflitos de regime e autonomia do Estado com respeito aos vários grupos. Na medida em que existe esta autonomia, pelo menos um elemento do processo de desenvolvimento das sociedades não pode ser reduzido à luta de classes.

A demonstração mais gritante do caráter específico e da autonomia da ordem política, com relação às lutas sociais, é a Revolução Russa de 1917. Um grupo toma o poder, à maneira de Luís Napoleão, embora com processos mais violentos, e transforma toda a estrutura da sociedade russa, edificando o socialismo a partir não da predominância do proletariado, mas sim do poder da máquina estatal.

O que não se encontra no esquema teórico marxista vamos encontrar nas análises históricas de Marx ou nos acontecimentos cujos autores são recomendados pelo próprio Marx.

Os quatro autores que estudamos nesta primeira parte do livro deram origem a três escolas.

A primeira é a que se poderia chamar de escola francesa da sociologia política, cujos fundadores foram Montesquieu e Tocqueville. Em nossos dias, Élie Halévy pertence a esta tradição[7]. É uma escola de sociólogos pouco dogmáticos, interessados antes de tudo na política, que, sem desprezar a infraestrutura social, aceitam a autonomia da ordem política e têm ideias liberais. Eu mesmo, provavelmente, sou um descendente atrasado desta escola.

A segunda escola é a de Auguste Comte. Ela leva a Durkheim, no princípio deste século, e talvez aos sociólogos franceses de hoje. Deprecia a importância do político e do econômico, em relação ao social, colocando a ênfase sobre a unidade do todo social e retendo o conceito de *consenso* como conceito fundamental. Multiplicando análises e conceitos, esforça-se por reconstruir a totalidade da sociedade.

A terceira escola, a marxista, é a que teve o maior êxito, se não nos meios acadêmicos, pelo menos no cenário da história universal. Tal como interpretada por centenas de milhões de pessoas, combina a explicação do conjunto social a partir da infraestrutura socioeconômica com um esquema do futuro que garante a seus fiéis a vitória. É a mais difícil de discutir, em razão de seu êxito histórico: nunca se sabe que versão discutir: a versão do catecismo necessário a toda doutrina de Estado, ou a versão sutil, a única aceitável pelos espíritos esclarecidos. Sobretudo porque entre estas duas versões há uma comunicação incessante, cujas modalidades variam com as peripécias imprevisíveis da história.

A despeito das divergências na escolha de valores e na visão histórica, essas três escolas sociológicas são interpretações da sociedade moderna. Auguste Comte é um admirador quase irrestrito desta sociedade moderna, que chama de industrial e que, segundo crê, será pacífica e positivista. Para a escola política, a sociedade moderna é uma sociedade democrática, que devemos observar sem transportes de entusiasmo ou indignação, mas não representa a realização final do destino do homem. A terceira escola combina o entusiasmo comtista pela sociedade industrial com a indignação contra o capitalismo. Supremamente otimista com respeito ao futuro distante, é sombriamente pessimista com relação ao futuro imediato, anunciando longo período de catástrofes, guerras e lutas de classe.

Em outras palavras, a escola comtista é otimista, com tendência à serenidade; a escola política é reservada, com uma sombra de ceticismo; a escola marxista é utopista, com a tendência de admitir as catástrofes como desejáveis, ou, pelo menos, inevitáveis.

Cada uma dessas escolas reconstrói à sua maneira o conjunto social. Cada uma delas tem uma versão própria da diversidade das sociedades históricas, e atribui um sentido ao nosso presente. Cada uma delas se inspira ao mesmo tempo em convicções morais e em afirmações científicas. Procurei distinguir o que era convicção e o que era afirmação científica. Mas não esqueço que mesmo aquele que procura distinguir esses dois elementos distingue-os em função de suas próprias convicções.

Cronologia da revolução de 1848 e da II República

1847-48 Agitação em Paris e no interior, em favor da reforma eleitoral: campanha dos banquetes.
1848 Fevereiro, 22: A despeito da proibição pelo governo, banquete e manifestação reformista em Paris.
Fevereiro, 23: A guarda nacional de Paris se manifesta aos gritos de "Viva a reforma!". Guizot demissionário. À noite, choque entre as tropas e o povo; os corpos dos manifestantes mortos são exibidos pelas ruas.
Fevereiro, 24: De manhã, Paris está em plena revolução. Os rebeldes republicanos se apossam do Hôtel de Ville e ameaçam as Tulherias. Louis-Philippe abdica em favor do conde de Paris, seu neto, e foge para a Inglaterra. Os rebeldes invadem a Câmara dos Deputados para impedir que a regência seja confiada à duquesa de Orléans. À noite, estabelece-se um governo provisório, com Dupont de l'Eure, Lamartine, Crémieux, Arago, Ledru-Rollin, Garnier-Pagès. Os secretários do Governo são A. Marrast, Louis Blanc, Flocon e Albert.
Fevereiro, 25: Proclamação da República.
Fevereiro, 26: Abolição da pena de morte por crimes políticos.
Fevereiro, 29: Abolição dos títulos de nobreza.

Março, 2: Fixação da jornada legal de trabalho em dez horas (Paris) e onze horas (no interior).
Março, 5: Convocação às eleições para a Assembleia Constituinte.
Março, 6: Garnier-Pagès torna-se ministro das Finanças; acrescenta um imposto de 45 centavos por franco a todas as contribuições diretas.
Março, 16: Manifestações dos elementos burgueses da guarda nacional em protesto contra a dissolução das companhias de elite.
Março, 17: Contramanifestação popular de apoio ao governo provisório. Os socialistas e republicanos de esquerda pedem o adiamento das eleições.
Abril, 16: Nova manifestação popular pelo adiamento das eleições. O governo provisório apela à guarda nacional para controlá-la.
Abril, 23: Eleição dos 900 representantes que compõem a Assembleia Constituinte. Os republicanos progressistas só dispõem de 80 cadeiras, os legitimistas têm uma centena, os orleanistas de diversos matizes têm duas centenas. A maioria da Assembleia está com os republicanos moderados (cerca de 500 cadeiras).
Maio, 10: A Assembleia nomeia uma comissão executiva de cinco membros, para garantir o governo: Arago, Garnier-Pagès, Lamartine, Ledru-Rollin, Marie.
Maio, 15: Manifestação em favor da Polônia, liderada por Barbès, Blanqui e Raspail. Os manifestantes invadem a Câmara e o Hôtel de Ville. Um novo governo revolucionário chega a ser anunciado à multidão. Barbès e Raspail são presos.
Junho, 4-5: Luís Napoleão Bonaparte é eleito deputado em três departamentos do Sena.
Junho, 21: Dissolução dos *ateliers nationaux*.
Junho, 23-6: Distúrbios. Toda a parte leste e a parte central de Paris caem nas mãos dos operários parisienses rebeldes, que, graças à inação de Cavaignac, ministro da Guerra, se entrincheiram por trás de barricadas.

Junho, 24: A Assembleia dá plenos poderes a Cavaignac, que esmaga a insurreição.
Julho-novembro: Constituição de um grande partido, defensor da ordem. Thiers prestigia Luís Napoleão Bonaparte, que é muito popular também nos meios operários. Redação da Constituição pela Assembleia nacional.
Novembro, 12: Proclamação da Constituição, que prevê um chefe do Executivo eleito por sufrágio universal.
Dezembro, 10: Eleição do presidente da República. Luís Napoleão consegue 5.500.000 votos; Cavaignac, 1.400.000; Ledru-Rollin, 375.000; Lamartine, 8.000.
Dezembro, 20: Luís Napoleão jura fidelidade à Constituição.

1849 Março-abril: Julgamento e condenação de Barbès, Blanqui, Raspail, chefes das tentativas revolucionárias de 1848.
Abril-julho: Expedição de Roma. Um corpo expedicionário francês toma a cidade e restabelece os direitos do papa Pio IX.
Maio: Eleições para a Assembleia legislativa, que conta agora com 75 republicanos moderados, 180 "Montagnards" e 450 monarquistas do partido da ordem (legitimistas e orleanistas).
Junho: Manifestações, em Paris e Lyon, contra a expedição de Roma.

1850 Março, 15: Lei Falloux, reorganizando o ensino público.
Maio, 31: Lei eleitoral, que obriga a três meses de domicílio no cantão de registro eleitoral. Cerca de três milhões de operários itinerantes são assim impedidos de votar.
Maio-outubro: Agitação socialista em Paris e nos departamentos.
Agosto–setembro: Negociações entre legitimistas e orleanistas para a restauração da monarquia.
Setembro-outubro: Desfiles militares, no acampamento de Satory, diante do príncipe-presidente. A cavalaria desfila aos gritos de "Viva o Imperador!". Luta entre a maioria da Assembleia e o príncipe-presidente.

1851 Julho, 17: O general Magnan, devotado aos interesses do príncipe-presidente, é nomeado governador militar de Paris, substituindo Changarnier, fiel à maioria monarquista da Assembleia.
Dezembro, 2: Golpe de Estado, com a proclamação do estado de sítio, dissolução da Assembleia, restabelecimento do sufrágio universal.
Dezembro, 20: O príncipe Napoleão, por 7.350.000 votos contra 646.000, é eleito por dois anos e recebe todos os poderes para promulgar uma nova Constituição.
1852 Janeiro, 14: Promulgação da nova Constituição.
Novembro, 20: Novo plebiscito aprova por 7.840.000 votos contra 250.000 a restauração da dignidade imperial, na pessoa de Luís Napoleão, que assume o título de Napoleão III.

Notas

1. No entanto, Auguste Comte não tinha tradição bonapartista. Desde o liceu de Montpellier, fora mesmo muito hostil à política e à lenda de Napoleão. Com exceção do período dos Cem Dias, em que Comte, então aluno da École Polytechnique, fora tomado pelo entusiasmo jacobino reinante em Paris, Napoleão Bonaparte sempre foi, para ele, o tipo do grande homem que, não compreendendo o curso da história, teve uma atuação retrógrada, não deixando nada atrás de si. Em 7 de setembro de 1848, véspera da eleição presidencial, escreve à sua irmã: "Eu, que nunca mudei meus sentimentos, que você bem conheceu em 1814, com respeito ao herói retrógrado, consideraria vergonhosa para o meu país a restauração política da sua raça." Mais tarde, falará do "voto fantástico dos camponeses franceses, que poderiam do mesmo modo conferir a seu fetiche uma longevidade de dois séculos, com imunidade à gota". Mas, em 2 de dezembro de 1851, aplaudiu o golpe de Estado, preferindo uma ditadura à república parlamentar e à anarquia. Essa atitude provoca o afastamento de Littré e dos discípulos liberais da sociedade positivista. No entanto, isso não impedirá Comte de chamar de *mascarade mamamouchique* a combinação de soberania popular e de princípio hereditário, que a restauração do

Império em 1852 supõe; profetizará, então, que em 1853 ocorrerá um desmoronamento do regime. Auguste Comte em várias ocasiões teve a esperança – em 1851, depois quando publicou em 1855 o *Appel* aos conservadores – de que Napoleão pudesse se converter ao positivismo. Mas, também em várias ocasiões, voltou suas esperanças para os proletários, dos quais admira a pureza filosófica, que opõe à metafísica dos eruditos. Em fevereiro de 1848, apoia convictamente a revolução. Em junho, fechado em seu apartamento da rua Monsieur-le-Prince, próximo às barricadas que cercam o Panthéon e onde se desenrolam lutas muito violentas, Comte está a favor dos proletários, contra o governo dos metafísicos e literatos. Quando fala sobre os rebeldes, diz "nós", mas lamenta que eles ainda sejam seduzidos pelas utopias dos "vermelhos", esses "macacos da grande revolução". A atitude política de Comte durante a II República pode parecer, portanto, muito flutuante e cheia de contradições. No entanto, é a consequência lógica de um pensamento político que coloca o sucesso do positivismo acima de tudo, não pode reconhecê-lo em nenhum dos partidos e, de qualquer forma, considera a revolução como apenas uma crise anárquica transitória. No entanto, há um sentimento que domina todos os outros: o desprezo pelo parlamentarismo.

Uma passagem do prefácio do segundo tomo de *Système de politique positive*, publicado em 1852, nas vésperas do restabelecimento do Império, representa a síntese de Auguste Comte sobre os acontecimentos dos quatro últimos anos:

"Nossa última crise fez, ao que me parece, que a República francesa passasse irrevogavelmente da fase parlamentar, que só poderia convir a uma revolução negativa, à fase ditatorial, única adaptada à revolução positiva, de que resultará o fim gradual da doença ocidental, em consequência de uma conciliação decisiva entre a ordem e o progresso.

"Mesmo que um exercício muito vicioso da ditadura que acabava de surgir forçasse a mudar, antes do tempo previsto, seu órgão principal, essa necessidade deplorável na verdade não restabeleceria a dominação de uma assembleia qualquer, salvo, talvez, durante o curto intervalo exigido pelo advento excepcional de um novo ditador.

"Segundo a teoria histórica que fundei, em todo o passado francês a tendência foi sempre fazer prevalecer o poder central. Essa disposição normal jamais teria cessado se esse poder não tivesse, enfim, assumido um caráter retrógrado, desde a segunda metade do reinado de Luís XIV. De lá provém, um século depois, a abolição total da monarquia francesa; daí, a dominação passageira da única assembleia que deve ter sido realmente popular que já tivemos (isto é, a Convenção).

"Sua ascendência só resultou mesmo da sua digna subordinação ao enérgico Comitê surgido de seu seio para dirigir a heroica defesa republicana. A necessidade de substituir a monarquia por uma verdadeira ditadura logo se fez sentir, dada a anarquia estéril desenvolvida pela nossa primeira tentativa de regime constitucional.

"Infelizmente essa ditadura indispensável não tardou a tomar também uma direção profundamente retrógrada, combinando a sujeição da França com a opressão da Europa.

"Foi unicamente em oposição a essa política deplorável que a opinião pública francesa permitiu, em seguida, a única experiência séria que poderia ser tentada entre nós, a de um regime próprio à situação inglesa.

"Ele nos convinha tão pouco que, apesar dos benefícios da paz ocidental, sua preponderância oficial durante uma geração tornou-se para nós ainda mais funesta do que a tirania imperial; pervertendo os espíritos pelo hábito dos sofismas constitucionais, corrompendo os corações de acordo com costumes venais ou anárquicos, e degradando os caracteres com o crescente florescimento das táticas parlamentares.

"Em razão da ausência fatal de qualquer doutrina social verdadeira, esse regime desastroso subsistiu, sob outras formas, após a exploração republicana de 1848. Essa nova situação, que garantiu espontaneamente o progresso e fez com que se voltassem para a ordem todas as preocupações graves, exigia duplamente a influência normal do poder central.

"Ao contrário, acreditou-se então que a eliminação de uma monarquia vã deveria suscitar o pleno triunfo do poder antagônico. Todos aqueles que haviam participado ativamente do regime constitucional, no governo, na oposição ou nas conspirações, deveriam ter sido, há quatro anos, irrevogavelmente afastados da cena política, como incapazes ou indignos de dirigir nossa República.

"Mas, por todos os lados, um envolvimento cego lhes confiou a supremacia de uma constituição que consagrava diretamente a onipotência parlamentar. O sufrágio universal estendeu até mesmo aos proletários as devastações intelectuais e morais desse regime, que se limitava, até então, às classes superiores e médias.

"Em lugar da preponderância que deveria retomar, o poder central, que perdia assim o prestígio da inviolabilidade e o da perpetuidade, conservava, no entanto, a nulidade constitucional que antes eles ocultavam.

"Reduzido a um tal extremo, esse poder necessário felizmente acaba de reagir energicamente contra uma situação intolerável, tão desastrosa para nós quanto vergonhosa para ele.

"O instinto popular abandonou sem defesa um regime anárquico. Sente-se cada vez mais, na França, que a constitucionalidade convém apenas a uma pretensa situação monárquica, enquanto nossa situação republicana permite e exige a ditadura." (*Système de politique positive*, t. II, Prefácio, carta a M. Vieillard, de 28 de fevereiro de 1852, pp. XXVI-XXVII).

Sobre o assunto, ler H. Gouhier, *La vie d'Auguste Comte*, 2.ª ed., Paris, Vrin, 1965; *La jeunesse d'Auguste Comte et la formation du positivisme*, t. I, Paris, Vrin, 1933.

2. Vale notar, incidentalmente, que aquilo que Comte chama, neste texto, de "aberração geral" continua a existir em meados do século XX, já que a "Constituição transitória" peculiar à Inglaterra, isto é, as instituições representativas, tende a se difundir (embora, temos de reconhecer, com êxitos diferentes), através de todo o mundo. A "aberração" é cada vez mais geral, cada vez mais aberrante.

3. Recebo com regularidade uma publicação intitulada *Nouveau Régime*, tipicamente inspirada na maneira de pensar positivista. Ela opõe a ficção representativa dos partidos e do Parlamento ao "país real". Seus redatores são, aliás, muito inteligentes. Buscam outra forma de representação, e não aquela que conhecemos nos partidos e no Parlamento.

4. É preciso citar entre as mais brilhantes tiradas o retrato de Lamartine: "Nunca encontrei um homem cujo espírito fosse mais vazio de preocupação com o bem público." E, naturalmente, o retrato de Luís Napoleão Bonaparte.

5. Um texto do *18 brumário* é, sob esse aspecto, muito significativo:

"Legitimistas e orleanistas constituíam, como já dissemos, as duas grandes facções do partido da ordem. O que ligava essas facções aos seus adeptos e opunha-as uma à outra seriam apenas as flores de lis e a bandeira tricolor, a casa dos Bourbons e a casa de Orléans, diferentes nuanças do monarquismo? Com os Bourbons fora a grande propriedade que reinara, com seus padres e lacaios. Com os Orléans fora a alta finança, a grande indústria, o grande comércio, isto é, *o capital*, com seu séquito de advogados, de professores e de bons faladores. A realeza legítima é apenas a expressão política da dominação hereditária dos senhores da terra, assim como a monarquia de julho era apenas a expressão política da dominação usurpada dos novos-ricos burgueses. Em consequência, o que separava as duas facções não eram os pretendidos princípios, mas as condições materiais de existência, dois tipos diferentes de propriedade, o velho antagonismo entre a cidade e o campo, a rivalidade entre o capital e a propriedade da terra. Ninguém pode negar que, ao mesmo tempo, velhas lembranças, inimizades pessoais, medos e esperanças, preconceitos e ilusões, simpatias e antipatias, convicções, artigos de fé e princípios ligavam uma casa real a outra.

"Sobre as diferentes formas de propriedade, sobre as condições de existência social, ergue-se toda uma superestrutura de impressões, de ilusões, de modos de pensar e de concepções filosóficas particulares. A classe inteira as cria e forma-as em cima das condições materiais e das relações sociais correspondentes que constituem a sua base. O indivíduo que as recebe por meio da tradição ou da educação pode imaginar que elas constituem as verdadeiras razões determinantes e o ponto de partida de sua atividade. Os orleanistas, os legitimistas, cada facção procurou se persuadir e persuadir os outros de que estavam separadas em razão de suas ligações com suas duas casas reais.

"No entanto, a sequência dos fatos mostrou que era muito mais a divergência de interesses que impedia a união das duas dinastias. E, assim como na vida privada distinguimos aquilo que um homem diz ou pensa sobre si mesmo e o que ele é e faz realmente, nas lutas históricas é preciso distinguir ainda melhor a fraseologia, as pretensões e a constituição dos partidos daquilo que constitui os seus interesses verdadeiros, distinguir o que eles imaginam ser e aquilo que eles são realmente.

"Durante a República, orleanistas e legitimistas estavam lado a lado, com pretensões iguais. Se cada facção passa a opor à outra a *restauração de sua própria* dinastia, isso quer dizer apenas que os *dois grandes interesses* que dividem a burguesia – propriedade da terra e capital – esforçavam-se, cada um por seu lado, para restabelecer sua própria supremacia e a subordinação do outro. Falamos de dois interesses da burguesia porque a grande propriedade da terra – apesar do seu coquetismo feudal e seu orgulho de raça – se emburguesara completamente com o desenvolvimento da sociedade moderna." (*Le 18 Brumaire de Louis Bonaparte*, Paris, Éd. Sociales, 1956, p. 38-9).

6. Cf. principalmente os artigos de Serge Mallet, reunidos em livro sob o título: *Le gaullisme et la gauche*, Paris, Éd. du Seuil, 1965. Para esse sociólogo, o novo regime não é um acidente da história, "mas o estabelecimento de uma estrutura política que corresponda aos anseios do capitalismo". O gaullismo é a expressão política do capitalismo moderno. Encontramos uma análise comparável a esta em Roger Priouret, não marxista, que, no entanto, diz: "... De Gaulle não

veio em 1958 unicamente por força do conflito de Argel; ele acreditava que trazia um regime concebido em função de sua finalidade histórica e, de fato, ele adaptou a vida às condições da sociedade." ("Les institutions politiques de la France en 1970", Bulletin S.E.D.E.I.S., n. 786, suplemento *Futuribles*, 1º de maio de 1961).

7. Entre as obras de Élie Halévy, devemos citar: *La formation du radicalisme philosophique*, Paris, Alcan, 1901-04 (3 vols.: t. I, *La jeunesse de Bentham*; t. II, *L'évolution de la doctrine utilitaire de 1789 et 1815*; t. III, *Le radicalisme philosophique*); *Histoire du peuple anglais au XIXe siècle*, Paris, Hachette, 6 vols. (os quatro primeiros volumes abrangem de 1815 a 1848, os dois últimos de 1895 a 1914); *L'ère des tyrannies, études sur le socialisme et la guerre*, Paris, Gallimard, 1938; *Histoire du socialisme européen*, redigido a partir de notas de curso, Paris, Gallimard, 1948.

Indicações bibliográficas sobre a Revolução de 1848

Bastid, P. *1848, L'avènement du suffrage universel*, Paris, P.U.F., 1948.

___. *Doctrine et institutions politiques de la Seconde République*, 2 vols., Paris, Hachette, 1945.

Cornu, A. *Karl Marx et la Révolution de 1848*, Paris, P.U.F., 1948.

Duveau, G. *1848*, col. "Idées", Paris, Gallimard, 1965.

Girard, M. *Étude comparée des mouvements révolutionnaires en France en 1830, 1848, 1870-1871*, Paris, Centre de Documentation Universitaire, 1960.

Ponteil, F. *1848*, 2.ª ed., Paris, A. Colin, 1955.

Pouthas, C.-H. *La Révolution de 1848 en France et la Seconde République*, Centre de Documentation Universitaire, 1953.

Rubel, M. *Karl Marx devant le bonapartisme*, Paris, La Haye, Mouton, 1960.

SEGUNDA PARTE

A GERAÇÃO DA PASSAGEM DO SÉCULO

Esta segunda parte é dedicada ao estudo das ideias principais de três sociólogos: Émile Durkheim, Vilfredo Pareto e Max Weber. Para precisar o método que utilizarei nesta análise será conveniente lembrar em poucas palavras como procedi na interpretação do pensamento de Auguste Comte, de Marx e de Tocqueville.

Comte, Marx e Tocqueville formaram suas ideias na primeira metade do século XIX. Adotaram como tema de meditação as sociedades europeias após o drama da Revolução e do Império, esforçando-se por extrair a significação da crise que acabava de ocorrer, bem como a natureza da sociedade em via de nascimento. Mas a sociedade moderna era definida por eles de maneira diversa: aos olhos de Auguste Comte, a sociedade moderna era industrial; para Marx, era capitalista; para Tocqueville, democrática. A escolha de adjetivo revelava o ângulo do qual cada um desses pensadores via a realidade de seu tempo.

Para Auguste Comte a sociedade moderna ou industrial se caracterizava pelo desaparecimento das estruturas feudais e teológicas. O problema principal da reforma social era o do *consenso*; tratava-se de restabelecer a homogeneidade de convicções religiosas e morais, sem a qual nenhuma sociedade pode ser estável.

Para Marx, o dado fundamental da sociedade do seu tempo eram as contradições internas da sociedade capitalista e da ordem social associada ao capitalismo. Havia pelo menos duas contradições: a contradição entre as forças e as relações de produção; a contradição entre as classes sociais, condenadas à hostilidade enquanto não tivesse desaparecido a propriedade privada dos instrumentos de produção.

Para Tocqueville, enfim, a sociedade moderna era definida pelo seu caráter democrático, que para ele queria dizer a atenuação das distinções de classes, ou de *estado*, a tendência à igualdade progressiva da condição social e até mesmo, num prazo mais longo, da condição econômica. Mas esta sociedade democrática, cuja vocação era igualitária, podia ser, segundo múltiplas circunstâncias, ou liberal, isto é, governada por instituições representativas, conservadoras das liberdades intelectuais, ou, ao contrário, despótica, se as causas secundárias fossem desfavoráveis. O despotismo novo abrangia indivíduos vivendo de modo análogo, mas confundidos na igualdade da impotência e da servidão.

Segundo o ponto de partida adotado, a representação da sociedade moderna é diferente; ao mesmo tempo, a visão da evolução social também varia. Partindo da noção de sociedade industrial e dando ênfase à necessidade do consenso, do restabelecimento da unidade das crenças religiosas e morais, Comte vê no futuro a realização progressiva de um tipo social cujas premissas ele observa, e para cuja realização quer colaborar. Levando em conta as contradições do capitalismo, que considera essenciais, Marx, ao contrário, prevê uma revolução catastrófica e benéfica, consequência necessária destas contradições, que terá a função de ultrapassá-las. A revolução socialista, promovida pela maioria em benefício da maioria, marcará o fim da pré-história. A filosofia histórica de Tocqueville não é nem progressiva, à maneira da de Comte, nem otimista e catastrófica, como a de Marx. É uma filosofia aberta, que marca certas características inevitáveis das sociedades futuras, mas afirma também que outros traços, de igual importância humana, são imprevisíveis. Na visão de Tocqueville, o futuro não está inteiramente determinado, e permite uma certa margem de liberdade. Para usar a terminologia que está hoje na moda, Tocqueville teria admitido que há um *sentido*, se dermos a sentido a acepção de *direção*, no qual a história evolui necessariamente – a história evolui para as sociedades democráticas –, mas que não existe sentido da história que possa ser determinado previamente se a noção de sentido implica realização da vocação humana. As sociedades democráticas, direção do devenir, em virtude de causas múltiplas, podem ser liberais ou despóticas.

Em outras palavras, o método que utilizei na primeira parte deste livro consistiu em identificar os temas fundamentais de cada autor, em mostrar como cada um desses temas resultava de uma interpretação pessoal da mesma realidade social que os três procuravam compreender. Interpretações que não eram *arbitrárias*, mas *pessoais*: o temperamento do autor, seu sistema de valores e modo de percepção, exprimindo-se na interpretação que oferece de uma realidade que, sob certos aspectos, é vista por todos.

Nesta segunda parte, usarei o mesmo método, com mais facilidade ainda, pois É. Durkheim, V. Pareto e M. Weber pertencem mais rigorosamente à mesma geração, o que não era o caso de Auguste Comte, Karl Marx e Alexis de Tocqueville.

Pareto nasceu em 1848, Durkheim em 1858, Max Weber em 1864. Durkheim morreu em 1917, Max Weber em 1920, Pareto em 1923. Os três pertencem ao mesmo momento histórico; seu pensamento, formado no último terço do século XIX, foi aplicado à realidade histórica da Europa no princípio deste século. Todos os três já tinham publicado a maior parte da sua obra* quando estourou a guerra de 1914.

Viveram em um período da história europeia que retrospectivamente consideramos como abençoado. É verdade que esta fase da história pode ser amaldiçoada pelos asiáticos e pelos africanos. Contudo, quando os três autores estavam vivos, a Europa gozava de paz relativa. As guerras do século XIX, entre 1815 e 1914, foram curtas e limitadas, e não alteraram imediatamente o rumo da história europeia.

Poder-se-ia acreditar que por isso estes três autores tivessem uma visão otimista da história de que participavam. No entanto, não foi assim. Todos os três, embora de maneira diversa, tinham o sentimento de que a sociedade europeia estava em crise. Um sentimento que não é original; poucas gerações não passaram pela impressão de viver uma "crise", ou até mesmo de testemunhar uma virada no curso da história. A partir do século XVI, teríamos dificuldade em encontrar uma geração que tenha vivido num período estável. A impressão de estabilidade é quase sempre retrospectiva. De qualquer forma, a despeito da paz aparente, estes três autores acreditavam que as sociedades estavam atravessando uma fase de profunda mutação.

---

* Com a ressalva de que *Wirtschaft und Gesellschaft* [Economia e sociedade] de Max Weber só foi publicada após a sua morte.

Creio que o tema fundamental da reflexão destes autores era o das relações entre a religião e a ciência. Esta interpretação de conjunto por mim sugerida não é corrente; pode ser mesmo, num certo sentido, paradoxal. Só o estudo preciso de cada um deles poderá justificá-la; contudo, já nesta introdução geral quero indicar o que entendo por isso.

Durkheim, Pareto e Weber têm em comum a vontade de fazer ciência. Na época em que viveram, tanto quanto na nossa ou mais ainda, as ciências pareciam aos professores o modelo do pensamento rigoroso e eficaz, talvez mesmo o único modelo de pensamento válido. Sociólogos, os três pretendiam pensar como cientistas. Contudo, enquanto sociólogos, os três, por caminhos diferentes, chegaram à ideia de Comte de que as sociedades só podem manter sua coerência por meio de crenças comuns. Constataram também que as crenças comuns de ordem transcendente, legadas pela tradição, foram abaladas pelo desenvolvimento do pensamento científico. Nada mais banal, no fim do século XIX, do que a ideia de uma contradição insuperável entre a fé religiosa e a ciência; de um certo modo, todos os três estavam persuadidos dessa contradição, mas, justamente porque eram cientistas e sociólogos, reconheciam a necessidade, para a estabilidade social, dessas crenças religiosas sujeitas à erosão pelos progressos científicos. Enquanto sociólogos, estavam tentados a crer que a religião tradicional se encontrava em via de esgotamento. Também como sociólogos eram tentados a acreditar que a sociedade só podia manter sua estrutura e coerência sob a condição de que uma fé comum pudesse reunir os membros da coletividade.

Este problema, que na minha opinião é fundamental, encontra expressão diferente em cada um deles.

No caso de Durkheim, essa expressão é simples. Foi um professor francês de filosofia, de tradição laica, cujo pensamento se interrogava sem dificuldade no diálogo, que não ousaria chamar de eterno mas que é seguramente duradouro, pois ele preenche alguns séculos da história da França, entre a Igreja católica e o pensamento laicista. Como sociólogo, Durkheim pensava constatar que a religião tradicional já não atendia às exigências daquilo a que chamava de espírito científico. Por outro lado, como bom discípulo de Comte, considerava que uma sociedade precisa de consenso, e que este só pode ser estabelecido por crenças absolutas. Concluía assim (com o que me parece ingenuidade professoral) que era necessário instaurar uma moral inspirada no espírito científico. A crise da sociedade moderna lhe parecia provocada pela não substituição das morais tradicionais, baseadas nas religiões. A sociologia deveria servir para fundamentar e reconstituir uma ética que atendesse às exigências do espírito científico.

Uma contradição análoga aparece na obra de Pareto. Ele era obcecado pelo desejo de ser um cientista e chega a cansar o leitor com a repetição da afirmativa de que só as proposições obtidas pelo método lógico-experimental são científicas, e que todas as outras, em particular as de ordem moral, metafísica ou religiosa, não têm valor de verdade. Contudo, ironizando incessantemente a pretendida religião ou moral científica, Pareto tem muita consciência de que não é a ciência que determina a ação dos homens. Afirma mesmo que, se acreditasse que suas obras devessem ser lidas por muitas pessoas, não as publicaria, pois não se pode explicar o que é realmente a ordem social pelo método lógico-experimental sem destruir os fundamentos dessa ordem. Para ele a sociedade se sustenta por sentimentos que não são verdadeiros mas são eficazes. Se o sociólogo revela aos homens esse fato, arrisca-se a dissipar ilusões que são indispensáveis. Há uma contradição entre os sentimentos necessários para o consenso e a ciência, que revela a não verdade desses sentimentos. Pareto teria considerado que a moral chamada científica, de Durkheim, não era mais científica do que a moral do catecismo; teria até mesmo dito, levando essa ideia a seu extremo, que tal moral nada tinha de científico pelo fato de cometer o erro insigne de crer que era científica sem o ser, sem contar o erro suplementar de imaginar que um dia os homens pudessem estar determinados a agir em função de considerações racionais.

Há portanto, para o sociólogo, uma contradição entre a exigência de rigor científico na análise da sociedade e a convicção de que as proposições científicas não bastam para unir os homens, e toda sociedade é sempre mantida na sua coerência e ordem por crenças ultra, infra e suprarracionais.

Um tema análogo aparece em Max Weber, expresso em termos e com sentimentos distintos. No caso de Durkheim, o sentimento que inspira a análise da oposição entre religião e ciência é o desejo de criar uma moral científica. No caso de Pareto, é a percepção de uma contradição insolúvel, pois em si mesma a ciência não só cria a ordem social mas, na medida em que é válida, corre o risco de ser destrutiva.

O sentimento de Max Weber é diferente. A sociedade moderna, como ele a descreve, está em via de assumir uma organização cada vez mais burocrática e racional. A descrição de Weber, embora com conceitos diferentes, lembra um pouco a de Tocqueville. Quanto mais se impõe a modernidade, mais se expande a organização anônima, burocrática, racional. Esta organização racional é a fatalidade das sociedades modernas, e Max Weber a aceita. Contudo, pertencendo a família profundamente religiosa (embora ele próprio sem sensibilidade religiosa), guarda a nostalgia da fé que era possível no passado e contempla a transformação racionalizante das sociedades modernas com uma mistura de sentimentos. Tem horror da rejeição do que é necessário para a sociedade em que vivemos, horror das queixas contra o mundo ou a história tais quais existem. Ao mesmo tempo, porém, não se entusiasma com o tipo de sociedade que vemos desenvolver-se. Compara a situação do homem moderno com a dos puritanos, que tiveram um papel importante na formação do capitalismo moderno, e cita a fórmula que é tantas vezes repetida para caracterizar sua atitude: "Os puritanos queriam ser homens de profissão. Nós estamos condenados a sê-lo." O homem de profissão, em alemão *Berufsmensch*, está condenado a exercer uma função social estreita, dentro de conjuntos vastos e anônimos, sem a possibilidade de desenvolvimento total da personalidade, que era concebível em outras épocas.

Max Weber temia que a sociedade moderna, que é e será burocrática e racional, contribuísse para sufocar o que a seus olhos tornava a vida digna de ser vivida, isto é, a escolha pessoal, a consciência da responsabilidade, a ação, a fé.

O sociólogo alemão não sonha com uma moral científica, a exemplo do seu colega francês; não ironiza os sentimentos tradicionais ou as religiões pseudocientíficas, como o pensador italiano. Vive numa sociedade racional e quer refletir cientificamente sobre sua natureza, embora creia que o que há de mais vital e válido na existência se situe além da atividade profissional, definindo-se pelo que chamamos hoje de engajamento.

Com efeito, Max Weber (se assumirmos o direito de aplicar-lhe conceitos que não eram correntes na sua época) pertencia, como filósofo, à corrente existencialista. Aliás, um dos mais célebres existencialistas, Karl Jaspers, foi seu amigo e discípulo, e o cita como mestre.

Nos três autores citados encontramos uma reflexão sobre as relações entre ciência e religião, ou entre o pensamento racional e o sentimento, com base na exigência do pensamento científico e na exigência social de estabilidade ou de consenso.

Esse tema, que reputo fundamental e é comum aos três, explica algumas das ideias que os aproximam. Concebe-se assim que, na sua concepção da explicação sociológica e na sua interpretação do comportamento humano, eles tenham simultaneamente ultrapassado o behaviorismo, a psicologia do comportamento e as motivações estritamente econômicas. A convicção comum de que as sociedades se sustentam pelas crenças coletivas impede-os de fato de se satisfazerem com uma explicação das condutas que fosse "do exterior", que abstraísse o que se passa na consciência.

Da mesma forma, o reconhecimento do fato religioso como o mais importante, que comanda a ordem de todas as coletividades, contradiz para os três a explicação através da racionalidade egoísta dada pelos economistas quando procuram interpretar os atos humanos por meio de cálculos de interesses.

Durkheim, Pareto e Weber têm em comum o fato de não aceitarem nem as explicações naturalistas ou materialistas externas nem as explicações racionalizantes e econômicas da conduta humana. Talcott Parsons escreveu sobre os três um livro importante: *The Structure of*

Social Action, cujo objetivo é salientar o parentesco dos seus sistemas de interpretação conceitual do comportamento humano. Parsons procura demonstrar que, com linguagens diferentes, esses três sociólogos chegaram finalmente a uma concepção muito próxima da estrutura formal da explicação da conduta.

A origem dessa semelhança formal é, na minha opinião, o problema comum que enunciei inicialmente. Ele constitui quando menos *uma* razão, pois talvez haja uma segunda: quem sabe os três descobriram, no todo ou em parte, o sistema verdadeiro de explicação do comportamento. Quando os pensadores encontram simultaneamente a verdade, este encontro dispensa outra explicação. Como dizia Spinoza, é o erro que tem necessidade de ser explicado, não a verdade.

Nossos três pensadores são europeus, e seu pensamento é orientado, naturalmente, pela sua situação no mundo europeu. Mas todos os três procuram pôr em perspectiva o mundo europeu moderno, com relação a outras civilizações. Durkheim toma por termo de referência e de oposição as sociedades arcaicas, um pouco como Auguste Comte. Pareto tem uma cultura histórica que abrange a antiguidade e o mundo moderno; suas comparações constantes vão de Atenas e Esparta, Roma e Cartago à França e Alemanha, ou Inglaterra e Alemanha. Quanto a Weber, salienta com muita ênfase a originalidade da civilização ocidental; para marcá-la, empenha-se no estudo comparativo das religiões e das civilizações.

Se o tema comum desses pensadores é a relação entre a ciência e a religião, entre a razão e o sentimento, as diferenças entre eles são, sob muitos aspectos, marcantes.

Durkheim é, por formação, um filósofo de universidade francesa. Pertence à posteridade de Auguste Comte e coloca no centro da sua reflexão a necessidade do consenso social. Por outro lado, como francês, o modo como formulou o problema das relações entre ciência e religião recebeu a influência do clima intelectual da França no fim do século XIX, época em que a escola laicista buscava uma moral diferente da religiosa. Essa moral tinha sido encontrada, primeiramente, num certo kantismo interpretado de acordo com o espírito protestante e, depois, parcialmente elaborada a partir do pensamento sociológico.

Durkheim escreveu três livros importantes, que marcam seu itinerário intelectual e representam três variações sobre o tema fundamental do consenso.

No primeiro, *Da divisão do trabalho social*, o problema estudado é o seguinte: a sociedade moderna implica uma diferenciação extrema de funções e ocupações; como fazer para que uma sociedade dividida entre inumeráveis especialistas mantenha a coerência intelectual e moral que lhe é necessária?

O segundo grande livro de Durkheim, *O suicídio*, é uma análise de um fenômeno considerado patológico, para pôr em evidência o mal que ameaça as sociedades modernas ou industriais: a anomia.

O terceiro, *As formas elementares da vida religiosa*, procura investigar, na aurora da história humana, as características essenciais da ordem religiosa, não por curiosidade pelo que aconteceu há milhares de anos, mas para encontrar nas sociedades mais simples o segredo essencial das sociedades humanas, para compreender melhor o que exige a reforma das sociedades modernas, à luz do que eram as sociedades primitivas.

Italiano, Pareto teve formação intelectual diferente. Engenheiro de profissão, elaborou uma teoria matemática da economia e, gradualmente, querendo apreender a realidade social concreta, descobriu a insuficiência do formalismo matemático e econômico, e ao mesmo tempo o papel dos sentimentos na conduta do homem.

Pelo seu estilo intelectual, e estrutura mental, não é um filósofo, como Durkheim; também não recebeu a influência de Comte, que tende a desprezar. A tradição em que se apoia é a de Maquiavel. O maquiavelismo é o esforço dirigido para projetar luz sobre as hipocrisias da comédia social, para identificar os sentimentos que motivam verdadeiramente os homens, para perceber os conflitos autênticos que constituem a textura do processo de desenvolvimento histórico, para dar uma visão despojada de ilusões do que é, *de fato*, a sociedade.

O pensamento de Pareto se baseia no reconhecimento da contradição entre a racionalidade das teorias econômicas e a irracionalidade do comportamento humano; na constatação, às vezes tímida, às vezes triunfante, de que este comportamento, irracional do ponto de vista científico, pode ser socialmente eficaz, e útil.

Pareto é filho de um patriota italiano, da geração do *Risorgimento*, que já tinha questionado as ideias liberais e humanitárias. Convenceu-se de que tais ideias podem ser perigosas para as minorias privilegiadas que nelas se apoiem com excessiva sinceridade; por outro lado, aprendeu com a ciência que a fé na democracia ou no socialismo e as crenças humanitárias não valem muito mais, comparativamente ao pensamento lógico-experimental, do que a crença em Deus, no demônio ou na feitiçaria.

Aos olhos de Pareto, um homem humanitário é também, como um cristão, mero brinquedo dos seus sentimentos. Poderia dizer que a religião democrática de Durkheim não tem mais valor científico do que a moral tradicional.

Com um pouco de boa vontade e de psicanálise, pode-se perceber em Pareto a revolta contra as ideias humanitárias da sua época ou uma imensa justificação das decepções amargas a que foi levado pela observação da realidade.

Por formação, Max Weber não foi filósofo nem engenheiro, mas jurista e historiador. Sua formação universitária foi essencialmente jurídica, e chegou a começar uma carreira administrativa. Sua erudição histórica era excepcional. Era também um nostálgico da política: nunca foi um político ativo. Chegou a pensar em candidatar-se nas eleições que se seguiram à derrota alemã de 1918, mas terminou por afastar esta hipótese. Conservou, no entanto, o desejo insatisfeito de ser um homem de ação. Sua família espiritual é a dos sociólogos que são políticos fracassados (depois de uma carreira política, como Tucídides, ou durante, como Maquiavel).

A metodologia de Max Weber pode ser explicada amplamente pela relação entre a ciência e a atividade, entre a sociologia e a política. Deseja uma ciência neutra, porque não quer que o professor, em sua cátedra, utilize seu prestígio para impor as ideias que tem. Mas quer que a ciência neutra seja útil para o homem de ação e para a política. Daí a antítese entre juízo de valor em relação aos valores e a distinção entre causalidade e compreensão.

Além disso, a visão histórica de Max Weber não é nem progressista como a de Durkheim nem cíclica como a de Pareto. Tem alguma semelhança com a de Tocqueville: há nas sociedades modernas certas características intrínsecas que são fatais, inevitáveis, e que devem ser aceitas; mas a burocracia e a racionalização não determinam a totalidade da ordem social, e deixam em aberto a dupla possibilidade: o respeito às pessoas e às liberdades e o despotismo.

A aproximação entre os três pensadores que vamos estudar nas páginas seguintes não é, portanto, arbitrária. É natural proceder a uma comparação histórica que tenha a função de projetar luz sobre os pontos de semelhança e de divergência. O que há de semelhante entre eles são os elementos comuns da situação europeia, que os três observam e reconhecem. O que há de diferente reflete o contexto intelectual e nacional de cada um, que lhe influencia o modo de expressão conceitual.

E também a manifestação das suas personalidades. Um é de religião judia, outro católico, o terceiro é protestante, pelo menos de origem. Um é um otimista severo, outro um pessimista irônico, o terceiro um observador amargo.

Esses estilos precisam ser apreciados, na interpretação histórica, para que suas doutrinas sociológicas apareçam verdadeiramente como realmente foram, isto é, não somente um esforço de compreensão científica, mas também a expressão de três homens ou ainda os diálogos entre homens e uma situação histórica.

Procurarei identificar, portanto, nessas doutrinas, o que elas contêm de compreensão científica da conduta humana e das sociedades modernas, sem esquecer contudo o elemento pessoal que dá colorido particular a cada uma delas.

Finalmente, se isso for possível, tentarei imaginar o diálogo que esses três pensadores não chegaram a ter, uma vez que mal se conheceram pessoalmente, mas que poderiam ter tido. É perfeitamente possível reconstituir esse diálogo ou, para sermos mais modestos, imaginá-lo.

ÉMILE DURKHEIM

As paixões humanas só se detêm diante de um poder moral que respeitam. Se falta uma autoridade moral desse gênero, impera a lei do mais forte; latente ou agudo, há necessariamente um estado de guerra crônico... Enquanto em outros tempos as funções econômicas só tinham um papel secundário, hoje ocupam o primeiro plano. Diante delas, vemos as funções militares, administrativas e religiosas recuarem cada vez mais. Só as funções científicas têm condições de lhes disputar a posição: e, mesmo assim, a ciência hoje só tem prestígio na medida em que pode servir à prática, isto é, em boa parte, às profissões econômicas. Por isso se pôde afirmar a respeito das nossas sociedades, com uma certa razão, que elas são ou tendem a ser essencialmente industriais. Uma forma de atividade que assumiu tamanha importância no conjunto da vida social não pode evidentemente permanecer a tal ponto desregulada, sem que resultem dificuldades das mais sérias. Isto constitui, notadamente, uma fonte de desmoralização geral.

De la division du travail social
Prefácio da 2.ª edição, p. 3-4.

Esta análise do pensamento de Durkheim focalizará seus três livros principais: *Da divisão do trabalho social*, *O suicídio* e *As formas elementares da vida religiosa*. Procurarei depois avançar um pouco mais na minha interpretação, reconstituindo a evolução do seu pensamento e examinando a relação entre suas verdadeiras ideias e as fórmulas metodológicas que empregou para traduzi-las. Finalmente, estudarei as relações entre a sociologia, como a concebia Durkheim, e a filosofia.

Da divisão do trabalho social

Da divisão do trabalho social (1893), tese de doutoramento de Durkheim, é seu primeiro grande livro.

É também aquele em que se reconhece mais claramente a influência de Auguste Comte. O tema deste primeiro livro é central no pensamento do autor: as relações entre os indivíduos e a coletividade. Como pode uma coleção de indivíduos constituir uma sociedade? Como se chega a esta condição da existência social que é o consenso?

A esta pergunta fundamental Durkheim responde distinguindo duas formas de solidariedade: a solidariedade dita mecânica e a orgânica.

A primeira é, para usar a expressão de Durkheim, uma solidariedade por semelhança. Quando esta forma de solidariedade domina uma sociedade, os indivíduos diferem pouco uns dos outros. Membros de uma mesma coletividade, eles se assemelham porque têm os mesmos sentimentos, os mesmos valores, reconhecem os mesmos objetos como sagrados. A sociedade tem coerência porque os indivíduos ainda não se diferenciaram.

A forma oposta de solidariedade, a orgânica, é aquela em que o consenso, isto é, a unidade coerente da coletividade, resulta de uma diferenciação, ou se exprime por seu intermédio. Os indivíduos não se assemelham, são diferentes. E, de certo modo, são diferentes porque o consenso se realiza.

Durkheim chama de orgânica a solidariedade baseada na diferenciação dos indivíduos, por analogia com os órgãos de um ser vivo, cada um dos quais exerce uma função própria; embora os órgãos não se pareçam uns com os outros, todos são igualmente indispensáveis à vida.

As duas formas de solidariedade correspondem, no pensamento de Durkheim, a duas formas extremas de organização social. As sociedades que há meio século chamávamos de primitivas, e que hoje preferimos chamar de arcaicas, ou sociedades sem escrita (mudança de terminologia que exprime uma mudança de atitude com relação a essas sociedades), se caracterizam pela prevalência da solidariedade mecânica. Os indivíduos de um clã são, por assim dizer, intercambiáveis. O resultado, e esta é uma das ideias essenciais do pensamento de Durkheim, é que o indivíduo não vem, historicamente, em primeiro lugar. A tomada de consciência da individualidade decorre do próprio desenvolvimento histórico. Nas sociedades primitivas, cada indivíduo é o que são os outros; na consciência de cada um predominam, em número e intensidade, os sentimentos comuns a todos, os sentimentos coletivos.

A oposição destas duas formas de solidariedade se combina com a oposição entre sociedades segmentárias e aquelas em que aparece a moderna divisão de trabalho. Num certo sentido, uma sociedade de solidariedade mecânica é também uma sociedade segmentária. Mas a definição destas duas noções não é exatamente a mesma.

No vocabulário de Durkheim, um segmento designa um grupo social em que os membros estão estreitamente integrados. Mas o segmento é também um grupo situado localmente, relativamente isolado dos demais, que tem vida própria. Comporta uma solidariedade mecânica, por semelhança, mas pressupõe também a separação com relação ao mundo exterior. O segmento se basta a si mesmo, tem pouca comunicação com o mundo exterior. Por definição, portanto, a organização segmentária contradiz os fenômenos gerais de diferenciação, designados pela expressão de solidariedade orgânica. Mas pode acontecer, explica Durkheim, que em certas sociedades em que ocorrem formas já muito desenvolvidas da divisão econômica do trabalho subsista parcialmente uma estrutura segmentária.

Vamos encontrar essa ideia numa passagem curiosa, em que Durkheim comenta que a Inglaterra, embora tenha uma indústria moderna muito desenvolvida, e portanto uma divisão econômica do trabalho, conservou o tipo segmentário e o sistema alveolar mais do que outras sociedades em que a divisão econômica do trabalho é menos avançada. Durkheim vê a prova desta sobrevivência da estrutura segmentária na manutenção da autonomia local e na força da tradição:

> Pode acontecer muito bem que, numa sociedade em particular, uma certa divisão do trabalho, e notadamente a divisão do trabalho econômico, seja muito desenvolvida, embora o tipo segmentário ainda exista de forma fortemente pronunciada. Parece ser o caso da Inglaterra. A grande indústria e o grande comércio parecem ter-se desenvolvido ali tanto quanto no continente, embora o sistema alveolar pareça muito acentuado, como o demonstram a autonomia da vida local e a autoridade da tradição.
> O que acontece, com efeito, é que a divisão de trabalho, sendo fenômeno derivado e secundário, como acabamos de ver, ocorre na superfície da vida social, o que é sobretudo verdadeiro no caso da divisão do trabalho econômico. Ela está à flor da pele. Ora, em todo organismo os fenômenos superficiais, pela sua própria situação, são bem mais acessíveis à ação das causas externas, mesmo quando os fatores internos de que dependem de modo geral não se modificam. Basta assim que uma cir-

cunstância qualquer provoque num povo um desejo mais vivo de bem-estar material para que a divisão do trabalho econômico se desenvolva sem que a estrutura social mude sensivelmente. O espírito de imitação e o contato com uma civilização mais refinada podem levar a este resultado. É assim que o entendimento, parte culminante e, em consequência, mais superficial da consciência, pode ser facilmente alterado por influências externas como a educação, sem que os fundamentos da vida psíquica sejam atingidos. Criam-se assim inteligências suficientes para que o êxito seja garantido sem ter contudo raízes profundas. Este gênero de talento não se transmite pela hereditariedade.

Esta comparação mostra que não se deve julgar a posição de uma sociedade na escala social de acordo com sua civilização, em especial a civilização econômica; esta pode não ser mais do que uma imitação, uma cópia, recobrindo estrutura social de espécie inferior. Não há dúvida de que é um caso excepcional, mas ele pode ocorrer (*De la division du travail social*, 7.ª ed., p. 266-7, n).

Portanto, a noção de estrutura segmentária não se confunde com a solidariedade por semelhança. Sugere apenas o relativo isolamento, a autossuficiência dos vários elementos. Pode-se conceber uma sociedade global ocupando amplo espaço que não passasse da justaposição de segmentos, todos semelhantes e autárquicos.

É possível a existência de um grande número de clãs, tribos ou grupos regionalmente autônomos, justapostos e talvez até mesmo sujeitos a uma autoridade central, sem que a coerência por semelhança do segmento seja quebrada, sem que se opere, no nível da sociedade global, a diferenciação das funções características da solidariedade orgânica.

A divisão do trabalho que Durkheim procura apreender e definir não se confunde com a que os economistas imaginam. A diferenciação das profissões e a multiplicação das atividades industriais exprimem a diferenciação social que Durkheim considera de modo prioritário. Esta diferenciação se origina na desintegração da solidariedade mecânica e da estrutura segmentária.

Falando destes temas fundamentais, podem-se tentar identificar algumas das ideias que decorrem desta análise e que fazem parte da teoria geral do nosso autor.

A primeira trata do conceito de consciência coletiva, que, desde esta época, figura no primeiro plano do pensamento de Durkheim.

Tal como é definida em *Da divisão do trabalho social*, a consciência coletiva é simplesmente "o conjunto das crenças e dos sentimentos comuns à média dos membros de uma sociedade". Durkheim esclarece que este conjunto "forma um sistema determinado, que tem vida própria" (ibid., p. 46). A consciência coletiva só existe em virtude dos sentimentos e crenças presentes nas consciências individuais, mas se distingue, pelo menos analiticamente, destas últimas, pois evolui segundo suas próprias leis e não é apenas a expressão ou o efeito das consciências individuais.

> Sem dúvida, ela não tem como substrato um órgão único; é, por definição, difusa, ocupando toda a extensão da sociedade; mas nem por isso deixa de ter características específicas, que a tornam uma realidade distinta. Com efeito, ela é independente das condições particulares em que se situam os indivíduos. Estes passam, ela fica. É a mesma no Norte e no Sul, nas grandes e nas pequenas cidades, nas diferentes profissões. Por outro lado, não muda em cada geração, mas ao contrário liga as gerações que se sucedem. Portanto, não se confunde

com as consciências particulares, embora se realize apenas nos indivíduos. É o tipo psíquico da sociedade, tipo que tem suas propriedades, suas condições de existência, seu modo de desenvolvimento, exatamente como os tipos individuais, embora de outra maneira (*De la division du travail social*, p. 46).

Esta consciência coletiva comporta, de acordo com as sociedades, maior ou menor extensão ou força. Nas sociedades dominadas pela solidariedade mecânica, a consciência coletiva abrange a maior parte das consciências individuais. Nas sociedades arcaicas, a fração das existências individuais submetida a sentimentos comuns é quase coextensiva à existência inteira.

Nas sociedades em que aparece a diferenciação dos indivíduos, cada um tem, em muitas circunstâncias, a liberdade de crer, de querer e de agir conforme suas preferências. Nas sociedades de solidariedade mecânica, ao contrário, a maior parte da existência é orientada pelos imperativos e proibições sociais. O adjetivo *social* significa, neste momento do pensamento de Durkheim, apenas que tais imperativos e proibições se impõem à média, à maioria dos membros do grupo; que eles têm por origem o grupo, e não o indivíduo, denotando o fato de que este se submete a esses imperativos e proibições como a um poder superior.

A força desta consciência coletiva acompanha a sua extensão. Nas sociedades primitivas, ela não só abrange a maior parte da existência individual, como também os sentimentos coletivos têm força extrema, que se manifesta pelo rigor dos castigos impostos aos que violam as proibições sociais. Quanto mais forte a consciência coletiva, maior a indignação com o crime, isto é, contra a violação do imperativo social. Finalmente, a consciência coletiva também é particularizada. Cada um dos atos da existência social, em particular cada um dos ritos religiosos, é definido com precisão. Os detalhes relativos ao que é preciso fazer, e ao que é preciso crer, são impostos pela consciência coletiva.

Por outro lado, quando reina a solidariedade orgânica, Durkheim pensa observar também uma redução da esfera da existência que cobre a consciência coletiva, um enfraquecimento das reações coletivas contra a violação das proibições e sobretudo uma margem maior na interpretação individual dos imperativos sociais.

Para dar um exemplo simples, o que a justiça exige, numa sociedade primitiva, é fixado com exatidão minuciosa pelos sentimentos coletivos. Por outro lado, nas sociedades em que a divisão do trabalho é mais avançada, essa exigência só será feita de modo abstrato, por assim dizer, universal. Num caso, a justiça é que tal indivíduo receba tal sanção precisa; em outro, que haja uma espécie de igualdade nos contratos e que cada um receba o que lhe é devido, que é definido de muitas formas, nenhuma das quais é isenta de dúvidas, e fixada de modo unívoco.

Dessa análise, Durkheim deduz uma ideia que manteve por toda a sua vida, e que ocupa o centro de toda sua sociologia: a que pretende que o indivíduo nasce da sociedade, e não que a sociedade nasce dos indivíduos.

Enunciada assim, a fórmula parece paradoxal, mas o próprio Durkheim a exprime muitas vezes nesses termos. Procurando reconstituir seu pensamento, diria que o primado da sociedade sobre o indivíduo tem pelo menos dois sentidos, que no fundo nada têm de paradoxal.

O primeiro é o da prioridade histórica das sociedades em que os indivíduos se assemelham uns aos outros e estão, por assim dizer, perdidos no todo, com relação àquelas outras sociedades cujos membros adquiriram ao mesmo tempo consciência da sua responsabilidade e da capacidade que têm de exprimi-la. As sociedades coletivistas, em que cada um se assemelha a todos, vêm historicamente em primeiro lugar.

Dessa prioridade histórica resulta uma prioridade lógica na explicação dos fenômenos sociais. Se a solidariedade mecânica precedeu a solidariedade orgânica, não se podem, com efeito, explicar os fenômenos da diferenciação social e da solidariedade orgânica a partir dos indivíduos. Enganam-se os economistas que explicam a divisão do trabalho pelo interesse dos indivíduos em compartilhar as ocupações para fazer crescer o rendimento da coletividade. Essa explicação pela racionalidade da conduta individual parece a Durkheim uma inversão da ordem. Dizer que os homens dividiram o trabalho e atribuíram uma ocupação específica a cada um para aumentar a eficácia do rendimento coletivo é admitir que os indivíduos são diferentes uns dos outros, e conscientes dessa diferença, antes da diferenciação social. Com efeito, a consciência da individualidade não podia existir antes da solidariedade orgânica e da divisão do trabalho. A busca racional do aumento da produção não pode explicar a diferenciação social, pois esta busca pressupõe justamente tal diferenciação social[1].

Durkheim esboça, neste ponto, o que será uma das ideias fundamentais em toda a sua carreira: a definição da sociologia como a prioridade do todo sobre as partes, ou a irredutibilidade do conjunto social à soma dos elementos, e a explicação dos elementos pelo todo.

No estudo da divisão do trabalho, Durkheim descobriu duas ideias essenciais: a prioridade histórica das sociedades em que a consciência individual está inteiramente fora de si e a necessidade de explicar os fenômenos individuais pelo estado da coletividade, e não o estado da coletividade pelos fenômenos individuais.

O fenômeno da divisão do trabalho que o sociólogo quer explicar é diferente, portanto, do que os economistas entendem pelo mesmo conceito. A divisão do trabalho é uma certa estrutura de toda a sociedade, de que a divisão técnica ou econômica do trabalho não passa de uma manifestação.

Depois de definir cientificamente a divisão do trabalho, é necessário estudá-la melhor.

A resposta dada por Durkheim à questão metodológica é a seguinte: para estudar cientificamente um fenômeno social, é preciso estudá-lo objetivamente, isto é, do exterior, encontrando o meio pelo qual os estados de consciência não perceptíveis diretamente podem ser reconhecidos e compreendidos. Estes sintomas, ou expressões dos fenômenos de consciência, são, em *Da divisão do trabalho social*, os fenômenos jurídicos. De modo sugestivo, e talvez um pouco simplista, Durkheim caracteriza um dos tipos de solidariedade: o direito *repressivo*, que pune as faltas ou crimes, e o direito *restitutivo*, ou cooperativo, cuja essência não é punir as violações das regras sociais, mas repor as coisas em ordem quando uma falta foi cometida, ou organizar a cooperação entre os indivíduos.

O direito repressivo revela a consciência coletiva nas sociedades de solidariedade mecânica, já que, pelo próprio fato de que multiplica as sanções, manifesta a força dos sentimentos comuns, sua extensão e sua particularização. Quanto mais ampla a consciência coletiva, quanto mais forte e particularizada, maior será o número de atos considerados como crimes, isto é, atos que violam um imperativo, ou um interdito, que ferem diretamente a consciência da coletividade.

Esta definição de crime é tipicamente sociológica, no sentido em que Durkheim interpreta o termo sociológico. Nesta acepção, crime é simplesmente um ato proibido pela consciência coletiva. Não importa que pareça inocente ao observador situado em outra sociedade ou em outro período histórico. Num estudo sociológico, o crime só pode ser definido do exterior tomando como referência o estado de consciência coletiva da sociedade considerada. Esta definição é portanto objetiva e relativista.

Dizer que alguém é sociologicamente um criminoso não significa que o consideremos culpado com relação a Deus ou com relação à nossa própria concepção de justiça. Criminoso é aquele que, numa sociedade determinada, deixou de obedecer às leis do Estado. Nesse sentido, Sócrates provavelmente merecia ser considerado criminoso.

Evidentemente basta levar essa ideia até as últimas consequências para que ela se torne trivial, ou então chocante para o espírito. A definição sociológica do crime leva, de fato, logicamente, a um relativismo integral, fácil de pensar em termos abstratos, mas ao qual, na realidade, ninguém adere, nem mesmo aqueles que o professam.

De qualquer forma, depois de ter esboçado uma teoria do crime, Durkheim deduz dela sem dificuldade uma teoria das sanções. Afasta com um certo desprezo as interpretações clássicas, segundo as quais as sanções teriam por finalidade prevenir a repetição do ato culpado. Para ele, a sanção não tem a função de amedrontar ou de dissuadir; seu sentido não é este. A função do castigo é satisfazer a consciência comum, ferida pelo ato cometido por um dos membros da coletividade. Ela exige reparação e o castigo do culpado é esta reparação feita aos sentimentos de todos.

Durkheim considera esta teoria da sanção mais satisfatória do que a interpretação racionalista pelo efeito de dissuasão. É provável que, sociologicamente, ele estivesse certo. Mas não devemos deixar de reconhecer que, se o castigo é sobretudo uma reparação feita à consciência coletiva, o prestígio da justiça e a autoridade das sanções ficam enfraquecidos.

Um cínico, como Pareto, diria que Durkheim tem razão, e que efetivamente muitos castigos não passam de uma espécie de vingança da consciência coletiva, aplicada a indivíduos indisciplinados, embora não convenha admiti-lo, pois não se poderia manter o respeito pela justiça se esta fosse vista como um mero tributo aos preconceitos de uma sociedade arbitrária e irracional!

No direito restitutivo, não se trata de punir, mas sim de restabelecer o estado das coisas como deve ser segundo a justiça. Aquele que não resgatou sua dívida deve pagá-la. Mas esse direito restitutivo, ao qual pertence por exemplo o direito comercial, não é a única forma de direito característica das sociedades de solidariedade orgânica. Quando menos, deve-se interpretar o direito restitutivo num sentido muito amplo, de modo que englobe todas as regras jurídicas que têm por objeto a organização da cooperação entre os indivíduos. O direito administrativo ou o direito constitucional pertencem, como o comercial, ao gênero do direito cooperativo: constituem menos a expressão dos sentimentos comuns de uma coletividade do que a organização da coexistência regular e ordenada de indivíduos já diferenciados.

Poder-se-ia acreditar que Durkheim encontra assim uma ideia que tinha uma função importante na sociologia de Spencer e nas teorias dos economistas clássicos: a ideia de que a sociedade moderna se baseia essencialmente no contrato, isto é, em acordos concluídos livremente pelos indivíduos. Neste caso, a visão de Durkheim se ajustaria de certo modo à fórmula clássica "do estatuto ao contrato", ou ainda "de uma sociedade dominada por imperativos coletivos a uma sociedade na qual a ordem comum é criada pelas livres decisões dos indivíduos".

Mas não é esta a ideia de Durkheim. Para ele, a sociedade moderna não se baseia no contrato, como a divisão do trabalho não se explica a partir de decisões racionais dos indivíduos de repartir as ocupações para aumentar a produção coletiva. Se a sociedade moderna fosse "contratualista", poderia ser explicada pelo comportamento dos indivíduos. Ora, o que o sociólogo quer demonstrar é precisamente o contrário.

Opondo-se assim aos "contratualistas", como Spencer, e aos economistas, Durkheim não nega que nas sociedades modernas os contratos concluídos livremente pelos indivíduos tenham um papel importante. Mas esse elemento contratual é um derivado da estrutura da sociedade, e até mesmo um derivado do estado da consciência coletiva na sociedade moderna. Para que haja uma esfera cada vez mais ampla, em que os indivíduos possam concluir livremente acordos entre si, é preciso que a sociedade tenha uma estrutura jurídica que autorize essas decisões autônomas dos indivíduos. Em outras palavras, os contratos interindividuais se situam dentro de um contexto social que não é determinado pelos próprios indivíduos. A divisão do trabalho pela diferenciação é a condição primordial da existência de uma esfera de contrato. Encontra-se aqui o princípio da prioridade da estrutura social sobre o indivíduo, ou ainda da prioridade do tipo social sobre os fenômenos individuais.

Os contratos são concluídos entre indivíduos, mas suas condições são fixadas por uma legislação que traduz a concepção que a sociedade global tem do justo e do injusto, do tolerável e do proibido.

A sociedade em que predomina o tipo orgânico de solidariedade não é definida, portanto, pela substituição da comunidade pelo contrato. A sociedade moderna também não é definida pela substituição do tipo militar pelo industrial, para usar a antítese de Spencer. Ela se define prioritariamente pela diferenciação social, de que o contratualismo é uma consequência e manifestação.

Quando os economistas ou os sociólogos explicam a sociedade moderna pelo contrato, eles invertem a ordem histórica e lógica. É a partir da sociedade global que compreendemos o que são os indivíduos e como (e por que) eles podem livremente contratar entre si.

Mas qual é a causa da solidariedade orgânica ou da diferenciação social que é considerada como a característica essencial das sociedades modernas?

Observemos, antes de mais nada, que não é evidente que Durkheim tenha razões para formular este problema nos termos em que o enuncia: qual é a causa do desenvolvimento da solidariedade orgânica e da diferenciação social? Ele não pode ter certeza *a priori* de que é possível ou mesmo impossível encontrar *a causa* de um fenômeno que não é simples ou isolável, mas sim um aspecto do conjunto da sociedade. Durkheim quer determinar *a causa* do desenvolvimento da divisão do trabalho nas sociedades modernas.

Trata-se aqui de um fenômeno essencialmente social. Quando o fenômeno a explicar tem esta natureza, segundo o princípio da homogeneidade da causa e do efeito, a causa deve ser também social, o que elimina a explicação individualista. Curiosamente, Durkheim afasta assim uma explicação que Auguste Comte tinha também considerado e eliminado, segundo a qual o fator essencial do desenvolvimento social teria sido o enfado ou a procura da felicidade. De fato, nada prova que nas sociedades modernas os homens sejam mais felizes do que nas sociedades arcaicas. Não há dúvida de que neste ponto ele tem razão. A única coisa surpreendente é que julgue necessário – mas na sua época, provavelmente, era necessário – escrever tantas páginas para demonstrar que a diferenciação social não pode ser explicada pela busca do prazer ou da felicidade.

É verdade, afirma ele, que os prazeres são mais numerosos e sutis nas sociedades modernas, mas esta diferenciação dos prazeres é o resultado da diferenciação social, não a causa. Quanto à felicidade, ninguém poderia dizer que somos mais felizes do que os homens que nos precederam. Durkheim naquela época já estava impressionado pelo fenômeno do suicídio: apresenta a frequência dos suicídios como a melhor prova de que a felicidade não aumenta com o progresso nas sociedades modernas. Sugere que os suicídios são mais comuns hoje do que no passado. Contudo, na falta de estatísticas sobre as sociedades antigas, não podemos ter certeza disto.

A divisão do trabalho não pode portanto ser explicada pelo enfado, pela busca da felicidade, pelo aumento dos prazeres, ou pelo desejo de aumentar a produção coletiva. A divisão do trabalho é um fenômeno social, que só pode ser explicado por outro fenômeno social: o de uma combinação do volume, densidade material e moral da sociedade.

O volume da sociedade é simplesmente o número dos indivíduos que pertencem a uma determinada sociedade. Este volume não pode explicar, isoladamente, a diferenciação social. Numa sociedade numerosa, estabelecida num vasto território, mas constituída pela justaposição de segmentos e pela aproximação de um grande número de tribos, cada tribo conservando sua estrutura tradicional, o volume em si mesmo não provocaria a diferenciação.

Para que o volume, isto é, o aumento do número dos indivíduos, se torne uma causa da diferenciação, é preciso acrescentar a densidade, nos dois sentidos, o material e o moral. A densidade material é o número dos indivíduos em relação a uma superfície dada do solo. A densidade moral é a intensidade das comunicações e trocas entre esses indivíduos. Quanto mais intenso o relacionamento entre os indivíduos, maior a densidade. A diferenciação social resulta da combinação dos fenômenos do volume e da densidade material e moral.

Para explicar esse mecanismo, Durkheim invoca o conceito da luta pela vida, que Darwin popularizou na segunda metade do século XIX. Quanto mais numerosos os indivíduos que procuram viver em conjunto, mais intensa a luta pela vida. A diferenciação social é a solução pacífica da luta pela vida. Em vez de alguns serem eliminados para que outros sobrevivam, como ocorre no reino animal, a diferenciação social permite a um número maior de indivíduos sobreviver, diferenciando-se. Cada um deixa de estar em competição com todos, podendo assim ter um papel e preencher uma função. Deixa de ser necessário eliminar a maioria dos indivíduos, a partir do momento em que, não sendo eles semelhantes entre si, porém diferentes, cada um colabora com uma contribuição que lhe é própria para a vida de todos[2].

Esta explicação está de acordo com o que Durkheim considera uma regra do método sociológico: a explicação de um fenômeno social por outro fenômeno social e a explicação de um fenômeno global por outro fenômeno global.

Desde este primeiro trabalho importante, o pensamento de Durkheim se organiza em torno de algumas ideias essenciais.

A diferenciação social, fenômeno característico das sociedades modernas, é a condição criadora da liberdade individual. Só numa sociedade em que a consciência coletiva perdeu uma parte da sua rigidez o indivíduo pode ter uma certa autonomia de julgamento e de ação.

Nessa sociedade individualista, o problema mais importante é manter o mínimo de consciência coletiva, à falta da qual a solidariedade orgânica provocaria a desintegração social.

O indivíduo é a expressão da coletividade. No sistema de solidariedade mecânica ele é intercambiável. Numa sociedade arcaica, não seria apropriado chamá-lo de "o mais insubstituível dos seres", segundo a fórmula de Gide. Mas, mesmo quando se integra numa sociedade em que cada um pode e quer ser o mais insubstituível dos seres, o indivíduo ainda é a expressão da coletividade. A estrutura desta impõe a cada um uma responsabilidade própria. Mesmo na sociedade que permite a cada um ser o que é individualmente, há uma parte, maior do que acreditamos, de consciência coletiva, presente nas consciências individuais. A sociedade de diferenciação orgânica não se poderia manter se, fora ou acima do reino contratual, não houvesse imperativos e interditos, valores e objetos sagrados coletivos, que vinculassem as pessoas ao todo social.

O suicídio (1897)

O livro que Durkheim escreveu sobre o problema do suicídio está estreitamente ligado ao estudo da divisão do trabalho. De modo geral, Durkheim aprova o fenômeno da divisão orgânica do trabalho, que considera um desenvolvimento normal e, sem dúvida alguma, feliz das sociedades humanas. Considera uma coisa boa a diferenciação dos indivíduos e das profissões; a regressão da autoridade da tradição; o domínio crescente da razão; o desenvolvimento da parte que foi deixada à iniciativa pessoal. Contudo, observa também que o homem não se sente necessariamente mais feliz com sua sorte nas sociedades modernas, e registra, de passagem, o aumento do número dos suicídios, expressão e prova de certos traços, talvez patológicos, da organização atual da vida coletiva.

A última parte do livro dedicada à divisão do trabalho inclui uma análise dessas características patológicas. Durkheim fala já da "anomia", ausência ou desintegração das normas sociais, conceito que vai ter um papel predominante no estudo do suicídio. Passa em revista então certos fenômenos: as crises econômicas, a inadaptação dos trabalhadores a suas ocupações, a violência das reivindicações dos indivíduos com relação à coletividade.

Todos esses fenômenos são patológicos. Com efeito, na medida em que as sociedades modernas se fundamentam na diferenciação, torna-se indispensável que o trabalho que cada um exerce corresponda a seus desejos e aptidões. Além disso, uma sociedade que propicia crescentemente o individualismo está obrigada, pela sua própria natureza, a respeitar a justiça. As sociedades dominadas pela tradição atribuem a cada um um lugar fixado pelo nascimento ou pelos imperativos coletivos. Nessas sociedades, seria anormal que o indivíduo reivindicasse uma situação adaptada a seus gostos ou proporcional aos seus méritos. Nas sociedades modernas, porém, o individualismo é o princípio fundamental. Nelas os homens são e se sentem diferentes uns dos outros, e cada um quer obter tudo aquilo a que julga ter direito. O princípio individualista de justiça se torna o princípio coletivo, indispensável, da ordem atual. As sociedades modernas só podem ser estáveis se respeitarem a justiça.

Mesmo nas sociedades baseadas na diferenciação individual, subsiste o equivalente da consciência coletiva das sociedades em que impera a solidariedade mecânica, isto é, as crenças, os valores comuns. Se esses valores comuns se debilitam, se a esfera dessas crenças se reduz demasiadamente, a sociedade fica ameaçada de desintegração.

O problema central das sociedades modernas, como de todas as sociedades, é portanto a relação entre os indivíduos e o grupo. Este relacionamento é transformado pelo fato de que o homem se tornou por demais consciente de si mesmo para aceitar cegamente quaisquer imperativos sociais. De outro lado, porém, tal individualismo, em si mesmo desejável, comporta perigos, pois o indivíduo pode exigir da coletividade mais do que esta lhe pode dar. É preciso portanto uma disciplina que só a sociedade pode impor.

Em *De la division du travail social*, sobretudo no prefácio da segunda edição, Durkheim alude ao que, para ele, constitui a solução do problema: a organização de grupos profissionais que favoreçam a integração dos indivíduos na coletividade.

O estudo do suicídio trata de um aspecto patológico das sociedades modernas, e revela do modo mais marcante a relação entre o indivíduo e a coletividade. Durkheim quer mostrar até que ponto os indivíduos são determinados pela realidade coletiva. Desse ponto de vista, o fenômeno do suicídio tem excepcional interesse, já que, aparentemente, nada pode ser mais individual do que o fato de um indivíduo destruir sua própria vida. Se pudermos provar que esse fenômeno é determinado pela sociedade, estará provada, a partir do caso mais desfavorável, a verdade da tese de Durkheim. Quando o indivíduo se sente só e desesperado, a ponto de se matar, é ainda a sociedade que está presente na consciência do infeliz, e o leva, mais do que sua história individual, a esse ato solitário.

O estudo durkheimiano do suicídio tem o rigor de uma dissertação acadêmica. Começa por definir o fenômeno; continua com uma refutação das interpretações anteriores; estabelece uma tipologia; e, com base nessa tipologia, desenvolve uma teoria geral do fenômeno considerado.

Suicídio é "todo caso de morte provocado direta ou indiretamente por um ato positivo ou negativo realizado pela própria vítima e que ela sabia que devia provocar esse resultado" (*Le suicide*, ed. de 1960, p. 5).

Ato positivo: disparar um tiro de revólver na própria têmpora. Ato negativo: não abandonar uma casa em chamas ou recusar a alimentação até a morte. Uma greve de fome que leva até a morte é um exemplo de suicídio.

A expressão "direta ou indiretamente" nos leva a uma distinção comparável à que foi feita entre o ato positivo e o negativo. Um tiro de revólver acarreta a morte diretamente; não abandonar uma casa em chamas, ou recusar alimentação, pode provocar indiretamente ou a longo prazo o resultado almejado, isto é, a morte.

De acordo com esta definição, o conceito de suicídio engloba não só os casos reconhecidos por todos mas também, por exemplo, o ato do capitão que prefere afundar seu navio a render-se; o do samurai que se mata porque se considera desonrado; o das mulheres indianas que acompanham seus maridos na morte. Em outras palavras, é preciso considerar também como suicídio os casos de morte voluntária envoltos em auréola de heroísmo e de glória, e que à primeira vista não somos tentados a englobar nos suicídios ditos comuns, como os de amantes desesperados, os de banqueiros arruinados, os de criminosos acossados, descritos nos noticiários dos jornais.

As estatísticas nos mostram, imediatamente, que a taxa de suicídio, isto é, a frequência dos suicídios em relação a uma população determinada, é relativamente constante. Este fato é considerado essencial por Durkheim. A taxa de suicídio é característica de uma sociedade global, ou de uma região, ou província. Ela não varia arbitrariamente, mas em função de múltiplas circunstâncias. A tarefa do sociólogo é estabelecer correlações entre as circunstâncias e as variações da taxa de suicídio, variações que são fenômenos sociais. Convém de fato distinguir o suicídio, fenômeno individual (tal pessoa em tal conjuntura se matou), da taxa de suicídio, que é um fenômeno social, e que Durkheim procura explicar. Para a teoria, o mais importante é a relação entre o fenômeno individual – suicídio – e o fenômeno social – taxa de suicídio.

De acordo com a definição do fenômeno, Durkheim afasta as explicações de tipo psicológico. Muitos médicos e psicólogos que estudaram suicídios individuais se sentem tentados a explicá-los em termos psicológicos ou psicopatológicos. Dizem, por exemplo, que a maioria dos que se matam encontram-se num estado patológico ao cometerem esse ato a que os predispunham a sua sensibilidade ou o seu psiquismo. A este tipo de explicação, Durkheim opõe imediatamente a argumentação que segue.

Admite que haja uma predisposição psicológica ao suicídio, predisposição que se pode explicar em termos psicológicos ou psicopatológicos. De fato, os neuropatas têm maior probabilidade, em determinadas circunstâncias, de cometer o suicídio. Contudo, Durkheim afirma que a força que *determina* o suicídio não é psicológica, mas social.

A discussão científica está centrada nesses dois termos: predisposição psicológica e determinação social.

Para demonstrar essa distinção, Durkheim emprega o método clássico das variações concomitantes. Estuda as variações da taxa de suicídio em diferentes populações e procura provar que não há correlação entre a frequência dos estados psicopatológicos e a frequência dos suicídios.

Considera, por exemplo, as diversas religiões, e constata que a proporção de alienados entre os indivíduos de religião judaica é particularmente elevada; por outro lado, a frequência dos suicídios entre esses indivíduos é muito baixa. Esforça-se também por demonstrar que não há uma correlação entre as disposições hereditárias e a taxa de suicídio. A porcentagem dos suicídios aumenta com a idade, o que é pouco compatível com a hipótese segundo a qual a causa eficiente do suicídio seria transmitida pela hereditariedade. Procura refutar assim uma interpretação que poderia ser sugerida pela repetição de casos de suicídio numa mesma família.

Um escritor político francês do século passado, Prévost-Paradol, embaixador da França nos Estados Unidos, cometeu suicídio em Washington, poucos dias depois da sua chegada, e da declaração da guerra de 1870. Cerca de trinta anos mais tarde, seu filho também se suicidou, em circunstâncias diferentes. Esses exemplos de suicídios repetidos na mesma família levariam a acreditar que a predisposição para o suicídio se transmitisse hereditariamente. Durkheim, porém, afasta, de modo geral, esta hipótese.

Afasta também, nas suas análises preliminares, a interpretação do suicídio como fenômeno de imitação. Aproveita a oportunidade para "acertar as contas" com um sociólogo célebre do seu tempo, com quem estava em desacordo a respeito de tudo. Trata-se de Gabriel Tarde, que considerava a imitação o fenômeno-chave da ordem social[3]. Para Durkheim, sob o nome de imitação, três fenômenos distintos são confundidos.

O primeiro é o que chamaríamos hoje de fusão das consciências, que é o fato de que os mesmos sentimentos afetam um grande número de pessoas. O exemplo típico é o da massa revolucionária, a que Jean-Paul Sartre se refere longamente em *Crítica da razão dialética*. Na massa revolucionária os indivíduos tendem a perder a identidade da sua consciência; cada um sente o que os outros sentem. Os sentimentos que agitam os indivíduos são sentimentos comuns. Os atos, as crenças, as paixões pertencem a cada um porque pertencem a todos. Mas o suporte desse fenômeno psicossociológico é a própria coletividade, e não um ou mais indivíduos.

O segundo fenômeno é a adaptação do indivíduo à coletividade, de forma que se comporta como os outros, sem haver contudo uma fusão de consciências. Cada um se inclina diante dos imperativos sociais mais ou menos difusos; o indivíduo prefere não se singularizar. A moda é uma forma atenuada de imperativo social. Uma mulher de certo meio se sentiria humilhada por usar um vestido diferente do que é considerado apropriado para uma determinada estação. Neste caso, não há propriamente imitação, mas sujeição do indivíduo a uma regra coletiva.

Finalmente, só merece ser considerado imitação, no sentido exato do termo, "um ato que tem como antecedente imediato a representação de ato semelhante, realizado anteriormente por outrem, sem que entre a representação e a execução se intercale qualquer operação intelectual, explícita ou implícita, sobre as características intrínsecas do ato reproduzido" (*Le suicide*, p. 115). Para compreender este fenômeno, basta pensar na tosse de contágio, durante conferência tediosa, ou em todas as reações mais ou menos mecânicas que se observam às vezes nas reuniões muito numerosas.

Convém distinguir igualmente o contágio e a epidemia, distinção que é típica do método de Durkheim. O contágio é um fenômeno que podemos chamar de interindividual ou mesmo individual. Alguém tosse como reação à tosse do vizinho. No fim, o número dos que tossem pode ser grande, mas cada acesso de tosse é estritamente individual. O fenômeno se propaga de um indivíduo para outro como uma pedra que ricocheteia sobre a água. Já a epidemia, que pode ser transmitida por contágio, é um fenômeno coletivo cujo suporte é o conjunto da sociedade. Esta distinção entre a sucessão de atos individuais e o fenômeno coletivo permite, uma vez mais, perceber a intenção essencial de Durkheim – a determinação do social como tal.

Em suma, "não se pode designar com o mesmo nome (de imitação) o processo em virtude do qual, numa reunião, se elabora um sentimento coletivo do qual resulta nossa adesão às regras comuns ou tradicionais de comportamento; e, por fim, o que determina que os carneiros de Panúrgio se lancem à água, porque um deles fez isso. Sentir em comum, inclinar-se diante da autoridade da opinião e repetir automaticamente o que os outros fazem são coisas distintas" (ibid., p. 115).

Depois dessas análises formais, Durkheim refuta, com a ajuda de estatísticas, a ideia de que a taxa de suicídio seria determinada essencialmente pela imitação. Se os suicídios se devessem ao contágio, seria possível segui-los num mapa, a partir de um centro, onde a taxa seria particularmente elevada, para outras regiões. Ora, a análise geográfica dos suicídios não revela tal tendência. Ao lado de regiões onde a taxa é elevada, há outras onde é especialmente baixa. A distribuição dessas taxas é irregular, incompatível com a hipótese da imitação.

Pode haver contágio em alguns casos: por exemplo, às vésperas de uma derrota, alguns indivíduos desesperados se suicidam. Mas esses fenômenos de contágio não explicam nem a taxa de suicídio nem suas variações.

Depois de definir o suicídio, e de afastar as explicações do fenômeno pela imitação e pela psicopatologia, resta a etapa principal da investigação: o estabelecimento de uma tipologia.

Para isso, Durkheim trabalha com os dados de suicídio que encontra, isto é, estatísticas incompletas e parciais que lidam com números reduzidos: a taxa de suicídio oscila entre 100 e 300 por milhão de pessoas por ano. Certos médicos, mais céticos, sustentaram a tese de que o estudo das variações da taxa de suicídio praticamente não tem nenhum alcance devido ao pequeno número dos casos estudados e às possíveis inexatidões dessas estatísticas.

Durkheim constata que a taxa de suicídio varia em função de algumas circunstâncias que examina; acredita que é possível determinar os tipos sociais do suicídio com base em determinadas correlações estatísticas. Contudo, de acordo com outra teoria, seria possível estabelecer as variações dessa taxa em virtude das circunstâncias sem se chegar porém à determinação de uma tipologia.

Os três tipos de suicídio que Durkheim se propõe definir são: o *suicídio egoísta*, o *suicídio altruísta* e o *suicídio anômico*.

O suicídio egoísta é analisado graças à correlação entre a taxa de suicídio e os contextos sociais integradores, a religião e a família, esta última considerada sob o duplo aspecto de casamento e prole.

A taxa de suicídio varia com a idade, isto é, de modo geral, aumenta com ela. Varia também de acordo com o sexo: é mais elevada entre os homens que entre as mulheres. Flutua com a religião, e Durkheim, baseando-se em estatísticas alemãs, estabelece que os suicídios são mais frequentes nas populações protestantes do que nas católicas. Compara a situação dos homens e mulheres casados com a dos celibatários e a dos viúvos e viúvas. Os métodos estatísticos que utiliza são simples: compara a frequência dos suicídios entre os homens casados e solteiros da mesma idade, para identificar o que chama de coeficiente de preservação, que indica a diminuição da frequência do suicídio, numa idade determinada, devido à situação familiar. Estabelece também os coeficientes de preservação ou, ao contrário, os coeficientes de agravamento para as mulheres celibatárias ou casadas, para os viúvos e viúvas.

Em conclusão, verifica que se há uma preservação dos indivíduos, homens e mulheres, devido ao casamento, ela se deve, a partir de uma certa idade, menos ao estado civil do que à existência de filhos. Com efeito, depois de uma certa idade, as mulheres casadas sem filhos não se beneficiam de um coeficiente de preservação elevado; ao contrário, seu coeficiente de agravamento aumenta. Não é, pois, tanto o casamento que protege, mas a família e os filhos. A família sem filhos não é um meio integrador suficientemente forte. Pode ser que as mulheres sem filhos sofram daquilo que os psicólogos de hoje chamam de frustração.

Assim, os indivíduos deixados a si mesmos têm desejos infinitos. Incapazes de se satisfazerem, só atingem um certo equilíbrio graças a uma força exterior de ordem moral, que lhes ensina a moderação e os ajuda a encontrar a paz. Toda situação que tende a fazer aumentar a disparidade entre desejos e satisfação se traduz por um coeficiente de agravamento.

Este primeiro tipo social de suicídio, identificado por meio do estudo estatístico das correlações, é definido pelo termo *egoísmo*. Homens e mulheres são mais inclinados ao suicídio quando pensam essencialmente em si mesmos, quando não estão integrados num grupo social, quando os desejos que os animam não podem ser reduzidos a uma medida compatível com o destino humano pela autoridade do grupo e pela força de obrigações impostas por um meio estrito e vigoroso.

O segundo tipo de suicídio é o *altruísta* que, no livro de Durkheim, comporta dois exemplos principais. O primeiro, que se observa em muitas sociedades arcaicas, é o da viúva indiana que aceita ser colocada na fogueira que deve queimar o corpo do marido morto. Neste caso, não se trata evidentemente de suicídio por excesso de individualismo, mas, ao contrário, pelo completo desaparecimento do indivíduo no grupo. O indivíduo se mata devido a imperativos sociais, sem pensar sequer em fazer valer seu direito à vida. Do mesmo modo, o comandante de um navio que não quer sobreviver à perda da sua nave se suicida por altruísmo; sacrifica-se a um imperativo social interiorizado, obedecendo ao que o grupo lhe ordena, a ponto de sufocar o próprio instinto de conservação.

Além destes casos de suicídio heroico ou religioso, Durkheim descobre nas estatísticas um exemplo moderno de suicídio altruísta: o aumento da frequência de suicídios no exército. As estatísticas utilizadas por Durkheim, e acredito que as estatísticas atuais vão no mesmo sentido, revelam, de fato, para os militares de uma certa idade, suboficiais e oficiais, um coeficiente de agravamento: os militares se suicidam um pouco mais do que os civis da mesma idade e de iguais condições. Esses suicídios não podem ser explicados como do tipo egoísta, pois, por definição, os militares – trata-se de profissionais e graduados – pertencem a um grupo fortemente integrado. Os soldados recrutados consideram sua situação transitória, e combinam a obediência aos superiores com uma grande liberdade na apreciação do sistema. Os militares de carreira, com toda a evidência, aderem ao sistema em que estão integrados porque, salvo casos excepcionais, não o teriam escolhido se não lhe dedicassem um mínimo de lealdade. Pertencem a uma organização cujo princípio constitutivo é a disciplina. Estão, portanto, no extremo oposto dos celibatários que rejeitam a disciplina da vida familiar e são incapazes de limitar seus desejos infinitos.

Há, portanto, dois tipos básicos "na corrente suicidógena": os que se afastam demais do grupo social e os que estão demasiadamente presos ao grupo. Os egoístas se suicidam mais facilmente que os outros, mas também aqueles que têm excesso de altruísmo, que se confundem a tal ponto com o grupo a que pertencem, são incapazes de resistir aos golpes do destino.

Finalmente, há um terceiro tipo de suicídio, o anômico. É o tipo que mais interessa a Durkheim, porque é o mais característico da sociedade moderna. Este é o suicídio que é revelado pela correlação estatística entre a frequência do suicídio e as fases do ciclo econômico.

As estatísticas parecem demonstrar uma tendência ao aumento da frequência dos suicídios nos períodos de crise econômica, mas também, o que é surpreendente e mais inesperado, nos períodos de grande prosperidade.

Outro fenômeno curioso é que há uma tendência à redução da frequência dos suicídios durante os grandes acontecimentos políticos. Durante as guerras, por exemplo, o número de suicídios tende a diminuir.

Esses fenômenos, o aumento de frequência nas fases de agitação social e sua diminuição durante os grandes acontecimentos, sugerem ao sociólogo a ideia do suicídio anômico. Esta expressão foi usada por Durkheim em *Da divisão do trabalho social*, e corresponde a um conceito-chave da sua filosofia social. O que lhe interessa, acima de tudo, chegando ao ponto de obcecá-lo, é a crise da sociedade moderna, definida pela desintegração social e pela debilidade dos laços que prendem o indivíduo ao grupo.

O suicídio anômico não é só aquele que aumenta durante as crises econômicas; é também aquele cuja frequência cresce paralelamente ao número de divórcios. Durkheim faz um estudo, longo e sutil, da influência do divórcio sobre a frequência dos suicídios entre homens e mulheres.

As estatísticas fornecem, a este respeito, resultados relativamente difíceis de interpretar. O homem divorciado está mais "ameaçado" pelo suicídio (a expressão é de Durkheim) do que a mulher. Para compreender o fenômeno, é preciso analisar o que o homem e a mulher recebem de equilíbrio, de satisfação e disciplina no casamento. O homem encontra equilíbrio e disciplina no casamento, porém, graças à tolerância dos costumes, conserva uma certa liberdade. A mulher (Durkheim escrevia num período que já está encerrado) vai achar no casamento mais disciplina do que liberdade. Por outro lado, o homem divorciado volta à indisciplina, à disparidade entre desejos e satisfação, enquanto a mulher divorciada se beneficia de uma liberdade adicional que compensa em parte a perda da proteção familiar.

Assim, além dos dois tipos de suicídio já estudados, o egoísta e o altruísta, há o suicídio anômico que atinge os indivíduos devido às condições de vida nas sociedades modernas, em que a existência social não é regulamentada pelos costumes. Os indivíduos estão em competição permanente uns com os outros; esperam muito da vida, fazem grandes exigências e se sentem sempre acuados pelo sofrimento resultante da desproporção entre suas aspirações e satisfações. Esta atmosfera de inquietação é propícia ao desenvolvimento da "corrente suicidógena".

Durkheim procura demonstrar, em seguida, que os tipos sociais que propõe correspondem aproximadamente a tipos psicológicos.

O suicídio egoísta se manifestará por um estado de apatia e pela ausência de vinculação com a vida; o suicídio altruísta, pela energia e pela paixão; o anômico, enfim, pela irritação associada às numerosas situações de decepção oferecidas pela vida moderna, por um desgosto resultante da tomada de consciência da desproporção entre as aspirações e as satisfações.

Uma vez traduzidos os tipos sociais em termos psicológicos, resta explicar os resultados do estudo, o que é essencial do ponto de vista da teoria sociológica.

A teoria de Durkheim pode ser resumida assim: os suicídios são fenômenos individuais, cujas causas são, contudo, essencialmente sociais. Há "correntes suicidógenas" (para usar a terminologia de Durkheim) que atravessam a sociedade, originando-se não no indivíduo mas na coletividade, e que são a causa real e determinante dos suicídios. Indubitavelmente, estas correntes suicidógenas não atingem indiscriminadamente qualquer indivíduo. Quem se suicida provavelmente estava predisposto ao suicídio pela sua constituição psicológica, por fraqueza nervosa ou distúrbios neuróticos. Da mesma forma, as circunstâncias sociais que criam correntes suicidógenas criam também estas predisposições psicológicas, porque os indivíduos, vivendo nas condições peculiares da sociedade moderna, são mais sensíveis e, por conseguinte, mais vulneráveis.

As causas reais dos suicídios são, em suma, forças sociais que variam de sociedade para sociedade, de grupo para grupo e de religião para religião. Emanam do grupo e não dos indivíduos isoladamente. Uma vez mais, encontra-se aqui o tema fundamental da sociologia de Durkheim, a saber, o fato de que em si as sociedades são de natureza diferente dos indivíduos. Existem fenômenos e forças cujo suporte é a coletividade e não a soma dos indivíduos. Estes, em conjunto, fazem surgir fenômenos ou forças que só podem ser explicados pela sua conjunção. Há fenômenos sociais específicos que comandam os fenômenos individuais; o exemplo mais notável ou mais eloquente é justamente o das correntes sociais que levam os indivíduos à morte, embora cada um deles pense que está obedecendo apenas a si mesmo, quando na realidade é um joguete dessas forças coletivas.

Para extrair as consequências práticas do estudo do suicídio, convém indagar sobre o caráter *normal* ou *patológico* deste fenômeno. Durkheim considera o crime um fenômeno socialmente normal, o que não significa que os criminosos não sejam muitas vezes psiquicamente anormais, nem que o crime não mereça ser condenado e punido. Contudo, sabemos que em todas as sociedades um certo número de crimes são cometidos; assim, se queremos referir-nos ao que se passa regularmente, o crime não é um fenômeno patológico. Pelo mesmo motivo, uma certa taxa de suicídio pode ser considerada normal.

Mas Durkheim acredita, embora não o demonstre conclusivamente, que o aumento da taxa de suicídio na sociedade moderna é patológico e que a atual taxa de suicídio revela certos aspectos patológicos da sociedade moderna.

De fato, esta se caracteriza pela diferenciação social, solidariedade orgânica, densidade da população, intensidade das comunicações, luta pela vida. Todos esses fatos, ligados à essência da sociedade moderna, não devem ser considerados em si mesmos anormais.

Contudo, na parte final de *Da divisão do trabalho social*, como no fim de *O suicídio*, Durkheim indica que as sociedades modernas apresentam certos sintomas patológicos, principalmente a insuficiente integração do indivíduo na coletividade. O tipo de suicídio que, sob este ponto de vista, interessa mais a Durkheim é o que ele chama de anômico. É a causa do aumento da taxa de suicídio nos períodos de crise econômica e também em períodos de prosperidade, isto é, em todos os casos em que se produz um exagero da atividade e uma ampliação das trocas e das rivalidades. Estes fenômenos são inseparáveis das sociedades em que vivemos, mas, a partir de um certo limiar, tornam-se patológicos.

> Há razão para crer que esse agravamento (da taxa de suicídio) deve-se não à natureza intrínseca do progresso, mas às condições particulares em que ele se realiza em nossos dias, e nada nos assegura que essas condi-

ções sejam normais. Com efeito, não nos devemos deixar cegar pelo brilho do desenvolvimento das ciências, das artes e da indústria ao qual assistimos. Indubitavelmente ele se realiza no meio de uma efervescência doentia, cujos efeitos dolorosos todos sentimos. É muito possível, portanto, e até mesmo verossímil, que o aumento do número de suicídios se origine num estado patológico que acompanha atualmente a marcha da civilização, embora não constitua uma condição necessária.

A rapidez com que o número de suicídios tem aumentado não autoriza nem mesmo outra hipótese. Em menos de cinquenta anos esse número triplicou, quadruplicou ou quintuplicou, de acordo com o país. Por outro lado, sabemos que esses suicídios estão associados ao que há de mais entranhado na constituição das sociedades, cujo temperamento exprimem. E o temperamento dos povos, como o dos indivíduos, reflete o estado do organismo no que ele tem de mais fundamental. É preciso portanto que nossa organização social se tenha modificado profundamente no curso deste século para ter determinado tal elevação da taxa de suicídio. Ora, é impossível que uma alteração ao mesmo tempo tão grave e tão rápida não seja mórbida, pois uma sociedade não pode mudar de estrutura com tanta rapidez. Ela só adquire outras características mediante uma série de modificações lentas e quase imperceptíveis; e ainda assim as transformações possíveis são limitadas. Uma vez que o tipo social se fixa, ele deixa de ser indefinidamente flexível; atinge rapidamente um limite que não pode ser ultrapassado. Portanto, as modificações implicadas pela estatística dos suicídios atuais não podem ser normais. Mesmo sem saber precisamente em que consistem, pode-se afirmar antecipadamente que resultam não de uma evolução regular, mas de um abalo mórbido que pode ter desenraizado as instituições do passado, sem contudo substituí-las, porque não é em poucos anos que se pode refazer a obra dos séculos. Ora, se a causa é anormal, o efeito não pode ser normal. Consequentemente, o que atesta a maré montante dos suicídios não é o brilho da nossa civilização, mas um estado de crise e de perturbação que não se pode prolongar sem trazer perigo (ibid., p. 422).

De qualquer maneira, podemos então restaurar a integração do indivíduo na coletividade? Durkheim passa em revista, sucessivamente, o grupo familiar, o grupo religioso e o político, em particular o Estado, procurando demonstrar que nenhum desses três grupos proporciona o contexto social próximo do indivíduo que daria a este segurança, embora sujeitando-o às exigências da solidariedade.

Nosso autor afasta a reintegração no grupo familiar por duas razões. De um lado, a taxa de suicídio anômico não aumenta menos entre os casados do que entre os solteiros, o que indica que o grupo familiar não oferece proteção mais eficaz contra a corrente suicidógena. Seria vão, portanto, contar com a família para que o indivíduo passasse a ter um ambiente mais próximo e capaz de lhe impor disciplina. De outro lado, as funções da família estão em declínio na sociedade moderna. Cada vez mais limitada, seu papel econômico se reduz cada vez mais. A família não pode, portanto, servir de intermediário entre o indivíduo e a coletividade.

O Estado, ou o grupo político, está muito afastado do indivíduo, é excessivamente abstrato e autoritário para proporcionar o contexto necessário à integração.

A religião, enfim, não pode fazer desaparecer a anomia, eliminando as causas profundas do mal. Durkheim espera uma disciplina do grupo que deve agir como órgão de reintegração. É preciso que os indivíduos consintam em limitar seus desejos, obedecendo aos imperativos que ao mesmo tempo determinam os objetivos que podem adotar e os meios que têm o direito de empregar. Ora, nas sociedades modernas, as religiões apresentam cada vez mais um caráter abstrato e intelectual. De certo modo, tornam-se mais puras; contudo, perdem em parte sua função de coerção social. Incitam os indivíduos a transcender suas paixões e a viver de conformidade com a lei espiritual, mas já não conseguem precisar as obrigações ou as regras às quais os homens devem submeter-se na vida profana. Em suma, não constituem escolas de disciplina no mesmo grau em que o foram no passado. Ora, o que Durkheim procura, para remediar os males da sociedade moderna, não são teorias ou ideias abstratas, mas morais em ação.

O único grupo social que pode favorecer a integração dos indivíduos na coletividade é, por conseguinte, a profissão ou, para empregar o termo usado por Durkheim, a corporação.

No prefácio da segunda edição de *Da divisão do trabalho social*, Durkheim se refere longamente às corporações como instituições que consideramos hoje anacrônicas, mas que na realidade respondem às exigências da ordem atual. Chama de corporações, de modo geral, as organizações profissionais que, reunindo empregadores e empregados, estariam suficientemente próximas do indivíduo para constituir escolas de disciplina, seriam suficientemente superiores a cada um para se beneficiar de prestígio e autoridade. Além disso, as corporações responderiam ao caráter das sociedades modernas, em que predomina a atividade econômica.

Voltarei a falar sobre essa concepção das corporações, versão do socialismo de Durkheim, que, tendo sido rejeitada tanto pelos socialistas como pelos liberais, foi condenada à sorte ingrata de mera doutrina acadêmica.

Mas, nesta discussão sobre o caráter patológico das taxas atuais de suicídio e sobre a busca de uma terapêutica, surge uma ideia central da filosofia de Durkheim: abandonado a si mesmo, o homem é movido por desejos ilimitados; quer sempre mais do que tem e se decepciona sempre com as satisfações que obtém numa existência difícil.

> Como determinar a quantidade de bem-estar, de conforto, de luxo a que um ser humano pode aspirar legitimamente? Não encontramos na constituição orgânica nem na constituição psicológica do homem nada que marque um limite a tais inclinações. O funcionamento da vida individual não exige que os homens se detenham aqui e não acolá; prova disso é o fato de que desde o começo da história os homens não pararam de se desenvolver, sempre obtiveram satisfações cada vez mais completas, e nem por isso a saúde média foi se enfraquecendo. Sobretudo, como estabelecer a maneira como devem variar, em virtude das condições, das profissões, da importância relativa dos serviços etc.? Não há uma sociedade em que os homens estejam igualmente satisfeitos nos diferentes graus da hierarquia social. Contudo, em seus traços essenciais, a natureza humana é basicamente a mesma. Portanto, não é ela que poderá conferir às necessidades esse limite variável que lhes seria necessário. Em consequência, na medida em que dependem só do indivíduo, elas são ilimitadas. Em si mesma, abstraindo-se as forças exteriores que a regulam, nossa sensibilidade é um abismo sem fundo, que nada pode preencher (*Le suicide*, p. 273).

O homem individual é um homem de desejos, e, por isso, a primeira necessidade da moral e da sociedade é a disciplina. O homem precisa ser disciplinado por uma força superior, autoritária e amável, isto é, digna de ser amada. Esta força, que ao mesmo tempo se impõe e atrai, só pode ser a própria sociedade.

As discussões das teses de Durkheim sobre o suicídio tocaram diversos pontos. O primeiro, que foi estudado em particular pelo doutor A. Delmas, tem a ver com o valor das estatísticas[4]. As estatísticas sobre o suicídio lidam inevitavelmente com números reduzidos, porque, felizmente, poucas pessoas se suicidam. Por isso as correlações estatísticas são estabelecidas com base em diferenças de taxa de suicídio relativamente pequenas. Assim, um médico que aceite a interpretação psicológica do suicídio poderá demonstrar que as variações da taxa de suicídio não são significativas na maioria dos casos, devido aos erros que as estatísticas comportam.

Duas fontes de erro são incontestáveis: a primeira é o fato de que os suicídios quase sempre só são conhecidos pelas declarações das famílias. Alguns são conhecidos porque as próprias circunstâncias do ato desesperado os tornam públicos; no entanto, um bom número de suicídios são cometidos em condições tais que as autoridades só os registram mediante a declaração das famílias. E a proporção dos suicídios não confessados pode variar de acordo com o meio social, a época e outros fatores.

A segunda fonte de erro tem a ver com a frequência dos suicídios frustrados ou das tentativas de suicídio. Durkheim não chegou a estudar este problema, que aliás só recentemente foi levado em consideração. É, na verdade, muito complexo, pois seria necessário um estudo psicossocial de cada caso a fim de saber se a intenção suicida era verdadeira ou não.

O segundo ponto de controvérsia está relacionado com a validade das correlações estabelecidas por Durkheim. Maurice Halbwachs dedicou-se a uma análise aprofundada dessas correlações[5].

Para dar uma ideia simples deste gênero de discussão, basta aludir à tese clássica de Durkheim: os protestantes se suicidam mais frequentemente do que os católicos porque a religião católica tem uma força integrativa superior à protestante. Essa tese se baseou em certas estatísticas alemãs, em regiões de religião mista, e parece convincente, até o momento em que se pergunte se por acaso os católicos moram em zonas agrícolas e os protestantes em cidades. Ora, se esses dois grupos religiosos forem também populações que têm gênero de vida diferente, a teoria do valor integrativo das religiões se torna duvidosa.

De modo geral, o estabelecimento de correlações entre a taxa de suicídio e um fator como o religioso exige a demonstração de que não existem outros fatores diferenciais nos casos comparados. Ora, raramente se chega a um resultado incontestável. O fator religioso é difícil de isolar. Populações próximas umas das outras, e de diferentes religiões, têm geralmente gêneros de vida e atividades profissionais semelhantes.

O terceiro ponto em discussão – o mais interessante do ponto de vista teórico – é a relação entre a interpretação sociológica e a psicológica. Os psicólogos e os sociólogos estão de acordo sobre um fato: a maioria dos que se suicidam têm constituição nervosa ou psíquica vulnerável, embora não necessariamente anormal: situam-se nos limites extremos da normalidade. Em palavras mais simples, muitos dos que se matam são, de um modo ou de outro, doentes nervosos do tipo ansioso ou ciclotímico. O próprio Durkheim não tinha dificuldade em aceitar esta observação, mas comentava que nem todos os neuropatas se suicidam, afirmando que o caráter neuropático constitui apenas uma circunstância favorável à ação da corrente suicidógena que escolhe suas vítimas.

> Não é por haver tantos neuropatas num grupo social que nele ocorrem anualmente tantos suicídios. A neuropatia faz apenas com que estes sucumbam mais do que aqueles. Esta é a origem da grande diferença que separa o ponto de vista do clínico e o do sociólogo. O primeiro está sempre diante de casos particulares, isolados; constata que muitas vezes a vítima tinha um caráter nervoso ou era um alcoólatra, e explica por um ou outro desses estados psicopáticos a ação realizada. Tem razão num sentido: se quem se matou foi aquela pessoa e não os seus vizinhos, é porque, frequentemente, foi por esse motivo. Mas esse motivo não explica que, de modo geral, há pessoas que se matam e muito menos que, numa sociedade, um número definido de pessoas se matam em períodos de tempo determinados (*Le suicide*, p. 370).

O equívoco, em textos desse gênero, provém da expressão "corrente suicidógena", conceito que parece sugerir que existe propriamente uma força social ou coletiva, emanação de todo o grupo, levando os indivíduos a se matar. Ora, nem os fatos individuais observados diretamente nem os fatos estatísticos nos obrigam a aceitar essa hipótese. As taxas de suicídio podem ser explicadas pela porcentagem de nervosos ou de ansiosos numa sociedade e pela incitação ao suicídio que se exerce sobre eles. Nem todos os ansiosos se matam, e é possível conceber que a proporção dos que se suicidam varie de acordo com a situação profissional, as circunstâncias políticas e o estado civil.

Em outras palavras, nada nos obriga a considerar as correntes suicidógenas como realidade objetiva ou como causa determinante. Os fatos estatísticos podem resultar da ação conjugada de dados psicológicos ou psicopatológicos e das circunstâncias sociais. Estas contribuem para o aumento do número dos desequilibrados psíquicos e, dentre estes, do número dos que se matam.

O risco da interpretação ou da terminologia de Durkheim reside na substituição da interpretação positiva, que combina sem dificuldade fatores individuais e coletivos, por uma concretização mítica dos fatores sociais, transfigurados em força supra-individual, novo Moloch a escolher suas vítimas entre os indivíduos.

As formas elementares da vida religiosa (1912)

O terceiro grande livro de Durkheim, *As formas elementares da vida religiosa*, é certamente o mais importante e profundo, o mais original; e também, a meu ver, aquele que revela mais claramente a inspiração do autor.

Seu objetivo é elaborar uma teoria geral da religião, com base na análise das instituições religiosas mais simples e mais primitivas. Esta fórmula já revela uma das ideias fundamentais de Durkheim: é legítimo, e possível, fundamentar uma teoria das religiões superiores no estudo das formas religiosas primitivas. O totemismo revela a essência da religião. Todas as conclusões extraídas por Durkheim do estudo do totemismo pressupõem que se possa apreender a essência de um fenômeno social observando suas formas mais elementares.

Há uma outra razão pela qual o estudo do totemismo tem significação decisiva no sistema de Durkheim.

Segundo ele, a ciência detém hoje, nas nossas sociedades individualistas e racionalistas, a autoridade intelectual e moral suprema. É possível ir adiante da ciência e não permanecer atrás e recusar os seus ensinamentos. Mas a sociedade que determina e favorece o desenvolvimento do individualismo e do racionalismo tem necessidade, como toda sociedade, de crenças comuns. Ora, ao que parece, estas crenças não podem ser proporcionadas pela religião tradicional, que não responde às exigências do espírito científico.

Há uma saída que parece simples a Durkheim e que – não sei se ouso empregar aqui esta palavra – é milagrosa: a própria ciência não revela que a religião não passa, no fundo, da transfiguração da sociedade? Se através da história, sob as formas de totem ou de Deus, os homens nunca adoraram senão a realidade coletiva transfigurada pela fé, é possível sair deste impasse. A ciência da religião revela a possibilidade de reconstituir as crenças necessárias ao consenso, não porque seja suficiente para fazer surgir a fé coletiva, mas porque deixa a esperança de que a sociedade do futuro ainda seja capaz de fabricar deuses, uma vez que todos os deuses do passado não foram senão a transfiguração da própria sociedade.

Neste sentido, *As formas elementares da vida religiosa* representa a solução dada por Durkheim à antítese entre ciência e religião. Descobrindo a realidade profunda de todas as religiões, a ciência não recria uma religião, mas dá confiança na capacidade que têm as sociedades de produzir em cada época os deuses de que necessitam: "Os interesses religiosos não passam da forma simbólica de interesses sociais e morais."

Diria que *As formas elementares da vida religiosa* representa, na obra de Durkheim, o equivalente de *Système de politique positive* na obra de Auguste Comte. Durkheim não descreve uma religião da sociedade, como Comte descreveu, pormenorizadamente, uma religião da humanidade. Chega mesmo a dizer de modo explícito que Comte se enganava ao afirmar que um indivíduo tinha condições de forjar uma religião sob encomenda. Com efeito, se a religião é uma criação coletiva, seria contrário à teoria um sociólogo criar sozinho uma religião. Contudo, na medida em que Durkheim queria demonstrar que o objeto da religião era a transfiguração da sociedade, sua indagação é comparável à de Auguste Comte, quando este, para fundar a religião do futuro, afirmava que, depois de matar os deuses transcendentes, a humanidade amaria a si mesma, ou seja, àquilo que tinha de melhor.

As formas elementares da vida religiosa é um livro que pode ser estudado sob três pontos de vista, porque reúne três modalidades de estudos: comporta uma descrição e uma análise detalhada do sistema de clãs e do totemismo de certas tribos australianas, com alusões a tribos da América; contém uma teoria da essência da religião, baseada no estudo do totemismo australiano; por fim, esboça uma interpretação sociológica das formas do pensamento humano, isto é, uma introdução à sociologia do conhecimento.

Destes três temas, é o primeiro, o estudo descritivo do sistema dos clãs e do totemismo, que ocupa mais lugar. Mas não vou me deter nele, pois seria impossível fazer um resumo da descrição.

Na verdade é o segundo tema, a teoria geral das religiões, baseada no estudo do totemismo, que me interessa aqui. O método de Durkheim é, neste livro, o mesmo das obras anteriores. Começa definindo o fenômeno; depois, refuta as teorias diferentes das suas; finalmente, numa terceira etapa, demonstra a natureza essencialmente social das religiões.

Para Durkheim, a essência da religião é a divisão do mundo em fenômenos sagrados e profanos. Não é a crença numa divindade transcendente: há religiões, mesmo superiores, sem Deus. A maioria das escolas budistas, por exemplo, não professam a fé num deus pessoal e transcendente. A religião também não pode ser definida pelas noções de mistério ou de sobrenatural, que só podem ser tardias. Só se concebe o sobrenatural por oposição ao natural; e para ter uma ideia clara do natural é preciso pensar de maneira positiva e científica. A noção de sobrenatural não pode preceder a ideia, também tardia, de uma ordem natural.

A categoria do religioso é constituída pela distinção bipartida do mundo entre o profano e o sagrado. O sagrado se compõe de um conjunto de coisas, de crenças e de ritos; quando as coisas sagradas mantêm umas com as outras relações de coordenação e subordinação, de modo que formem um sistema com certa unidade, que não cabe em nenhum outro sistema do mesmo gênero, o conjunto das crenças e dos ritos correspondentes constitui uma religião.

A religião pressupõe portanto o sagrado, em seguida a organização das crenças relativas ao sagrado e, por fim, ritos ou práticas derivados das crenças, de modo mais ou menos lógico.

> Uma religião é um sistema solidário de crenças e de práticas relativas a coisas sagradas, isto é, separadas, proibidas; crenças e práticas que unem numa mesma comunidade moral, chamada igreja, todos os que a elas aderem (*Les formes élémentaires de la vie religieuse*, p. 65).

A noção de igreja é acrescentada ao conceito de sagrado, e ao sistema de crenças, para diferenciar a religião da magia, que não implica necessariamente o consenso dos fiéis, reunidos em igreja.

Depois de definir a religião, Durkheim, numa segunda etapa da sua investigação, afasta as interpretações anteriores à sua. Estas interpretações são, na primeira parte do livro, o *animismo* e o *naturismo*, que representam as principais concepções existentes da religião elementar. Segundo o animismo, a crença religiosa é a fé em espírito, transfiguração da experiência que os homens têm da sua dupla natureza, de corpo e alma. Para o naturismo, os homens adorariam as forças naturais transfiguradas. A exposição e a refutação destas duas doutrinas são bastante longas, mas há uma ideia subjacente a esta dupla crítica. Quer se adote a interpretação animista ou a naturista, termina-se, segundo Durkheim, por dissolver o objeto considerado. Se a religião consistisse em amar espíritos irreais, ou forças naturais transfiguradas pelos homens, ela corresponderia a uma alucinação coletiva. Ora, que se pode dizer de uma ciência cujo resultado mais imediato seria a dissolução da realidade do seu objeto?

Por outro lado, Durkheim acredita poder explicar a realidade do fenômeno religioso. Se o homem adora a sociedade transfigurada, adora de fato uma realidade autêntica. Que há de mais real do que a força da coletividade? A religião é uma experiência por demais permanente e profunda para não corresponder a uma realidade autêntica. Se esta realidade autêntica não é Deus, é preciso que seja o que está situado, por assim dizer, imediatamente abaixo de Deus, a saber, a sociedade.

O objetivo da teoria da religião de Durkheim é fundamentar a realidade do objeto da fé, sem admitir o conteúdo intelectual das religiões tradicionais, condenadas pelo desenvolvimento do racionalismo científico; este permite salvar o que parece destruir, demonstrando que os homens nunca adoraram senão sua própria sociedade.

Para estudar as teorias animista e naturista, Durkheim se refere às concepções de Taylor e de Spencer, que estavam em moda na época. Essas concepções tinham como ponto de partida o fenômeno do sonho. No sonho, os homens se veem onde sabem que não estão; imaginam assim um "duplo" de si mesmos e do seu corpo, sendo-lhes fácil conceber que no momento da morte este "duplo" se separa, transformando-se num espírito flutuante, gênio bom ou mau. Por outro lado, os primitivos não distinguem bem as coisas animadas das inanimadas. Por isso situam as almas dos mortos, ou os espíritos flutuantes, em determinadas realidades. Nasce assim o culto dos gênios familiares e dos antepassados. A partir desta dualidade corpo–alma, inspirada no sonho, as religiões primitivas desenvolvem a concepção de um grupo numeroso de espíritos, benfazejos ou temíveis, que se agitam em torno dos homens.

A refutação minuciosa de Durkheim analisa passo a passo os elementos dessa interpretação. Por que dar tanta importância ao sonho? Supondo que se conceba um "duplo" de cada um de nós, por que sacralizá-lo? Por que atribuir-lhe um valor fora do comum? Segundo Durkheim, o culto dos antepassados não é um culto primitivo; e não é verdade que os cultos dos primitivos se dirigem especialmente aos mortos. O culto dos mortos não é um fenômeno original.

De modo geral, depois de afirmar que a essência da religião é o sagrado, Durkheim não encontra muita dificuldade para marcar as deficiências da interpretação animista. Com efeito, esta pode, a rigor, explicar a criação de um mundo dos espíritos; mas o mundo dos espíritos não é o mundo do sagrado. O essencial, isto é, o sagrado, continua sem explicação. Nem as forças naturais nem os espíritos ou as almas que flutuam à volta dos homens são sagrados por si mesmos. Só a sociedade é uma realidade sagrada por si mesma. Ela pertence à ordem da natureza, mas a ultrapassa. É ao mesmo tempo causa do fenômeno religioso e justificativa da distinção espontânea entre profano e sagrado.

Durkheim opõe assim a verdadeira ciência da religião, que explica seu objeto, às pseudociências que pretendem destruí-lo:

> É inadmissível que sistemas de ideias como a religião, que têm tido um papel tão importante na história, em que em todos os tempos os povos vieram colher a energia de que precisavam para viver, não passem de tecidos de ilusões. Hoje concorda-se que o direito, a moral e o próprio pensamento científico nasceram da religião, estiveram longamente confundidos com ela, continuam penetrados do seu espírito. De que modo uma fantasmagoria vã poderia ter modelado tão fortemente, de modo tão durável, as consciências humanas? Certamente deve ser considerado como um princípio pelas ciências das religiões que a religião não exprime nada que não exista na natureza, pois todas as ciências se preocupam com os fenômenos naturais.
>
> A questão é saber a que reino natural pertencem essas realidades, e o que fez com que os homens as representassem sob esta forma singular, própria ao pensamento religioso. Contudo, para que se possa enunciar tal pergunta, é preciso começar pela admissão de que o que assim se representa é uma realidade.

Quando os filósofos do século XVIII consideravam a religião como um enorme erro, imaginado pelos padres, podiam pelo menos explicar sua persistência pelo interesse da casta sacerdotal em enganar o povo. Mas, se os próprios povos foram os artesãos desses sistemas de ideias erradas ao mesmo tempo que eles mesmos é que eram enganados, como explicar que esse engodo extraordinário se tenha perpetuado em toda a sequência da história?... Que dizer de uma ciência cuja descoberta principal levaria ao desaparecimento do seu objeto? (*Les formes élémentaires de la vie religieuse*, p. 98).

Uma bela frase. Acredito porém que um não sociólogo, ou um sociólogo que não pertencesse à escola de Durkheim, seria tentado a responder: Será que uma ciência da religião segundo a qual os homens adoram a sociedade salvaguarda seu objeto? Como bom cientista, Durkheim considera que a ciência das religiões postula, em princípio, a irrealidade do transcendente e do sobrenatural. Contudo, pode-se voltar a encontrar a realidade da religião, depois de eliminar o que tem de transcendental?

Para Durkheim (e esta ideia tem uma grande importância no seu pensamento), o totemismo é a religião mais simples. Uma tal afirmativa implica uma representação evolucionista da história da religião. Para um pensador não evolucionista, o totemismo seria uma simples religião, dentre muitas. Se Durkheim afirma que o totemismo é *a* religião mais simples e elementar, admite implicitamente que há um processo de desenvolvimento da religião a partir de uma origem única.

Além disso, para apreender a essência da religião no caso particular do totemismo é preciso subscrever a ideia de que uma experiência bem escolhida revela a essência de um fenômeno comum a todas as sociedades. A teoria da religião de Durkheim não foi elaborada a partir do estudo de um grande número de fenômenos religiosos. A essência do fato religioso é apreendida em um caso particular, supostamente revelador do que é essencial em todos os fenômenos do mesmo gênero.

Durkheim analisa essa religião simples, que é o totemismo, utilizando as noções de *clã* e de *totem*. O clã é um grupo de parentesco não constituído por laços de sangue. É um grupo, talvez o mais simples de todos, que exprime sua identidade tomando como referência uma planta ou animal. A transmissão do totem do clã se faz nas tribos australianas quase sempre pelo lado materno, embora este processo não tenha a regularidade de uma lei absoluta. Ao lado dos totens de clã, existem totens individuais e totens de grupos mais desenvolvidos, como as fratrias e as classes matrimoniais[6].

Nas tribos australianas estudadas por Durkheim, cada totem tem seu emblema e seu brasão. Em quase todos os clãs encontramos objetos, pedaços de madeira ou de pedra polida, que representam figuradamente o totem e participam do seu caráter sagrado. Não é difícil compreender o fenômeno. Nas sociedades modernas, a bandeira pode ser considerada como o equivalente do *churinga* australiano. Para uma coletividade, ela participa do caráter sagrado atribuído à pátria; sua profanação tem relação com certos fenômenos analisados por Durkheim.

Os objetos totêmicos, que trazem o emblema do totem, provocam comportamentos típicos da ordem religiosa, isto é, práticas de abstenção ou, ao contrário, práticas positivas. Os membros do clã precisam abster-se de comer ou de tocar o totem, bem como os objetos que participam do seu caráter sagrado; ou então, ao contrário, precisam manifestar uma forma explícita de respeito.

Constitui-se assim, nas sociedades australianas, um universo de coisas sagradas que abrange em primeiro lugar as plantas ou animais que são os próprios totens; em seguida, os objetos que os representam. Eventualmente, o sagrado se comunica aos próprios indivíduos. Em última análise, o conjunto da realidade está dividido em duas categorias fundamentais: as coisas profanas, a respeito das quais as pessoas se comportam de modo "econômico" (a atividade econômica é o protótipo da atividade profana); de outra parte o universo das coisas sagradas, plantas, animais e suas representações, indivíduos que, através do clã, participam das coisas sagradas, universo que se organiza de modo mais ou menos sistemático.

Para explicar o totemismo, Durkheim, como de hábito, começa por eliminar as interpretações que o derivam de uma religião mais primitiva. Afasta a interpretação segundo a qual o totemismo se teria desenvolvido a partir do culto dos antepassados, ou aquela que vê no culto dos animais o fenômeno primitivo. Rejeita a ideia de que o totemismo individual seria anterior ao totemismo clânico, e a que vê no totemismo local – atribuição a um local determinado do totem – o fenômeno primeiro. Para ele o fenômeno original, história e logicamente, é o totemismo do clã. Esta tese é essencial, pois demonstra a prioridade ou anterioridade do culto que os indivíduos dirigem à própria sociedade. A origem primordial do totemismo é o reconhecimento do sagrado. E o sagrado é uma força derivada da coletividade e superior a todos os indivíduos.

Alguns textos nos farão compreender a teoria melhor do que quaisquer comentários:

> O totemismo não é a religião de determinados animais, de determinados homens ou de certas imagens, mas uma espécie de força anônima e impessoal que encontramos em cada um destes seres, sem que se confunda com nenhum deles. Ninguém a possui inteiramente, e todos dela participam. É de tal forma independente dos sujeitos particulares em que se manifesta, que os precede e sobrevive a eles. Os indivíduos morrem; as gerações passam e são substituídas por outras. Mas esta força permanece atual, viva e semelhante a si mesma. Anima a geração presente como animou a de ontem e como dará vida à de amanhã. Se tomamos o termo num sentido mais amplo, podemos dizer que é o deus adorado por cada culto totêmico; mas é um deus impessoal, sem nome, sem história, imanente ao mundo, difuso numa pluralidade inumerável de coisas (*Les formes élémentaires de la vie religieuse*, p. 269).

Este belo texto, que poderia ser aplicado a qualquer forma de religião, explicita de maneira marcante o tema durkheimiano: todas as crenças ou práticas totêmicas são semelhantes, em sua essência, a qualquer crença ou prática religiosa.

Os australianos reconhecem como exterior ao mundo das coisas profanas uma força anônima, impessoal, que se encarna indiferentemente em uma planta, em um animal ou na representação de uma planta ou de um animal. É esta força impessoal e anônima, imanente e transcendente ao mesmo tempo, que atrai a crença e o culto. Seria muito fácil retomar essas expressões e aplicá-las a uma religião superior. Mas aqui se trata do totemismo, cuja interpretação é obtida ao se partir da prioridade do totemismo do clã: para que haja o sagrado é preciso que os homens façam a diferença entre o que é profano e cotidiano de uma parte, e o que é diferente por natureza (e portanto sagrado) de outra. Esta distinção aflora à consciência dos primitivos porque eles têm, enquanto participantes de uma coletividade, o sentimento difuso de que alguma coisa é superior à sua própria individualidade, e de que esta coisa é a força da sociedade anterior a cada um dos indivíduos, que sobrevive a eles e à qual, sem saber, eles rendem um culto.

> Encontramos entre os povos melanesianos, sob o nome de *mana*, uma noção que é o equivalente exato do *wakan* dos Sioux e do *orenda* iroquês. Eis a definição dada por Codrington: "Os melanesianos creem na existência de uma força absolutamente distinta de toda força material, que age de múltiplas maneiras, seja para o bem, seja para o mal, e que o homem tem o maior interesse em ter ao alcance da mão e dominar. É o mana. Creio compreender o sentido que esta palavra tem para os indígenas... É uma força, uma influência de ordem imaterial e, num certo sentido, sobrenatural; mas é pela força física que ela se manifesta ou também por toda espécie de poder e superioridade que possuímos. O mana não se fixa sobre um objeto determinado; ele pode ser levado sobre qualquer tipo de coisa... Toda a religião do melanesiano consiste em adquirir o mana, seja em proveito próprio, seja em proveito de outrem." Não se trata, pois, da própria noção de força anônima e difusa que identificávamos havia pouco como o germe do totemismo australiano? (*Les formes élémentaires de la vie religieuse*, p. 277).

Nesse texto, o conceito central de interpretação da religião é o de uma força anônima e difusa. O exemplo é tirado desta vez das sociedades melanesianas. Mas o próprio encontro dessas análises, aplicadas a diferentes sociedades, confirma para Durkheim a teoria segundo a qual a origem da religião reside na distinção entre profano e sagrado, e segundo a qual a força anônima, difusa, superior aos indivíduos e próxima deles é, na verdade, o objeto do culto.

Mas por que a sociedade se torna o objeto da crença e do culto? Durkheim responde que a sociedade tem em si mesma algo de sagrado.

> De modo geral, não há dúvida de que a sociedade tem tudo o que é preciso para despertar nos espíritos a sensação do divino, exclusivamente pela ação que exerce sobre eles; ela é, para seus membros, o que é uma divindade para os fiéis. De fato, uma divindade é, antes de mais nada, um ser representado pelo homem sob certos aspectos como superior a si mesmo, e do qual ele crê depender. Trate-se de uma personalidade consciente, como Zeus ou Jeová, ou de forças abstratas, como as que estão em jogo no totemismo; o fiel se crê sempre obrigado a certas maneiras de agir, que lhe são impostas pela natureza do princípio sagrado com o qual se sente em comunhão. Ora, a sociedade provoca também em nós a sensação de uma perpétua dependência. Como tem uma natureza que lhe é própria, diferente da nossa natureza de indivíduos, persegue fins que também lhe são particulares; porém, como só os pode atingir por meio de nós, exige imperiosamente nossa participação. Exige que, esquecendo nossos próprios interesses, sejamos seus servidores, impondo-nos todos os tipos de privações, trabalhos e sacrifícios sem os quais a vida social se tornaria impossível. É assim que somos obrigados, a cada momento, a nos submeter a regras de conduta e de pensamento que nem fizemos nem quisemos, e a normas de pensamento que nem formulamos nem pretendemos, e que às vezes são mesmo contrárias a nossos instintos e inclinações mais fundamentais.

Todavia, se a sociedade não obtivesse de nós esses sacrifícios e concessões, por uma imposição material, ela só poderia despertar em nós a ideia de uma força física a que nos faz ceder por necessidade, não a de uma potência moral como as que as religiões adoram. Na realidade, porém, o império que ela exerce sobre as consciências está muito menos associado à supremacia física, que é seu privilégio, do que à autoridade moral de que está investida. Aceitamos suas ordens não apenas porque ela está armada para poder triunfar sobre nossas resistências, mas, antes de mais nada, porque ela é objeto de um respeito verdadeiro (*Les formes élémentaires de la vie religieuse*, p. 295).

A sociedade desperta em nós o sentimento do divino. É ao mesmo tempo um preceito que se impõe e uma realidade qualitativamente superior aos indivíduos, que provoca neles o respeito, o devotamento e a adoração.

A sociedade favorece também o surgimento de crenças, porque os indivíduos vivem em comunhão uns com os outros e, na efervescência da festa, adquirem a capacidade de criar o divino.

Há dois textos curiosos, que a este propósito são característicos. No primeiro, Durkheim descreve as cenas de exaltação que vivem os australianos de sociedades primitivas, no outro alude à Revolução Francesa, possível criadora de religião.

Eis o texto sobre os australianos:

Já ao cair da noite, aconteciam, sob a luz das tochas, todos os tipos de procissões, de danças, de cânticos; crescia também a efervescência geral. Num dado momento, doze assistentes pegaram cada um uma espécie de grande tocha flamejante e um deles, segurando a sua como se fosse uma baioneta, investiu contra um grupo de indígenas. Os golpes eram aparados com bastões e lanças. Formou-se uma confusão generalizada. Os homens saltavam, davam gritos selvagens; as tochas brilhavam, crepitavam ao atingir as cabeças e os corpos, lançando centelhas em todas as direções. "A fumaça, as tochas em chamas, a chuva de faíscas, essa massa de homens que dançavam e gritavam, tudo isso, dizem Spencer e Gillen (*os observadores das sociedades australianas estudadas por Durkheim*), formava uma cena cuja selvageria é impossível descrever com palavras." Pode-se conceber facilmente que, chegando a esse estado de exaltação, o homem já não se reconheça. Sentindo-se dominado, arrastado por uma espécie de poder exterior que o faz pensar e agir de maneira diferente do tempo normal, ele naturalmente tem a impressão de já não ser o mesmo. Sente-se transformado num novo ser: seus adornos, os tipos de máscaras com que cobre o rosto representam materialmente essa transformação interior, ainda mais porque não contribuem para determiná-la. E como, no mesmo instante, todos os seus companheiros se sentem transfigurados do mesmo modo, traduzindo seus sentimentos por gritos, gestos e atitudes, tudo se passa como se ele tivesse se transportado realmente para um mundo especial, muito diferente do cotidiano, para um ambiente povoado de forças de excepcional intensidade, que o invadem e transformam. Experiências como estas, sobretudo quando repetidas diariamente durante semanas, não poderiam deixar de dar-lhes a convicção de que há realmente dois mundos heterogêneos e incomparáveis. Um é aquele onde ele arrasta languidamente sua vida cotidiana; no outro, ao contrário, ele não pode penetrar sem se pôr imediatamente em relação com os poderes extraordinários que o galvanizam até o frenesi. O primeiro é o mundo profano; o segundo, o das coisas sagradas (*Les formes élémentaires de la vie religieuse*, p. 311-3).

Esse texto me parece a expressão mais categórica da divisão de Durkheim. Imaginemos uma multidão participando de uma cerimônia que é ao mesmo tempo festa e culto; indivíduos que se aproximam uns dos outros por práticas comuns, por comportamentos semelhantes, que dançam e gritam. A cerimônia, atividade coletiva, arrasta os indivíduos para fora de si mesmos; faz com que participem da força do grupo; dá-lhes o sentimento de algo que não tem medida comum com a vida cotidiana, "que se arrasta languidamente". Essa coisa extraordinária, ao mesmo tempo imanente e transcendente, é precisamente a força coletiva: algo de sagrado. Esses fenômenos de efervescência são um bom exemplo do processo psicossocial graças ao qual nascem as religiões.

Durkheim alude também ao culto revolucionário. Na época da Revolução Francesa, as pessoas eram dominadas por uma forma de entusiasmo religioso. As palavras nação, liberdade, revolução estavam carregadas de valor sagrado comparável ao do *churinga* dos australianos.

> Esta aptidão da sociedade para se transformar em divindade, ou para criar deuses, nunca foi mais visível do que nos primeiros anos da Revolução. Com efeito, naquela época, sob a influência do entusiasmo geral, coisas puramente laicas por natureza foram transformadas pela opinião pública em coisas sagradas: a Pátria, a Liberdade, a Razão. Uma religião tendia a se estabelecer por si mesma, com seu dogma, seus símbolos, seus altares e suas festas. O culto da Razão e do Ser Supremo procurou dar satisfação oficial a estas aspirações espontâneas. É bem verdade que esta renovação religiosa teve duração efêmera. O entusiasmo patriótico que a princípio transportava as massas se enfraquecia por si mesmo. Desaparecendo a causa, o efeito não se podia manter. Contudo,

embora a experiência tenha sido breve, guarda todo seu interesse sociológico. A verdade é que, num caso determinado, viu-se a sociedade e suas ideias essenciais se transformarem, diretamente e sem transfiguração alguma, no objeto de um verdadeiro culto (p. 305-6).

Outras reviravoltas ocorrerão; chegará o momento em que as sociedades modernas serão outra vez possuídas pelo delírio sagrado, e deste nascerão novas religiões (a lembrança das cerimônias hitleristas em Nuremberg incita-nos a acrescentar: infelizmente!).

Bergson termina *Les deux sources de la morale et de la religion* com a frase: "O universo é uma máquina de fabricar deuses." Durkheim teria dito: as sociedades são máquinas de fabricar deuses. Mas, para que este esforço de criação tenha êxito, é preciso que os indivíduos escapem da vida cotidiana, saiam de si mesmos, sejam possuídos pelo fervor de que a exaltação da vida coletiva é causa e expressão[7].

A interpretação sociológica da religião assume assim em Durkheim duas formas. A primeira acentua a ideia de que no totemismo os homens adoram – sem que o saibam – a sociedade; ou ainda de que o sagrado está vinculado em primeiro lugar à força coletiva e impessoal que é uma representação da própria sociedade. De acordo com a outra interpretação, as sociedades são levadas a criar deuses ou religiões quando entram num estado de exaltação que resulta da intensificação extrema da própria vida coletiva. Nas tribos australianas, esta exaltação ocorre durante cerimônias que podemos ainda hoje observar. Durkheim sugere, nas sociedades modernas, sem enunciar uma teoria rigorosa, que isto acontece por ocasião das crises políticas e sociais.

A partir destas ideias fundamentais, Durkheim desenvolve uma interpretação das noções de alma, de espírito, de deus, esforçando-se por seguir a elaboração intelectual das representações religiosas. A religião implica um conjunto de crenças, as quais se manifestam por palavras, isto é, assumem a forma de um pensamento cuja sistematização é levada a atingir maior ou menor grau. Durkheim procura investigar até onde vai a sistematização totêmica. Quer demonstrar ao mesmo tempo os limites da sistematização intelectual do totemismo e a possibilidade da passagem do universo totêmico para o das religiões mais complexas e tardias.

Além disso, Durkheim põe em evidência a importância de dois tipos de fenômenos sociais: os símbolos e os ritos. Muitas das condutas sociais se dirigem não para as coisas em si mesmas mas para seus símbolos. No totemismo, as proibições não se aplicam só aos animais e plantas totêmicas, mas também aos objetos que os representam. Do mesmo modo, na atualidade, nosso comportamento social se orienta cotidianamente não só para as coisas, mas para os símbolos dessas coisas. Quero aludir à bandeira, símbolo da pátria. A chama sob o Arco do Triunfo é outro símbolo. As manifestações públicas pró ou contra determinada política são também atos dirigidos a símbolos, tanto quanto a coisas.

Durkheim fez uma teoria elaborada dos ritos, dos quais examina os diferentes tipos e funções gerais. Distingue três tipos de ritos: os negativos, os positivos e os ritos de expiação. Os negativos são essencialmente as proibições: interdição de comer, de tocar com as mãos, que se desenvolvem no sentido de todas as práticas religiosas de ascetismo; os positivos são atos de comunhão que visam, por exemplo, a promover a fecundidade. As práticas de refeições rituais figuram entre os ritos positivos. Durkheim estuda também os ritos de imitação, miméticos ou representativos, que tendem a imitar as coisas que se desejam provocar. Todos esses ritos têm uma função social importante; seu objetivo é manter a comunidade, acentuar o sentido de participação num grupo, revigorar a crença e a fé. Uma religião só vive através das práticas, símbolos de suas crenças e formas de renová-las.

Finalmente, Durkheim extrai do estudo do totemismo uma teoria sociológica do conhecimento. De fato, não se limita a procurar compreender as crenças e práticas das tribos australianas; tenta compreender também as maneiras de pensar que estão associadas às crenças religiosas. A religião não é apenas o núcleo primitivo do qual saíram, por diferenciação, regras morais e regras religiosas, no sentido estrito; é também a origem primitiva do pensamento científico.

Essa teoria sociológica do conhecimento contém, a meu ver, três proposições:

1) As formas primitivas de classificação estão ligadas às imagens religiosas do universo, retiradas das representações que as sociedades fazem de si mesmas, e da dualidade do mundo profano e religioso ou sagrado. Durkheim dá alguns exemplos:

> É muito provável que jamais tivéssemos pensado em reunir os seres do universo em grupos homogêneos, os gêneros, se não tivéssemos sob os olhos o exemplo das sociedades humanas, se não tivéssemos começado por fazer das próprias coisas membros da sociedade dos homens, de tal modo que grupos humanos e grupos lógicos foram inicialmente confundidos. De outro lado, uma classificação é um sistema em que as partes estão dispostas de acordo com a ordem hierárquica. Há elementos dominantes e outros que estão subordinados aos primeiros. As espécies, e suas propriedades distintivas,

dependem dos gêneros e dos atributos que os definem. Ou então as diferentes espécies de um mesmo gênero são concebidas como estando situadas todas no mesmo nível (*Les formes élémentaires de la vie religieuse*, p. 210).

De um modo geral, o tema de Durkheim é o seguinte: classificamos os seres do universo em grupos chamados gêneros porque temos o exemplo das sociedades humanas. Estas são tipos de agrupamentos lógicos percebidos imediatamente pelos indivíduos. Ampliamos às coisas da natureza a prática do agrupamento porque concebemos o mundo como uma imagem da sociedade.

As classificações, os elementos dominantes, os elementos subordinados são elaborados como imitação da hierarquia que existe na sociedade. Necessária para a classificação lógica dos gêneros e das espécies, a ideia da hierarquia só pode, de fato, ser extraída da própria sociedade. "Nem o espetáculo da natureza física nem o mecanismo das associações mentais poderiam nos dar essa ideia. A hierarquia é exclusivamente uma coisa social. Só na sociedade existem superiores, inferiores e iguais. Em consequência, ainda que os fatos não o demonstrassem cabalmente, bastaria a análise dessas noções para revelar sua origem. Foi à sociedade que as tomamos emprestadas, para projetá-las depois na nossa concepção do mundo. A sociedade forneceu a tela sobre a qual trabalhou o pensamento lógico." (ibid., p. 211).

2) Durkheim afirma que uma ideia como a da causalidade provém da sociedade, e só dela pode provir. A experiência da vida coletiva faz nascer a ideia de força. É a sociedade que dá aos homens a concepção de uma força superior à dos indivíduos.

3) Por fim, Durkheim se esforça por demonstrar que a teoria sociológica do conhecimento, tal como ele a es-

boça, fornece o meio para superar a oposição entre o empirismo e o apriorismo, esta célebre antítese da filosofia, ensinada pelos professores, lição que ele aprendeu no curso de filosofia do colégio, muito parecido talvez com o que ainda é ministrado hoje em dia.

O empirismo é a doutrina segundo a qual as categorias e, de modo geral, os conceitos resultam diretamente da experiência sensível; para o apriorismo, entretanto, os conceitos ou categorias são dados do espírito humano. Ora, Durkheim afirma que o empirismo é falso porque não pode explicar como os conceitos ou categorias saem dos dados sensíveis, e o apriorismo é falso porque não explica nada, uma vez que ele coloca no espírito humano, como um dado irredutível e primeiro, aquilo que seria preciso explicar. A síntese vai resultar da intervenção da sociedade.

O apriorismo viu bem que as sensações não podem levar a conceitos ou categorias, e que há no espírito do homem mais do que dados sensíveis. Mas nem o apriorismo nem o empirismo perceberam que esta coisa, que é mais que os dados sensíveis, deve ter uma origem e comportar uma explicação. Ora, é a vida coletiva que permite justificar a existência dos conceitos e das categorias. Os conceitos são representações impessoais porque são representações coletivas. O pensamento coletivo é diferente, por natureza, do pensamento individual, e os conceitos são representações que se impõem aos indivíduos porque são representações coletivas. Além disso, enquanto representações coletivas, os conceitos apresentam um caráter imediato de generalidade. De fato, as sociedades não se interessam por detalhes e singularidades. A sociedade é um mecanismo pelo qual as ideias têm acesso à generalidade e encontram ao mesmo tempo a autoridade característica dos conceitos ou categorias. "Os conceitos exprimem a maneira pela qual as sociedades se representam as coisas." (*Les formes élémentaires de la vie religieuse*, p. 626).

A ciência tem autoridade sobre nós porque a sociedade em que vivemos assim o quer. "É preciso que os conceitos, mesmo quando construídos de acordo com todas as regras científicas, baseiem sua autoridade unicamente no seu valor objetivo. Não basta que sejam verdadeiros para que sejam aceitos. Se não se harmonizam com as outras crenças, as outras opiniões, em uma palavra, com o conjunto das representações coletivas, serão negados; é como se não existissem. Se hoje basta, de modo geral, que tenham o selo de aprovação da ciência para merecer um crédito privilegiado, é porque temos fé na ciência. Mas essa fé não difere essencialmente da fé religiosa. O valor que atribuímos à ciência depende, em suma, da ideia que temos, coletivamente, da sua natureza e do papel que deve exercer na vida; isto é: ela exprime um estado de opinião. Com efeito, tudo na vida social, inclusive a ciência, repousa sobre a opinião. Indubitavelmente, pode-se tomar a opinião como objeto de estudo, fazendo dela uma ciência; nisto consiste, principalmente, a sociologia. Mas a ciência da opinião não faz a opinião. Ela só pode esclarecê-la, torná-la mais consciente de si. Deste modo, é verdade, ela pode levá-la a uma mudança; mas a ciência continua a depender da opinião, no momento em que parece transformá-la em lei; pois é da opinião que extrai a força necessária para agir sobre a opinião." (p. 625-6).

Assim, todas as demonstrações seriam ineficazes se, numa certa sociedade, desaparecesse a fé na ciência. Esta tese é ao mesmo tempo evidente e absurda. De um lado, é evidente que as demonstrações já não seriam convincentes no dia em que as pessoas deixassem de acreditar no seu valor; contudo, as proposições continuariam a ser verdadeiras, mesmo que os homens decidissem afirmar que o branco é preto, ou que o preto é branco. Tratando-se do fato psicológico da crença, Durkheim evidentemente tem razão; mas se se trata do fato lógico ou científico da verdade, creio que ele está, de modo igualmente evidente, equivocado.

No curso deste estudo fiz muitas citações, porque desconfiava de mim mesmo. Tenho, de fato, uma certa dificuldade em penetrar a maneira de pensar de Durkheim, provavelmente devido à falta de simpatia necessária à compreensão.

Durkheim nos diz que a sociedade é ao mesmo tempo real e ideal; e que é essencialmente criadora do ideal. Ora, se considero a sociedade como uma coleção de indivíduos, por exemplo, o clã australiano (porque a sociedade, como realidade que pode ser percebida pelos sentidos, se compõe de indivíduos e dos objetos que estes utilizam), constato indubitavelmente que esta sociedade, uma realidade natural, pode de fato *favorecer* o surgimento de crenças. É difícil imaginar as práticas religiosas de indivíduos solitários. Mais ainda: todos os fenômenos humanos têm uma dimensão social, e a religião, qualquer que seja, não pode ser concebida fora desses grupos, nos quais nasceu, ou das comunidades que chamamos igrejas. Mas, se dissermos que a sociedade em si mesma não é só real, mas ideal, e que na medida em que os indivíduos a adoram eles adoram uma realidade transcendente, então passarei a ter dificuldade em acompanhar o raciocínio, pois se a religião consiste em amar uma sociedade concreta sensível, como tal, este amor me parece idólatra; nesta hipótese, a religião é uma representação alucinatória, exatamente do mesmo grau que a interpretação animista ou a naturista.

Se a sociedade à qual se dirige o culto religioso é a sociedade concreta, perceptível sensorialmente, composta de indivíduos e tão imperfeita quanto eles, os que a adoram são vítimas de alucinação, exatamente como se adorassem plantas, animais, espíritos ou almas. Se a sociedade é considerada como realidade natural, Durkheim não consegue explicar o objeto da religião. Mas se a sociedade considerada por Durkheim não é a sociedade real, mas uma sociedade diferente da que podemos observar, neste caso saímos do totemismo para ingressar numa espécie de religião da humanidade, no sentido de Auguste Comte. A sociedade a que se dirige a adoração religiosa não é uma realidade concreta, mas uma realidade ideal que representa o que há de ideal imperfeitamente realizado na sociedade real. Neste caso, não é a sociedade que explica a noção do sagrado; é a noção de sagrado, dada ao espírito humano, que transfigura a sociedade como pode transfigurar qualquer outra realidade.

Durkheim afirma que a sociedade cria a religião quando está em efervescência. Trata-se simplesmente de uma circunstância concreta. Os indivíduos se encontram num estado psíquico tal que sentem o efeito de forças impessoais, imanentes e transcendentais; esta interpretação da religião se baseia numa explicação causal segundo a qual a efervescência social é *favorável* ao surgimento da religião. Nada sobra da ideia de que a interpretação sociológica da religião permite salvar seu objeto, demonstrando que o homem adora o que efetivamente merece ser adorado. E cometemos um erro ao falar da sociedade no singular, pois, segundo o próprio Durkheim, o que existe são *sociedades*. Ora, se o culto se dirige às sociedades, só pode haver religiões tribais ou nacionais. Neste caso, a essência da religião consistiria em inspirar aos homens uma vinculação fanática a grupos parciais, consagrando a ligação de cada um deles com a coletividade e, ao mesmo tempo, sua hostilidade com relação aos outros.

Parece-me inconcebível definir a *essência* da religião como a adoração do grupo pelo indivíduo, pois, pelo menos para mim, a adoração da ordem social é precisamente a essência da impiedade. Afirmar que os sentimentos religiosos têm por objeto a sociedade transfigurada não é explicar uma experiência humana que a sociologia deseja compreender, é degradá-la.

As regras do método sociológico

No curso da análise dos temas e das ideias fundamentais dos três grandes livros de Durkheim não podemos deixar de notar a semelhança dos métodos utilizados e dos resultados obtidos. Em *Da divisão do trabalho social*, como em *O suicídio* ou *As formas elementares da vida religiosa*, o desenvolvimento do pensamento de Durkheim é o mesmo: no ponto de partida, uma definição do fenômeno; depois, numa segunda fase, a refutação das interpretações anteriores. Por fim, no ponto de chegada, uma explicação propriamente sociológica do fenômeno considerado.

A semelhança vai ainda mais longe. Nos três livros, as interpretações anteriores, refutadas por Durkheim, têm a mesma característica: são interpretações individualistas e racionalizantes, tais como as que encontramos na ciência econômica. Em *Da divisão do trabalho social*, Durkheim afasta a interpretação do progresso no sentido da diferenciação pelos mecanismos da psicologia individual; demonstra que não se pode explicar a diferenciação social pelo esforço em aumentar a produtividade, pela busca do prazer ou da felicidade, pelo desejo de superar o enfado. Em *O suicídio*, a explicação que afasta é a visão do suicídio causado por fatores individuais, psicológicos, pela loucura ou pelo alcoolismo. Em *As formas elementares da vida religiosa*, as interpretações rejeitadas são as do animismo e do naturismo, que são também essencialmente individualistas e psicológicas.

Nos três casos, a explicação a que chega é essencialmente sociológica, embora o adjetivo tenha em cada livro um sentido algo diferente. Em *Da divisão do trabalho social* a explicação é sociológica porque propõe a prioridade da sociedade sobre os fenômenos individuais. Em particular, o acento é posto sobre o volume e a densidade da população como causas da diferenciação social e da solidariedade orgânica. Em *O suicídio*, o fenômeno social pelo qual explica o suicídio é o que chama de corrente suicidógena, ou uma tendência social ao suicídio, que se manifesta em determinados indivíduos, devido a circunstâncias de ordem individual. Finalmente, no campo da religião, a explicação sociológica tem dupla característica: de um lado, é a exaltação coletiva provocada pela reunião de indivíduos num mesmo lugar, que faz surgir o fenômeno religioso e inspira o sentido do sagrado; de outro lado, é a própria sociedade que os indivíduos adoram sem o saber.

Tal como concebida por Durkheim, a sociologia é o estudo dos *fatos essencialmente sociais*, e a explicação desses fatos de maneira sociológica.

As regras do método sociológico representa a formulação abstrata da prática dos dois primeiros livros. A obra, que data de 1895, foi concebida quando Durkheim refletia sobre *Da divisão do trabalho social*, terminado em 1894, e *O suicídio*, de alguns anos depois.

A concepção da sociologia de Durkheim se baseia em uma teoria do *fato social*. Seu objetivo é demonstrar que pode e deve existir uma sociologia objetiva e científica, conforme o modelo das outras ciências, tendo por objeto o *fato social*. Para que haja tal sociologia, duas coisas são necessárias: que seu objeto seja específico, distinguindo-se do objeto das outras ciências, e que possa ser observado e explicado de modo semelhante ao que acontece com os fatos observados e explicados pelas outras ciências. Esta dupla exigência leva às duas célebres fórmulas com que se costuma resumir o pensamento de Durkheim: é preciso considerar os fatos sociais como coisas; a característica do fato social é que ele exerce uma coerção sobre os indivíduos.

A primeira fórmula já foi muito discutida, como testemunha o livro de Jules Monnerot, *Les faits sociaux ne sont pas des choses*, e exige um esforço de compreensão[8]. O ponto de partida é a ideia de que não conhecemos, no sentido científico do termo conhecer, o que são os fenômenos sociais que nos cercam, no meio dos quais vivemos e, pode-se mesmo dizer, que vivemos. Não sabemos, de fato, o que é o Estado, a soberania, a liberdade política, a democracia, o socialismo, o comunismo. Isto não quer dizer que não tenhamos nenhuma ideia sobre esses fenômenos. Contudo, precisamente porque temos deles uma ideia vaga e confusa, é importante considerar os fatos sociais como coisas, isto é, devemos livrar-nos das prenoções e dos preconceitos que nos paralisam quando pretendemos conhecê-los cientificamente. É preciso observar os fatos sociais do exterior; descobri-los como descobrimos os fatos físicos. Como temos a ilusão de conhecer as realidades sociais, torna-se importante convencer-nos de que elas não são conhecidas imediatamente. Por isso Durkheim afirma que é preciso considerar os fatos sociais como coisas. As coisas são tudo o que nos é dado, tudo o que se oferece (ou antes, se impõe) à nossa observação.

A fórmula "é preciso considerar os fatos sociais como coisas" nos leva a uma crítica da economia política, isto é, a uma crítica das discussões abstratas, dos conceitos como o de valor[9]. Segundo Durkheim, todos esses métodos têm o mesmo defeito fundamental. Partem da ideia falsa de que podemos compreender os fenômenos sociais a partir da significação que lhes atribuímos espontaneamente, quando na verdade o sentido verdadeiro desses fenômenos só pode ser descoberto mediante uma exploração de tipo objetivo e científico.

Passamos, deste ponto, para uma segunda interpretação da fórmula segundo a qual "o fato social é toda maneira de fazer, suscetível de exercer uma coerção externa sobre o indivíduo".

Reconhecemos um fenômeno social na medida em que se impõe ao indivíduo. Durkheim dá uma série de exemplos, aliás muito variados, que demonstram a pluralidade dos sentidos que tem, no seu pensamento, o termo coerção. Há coerção quando, numa assembleia ou numa multidão, um sentimento se impõe a todos, como, por exemplo, quando por reação coletiva todos riem. Este é um fenômeno tipicamente social, porque tem como apoio e como sujeito o grupo em seu conjunto, e não um indivíduo em particular. Assim também a moda é um fenômeno social: cada um se veste de uma certa maneira, num determinado momento, porque todos se vestem daquele modo. Não é um indivíduo que origina a moda, é a sociedade que se manifesta por meio de obrigações implícitas e difusas. Durkheim exemplifica também com as correntes de opinião, que levam ao casamento, ao suicídio, a uma maior ou menor natalidade, e que qualifica de estados de alma coletivos. Cita, por fim, as instituições da educação, o direito, as crenças, que têm igualmente como características o fato de serem dados exteriores aos indivíduos, e que se impõem a todos.

Os fenômenos da multidão, as correntes de opinião, a moralidade, a educação, o direito e as crenças que os autores alemães chamam de espírito objetivo, tudo isso Durkheim reúne na mesma categoria, porque lhes reconhece a mesma característica fundamental. São gerais porque são coletivos; são diferentes nas repercussões que exercem sobre cada indivíduo; têm como substrato o conjunto da coletividade. Em consequência, é legítimo dizer:

> Fato social é toda maneira de fazer, fixa ou não, suscetível de exercer sobre o indivíduo uma coerção exterior, ou então que é geral em toda a extensão de uma dada sociedade, embora tenha existência própria, independente das suas manifestações individuais (*Les règles de la méthode sociologique*, p. 14).

Estas são as duas proposições que servem de fundamento para a metodologia de Durkheim: observar os fatos sociais como coisas e reconhecê-los pela coerção que exercem sobre os indivíduos. Estas duas proposições já foram objeto de discussões intermináveis, as quais, em grande parte, têm a ver com a ambiguidade dos termos empregados.

É conveniente dizer que devemos chamar de coisa toda realidade observável do exterior e cuja natureza não conhecemos imediatamente. Neste sentido Durkheim tem toda a razão em afirmar que é preciso observar os fatos sociais como coisas. Por outro lado, se o termo implica que os fatos sociais não comportam interpretação diferente da que comportam os fatos naturais, ou sugere que toda interpretação do significado que os homens atribuem aos fatos sociais deve ser afastada pela sociologia, Durkheim não tem razão. Além de tudo, esta regra seria contrária à prática do próprio Durkheim, que, em todos os seus livros, procurou apreender o sentido que os indivíduos ou os grupos atribuem à sua maneira de viver, suas crenças, seus ritos. O que chamamos de compreensão é precisamente a apreensão do significado interno dos fenômenos sociais. A interpretação moderada da tese de Durkheim implica simplesmente que esta significação autêntica não é imediata, que precisa ser descoberta ou elaborada progressivamente.

Há um duplo equívoco na noção de coerção. De um lado, o termo tem ordinariamente um sentido mais limitado do que aquele que lhe empresta Durkheim. Na linguagem comum, não se fala de coerção a propósito da moda ou das crenças; como estas crenças são interiorizadas, os indivíduos têm a impressão, ao abraçar a fé dos seus semelhantes, de se exprimirem de modo pessoal e não coletivo. Em outras palavras: Durkheim usa o termo coerção de modo infeliz, com sentido muito amplo e vago, o que é inconveniente, pois o leitor se sente quase inevitavelmente tentado a lembrar apenas o sentido corrente do termo, embora a acepção de Durkheim seja muito mais ampla.

Por outro lado, a coerção constitui a essência do fenômeno social ou é apenas uma característica externa que permite reconhecê-lo? De acordo com o próprio Durkheim, a segunda interpretação é correta. Ele não pretende que a coerção seja a característica essencial dos fatos sociais, mas apresenta-a apenas como a aparência externa que permite reconhecê-los. No entanto, é difícil evitar um deslize que faz com que se passe do caráter exterior à definição essencial. Já se discutiu muito para saber se seria justo definir o fato social pela coerção. Pessoalmente, acho que se tomamos a palavra coerção no sentido mais amplo, vendo nesta característica nada mais do que um traço facilmente visível, a teoria se torna menos interessante e também menos vulnerável.

O debate sobre os termos coisa e coerção foi ainda mais vivo porque Durkheim, como filósofo, é um conceitualista. Tem tendência a considerar os conceitos como realidades ou, pelo menos, achar que a distinção dos gêneros e das espécies está inscrita na própria realidade. Em sua teoria sociológica, os problemas de definição e de classificação ocupam um lugar importante.

Em seus três livros principais Durkheim começa por definir o fenômeno considerado. Para ele esta operação é essencial, pois se trata de *isolar* uma categoria de fatos.

> Toda investigação científica se relaciona com um grupo determinado de fenômenos abrangidos numa mesma definição. A primeira tarefa do sociólogo é portanto definir as coisas que está estudando, para que se possa saber de que se trata, e para que ele o saiba também. Esta é a condição primordial e mais indispensável de qualquer prova ou verificação. Com efeito, uma teoria só

pode ser controlada se reconhecidos os fatos que ela deve explicar. Além disso, como é por esta definição inicial que se constitui o objeto da ciência, este variará de acordo com o modo pelo qual a definição é feita (*Les règles de la méthode sociologique*, p. 34).

Durkheim está sempre inclinado a pensar que, uma vez definida certa categoria de fatos, será possível encontrar para eles uma única explicação. Um efeito determinado provém sempre da mesma causa. Assim, se há várias causas de suicídios ou de crimes, há vários tipos de suicídios e de crimes.

A regra segundo a qual é preciso chegar a definições é a seguinte: "Jamais se deve tomar outro objeto de investigação que não seja um grupo de fenômenos definidos previamente por certas características externas que lhes são comuns, abrangendo na mesma investigação todos os que respondem a esta definição." (ibid., p. 35). Durkheim comenta assim este preceito: "Por exemplo: constatamos a existência de um certo número de atos que apresentam uma característica externa – uma vez realizados, determinam por parte da sociedade uma reação particular, que chamamos de pena. Reconhecemos assim um grupo *sui generis*, ao qual impomos uma rubrica comum; chamamos de crime todo ato punido, e fazemos do crime, assim definido, o objeto de uma ciência especial, a criminologia." Portanto, o que caracteriza um crime é o fato de que suscita por parte da sociedade uma reação chamada sanção, a qual revela que a consciência coletiva foi ferida pelo ato considerado culpado. Serão crimes todos os atos que apresentarem esta característica externa de, uma vez realizados, determinarem da parte da sociedade a reação particular a que chamamos castigo.

Este método não deixa de apresentar alguns problemas. Durkheim parte da ideia de que convém definir os fatos sociais pelas características externas facilmente reconhecíveis, a fim de evitar os preconceitos ou prenoções. Por exemplo: o crime, como fato social, é um ato que provoca uma sanção. Se esta definição não for considerada essencial, não haverá nenhuma dificuldade; temos aí um procedimento cômodo para reconhecer determinada categoria de fatos. Contudo, uma vez colocada a definição, se aplicamos um pretenso princípio de causalidade e declaramos que todos os fatos de tal categoria têm uma causa determinada, e uma só, sem mesmo examiná-los, estamos admitindo implicitamente que a definição extrínseca é equivalente a uma definição intrínseca, postulando-se que todos os fatos classificados naquela categoria têm a mesma causa. É mediante procedimentos como este que Durkheim, em sua teoria da religião, passa da definição da religião pelo sagrado para a concepção segundo a qual não há uma diferença fundamental entre o totemismo e as religiões de salvação, chegando a sugerir que todas as religiões consistem na adoração da sociedade.

O perigo deste método é duplo: substituir imperceptivelmente uma definição, intrínseca, por outra, extrínseca, relacionada com sinais exteriores reconhecíveis, e pressupor arbitrariamente que todos os fatos classificados nessa categoria derivam necessariamente de uma mesma causa.

Em matéria de religião, o alcance destas duas reservas ou críticas é evidente. Pode ser que na religião totêmica os crentes adorem a sociedade sem disso terem consciência. Mas isto não quer dizer que a significação essencial da crença religiosa, no caso de uma religião de salvação, seja a mesma. A identidade de natureza entre os diferentes fatos classificados na mesma categoria, definida por traços extrínsecos, está implicada na filosofia conceitualista de Durkheim, mas não é evidente.

Essa tendência a ver os fatos sociais como suscetíveis de serem classificados em gêneros e em espécies aparece no capítulo V, dedicado às regras relativas à constituição dos tipos sociais. A classificação das sociedades, de Durkheim, se baseia no princípio de que o diferente grau de complexidade é que as diferencia. O ponto de partida é o grupo mais simples, a que Durkheim chama horda. A horda, que pode ser uma realidade histórica, ou talvez simplesmente uma ficção teórica, é formada por indivíduos justapostos de maneira, por assim dizer, atômica. A horda é, no reino social, comparável ao que é o protozoário no reino animal. Depois da horda vem o clã, que compreende várias famílias. Segundo Durkheim, as famílias são historicamente posteriores ao clã e não constituem segmentos sociais. O clã é a mais simples sociedade historicamente conhecida, formada pela reunião de hordas. Para classificar as outras sociedades, basta aplicar o mesmo princípio. As sociedades polissegmentadas simples, como a das tribos kabiles, seriam formadas por uma pluralidade de clãs justapostos. As sociedades polissegmentadas compostas seriam sociedades, como as das confederações iroquesas, em que os segmentos, em lugar de se justaporem, aparecem organizados em um conjunto social de tipo superior. As sociedades polissegmentadas duplamente compostas resultam da justaposição ou fusão de sociedades polissegmentadas compostas simples. Pertencem a este último tipo a sociedade grega e a romana.

Esta classificação pressupõe a existência de unidades simples cuja adição constitui os diferentes tipos sociais. Segundo esta concepção, cada sociedade será definida pelo seu grau de complexidade; este critério permite determinar a natureza de uma sociedade sem referência às fases históricas tais como as etapas do desenvolvimento econômico.

Durkheim indica, aliás, que uma sociedade (ele pensa na sociedade japonesa) pode absorver um certo desenvolvimento econômico de origem externa sem que sua natureza fundamental se transforme. A classificação dos gêneros e espécies sociais difere radicalmente da determinação das fases do desenvolvimento econômico ou histórico.

Os sociólogos do século XIX, Auguste Comte e Karl Marx, se esforçaram por determinar os momentos principais do devenir histórico e as fases do progresso intelectual, econômico e social da humanidade. Segundo Durkheim, estas tentativas não levam a nada. Contudo, é possível fazer uma classificação cientificamente válida dos gêneros e espécies de sociedades, com base num critério que reflete a estrutura da sociedade considerada: o número dos segmentos justapostos numa sociedade complexa e o modo de combinação desses segmentos.

As teorias da definição e classificação dos gêneros e espécies levam à distinção do normal e do patológico, bem como à teoria da explicação.

A distinção do normal e do patológico, desenvolvida no capítulo III de *As regras do método sociológico*, tem um papel importante no pensamento de Durkheim. A meu ver, esta distinção continuará a ser, até o fim da sua carreira, uma das bases do seu pensamento, embora não a tenha empregado com muita frequência no último período, o de *As formas elementares da vida religiosa*.

A importância desta distinção se relaciona com as intenções de reforma de Durkheim. Sua vontade de ser um cientista puro não o impedia de afirmar que a sociologia não valeria uma só hora de trabalho se não permitisse o aperfeiçoamento da sociedade. Tinha a esperança de poder fundamentar conselhos de ação no estudo objetivo e científico dos fenômenos. A distinção entre o normal e o patológico é precisamente uma das intermediações entre a observação dos fatos e os preceitos. Se um fenômeno é normal, não há por que querer eliminá-lo, mesmo que nos afete moralmente. Mas, se é patológico, temos um argumento científico para justificar projetos de reforma.

Para Durkheim, um fenômeno é normal quando pode ser encontrado, de modo geral, numa sociedade de determinado tipo, em certa fase do seu processo de desenvolvimento. O crime é um fenômeno normal ou, mais exatamente, uma certa taxa de crime é normal. Assim, define-se a normalidade pela generalidade, mas, como as sociedades são diferentes, é impossível conhecer a generalidade de modo abstrato e universal. Será considerado normal o fenômeno que encontrarmos mais frequentemente numa dada sociedade, num certo momento do seu desenvolvimento. Esta definição da normalidade não exclui que, subsidiariamente, se procure explicar a generalidade, isto é, se faça um esforço para descobrir a causa que determina a frequência do fenômeno considerado. Mas o sinal primeiro e decisivo da normalidade de um fenômeno é simplesmente sua frequência.

Assim como a normalidade é definida pela generalidade, a explicação, segundo Durkheim, é definida pela causa. Explicar um fenômeno social é procurar sua causa eficiente, identificar o fenômeno antecedente que o produz, necessariamente. De forma subsidiária, uma vez estabelecida a causa de um fenômeno, pode-se procurar igualmente a função que exerce, a sua utilidade. Mas a explicação funcionalista, apresentando um caráter teleológico, deve estar subordinada à procura da causa eficiente, pois "fazer ver a utilidade de um fato não é o mesmo que explicar como aconteceu, nem como ele é o que é. Suas utilizações pressupõem propriedades específicas que o caracterizam, mas não o criam. A necessidade que temos das coisas não pode fazer com que elas sejam de uma maneira ou de outra; por conseguinte, não é esta necessidade que pode retirá-las do nada e conferir-lhes existência" (*Les règles de la méthode sociologique*, p. 90).

As causas dos fenômenos sociais devem ser procuradas no meio social. É a estrutura da sociedade considerada que constitui a causa dos fenômenos que a sociologia quer explicar. "É na natureza da própria sociedade que devemos procurar a explicação da vida social." (p. 101). Ou ainda: "A origem primordial de todo processo social de alguma importância deve ser procurada na constituição do meio social interno." (p. 111).

A explicação dos fenômenos pelo meio social se opõe à explicação histórica segundo a qual a causa de um fenômeno deveria ser procurada no passado, isto é, no estado anterior da sociedade. Durkheim considera que a explicação histórica não é uma verdadeira explicação científica. Pensa que se podem explicar os fenômenos sociais pelas condições concomitantes. Chega mesmo a dizer que, se o meio social não explica os fenômenos observados num determinado momento da história, é impossível estabelecer uma relação de causalidade. De certa maneira, *a causalidade eficiente do meio social representa, para Durkheim, a condição da existência da sociologia científica.* Esta consiste em estudar os fatos do exterior, em definir rigorosamente conceitos graças aos quais é possível isolar categorias de fenômenos, classificar as sociedades em gêneros e espécies e, por fim, dentro de uma dada sociedade, explicar um fato particular pelo meio social.

A prova da explicação é obtida pelo emprego do método das variações concomitantes:

> Só temos um meio de demonstrar que um fenômeno é a causa de um outro: comparar os casos em que estão simultaneamente presentes ou ausentes e verificar se as variações apresentadas nestas diferentes combinações de circunstâncias revelam que um depende do outro. Quando podem ser provocados artificialmente, de acordo com a vontade do observador, o método é a experimentação propriamente dita. Quando, ao contrário, a produção dos fatos não está à nossa disposição, e só podemos abordá-los tal como ocorrem espontaneamente, o método utilizado é o da experimentação indireta, ou método comparativo (p. 124).

No caso do suicídio, a aplicação deste método era particularmente simples. Durkheim se limitava a comparar as taxas de suicídio dentro de uma mesma sociedade ou dentro de sociedades muito próximas entre si. Mas o método das variações concomitantes pode e deve comportar a comparação de um mesmo fenômeno, por exemplo a família ou o crime, em sociedades pertencentes ou não à mesma espécie. O objetivo é acompanhar o desenvolvimento integral de um fenômeno dado, por exemplo a família ou a religião, através de todas as espécies sociais.

Só se pode explicar um fato social de alguma complexidade acompanhando seu desenvolvimento integral, através de todas as espécies sociais. A sociologia comparada não é um ramo especial da sociologia: é a própria sociologia, quando esta deixa de ser puramente descritiva e aspira a explicar os fatos (p. 137).

No caso da religião, Durkheim remonta às formas elementares da vida religiosa. Não tem a ambição de acompanhar o desenvolvimento do fenômeno religioso através das espécies sociais, mas podemos ver como uma sociologia ideal, inspirando-se nessa análise, partiria de uma categoria de fatos definidos com a ajuda de características externas reconhecíveis, seguiria o desenvolvimento de uma instituição através das espécies sociais para chegar assim a uma teoria geral sobre uma ordem de fatos, ou mesmo das espécies sociais. Idealmente, seria possível conceber uma teoria geral da sociedade cujo princípio fosse uma filosofia conceitualista comportando uma teoria das categorias de fatos sociais, uma concepção dos gêneros e das espécies das sociedades e, finalmente, uma doutrina da explicação que visse no meio social a causa determinante dos fatos sociais.

Esta teoria da sociologia científica se fundamenta numa afirmativa central do pensamento de Durkheim: a sociedade é uma realidade de natureza diferente das realidades individuais. Todo fato social tem como causa um outro fato social, e nunca um fato da psicologia individual.

Dir-se-á porém que, como a sociedade é formada exclusivamente de indivíduos, a origem primordial dos fenômenos sociológicos não pode deixar de ser psicológica. Com esse raciocínio pode-se com igual facilidade afirmar que os fenômenos biológicos são explicáveis, analiticamente, pelos fenômenos inorgânicos. Com efeito, é certo que na célula viva só há moléculas de matéria bruta. Contudo, elas estão associadas, e é esta associação que causa os novos fenômenos que caracterizam a vida e que não podemos localizar, nem mesmo em germe, em nenhum dos elementos associados. É que o todo não é idêntico à soma de suas partes; o todo é alguma coisa diferente e suas propriedades não são iguais às das partes que o compõem. A associação não é, portanto, como já se pensou algumas vezes, um fenômeno em si mesmo infecundo, que consiste apenas em relações externas de fatos conhecidos e propriedades identificadas. Não será ela, ao contrário, a fonte de todas as atividades que se produziram sucessivamente durante a evolução geral das coisas? Que diferença há entre os organismos inferiores e os outros, entre o ser vivo organizado e o simples plastídio, entre este e as moléculas inorgânicas que o compõem, a não ser diferenças de associação? Em última análise, todos estes seres se compõem de elementos da mesma natureza; elementos que se encontram às vezes justapostos, às vezes associados de uma maneira, outras vezes de modo diferente. Temos mesmo o direito de perguntar se esta lei não penetra no mundo mineral, e se as diferenças que separam os corpos inorgânicos não têm a mesma origem. Em virtude deste princípio, a sociedade não é mera soma de indivíduos, mas o sistema formado pela sua associação representa uma realidade específica, com características próprias. Sem dúvida nada pode haver de coletivo sem consciências particulares. Esta condição necessária, porém, não é suficiente. É preciso, além disso, que as consciências se associem e se combinem, e se combinem de determinada maneira. Dessa combinação resulta a vida social; assim, é essa combinação que a explica. Juntando-se, penetrando-se, fundindo-se, as almas individuais dão vida a um ser, ser psíquico se preferirmos, que constitui porém uma individualidade psíquica de gênero novo. É portanto na natureza desta individualidade, e não na das unidades que a compõem, que é preciso ir buscar as causas próximas e determinantes dos fatos que se produzem. O grupo pensa, sente, age de modo completamente diferente daquilo que fariam os membros se estes estivessem isolados. Assim, se partirmos destes últimos não poderemos compreender o que acontece no grupo. Numa palavra, há, entre a psicologia e a sociologia, a mesma solução de continuidade que encontramos entre a biologia e as ciências psicoquímicas (*Les règles de la méthode sociologique*, p. 102-3).

Este é o centro do pensamento metodológico de Durkheim. Para ele o fato social é específico, provocado pela associação dos indivíduos, e diferente, pela sua natureza, do que se passa no nível das consciências individuais. Os fatos sociais podem ser objeto de uma ciência geral porque se distribuem em categorias, e os próprios conjuntos sociais podem ser classificados em gêneros e espécies.

Sociologia e socialismo

Para estudar as ideias políticas de Durkheim dispomos de três séries de cursos publicadas depois da sua morte. Durkheim tinha o bom hábito de redigir integralmente suas aulas. Esses textos exprimem, portanto, exatamente o pensamento do autor.

Esses cursos são: o curso sobre o *socialismo*, publicado em 1928 com o título *Le socialisme*, e que trata sobretudo de Saint-Simon; o curso publicado em 1950 com o título *Leçons de sociologie. Physique des moeurs et du droit*; e, por fim, cursos sobre a educação e os problemas pedagógicos.

Durkheim é um filósofo por formação. Estudante da École Normale Supérieure, por volta dos anos 1880, interessou-se apaixonadamente (como seus colegas Lévy-Bruhl e Jaurès) pelo que se conhecia na época como as questões sociais, tema que parecia mais amplo do que o das simples questões políticas.

Ao começar suas investigações, colocou o problema – cujo estudo o levaria ao livro *Da divisão do trabalho social* – sob a seguinte forma: quais são as relações entre o individualismo e o socialismo? Seu sobrinho Marcel Mauss, no prefácio de *Le socialisme*, lembra este ponto de partida teórico das pesquisas de Durkheim. A relação entre estes dois movimentos de ideias – o socialismo e o individualismo – é, de fato, em termos filosóficos, o problema sociológico de *Da divisão do trabalho social*.

A indagação sobre o relacionamento entre o individualismo e o socialismo, ou entre o indivíduo e o grupo, que leva Durkheim ao tema do consenso, pertence aliás à tradição iniciada por Auguste Comte. De muitos modos ele é fiel à inspiração do fundador do positivismo.

O ponto de partida de Durkheim é o absoluto do pensamento científico, a única forma de pensamento válida na nossa época. Nenhuma doutrina moral ou religiosa, pelo menos em seu conteúdo intelectual, pode ser admitida se não resiste à crítica da ciência. De conformidade com uma exigência que estava também na origem da doutrina positivista, Durkheim só pode admitir que a ordem social se fundamente num pensamento de tipo científico.

Além disso, Durkheim critica os economistas, e mais particularmente os economistas liberais ou teóricos, de maneira fundamentalmente idêntica à de Auguste Comte. Os dois consideram a atividade econômica como característica das sociedades modernas, que são as sociedades industriais. A organização da economia deve portanto exercer uma influência decisiva sobre o conjunto da sociedade. Contudo, não é a partir da rivalidade dos interesses individuais, ou da harmonia preestabelecida entre tais interesses, que se pode criar o concurso de vontades que constitui condição da estabilidade social, da mesma forma como não se pode explicar uma sociedade a partir da conduta alegadamente racional dos agentes econômicos.

O problema social não é, para começar, um problema econômico; é sobretudo um problema de consenso, isto é, de sentimentos comuns aos indivíduos, graças aos quais os conflitos são atenuados, os egoísmos recalcados e a paz mantida. O problema social é um problema de socialização. Trata-se de fazer do indivíduo um membro da coletividade, de inculcar-lhe o respeito pelos imperativos, pelas obrigações e proibições sem as quais a vida coletiva se tornaria impossível.

O livro sobre a divisão do trabalho constitui a primeira resposta de Durkheim ao problema das relações entre o individualismo e o socialismo, e esta resposta se confunde com a descoberta da sociologia como ciência. O problema social, das relações entre o indivíduo e o grupo, não deve ser resolvido em abstrato, por via especulativa, mas pela via científica. E a ciência nos mostra que não há só um tipo de relacionamento entre indivíduo e grupo, mas diferentes tipos de integração, variáveis de acordo com a época e a sociedade.

Há particularmente dois tipos fundamentais de integração: a solidariedade mecânica, baseada na semelhança, e a solidariedade orgânica, baseada na diferenciação. Esta última – cada um exerce uma função própria, numa sociedade que resulta do concurso necessário entre indivíduos diferentes – corresponde à solução de fato, demonstrada cientificamente, do problema das relações entre individualismo e socialismo. Segundo Durkheim, a própria ciência nos explica por que um certo tipo social torna necessário o individualismo. A autonomia da vontade e a margem de decisão individual são características da solidariedade orgânica.

A análise da solidariedade orgânica é portanto, para Durkheim, a resposta a um problema propriamente filosófico, o das relações entre o individualismo e o socialismo. A sociedade em que domina a solidariedade orgânica permite ao individualismo desenvolver-se com base em uma necessidade coletiva e a partir de um imperativo moral. A própria moral ordena a cada um que se realize. A solidariedade moral não deixa de colocar, contudo, dois problemas.

Na sociedade moderna os indivíduos já não são intercambiáveis, e cada um pode realizar a própria vocação. Nem por isso deixa de ser necessário haver crenças comuns, quando menos a do respeito absoluto pela pessoa humana, para manter a coexistência pacífica desses indivíduos diferenciados. É importante pois atribuir um conteúdo muito extenso e uma autoridade suficiente à consciência coletiva, numa sociedade em que o individualismo se tornou a lei suprema.

Toda sociedade moderna, dominada pela solidariedade orgânica, comporta riscos de desagregação e anomia. Com efeito, quanto mais a sociedade moderna encoraja os indivíduos a reivindicar o direito de realizar sua própria personalidade, e de satisfazer seus próprios desejos, mais se deve temer que o indivíduo esqueça as exigências da disciplina e termine numa situação perpétua de insatisfação. Por maior que seja a presença do individualismo na sociedade moderna, não há sociedade sem disciplina, sem limitação dos desejos, sem uma desproporção entre as aspirações de cada um e as satisfações possíveis.

Neste ponto da análise o sociólogo aborda o problema do socialismo, e podemos compreender em que sentido Durkheim é socialista e em que sentido não o é; ou ainda, em que sentido a sociologia, como Durkheim a interpreta, substitui o socialismo. O pensamento de Durkheim está associado historicamente, de modo estreito, ao pensamento dos socialistas franceses dos últimos anos do século XIX. De acordo com Marcel Mauss, foi Durkheim que fez com que o pensamento de Jaurès se inclinasse na direção do socialismo, mostrando-lhe a pobreza das ideias radicais que subscrevia na época. Provavelmente a conversão de Jaurès ao socialismo não se deve apenas à influência de Durkheim. Lucien Herr, bibliotecário da École Normale, teve nela uma participação direta e preponderante. Não deixa de ser verdade, porém, que por volta dos anos 1885-95 a concepção que Durkheim tinha do socialismo foi um elemento importante da consciência política francesa nos meios intelectuais de esquerda.

O curso que Durkheim dedicou ao socialismo é parte de um empreendimento mais amplo, que não chegou a concluir: um estudo histórico do conjunto das doutrinas socialistas, de que só pôde estudar as origens, isto é, essencialmente, Saint-Simon.

Durkheim aborda este estudo com algumas ideias que esclarecem sua interpretação do socialismo. Embora num certo sentido seja socialista – um verdadeiro socialista, de acordo com a definição que emprega –, não é marxista. Opõe-se mesmo à doutrina marxista, como ela é interpretada ordinariamente, em dois pontos essenciais:

Em primeiro lugar, não crê na fecundidade dos meios violentos e se recusa a considerar a luta de classes, em particular os conflitos entre operários e empresários, como um elemento essencial da sociedade atual e como mola do movimento histórico. Para Durkheim, bom discípulo de Auguste Comte, os conflitos entre trabalhadores e empresários demonstram a falta de organização ou a anomia parcial da sociedade moderna, que deve ser corrigida. Não anunciam a passagem para um regime social ou econômico fundamentalmente diverso. Portanto, se a luta de classes e a violência ocupam o primeiro lugar no pensamento marxista como se pensa hoje, e se se identifica o socialismo com o marxismo – o que seria um erro –, é preciso admitir que Durkheim é antípoda do socialismo.

O sociólogo também não é socialista, na medida em que muitos socialistas se inclinam a crer que a solução dos problemas da sociedade moderna virá de uma reorganização econômica. Ora, para ele o problema social não é tanto econômico quanto moral, e além disso está muito longe das ideias marxistas. Para Durkheim a essência do pensamento socialista não está no estatuto da propriedade nem no planejamento.

O socialismo de Durkheim é em essência o "socialismo" de Auguste Comte, que se resume em duas palavras-chave: *organização* e *moralização*. O socialismo é uma melhor (isto é, mais consciente) organização da vida coletiva, que teria por objeto e consequência a integração dos indivíduos em instâncias sociais ou em comunidades dotadas de autoridade moral, capazes, portanto, de preencher uma função educativa.

O curso sobre o socialismo contém subtítulos: *Sa définition. Ses débuts. La doctrine saint-simonienne* [Sua definição. Suas origens. A doutrina de Saint-Simon]. Durkheim não distingue com clareza o que pertence ao próprio Saint-Simon e a Augustin Thierry ou Auguste Comte. Pessoalmente, creio que atribui a Saint-Simon grande parte dos méritos, virtudes e originalidade que na verdade são dos seus colaboradores.

Mas não é isso que importa. O essencial é a definição do socialismo e a aproximação entre o saint-simonismo e a situação do socialismo no início do século XIX. Durkheim quer sempre definir uma realidade social de maneira objetiva. Não se atribui o direito, reivindicado por Max Weber, de escolher sua definição de um fenômeno social. Esforça-se por determinar do exterior o que é esse fenômeno social, acentuando suas características visíveis. Formula assim uma definição do socialismo a partir dos traços comuns às doutrinas qualificadas ordinariamente como socialistas. Escreve: "Chamamos de socialista toda doutrina que proponha a incorporação de todas as funções econômicas, ou de algumas delas, que na verdade estão dispersas, aos centros diretores e conscientes da sociedade." (*Le socialisme*, p. 25). Ou ainda: "O socialismo não se reduz a uma questão de salário, ou, como se disse, de estômago. É antes de tudo uma aspiração à reorganização do corpo social, tendo o efeito de mudar a situação do aparelho industrial no conjunto do organismo, tirá-lo da sombra onde funciona automaticamente, chamando-o à luz e ao controle da consciência. Pode-se, porém, perceber desde já que esta aspiração não é sentida apenas pelas classes inferiores, mas também pelo próprio Estado, que, à medida que a atividade econômica se torna um fator mais importante da vida em geral, é levado pela força das coisas, pelas necessidades vitais da mais alta importância, a inspecionar e a regulamentar mais suas manifestações." (ibid., p. 34).

Estas duas passagens resumem bastante bem a concepção do socialismo de Durkheim, que faz uma distinção rigorosa entre as doutrinas que chama de comunistas e as que chama de socialistas. Em todas as épocas da história, desde a Antiguidade, houve doutrinas comunistas, as quais nasciam do protesto contra a desigualdade social e a injustiça. Sonhavam com um mundo em que a condição de todos fosse a mesma. Não caracterizam, portanto, um determinado período histórico, como as doutrinas socialistas do início do século XIX, logo depois da Revolução Francesa. Longe de considerar a atividade econômica como fundamental, procuraram reduzir ao mínimo o papel da riqueza. Muitas se inspiraram numa concepção ascética da existência. As doutrinas socialistas, ao contrário, acentuam o caráter primordial da atividade econômica; em vez de almejar o retorno a uma vida simples e frugal, procuram na abundância e no desenvolvimento da capacidade produtiva a solução das dificuldades sociais.

De acordo com Durkheim, as doutrinas socialistas não se definem pela negação da propriedade privada ou pelas reivindicações dos trabalhadores, ou ainda pelo desejo das classes superiores ou dos dirigentes do Estado de melhorar a condição dos mais desfavorecidos. A rejeição da propriedade privada não é característica do socialismo. A doutrina de Saint-Simon comporta uma crítica da herança, mas Durkheim vê nessa crítica uma espécie de confirmação do princípio da propriedade privada. De fato, se chamamos de propriedade privada a propriedade individual, esta é justificada quando pertence a quem a adquiriu. A transmissão hereditária contraria assim o princípio da propriedade privada, já que, por herança, alguém recebe uma propriedade que não teve o mérito de adquirir. Neste sentido, diz Durkheim, a crítica da herança pode ser considerada como a aplicação lógica do princípio segundo o qual a única propriedade legítima é privada, isto é, é privada a propriedade adquirida diretamente pelo próprio indivíduo.

Durkheim concorda que as reivindicações operárias e os esforços destinados a aprimorar a condição dos trabalhadores fazem parte dos sentimentos inspirados pelas doutrinas socialistas, mas afirma que não são essenciais à ideia socialista. Em todas as épocas houve pessoas inspiradas pelo espírito de caridade ou de piedade, que se debruçaram sobre o destino dos miseráveis, procurando amenizar-lhes a situação. Mas esta preocupação com a infelicidade alheia não é característica das doutrinas socialistas nem de um momento dado da história social europeia. Além disso, não se poderia jamais resolver a "questão social" por meio de reformas econômicas.

A Revolução Francesa foi um antecedente necessário do desenvolvimento das doutrinas socialistas, cuja origem pode ser identificada em certos fenômenos do século XVIII. Multiplicam-se os protestos contra as desigualdades e surge a ideia de que se podem atribuir ao Estado funções mais amplas. Até a Revolução, porém, estas teses são embrionárias, faltando-lhes o essencial: a ideia central do socialismo, que é a concepção de uma reorganização consciente da vida econômica.

Esta ideia nasceu depois da Revolução porque esta subverteu a ordem social e difundiu o sentimento de crise, levando os homens de pensamento à busca das causas dessa crise. Ao transformar a antiga ordem, a Revolução Francesa fez com que se tomasse consciência do papel possível do Estado. Enfim, foi depois da Revolução Francesa que a contradição entre a maior capacidade de produção e a miséria de grande parte da população apareceu claramente. Os homens descobriram a anarquia econômica. Transferiram à ordem econômica o protesto contra as desigualdades, que até então focalizava sobretudo a desigualdade política. Houve um encontro da aspiração igualitária, favorecida pela Revolução, e da consciência da anarquia econômica, provocada pelo espetáculo da indústria nascente. Esta conjunção do protesto contra a desigualdade e da consciência da anarquia econômica provocou o aparecimento das doutrinas socialistas, que querem reorganizar a sociedade a partir da vida econômica.

Para Durkheim, a questão social (de acordo com sua definição do socialismo) é antes de tudo uma questão de organização. Mas também um problema de moralização. Numa passagem marcante, explica por que o problema social não poderia ser resolvido por reformas inspiradas exclusivamente no espírito de caridade:

> Se não nos enganamos, esta corrente de piedade e simpatia, sucedânea da antiga corrente comunista, que vamos encontrar geralmente no socialismo atual, não passa, nele, de um elemento secundário. Completa-o,

mas não o constitui. Em consequência, as medidas que são tomadas para conter o problema social deixam intactas as causas que deram nascimento ao socialismo. Se as necessidades que este último traduz são fundadas, não é possível satisfazê-las dando alguma satisfação a estes vagos sentimentos de fraternidade. Ora, observem o que acontece em todos os países da Europa. Em toda parte há uma preocupação com o que se denomina questão social, e um esforço para dar-lhe soluções parciais. Entretanto, quase todas as medidas que são tomadas com este fim são destinadas exclusivamente a melhorar a sorte das classes trabalhadoras, isto é, respondem apenas às tendências generosas que constituem a base do comunismo. Parece que se considera mais urgente e mais útil aliviar a miséria dos operários e compensar com liberalidades e favores legais o que há de triste na sua condição. Há uma disposição para multiplicar bolsas, subvenções de todo tipo, para estender na medida do possível o âmbito da caridade pública, para fazer leis destinadas a proteger a saúde dos operários etc. com o objetivo de diminuir o hiato que separa as duas classes, com o propósito de diminuir a desigualdade. Não se vê porém (e, aliás, isso acontece continuamente com o socialismo) que, ao proceder assim, toma-se o secundário pelo essencial. Não é testemunhando uma complacência generosa com relação ao que ainda resta do velho comunismo que se poderá algum dia conter o socialismo, ou realizá-lo. Não é dando todos os nossos cuidados a uma situação que é de todos os séculos que se melhorará minimamente uma situação que data de ontem. Não só passamos assim ao lado do objetivo que deveríamos ter em vista, mas até mesmo o objetivo a que nos propomos não poderá ser atingido pelo caminho que se segue. Porque será inútil criar para os trabalhadores privilégios que neutralizem em parte aqueles dos patrões; inútil diminuir a duração da jornada de trabalho, e até mesmo aumentar legalmente os salários, pois isto não satisfará os apetites despertados, que se reforçarão com os esforços que fizermos para acalmá-los. Não há limites possíveis para suas exigências. Procurar apaziguá-los, satisfazendo-os, é pretender completar o tonel das Danaides. Se a questão social pudesse ser posta verdadeiramente nestes termos, seria melhor declará-la insolúvel (*Le socialisme*, p. 78).

Este texto é surpreendente, e hoje soa de modo estranho. É óbvio que Durkheim não é um inimigo das reformas sociais, que não é hostil à diminuição da jornada de trabalho ou ao aumento dos salários. O que é revelador, porém, é a transformação do sociólogo em moralista. O tema fundamental é sempre o mesmo: os apetites dos homens são insaciáveis; se não houver uma autoridade moral que limite os desejos, os homens ficarão eternamente insatisfeitos, porque desejarão sempre algo mais, que não podem obter.

De certo modo Durkheim tem razão. Mas ele não se propõe a indagação feita por Éric Weil, em *Philosophie politique*[10]: o objetivo da organização social será satisfazer os homens? A insatisfação não é parte da condição humana, e muito especificamente da condição própria à sociedade em que vivemos?

Talvez os homens continuem tão insatisfeitos quanto antes, à medida que se multipliquem as reformas sociais. É possível também que eles o sejam menos, ou de modo diferente. Por outro lado, não se pode admitir que as insatisfações e reivindicações constituem o motor do movimento histórico? Não é necessário ser hegeliano para acreditar que as sociedades se transformam pela recusa dos homens em aceitar sua situação, qualquer que ela seja. Neste sentido, a insatisfação não é necessariamente patológica; não o é, certamente, nas sociedades como as nossas, em que a autoridade da tradição perde força e a maneira de viver habitual já não parece impor-se aos homens como uma norma ou ideal. Se cada geração pretende viver melhor do que a anterior, a insatisfação permanente descrita por Durkheim será inevitável. O tonel das Danaides e a rocha de Sísifo são os mitos representativos da sociedade moderna.

Mas, se o problema social só pode ser resolvido por meio de reformas ou pela melhoria da vida dos homens, qual é sua característica específica no mundo de hoje?

Outrora, em todas as sociedades as funções econômicas estavam subordinadas a poderes temporais e espirituais. Os poderes temporais eram essencialmente militares ou feudais, os poderes espirituais essencialmente religiosos. Hoje, na sociedade industrial moderna, as funções econômicas estão abandonadas a si mesmas; já não são moralizadas ou regularizadas. Durkheim pensa que Saint-Simon compreendeu bem que os antigos poderes, de essência militar ou feudal, baseados na coerção exercida pelo homem sobre o homem, só podiam ser, na sociedade moderna, um estorvo, pois já não podiam organizar e regularizar a vida industrial. Mas os primeiros socialistas cometeram o erro de crer que esta não subordinação das funções econômicas a um poder social era característica da sociedade moderna. Em outras palavras: constatando que os poderes antigos eram inadaptados à regularização necessária das funções econômicas, concluíram que estas funções deviam ser abandonadas a si mesmas e que não precisavam permanecer sujeitas a um poder. Esta é a tendência anárquica de certas doutrinas.

Para Durkheim, temos aí um erro fundamental. As funções econômicas precisam estar submetidas a um poder, e este poder deve ser, ao mesmo tempo, político e moral. Nosso sociólogo descobre esse poder político e moral, necessário para regularizar a vida econômica, não no Estado ou na família, mas nos grupos profissionais.

O curso sobre o socialismo data de 1896. No ano anterior Durkheim publicara *As regras do método sociológico*. Esse curso é, portanto, contemporâneo da primeira fase da carreira do sociólogo, a que pertencem *Da divisão do trabalho social* e *O suicídio*. Retoma as ideias expostas no fim do primeiro desses livros, e que serão mais bem desenvolvidas no prefácio da segunda edição da sua tese. A solução do problema social está na reconstituição dos grupos profissionais, as antigas corporações, para que exerçam uma autoridade sobre os indivíduos e regularizem a vida econômica, moralizando-a.

O Estado não é capaz de exercer essa função porque está muito distante dos indivíduos. A família tornou-se muito restrita e perdeu seu papel econômico. A atividade econômica se desenvolve, daqui por diante, fora da família; o local de trabalho não mais se confunde com o local de residência. Nem o Estado nem a família podem exercer um controle sobre a vida econômica. Os grupos profissionais, as corporações reconstituídas, constituirão um intermediário entre os indivíduos e o Estado, pois serão dotados da autoridade social e moral necessária para restabelecer a disciplina, sem a qual os homens se deixam levar pela infinidade de seus desejos.

Assim, para Durkheim, a sociologia pode trazer uma solução científica ao problema social, e compreende-se que ele possa ter tomado como ponto de partida de suas pesquisas uma questão filosófica que comandava o problema político, e que tenha encontrado na sociologia, tal como a entendia, o substituto de uma doutrina socialista.

A conclusão do curso sobre o socialismo é interessante. Durkheim escreve que, no início do século XIX, três movimentos foram quase contemporâneos: o surgimento da sociologia, um esforço de renovação religiosa e o desenvolvimento das doutrinas socialistas. As doutrinas socialistas tendiam a uma reorganização da sociedade ou ainda a submeter a uma autoridade consciente as funções econômicas, hoje difusas. O movimento religioso visava a recriar crenças para tomar o lugar das religiões tradicionais, que se estavam enfraquecendo. A sociologia tinha como objetivo submeter os fatos sociais a um estudo científico inspirado pelo espírito das ciências naturais.

De acordo com Durkheim, estes três movimentos estão interligados de muitas formas. O socialismo, a sociologia e a renovação religiosa coincidiram, no princípio do século XIX, porque são características da mesma crise. O desenvolvimento da ciência que arruína ou pelo menos enfraquece as crenças religiosas tradicionais leva irresistivelmente o espírito científico a se debruçar sobre os fenômenos sociais. O socialismo é a tomada de consciência da crise moral e religiosa e da desorganização social resultante do fato de que os antigos poderes políticos e espirituais já não se adaptam à natureza da sociedade industrial.

O socialismo propõe um problema de organização social. O esforço de renovação religiosa é uma reação ao enfraquecimento das crenças tradicionais. A sociologia é o desenvolvimento do espírito científico e também uma tentativa de encontrar resposta aos problemas enunciados pelo socialismo, pelo enfraquecimento das crenças religiosas, pelos esforços de renovação espiritual.

Infelizmente, as últimas linhas do curso são ilegíveis, mas o sentido da conclusão dessas lições é claro:

sociólogo, Durkheim quer explicar cientificamente as causas do movimento socialista, mostrar o que há de verdade nas doutrinas socialistas, indicar, com base na ciência, em que condições será possível solucionar o que chamamos de problema social. Quanto à renovação religiosa, não se poderia dizer que Durkheim, como sociólogo, pretendesse dar-lhe uma contribuição decisiva. Ele não é, como Auguste Comte, o profeta de uma religião sociológica, mas acredita que a ciência da sociedade ajuda a compreender de que modo as religiões nasceram das exigências sociais e da efervescência coletiva; acha também que ela nos autoriza a crer que outras religiões serão criadas, pelo mesmo processo, em resposta às mesmas necessidades.

> O que é necessário, para que reine a ordem social, é que o conjunto dos homens se contente com seu destino. Mas o que é necessário para que eles se contentem não é que tenham mais ou menos, mas que estejam convencidos de que não lhes assiste o direito de ter mais. Para isso, é preciso, necessariamente, que haja uma autoridade superior reconhecida que estabeleça o direito. Porque, abandonado exclusivamente à pressão das suas necessidades, o indivíduo nunca admitirá que chegou ao limite extremo dos seus direitos (*Le socialisme*, p. 291).

Esse trecho é muito característico do pensamento de Durkheim, que se apresenta como uma espécie de síntese, apoiada na noção de consciência coletiva, entre a antropologia de Hobbes e a moral kantiana do dever. O imperativo categórico da consciência coletiva limita os desejos infinitos do homem.

Segundo Durkheim, portanto, o socialismo, como movimento de ideias histórico, é essencialmente uma reação à anarquia econômica. Quer transferir para a área da consciência clara funções que estão hoje dispersas na sociedade. Não se confunde com os protestos comunistas, imemoriais, dirigidos contra a injustiça e a desigualdade. Nasce depois da Revolução Francesa, no momento em que a inspiração política desta se transfere para a ordem econômica. Contemporâneo da industrialização, ele tem como objetivo verdadeiro a criação de órgãos intermediários entre o indivíduo e o Estado, dotados ao mesmo tempo de autoridade moral e de autoridade social.

Visto por Durkheim, o tema central do socialismo é, portanto, a organização, e não a luta de classes. Seu objetivo é a criação de grupos profissionais, e não a transformação do estatuto da propriedade.

Assim definido, o socialismo está ligado à sociologia. Não que o sociólogo, como tal, exprima opiniões políticas, mas a sociedade, ao estudar objetiva e cientificamente a realidade social, deve interessar-se pelo movimento socialista. Ela explica então seu significado histórico e, ao mesmo tempo, sugere as reformas graças às quais a inspiração socialista se manifestará em novas instituições.

Compreende-se portanto o motivo por que Durkheim não se interessa pelos mecanismos propriamente políticos. As instituições parlamentares, as eleições e os partidos constituem, para ele, um aspecto superficial da sociedade. A este propósito, continua a ser um discípulo de Auguste Comte. Este último, embora na primeira parte da sua carreira tivesse aderido às ideias liberais, afastou-se das instituições representativas como tais, à medida que se desenvolveu seu pensamento.

Para ele, os parlamentos eram instituições de espírito contemporâneo à fase transitória, situadas entre a idade metafísica, a teologia e o positivismo. Na sua representação da sociedade futura, Auguste Comte dava muito pouca importância às eleições, aos partidos e aos parlamentos. Ia tão longe neste sentido que, por ocasião do golpe de Estado de Napoleão III, não se indignou com a eliminação destes resíduos metafísicos; na mesma época, não tivera dúvida em apelar para o Czar de todas as Rússias, dirigindo-lhe uma carta. Estava pronto a aceitar que as reformas necessárias para introduzir a era positivista fossem executadas por um poder absoluto, mesmo que este poder não estivesse nas mãos de um homem da tradição.

Seguramente Durkheim não ia tão longe no desprezo do parlamentarismo. Contudo, como afirma Marcel Mauss na introdução do curso sobre o socialismo, para ele as eleições e os parlamentos são fenômenos superficiais.

Durkheim acreditava na necessidade de reformas profundas de ordem social e moral. Para ele, estas reformas seriam antes paralisadas do que favorecidas pelos conflitos dos partidos e pela desordem parlamentar.

Durkheim fez comentários sobre a democracia, em particular em suas *Leçons de sociologie. Physique des moeurs et du droit*, publicadas em 1950. Define-a porém de modo diferente da definição que hoje é clássica. De fato, não menciona na sua definição nem o sufrágio universal, nem a pluralidade partidária, nem o parlamento. A verdadeira característica do Estado democrático seria: "a extensão maior da consciência governamental, e comunicações mais estreitas entre esta consciência e a massa das consciências individuais". Em outras palavras, entre o Estado e o povo.

Deste ponto de vista, a democracia nos parece uma forma política pela qual a sociedade chega a uma consciência mais pura de si mesma. Um povo é tanto mais democrático quanto maior o papel da deliberação, da reflexão e do espírito crítico na condução dos assuntos públicos. E menos democrático, na medida em que preponderam a inconsciência, os hábitos inconfessados, os sentimentos obscuros, os preconceitos sem críticas. Isto significa que a democracia não é uma descoberta do nosso século, ou um renascimento; é o caráter assumido cada vez mais pelas sociedades. Se soubermos livrar-nos das etiquetas vulgares, que só fazem prejudicar a clareza das ideias, veremos que a sociedade do século XVII era mais democrática do que a do século XVI, mais democrática do que todas as sociedades de base feudal. O feudalismo corresponde à dispersão da vida social, é o máximo de obscuridade e de inconsciência que já se impôs às grandes sociedades atuais. Ao centralizar cada vez mais as forças coletivas, a monarquia, estendendo suas ramificações em todos os sentidos e penetrando mais estreitamente as massas sociais, preparou o futuro da democracia e foi em si mesma um governo democrático, por comparação com o que existia até então. O fato de que o chefe de Estado tivesse o título de rei é absolutamente secundário; o que é preciso considerar são suas relações com o conjunto do país; efetivamente, foi o país que se incumbiu, desde então, da clareza das ideias sociais. Portanto, não é só há quarenta ou cinquenta anos que a democracia se desenvolve plenamente; seu fluxo é contínuo, e vem desde o começo da história (p. 107-8).

Este texto, ao mesmo tempo admirável e ingênuo, revela em Durkheim a persistência do que se poderia chamar de visão evolucionista. As sociedades se têm tornado cada vez mais democráticas através dos séculos. Contudo, resta ainda entender perfeitamente em que consiste a democracia.

Para chegar a esta concepção de uma sociedade que evolui, por si mesma, no rumo de uma democracia cada vez mais real e completa, é preciso não valorizar as instituições propriamente políticas, ser indiferente ao fato de o chefe de Estado ser ou não um rei, designado pela condição do seu nascimento ou por uma eleição.

A definição da democracia que Durkheim nos propõe implica que a ordem política, isto é, do comando e da autoridade, não passe de um fenômeno secundário no conjunto da sociedade; que a própria democracia, que etimologicamente significa o poder do povo, se caracterize não pela organização apropriada do comando, mas por certos traços das funções governamentais, do grau de comunicação entre a massa da população e os governantes.

Durkheim viveu numa época feliz, anterior à guerra de 1914, durante a qual era possível acreditar que não houvesse outra forma de comunicação entre governantes e governados além daquela que merece as simpatias do observador. Certamente não percebia que, de acordo com sua definição de democracia, um regime nacional-socialista poderia em boa medida ser considerado uma democracia. Num regime totalitário, as funções difusas na sociedade se concentram efetivamente na pessoa dos que governam. A função governamental torna-se supremamente consciente. As comunicações com a massa dos governados não se interrompem (muito pelo contrário), mesmo se essas comunicações são estabelecidas por procedimentos que um sociólogo racionalista teria seguramente desaprovado.

É verdade que Durkheim introduzia na sua noção de consciência governamental os conceitos de deliberação, reflexão e espírito crítico. Mas não é evidente que a deliberação esteja ausente de um regime autoritário do tipo fascista; quanto à reflexão, ela pode estar a serviço de objetivos que condenamos. Se o protótipo de uma sociedade não democrática é o feudalismo, o Estado total, se não o Estado totalitário, representa o extremo oposto.

Durkheim adotava uma definição mais sociológica do que política da democracia, porque supunha que a consciência governamental e a comunicação entre o Estado e as massas só se pudessem efetivar por meio dos procedimentos que observava na sociedade liberal e no regime representativo. Não imaginou que esta mesma concentração de poder e uma certa forma de comunicação entre governantes e governados pudessem existir em conjunção com uma negação absoluta das formas representativas do poder e, simultaneamente, com um modo de governo fundamentalmente diverso.

Durkheim se preocupa a tal ponto em dar à função governamental uma capacidade de deliberação e reflexão, que é pouco favorável ao sufrágio universal num só grau. Nas suas *Leçons de sociologie* explica que a anarquia parlamentar, como a observada num país como a França, adapta-se mal às exigências das sociedades em que vivemos. Sugere uma reforma segundo a qual introduziríamos o sufrágio em dois graus. Este, segundo ele, teria o mérito de liberar os eleitos da pressão exercida sobre eles pelas paixões obscuras ou cegas das massas e, por conseguinte, de permitir aos governantes deliberar com mais liberdade sobre as necessidades coletivas. Além disso, a introdução do sufrágio em dois graus permite a Durkheim reencontrar na ordem política sua ideia favorita, isto é, a criação de corpos intermediários, cujo protótipo é a corporação.

À maneira dos contrarrevolucionários franceses da primeira metade do século XIX, Durkheim evoca a crise das sociedades modernas provocada pelo choque direto entre indivíduos isolados e um Estado todo-poderoso. Quer reintroduzir um elemento intermediário entre os indivíduos e o Estado; quer que a sociedade seja mais orgânica, evitando ao mesmo tempo o Estado total e os indivíduos dispersos e impotentes. Contudo, em vez de sonhar, como os contrarrevolucionários, com a restauração dos corpos intermediários regionais, nas províncias, prefere as organizações funcionais, as corporações.

> Há uma força das coisas contra a qual os melhores argumentos nada podem. Enquanto os arranjos políticos põem os deputados, e os governos de modo geral, em contato imediato com os cidadãos, é materialmente impossível que estes últimos façam as leis. Por isso os bons espíritos sempre preconizam a constituição das assembleias coletivas mediante sufrágio, em dois ou mais graus. Os intermediários intercalados liberam o governo. E estes intermediários puderam ser instituídos sem que por isso se interrompesse a comunicação entre os conselhos governamentais. Não é necessário que sejam imediatos. É preciso que a vida circule sem solução de continuidade entre o Estado e os particulares, e entre estes e o Estado. Mas não há motivo para que tal circulação não se realize através dos órgãos interpostos. Graças a esta interposição, o Estado revelará mais de si próprio; haverá uma distinção mais clara entre ele e o resto da sociedade, e por isto será mais capaz de autonomia. Nosso mal-estar político tem portanto a mesma causa do nosso mal-estar moral: a inexistência de elementos secundários intercalados entre o Estado e o indivíduo. Já vimos que esses grupos secundários são indispensáveis para que o Estado não oprima o indivíduo.

Percebemos agora que são necessários para que o Estado se libere suficientemente do indivíduo. Pode-se imaginar que sejam úteis para os dois lados, pois de ambas as partes há interesse em que essas duas forças não estejam em contato direto, embora sejam necessariamente ligadas (*Leçons de sociologie*, p. 115-6).

Os cursos de Durkheim sobre o problema da educação representam, quantitativa e qualitativamente, uma parte importante da sua obra. Quando lecionava na Sorbonne, Durkheim teve no princípio uma cátedra de pedagogia, e não de sociologia. Estava obrigado, portanto, a dar todos os anos um curso de pedagogia.

Mas havia uma razão evidente para que se interessasse, de qualquer forma, pelo problema da educação: a educação é, em essência, um fenômeno social, e consiste em socializar os indivíduos. Educar uma criança é prepará-la (ou forçá-la a) para participar de uma ou de várias comunidades. Por isso, como professor, Durkheim encontrava seus temas favoritos quando estudava historicamente as diversas modalidades de educação praticadas na França. A educação é um processo social, e cada sociedade tem as instituições pedagógicas que lhe convêm. Assim como cada sociedade tem uma moral que, de modo geral, está ajustada às suas necessidades, cada sociedade tem, igualmente, métodos de educação que respondem às necessidades coletivas.

As teorias da educação de Durkheim se inspiram nas mesmas concepções do homem e da sociedade que encontramos em todos os seus livros. No ponto de partida, Durkheim, como Hobbes, vê o homem dominado pelo egoísmo natural, animado de desejos infinitos, tendo necessidade, portanto, de ser disciplinado. A educação consiste assim, antes de mais nada, em habituar os indivíduos a uma disciplina, a qual deve ter, e não pode deixar de ter, um caráter autoritário. Não se trata porém de uma autoridade brutal e material. Por uma ambivalência que sabemos hoje característica da própria sociedade, a disciplina a que cada indivíduo está submetido é uma disciplina desejada e de certo modo amada, porque provém do grupo. Pela ligação que o prende ao grupo, o indivíduo descobre tanto a necessidade do devotamento quanto a da disciplina. Formar os indivíduos, tendo em vista sua integração na sociedade, é torná-los conscientes das normas que devem orientar a conduta de cada um e do valor imanente e transcendente das coletividades às quais cada um de nós pertence, ou deverá pertencer.

Este primeiro tema da disciplina combina com o do individualismo. As sociedades modernas continuam a precisar da autoridade própria da consciência coletiva, mas são elas, ao mesmo tempo, que fazem com que o indivíduo realize sua personalidade. Nas sociedades modernas, o objetivo da educação não é só disciplinar os indivíduos mas também promover o desenvolvimento da personalidade; criar em cada um o senso da autonomia, da reflexão e da escolha. A fórmula poderia ser traduzida em termos kantianos: é preciso submeter todas as pessoas à autoridade da lei, que é essencialmente social mesmo quando é moral; mas esta sujeição à lei deve ser desejada por cada indivíduo, porque só ela nos permite realizar nossa personalidade racional.

Encontramos assim o duplo caráter de todas as explicações sociológicas de Durkheim. Considerada como meio ambiente, a sociedade condiciona o sistema de educação. Todo sistema de educação exprime uma sociedade e responde a certas exigências sociais, mas tem igualmente a função de perpetuar os valores da coletividade. Considerada como causa, a estrutura social determina a estrutura do sistema de educação, e este tem por objetivo associar os indivíduos à coletividade, convencendo-os a tomar como objeto do seu respeito, ou do seu devotamento, a própria sociedade.

Sociologia e filosofia

Tem-se comentado muito que Durkheim expôs, com o nome de sociologia, uma filosofia social; que foi mais filósofo do que sociólogo. Incontestavelmente, Durkheim tinha temperamento filosófico, talvez mesmo religioso. Falava sobre a sociologia com o entusiasmo moral de um profeta. Por outro lado, sua sociologia traduz uma visão a respeito do homem, da sociedade moderna e da história. Poder-se-ia alegar, porém (é o que farei pessoalmente), que todos os grandes sistemas sociológicos implicam uma concepção sobre o homem e a história. Dizer que uma doutrina sociológica contém elementos filosóficos não é depreciá-la.

Deixarei de lado a visão histórica e a concepção sobre o homem, já analisadas em várias oportunidades. Mas é preciso observar que a insistência de Durkheim em salientar a necessidade de um consenso, assim como sua relativa negligência com respeito aos fatores do conflito, estão vinculadas a certas tendências da sua filosofia. A interpretação da sociedade moderna em termos de diferenciação social não é a única possível. Para Max Weber, a característica mais importante da sociedade moderna é a racionalização, e não a diferenciação; cada um destes conceitos determina muitas consequências, tanto do ponto de vista da interpretação científica dos fatos como do ângulo da apreciação moral e filosófica.

Dirigirei minhas observações críticas de preferência ao conceito de sociedade, ou ainda à diversidade de acepções com que Durkheim emprega o termo sociedade. Esta pluralidade de significados salienta a contradição interna ou pelo menos as tendências divergentes do seu pensamento.

Durante toda sua vida Durkheim quis ser um pensador positivista e um cientista, um sociólogo capaz de estudar os fatos sociais como coisas, de considerá-los do exterior e explicá-los da mesma forma como os especialistas nas ciências da natureza explicam os fenômenos. Há, contudo, no pensamento de Durkheim, além de um positivismo constante e persistente, a ideia de que a sociedade é o lar do ideal e também o objeto real da fé moral e religiosa.

Evidentemente, há equívocos e dificuldades que resultam desta dupla interpretação da sociedade. A sociedade concreta observável não pode ser confundida com a sociedade abrigo do ideal, e menos ainda com a sociedade objeto das aspirações e crenças mais elevadas. Se a crença, mesmo religiosa, tivesse por objeto a adoração da sociedade concreta, a filosofia de Durkheim estaria próxima de uma filosofia de espírito nacional-socialista, o que não é verdade.

Qualquer crítica de Durkheim precisa insistir nesta dualidade de sentido da própria noção de sociedade, termo que pode ser interpretado, de acordo com os textos, ora como o meio ou conjunto social observado do exterior, ora como a fonte do ideal, objeto de respeito e amor.

Na primeira acepção, a sociedade é definida como o meio social e considerada como aquilo que determina os outros fenômenos. Mas o que é que determina o meio social? Durkheim insiste, com razão, no fato de que as várias instituições, família, crime, educação, política, moral, religião, são condicionadas pela organização da sociedade. Cada tipo social tem seu tipo de família, de educação, de Estado, de moral. Mas tende a tomar o meio social como uma realidade total, quando este é uma categoria analítica, e não uma causa última. Se, em relação a uma instituição particular, o meio social é uma causa, sob um outro ponto de vista ele não é mais do que o conjunto das instituições que o meio social deveria explicar.

Durkheim se inclina a ver o meio social como uma realidade *sui generis*, objetiva e materialmente definida, quando na verdade ele é apenas uma representação intelectual. Esta tendência a realizar abstrações aparece na noção de "corrente suicidógena". Na verdade, não há "corrente suicidógena", a não ser na imaginação e na terminologia de Durkheim. A frequência do suicídio é maior ou menor conforme as condições sociais e os grupos. As taxas de suicídio revelam certas características dos grupos; mas não demonstram que os desesperados que se matam são transportados por uma "corrente coletiva".

Durkheim se exprime muitas vezes como se o meio social fosse suficientemente determinado para que se pudesse, conhecendo-o, precisar as instituições que lhe são necessárias. Assim, Durkheim parte da proposição: "cada sociedade tem sua moral"; o que todo o mundo pode admitir. De fato, a moral da sociedade romana difere concretamente da moral do Estado soviético ou do Estado liberal norte-americano. É verdade que cada sociedade tem instituições, crenças ou práticas morais que lhe são próprias e que caracterizam o tipo a que essas sociedades pertencem. Contudo, afirmar que as atitudes morais variam de um tipo social para outro não significa que, conhecendo um tipo social, seja possível determinar a moral que lhe convém. Durkheim se exprime muitas vezes como se a sociedade fosse uma unidade fechada sobre si mesma, exatamente definida. Ora, na verdade, dentro de cada sociedade há conflitos sobre o que é um bem, ou um mal. As concepções morais estão em conflito, e algumas delas terminam por se impor. No entanto, é bastante ingênuo imaginar que a ciência poderá um dia estabelecer qual a moral que se ajusta ao tipo da sociedade moderna, como se este tipo exigisse uma só concepção moral; como se, conhecendo a estrutura de uma sociedade, pudéssemos dizer: "Eis aqui a moral de que esta sociedade precisa."

Em outras palavras, é preciso substituir a noção de sociedade, unidade completa e integral, pela noção de grupos sociais, que coexistem dentro de toda sociedade complexa. Desde que se admite a pluralidade dos grupos sociais e o conflito das ideias morais, percebe-se também que a ciência social será por muito tempo, e provavelmente para sempre, incapaz de dizer aos moralistas e aos educadores qual é a moral que devem pregar em nome da ciência.

Há, sem dúvida, imperativos morais que são aceitos por todos os membros de uma sociedade, pelo menos em abstrato. Os temas mais interessantes, porém, são justamente aqueles sobre os quais não há unanimidade. E, quando se abordam esses temas, a sociologia é normalmente incapaz de indicar qual a moral que responde às necessidades da sociedade. Pode ser que as mesmas organizações sociais se acomodem a diferentes concepções morais. Além disso, mesmo que o sociólogo demonstrasse que uma certa concepção moral favorece a estabilidade da sociedade em que vivemos, por que deveríamos, em nome da moral, colocar como objetivo último a estabilidade de nossa própria sociedade? Uma das características dessa sociedade é que seus fundamentos sejam continuamente questionados. A sociologia poderá explicar as razões desse questionamento, mas não pode responder às questões que os indivíduos se colocam e, muito menos, propor uma solução que seja científica.

Há duas razões para isso. De um lado, um mesmo tipo social pode ser compatível com várias soluções morais e vários regimes políticos. Por outro lado, o indivíduo que deseja julgar por si mesmo não está obrigado a se prender ao tipo social existente como à última palavra da aventura humana; pode preferir outra moral, mesmo que seja incompatível com a sociedade em que vivemos.

Penso que essa ilusão sobre a possibilidade de deduzir imperativos das análises de fato se explica, em grande parte, pela teoria da classificação dos tipos de sociedade. Durkheim acreditava que era possível distribuir as diversas sociedades historicamente conhecidas seguindo uma única linha, conforme seu grau de complexidade, das sociedades unissegmentadas até as sociedades polissegmentadas duplamente compostas.

Esta teoria, na qual geralmente os intérpretes quase não insistem, me parece ter largo alcance, não na sociologia efetiva de Durkheim, mas no seu sonho de uma forma acabada de ciência social.

A classificação das sociedades segundo seu grau de complexidade dava a Durkheim a possibilidade de uma distinção, que prezava muito, entre os fenômenos superficiais, que deixava à história (não sem um certo desprezo), e os fenômenos profundos, que pertenceriam essencialmente à sociologia. Com efeito, se admitirmos que um tipo social é definido pelo seu grau de complexidade, ou pelo número de segmentos, disporemos imediatamente de um critério para discernir o tipo a que pertence uma dada sociedade. Se constatarmos que uma sociedade de tipo relativamente pouco complexo desenvolve de súbito uma indústria moderna – como o Japão –, dir-se-á que essa sociedade, a despeito do seu nível de desenvolvimento econômico, continua a ser uma sociedade de tipo diferente, mais primitivo do que o das sociedades ocidentais, devido ao número e à composição dos seus segmentos.

Em outras palavras, Durkheim pensava ter encontrado o meio de separar os fenômenos fundamentais da estrutura ou da integração social, que pertencem ao campo da sociologia, dos outros fenômenos mais superficiais, como os regimes políticos (e até mesmo as instituições econômicas), que pertencem ao campo da ciência histórica, e não obedecem a leis estritas.

Esta classificação das sociedades, que leva à oposição do profundo e do superficial, do tipo social e dos fenômenos históricos, é provocada, a meu ver, por uma ilusão, positivista ou realista, segundo a qual uma classificação das sociedades, e uma só, é válida, em termos absolutos.

Para examinar e criticar o segundo sentido durkheimiano de sociedade, segundo o qual ela é concebida como moradia do ideal, objeto de respeito e adoração, vou servir-me de um livrinho, *Sociologia e filosofia*, no qual estão reunidos três ensaios de Durkheim: um artigo de 1898, "Représentations individuelles et représentations collectives" [Representações individuais e representações coletivas]; uma comunicação à Sociedade Francesa de Filosofia, de 1906, sobre a "Détermination du fait moral" [Determinação do fato moral]; e, finalmente, uma comunicação ao Congresso Internacional de Filosofia realizado em Bolonha, em 1911, sobre "Jugements de réalité et jugements de valeur" [Julgamentos de realidade e julgamentos de valor]. Nesta pequena obra estão enunciados, com bastante vigor, alguns dos temas essenciais de Durkheim. O primeiro tema afirma que "o homem só é homem na medida em que é civilizado", na sociedade e pela sociedade. Só a integração na sociedade faz do homem um animal diferente dos outros.

Escreve Durkheim: "Há muito que Rousseau demonstrou que, se afastarmos do homem tudo o que lhe vem da sociedade, ele ficará sendo apenas um ser reduzido à sensação, e mais ou menos indiferenciado do animal. Sem a linguagem, coisa eminentemente social, as ideias gerais ou abstratas e, consequentemente, todas as funções mentais superiores são praticamente impossíveis. Abandonado a si mesmo, o indivíduo ficaria na dependência das forças físicas; se lhe foi possível escapar, libertar-se, e criar para si uma personalidade, é porque pôde abrigar-se sob uma força *sui generis* – força intensa, porque resulta da associação de todas as forças individuais, mas força inteligente e moral, capaz portanto de neutralizar as energias não inteligentes e amorais da natureza: a força coletiva. O pensador teórico pode demonstrar que o homem tem direito à liberdade, mas, qualquer que seja o valor de tais demonstrações, o certo é que esta liberdade só se torna uma realidade por meio da sociedade." (*Sociologie et philosophie*, p. 79).

Assim, sem a sociedade, o homem seria um animal. É por meio da sociedade que o homem animal chega à humanidade. A isto é fácil de objetar dizendo que não basta que os animais vivam em grupo para que desenvolvam uma linguagem e as formas superiores de inteligência. A sociedade é certamente uma condição necessária ao desenvolvimento da humanidade, da espécie humana, mas esta condição só é suficiente na medida em que o homem animal é dotado de capacidades que as outras espécies não possuem. Linguagem, compreensão e comunicação implicam, evidentemente, a existência de vários homens e, neste sentido, uma sociedade. Mas não basta que haja vários animais juntos para haver linguagem, compreensão e comunicação do mesmo tipo da sociedade humana.

Durkheim tem razão quando diz que a linguagem, a moral e a religião são fenômenos sociais, desde que esta proposição, evidente, banal e desprovida de interesse, do modo como acabo de formular, não seja interpretada como se acrescentássemos o advérbio "essencialmente". A moral, a linguagem e a religião comportam uma dimensão social. Todos os fatos humanos apresentam um aspecto social. Isto não quer dizer, contudo, que estes fatos humanos sejam essencialmente sociais, ou que a significação verdadeira do fenômeno considerado resulte da sua dimensão social.

Esta observação se aplica particularmente à moral. Segundo Durkheim, só pode haver uma moral se a sociedade for em si mesma carregada de um valor superior aos indivíduos.

> Chegamos portanto a esta conclusão: se existe uma moral, um sistema de deveres e de obrigações, é preciso que a sociedade seja uma pessoa moral qualitativamente distinta das pessoas individuais que compreende, e de cuja síntese resulta. Podemos notar a analogia que há

entre este raciocínio e aquele com o qual Kant demonstra a existência de Deus. Kant postula Deus porque, sem esta hipótese, a moral não é inteligível... Nós postulamos uma sociedade especificamente diferente dos indivíduos porque de outro modo a moral perde seu objeto, o dever fica sem um ponto de apoio. Vale acrescentar que este postulado pode ser verificado facilmente pela experiência. Embora já tenha tratado muitas vezes a questão nos meus livros, não me seria difícil acrescentar novas razões àquelas que dei anteriormente para justificar esta concepção. De fato, toda esta argumentação deriva de alguns temas muito simples; corresponde a admitir que, de acordo com a opinião corrente, a moral só começa quando começam o desprendimento e o devotamento. Mas este desprendimento, porém, só tem sentido se aquilo a que nos subordinamos tem mais valor do que nós, indivíduos. Ora, no mundo da experiência só conheço uma coisa que tem realidade moral mais rica, mais complexa do que a nossa: é a coletividade. Engano-me, aliás; há outra que poderia desempenhar o mesmo papel: a divindade. Entre Deus e a sociedade, é preciso escolher. Não examinarei aqui as razões que podem militar em favor de uma ou de outra solução; ambas são coerentes. Acrescento que, do meu ponto de vista, esta escolha me deixa indiferente, pois não vejo na divindade mais do que a sociedade transfigurada, e pensada simbolicamente (*Sociologie et philosophie*, p. 71-5).

Assim, entre Deus e a sociedade é preciso escolher. Esta é uma frase bem característica da filosofia de Durkheim, que mostra aquilo que realmente pensava. É necessário dizer que na minha opinião a escolha não parece necessária, e que o raciocínio de Durkheim me parece pura e simplesmente um sofisma? Sua ideia é a seguinte: um ato só é moral se tem por objeto uma pessoa que não a do seu autor. Ora, esta outra pessoa não vale mais do que eu. Portanto, para que possa haver uma moralidade, é preciso que haja uma realidade que, em si mesma, valha mais do que eu, ou do que qualquer outra pessoa. Esta realidade, superior em valor ao ator individual, só pode ser Deus ou a sociedade, e não há nenhuma diferença entre as duas hipóteses, já que a religião, de acordo com o estudo das formas elementares da vida religiosa, não passa de adoração da sociedade transfigurada.

O primeiro sofisma reside na análise do ato moral, ou daquilo que constitui um ato e que faz dele um ato moral. Durkheim afirma que, se um ato que tem por objeto minha própria pessoa não pode ser moral, um ato que tenha outra pessoa por objeto também não poderia sê-lo. Ora, a opinião corrente a que se refere Durkheim está pronta a admitir que o ato de devotamento que tem por objeto salvar a vida de outrem é moral, mesmo que a pessoa salva não valha mais do que a que a salvou. É o desprendimento e o devotamento a outrem que tornam o ato moral, não o valor realizado no objeto do ato.

Num romance célebre, *La carrière de Beauchamp*, George Meredith apresenta um homem, Nevil Beauchamp, que no fim do livro perde a vida salvando a de uma criança[11]. O episódio ilustra o problema moral: devemos admirar o homem superior que sacrifica sua vida para salvar alguém que lhe é inferior, ou, raciocinando pragmaticamente, devemos considerar como absurdo que um homem superior se sacrifique em favor de um ser de valor inferior?

Deixo aos moralistas a preocupação de resolver este dilema; o que não provoca dúvidas, porém, é o fato de que a consciência comum não considera que o objeto de um ato deva ser em si mesmo superior à pessoa do seu autor para que o ato seja moral. Um filósofo, Hamelin, perdeu sua vida lançando-se à água para salvar alguém que se afogava, embora ele próprio não soubesse nadar. Um ato sublime, e pragmaticamente absurdo. De qualquer forma, nosso julgamento não é determinado pelo valor da vida a salvar.

É também um sofisma acreditar que o valor que criamos com nossa conduta deva estar, por assim dizer, encarnado antecipadamente no real. Durkheim toma não tanto a religião, mas uma concepção vulgar da religião. Quer que os valores superiores existam antecipadamente em Deus, e que os valores realizados pelos homens dependam dos valores possuídos antecipadamente pelo ser transcendente. Duvido que seja assim, numa interpretação apurada da religião. De qualquer forma, numa filosofia puramente humana, os valores morais são uma criação gratuita da humanidade. O homem é uma espécie animal que alcança progressivamente a humanidade. Postular que haja um objeto valorizado em si mesmo é falsear o sentido da religião, ou o sentido da moralidade humana.

Um terceiro sofisma consiste em admitir que o termo sociedade é, como tal, definido, e que se podem comparar e opor sociedade e divindade como duas coisas circunscritas e observáveis. Não existe *a* sociedade, ou *uma* sociedade; há grupos humanos. Enquanto não definirmos precisamente a que grupos se aplica o conceito de sociedade, permaneceremos na área de um equívoco perigoso. Qual é *a sociedade* equivalente a Deus? É a família? É a classe social? É a sociedade nacional? É a humanidade? Pelo menos na filosofia de Auguste Comte não havia dúvida sobre este ponto: a sociedade objeto de adoração religiosa era toda a humanidade, não a humanidade concreta, mas o que há de melhor nos homens através dos séculos. Se não estabelecermos com precisão o que entendemos por sociedade, a concepção de Durkheim poderá (contra sua intenção) levar, ou parecer levar, às pseudorreligiões da nossa época, à adoração de uma coletividade nacional pelos seus próprios membros. Por razões múltiplas, e evidentes, Durkheim, um racionalista e liberal, teria detestado essas religiões seculares. A própria possibilidade deste mal-entendido mostra o perigo de usar o conceito de sociedade sem uma especificação.

Essa metafísica da sociedade vicia, infelizmente, certas intuições profundas de Durkheim, sobre as relações entre a ciência, a moral e a religião, por um lado, e o contexto social, por outro.

Segundo Durkheim, as diferentes atividades do homem se diferenciaram progressivamente no curso da história. Nas sociedades arcaicas, a moral é inseparável da religião; gradualmente, no correr dos séculos, as categorias do direito, da ciência, da moral e da religião adquiriram sua autonomia. Esta afirmação é correta, mas não implica que todas estas categorias tirem sua autoridade de sua origem social. Quando Durkheim esboça uma teoria sociológica do conhecimento e da moral, essa teoria deveria resultar da análise objetiva das circunstâncias sociais que influenciam o desenvolvimento das categorias científicas e das noções morais. Mas a análise, a meu ver, é falseada pela convicção de Durkheim de que não há uma diferença fundamental entre ciência e moral, entre julgamento de valor e de fato. Nos dois casos, estaríamos diante de realidades essencialmente sociais; nos dois casos, a autoridade de tais julgamentos estaria fundamentada na própria sociedade.

Dois textos do artigo *Jugements de réalité et jugements de valeur* mostram a comparação e a quase equivalência dos dois tipos de julgamentos:

Um julgamento de valor exprime a relação entre uma coisa e um ideal. Ora, o ideal é dado como a coisa, embora de maneira diferente. É também uma realidade, a seu modo. A relação expressa une assim dois termos dados, como num julgamento de existência. Dir-se-á que os julgamentos de valor põem em jogo os ideais? Mas com os julgamentos de realidade acontece o mesmo. Isso porque também os conceitos são construções do espírito, partindo de ideais; e não seria difícil demonstrar que se trata mesmo de ideais coletivos, já que só podem se constituir pela linguagem, e através da linguagem, que é, no mais alto grau, uma coisa coletiva. Portanto, os elementos do julgamento são, nos dois casos, os mesmos (*Sociologie et philosophie*, p. 139).

Uma frase deste texto é característica: "os conceitos são construções do espírito, partindo de ideais". Se Durkheim quer dizer que as construções do espírito não são realidades empíricas ou ideais, ele tem evidentemente razão. Mas se afirma que o conceito é semelhante a ideal, no sentido moral do termo, sua proposição é, a meu ver, um puro sofisma.

Mais adiante, Durkheim escreve:

Se todo julgamento opera com ideais, estes são de diferentes espécies. Há aqueles cujo papel é exclusivamente exprimir as realidades a que se aplicam, exprimi-las tais como são. Trata-se dos conceitos propriamente ditos. Há ainda outros, cuja função, pelo contrário, é transfigurar as realidades a que estão associados. São os ideais de valor. Nos primeiros casos, é o ideal que serve de símbolo à coisa, para torná-la assimilável pelo pensamento. No segundo, é a coisa que serve de símbolo ao ideal, e o que o torna representável aos diferentes espíritos. Naturalmente, os julgamentos diferem segundo os ideais que empregam. Os primeiros se limitam a analisar a realidade e a traduzi-la tão fielmente quanto possível. Os segundos, ao contrário, denotam o novo aspecto de que ela se enriquece, sob a ação do ideal (ibid., p. 139-40).

Nesta aproximação dos julgamentos de fato e de valor encontramos sempre a convicção de Durkheim de que a autoridade dos conceitos que tendem a exprimir a realidade, ou dos ideais que tendem a informar a ação, provém da própria sociedade.

Creio que neste ponto há um equívoco. O estudo sociológico das origens dos conceitos não se confunde absolutamente com a teoria do conhecimento, isto é, com a análise das condições transcendentais da verdade. As condições da verdade científica nada têm a ver com as circunstâncias do advento social da verdade; é uma confusão sistemática imaginar que existe uma teoria sociológica do conhecimento. Existe, sim, uma teoria sociológica das condições nas quais se desenvolve a ciência, o que conhecemos hoje como uma sociologia do conhecimento, a qual presta serviços à teoria do conhecimento, mas não se confunde com ela.

Com relação aos julgamentos de valor, o erro é outro. Durkheim pretende que o ideal moral seja um ideal social, que a sociedade confira seu valor à moral. Isto, a meu ver, é outro equívoco. Sem dúvida as concepções que podemos ter dos valores dependem de circunstâncias sociais. No entanto, o fato de que nossos julgamentos de valor nos sejam sugeridos pelo meio social não prova que a finalidade da moral seja um determinado estado da sociedade. Naturalmente, quando pretendemos uma certa moralidade, por implicação queremos uma certa sociedade, ou uma certa modalidade de relações humanas. Neste sentido, há uma vontade social implicada em toda vontade moral. A sociedade, porém, realidade empírica, não *determina* o conteúdo da moral. De duas, uma: ou chegamos indiretamente à ideia de que a sociedade, considerada globalmente, implica uma certa moralidade e, neste caso, surge a objeção que formulei anteriormente: uma moral determinada e única não resulta necessariamente de uma determinada estrutura social, pois, em cada época e em cada sociedade, há conflitos a respeito do conteúdo da moral. Ou, então, entendemos que nossa vontade moral é comandada por uma vontade social, mas a afirmativa pode ser invertida: escolhemos um objetivo social ou político em função de um ideal moral.

O caráter filosófico da sociologia de Durkheim explica a violência das paixões que levantou há pouco mais de meio século. Na época em que lavrava na França o conflito entre o ensino religioso e o leigo, a fórmula "sociedade ou divindade" incendiava os ânimos. Nas escolas normais e nas escolas primárias, a sociologia aparecia como a fundamentação da moral leiga, substituindo a moral católica. Quando Durkheim afirmava não encontrar diferença entre a divindade e a sociedade, esta afirmativa, que para ele era respeitosa com relação à religião, parecia a alguns atentatória aos valores religiosos. Assim se explica por que hoje ainda o pensamento de Durkheim é interpretado de tantas maneiras diferentes.

Estas interpretações contraditórias são explicáveis se nos lembrarmos de uma dualidade que não é contradição, e que encontramos no centro do pensamento de Durkheim. Este procura reconstituir o consenso social e reforçar a autoridade dos imperativos e dos interditos coletivos. Para alguns críticos, esta restauração das normas sociais caracteriza um empreendimento conservador, talvez mesmo reacionário.

De fato, as ideias de Durkheim evocam às vezes a segunda parte da carreira de Auguste Comte, em que este se esforçou, no *Système de politique positive*, em fundar uma religião da humanidade. Esta interpretação é verdadeira só em parte. De acordo com Durkheim, a norma social cuja autoridade convém reforçar não só autoriza o indivíduo a se realizar livremente, mas considera dever de cada um a utilização do próprio julgamento e a afirmação da sua autonomia. Durkheim quer estabilizar uma sociedade cujo princípio supremo é o respeito à pessoa humana e o desenvolvimento da autonomia individual. Conforme se dê maior ênfase ao reforço das normas pessoais ou ao desenvolvimento da autonomia individual, a interpretação será conservadora ou, ao contrário, racionalista e liberal.

A interpretação mais verdadeira é a que combina estas duas visões, aparentemente divergentes. No centro do pensamento de Durkheim vejo o esforço dirigido para a demonstração de que o pensamento racionalista, individualista e liberal é o termo provisoriamente último da evolução histórica. Esta escola de pensamento, que responde à estrutura das sociedades modernas, deve ser aprovada; contudo, ela implicará simultaneamente o risco de provocar a desagregação social e o fenômeno da anomia, se as normas coletivas, indispensáveis a qualquer consenso, não forem reforçadas.

Segundo as ideias de Durkheim, a sociologia justifica o individualismo racionalista e prega, ao mesmo tempo, o respeito pelas normas coletivas. Esta é a conclusão de uma investigação em cuja origem (conforme Marcel Mauss nos recorda) se coloca a velha questão das relações entre o indivíduo e a sociedade, ou entre o individualismo e o socialismo.

Indicações biográficas

1858 15 de abril. Nasce, em Épinal, Émile Durkheim, de uma família judia em que houve vários rabinos. Seu pai morre quando Durkheim ainda era muito pequeno. Estuda no colégio de Épinal e depois se prepara, em Paris, no liceu Louis-le-Grand, para o concurso de admissão à École Normale Supérieure. Encontro com Jean Jaurès, na pensão Jauffret: Jaurès ingressa na École Normale um ano antes de Durkheim.

1879 Durkheim começa a estudar na École Normale Supérieure; entre seus professores, estão Fustel de Coulanges e de Boutroux.

1882 Formado em filosofia, Durkheim é nomeado professor em Sens e em Saint-Quentin.

1885-86 Um ano de licença, para estudar ciências sociais em Paris e na Alemanha, com Wundt.

1886-87 De volta da Alemanha, Durkheim publica, na *Revue philosophique*, três artigos: "Les études récentes de science sociale", "La science positive de la morale en Allemagne", "La philosophie dans les universités allemandes".

1887 Durkheim é nomeado professor de pedagogia e de ciência social na Faculdade de Letras da Universidade de

Bordeaux. Trata-se do primeiro curso de sociologia criado em uma universidade francesa. Espinas, Hamelin e Rodier são seus colegas; Charles Lalo e Léon Duguit, seus alunos[12].

1888 Artigo sobre "Suicídio e natalidade", na *Revue philosophique*.

1891 Durkheim dá um curso para os candidatos à diplomação em filosofia, para estudar com eles os grandes precursores da sociologia (Aristóteles, Montesquieu, Comte...).

1893 Nota sobre a definição do socialismo, na *Revue philosophique*.
Durkheim defende sua tese de doutoramento, *Da divisão do trabalho social*, juntamente com *La contribution de Montesquieu à la constitution de la science sociale*.

1895 *As regras do método sociológico*.

1896 O curso de sociologia de Durkheim é transformado numa cátedra. Fundação de *L'année sociologique*, na qual Durkheim publica "La prohibition de l'inceste et ses origines", "La définition des phénomènes religieux" etc.

1897 *O suicídio*.

1900 Artigo "Sur le totémisme", em *L'année sociologique*. Durkheim, militante do laicismo, profundamente abalado pelo caso Dreyfus, preocupa-se, cada vez mais, com o problema religioso.

1902 Durkheim é nomeado suplente da cadeira de pedagogia da Sorbonne.

1906 Nomeado titular da cadeira de pedagogia da Faculdade de Letras de Paris, onde ensina paralelamente sociologia e pedagogia.
Comunicação à Sociedade Francesa de Filosofia sobre *La détermination du fait moral*.

1909 Curso no Collège de France sobre "As grandes doutrinas pedagógicas na França desde o século XVIII".

1911 Comunicação ao Congresso de Filosofia de Bolonha sobre *Jugements de réalité et jugements de valeur*.

1912 *As formas elementares da vida religiosa*.

1913 Sua cadeira recebe o nome de "Cátedra de Sociologia da Sorbonne". Comunicação à Sociedade Francesa de Filosofia sobre *Le problème religieux et la dualité de la nature humaine*.

1915 Durkheim perde seu único filho, morto em combate em Salônica. Publica dois livros, inspirado pelas circunstâncias: *L'Allemagne au-dessus de tout. La mentalité allemande et la guerre*; e *Qui a voulu la guerre? Les origines de la guerre d'après les documents diplomatiques*.

1917 Em 15 de novembro, morre Durkheim, em Paris.

Notas

1. "Vê-se como a divisão do trabalho nos aparece sob um aspecto diferente daquele que os economistas percebem. Para estes, a divisão do trabalho consiste essencialmente em produzir mais. Para nós, esta produtividade maior é apenas uma consequência necessária, uma contrapartida do fenômeno. Se nos especializamos, não é para produzir mais, mas para poder viver nas novas condições de existência que surgem." (*De la division du travail social*, p. 259).

Foi Adam Smith que, em sua célebre obra *Pesquisa sobre a natureza e as causas da riqueza das nações* (1776), colocou no primeiro plano da análise do sistema econômico, para explicar a produtividade, o comércio e o emprego de bens de capital, o fenômeno da divisão do trabalho. O estudo de Adam Smith, que se encontra essencialmente nos três primeiros capítulos do livro I de *A riqueza das nações*, começa por uma famosa descrição das operações sucessivas de uma fábrica de alfinetes cujos elementos foram provavelmente tirados da *Grande encyclopédie* de Diderot e d'Alembert. Começa com esta frase: "Os maiores aperfeiçoamentos no poder produtivo do trabalho e a maior parte da habilidade, da capacidade e da inteligência com a qual ele é dirigido e aplicado devem-se, ao que parece, à divisão do trabalho." No capítulo II, A.

Smith procura o princípio que deu origem à divisão do trabalho: "Esta divisão do trabalho, da qual decorrem tantas vantagens, não deve ser vista na sua origem como a consequência de uma sabedoria humana que tenha previsto e que tenha tido como objetivo esta opulência geral que é o seu resultado; ela é a consequência necessária, embora lenta e gradual, de uma certa tendência natural em todos os homens que não pretendem ter uma visão assim tão utilitarista: é a tendência que os leva a traficar, a trocar e negociar uma coisa com outra." Adam Smith, aliás, não vê só vantagens na divisão do trabalho. No capítulo V de sua obra ele denuncia os perigos do embrutecimento e do entorpecimento das faculdades intelectuais, que podem resultar de um trabalho parcializado, e pede que o governo tome precauções para prevenir esse mal. A este propósito veja-se o artigo de Nathan Rosenberg, "Adam Smith and the division of labour: two views or one?", *Economica*, maio de 1965.

2. "A divisão do trabalho é, portanto, um resultado da luta pela vida: mas é um resultado suavizado. Graças à divisão do trabalho, com efeito, os rivais não são obrigados a se eliminarem mutuamente, mas podem coexistir uns ao lado dos outros. E também, à medida que ela se desenvolve, proporciona a um grande número de indivíduos, que nas sociedades mais homogêneas estariam condenados ao desaparecimento, os meios de se manter e de sobreviver. Entre muitos povos inferiores, todo organismo malformado devia perecer, pois não tinha utilidade em nenhuma função. Às vezes, antecipando e consagrando de certa forma os resultados da seleção natural, condenavam-se à morte os recém-nascidos débeis ou defeituosos, e o próprio Aristóteles considerava natural esse costume. Nas sociedades mais avançadas, o que acontece é muito diferente. Um indivíduo deficiente pode encontrar, nos quadros complexos da nossa organização social, um lugar onde lhe seja possível prestar serviços à coletividade. Se seu defeito é apenas corporal, e tem o cérebro sadio, poderá dedicar-se aos trabalhos de gabinete, às funções especulativas. Se o seu cérebro é deficiente, deverá, sem

dúvida, renunciar a enfrentar a grande concorrência intelectual, mas a sociedade tem, nos alvéolos secundários da grande colmeia, nichos bem pequenos, que não deixarão que seja eliminado. Da mesma forma, entre as populações primitivas, o inimigo vencido é morto; mas, onde as funções industriais estão separadas das funções militares, ele sobreviverá, ao lado do vencedor, na qualidade de escravo." (*De la division du travail social*, p. 253).

3. Gabriel Tarde (1843-1904) é autor de *La criminalité comparée* (1888), *Les transformations du droit* (1893), *Les lois de l'imitation* (1890), *La logique sociale* (1895), *L'opposition universelle* (1897) e *L'opinion de la foule* (1901). Sua influência, muito pequena na França, é maior nos Estados Unidos. O professor Paul Lazarsfeld se interessa muito por este autor, e fala da sua "vitória póstuma".

4. O mesmo debate foi retomado recentemente por J. D. Douglas, *The Social Meanings of Suicide*, Princeton Univ. Press, 1967.

5. Maurice Halbwachs, *Les causes du suicide*, Paris, Alcan, 1930.

6. A antropologia moderna modificou profundamente a teoria do totemismo até dissolver quase toda a sua realidade.

Sobre esta revolução, ver o livro de Claude Lévi-Strauss, *Le totémisme d'aujourd'hui*, Paris, P.U.F., 1962.

7. Bergson escreve: "A humanidade geme, quase esmagada sob o peso dos progressos que fez. Não sabe o quanto seu futuro depende dela. Cabe a ela ver primeiro se quer continuar existindo. Cabe-lhe perguntar, depois, se quer só existir, ou fazer o esforço adicional necessário para que se realize, até mesmo em nosso refratário planeta, a função essencial do Universo, que é uma máquina de fabricar deuses." (H. Bergson, *Les deux sources de la morale et de la religion*, Paris, P.U.F., 1965, 140.ª ed., p. 338).

8. Jules Monnerot, *Les faits sociaux ne sont pas des choses*, Paris, Gallimard, 1946.

9. Eis como É. Durkheim critica o método dedutivo e abstrato da economia clássica: "A economia política tem como

objeto, diz Stuart Mill, os fatos sociais que se produzem principal ou exclusivamente com base na aquisição de riquezas... A matéria da economia política assim entendida não é feita de realidades que podem ser indicadas com o dedo, mas sim de simples possíveis, de puras concepções do espírito; isto é, fatos que o economista concebe como se referindo ao fim considerado, e tais como os concebe. Ele empreende, por exemplo, o estudo daquilo que chama de produção? De saída acredita poder enumerar os principais agentes que a tornam possível e passá-los em revista. Isso porque não descobriu sua existência observando as condições das quais dependia a coisa estudada, senão ele teria começado por expor as experiências que lhe permitiam tirar essa conclusão. Se desde o início da pesquisa e em poucas palavras ele faz essa classificação, é porque a obteve por simples análise lógica. Parte da ideia de produção; decompondo-a, verifica que ela implica logicamente as ideias de forças naturais, de trabalho, de instrumento ou de capital; a seguir dá a essas ideias derivadas o mesmo tipo de tratamento. A mais fundamental das teorias econômicas, a de valor, é nitidamente constituída segundo esse método. Se o economista estudasse o valor como uma realidade deve ser estudada, nós o veríamos primeiramente mostrar como a coisa indicada com aquele nome pode ser identificada, a seguir classificar as espécies, procurar por induções metódicas as causas em virtude das quais elas variam; comparar, finalmente, esses diversos resultados para deduzir uma fórmula geral. A teoria só poderá surgir, portanto, depois de se ter levado muito longe a ciência. Em vez disso, nós a encontramos desde o início. O economista, para fazer ciência, contenta-se em se concentrar, tomar consciência da ideia que tem de valor, isto é, de um objeto que pode ser trocado; pensa que ela implica a ideia de utilidade, que esta implica a de raridade etc. Constrói sua definição com os produtos de sua análise. Confirma-a, sem dúvida, com alguns exemplos. Mas quando pensamos nos inúmeros fatos que uma tal teoria deve explicar, como podemos atribuir algum valor demonstrativo aos fatos, necessariamente raros, que são citados desse modo, ao acaso da sugestão? Assim, em economia política como em moral, a parte da investigação científica é muito restrita, e a da arte, preponderante." (*Les règles de la méthode sociologique*, p. 24-6).

Essa crítica foi retomada pelos economistas discípulos de Durkheim, como Simiand, para contestar as construções da economia pura neoclássica das escolas austríacas ou walrassianas. Tem a ver também com as críticas que o historicismo alemão já fazia à economia clássica inglesa.

10. Éric Weil, *Philosophie politique*, Paris, Vrin, 1956.

11. *Beauchamp's Career*, romance do escritor inglês George Meredith (1828-1909), publicado em 1875. A tradução francesa (*La carrière de Beauchamp*) foi publicada por Gallimard, em Paris, 1928.

12. Espinas (1844-1922), crítico de Spencer e seu introdutor na França, teve uma influência sem dúvida determinante sobre a formação do pensamento sociológico de Durkheim. Suas principais obras são: *Les sociétés animales* (1877), *Histoire des doctrines économiques* (1892), *La philosophie sociale au XVIIIe siècle* (1898). Sobre o pensamento de Espinas, consulte-se G. Davy, *Sociologues d'hier et d'aujourd'hui*, Paris, P.U.F., 1950.

Bibliografia
(*obras citadas pelo autor e em português*)

Obras de Durkheim
(citadas pelo autor)

Há uma lista dos principais artigos publicados em revistas, em *Leçons de sociologie. Physique des moeurs et du droit*, p. IX-XI. Aqui damos apenas uma relação das obras principais.

De la division du travail social, Paris, Alcan, 1893, 1.ª ed.; de acordo com a 7.ª edição, Paris, P.U.F., 1960, que contém um prefácio acrescentado por Durkheim na 2.ª edição, intitulado: "Quelques remarques sur les groupements professionnels".

"*L'Allemagne au-dessus de tout*". *La mentalité allemande et la guerre*, Paris, Armand Colin, 1915.

La sociologie, com M. Mauss, Paris, Larousse, 1915, *in La science française*. *Éducation et sociologie*, Paris, Alcan, 1922; nova ed., Paris, P.U.F., 1966. *L'éducation morale*, Paris, Alcan, 1923.

La sociologie dans l'enseignement secondaire, Opinion de..., etc., Paris, Girard et Brière, 1900.

La sociologie formaliste, in A. Cuvillier, *Où va la sociologie française*, Paris, Rivière, 1953.

Leçons de sociologie. Physique des moeurs et du droit, ed. por H. Nail Kubali e Georges Davy, Paris, P.U.F., e Istambul, 1950.

Les formes élémentaires de la vie religieuse. Le système totémique en Australie, Paris, Alcan, 1912; as citações feitas referem-se à 4.ª edição, Paris, P.U.F., 1960.
Les règles de la méthode sociologique, Paris, Alcan, 1895; as citações que fiz desta obra referem-se à 13.ª edição, Paris, P.U.F., 1956.
Le socialisme. Sa définition, ses débuts, la doctrine saint-simonienne, Paris, Alcan, 1928.
Le suicide. Étude de sociologie, Paris, Alcan, 1897; as citações desta obra referem-se à nova edição, Paris, P.U.F., 1960.
L'évolution pédagogique en France: I, *Des origines à la Renaissance*; II, *De la Renaissance à nos jours*, Paris, Alcan, 1938, 2 vols.
Montesquieu et Rousseau, précurseurs de la sociologie, Paris, Rivière, 1953 (tradução da tese secundária escrita em latim, de 1892).
Pragmatisme et sociologie, Paris, Vrin, 1955, cursos de 1913-14 reconstituídos por A. Cuvillier segundo anotações de alunos.
Qui a voulu la guerre? Les origines de la guerre d'après les documents diplomatiques, Paris, Armand Colin, 1915.
Quid secundatus politicae scientiae instituendae contulerit, Burdigalae, Gournouilhou, 1892; trad. *in Revue d'histoire politique et constitutionnelle*, 1937, com o título: "Montesquieu, sa part dans la fondation des sciences politiques et de la science des sociétés".
Sociologie et philosophie, Paris, Alcan, 1925; as citações feitas referem-se à nova edição, Paris, P.U.F., 1963.
Sociologie et sciences sociales, Paris, Alcan, 1909, *in De la méthode dans les sciences*.

Obras sobre Durkheim

Aimard, G. *Durkheim et la science économique. L'apport de la sociologie à la théorie économique moderne*, Paris, P.U.F., 1962.
Alpert, H. *Émile Durkheim and his Sociology*, Nova York, Columbia University Press, 1939.
Annales de l'Université de Paris, n. 1, 1960. Centenário do nascimento de É. Durkheim, textos de G. Davy, A. Lalan-

de, R. Aron, G. Gurvitch, H. Lévy-Bruhl, G. Lebras, Cl. Lévi-Strauss...
Bouglé, C. *Bilan de la sociologie française contemporaine*, Paris, Alcan, 1938, nova ed.
Davy, G. *Sociologues d'hier et d'aujourd'hui*, Paris, P.U.F., 1950, 2ª ed.
Duvignaud, J. *Durkheim, sa vie, son oeuvre*, Paris, P.U.F, 1965.
Fauconnet, P. "The Durkheim school in France", *in Sociological Review*, 1927.
Gurvitch, G. *La vocation actuelle de la sociologie*, Paris, P.U.F., t. I, 1957, t. II (2ª ed.), 1963.
Lacombe, R. *La méthode sociologique de Durkheim*, Paris, 1926.
Parsons, T. *The Structure of Social Action*, Nova York, The Free Press, 1949.
Vialatoux, J. *De Durkheim à Bergson*, Paris, Bloud et Gay, 1939.
Wolff, Kurt H. *et al.*, *Émile Durkheim, 1858-1917. A Collection of Essays*, Columbus, Ohio University Press, 1960.

Obras de Durkheim

(*em português*)

Ciência social e a ação, São Paulo, Difel, 1970.
Da divisão do trabalho social, trad. de Eduardo Brandão, São Paulo, Martins Fontes, 1995.
Durkheim (inclui: *Da divisão do trabalho social*; *As formas elementares da vida religiosa*; *As regras do método sociológico*; *O suicídio*), sel. de José Arthur Giannotti, trad. de Carlos A. R. Moura, Luiz Cary e outros, 2ª ed., col. Os Pensadores, São Paulo, Abril Cultural, 1983.
Educação e sociologia, trad. de M. B. Lourenço Filho, 11ª ed., São Paulo, Melhoramentos; Rio de Janeiro, Fename, 1978.
Émile Durkheim: sociologia, org. de José Albertino Rodrigues, trad. de Laura Natal Rodrigues, 9ª ed., col. Grandes Cientistas Sociais, São Paulo, Ática, 1999.
Evolução pedagógica, trad. de Bruno Charles Magne, Porto Alegre, Artes Médicas, 1995.

As formas elementares da vida religiosa: o sistema totêmico na Austrália, trad. de Paulo Neves, São Paulo, Martins Fontes, 1996.
As formas elementares da vida religiosa: o sistema totêmico na Austrália, trad. de Joaquim Pereira Neto, São Paulo, Paulinas, 1989.
Os grupos profissionais, trad. e notas de A. A. Freitas e Silva, Lisboa, Inquérito, 1940.
Lições de sociologia: a moral, o direito e o Estado, trad. de S. B. Damasco Penna, São Paulo, T. A. Queiroz, 1983.
As regras do método sociológico, trad. de Paulo Neves, São Paulo, Martins Fontes, 1995.
As regras do método sociológico, trad. de Maria Isaura Pereira de Queiroz, 15.ª ed., São Paulo, Companhia Editora Nacional, 1995.
As regras do método sociológico, trad. de J. Rodrigues Mereje, 10.ª ed., São Paulo, Brasileira, 1982.
Sociologia, pragmatismo e filosofia, Porto, Rés, s.d.
Sociologia e filosofia, trad. de Paulo J. B. San Martin, São Paulo, Ícone, 1994.
Sociologia e filosofia, trad. de J. M. de Toledo Camargo, Rio de Janeiro, Forense, 1970.
O suicídio, trad. de Monica Stahel, São Paulo, Martins Fontes, 2000.
O suicídio: estudo sociológico, trad. de Nathanael C. Caixeiro, Rio de Janeiro, Zahar, 1982.
___ e Weber, Max. *Socialismo* (parte 1), trad. de Ângela Ramalho, org., intr. e rev. de Luis Carlos Fridman, Rio de Janeiro, Relume-Dumará, 1993.

Obras sobre Durkheim
(*em português*)

Duvignaud, Jean. *Durkheim*, trad. de Joaquim João Braga, Lisboa, Edições 70, 1982.
Gurvitch, Georges. *Vocação atual da sociologia*, Lisboa, Cosmos, 1968.

VILFREDO PARETO

> O problema da organização social não pode ser resolvido com declamações baseadas num ideal mais ou menos vago de justiça, mas só através de pesquisas científicas destinadas a encontrar o modo de ajustar os meios ao fim e, para cada homem, o de ajustar o esforço e o sofrimento à satisfação, de forma que o mínimo de esforço e sofrimento leve o máximo de bem-estar ao maior número possível de pessoas.
>
> *Les systèmes socialistes*
> 1903, II, p. 169.

Passando de Durkheim a Vilfredo Pareto mudamos de clima intelectual, linguagem e estilo. Consideremos um momento a frase de Durkheim: "Entre Deus e a sociedade, é preciso escolher." Pareto, ao ouvir esta fórmula, teria começado por sorrir, lembrando o que explicou no seu *Traité de sociologie générale* [Tratado de sociologia geral]: embora as derivações se transformem rapidamente, os resíduos são relativamente constantes. Na terminologia de Pareto, os resíduos são os sentimentos, ou a expressão dos sentimentos, inscritos na natureza humana; as derivações são os sistemas intelectuais de justificação pelos quais os indivíduos disfarçam suas paixões ou dão uma aparência de racionalidade a proposições ou condutas que não são racionais. Na verdade, o homem é um ser não racional que raciocina. Embora raramente se comporte de modo lógico, sempre quer fazer crer a seus semelhantes que seu comportamento é lógico.

A fórmula "Deus ou a sociedade" pareceria sem sentido a Pareto. A noção de Deus não é uma noção lógico-experimental: ninguém pôde jamais observar Deus. Por isso, o cientista deve afastar ideias como essa, que, por definição, escapam aos únicos procedimentos científicos: a observação, a experimentação, o raciocínio. Quanto ao conceito de sociedade, é um tipo de conceito igualmente confuso e equívoco. A que realidade Durkheim quer se referir quando fala da sociedade? À da família, do público de um curso, de uma universidade, de um país, de toda a humanidade? Qual dessas diferentes realidades ele batiza de sociedade, e por que pretende impor uma escolha entre um conceito equívoco, uma vez que não é definido, e uma noção transcendente que não tem lugar na ciência?

A ação não lógica e a ciência

A compreensão do sistema de Pareto exige uma interpretação rigorosa dos conceitos de ação lógica e ação não lógica. Precisamos, portanto, começar pelo estudo destas noções. Para compreender o que é uma ação lógica, o mais simples é observar o comportamento de um engenheiro ou de um especulador, já que a sociologia de Pareto tem origem nas reflexões e decepções de um engenheiro e economista. O engenheiro, quando não se equivoca, conduz-se de modo lógico. O economista, quando não tem ilusões sobre seu saber, pode compreender algumas das condutas humanas. A sociologia, porém, lida com homens que geralmente não se conduzem nem como engenheiros, nem como especuladores atentos.

O engenheiro que constrói uma ponte conhece o objetivo que pretende alcançar. Estudou a resistência dos materiais e tem condições de calcular a relação entre estes meios e os fins propostos. Há uma correspondência entre a relação meios-fim, tal como ele a concebe, e a relação meios-fim, tal como ocorre objetivamente na realidade.

O comportamento do especulador, protótipo do agente econômico, tem as mesmas características. Seu objetivo é bem preciso: ganhar dinheiro. Estabelece uma relação lógica entre os meios que emprega – adquirir valores no momento em que eles são baratos – e o objetivo que quer atingir – aumentar seu capital. Se sua previsão for correta, os acontecimentos reproduzirão objetivamente a sucessão de meios e fins tal como a imaginara.

O caso do especulador não é, naturalmente, tão puro quanto o do engenheiro. Há uma defasagem temporal entre a relação meios-fim concebida e a relação efetiva na realidade. Supondo, contudo, que as previsões do especulador sejam confirmadas pelos fatos, encontraremos uma correspondência entre a relação meios-fim concebida e a mesma relação tal como se efetivou. A ligação lógica entre os meios e o fim existe na consciência do ator e na realidade objetiva, e as duas relações, objetiva e subjetiva, se correspondem mutuamente.

Esta análise das experiências do engenheiro e do especulador mostra o que é uma conduta lógica. Para que um comportamento seja lógico, é preciso que a relação meios-fim na realidade objetiva corresponda à relação meios-fim na consciência do ator.

> Uma vez por todas chamaremos de "ações lógicas" as operações que estão logicamente associadas a seus objetivos, não só com relação ao sujeito que as efetua mas também com relação àqueles que possuem um conhecimento mais amplo, isto é, ações que têm, subjetiva e objetivamente, o sentido acima explicado. As outras ações

serão ditas não lógicas, o que não significa que elas sejam ilógicas (*Traité de sociologie générale*, § 150).

Em outras palavras, pertencem à categoria das ações não lógicas as que subjetiva ou objetivamente não apresentem um vínculo lógico. Pode-se elaborar deste modo um quadro das ações humanas:

Gêneros e espécies	As ações têm fim lógico?	
	Objetivamente	Subjetivamente
1.ª classe – ações lógicas O fim objetivo é idêntico ao fim subjetivo.		
	sim	sim
2.ª classe – ações não lógicas O fim objetivo é diferente do fim subjetivo.		
1.º gênero 2.º " 3.º " 4.º "	não não sim sim	não sim não sim
Espécies do 3.º e do 4.º gênero		
3, 4	O sujeito aceitaria o fim objetivo, se o conhecesse.	
3, 4	O sujeito *não* aceitaria o fim objetivo, se o conhecesse.	

(*Traité de sociologie générale*, p. 67-8).

Qual a significação de cada um destes gêneros de ações não lógicas?

O gênero "não-não" significa que a ação não é lógica, isto é, que os meios não estão associados aos fins, nem na realidade, nem na consciência. Os meios não produzem nenhum resultado que se possa considerar ligado logicamente a eles, e, por outro lado, o ator não chega a conceber um objetivo, ou uma relação entre os meios e o objetivo visado. O gênero "não-não" é raro, porque o homem é um ser que raciocina. Por mais absurdos que sejam seus atos, sempre se esforça por dar-lhes um objetivo. "Os homens têm uma tendência muito pronunciada para dar um verniz lógico a suas ações; estas recaem quase todas no segundo e no quarto gênero. Muitas das ações impostas pela cortesia ou pelo costume poderiam pertencer ao primeiro gênero. Frequentemente, porém, os homens invocam um motivo qualquer para justificar suas ações, o que as transfere para o segundo gênero." (*Traité de sociologie générale*, § 154). Numa enumeração completa, porém, é preciso reconhecer a classe "não-não" como um gênero possível.

O segundo gênero é, ao contrário, extremamente difundido e comporta inumeráveis exemplos. O ato, neste caso, não está vinculado logicamente ao seu resultado, mas o ator imagina, erroneamente, que os meios de que se utiliza são de molde que provoquem o fim desejado. Pertence a este gênero a conduta dos povos que, quando desejam a chuva, oferecem sacrifícios aos deuses, convencidos de que suas preces são eficazes para esse fim. Neste caso, há subjetivamente uma relação meios-fim, embora, objetivamente, tal relação seja inexistente.

O terceiro gênero é o das ações que têm um resultado vinculado logicamente aos meios empregados, mas sem que o ator conceba a relação meios-fim. Os exemplos são igualmente numerosos. Os atos reflexos pertencem a esta categoria. Se fecho as pálpebras no momento em que meus olhos são ameaçados pela poeira, este ato é objetivamente lógico, mas não o é subjetivamente. Não pensei antes, e não penso, no momento em que ajo, na relação entre os meios empregados e o fim que atinjo. Os comportamentos instintivos ou animais são quase sempre adaptados mas não são lógicos, se admitimos, pelo menos, que os animais que se conduzem de acordo com a necessidade de sua sobrevivência não pensam na relação entre os meios que empregam e os fins que alcançam.

O quarto gênero é o dos atos que têm resultado associado logicamente aos meios empregados, e cujo autor, subjetivamente, concebe uma certa relação entre os meios e os fins, sem que os resultados objetivos correspondam aos resultados subjetivos. Aqui Pareto pensa essencialmente no comportamento dos benfeitores da humanidade, pacifistas ou revolucionários, que pretendem modificar a sociedade existente e corrigir seus vícios. Assim, os revolucionários bolchevistas dirão que querem tomar o poder para garantir a liberdade do povo. Depois de realizar uma revolução pela violência, são levados, por um processo irresistível, a estabelecer um regime autoritário. Neste caso, há uma relação objetiva entre a conduta e os seus resultados, e uma relação subjetiva entre a utopia de uma sociedade sem classes e os atos revolucionários. Mas o que os homens fazem não corresponde ao que desejavam fazer. Os objetivos que almejavam alcançar não podem ser alcançados pelos meios que utilizam. Os meios que utilizam levam logicamente a determinados resultados, mas há uma discordância objetiva entre os resultados objetivos e os resultados subjetivos. Pareto dá também exemplos tirados da vida econômica. Numa situação de livre concorrência, os empresários executam em parte ações não-lógicas. Esforçando-se por reduzir os preços de custo, eles obtêm sem querer – por exemplo – a redução dos preços de venda, pois a concorrência traz sempre a igualdade desses dois preços.

Este quarto gênero comporta subcategorias, segundo a aceitação ou não aceitação, por parte dos atores, dos objetivos que eles de fato atingem caso estes lhes fossem mostrados antecipadamente. Supondo que Lênin tivesse conhecido antecipadamente as consequências inevitáveis de uma revolução socialista num país ainda não industrializado, preferiria ter renunciado a esta revolução ou teria aceito a instalação de um Estado totalitário por um longo período de transição?

As ações não lógicas não são necessariamente ilógicas. Na terceira categoria, a dos "sim-não", a ação está eventualmente adaptada às circunstâncias, faltando apenas a consciência da relação meios-fim.

O estudo destes quatro gêneros de ação não lógica constitui o objeto da primeira parte do *Traité de sociologie générale*; as ações lógicas são reservadas à segunda parte, só intervindo quando Pareto substitui o método analítico pelo sintético.

Esta classificação dos tipos de ação não deixa de criar algumas dificuldades. Sem pretender abordá-las desde já, convém, no entanto, salientar duas questões: em que medida todas as ações humanas podem ser analisadas tomando como referência só a relação meios-fim? Se o caráter lógico e não lógico se aplica unicamente à relação entre meios e fins, estes últimos podem deixar de ser não lógicos? O fato de que a escolha dos fins não possa ser lógica não é uma consequência da definição do caráter lógico das ações?

Assim, Pareto define a sociologia em referência e oposição à economia. A economia considera essencialmente as ações lógicas, enquanto a sociologia trata sobretudo das ações não lógicas. Pode-se portanto estudar o pensamento sociológico de Pareto exclusivamente na base do *Traité de sociologie générale*. Porém, uma análise completa do pensamento desse autor exigiria o estudo de seus livros de economia, isto é, do *Cours d'économie politique* [Curso de economia política] e do *Manuel d'économie politique* [Manual de economia política].

Dois gêneros de ações não lógicas são particularmente importantes para o sociólogo.

O primeiro é o n.º 2, definido pelos termos não-sim. Este gênero agrupa as ações não lógicas, que não têm um fim objetivo mas possuem finalidade subjetiva, abrangendo a maioria das condutas rituais ou simbólicas. O navegador que dirige suas orações a Poseidon antes de se fazer ao mar não está realizando um ato que tenha influência na sua navegação, mas imagina, com base em suas crenças, que esse ato terá consequências conformes ao que deseja. De modo geral, pode-se dizer que todas as ações do tipo religioso, isto é, todas as ações que se orientam em função de um emblema ou de um símbolo de realidade sagrada, pertencem ao gênero n.º 2. Assim como Durkheim, em *As formas elementares da vida religiosa*, Pareto estuda os atos rituais, começando porém por incluí-los na classe das ações não lógicas.

O segundo gênero importante é o n.º 4, que se define pelos termos sim-sim, mas sem coincidência entre o subjetivo e o objetivo. Este gênero abrange todas as condutas comandadas por erros científicos. O meio empregado produz um resultado efetivo no plano da realidade e foi relacionado com os fins na consciência do ator, mas o que acontece não reflete o que deveria ocorrer, de conformidade com as esperanças ou previsões do sujeito que age. O erro leva à não coincidência da relação objetiva e da relação subjetiva. A este gênero pertencem igualmente todas as condutas ditadas por ilusões, notadamente as dos políticos e intelectuais. Quando os idealistas imaginam criar uma sociedade sem classes e sem exploração, ou uma comunidade nacional homogênea, os resultados das suas ações diferem das suas ideologias, e há uma não coincidência entre as esperanças alimentadas dos atores e as consequências dos seus atos, embora, tanto no plano da realidade como no da consciência, os meios tenham sido relacionados com os fins.

Na primeira parte do *Traité de sociologie générale*, Pareto se propõe portanto estudar logicamente as ações não lógicas, fazendo provisoriamente abstração das condutas lógicas, que voltará a encontrar na segunda parte, cujo objetivo é recompor o conjunto social para chegar a uma explicação sintética do conjunto da sociedade e dos movimentos que nela se produzem.

Fora dessas definições abstratas, a distinção fundamental entre as ações lógicas e as ações não lógicas repousa num critério simples e essencial, embora Pareto não a acentue: a coincidência entre a relação objetiva e a relação subjetiva dos meios e dos fins implica que a conduta seja determinada pelo raciocínio. Em consequência, pode-se aceitar, a título provisório, que as ações lógicas sejam aquelas que são motivadas pelo raciocínio. O ator pensou no que queria fazer, no objetivo que pretendia alcançar, e esses raciocínios aos quais ele obedeceu constituem o móvel do seu comportamento. Por outro lado, todas as condutas não lógicas comportam, num certo grau, uma motivação pelo sentimento, que pode ser definido da forma mais geral como todo estado de espírito diferente do raciocínio lógico.

Portanto, o objetivo da primeira parte do *Traité de sociologie générale* é estudar logicamente as ações não lógicas, uma tarefa que não é fácil. Como estudar logicamente as ações não lógicas? Pareto estaria pronto a dizer que a maioria dos livros de sociologia são análises não lógicas de condutas não lógicas, ou estudos de condutas não lógicas com a intenção consciente de fazê-las passar por lógicas. O objetivo de Pareto é estudar as condutas não lógicas como realmente são.

A expressão "estudo lógico da conduta não lógica" não é de Pareto. Embora tenha tido consciência do risco de estudar de modo não-lógico as condutas não lógicas, Pareto não se explicou de forma tão voluntariamente irônica como o fiz, limitando-se a dizer que pretendia estudar cientificamente as condutas não lógicas. Em que consiste esse estudo?

A resposta a esta questão pressupõe uma concepção da ciência que Pareto denomina "lógico-experimental".

O objetivo do sociólogo, ao estudar as condutas não lógicas, é a verdade, não a utilidade; nada indica que haja coincidência entre estas duas noções.

Antes de se empenhar numa batalha, os generais romanos consultavam as entranhas de animais sacrificados aos deuses. Esta conduta era não lógica, pelo menos na medida em que acreditavam que as entranhas lhes revelariam antecipadamente o resultado da batalha. Contudo, se as entranhas autorizavam uma previsão favorável, e se esta previsão era comunicada aos soldados, estes adquiriam confiança suplementar na vitória. É excelente, para o moral dos combatentes, saber que no fim serão vencedores. Exemplifico, como o fez Pareto, com a história romana para dar uma ilustração despojada de atualidade e paixão, mas sob esse aspecto vivemos numa época não muito diferente. Em vez de interrogar as entranhas das vítimas, interrogam-se os mistérios do futuro histórico. Nos dois casos, o resultado é o mesmo, e os chefes podem proclamar: "No fim tudo irá bem, vós sereis vencedores." É útil que os soldados creiam na verdade dos augúrios ou que os militantes creiam na vitória final da causa.

A ciência lógico-experimental, que mostra a semelhança dos diversos modos de ver um futuro que se ignora, é professora de ceticismo. Indubitavelmente, é contrário à utilidade social confessar que não se conhece o futuro. Por outro lado, o estudo lógico-experimental das condutas não lógicas pode ser contrário também à utilidade de determinado grupo, ou mesmo à utilidade do conjunto da sociedade. Pareto escreve: "se acreditasse que meu *Traité* pudesse ter muitos leitores, não o escreveria". De fato, na medida em que revela a realidade fundamental, o *Traité* prejudica o equilíbrio social, que exige um conjunto de sentimentos que este estudo demonstra que são não lógicos, se não mesmo ilógicos. Assim, o estudo lógico-experimental das condutas não lógicas tem por objetivo exclusivo a verdade, e não se deve criticá-lo por não ser útil. "Associar a utilidade social de uma teoria à sua verdade experimental é um destes princípios *a priori* que rejeitamos. Estas duas coisas estão ou não sempre unidas? É uma questão a que só se pode responder pela observação dos fatos. E em seguida encontraremos a prova de que, em certos casos, podem ser inteiramente independentes. Peço portanto ao leitor que tenha sempre presente no espírito que, quando afirmo o absurdo de uma doutrina, não pretendo sustentar implicitamente que ela seja nociva à sociedade. Pelo contrário, pode ser muito vantajosa. E vice-versa: quando afirmo a utilidade de uma teoria para a sociedade, não quero insinuar, em absoluto, que ela seja experimentalmente verdadeira. Em suma, a mesma doutrina pode ser rejeitada do ponto de vista experimental e aceita do ponto de vista da utilidade social, ou ao contrário." (*Traité de sociologie générale*, §§ 72 e 73).

Há uma oposição marcante com a concepção de Durkheim que, por sua vez, escreveu que se a sociologia não permitisse aprimorar a sociedade, não teria nenhum valor. Aos olhos de Pareto, uma proposição deste tipo é uma confusão entre o objeto científico, que é exclusivamente a verdade, e o objeto da ação social, que é a utilidade, sem que haja coincidência necessária entre esses dois objetos.

Em segundo lugar, a ciência lógico-experimental tem o dever de afastar todas as noções extra ou metaempíricas. Todos os termos empregados devem referir-se a fatos observados ou observáveis; todos os conceitos devem ser definidos com relação a realidades constatadas diretamente ou suscetíveis de serem criadas pela experimentação. As noções de ordem religiosa e os conceitos que não pertencem à ordem dos fenômenos não têm lugar, portanto, na ciência lógico-experimental. Todos os conceitos filosóficos ou de essência devem ser excluídos rigorosamente. Muitos cientistas, ou pseudocientistas, se perguntam incessantemente o que é o progresso, ou o verdadeiro socialismo ou a igualdade autêntica. Essas discussões sobre palavras não constituem uma ciência. A natureza da definição científica fica evidente quando distinguimos as ações lógicas das ações não lógicas. Para Pareto, discutimos em vão a questão de saber se seria melhor chamar as ações lógicas de ações racionais, e as não lógicas de ações não racionais. Os termos que usamos não têm importância em si mesmos. Se não fosse por uma questão de comodidade, poderíamos dizer X, em lugar de "ação lógica", e Y em vez de "ação não lógica". Por outro lado, dissertar sobre o conceito de classe é um exercício sem significação científica. Podemos indagar, diante de uma definição de classe, em que medida um fenômeno assim definido pode ser encontrado nesta ou naquela sociedade, mas importa pouco o sentido dado ao termo classe ou à palavra estrutura. As definições são decisórias; desde que as defina rigorosamente, cada um dá às palavras que emprega o sentido que deseja.

A ciência não tem lugar para nada que ultrapasse a experiência. As definições essenciais devem ser eliminadas da ciência lógico-experimental, que se utiliza de conceitos claramente definidos com relação a fenômenos observáveis. As discussões científicas devem referir-se sempre à realidade, e não ao sentido que damos às palavras.

Isto não quer dizer, naturalmente, que a ciência seja uma pura e simples reprodução dos fenômenos que observamos de fora. Muito pelo contrário, a ciência implica uma atividade do espírito que é uma recriação, cujo caráter primordial é a simplificação. O mundo humano, assim como o mundo natural em que vivemos, é por demais rico e complexo para que a ciência possa apreendê-lo inteiramente de uma só vez. Ela começa sempre com simplificações: observa e retém certos aspectos de determinados fenômenos, que designa por meio de conceitos rigorosos; em seguida, estabelece relações entre os fenômenos cobertos por tais conceitos, esforçando-se progressivamente por combinar suas abordagens simplificadas, para recompor a realidade complexa. Por exemplo: no *Traité de sociologie générale* parte-se da definição simplificada das ações não lógicas para chegar a uma classificação e analisar os fenômenos que a explicam. O resultado é uma tipologia das causas das ações não lógicas que será necessariamente simples e grosseira com relação à realidade complexa. Assim como a mecânica racional é uma explicação de um universo abstrato, a teoria econômica pura é uma interpretação esquemática dos sistemas econômicos; partindo porém destes modelos simples, e fazendo-os cada vez mais complexos, podemos chegar à realidade. Nunca encontraremos a realidade inteira, em toda a sua complexidade. A ciência é essencialmente inacabada, e os que acreditam que um dia ela chegará a ensinar o equivalente ao que ensinava a religião são vítimas de uma ilusão. Os sociólogos que, como Durkheim, pensam que a sociologia científica poderá postular os fundamentos de uma moral, substituindo os dogmas religiosos, são prisioneiros de uma modalidade de pensamento não lógica, sem que disso tenham consciência. Atribuem à ciência características que ela nunca terá, porque será sempre parcial, nunca normativa. A ciência será sempre um conjunto de proposições, de fato ou de causalidade, do qual nunca poderemos deduzir a afirmativa de que *devemos* conduzir-nos de uma certa maneira. Podemos demonstrar o quanto quisermos que esta ou aquela sequência regular é observada na realidade; dessas correlações regulares não se pode deduzir uma moral, qualquer que seja. "A ciência não pode satisfazer a necessidade infinita de desenvolvimentos pseudológicos sentida pelo homem. Ela só pode relacionar os fatos uns com os outros; por conseguinte ela sempre se detém em um fato." (*Traité de sociologie générale*, § 973).

A concepção da ciência experimental de Pareto reduz muito as ambições da sociologia, e nos situa num universo onde a fórmula "é preciso escolher: sociedade ou divindade" não seria o resultado da ciência, mas seu objeto, na medida em que esta se interessa pelo conjunto das condutas não lógicas. Este aspecto do pensamento de Pareto – que, aliás, se compraz em ironizar os trabalhos dos seus colegas – explica a extrema impopularidade de que tem sido vítima este autor entre a maioria dos sociólogos, não só enquanto vivia, mas depois da sua morte. Conheci entre os meus mestres, e conheço entre meus colegas, inúmeros sociólogos que não podem ouvir mencionar o nome de Pareto sem manifestar uma indignação cujo ímpeto resiste ao tempo.

Para Pareto, a ciência é lógico-experimental. Estes dois termos devem ser interpretados rigorosamente. *Lógico* significa que é legítimo deduzir de definições enunciadas, ou de relações observadas, as consequências resultantes de premissas. O adjetivo *experimental* abrange ao mesmo tempo a observação, no sentido restrito do termo, e a experimentação. A ciência é experimental porque se aplica ao real e se refere a ele como origem e critério de todas as proposições. Uma proposição que não comporta demonstração ou refutação pela experiência não é científica. Como meu mestre Léon Brunschvicg gostava de dizer, uma proposição cuja falsidade não pode ser demonstrada não pode ser verdadeira. Esta ideia é evidente, embora não seja percebida por muitos espíritos que veem na impossibilidade de refutar suas afirmações uma prova da verdade destas. Muito pelo contrário, uma proposição vaga e indefinida, a ponto de não poder ser refutada por nenhuma experiência, pode despertar sentimentos, satisfazer ou indignar, mas não é científica. Para que seja científica, é preciso que seja atingível pela única crítica válida, a dos raciocínios e dos fatos (a teoria marxista da mais-valia deve sua popularidade ao fato de ser irrefutável).

Em suma, a ciência lógico-experimental tem por objetivo descobrir as relações regulares existentes entre os fenômenos, isto é, na linguagem de Pareto, as uniformidades experimentais. Estas uniformidades experimentais não são em si mesmas necessárias. Os filósofos já discutiram longamente o caráter de vínculo causal que liga dois fenômenos. Neste particular, Pareto pertence à posteridade de Hume. Para ele, as relações singulares entre os fenômenos não comportam a necessidade intrínseca da causalidade. A regularidade observada é mais ou menos provável, de acordo com a natureza dos fenômenos interligados e o número das circunstâncias em que foram observados. O problema da necessidade não se coloca porque o objetivo da ciência é, muito modestamente, constatar uniformidades.

Pareto resume o caminho que pretende seguir em algumas proposições que constituem as regras da ciência lógico-experimental:

1º) Não pretendemos de forma alguma ocupar-nos da *verdade* intrínseca de nenhuma religião, fé, crença metafísica, moral ou de outra natureza. Não é que estejamos imbuídos do menor desprezo por essas coisas, mas apenas elas saem dos limites em que pretendemos permanecer. As religiões, crenças etc. serão observadas somente do exterior, como fatos sociais que são, sem levar em conta seu valor intrínseco. A proposição "A *deve* ser igual a B, em virtude de um princípio superior à experiência" escapa portanto inteiramente a nosso exame;

mas estudamos como tal crença nasceu, como se desenvolveu, e em que relação com os outros fatos sociais ela se encontra.

2º) O domínio em que trabalhamos não é portanto só o da *experiência* e da *observação*. Usamos estes termos no sentido que têm nas ciências naturais, como a astronomia e a química, a fisiologia etc.; e não para indicar o que se entende por *experiência íntima, cristã*, e que, com uma simples mudança de nome, ressuscita a auto-observação dos antigos metafísicos. Consideramos esta auto-observação como um fato exterior: nós o estudamos, pois, como tal, não como um sentimento que nos é próprio.

....

4º) Partimos de fatos para compor teorias, e procuramos sempre nos afastar o menos possível dos fatos. Ignoramos o que é a *essência* das coisas e não nos preocupamos, porque tal estudo escapa a nosso domínio. Procuramos as uniformidades apresentadas pelos fatos, dando-lhes o nome de leis; mas esses fatos não estão sujeitos às leis – ao contrário. As leis não são *necessárias*, são hipóteses que servem para resumir um número maior ou menor de fatos, e que têm validade enquanto não são substituídas por hipóteses melhores.

5º) Todas as nossas investigações são portanto contingentes, relativas, e dão resultados que são apenas mais ou menos prováveis, na melhor das hipóteses muito prováveis... Todas as nossas proposições, inclusive as de pura lógica, devem ser entendidas com a restrição: *"dentro dos limites do tempo e da experiência que nos são conhecidos"*.

6º) Raciocinamos exclusivamente sobre coisas, não sobre os sentimentos que seus nomes despertam em nós. Estes sentimentos são estudados como simples fatos exteriores. Por isto nos recusamos, por exemplo, a discutir se um ato A é *justo, não justo, moral* ou *imoral*, se não se deixou bem claro inicialmente a que se quer fazer corresponder tais termos. Mas estudaremos como um fato exterior o que os habitantes de um determinado país, pertencentes a uma determinada classe social, numa determinada época, queriam dizer quando afirmavam que A era um ato *justo* ou *moral*.

7º) Buscamos provas para nossas proposições não só na experiência e na observação, como também nas suas consequências lógicas, excluindo toda prova feita por *evidência interna*, por acordo de sentimentos, ou ditada pela consciência.

8º) Por outro lado, empregaremos unicamente termos correspondentes a coisas, empenhando todos os nossos cuidados, e nosso zelo, em dar-lhes uma significação tão precisa quanto possível.

9º) Procedemos por *aproximações sucessivas*, isto é, considerando em primeiro lugar o fenômeno no seu conjunto, e negligenciando voluntariamente os detalhes que levaremos em conta nas aproximações seguintes (*Traité de sociologie générale*, § 69).

A ciência lógico-experimental, sendo assim definida em suas grandes linhas, coloca logicamente o problema – para usar a terminologia de Pareto – de ligar a concepção das ações lógicas e não lógicas a esta definição. Curiosamente, o próprio Pareto não estabelece uma relação explícita entre sua teoria das ações não lógicas e sua teoria da ciência. Mas não é difícil esclarecer tal relação.

As ações lógicas são em sua maioria determinadas pelo saber científico, isto é, de acordo com uniformidades estabelecidas graças à ciência lógico-experimental. A ação lógica é aquela cuja relação subjetiva meio–fim corresponde à relação objetiva meio–fim. Ora, como este paralelismo poderia ser assegurado senão porque conhecemos as consequências que um certo ato acarreta, os efeitos de uma determinada causa ou ainda, em outros termos, as uniformidades estabelecidas pela ciência lógico-experimental? A uniformidade significa que o fenômeno B sucede regularmente ao fenômeno A. Se queremos agir logicamente, precisamos saber quais serão as consequências do ato A, que executamos, e é a ciência que nos dirá que o ato A leva à consequência B.

A ciência não cobre, portanto, o conjunto das condutas lógicas. O comportamento de um banqueiro, de um especulador, de um general que prefere ganhar a batalha em vez de perdê-la, é normalmente lógico, sem que contudo decorra de uniformidades experimentais de ordem científica. De passagem, Pareto afirma que efetivamente a maioria das ações lógicas são determinadas pelas uniformidades científicas, mas que inúmeros domínios da ação – político, militar, econômico – comportam condutas lógicas, determinadas por raciocínios de inspiração científica, esforçando-se por combinar eficazmente os meios em vista dos fins, sem que se possa dizer que tal combinação seja uma dedução direta de uniformidades experimentais. "As ações lógicas são muito numerosas nos povos civilizados. Os trabalhos artísticos e científicos pertencem a esta classe, pelo menos no que diz respeito às pessoas que conhecem estas duas disciplinas. As ações estudadas pela economia política pertencem também, em grande parte, à mesma classe. Deve-se incluir aí, adicionalmente, um certo número de operações militares, políticas, jurídicas etc." (*Traité de sociologie générale*, § 154). Apesar de tudo, subsiste uma solidariedade entre a concepção das ações lógicas e a concepção da ciência lógico-experimental. Esta relação é indispensável, considerando a própria definição das ações lógicas. Para caracterizá-las, Pareto se refere a "operações que são logicamente vinculadas a seus fins, não só com relação ao sujeito que as realiza, mas ainda com relação aos que têm um conhecimento mais amplo" (*Traité de sociologie générale*, § 150). Estes observadores que dispõem de conhecimentos mais amplos só podem ser os cientistas. O progresso da ciência permite ampliar progressivamente a esfera das condutas humanas que podemos considerar lógicas.

Tal como foi definida, a ciência só cobre um domínio estreito ou limitado da realidade. Estamos longe de conhecer tudo o que se passa no mundo; por conseguinte, longe de ter condições de dominar o conjunto dos fenômenos naturais. As condutas lógicas não cobrem e não podem cobrir mais do que uma parte limitada do conjunto da conduta humana. Se a condição para que uma conduta seja lógica é a de podermos prever as consequências dos nossos atos, e de podermos determinar pelo raciocínio os objetivos que pretendemos alcançar, e se a ciência não permite determinar os objetivos ou conhecer as consequências dos nossos atos, a não ser em domínios limitados, a maior parte da conduta humana será necessariamente não lógica. Chamar uma conduta de não lógica é, aliás, para Pareto, uma forma de criticá-la. Se há uma ironia, explícita ou velada, na expressão "não lógica", ela atinge somente aqueles que, agindo de forma não lógica, pensam agir logicamente. A ironia do observador não quer sugerir aos homens que ajam logicamente; ela visa ao fato de que os homens são tão irracionais quanto raciocinadores. A principal característica da natureza humana é se deixar levar pelo sentimento e apresentar justificativas pseudológicas para atitudes sentimentais.

Compreende-se, pois, por que Pareto é insuportável, e por que deseja sê-lo. Sua primeira tese é a de que todos os homens pretendem dar uma aparência lógica a condutas que não têm substância; e sua segunda tese propõe como objetivo da sociologia a demonstração de que o comportamento humano é em grande parte não lógico. Está claro que, quando um sociólogo mostra aos homens o que estes não querem ver, torna-se impopular, o que o próprio Pareto reconheceria. Não me parece impossível, aliás, dar uma interpretação lógica a este desejo de impopularidade. Para usar o método de Pareto, podemos dividir os homens que escrevem em duas categorias: os que escrevem com o desejo consciente de serem populares e os que escrevem com o desejo consciente de serem impopulares. O desejo de ser impopular não é nem mais nem menos lógico do que o de ser popular. Um autor pode ter um sentimento de frustração a despeito de tiragens de centenas de milhares de exemplares dos seus livros e um sentimento de êxito com tiragens de quinhentos exemplares. Pareto escolheu, de uma vez por todas, e provavelmente de modo lógico, o êxito de autor maldito. O que, aliás, não alcançou inteiramente.

O paralelo entre a concepção da ciência e a concepção das ações lógicas e não lógicas, em Pareto, nos lembra que a ciência não determina logicamente objetivos. *Não há uma solução científica para o problema da ação.* A ciência não pode ir além da indicação dos meios eficazes para atingir objetivos; a determinação dos objetivos não pertence ao seu domínio. Em última análise, não há solução científica para o problema da conduta individual, e não há solução científica para o problema da organização social. Pareto responde antecipadamente a todos os contemporâneos que proclamam que a ciência exige esta ou aquela organização da sociedade afirmando que a ciência autêntica, e não a pseudociência, não nos pode ensinar qual é a solução para o problema social.

Das expressões aos sentimentos

Os dados do problema do estudo lógico ou científico das ações não lógicas podem ser representados pela figura seguinte, que encontramos no capítulo II do *Traité de sociologie générale*:

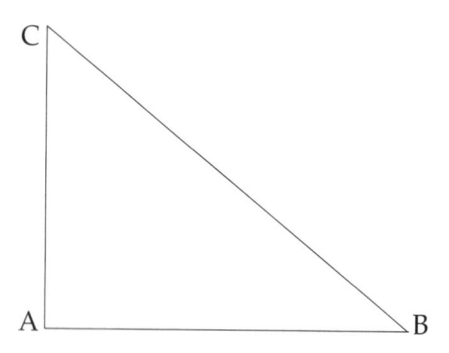

```
      C
      |\
      | \
      |  \
      |   \
      |    \
      |     \
      |      \
      A-------B
```

Para estudar logicamente as condutas não lógicas, só conhecemos diretamente, pela observação, os atos (B) e as expressões (C) de sentimentos "que se desenvolvem com frequência em teorias morais, religiosas e outras". O estado psíquico dos atores (A) escapa à experiência direta. O problema se coloca, portanto, nos seguintes termos: como explicar C e B, e sobretudo B, isto é, os atos, se não podemos apreender diretamente A, isto é, o estado de espírito?

> A tendência muito marcante que têm os homens para considerar as ações não lógicas como ações lógicas os leva a acreditar que B seja um efeito da "causa" C. Estabelece-se assim uma relação direta CB, em vez da relação indireta que resulta das duas relações AB, AC. Às

vezes a relação CB existe de fato; mas isto não ocorre tão frequentemente como se pensa. O mesmo sentimento que leva os homens a se abster de uma ação B (relação AB) os leva a criar uma teoria C (relação AC). Por exemplo: alguém tem horror do homicídio B, abstendo-se de ações homicidas; mas dirá que os deuses punem o homicídio, o que constitui uma teoria C (*Traité de sociologie générale*, § 162).

A tendência dos intérpretes é, portanto, explicar os atos pelas teorias que invocam, explicar B por meio de C. Mas ao fazer isto são vitimados pela inclinação humana para a racionalização ou, usando a terminologia de Pareto, para a logicização. Iludidos pelo instinto raciocinante dos homens, acreditam que seus atos são autenticamente determinados pelas doutrinas invocadas, quando na realidade o que determina ao mesmo tempo os atos e suas expressões é A, isto é, o estado psíquico ou os sentimentos.

De um certo modo, toda a primeira parte do *Traité de sociologie générale* é uma reflexão e uma análise, circular, sobre as relações entre A, C, B ou B, C, A. Com efeito, para Pareto, o que determina C e B é, essencialmente, A. A conduta dos homens é motivada pelo seu estado psíquico, ou por seus sentimentos, muito mais do que pelas razões que invocam. Contudo, não se pode excluir que C, isto é, as teorias, tenha uma certa influência sobre B. À força de se convencer de suas próprias ideias, os homens terminam agindo também com base em racionalizações. E, à força de agir de conformidade com essas racionalizações, de praticar um ritual, terminam por reforçar aquelas mesmas ideias com que começaram a explicar seus atos, de modo que há também uma ação de B, na medida em que B é um ato ritual, sobre C, isto é, sobre a doutrina. A ação de B sobre C é, no fundo, aquela a que se refere a fórmula: "Use a água benta e você acabará acreditando", que é uma versão simplificada ou não lógico-experimental da influência do rito sobre a crença.

O triângulo que apresentamos mostra três séries de relações, que convém analisar em pormenor: a ação do estado psíquico simultaneamente sobre os atos e as expressões; a ação secundária das expressões sobre os atos; e a ação secundária dos atos sobre as expressões, isto é, sobre as racionalizações, ideologias e doutrinas.

Com uma outra figura, um pouco mais complexa, Pareto explica não só o estado de espírito (A) e as expressões (C) mas também dois outros fatores: o culto (B) e os atos, que desta vez chamaremos de D.

> Até certo ponto, pode-se identificar o culto de uma religião a B; sua teologia a C. Os dois provêm de um estado psíquico A.

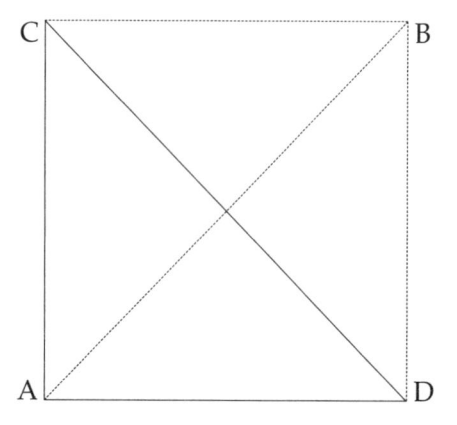

Consideremos certas ações D, dependentes deste estado psíquico A. O culto B não age diretamente sobre D, mas sobre A e assim sobre D; age igualmente sobre C e, por outro lado, C age sobre B. Pode haver também uma ação direta CD. A ação da teologia C sobre A é normalmente fraca; em consequência, esta ação é fraca também sobre D, pois a ação CD é também geralmente fraca. Portanto, em geral comete-se um grave erro ao supor que a teologia C é a causa das ações D. A proposição que se enuncia muitas vezes: "O povo age assim porque acredita nisso" raramente é verdadeira; é quase sempre falsa. A proposição inversa, "O povo acredita nisso porque age assim", apresenta geralmente maior dose de verdade; mas ela é absoluta demais, e tem sua parte de erro. É verdade que as crenças e as ações não são independentes; mas sua dependência consiste em serem dois ramos de uma mesma árvore.

Antes da invasão dos deuses da Grécia, a antiga religião romana não tinha uma teologia C; reduzia-se a um culto B. Mas este culto B, reagindo sobre A, influía fortemente nas ações D do povo romano. Mais ainda: quando existe a relação direta BD, ela se apresenta a nós, modernos, como claramente absurda. Mas a relação BAD podia, ao contrário, em alguns casos, ser muito razoável e útil ao povo romano. Em geral, a teologia C tem sobre D uma influência direta ainda mais fraca do que sobre A. É um grave erro, portanto, querer estimar o valor social de uma religião considerando unicamente o valor lógico e razoável da sua teologia. Mas, se esta se torna absurda a ponto de agir fortemente sobre A, é certo que agirá também fortemente sobre D. Este caso contudo é raro: só depois de uma modificação do estado psíquico A os homens percebem certos absurdos, que até então lhes haviam escapado inteiramente.

Estas observações se aplicam a todas as espécies de teorias. Por exemplo: C é a teoria do livre comércio; D é a adoção prática do sistema de livre comércio num país;

A é um estado psíquico resultante em grande parte dos interesses econômicos, políticos e sociais dos indivíduos, e das circunstâncias em que vivem. A relação direta entre C e D é geralmente muito fraca. Agir sobre C para modificar D só produz resultados insignificantes. Ao contrário, uma modificação de A pode repercutir sobre C e sobre D; nós os veremos alterar-se ao mesmo tempo, e um observador superficial poderá acreditar que D foi modificado pela transformação de C. Um estudo mais profundo demonstrará, contudo, que D e C não dependem diretamente um do outro, mas que ambos dependem de uma causa comum A.

As discussões teóricas (C) não são portanto muito úteis, diretamente, para modificar D. Indiretamente, podem ser úteis para modificar A. Para chegar a isso, porém, é preciso recorrer aos sentimentos muito mais do que à lógica e aos resultados da experiência. Exprimiremos este fato de maneira incorreta, porque excessivamente absoluta, embora marcante, dizendo que, para agir sobre os homens, os raciocínios precisam transformar-se em sentimentos.

Na Inglaterra de hoje, a prática do livre comércio (B), seguida durante muitos anos, reagiu sobre o estado A (interesses etc). e reforçou, em consequência, este estado psíquico; opôs-se assim à introdução do protecionismo (*Traité de sociologie générale*, §§ 165, 166, 167 e 168).

A partir desta análise elementar e fundamental, a sociologia de Pareto pode seguir dois caminhos. O primeiro é o que poderíamos chamar de via indutiva, que foi percorrida pelo próprio Pareto no *Traité*. A outra é a via dedutiva, que pretendo seguir.

A via indutiva consiste em procurar como, na história das doutrinas, as ações não lógicas foram conhecidas ou mal conhecidas, dissimuladas e desfiguradas; como os homens suspeitaram da noção de ação não lógica, esforçando-se por não criar uma teoria a esse respeito, pois nascido como ser raciocinante, o homem prefere acreditar que sua conduta é lógica, determinada pelas teorias, e não quer confessar a si mesmo que agiu movido por sentimentos.

Depois do estudo histórico da interpretação dos atos não lógicos, Pareto analisa cientificamente as teorias que ultrapassam a experiência. Estuda as metafísicas e as teorias que postulam objetos inacessíveis, aplicando procedimentos lógico-experimentais. Por exemplo, as doutrinas do direito natural, que pretendem determinar o que é o direito, sem distinção de tempo e de lugar, estão além da experiência, que só comporta a observação do que é e a dedução a partir de fatos observados. Pareto consagra um capítulo também às teorias pseudocientíficas, que existem em grande número. Depois destes três capítulos intermediários, que abrangem perto de trezentas páginas, aborda o que constituirá o essencial da teoria das ações não lógicas, a saber, o estudo dos resíduos e das derivações.

A segunda via é a que o próprio Pareto considera dedutiva, e sobre a qual afirma, no princípio do capítulo VI, sobre os resíduos, que deveria ser seguida com vantagem pela exposição. O método consiste em atacar imediatamente, se não o estado psíquico, pelo menos uma realidade próxima desse estado; em estabelecer uma classificação dos resíduos que são manifestações dos sentimentos e causas principais das ações não lógicas. Trata-se, portanto, de procurar o que podemos saber de A, sabendo que o estado psíquico ou os sentimentos não são conhecidos de modo direto. Como só conhecemos diretamente as expressões, os atos ou comportamentos de culto, como podemos chegar das expressões às suas causas, das teorias ou dos atos aos sentimentos e aos estados de espírito que os determinam?

O método de Pareto consiste em estudar um grande número de expressões, teorias, condutas curiosas, modalidades de cultos religiosos, práticas de magia ou feitiçaria, e constatar que, se estes atos e condutas diferem e comportam, na aparência, uma espécie de crescimento anárquico, eles revelam, através de estudo mais atento, uma certa consistência. Por exemplo: constatamos, nas civilizações mais diversas, que os homens atribuem um valor benéfico ou maléfico a certas cifras, a certos dias ou lugares. Nas nossas sociedades, é o número 13 que, segundo se alega, traz desgraça. Se um jantar de 13 pessoas se realiza numa sexta-feira, dia 13, há um temor de catástrofes. São fenômenos que todos conhecemos e que nos fazem sorrir, mas isto não impede que uma dona de casa hesite em organizar um jantar para 13 pessoas, embora ela não seja supersticiosa (é claro!), mas é bem possível que um dos convidados possa temer o caráter maléfico do número 13, ou da sexta-feira 13. Comenta-se também que não se devem acender três cigarros com o mesmo fósforo. Ao que parece, a origem desta superstição remonta à guerra do Transvaal. Os bôeres, que na época contavam com a simpatia da opinião mundial (as coisas mudaram!), tinham a reputação de serem atiradores excepcionais. Quando viam pela terceira vez nas linhas inimigas o brilho de um cigarro, alvejavam com tal precisão que o fumante era abatido. Não estou seguro de que esta seja a origem autêntica da superstição; contudo, para usar a linguagem de Pareto, trata-se claramente de um destes fenômenos não lógicos de que há exemplos em todas as sociedades. O traço comum a todos esses exemplos é a inclinação a atribuir um sentido benéfico ou maléfico a determinados dias, lugares, números e circunstâncias, por razões obscuras.

Prefiro dizer: por razões obscuras. Pareto diria, com maior precisão: por razões que se renovam incessantemente, e que mudam em cada sociedade; encontra-se sempre uma razão pseudológica para explicar por que tal lugar não deve ser frequentado, por que tal número anuncia desgraças e por que tais circunstâncias indicam a aproximação de uma catástrofe.

Desde logo, podem-se distinguir dois elementos no fenômeno observado: uma parte constante, que chamaremos *a* (não confundir com o A maiúsculo que representa o estado psíquico), e uma parte variável *b*.

A parte constante consiste na inclinação dos homens a estabelecer relações entre coisas, números, lugares e significados benéficos ou maléficos e na atribuição de valor simbólico ou indicativo a determinados fatos.

O elemento variável é a razão que os homens dão para justificar tais relações, em cada circunstância. Hoje, graças aos progressos da racionalidade ocidental, não se atribui muitas vezes nenhuma razão; de modo geral, porém, na maioria das sociedades, há razões para justificar uma atividade de associação. Esta é o elemento constante do fenômeno; a teoria explicativa é seu elemento variável.

Para usar outro exemplo, em quase todas as sociedades os homens parecem sentir repugnância pelo que conhecemos como homicídio; contudo, de acordo com a época e a sociedade, acharão motivos diferentes para explicar ou justificar esta rejeição. Em certos casos, dir-se-á que é Zeus que proíbe o crime; em outros, que a razão universal não tolera violações à dignidade da pessoa humana. Há várias teorias que fundamentam a interdição do assassínio, mas há nelas um elemento constante – a rejeição de determinada conduta, cuja origem é um estado psíquico ou um sentimento. O fenômeno concreto que se oferece à observação é o binômio rejeição do homicídio–justificação através de teorias concorrentes. O observador, de forma analítica, estabelece uma distinção entre estas teorias justificativas, que têm uma diversidade anárquica, e os elementos constantes dos fenômenos, que se repetem suficientemente para que possamos fazer com eles uma classificação geral. Como é pouco cômodo falar sempre em "elemento constante do fenômeno concreto considerado", e como é inutilmente pedante dizer "a" para designar este elemento constante, daqui em diante falaremos de *resíduo* para designar o que acabo de analisar sem empregar expressões complicadas. Quanto às teorias diversas, que se multiplicam, para justificar os elementos constantes, vamos chamá-las de *derivações*. As duas noções, de resíduo e de derivação, a que se chega por via analítica, são os dois conceitos fundamentais da armadura da primeira parte do *Traité de sociologie générale*.

Para precisar o que são os resíduos, Pareto escreve:

> O elemento (*a*) corresponde talvez a certos instintos do homem ou, dizendo melhor, dos homens, pois (*a*) não tem existência objetiva e varia de acordo com os homens. É provavelmente por corresponder a tais instintos que é quase constante nos fenômenos. O elemento (*b*) corresponde ao trabalho realizado pelo espírito para explicar o elemento (*a*). Por isto ele é muito mais variável, pois reflete o trabalho da fantasia... Mas, se a parte (*a*) corresponde a certos instintos, ela está longe de abran-

ger a todos. É o que se vê pela própria maneira como a encontramos. Nós analisamos os raciocínios e buscamos a parte constante. Assim, pois, só podemos encontrar os instintos que provocam os raciocínios, e não poderíamos encontrar os que não estão trabalhados pelos raciocínios. Restam portanto todos os simples apetites, os gostos, disposições e, nos fatos sociais, esta classe muito importante que chamamos de *interesses (Traité de sociologie générale*, §§ 850 e 851).

Este texto, muito curto, é um dos mais importantes do *Traité de sociologie générale*. Pareto é um desses autores que são mais concisos quando a questão de que tratam é importante, e são prolixos quando o tema é simples e o leitor já o compreendeu. Inesgotável em seus exemplos e ilustrações, Pareto é extraordinariamente sucinto quando toca os elementos fundamentais do seu pensamento. Estes dois parágrafos contêm a chave do seu sistema intelectual, revelando duas coisas essenciais:

1) Os resíduos não são os sentimentos ou o estado psíquico A; são elementos intermediários entre o sentimento que não conhecemos diretamente (talvez não o conheçamos sequer indiretamente) e as expressões ou atos C e B.

2) Estes resíduos se relacionam com os instintos do homem, mas não abrangem a todos, pois o método seguido não permite descobrir que instintos dão lugar a raciocínios.

Na classificação dos quatro tipos de ação não lógica, a classe 3 se define por "sim-não", existência de uma relação objetiva dos meios aos fins, mas não de uma relação subjetiva. Esta classe 3 abrange as ações diretamente adaptadas, do tipo instintivo, que não dão lugar a raciocínios, teorias e justificações. Se partirmos das expressões, teorias e justificações para chegar aos resíduos que constituem manifestações dos instintos, só se poderão descobrir aqueles instintos que levam a raciocínios. Fora os resíduos, há, portanto, apetites, gostos e disposições (ou inclinações).

A meu ver, embora Pareto não tenha estabelecido explicitamente uma relação entre a terceira classe das ações não lógicas e os termos apetites, gostos e disposições, trata-se no fundo do mesmo fenômeno. Se gostamos de um prato, enquanto não elaboramos uma filosofia sobre isso e nos limitamos a satisfazer nosso gosto, pode existir uma relação objetiva meios-fins; contudo, na ausência de qualquer teoria justificativa e de qualquer raciocínio, a observação não poderá descobrir nosso gosto a partir das expressões e manifestações. Por outro lado, se elaboramos teorias sutis relativas à superioridade da cozinha chinesa sobre a cozinha francesa (ou vice-versa), ou se admitimos teorias complicadas sobre as relações entre a satisfação do paladar e a higiene corporal, então passamos da terceira para a quarta classe de ações não lógicas, a do *sim-sim*, sem correspondência entre objetivo e subjetivo. O sociólogo paretiano poderá remontar a certos resíduos, mas, se nos limitarmos a comer bem, permaneceremos fora do seu campo de estudo.

Os três termos, apetites, gostos e disposições, a meu ver, são muito próximos e devem ser entendidos no seu sentido ordinário. "Apetite" é o desejo de uma coisa precisa. Na medida em que o indivíduo tem apetite por algo, satisfaz este apetite sem discussões, sem controvérsias e sem explicações, não há lugar para perguntas sobre os resíduos. Os gostos são também preferências; as disposições são tendências. Desejo definido, preferência, tendência, tal seria a distinção entre apetites, gostos e disposições. De modo geral, os três termos são aplicados ao comportamento humano na medida em que este constitui a busca de certos bens e de certas satisfações mais ou menos definidas. Apetites, gostos e disposições são comparáveis aos instintos animais, com a reserva de que no homem se transformam, são elaborados e diversificados pelo desenvolvimento da civilização, a ponto de já não serem necessariamente adaptados, como são, ao que parece, a maioria das condutas animais instintivas.

Pareto não inclui também os interesses entre os resíduos. A noção de interesse resulta da análise econômica, primeiro campo de investigação do autor do *Traité de sociologie générale*. Parece-me que no pensamento de Pareto o interesse provém da tomada de consciência de um objetivo que o indivíduo se propõe alcançar. Maximizar a quantidade de dinheiro é um interesse que suscita quase sempre condutas lógicas. Contudo, ao lado do "interesse econômico" pode haver um "interesse político". Um homem que tem por objetivo arrebatar o poder se comportará de modo interessado, e sua conduta será diferente das condutas não lógicas determinadas pelos resíduos. Ao chegarmos à síntese sociológica, precisaremos levar em conta não só os resíduos mas também as condutas determinadas em profundidade pelos instintos, apetites, gostos e disposições, bem como pelos interesses.

Para completar esta análise, resta elucidar a relação entre o resíduo e o estado psíquico, ou sentimento A. Pareto se exprime algumas vezes como se os resíduos se confundissem com os sentimentos. Contudo, não há dúvida de que estabelece uma dupla distinção. De um lado, os resíduos se situam mais perto dos atos ou das expressões do que os sentimentos, porque são identificados a partir de uma análise destes atos ou expressões. De outro lado, os resíduos não são realidades concretas, mas conceitos analíticos criados pelo observador para explicar os fenômenos. Não se podem ver ou apalpar os resíduos como se faz com uma mesa, ou mesmo como se experimenta um sentimento. Aliás, Pareto é formal a este respeito: "É preciso ter o cuidado de não confundir os resíduos (*a*) com os sentimentos, nem com os instintos aos quais correspondem. Os resíduos (*a*) são a manifestação de tais sentimentos e instintos, como a elevação do nível de mercúrio é, num termômetro, a manifestação de um aumento da temperatura. Só por elipse, para tornar mais concisa nossa explicação, dizemos, por exemplo, que os resíduos têm um papel importante na determinação do equilíbrio social, além dos apetites, dos interesses etc. Da mesma forma dizemos que a água ferve a 100°C. Mas as proposições completas seriam: os sentimentos ou instintos que correspondem aos resíduos, além daqueles que correspondem aos apetites, interesses etc., têm um papel importante na determinação do equilíbrio social. E: a água ferve quando o estado calorífico atinge uma temperatura indicada por 100° no termômetro centígrado." (*Traité de sociologie générale*, § 875).

Precisemos, pois, o que é capital, para a compreensão exata deste pensamento: os resíduos são conceitos analíticos utilizados pelo sociólogo e não pelo psicólogo. Pareto diz que o estudo dos sentimentos em si mesmos pertence à esfera da psicologia, e não da sociologia. Os resíduos correspondem, sem dúvida, a algo que existe na natureza, ou na conduta humana, mas esta coisa é definida por um conceito analítico forjado para compreender o funcionamento da sociedade. Pareto estabelece, nos parágrafos 879 a 884, uma aproximação interessante entre as raízes verbais, estudadas pelo filólogo, e os resíduos, estudados pelo sociólogo[1]. De acordo com esta comparação, os resíduos são as raízes comuns de grande número de condutas ou expressões. Têm portanto, como tais, o mesmo caráter abstrato das raízes verbais descobertas pelo linguista, que não são dados concretos, e no entanto não são apenas ficções, porque ajudam a compreender a realidade.

Resíduos e derivações

A teoria dos resíduos leva a uma classificação que se apresenta como uma espécie de análise teórica da natureza humana para uso dos sociólogos. Pareto distingue, inicialmente, seis classes de resíduos; encontra gêneros em cada classe; por fim, divide certos gêneros em espécies. A distinção certamente mais importante é a das seis classes, que têm significados e alcances múltiplos. Estas seis classes são as seguintes:

– a primeira é a do "instinto das combinações";
– a segunda, a "persistência dos agregados";
– a terceira, a "necessidade de manifestar os sentimentos por meio de atos exteriores";
– a quarta, a dos "resíduos relacionados com a sociabilidade";
– a quinta, a "integridade do indivíduo e dos seus dependentes";
– a sexta, a dos "resíduos sexuais".

Observa-se logo que em certas classes o termo resíduo aparece na definição, e em outras encontramos o termo instinto ou necessidades. Aparentemente, estas seis classes são portanto heterogêneas, e nem todas têm a mesma importância. As mais importantes são indubitavelmente as duas primeiras, que aparecerão sozinhas, ou quase, na segunda parte do *Traité*, quando se tratar de compor a síntese.

1. A primeira classe de resíduos está constituída pelos resíduos correspondentes ao "instinto das combinações". Para defini-la Pareto usou o termo instinto, que nos leva ao que há de mais profundo no homem, isto é, aos sentimentos, situados além dos resíduos. O instinto das combinações, no sentido mais genérico, é a tendência para relacionar as ideias e as coisas, para tirar as consequências de um princípio enunciado, para raciocinar bem ou mal. O homem é homem porque tem um instinto das combinações, que provoca atos, expressões, teorias, justificações, e, subsidiariamente, o próprio *Traité de sociologie générale*, que é sem dúvida uma consequência, não inevitável mas efetiva, do instinto das combinações.

O instinto das combinações comporta, como um dos seus gêneros, a "necessidade de desenvolvimentos lógicos". Ele está, portanto, na raiz dos progressos intelectuais da humanidade, do desenvolvimento da inteligência e da civilização. Nas sociedades mais brilhantes, que não são necessariamente as mais morais, abundam os resíduos da primeira classe. Segundo Pareto, a Atenas do século V antes de Cristo e a França no princípio do século XX são exemplos de sociedades repletas de resíduos da primeira classe, que encontramos em menor grau na antiga Esparta e na Prússia do século

XVIII. Veem-se imediatamente as consequências políticas resultantes da frequência variável de tais resíduos.

A classe do "instinto das combinações" se compõe de vários gêneros. O primeiro, mais simples e mais abstrato, é o "instinto das combinações em geral", isto é, sem especificação. O segundo é o "instinto das combinações de coisas semelhantes ou contrárias". A maioria das operações mágicas comporta combinações deste tipo. O terceiro gênero pode ser definido como "o poder misterioso de certas coisas ou de certos atos". O quarto é intitulado: "necessidade de unir os resíduos"; o quinto, "necessidade de desenvolvimentos lógicos"; o sexto, a "fé na eficácia das combinações".

O quinto gênero, "necessidade de desenvolvimentos lógicos", abrange a maioria dos resíduos que determinam as derivações. É a necessidade do desenvolvimento lógico que explica a renovação incessante das teorias e o progresso nas ciências.

Compreende-se, desde logo, que uma conduta lógica possa ser também determinada pelos resíduos, que são eles próprios a expressão de instintos ou sentimentos. A conduta lógica pode originar-se em sentimentos, no caso de que, pela tomada de consciência das relações meios-fins, o ator tenha condições de prever as consequências efetivas dos meios que emprega, e de estabelecer uma correlação entre a relação subjetiva e a relação objetiva.

Vale notar, também, que o mesmo instinto das combinações pode deste modo estar na origem das condutas não lógicas, como a magia, e também daquilo que é a própria característica da conduta lógica, isto é, a ciência.

2. A segunda classe de resíduos é a contrapartida da primeira. Se o instinto das combinações é o que impede

o homem de se instalar, de uma vez por todas, num certo modo de ação ou de sociedade, provocando o desenvolvimento incessante dos conhecimentos e a renovação indefinida das crenças, a persistência dos agregados, que Pareto não chama de instinto, é comparável à inércia. Corresponde à tendência humana a manter as combinações que se estabeleceram, a rejeitar as transformações e a aceitar de uma vez por todas os imperativos.

> Certas combinações constituem um agregado de partes unidas estreitamente num certo corpo, que termina por adquirir uma personalidade semelhante à dos seres reais. Podem-se muitas vezes reconhecer tais combinações pela característica de ter um nome próprio, distinto da simples enumeração das partes... Depois que o agregado se constituiu, muitas vezes age um certo instinto; opõe-se, com força variável, a que as coisas assim reunidas se separem; se a separação não pode ser evitada, procura dissimulá-la, conservando o simulacro do agregado. Pode-se, *grosso modo*, comparar este instinto à inércia mecânica. Ele se opõe ao movimento dado por outros instintos. Nasce daí a grande importância social dos resíduos da segunda classe (*Traité de sociologie générale*, §§ 991 e 992).

A segunda classe constitui portanto, com a primeira, um par de termos opostos. Estas duas tendências fundamentais têm um significado social imediatamente compreensível. Uma induz à mudança e à renovação; a outra, à estabilidade e à conservação. Uma incita a elaborar construções intelectuais, a outra a estabilizar as combinações. Pareto observa que as revoluções modificam as pessoas dos governantes, as ideias em nome das quais estes governam e, eventualmente, a organização dos poderes públicos, mais facilmente do que os costumes, as crenças e as religiões. O que pertence à ordem dos costumes, da organização familiar e das crenças religiosas constitui o fundamento da sociedade e é mantido pela persistência dos agregados. As transformações violentas desejadas pelos políticos se chocam contra a resistência dos resíduos da segunda classe.

Da mesma forma como acontece com os resíduos da primeira classe, Pareto estabelece uma classificação dos diferentes gêneros da segunda classe. Distingue notadamente a persistência das relações entre os vivos e os mortos, ou entre um morto e as coisas que possuía durante a vida. De um modo geral, as relações de um homem com outros homens, e dos homens com os lugares, são exemplos típicos de resíduos que tendem à persistência dos agregados. O fato de que tantas sociedades enterram seus mortos com os respectivos bens ilustra esta solidez dos laços entre cada pessoa e as coisas que lhe pertenceram. Da mesma forma, pode haver a persistência de uma abstração. Os que falam da Humanidade, do Progresso ou da História são movidos pelos resíduos da segunda classe, que pertencem ao gênero "persistência de uma abstração" ou "personificação". Se se afirma que o Progresso exige, ou que o Direito obriga, e se se toma seriamente a palavra abstrata, atribuindo à maiúscula um significado, agimos sob a influência de um resíduo da persistência dos agregados, o qual nos incita a tratar uma abstração como se fosse realidade, a personificar uma ideia e a emprestar uma vontade a tais abstrações personificadas.

As classes 3 e 6 são as que Pareto trata mais brevemente; e são também as mais simples.

3. A classe 3 é chamada "necessidade de manifestar os sentimentos por meio de atos exteriores". Uma

necessidade que se traduz por um ato ritual, por exemplo, o aplauso, destinado a exprimir um sentimento favorável. Não se aplaude em todas as sociedades para manifestar aprovação; os gestos ou ruídos com que se exprime aprovação ou desaprovação variam de acordo com a sociedade. A diversidade destas manifestações constitui o elemento variável (*b*), enquanto o elemento comum (*a*), ou resíduo, é a necessidade mais ou menos forte de manifestar os seus sentimentos. Pareto só reconhece dois gêneros desta terceira classe: o primeiro é simplesmente a necessidade de agir manifestando-se por combinações; o segundo é a exaltação religiosa. Não é difícil imaginar, através de todas as sociedades antigas ou modernas, as inumeráveis circunstâncias em que a necessidade de manifestar os seus sentimentos se exterioriza livremente. Em nossa época, os espetáculos desportivos e as manifestações políticas proporcionam ocasiões favoráveis.

4. A última classe que Pareto faz figurar na sua classificação dos resíduos é a dos "resíduos sexuais". Estamos aqui no limite do instinto, isto é, de uma realidade que, em si mesma, não entra no campo de estudo da sociologia. A classificação dos resíduos não considera os instintos no seu estado puro. Pareto escreve a este respeito: "O simples apetite sexual, embora aja vigorosamente sobre a raça humana, não nos deve ocupar aqui." (*Traité de sociologie générale*, § 1324). Uma boa parte das condutas comandadas pelo instinto sexual não entra na esfera de análise do sociólogo, mas certas condutas, ligadas aos resíduos sexuais, podem interessá-lo. "Devemos estudar o resíduo sexual de raciocínios e de teorias. De modo geral, este resíduo e os sentimentos em que se origina podem ser encontrados num grande

número de fenômenos; estão porém muitas vezes dissimulados, especialmente nos povos modernos." (ibid.)

Entre seus alvos prediletos, Pareto incluía os propagandistas da virtude. Detestava as associações e as pessoas que faziam campanha contra as publicações licenciosas e, de modo geral, em favor de costumes puritanos. Em dezenas de páginas examina o que chama de "religião da virtude", associada aos resíduos sexuais por complementaridade, oposição ou negação. Este exemplo nos ajuda a compreender a noção de *resíduo*, e os laços entre instintos e resíduos. Na medida em que os homens satisfazem seus apetites, deixam de interessar ao sociólogo, a menos que elaborem uma filosofia ou uma ética relativa à sexualidade. Os parágrafos consagrados aos resíduos da sexta classe também tratam da "religião da virtude" e das religiões propriamente ditas, pois todas as crenças adotaram e ensinaram uma certa atitude com relação à sexualidade[2].

5. A classe 4 é a dos "resíduos relacionados com a sociabilidade". Está definida por Pareto nos seguintes termos:

> Esta classe está constituída por resíduos que têm relação com a vida social. Podem-se nela incluir também os resíduos relacionados com a disciplina, se admitirmos que os sentimentos correspondentes são reforçados pela vida em sociedade. Neste sentido observou-se que todos os animais domésticos, com exceção do gato, viviam em sociedade quando ainda estavam em liberdade. Por outro lado, a sociedade é impossível sem uma certa disciplina; em consequência, o estabelecimento de uma sociabilidade e o estabelecimento de uma disciplina têm necessariamente certos pontos de contato (§ 1113).

A classe 4, dos resíduos relacionados com a sociedade, tem portanto uma certa relação com a classe 2, da persistência dos agregados. Mas as definições são outras, e estas classes diferem em alguns pontos.

Os diferentes gêneros distinguidos por Pareto permitem precisar mais esta classe de resíduos. O primeiro é o das "sociedades particulares". Pareto alude aqui ao fato de que todos os homens se inclinam a criar associações, notadamente associações voluntárias, exteriores aos grupos primários nos quais estão imediatamente integrados. Estas associações tendem a provocar sentimentos de fidelidade e de lealdade que os fazem persistir em seu ser. O exemplo mais simples é o de uma associação esportiva. Quando eu era jovem, os parisienses se dividiam em torcedores do *Racing Club* e do *Stade Français*. Mesmo os que não praticavam nenhum esporte se ligavam por sentimento espontâneo ao *Racing* ou ao *Stade*. O *patriotisme stadiste* e o *patriotisme du Racing* provocavam a presença de numeroso público nos jogos disputados pelas duas equipes. O exemplo é ao mesmo tempo irônico e sério. As associações voluntárias só perduram pelo devotamento dos seus membros. Pessoalmente, por razões que me escapam, conservei um *patriotisme stadiste*. Quando o time de futebol do *Stade* ganha um jogo contra o *Racing*, sua vitória me dá uma certa satisfação. Não há nenhuma razão lógica para esta fidelidade. Vejo nela um exemplo da vinculação às sociedades particulares, e concluo que sou dotado de numerosos resíduos da quarta classe.

O segundo gênero mencionado por Pareto é a "necessidade de uniformidade". Esta necessidade é incontestavelmente uma das mais difundidas e mais fortes que existem nos seres humanos. Cada um de nós se inclina a julgar que a maneira como vive é a maneira como se deve viver. Nenhuma sociedade pode existir se não impõe a seus membros certos modos de pensar, de crer e de agir. Mas, porque toda sociedade torna obrigatórias estas maneiras de viver, toda sociedade tende também a perseguir os heréticos. A necessidade de uniformidade é o resíduo a partir do qual se desenvolvem as perseguições dos dissidentes, tão comuns na história. Esta inclinação a perseguir os heréticos é, aliás, tão característica dos livre-pensadores como dos crentes. Os ateus que perseguem os padres com seu desprezo e os racionalistas que denunciam as superstições manifestam esta necessidade de uniformidade que persiste mesmo em grupos cujo dogma oficial é a liberdade de crença. Assim como os psicanalistas se referem às armadilhas dos complexos, Pareto poderia falar das armadilhas dos resíduos.

O terceiro gênero é caracterizado pelos fenômenos da "piedade e da crueldade". A relação entre este gênero e os outros resíduos ligados à sociabilidade não é tão clara como nos casos precedentes. Com efeito, Pareto analisa os sentimentos de autopiedade projetada sobre a repugnância instintiva pelo sofrimento em geral e pela repugnância dos sofrimentos inúteis baseada no raciocínio. Sugere que uma certa rejeição do sofrimento alheio é normal, e que a benevolência deveria inclinar-nos a reduzir, na medida do possível, as penas dos nossos semelhantes. Mas estes sentimentos de piedade podem, na sua opinião, tornar-se excessivos; estigmatiza assim a indulgência manifestada pelos tribunais do seu tempo, com relação aos anarquistas e assassinos. Pareto multiplica as observações irônicas a respeito das pessoas humanitárias que terminam pensando exclusivamente no sofrimento dos assassinos e esquecendo suas vítimas. "É incontestável que há um século a repressão dos crimes tem se tornado cada vez mais fraca. Não passa um ano sem que sejam promulgadas novas leis em favor dos delinquentes, e a legislação existente é aplicada pelos tribunais e pelos júris com indulgência cada vez maior. Pareceria, pois, que a piedade com relação aos delinquentes aumenta, e diminui a piedade com respeito às suas vítimas." (§ 1133). O humanitarismo exagerado é um dos alvos preferidos de Pareto, que justifica sua crítica com o fato de que muitas vezes estes excessos de sensibilidade e de piedade precedem os massacres. Quando uma sociedade perde o sentido da disciplina coletiva, está perto de uma revolução, que provocará uma subversão dos valores. A indiferença pelo sofrimento alheio substituirá a fraqueza inspirada pela piedade cega; uma autoridade forte sucederá a desagregação por falta de disciplina. Evidentemente, Pareto não elogia a brutalidade, mas procura demonstrar que as duas atitudes extremas, o humanitarismo excessivo ou a crueldade, são prejudiciais ao equilíbrio social. Só uma atitude moderada pode evitar desgraças. "O sentimento próprio dos seres fortes, enérgicos, que sabem o que querem e são capazes de se deter no ponto exato que consideram necessário atingir, é a repugnância dos sofrimentos inúteis, baseada no raciocínio", escreve ele no princípio de um parágrafo que resume bastante bem seu ideal moral. "Instintivamente, os súditos de um governo compreendem muito bem a diferença entre este gênero de piedade e o precedente. Respeitam, estimam, amam a piedade dos governos fortes. Criticam e desprezam a piedade dos governos fracos. Esta última é para eles covardia; a primeira é generosidade. O termo *inútil* é, aqui, subjetivo: designa um sentimento de quem o emprega. Em certos casos, pode-se saber também que certas coisas são objetivamente *inúteis* à sociedade; em muitos outros casos, porém, ficamos na dúvida, e a sociologia está bem longe de poder resolver esta questão. Concluir, contudo, com base em possibilidade eventual e longínqua, que os sofrimentos infligidos são úteis seria um raciocínio equivocado. É preciso tomar posição de acordo com a maior ou menor probabilidade. Seria absurdo, evidentemente, dizer que é útil matar ao acaso uma centena de pessoas porque entre elas pode haver um futuro assassino. Mas, ao contrário, surge uma dúvida com respeito ao raciocínio que muitas vezes foi feito para justificar as perseguições contra as feiticeiras, ao afirmar que entre elas havia um bom número de criminosas comuns. É possível que a dúvida subsistisse, à falta de um meio para separar as envenenadoras das mulheres histéricas, convencidas de ter tido relações com o diabo. Mas, como este meio existe, desaparece a dúvida, e os sofrimentos infligidos são objetivamente inúteis. Não é este o lugar apropriado para continuar expondo tais considerações, que nos fazem sair do campo dos resíduos transportando-nos para a esfera das ações lógicas." (§ 1144).

O gênero n.º 4 é a "tendência a impor a si mesmo um mal, pelo bem de outrem", em termos ordinários, o devotamento que leva alguns indivíduos a se sacrificarem pelos outros. No sistema de pensamento de Pareto, este devotamento aos outros que se traduz por um sacrifício imposto a si próprio é uma ação não lógica. As ações interessadas, nas quais o ator combina os meios para atingir a satisfação máxima para si mesmo, são ações lógicas. Inversamente, o sacrifício de si em favor dos outros é quase sempre uma ação não lógica. Esta observação mostra perfeitamente que batizar uma ação de não lógica não implica desvalorizá-la, e sim, simplesmente, dizer que o determinante de tal ação exprime sentimentos quase sempre não conhecidos claramente pelos próprios atores. No entanto, Pareto (que é pessimista) acrescenta que não se deve acreditar que os indivíduos da classe dominante que tomam o partido da classe inferior agem necessariamente com base nesta tendência em se impor um mal para o bem de outrem. Os burgueses que ingressam em partidos revolucionários têm muitas vezes o objetivo de alcançar vantagens políticas ou financeiras. Estão atuando interessadamente ao representar a comédia do altruísmo. "Hoje, os industriais e financistas descobriram que é possível obter vantagens aliando-se aos socialistas. Vemos industriais e banqueiros, muito ricos, que preconizam 'leis sociais', e podemos ser levados a crer que agem motivados pelo puro amor ao próximo e que, inflamados por este amor, ardem com o desejo de distribuir seus bens. Mas é preciso atentar bem para o que acontecerá depois da adoção dessas 'leis sociais': sua riqueza não diminui, mas, ao contrário, cresce. Assim, eles nada deram aos outros, mas ao contrário retiraram deles alguma coisa." (§ 1152). Indubitavelmente, é raro que os líderes dos partidos revolucionários sejam inteiramente cínicos, pois é impossível ao homem viver na duplicidade do cinismo integral. O homem que prega doutrinas revolucionárias, de direita ou de esquerda, termina por acreditar nelas, quando menos para assegurar seu equilíbrio e a paz de sua consciência. Não está provado, porém, que este indivíduo esteja animado exclusivamente pelo amor dos seus semelhantes; pode estar iludido pelos seus resíduos e suas derivações, resíduos que o impulsionam para uma carreira política, derivações que lhe dão a ilusão de que suas atitudes favoráveis às reformas e à revolução têm base no puro idealismo.

O gênero seguinte, n.º 5, é o dos sentimentos ligados à hierarquia, isto é, à deferência do inferior com relação ao superior, a benevolência e a proteção, unidas à dominação e ao orgulho, do superior com relação ao inferior. São, em suma, os sentimentos que os membros de uma coletividade, situados em diferentes níveis hierárquicos, experimentam uns pelos outros. É fácil compreender que uma sociedade hierarquizada não poderia perdurar se os inferiores não fossem obrigados à obediência e se os que comandam não exigissem tal obediência dos inferiores, ou não lhes manifestassem benevolência. "Os sentimentos de hierarquia, tanto da parte dos inferiores como da dos superiores, se observam já nos animais e são muito comuns nas sociedades humanas. Parece mesmo que, quando estas sociedades apresentam um certo grau de complexidade, precisam desses sentimentos para subsistir. A hierarquia se transforma, mas subsiste sempre, mesmo nas sociedades que, aparentemente, proclamam a igualdade dos indivíduos. Constitui-se uma espécie de feudalidade temporária, na qual se desce dos grandes líderes políticos até os mais modestos." (§ 1153).

O último gênero, em que Pareto insiste muito, é constituído pelo conjunto dos fenômenos do "ascetismo". "Observa-se entre os homens um gênero especial de sentimentos que não tem nenhum equivalente nos animais, e que leva o indivíduo a se infligir sofrimentos, a abster-se de prazeres sem nenhuma finalidade de utilidade pessoal, indo em sentido contrário ao do instinto que impulsiona os seres vivos a buscar as coisas agradáveis e a fugir das coisas desagradáveis. Este é o núcleo dos fenômenos que conhecemos sob a denominação de ascetismo." (§ 1163). Pareto não gosta dos ascetas. Ele os despreza, vendo-os com mistura de espanto, de indignação e de admiração. Este sociólogo objetivo abandona sua posição de neutralidade diante dos ascetas.

De acordo com seu método, Pareto passa em revista os fenômenos do ascetismo, desde as instituições dos espartanos até os místicos cristãos e os adversários da literatura não engajada ou de pura distração, e conclui que esse turbilhão de fenômenos comporta um elemento comum, uma parte constante que se encontra nos sofrimentos que os ascetas se infligem. A definição do ascetismo de Pareto não deixa de lembrar a filosofia de Durkheim. É inevitável que os indivíduos sejam obrigados a refrear muitos dos seus desejos por não terem condições de satisfazer a todos. Por sua natureza os homens têm tantos desejos que nunca possuem recursos suficientes para satisfazer a todos. Os sentimentos que levam a uma disciplina dos desejos, como a disposição ao devotamento ou ao sacrifício, são socialmente úteis. Mas, quando estes sentimentos se desenvolvem de forma exagerada, levam ao ascetismo, que não é útil a ninguém e que o sociólogo vê como uma ampliação patológica da disciplina dos desejos. "Os atos do ascetismo são em grande parte atos que têm um resíduo inerente à vida social, e que persistem mesmo depois de ter cessado sua utilidade. Ou então adquirem intensidade tal que os leva além dos limites da sua utilidade. O resíduo do ascetismo deve portanto ser posto entre os resíduos relacionados com a sociabilidade, e representa frequentemente uma hipertrofia dos sentimentos de sociabilidade." (§ 1171).

A maioria destes gêneros de resíduos da quarta classe, postas à parte as formas extremas da piedade e do ascetismo, tem portanto uma função social de modo geral conservadora. Por este meio, os resíduos da quarta classe estão ligados aos da segunda, isto é, à persistência dos agregados. Quando Pareto, na segunda parte do seu livro, considera os sentimentos ou resíduos que variam simultaneamente através da história, reúne muitas vezes os resíduos da segunda e da quarta classes, os sentimentos de conservadorismo religioso e os sentimentos de conservadorismo social. A persistência dos agregados religiosos dá durabilidade às religiões; os sentimentos associados à hierarquia fazem perdurar as estruturas sociais. Contudo, a correspondência não é total. A piedade e o ascetismo podem ser socialmente prejudiciais.

6. A quinta classe é definida como "integridade do indivíduo e dos seus dependentes", e Pareto acrescenta: "O conjunto dos sentimentos que denominamos 'interesses' tem a mesma natureza dos sentimentos a que correspondem os resíduos deste gênero. Assim, a rigor, deveria fazer parte deles; mas tem tão grande importância intrínseca para o equilíbrio social que é útil concebê-lo à margem dos resíduos." (§ 1207).

Como o indivíduo é levado espontaneamente, por instinto, a desejar coisas agradáveis, aquele que se esforça por alcançar o máximo de satisfações, e combina racionalmente os meios com vista a este fim, age de modo lógico. Do mesmo modo, se é normal que o homem deseje o poder, o homem político que combina astuciosamente os meios para arrebatar o poder age também de forma lógica. Os interesses, definidos pela riqueza e pelo poder, são portanto a origem e os determinantes de um amplo setor de ações lógicas. Os resíduos da integridade do indivíduo e dos seus dependentes correspondem, na ordem não lógica, ao que é o interesse na esfera da lógica. Em outras palavras, quando o indivíduo se afirma de modo egoísta a partir de resíduos e de sentimentos, ele se comporta de maneira não lógica, como age logicamente quando se esforça por adquirir riqueza e poder.

Nem todos os gêneros desta quinta classe se ajustam facilmente a esta concepção geral. O segundo gênero, "o sentimento de igualdade entre os inferiores", pode ser compreendido sem dificuldade; é um sentimento que leva os inferiores a reivindicar a igualdade com os superiores. É a contrapartida dos sentimentos ligados à hierarquia, que comanda a aceitação da desigualdade. Trata-se de um resíduo cuja expressão é uma reivindicação geral de igualdade. Mas "este sentimento é muitas vezes uma defesa da integridade do indivíduo que pertence a uma classe inferior, e uma maneira de fazê-lo ascender a uma classe superior. Isto se efetua sem que o indivíduo que experimente tal sentimento seja consciente da diversidade que há entre o objetivo real e o aparente. No lugar do seu próprio interesse, ele coloca o da sua classe social, simplesmente porque esta é a forma usual de se expressar" (§ 1220)[3].

A rigor, o terceiro gênero pode também entrar na definição geral; ele é definido como "o restabelecimento da integridade por operações que se relacionam com os sujeitos que sofreram a alteração". Os fenômenos a que Pareto se refere são aqueles que poderíamos chamar, usando um termo genérico, de *ritos de purificação*, que são correntes nas religiões mas podem existir em outros contextos. No princípio do século, na França, quando Gustave Hervé, na época um extremista revolucionário, antes de se tornar, durante a guerra de 1914-18, um ultrapatriota, declarou em artigo que era preciso "mergulhar a bandeira na sujeira", muitos pensaram que o símbolo de uma realidade sagrada tinha sido enxovalhado, e houve várias manifestações de purificação em todo o país. Este exemplo é típico dos resíduos que tendem ao restabelecimento da integridade por operações relacionadas seja com o objeto culpado, seja com o objeto vítima da alteração. A noção de impureza aparece em todas as religiões, que, do totemismo até as religiões atuais de salvação, têm práticas destinadas a purificar os crentes de seus pecados, ou a lavar as coisas da impureza. Estas práticas são, para Pareto, a expressão dos resíduos que levam o indivíduo a afirmar ou a restabelecer a integridade de si mesmo e dos que dele dependem.

O primeiro gênero é o dos "sentimentos que contrastam com as alterações do equilíbrio social". Levam os indivíduos a punir aquele que cometeu um ato contrário aos imperativos da sociedade e à sua concepção do justo e do injusto. Os membros de cada sociedade são impulsionados pelos resíduos da quinta classe a interpretar dogmaticamente as exigências da justiça. Quando um ato deste tipo é cometido, os resíduos da integridade do indivíduo se manifestam sob a forma de desejo de sanções, pela indignação e pela perseguição.

Os resíduos da quinta classe têm significações sociais variadas. Quando se trata do segundo gênero – o sentimento de igualdade entre os inferiores –, a quinta classe é a contrapartida da quarta. Os sentimentos de inovação e de reivindicação se opõem ou se colocam paralelamente aos sentimentos conservadores. Por este segundo gênero, a quinta classe se aproximaria da primeira, a do instinto de combinação. De outro lado, porém, o primeiro e o terceiro gênero estão muito mais associados à quarta classe. São sentimentos conservadores, mais do que inovadores. A dificuldade de fixar exatamente o significado social da quarta e da quinta classe tem como resultado o quase desaparecimento destas classes na segunda parte do *Traité*, isto é, na síntese. As duas classes que têm o papel mais importante são, portanto, o instinto de combinação e a persistência dos agregados; a quarta classe, a dos resíduos ligados à sociabilidade, está ligada quase sempre à segunda.

A justificação desta longa tipologia dos resíduos aparece mais claramente na segunda parte do *Traité*. Desde agora, porém, pode-se ver como ela é essencial ao pensamento de Pareto. *A classificação dos resíduos e das derivações é uma doutrina da natureza humana, tal como esta se manifesta na vida social.* As diferentes classes de resíduos correspondem aos conjuntos de sentimentos que agem em todas as sociedades e através da história. Para Pareto, as classes de resíduos variam pouco. Em outras palavras, o homem, assim definido, não muda fundamentalmente. A afirmação de que o homem não muda em profundidade se confunde com a tese da constância aproximada das classes de resíduos. Aí está a origem do pessimismo de Pareto. Se a esquerda se define pela ideia do progresso e pela convicção de que é possível transformar a natureza humana, então Pareto pertence indubitavelmente à direita.

As derivações são os elementos variáveis do conjunto constituído pela conduta humana e seu acompanhamento verbal. Representam, na linguagem de Pareto, o equivalente do que chamamos normalmente de *ideologia*, ou *teoria justificativa*. São os diferentes meios de ordem verbal, pelos quais os indivíduos e os grupos dão uma lógica aparente ao que, na verdade, não tem lógica, ou nem tanto quanto os atores gostariam de fazer crer.

O estudo das derivações, no *Traité de sociologie générale*, comporta vários aspectos. Podem-se, com efeito, examinar as manifestações verbais dos atores com relação à lógica e mostrar como e quando dela se afastam. Podem-se também confrontar as derivações com a realidade experimental, para marcar a distância entre a representação do mundo pelos atores e o mundo tal como ele é efetivamente.

Pareto procedeu longamente a tais confrontações de derivações com a lógica e a realidade experimental, nos capítulos que se situam antes da exposição da teoria dos resíduos. Quando, depois de expor a classificação dos resíduos, ele aborda as derivações, examina-as só sob um determinado aspecto. Estuda essencialmente as derivações "sob o aspecto subjetivo da força persuasiva que podem ter".

Se ouvimos um orador, numa reunião pública, afirmar que a moral universal proíbe a execução de um condenado à morte, podemos estudar seu discurso com relação à lógica, para ver em que medida as proposições encadeadas se seguem de maneira necessária. Pode-se confrontar este discurso, isto é, a ideologia da moral universal, com o mundo tal como ele é; pode-se, enfim, ouvir o orador e perguntar por que suas observações são persuasivas com relação a seus ouvintes. O estudo sociológico procura saber como os homens utilizam os procedimentos psicológicos, lógicos ou pseudológicos, a fim de convencer outros homens. Pareto chega por este caminho a uma classificação das derivações em quatro classes.

A primeira classe é a das "simples afirmações", cujo tipo é o das palavras da mãe que se dirige ao filho: "Obedeça porque é preciso obedecer." Como pai, filho ou soldado, todos já ouvimos esta fórmula: "é assim porque é assim". A derivação da primeira classe é eficaz se o "é preciso porque é preciso" é pronunciado em tom conveniente, pela pessoa apropriada. São relações interpessoais de um tipo determinado que fazem com que a derivação da simples afirmação atinja seu objetivo.

A segunda classe das derivações pode ser ilustrada pela ordem materna: "você deve obedecer porque papai quer". Em termos abstratos, é o argumento de autoridade, o *Philosophus dixit*. É fácil pôr no lugar de Aristóteles tal pensador que esteja hoje na moda: tratar-se-á sempre de derivações que tiram sua força persuasiva da autoridade de certos homens, da tradição ou do costume.

Se a autoridade paterna, entretanto, não for suficiente, a mãe poderá usar a terceira classe de derivações, invocando o bicho-papão ou o Papai Noel. Em outras palavras, as derivações podem fundamentar-se em sentimentos ou princípios, entidades jurídicas ou metafísicas, e apelar para a vontade de seres sobrenaturais. Neste caso, sua força persuasiva deriva do "acordo com os sentimentos ou os princípios". Quando Pareto decompõe esta terceira classe de derivações em gêneros, enumera sucessivamente os sentimentos, os interesses individuais e coletivos, as entidades jurídicas (por exemplo, o Direito, a Justiça), as entidades metafísicas (a Solidariedade, o Progresso, a Humanidade, a Democracia, todas entidades que manifestam vontades nas derivações) e as entidades sobrenaturais. A derivação torna convincentes as afirmações, os imperativos e os interditos, despertando sentimentos, demonstrando o acordo entre as proposições e os interesses existentes ou proclamando a alegada vontade de uma entidade abstrata ou de um ser sobrenatural.

A quarta classe de derivações é composta por aquelas que fundamentam sua força de persuasão em "provas verbais". "As derivações verbais são obtidas graças ao uso de termos de sentido indeterminado, duvidoso, equívoco, e que não se ajustam à realidade." (§ 1543). Por exemplo: um regime é considerado democrático porque trabalha no interesse das massas populares. Ora, esta é uma proposição duplamente equívoca. Que chamamos de democracia? Que significa trabalhar no interesse de alguém? A maioria dos discursos políticos pertence à categoria das provas verbais. É preciso acrescentar (e Pareto tem consciência disto) que um discurso composto exclusivamente de demonstrações lógico-experimentais não seria ouvido numa reunião pública, e talvez nem mesmo numa sala de aula. Pareto ironiza o caráter não lógico das derivações, mas repete que não deseja que os homens se comportem de modo lógico-experimental quando fazem política. Isto não seria possível, nem eficaz. No capítulo X do *Traité*, consagrado às derivações, ele estuda, de modo penetrante, os procedimentos com os quais os políticos ou os escritores persuadem, convencem, seduzem, em suma, os procedimentos psicológicos pelos quais os homens agem uns sobre os outros. Bem antes de Hitler, Pareto afirmou que um dos meios mais eficientes para convencer seus ouvintes ou leitores é a repetição incessante da mesma coisa. "A repetição, ainda que sem o menor valor lógico-experimental, vale mais do que a melhor demonstração lógico-experimental. Age mormente sobre os sentimentos, modificando os resíduos, enquanto a demonstração lógico-experimental age sobre a razão e, na hipótese mais favorável, pode modificar as derivações, mas tem pouco efeito sobre os sentimentos. Quando um governo ou alguma potência financeira deseja defender uma medida pelos jornais, quase sempre os argumentos que emprega estão longe de ser os melhores para demonstrar a utilidade dessa medida; usa em geral as piores derivações verbais, de autoridade, e outras semelhantes. Mas isto pouco importa; pelo contrário, às vezes é útil. É preciso ter sobretudo uma derivação simples, que todo o mundo possa compreender, até mesmo os mais ignorantes, e repeti-la incessantemente." (§ 1749). Também muito antes de Hitler, Pareto afirmou que não importa ser racional ou lógico, mas sim dar a impressão de que se está raciocinando. Há palavras que exercem uma espécie de influência mágica sobre a multidão; convém portanto empregar essas palavras, embora não tenham um sentido preciso (sobretudo por isto). Depois, fez-se melhor ainda, e os psicólogos inspirados na psicanálise e na psicologia de Pareto analisaram, da maneira mais precisa, os processos de violação das multidões[4]. A teoria das derivações de Pareto é uma contribuição à psicologia das relações interpessoais e intergrupais no domínio da política.

Estas quatro classes de derivações são inteligíveis com referência ao pensamento lógico-experimental. Este demonstra, não por afirmações puras, mas pelo acordo entre as proposições e os fatos observados; não invoca a autoridade da tradição ou de uma pessoa, mas os resultados das experiências, as regularidades constatadas. Tem por obrigação empregar termos definidos exatamente, e não utilizar conceitos equívocos.

As proposições que Pareto considera como lógico-experimentais não se ajustam, no seu conjunto, aos nossos sentimentos. Este desacordo ilustra a distinção radical entre as verdades científicas e os sentimentos das pessoas, e nada tem de surpreendente. As verdades experimentais ou científicas não são tão importantes na vida humana, e num certo sentido seria legítimo afastá-las de uma vez por todas como secundárias. As proposições lógico-experimentais só têm interesse real para uma categoria de homens pouco numerosa: os homens que preferem a verdade à utilidade; o que, em matéria social ou econômica, é raro.

Precisando assim a natureza do pensamento lógico-experimental e do pensamento não científico, Pareto define as relações que podem existir entre sua própria concepção do conhecimento e a de Auguste Comte.

Para ele, o pensamento não lógico-experimental toma como ponto de partida fatos experimentais e a partir desses fatos chega a princípios pseudoexperimentais. Quando é utilizado por pessoas cultas, pode passar a uma terceira fase, a das abstrações sentimentais ou metafísicas, fórmulas abstratas das quais os autores deduzem todas as consequências que lhes agradam; por fim em alguns casos passa também a uma quarta fase, que é a mais distanciada dos fatos experimentais: a da personificação destas abstrações sentimentais ou metafísicas. Por outro lado, entre as pessoas sem cultura, a ordem das fases três e quatro se inverte. A invocação de forças pessoais ou da divindade lhes parece menos afastada dos fatos experimentais do que as abstrações sentimentais ou metafísicas. "Não é necessário um grande esforço de imaginação para transportar a outros seres a vontade e as ideias que observamos habitualmente no homem. Concebe-se Minerva muito mais facilmente do que a inteligência abstrata. O Deus do Decálogo é mais fácil de compreender do que o imperativo categórico." (§ 1533). Uma última categoria de pessoas, mesmo nas nossas sociedades, pode deter-se na segunda fase, a dos princípios pseudoexperimentais, deixando de lado as abstrações sentimentais ou metafísicas e as personificações.

Chamemos de (*a*), (*b*) e (*c*) estas três categorias. Pareto escreve: "Já sabemos que a evolução não segue uma linha única, e que em consequência a hipótese de uma população que passasse do estado (*e*) ao (*b*), e depois ao (*a*) estaria fora da realidade. Contudo, para chegar ao fenômeno real, podemos partir desta *hipótese*, acrescentando-lhe em seguida as considerações que nos aproximarão da realidade. Se, por hipótese, uma população passa sucessivamente pelos três estados (*c*), (*b*), (*a*), conclui-se das considerações que fizemos que a massa das ações não lógicas de (*c*) e das explicações rudimentares que são dadas produzirá aos poucos explicações por via de personificações, e depois, por meio de abstrações, as explicações metafísicas... Até o presente, nunca se viu, já não diríamos toda uma população, mas uma parte importante de uma população, chegar a dar explicações exclusivamente lógico-experimentais e atingir, assim, o estado (A), aquele em que os homens empregam rigorosamente, e exclusivamente, o método lógico-experimental. Não nos é dado, de fato, prever se isto acontecerá um dia. Contudo, se considerarmos um número limitado, possivelmente muito restrito, de pessoas cultas, podemos dizer que hoje há indivíduos que se aproximam deste estado (A); poderia acontecer, embora nos falte o meio de demonstrá-lo, que no futuro haja um número maior de pessoas que atinjam completamente esse estado." (§ 1534).

Um pouco adiante Pareto comenta: "O fenômeno hipotético descrito previamente para o conjunto de uma população já foi visto bem ou mal por Comte, e constitui o fundamento da sua célebre teoria dos estados fetichista, teológico, metafísico e positivista. Ele concebe uma evolução que se poderia considerar semelhante à evolução (c), (b), (a), (A)." (§ 1536).

Hoje, os homens cultos, quando não são lógico--experimentais no sentido de Pareto, ou positivistas no sentido de Auguste Comte, recorrem às abstrações sentimentais e metafísicas. Durkheim utiliza assim a ideia da sociedade como um princípio, a partir do qual seria possível fazer deduções dos imperativos morais ou religiosos. As abstrações sentimentais de Pareto equivalem aos conceitos que Auguste Comte chamava de metafísicos. Inversamente, os que põem as personificações antes das abstrações se encontram ainda na fase do pensamento teológico, e os que só conhecem os fatos e os princípios pseudoexperimentais, misturando fatos observados com explicações fictícias, são, no fundo, fetichistas, na classificação de Comte.

Há, contudo, uma diferença importante entre a concepção de Pareto e a de Comte. Para este último, a despeito de eventuais atrasos, a evolução humana avança do fetichismo para o positivismo, passando pela teologia e pela metafísica; para Pareto, estes quatro modos de pensar podem ser encontrados normalmente, em diferentes graus, em todas as épocas. Ainda hoje, há pessoas que não ultrapassaram o pensamento fetichista ou teológico. Não há portanto, para a humanidade considerada em conjunto, a passagem necessária de um tipo de pensamento para outro. A lei dos três estados seria verdadeira se nossos contemporâneos pensassem exclusivamente de modo lógico-experimental, mas não é isto que acontece. Este método representa apenas um setor, muito limitado, do pensamento humano da atualidade. Não é mesmo concebível que possa abranger em sua totalidade o pensamento dos indivíduos ou das sociedades. Não há portanto passagem de um tipo de pensamento a outro mediante processo único e irreversível, mas sim oscilações de acordo com o momento, as sociedades e as classes, na influência relativa de cada um destes modos de pensamento.

Tudo o que temos direito de dizer é que há uma ampliação muito lenta do setor coberto pelo pensamento lógico-experimental, testemunhada pelo desenvolvimento das ciências naturais. Hoje, a humanidade atribui a esse pensamento uma importância maior do que no passado. De certo modo, porém, este progresso não é definitivo; por outro lado, não se pode imaginar que continue indefinidamente. Uma sociedade que estivesse toda ela sujeita ao pensamento lógico-experimental é inconcebível. Com efeito, o pensamento lógico-experimental se define pelo ajustamento entre as relações pensadas e as relações objetivas, e não comporta a determinação dos fins. Os homens não podem viver e agir sem assumir objetivos postulados por métodos não científicos. Além disso, para que ajam de forma lógico-experimental, é preciso que sejam motivados pelo raciocínio, a fim de assegurar o paralelismo entre as consequências imaginadas e as consequências reais. Ora, a natureza do animal humano é tal que sua conduta não pode ser sempre motivada pelo raciocínio.

Resíduos e derivações são palavras escolhidas arbitrariamente para designar fenômenos identificados por uma análise indutiva. Esta, tomando como ponto de partida derivados concretos, que são as condutas humanas, chega às expressões dos sentimentos que são os resíduos, e às expressões pseudorracionais que são as derivações[5].

Os resíduos não devem ser considerados, assim, como realidades concretas e autônomas. Uma conduta humana particular raramente pode ser explicada por um só resíduo. A própria classificação não pretende ser definitiva; sugere apenas as principais tendências das condutas humanas e ao mesmo tempo dos sentimentos. Essa classificação como tal não deixa de ter, contudo, uma significação importante, porque demonstra que os comportamentos humanos são estruturados e que as motivações das condutas não são anárquicas. Prova que há uma ordem interna na natureza humana e que se pode descobrir uma espécie de lógica nas condutas não lógico-experimentais dos homens que vivem em sociedade.

Esta estrutura inteligível dos resíduos é percebida através das seis classes, de que as quatro mais importantes se caracterizam pelos termos *combinação, conservação, sociabilidade* e *integridade pessoal*. Poder-se-ia simplificar ainda mais observando que na maioria dos resíduos ligados à sociabilidade ou à integridade pessoal se manifestam modalidades dos resíduos da segunda classe. Chegaríamos, assim, por uma simplificação excessiva, mas fiel à inspiração de Pareto, à antítese do espírito de inovação, que está na origem do desenvolvimento intelectual, e do espírito de conservação, que constitui o cimento necessário da ordem social. A persistência dos agregados, a sociabilidade e a integridade pessoal são três expressões que designam resíduos correspondentes, na linguagem ordinária, aos sentimentos religiosos, sociais e patrióticos. O espírito de combinação tende a dissolver os conjuntos sociais, mas também a favorecer os progressos do saber e as formas superiores da civilização. Há uma espécie de antinomia permanente na história: o próprio instinto de combinação cria os valores intelectuais e dissolve a sociedade. Ao lado desta estruturação dos resíduos, implicada diretamente nos textos de Pareto, pode-se elaborar uma classificação diferente dos resíduos que, embora não se encontre no texto do *Traité de sociologie générale*, pode ser deduzida das suas proposições. Indica uma interpretação muito diferente.

Distinguiríamos uma primeira categoria de resíduos: os que determinam os objetivos das nossas ações. O lógico-experimental só se aplica à relação meios-fins; por isso, os objetivos precisam ser estabelecidos por outro processo que não o raciocínio, em outras palavras, pelos sentimentos. Num primeiro sentido, os resíduos exprimem portanto os estados psíquicos que fixam os objetivos que cada um de nós assume em sua vida.

Em segundo lugar, certas condutas não são lógico-experimentais porque são simbólicas. Os ritos de um culto religioso são condutas não lógico-experimentais, pela simples razão de que não objetivam alcançar um efeito comparável ao obtido pela conduta do engenheiro, do comandante militar ou do especulador, mas sim exprimir ou simbolizar sentimentos a respeito de realidades sagradas. Pertencem a esta segunda categoria as condutas rituais, não lógicas, porque seu sentido resulta apenas do seu caráter simbólico.

Uma terceira categoria de condutas que não comportam também coincidência entre a série subjetiva e a objetiva é a das condutas políticas orientadas no sentido de objetivos ideais, e comandadas na verdade por ilusões. Pareto lembra incansavelmente a aventura dos revolucionários de todas as épocas, que prometem sempre renovar o cotidiano tradicional das sociedades (hoje, por exemplo, prometem uma sociedade sem classes) e chegam a resultados às vezes úteis, mas fundamentalmente diversos dos que queriam alcançar. É neste ponto que intervém a teoria dos mitos, de Georges Sorel[6]. Os homens agem com base em representações ideais, que não podem ser transformadas em realidade mas têm forte poder de persuasão. Os líderes socialistas provocam o entusiasmo operário com o mito da greve geral, para citar um exemplo de Sorel; ou animam a revolta dos proletários apontando a imagem de uma sociedade sem classes, no horizonte do futuro. Mas, quando os chefes da revolta operária tomam o poder, conclui Pareto, reconstituem uma sociedade, melhor ou pior do que a anterior, pouco importa, mas muito afastada do modelo ideal que prometiam às massas antes da revolução. Este comportamento pode ser chamado de *conduta pela ilusão*. Um objetivo é proposto aos homens e, das condutas, resulta uma mudança social; no entanto o resultado efetivo não coincide com o fim pretendido pelos atores. Não há uma coincidência entre a série subjetiva e a série objetiva, mas esta difere por sua natureza da não coincidência das condutas rituais.

Finalmente, uma quarta categoria é a das condutas determinadas por pseudorraciocínios lógico-experimentais, ou por erros. Se um governo, visando restabelecer o equilíbrio da balança de pagamentos, decide aumentar maciçamente os direitos aduaneiros ou impor um controle administrativo das importações, e estas medidas, em lugar de favorecer o equilíbrio da balança de pagamentos, agem em sentido contrário (porque, por exemplo, com a proteção aduaneira os preços internos se elevam, dificultando as exportações), esta conduta governamental é não lógico-experimental, não por se inspirar na ilusão de um objetivo ideal, ou por ser um mero rito simbólico, mas simplesmente porque se baseia numa teoria falsa. Pareto considera as condutas mágicas como pertencendo a este tipo, isto é, seriam condutas determinadas por raciocínios falsos. O método da análise não se ajustava às exigências lógico-experimentais.

Destas quatro categorias de resíduos, a quarta merece ser chamada de ilógica, propriamente. O não lógico decorre do fato do erro. Contudo, a determinação dos fins pelos resíduos é não lógica, mas não é ilógica, já que, de qualquer forma, não há determinação lógica dos fins. Da mesma forma as condutas rituais são não lógicas, mas não são ilógicas. Um gesto de respeito diante da bandeira, para exprimir o amor à pátria, não é uma conduta ilógica, porque é normal manifestar simbolicamente nosso devotamento a uma realidade sagrada. Quanto aos comportamentos inspirados por ilusões, eles se prestam antes a observações irônicas. Se os líderes políticos que prometem a seus seguidores um objetivo ideal não acreditam no que pregam, estão sendo lógicos. Se acreditam, não o são. O hipócrita age logicamente, não o crente. Estas afirmativas podem parecer chocantes, mas decorrem do sentido que damos às palavras. Se o líder político é um cínico, quer inflamar a multidão e tomar o poder; se distingue entre a série que apresenta a seus seguidores e a série objetiva que vai acontecer, é evidentemente lógico, porque tem em vista um objetivo que vai atingir efetivamente, isto é, assumir o poder e modificar a sociedade em seu benefício. Mas, se é uma vítima da ilusão que procura impor aos outros, é não lógico, porque busca resultados que de fato não poderá obter.

Neste ponto da análise, Pareto, que estou seguindo com uma certa liberdade, acrescenta que a maioria dos líderes políticos são de fato não lógicos, vítimas das ilusões que pretendem difundir. É preciso que seja assim, porque é difícil fingir sentimentos ou difundir convicções de que não participamos. Os chefes de Estado mais persuasivos acreditam na sua vocação, e na sua capacidade de transformar o mundo. Pelo menos até um certo ponto, os condutores de povos precisam ser prisioneiros das ilusões de que os governados necessitam.

Não há dúvida de que esta proposição, que é verdadeira, é também pouco agradável. Mas, comentaria Pareto, não há motivo para que a verdade coincida com a utilidade. Afirmar que é necessário que os condutores de povos tenham as mesmas ilusões que difundem é talvez pronunciar uma afirmativa verdadeira. Contudo, será necessário revelar esta verdade? Será que o bom sociólogo está condenado a ser um mau cidadão?

A síntese sociológica

Depois de estudar a natureza do homem social, com seus resíduos e derivações, Pareto passa à análise do funcionamento da sociedade, considerada em seu conjunto. Este esforço de síntese sociológica corresponde aos três últimos capítulos do *Traité de sociologie générale*: "Propriétés des résidus et des dérivations" [Propriedades dos resíduos e das derivações], "Forme générale de la société" [Forma geral da sociedade] e "L'équilibre social dans l'histoire" [O equilíbrio social na história].

Sabe-se que as classes dos resíduos variam pouco. Ao longo dos séculos que podemos observar diretamente ou por meio de testemunhos históricos, as seis classes de resíduos têm uma importância que não varia de modo decisivo. Constatam-se porém uma lenta progressão do pensamento lógico-experimental e oscilações na importância relativa das diferentes classes de resíduos. Estas oscilações da força relativa dos resíduos da primeira e da segunda classe constituem mesmo a principal causa das transformações históricas e os fatores decisivos do destino dos povos e dos Estados.

Pareto pergunta, assim, se tais resíduos, expressão dos sentimentos, são determinados por sua vez por causas externas, de ordem material.

Pareto foi influenciado, numa certa época da sua vida, pelo darwinismo social, isto é, pelas ideias de luta pela vida e de seleção natural aplicadas às sociedades humanas. Foi tentado a explicar as lutas entre classes e sociedade pela luta pela vida; os vencedores, e os sobreviventes, seriam os mais bem-dotados. Mas não se engajou muito nesta interpretação, que considerava por demais mecânica e unívoca. Só guardou dela sua ideia geral, afinal de contas evidente: a ideia de que os sentimentos ou os resíduos não devem estar em contradição muito clara com as condições da sobrevivência. Se os modos de pensar e de sentir são incompatíveis com as exigências da vida coletiva, a sociedade não pode durar. Um mínimo de adaptação entre os sentimentos dos povos e as necessidades vitais é sempre necessário. Sem este mínimo, os povos desaparecem.

Pareto esclarece, aliás, que é possível conceber em abstrato dois "tipos extremos" de sociedade: "1º) Uma sociedade em que agem exclusivamente os sentimentos, raciocínios de nenhuma espécie. Muito provavelmente as sociedades animais se aproximam deste tipo. 2º) Uma sociedade em que agem exclusivamente os raciocínios lógico-experimentais." (§ 2141). "A sociedade humana encontra-se num estado intermediário entre os dois tipos indicados. Sua forma é determinada não só pelas circunstâncias externas, mas também pelos sentimentos, interesses e raciocínios lógico-experimentais que têm por objetivo assegurar a satisfação dos sentimentos e dos interesses; mas, também, de maneira subordinada, pelas derivações que exprimem e que às vezes justificam sentimentos e interesses, servindo em certos casos como meios de propaganda." (§ 2146).

Uma sociedade composta exclusivamente por condutas lógico-experimentais não pode ser concebida, afirma Pareto, porque o pensamento lógico-experimental não tem condições de determinar os objetivos últimos da sociedade. "Embora isto desagrade aos positivistas e aos humanistas, não existe e não pode existir uma sociedade determinada exclusivamente pela razão. Não porque os preconceitos dos homens os impeçam de seguir os ensinamentos da razão, mas porque faltam os dados do problema que se quer resolver pelo raciocínio lógico-experimental. Aparece aqui a indeterminação da noção de utilidade. As noções dos diferentes indivíduos a respeito do que é bom para si mesmos, ou para os outros, são essencialmente heterogêneas, e não há uma forma de reduzi-las à unidade." (§ 2143).

Esta determinação não lógico-experimental dos objetivos introduz uma liberdade na sociedade, com relação ao efeito do meio natural. Não que não haja uma influência do meio natural sobre as sociedades humanas, mas esta influência está inscrita nos sentimentos e nos resíduos dos homens. O mínimo de adaptação necessária é dado, portanto, no ponto de partida, e é possível pôr entre parênteses a influência do meio natural, e compreender o funcionamento da sociedade retendo essencialmente os resíduos, as derivações, os interesses e a heterogeneidade social.

Se a determinação dos objetivos nunca é lógico-experimental, será normal falar de uma categoria de condutas ditas lógico-experimentais? Num certo sentido, até mesmo uma conduta lógico-experimental não o é na medida em que pressupõe uma determinação do seu objetivo. Esta questão permite abordar as teorias paretianas do interesse e da utilidade.

Por interesses, entendemos as tendências que fazem com que os indivíduos e as coletividades sejam levados pelo instinto e pela razão a se apropriar dos meios materiais úteis e agradáveis à vida, assim como a procurar consideração e honrarias. Estas tendências se manifestam nas condutas que têm maiores probabilidades de serem lógicas: as dos sujeitos econômicos e as dos sujeitos políticos, isto é, as condutas dos que buscam o máximo de satisfação material para si mesmos e o máximo de poder e de prestígio na competição social.

A conduta dos trabalhadores ou dos engenheiros, dirá Pareto, é lógico-experimental por definição. O problema do objetivo fica resolvido porque a finalidade atribuída a essas condutas é evidente. Consideremos o caso do engenheiro que vai construir uma ponte. É verdade que a decisão de construir uma ponte não é lógico-experimental, e que, num certo sentido, até mesmo um objetivo de natureza técnica decorre de decisão não lógico-experimental; mas como este objetivo tem utilidade evidente para os indivíduos interessados, é fácil acentuar o acordo entre o processo intelectual dos construtores e o processo real que se desenvolve de conformidade com suas previsões.

A conduta dos sujeitos econômicos é interessada e lógico-experimental porque a ciência econômica considera os indivíduos admitindo que querem alcançar determinados objetivos e empregam os meios mais apropriados para ter êxito.

A ciência econômica se encontra numa situação privilegiada para definir estes objetivos, pois a escolha dos objetivos é feita pelo próprio sujeito. O economista toma os sujeitos econômicos, com sua hierarquia de preferências, sem fazer um julgamento a respeito dos méritos respectivos das diversas escalas de escolha. Se uma pessoa prefere gastar seu último centavo comprando pão, e a outra, vinho, o economista toma conhecimento destas decisões mas não profere nenhum julgamento sobre sua qualidade relativa. A partir das escalas de preferência, estabelecidas livremente por cada um, o economista procura reconstruir um comportamento lógico, por meio do qual cada um tenta alcançar o máximo de satisfações com base nos recursos disponíveis. Supõe-se simplesmente que os atores têm por objetivo alcançar, com os recursos de que dispõem, este máximo de satisfação. Tais satisfações são fatos observáveis, já que se confundem, para o observador, com as escolhas efetivas dos sujeitos.

Esta análise é objetiva uma vez que se limita a constatar as preferências dos indivíduos, e não estabelece nenhuma comparação entre as satisfações do sujeito A e as do sujeito B. "A economia pura escolheu uma norma única, que é a satisfação do indivíduo, e determinou que ele é o único juiz dessa satisfação. Assim se definiu a utilidade econômica ou ofelimidade. Mas, se colocarmos o problema, também muito simples, de procurar o que é mais vantajoso para o indivíduo, abstraindo sua preferência, aparecerá logo a necessidade de uma regra que é arbitrária. Por exemplo: diremos que é melhor para ele sofrer fisicamente para desfrutar moralmente, ou vice-versa? Diremos que é melhor para ele procurar exclusivamente a riqueza, ou preocupar-se com outra coisa? Em economia pura nós lhe deixamos a responsabilidade de decidir." (§ 2110). Para evitar confusão, falaremos portanto de ofelimidade em vez de utilidade para indicar as satisfações obtidas pelo indivíduo em virtude da sua hierarquia de preferências e dos meios de que dispõe. Um indivíduo age logicamente na medida em que tende a maximizar seu valor. É normal, de fato, que cada indivíduo queira garantir para si a satisfação máxima, ficando entendido que este máximo não é necessariamente o máximo de prazer, mas pode ser também o máximo de privações. Se uma pessoa encontra a satisfação máxima na moralidade, e não nos prazeres, pode comportar-se tão logicamente quanto o avaro ou o ambicioso. Para falar de ofelimidade é preciso que cada indivíduo seja o único árbitro da sua escola de preferências, e que a conduta que assegura o máximo de valor seja determinada com base na conjuntura. Duas dificuldades se apresentam imediatamente na transferência deste conceito de ofelimidade para a sociedade. Esta não é uma pessoa e não tem portanto uma escala de preferências, porque os indivíduos que a compõem têm normalmente hierarquias de preferências distintas. "Se as utilidades dos indivíduos fossem quantidades homogêneas, e se fosse possível em consequência compará-las e somá-las, nosso estudo não seria difícil, pelo menos teoricamente. Adicionaríamos as utilidades dos diversos indivíduos, e teríamos a utilidade da coletividade constituída por eles. Voltaríamos assim aos problemas já estudados. Mas as coisas não acontecem tão facilmente assim. As utilidades dos diferentes indivíduos são quantidades heterogêneas, não tendo sentido falar na soma destas quantidades: esta soma não existe, e não é possível concebê-la." (§§ 2126-2127).

Por outro lado, para uma sociedade no seu conjunto, hesitamos entre diferentes categorias de utilidade. Por exemplo, pode-se considerar que a utilidade da sociedade é o máximo de poder no cenário internacional, ou o máximo de prosperidade econômica ou de justiça social, esta última compreendida como a igualdade na repartição das rendas. Em outras palavras, a utilidade não é um conceito definido, e antes de falar de modo lógico-experimental sobre a utilidade social é preciso chegar a um acordo sobre o critério de utilidade. A utilidade social é um estado da sociedade, suscetível de variações para mais e para menos, que só pode ser definido a partir de um critério escolhido arbitrariamente pelo sociólogo. A utilidade social não é um conceito unívoco, e só passa a sê-lo na medida em que o sociólogo indique exatamente o sentido que atribui a essa noção. Se decide chamar de utilidade o poderio militar, este pode ser de mais ou de menos. Mas esta definição é apenas uma, dentre outras que são também possíveis.

O problema da utilidade social se coloca, portanto, nos seguintes termos:

– Não há solução lógico-experimental para o problema social, ou o problema de conduta que o indivíduo deve adotar, porque os objetivos da conduta nunca são determinados de modo lógico-experimental.

– A noção de utilidade é equívoca, e só se torna clara pela escolha de um critério que incumbe ao observador. "Não devemos concluir que é impossível resolver os problemas que consideram ao mesmo tempo diferentes utilidades heterogêneas; contudo, para tratar destas utilidades heterogêneas é preciso admitir uma hipótese que as torne comparáveis. Quando falta esta hipótese, o que acontece com muita frequência, tratar desses problemas é absolutamente inútil. Neste caso, ela é simplesmente uma derivação com que escondemos certos sentimentos, sobre os quais devemos fixar exclusivamente nossa atenção." (§ 2137).

Podemos medir, em teoria, com rigor e objetividade, a ofelimidade de um indivíduo, mas esta mensuração só é possível se admitimos *a priori* como válida a escala de preferências do indivíduo que age.

– Mesmo admitindo um critério definido de utilidade, convém distinguir a utilidade direta e a indireta (a utilidade total é a soma destas duas utilidades). A utilidade indireta resulta em primeiro lugar dos efeitos do ato sobre o ambiente do indivíduo que age. Se uma potência deseja adquirir no mundo atual uma força atômica, a utilidade direta será a vantagem (ou a desvantagem, se se trata de utilidade negativa) resultante da aquisição daquela força. A utilidade indireta, positiva ou negativa, será a que resulte para o Estado da transformação provocada no conjunto do sistema internacional. Se o aumento do número de potências atômicas faz com que cresça a probabilidade de uma guerra nuclear, a utilidade indireta será por essa razão negativa. A utilidade indireta negativa pode, aliás, ser maior ou menor do que a utilidade direta. Para medir a utilidade global de um indivíduo, ou de uma coletividade, será preciso levar em conta, além da utilidade direta, a indireta, ligada à transformação do sistema considerado. A utilidade indireta pode resultar também das repercussões do comportamento dos outros sobre o ator, e não da transformação de todo o sistema. Por exemplo: no contexto atual, se os Estados Unidos ou a União Soviética se conduzem com relação à França, pelo fato de que este país possui uma força atômica, de maneira diferente da que adotariam se a França não fosse uma potência nuclear, o resultado é uma utilidade, positiva ou negativa, que será preciso acrescentar à utilidade direta para calcular a utilidade total.

O raciocínio parece levar a um impasse: para prosseguir, convém distinguir entre o máximo de utilidade *para* uma coletividade e o máximo de utilidade *de* uma coletividade.

O máximo de utilidade *para* uma coletividade é o ponto a partir do qual é impossível aumentar a utilidade de um indivíduo dessa coletividade sem diminuir a de um outro. Enquanto este ponto não for alcançado, isto é, enquanto for possível aumentar a utilidade de certas pessoas sem diminuir a de outras, o ótimo não terá sido atingido, e será racional prosseguir.

Este máximo de utilidade *para* uma coletividade supõe um critério de utilidade. Se, como na economia pura, definirmos a utilidade em termos de ofelimidade ou de satisfação para os indivíduos, de acordo com seus próprios sistemas de preferência, será normal e lógico, por parte dos governantes, ir até o ponto de utilidade máxima para a coletividade. "Quando a coletividade se encontra num ponto Q, do qual pode afastar-se com vantagem para todos os indivíduos, obtendo para todos maiores satisfações, está claro que, do ponto de vista econômico, e caso se procure apenas o interesse de todos os indivíduos que compõem a coletividade, convém não se deter em um tal ponto, mas continuar a se distanciar, enquanto for vantajoso para todos." (§ 2129).

Pode-se falar, portanto, sobre um máximo de ofelimidade para a coletividade, determinada independentemente de qualquer comparação entre as ofelimidades de indivíduos distintos. Contrariamente, como não se podem, por definição, comparar e em seguida adicionar as ofelimidades de A e B, porque são quantidades heterogêneas, a coletividade não pode ser considerada como uma pessoa, e o máximo de ofelimidade de uma coletividade não existe, ou, mais exatamente, não pode existir.

Em sociologia, pode-se contudo, ao lado do máximo de utilidade *para* uma coletividade, considerar o máximo de utilidade *de* uma coletividade vista como o equivalente a uma pessoa, sem confundir as duas coisas. O máximo de utilidade *de* uma coletividade não pode ser objeto de uma determinação lógico-experimental. De um lado ele exige, para ser definido, a escolha de um critério como a glória, o poder, a prosperidade. Por outro lado, uma coletividade não é uma pessoa; os sistemas de valores e as preferências dos indivíduos não são os mesmos, e em consequência o máximo de utilidade de uma coletividade só poderá ser objeto de uma determinação arbitrária, isto é, em que não podem ser aplicados os métodos lógico-experimentais.

Se consideramos as satisfações dos indivíduos, é normal que elas sejam aumentadas ao máximo, e este máximo não será atingido enquanto for possível aumentar as satisfações de alguns sem diminuir as de outros. Quando este ponto for atingido, entraremos na faixa dos equívocos inextricáveis da comparação das utilidades. Além desse ponto, será possível dar mais satisfação a alguns (admitamos, ao maior número) à custa das satisfações de alguns outros (que poderiam constituir o menor número); contudo, para poder afirmar que devemos proceder logicamente a esta redistribuição das utilidades, é preciso admitir que as utilidades dos diferentes indivíduos são comparáveis. Ora, sabemos que as utilidades de duas pessoas são radicalmente incomparáveis, pelo menos usando métodos científicos.

Todavia, feitas estas reservas, até mesmo o ponto do máximo de utilidade *para* a coletividade não se impõe com a força da evidência aos que refletem sobre o destino da sociedade. Com efeito, não se pode excluir que este ponto do máximo de utilidade para uma coletividade, a saber, o ponto em que o maior número possível de indivíduos têm toda a satisfação possível com base em recursos disponíveis, seja um ponto de fraqueza ou de rebaixamento nacional. Ora, entre a noção do máximo de satisfação para o maior número possível de indivíduos e a noção de poder ou de glória da coletividade, a heterogeneidade é radical. A sociedade mais próspera não é necessariamente a mais poderosa ou a mais gloriosa. O Japão de 1937 era uma grande potência militar. Tinha criado um império, o Manchuco, e estava em via de dominar a China. Simultaneamente, o nível de vida da população japonesa era relativamente baixo, o regime político do país era autoritário e a disciplina social, severa. A situação do Japão de 1937 não representava o máximo de utilidade *para* a coletividade. Muitas medidas poderiam ter sido tomadas para melhorar a satisfação de muitos sem diminuir a de ninguém. A partir de 1946-47, o Japão passou a ter o mais elevado índice de crescimento do produto nacional bruto em todo o mundo, inclusive o mundo soviético, e o nível de vida se elevou rapidamente. Ao mesmo tempo, o Japão deixou de ter força militar, marinha de guerra e império colonial. O que é preferível: a situação do Japão economicamente próspero de 1962 ou a situação do Japão militarmente poderoso de 1937? Não há uma resposta lógico-experimental a esta pergunta. O estado demográfico, econômico ou social de um país onde os indivíduos vivem agradavelmente pode ser acompanhado pelo declínio da glória, ou do prestígio.

A noção de heterogeneidade tem um papel muito importante na sociologia de Pareto. Assim, a sociedade não pode ser considerada como uma pessoa porque os sistemas de valores dos indivíduos são radicalmente heterogêneos. Pareto usa também a expressão heterogeneidade social para designar o fato de que todas as sociedades conhecidas comportam a separação e, num certo sentido, a oposição, entre a massa dos indivíduos governados e um pequeno número de pessoas que dominam e que ele chama de elite. Na sociologia de Marx, a distinção das classes é fundamental; na sociologia de Pareto, a distinção entre massas e elite é decisiva. Esta distinção pertence à tradição maquiaveliana.

Encontramos em Pareto duas definições de elite: uma ampla, que cobre o conjunto da elite social, e outra mais restrita, que se aplica apenas à elite governamental. A definição ampla considera que fazem parte da elite o pequeno número de indivíduos que, cada um na sua esfera de ação, chegaram a um escalão elevado da hierarquia profissional. "Vamos admitir que em todos os ramos da atividade humana se atribui a cada indivíduo um índice representativo das suas capacidades, mais ou menos como são atribuídas notas aos alunos num exame, nas diferentes matérias estudadas nas escolas. Por exemplo: aos que são excelentes na sua profissão daremos nota 10. Àquele que consegue um só cliente, daremos nota 1, para atribuir 0 ao que é realmente cretino. A quem conseguiu ganhar milhões, pelo bem ou pelo mal, daremos 10. A quem ganha milhares de francos, daremos 6. Àquele que consegue deixar de morrer de fome, 1. Ao que termina hospitalizado num asilo de indigentes, daremos 0. À mulher *política*, tal como Aspásia de Péricles, Maintenon de Luís XIV, Pompadour de Luís XV, que souberam atrair as boas graças de um homem poderoso e que tiveram um papel no governo da coisa pública, daremos nota 8 ou 9. À mulher de vida fácil, que só sabe satisfazer os sentidos desses homens, e não tem nenhuma influência sobre a coisa pública, daremos nota 0. Ao escroque habilidoso que engana as pessoas, mas escapa do código penal, atribuiremos 8, 9 ou 10, segundo o número de bobos que ele soube prender nas malhas de sua rede e o dinheiro que lhes soube arrancar. Ao pobre ladrão de pouca importância, que rouba talheres num restaurante, e se deixa apanhar pela polícia, daremos 0. Com relação aos jogadores de xadrez, podemos adotar índices mais precisos, refletindo o número de partidas que ganharam. E assim por diante, em todos os campos da atividade humana... Formaremos, então, uma classe incluindo todos os que têm índices mais elevados no seu ramo respectivo de atividade, e chamaremos esta classe de *elite*. Qualquer outro nome, e até mesmo uma simples letra do alfabeto bastariam para o objetivo a que nos propomos..." (§§ 2027 e 2031). De acordo com a regra do método de Pareto, esta definição é objetiva e neutra. Não é preciso procurar um sentido profundo, metafísico ou moral, para a noção de elite; trata-se de uma categoria social, objetivamente perceptível. Não precisamos indagar se a elite é verdadeira ou falsa, e quem tem direito de figurar nela. Todas estas questões são vãs. A elite está composta dos que mereceram boas notas no concurso da vida, ou tiveram sorte na loteria da existência social.

Mas Pareto praticamente não se utiliza desta definição ampla, que na realidade tem o propósito de introduzir a definição restrita de elite governante que agrupa um pequeno número de indivíduos, entre os que tiveram êxito, que exercem funções políticas ou socialmente dirigentes: "Para nosso estudo, que tem como objeto o equilíbrio social, será bom dividir essa classe em duas. Poremos à parte aqueles que, de forma direta ou indireta, desempenham uma função notável no governo, e que constituem a *elite governante*. O resto formará a elite não-governante. Por exemplo, um célebre jogador de xadrez participa indubitavelmente da elite; contudo, seus méritos de jogador de xadrez não lhe abrem caminho para exercer urna influência no governo. Em consequência, se não tiver outras qualidades, não fará parte da elite governante. As amantes dos soberanos absolutos ou dos políticos muito poderosos com frequência pertencem à elite, seja por causa de sua beleza, seja por seus dotes intelectuais. Mas só algumas delas, que tinham as aptidões especiais requeridas pela política, desempenharam um papel no governo. Identificamos, portanto, duas camadas na população: 1) a camada inferior, classe estranha à elite. No momento não vamos estudar a influência que ela pode exercer sobre o governo; 2) a camada superior, a elite, que se divide em duas: *a*) a elite governante; *b*) a elite não governante." (§§ 2032 a 2034)[7].

Pareto esclarece, mais adiante, que "é tal a tendência a personificar as abstrações, ou a dar-lhes apenas uma realidade objetiva, que muitas pessoas concebem a classe governante quase que como uma pessoa, ou pelo menos como uma unidade concreta, que supõem ter uma vontade única; acreditam que, adotando medidas lógicas, ela realiza seus programas. É assim que muitos antissemitas imaginam os semitas, e muitos socialistas imaginam os burgueses" (§ 2254). É evidente que pelo menos *a priori* as coisas não são assim. Por sua vez "a classe governante não é homogênea" (ibid.).

As sociedades são caracterizadas pela natureza das suas elites, sobretudo das suas elites governantes. De fato, todas as sociedades têm uma característica, que os moralistas podem considerar deplorável, mas que os sociólogos são obrigados a constatar: há uma distribuição muito desigual dos bens neste mundo, e uma distribuição mais desigual ainda do prestígio, do poder e das honrarias associadas à competição política. Esta distribuição desigual dos bens materiais e morais é possível porque, afinal, um pequeno número de pessoas governa um grande número, recorrendo a dois tipos de meios: a força e a astúcia. A população se deixa dirigir pela elite porque esta detém os meios de força ou então porque consegue convencer, isto é, sempre enganar, mais ou menos, o grande número. Governo legítimo é aquele que teve êxito no processo de persuasão dos governados, convencendo-os de que é apropriado aos seus interesses, a seus deveres ou à sua honra obedecer ao pequeno número. Esta distinção dos dois meios de governo, a força e a astúcia, é a transposição da famosa oposição entre os leões e as raposas, apontada por Maquiavel. As elites políticas dividem-se naturalmente em duas famílias, uma das quais merece ser chamada de família dos leões, porque tem preferência marcante pela brutalidade, e a outra, de família das raposas, porque se inclina para a sutileza.

Esta teoria da heterogeneidade social e das elites, desenvolvida no *Traité de sociologie générale*, deve ser aproximada da teoria da repartição da renda exposta em vários livros, entre eles o *Cours d'économie politique* e *Les systèmes socialistes* [Os sistemas socialistas]. No *Cours d'économie politique* Pareto explica que a curva de distribuição da renda pode ser representada por uma reta cuja equação é: $\log N = \log A - \alpha \log x$, em que x é a dimensão da renda e N o número de indivíduos que têm renda igual ou superior a x; A e α são constantes a serem determinadas de acordo com as estatísticas disponíveis; α dá a inclinação sobre o eixo do x da linha dos logaritmos. Na parte do gráfico em escala logarítmica dupla, em que estão representadas as rendas superiores à média, uma diminuição da inclinação de α indica uma menor desigualdade das rendas[8]. Todas as séries estatísticas, essencialmente de origem fiscal, mostram, segundo Pareto, que α tem um valor semelhante em todos os países, valor que se situa em torno de 1,5. A mesma fórmula de distribuição das rendas se aplica, portanto, a todas as sociedades. Pareto comenta: "Estes resultados são notáveis. É absolutamente impossível admitir que são devidos somente ao acaso. Não há dúvida de que existe uma causa que produz a tendência das rendas para se dispor segundo uma curva determinada. A forma desta curva parece depender muito pouco da diferença de condições econômicas, pois os efeitos são mais ou menos os mesmos em países cujas condições econômicas são tão diferentes entre si quanto a Inglaterra, a Irlanda, a Alemanha, cidades italianas e mesmo o Peru." (*Cours d'économie politique*, § 960). E, mais adiante: "A desigualdade da distribuição das rendas parece depender, portanto, muito mais da própria natureza dos homens do que da organização econômica da sociedade. Modificações profundas nesta organização poderiam ter pouca influência no sentido de alterar a lei da distribuição da renda." (ibid., § 1012). A distribuição das rendas que se observa, esclarece contudo Pareto, não reflete exatamente a heterogeneidade social, isto é, a distribuição desigual das qualidades eugênicas. Seria assim se houvesse uma perfeita mobilidade entre as diferentes camadas sociais, mas esta depende ao mesmo tempo da "repartição das qualidades que permitem aos homens se enriquecer e da disposição dos obstáculos que impedem o exercício dessas faculdades" (cf. a *Addition au cours d'économie politique* [Acréscimo ao curso de economia política], t. II, p. 418). Em *Les systèmes socialistes*, Pareto resume suas ideias de maneira muito clara: "Demonstramos que a curva da distribuição das rendas tinha uma estabilidade notável; ela se altera muito pouco quando as circunstâncias de tempo e de lugar em que é observada mudam muito. Esta proposição, que decorre dos fatos recolhidos pela estatística, surpreende à primeira vista. Sua origem reside provavelmente na distribuição dos caracteres psicológicos dos homens e também no fato de que as proporções em que os capitais se combinam não podem ser indefinidas." (t. I, p. 162). Pareto conclui que as rendas inferiores não podem aumentar e que a desigualdade das rendas não pode diminuir, a não ser que haja um crescimento das riquezas proporcional à população. "O problema do crescimento do bem-estar das classes pobres é mais um problema de produção e de conservação da riqueza do que um problema de distribuição. O meio mais seguro para melhorar a condição das classes pobres é agir de modo que a riqueza cresça mais depressa do que a população." (*Cours d'économie politique*, § 1036).

Assim, a ideia da constância da ordem social teria um fundamento econômico. Sem entrar aqui numa discussão detalhada da lei de Pareto, levantarei, pelo menos, duas reservas. Nos países socialistas, não é certo que a fórmula antiga continue válida; mesmo que o fosse, a ordem social não é caracterizada adequadamente só pela curva da distribuição da riqueza e das rendas.

A teoria das elites governantes se aproxima das teses que outro italiano, Gaetano Mosca, tinha exposto um pouco antes de Pareto, o que provocou violenta controvérsia na Itália. Teria Pareto utilizado as ideias de Mosca mais do que era conveniente, citando-o um pouco menos do que seria justo?[9] A teoria das elites governantes de Mosca era menos psicológica e mais política. Segundo este autor, cada elite política se caracteriza por uma fórmula de governo que equivale mais ou menos ao que chamamos de ideologia da legitimidade. A fórmula de governo, ou fórmula política, é a ideia em nome da qual uma minoria governante justifica seu domínio, procurando convencer o povo da legitimidade do seu poder. Na sociologia de Pareto, as diversas elites políticas são caracterizadas sobretudo pela abundância relativa dos resíduos da primeira e da segunda classe. As raposas são as elites que, dotadas de abundantes resíduos da primeira classe, preferem a astúcia e a sutileza, e se esforçam por manter-se no poder pela propaganda, multiplicando as combinações político-financeiras. Essas elites são características dos regimes chamados democráticos, que Pareto chamava de plutodemocráticos.

Esta interpretação das peripécias da política, em termos de resíduos da primeira ou da segunda classe, pode ser encontrada ainda hoje em certos autores. Um pouco antes da passagem da IV para a V República, Jules Monnerot explicou que a classe política da IV República sofria de um excesso de resíduos da primeira classe, e que era necessário, para restabelecer a estabilidade no país, favorecer o acesso ao poder de uma elite que tivesse resíduos da segunda classe mais numerosos, usando menos a astúcia e mais a força[10] (o paretiano J. Monnerot suspeitava de que as raposas da IV República dessem a independência à Argélia e, quando isso aconteceu, passou para a oposição).

Quatro variáveis permitem, portanto, compreender o movimento geral da sociedade: os interesses, os resíduos, as derivações e a heterogeneidade social. Estas quatro variáveis principais, das quais depende o movimento da sociedade, estão em estado de mútua dependência.

A fórmula da mútua dependência se opõe à fórmula, atribuída ao marxismo, da determinação do conjunto dos fenômenos sociais pela economia. Significa que cada uma das variáveis age sobre as outras três, ou é afetada por elas. O interesse age sobre os resíduos e as derivações, de acordo com a correlação evidenciada pelo materialismo histórico, que é real. Mas os resíduos e as derivações, os sentimentos e as ideologias agem também sobre as condutas e os sistemas econômicos. Finalmente, a heterogeneidade social, isto é, a rivalidade das elites e a luta entre as massas e a elite, é afetada pelos interesses, mas age também sobre eles. Não há uma determinação do conjunto por uma variável, mas sim pela ação recíproca das variáveis umas sobre as outras[11].

A oposição entre a teoria de Pareto e a de Marx, pelo menos como ele compreendia esta última, aparece mais claramente no modo como interpreta a luta de classes. Pareto afirma explicitamente, em particular em *Les systèmes socialistes*, que Marx tem razão, e que através de toda a história a luta de classes é *um* dado fundamental, talvez mesmo *o* dado fundamental.

Marx, porém, segundo Pareto, errou em dois pontos. Em primeiro lugar, é falso que a luta de classes seja determinada exclusivamente pela economia, isto é, pelos conflitos resultantes da propriedade dos meios de produção, pois a posse do Estado e da força militar pode constituir igualmente a fonte da oposição entre a elite e a massa. Há uma página de *Les systèmes socialistes* muito clara a este respeito: "Muitas pessoas acreditam que, se fosse possível encontrar uma receita para fazer desaparecer o conflito entre o trabalho e o capital, a luta de classes desapareceria também. Trata-se de uma ilusão da classe muito numerosa dos que confundem a forma com o fundo. A luta de classes não passa de uma modalidade da luta pela vida, e o que conhecemos como 'conflito entre o trabalho e o capital' não é mais do que uma forma da luta de classes. Na Idade Média, poder-se-ia ter acreditado que se desaparecessem os conflitos religiosos a sociedade se teria pacificado. Esses conflitos religiosos não eram senão uma forma de luta de classes; desapareceram, pelo menos em parte, e foram substituídos pelos conflitos socialistas. Suponhamos que o coletivismo esteja estabelecido, que o capital já não exista; está claro que nesta hipótese ele já não poderia entrar em conflito com o trabalho. Contudo, apenas uma forma da luta de classes terá desaparecido, e será substituída por outras. Surgirão conflitos entre os diferentes tipos de trabalhadores, no Estado socialista; entre os 'intelectuais' e os 'não intelectuais'; entre diferentes grupos de políticos; entre estes e seus administrados; entre os inovadores e os conservadores. Haverá realmente quem imagine com seriedade que a instituição do socialismo secará completamente a fonte das inovações sociais? Que a fantasia dos homens não dará à luz novos projetos, e que os interesses não induzirão certas pessoas a adotar esses projetos, na esperança de alcançar um lugar preponderante na sociedade?" (*Les systèmes socialistes*, t. II, p. 467).

Além disso, Marx se enganava ao acreditar que a luta de classes atual difere essencialmente da que podemos observar através dos séculos, e que a vitória do proletariado lhe porá um fim. A luta de classes da época contemporânea, na medida em que é a do proletariado e da burguesia, não levará à ditadura do proletariado, mas sim ao domínio dos que falarão em nome do proletariado, isto é, de uma minoria privilegiada, como todas as elites que a precederam e que a sucederão. Para Pareto, não se pode crer ou esperar que a luta das minorias pelo poder possa modificar a evolução imemorial das sociedades, levando a um estado fundamentalmente diferente. "Em nossos dias, os socialistas viram muito bem que a revolução do fim do século XVIII simplesmente colocou a burguesia no lugar da antiga elite, e chegaram mesmo a exagerar consideravelmente o peso da opressão dos novos senhores, embora acreditem com toda a sinceridade que uma nova elite de políticos manterá suas promessas melhor do que as que se sucederam até hoje. Todos os revolucionários proclamam, sucessivamente, que as revoluções passadas não fizeram mais do que iludir o povo; só a revolução que eles têm em vista será a *verdadeira*. O *Manifesto do Partido Comunista* afirmava, em 1848, que todos os movimentos históricos foram até aqui movimentos minoritários, em favor de minorias. O movimento proletário seria o movimento espontâneo da imensa maioria, em benefício da imensa maioria. Infelizmente, esta *verdadeira* revolução, que deve trazer aos homens a felicidade sem nenhuma mistura, não passa de uma miragem decepcionante, que nunca se transforma em realidade. Lembra a idade do ouro dos milenários: sempre esperada, ela se perde nas brumas do futuro, escapando a seus fiéis no momento em que estes pensam alcançá-la." (*Les systèmes socialistes*, t. I, p. 60-2).

De acordo com Pareto, o fenômeno historicamente mais importante é o da vida e da morte das minorias governamentais ou, para usar um termo que ele às vezes emprega, das aristocracias. Há uma fórmula célebre: "A história é um cemitério de aristocracias." (*Trai-*

té de sociologie générale, § 2053). Ou ainda: "A história das sociedades humanas é, em grande parte, a história da sucessão das aristocracias." (*Manuel d'économie politique*, cap. VII, § 115). A história das sociedades é a história da sucessão de minorias privilegiadas que se formam, lutam, chegam ao poder, aproveitam o poder e decaem, para ser substituídas por outras minorias. "Este fenômeno das novas elites que, por um incessante movimento de circulação, surgem das camadas inferiores da sociedade, sobem até as camadas superiores, se desenvolvem e em seguida decaem, são aniquiladas e desaparecem, é um dos principais da história; é indispensável levá-lo em conta para compreender os grandes movimentos sociais." (*Les systèmes socialistes*, t. I, p. 24). O sociólogo precisa indagar por que as aristocracias ou as minorias dirigentes têm quase sempre tão pouca estabilidade e duração.

As causas desta mortalidade das aristocracias, tais como Pareto as analisa, são as seguintes:

1) Muitas aristocracias foram aristocracias militares, que pereceram dizimadas em combates. As aristocracias militares desaparecem mais rapidamente porque seus membros são obrigados a arriscar a vida nos campos de batalha.

2) De modo quase geral, ao fim de algumas gerações, as aristocracias perdem sua vitalidade ou sua capacidade de usar a força. Pareto diria que não é possível governar os homens sem uma certa propensão à violência, embora não se devam confundir força e violência que, afirma, acompanham muitas vezes a fraqueza. Geralmente, os netos e bisnetos dos que conquistaram o poder aproveitaram sua situação familiar privilegiada desde cedo, sendo marcados pelo desenvolvimento dos resíduos da primeira classe. Dedicam-se

às combinações intelectuais, às vezes até mesmo aos prazeres superiores da civilização e da arte, mas se tornam incapazes da ação exigida pela ordem social. De acordo com a filosofia de Pareto, as aristocracias mais moderadas e, em consequência, as mais suportáveis pelos povos são aquelas que, vítimas da sua debilidade, são arrastadas por uma revolução e substituídas por uma elite violenta. A nobreza francesa do fim do século XVIII estava esgotada; aderiu a uma filosofia humanitária, sabia gozar a vida, encorajava as ideias liberais. E morreu no cadafalso. Seu desaparecimento foi ao mesmo tempo deplorável e justo, pelo menos na ordem da justiça que exige que as aristocracias cumpram sua função e não se abandonem a sentimentos talvez apreciáveis mas que não permitem que uma classe continue a ser dirigente.

> Toda elite que não está disposta a lutar para defender suas posições está em plena decadência. Nada lhe resta senão entregar seu lugar a uma outra elite, que tenha as qualidades viris que lhe faltam. Se imagina que os princípios humanitários que proclamou lhe serão aplicados, sonha; os vencedores farão ressoar nos seus ouvidos o implacável *vae victis*. A lâmina da guilhotina era afiada na sombra quando, no fim do século, as classes dirigentes francesas aplicavam-se ao desenvolvimento da sua "sensibilidade". Essa sociedade ociosa e frívola, que vivia como parasita, falava, em ceias elegantes, sobre o modo de livrar o mundo da superstição, e de esmagar o infame, sem pensar que ela própria seria esmagada (*Les systèmes socialistes*, t. I, p. 40).

3) Por fim, e principalmente, não pode haver uma harmonia duradoura entre os dons dos indivíduos e as posições sociais que estes ocupam. As posições ocupa-

das pelos indivíduos dependem amplamente das vantagens que tiveram no ponto de partida, isto é, das posições ocupadas pelos pais. Contudo, as leis da hereditariedade são tais que não se pode contar com que os filhos dos que têm capacidade de comando terão a mesma capacidade. Em cada elite, em cada momento, há indivíduos que não merecem participar dela e, na massa, há pessoas que têm qualidades para fazer parte da elite. "Se as aristocracias humanas fossem sempre semelhantes às grandes raças de animais que se reproduzem por longos períodos quase que com as mesmas características, a história da raça humana seria totalmente diferente da que conhecemos." (*Traité de sociologie générale*, § 2055).

Nestas condições, como a estabilidade social pode ser mantida?

Fundamentalmente, toda elite que encontra na massa uma minoria digna de pertencer ao pequeno grupo dos dirigentes pode escolher entre dois procedimentos, que pode também empregar simultaneamente, em proporções variáveis: *eliminar* os candidatos a participar da elite (que são normalmente revolucionários) ou *absorvê-los*. Este último processo é naturalmente mais humano, e pode também ser mais eficaz, isto é, o mais apropriado para evitar as revoluções. A elite que demonstrou maior virtuosismo no método de absorção dos revolucionários potenciais foi a inglesa, que há vários séculos abriu suas portas a alguns dos mais bem-dotados dentre os que não nasceram na classe privilegiada.

A eliminação é feita por diferentes sistemas. O mais humano é o exílio. De acordo com uma teoria difundida na Europa, no século XIX, a principal virtude das colônias era justamente proporcionar um caminho de escape para os revolucionários. Em 1871, Renan, em *La réforme intelectuelle et morale de la France*, ainda considerava que as sociedades privadas da válvula de segurança que era a emigração estavam condenadas aos distúrbios internos (as colônias eram preciosas deste ponto de vista). Pensava que toda sociedade tem líderes virtuais, insatisfeitos, que convém absorver, ou então eliminar. O procedimento desumano da eliminação, que Pareto observa com objetividade, é naturalmente a morte, método que tem sido utilizado com muita frequência através da história.

Seguindo ciclos de dependência mútua, as sociedades conhecem, portanto, uma circulação das elites, fenômeno que constitui o principal aspecto daquilo que Pareto chama de forma geral da sociedade.

Devido à impossibilidade de uma harmonia total entre os dons herdados dos indivíduos e a posição que ocupam na hierarquia, toda sociedade tem fatores de instabilidade. As sociedades são agitadas também pelas oscilações de frequência dos resíduos da primeira e da segunda classe. Quando uma elite está por muito tempo no poder, sofre de um excesso de resíduos da primeira classe; torna-se excessivamente intelectual (o que não significa demasiadamente inteligente), rejeitando com exagero o uso da força. Por isto mesmo é vulnerável. Os violentos, nascidos na massa, mobilizam então essa força contra a elite.

O equilíbrio social, isto é, a situação que reduz os riscos de revolução, pressupõe um certo grau de abundância dos resíduos da primeira classe na elite, e uma abundância maior dos resíduos da segunda classe na massa. Para que uma ordem seja duradoura, "é preciso religião para o povo e inteligência nos que governam" (muitos o disseram de forma diferente, mais cínica e talvez mais chocante). Isto quer dizer, em linguagem paretiana, que é preciso que as massas tenham mais resíduos da segunda classe, e eventualmente da quarta e da quinta, e que as elites, que têm necessidade de agir com eficácia, disponham de resíduos da primeira.

Entretanto, mesmo na elite, os resíduos da primeira classe não podem ser exageradamente numerosos nem se degradarem completamente os resíduos da persistência dos agregados, da sociabilidade e da integridade pessoal. Com efeito, à medida que aumentam os resíduos da primeira classe, os indivíduos se tornam mais inclinados a seus interesses pessoais, e mais egoístas. Ora, se uma classe dirigente deve ter a inteligência de responder às circunstâncias e a capacidade de se adaptar ao mundo tal como ele é, para poder durar, precisa também conservar o sentimento do dever e a consciência da sua própria solidariedade.

Surge assim uma espécie de contradição entre a propensão às combinações e o sentido da solidariedade moral e social, elementos indispensáveis às elites. Por isso, inevitavelmente, a história se faz com oscilações de duração mais ou menos longa. Uma fase marcada pelo espírito de dúvida e pelo ceticismo é de repente seguida pelo ressurgimento dos resíduos da segunda, da quarta e da quinta classe. O ressurgimento dos resíduos da segunda classe corresponde aos grandes movimentos de fé coletiva, a que Durkheim aludia ao dizer que as crises de exaltação coletiva nascem da religião. Pareto poderia admitir essa fórmula e poderia acrescentar precisamente que a história é feita de alternâncias, repetidas incessantemente, entre fases de ceticismo (e também muitas vezes de civilização e inteligência) e fases de fé, patriótica ou religiosa. São as oscilações dos resíduos, na massa e na elite, que determinam os ciclos de dependência mútua.

Para completar esta reconstrução do conjunto do movimento social, Pareto desenvolve ainda duas antíteses que se situam na ordem econômica, entre os que vivem de especulação e os que vivem de renda, e entre a atividade livre dos agentes econômicos, criadores de riqueza, e a burocratização.

A oposição entre os especuladores e os que vivem de renda corresponde, de certo modo, na ordem econômica, à antítese dos leões e das raposas, na ordem política[12]. Trata-se, com efeito, de duas atitudes econômicas possíveis, a dos criadores de riqueza, pela combinação e pela especulação, e a dos indivíduos que almejam acima de tudo a segurança dos seus bens, e se esforçam por obtê-la mediante aplicações que consideram seguras. Se não houvesse falências e desvalorização monetária, os que vivem de renda terminariam por possuir toda a riqueza existente. Um centavo investido, com juros compostos, na época do nascimento de Cristo, se mantido seu valor real, representaria hoje, provavelmente, uma fortuna superior à de toda a humanidade. É preciso portanto que, de tempo em tempo, aqueles que vivem de renda sejam despojados do seu patrimônio. Isto não deve acontecer, contudo, com muita frequência, para que a raça dos que vivem de renda, e que são criadores de poupança, não desapareça. De fato, as sociedades continuam a incluir pessoas que criam riquezas e que delas se apoderam graças à arte das combinações, e pessoas que, buscando a segurança, terminam vitimadas pelos astuciosos ou pelos violentos.

A última antítese é a que existe entre a iniciativa e a burocracia, e não se confunde com a anterior. Pareto é engenheiro e economista de formação. Engenheiro, pôde observar o trabalho criador de riqueza; economista de inspiração liberal, analisou a conduta dos agentes econômicos que, defendendo seus interesses próprios, contribuem para o desenvolvimento dos recursos da coletividade. À livre iniciativa dos agentes econômicos Pareto opõe a cristalização social ou a organização estatal e burocrática. Por razões políticas e demagógicas, os Estados são levados a intervir no funcionamento da economia, a nacionalizar as empresas, a redistribuir as rendas e a substituir assim, progressivamente, a concorrência favorável às iniciativas individuais e à expansão por uma ordem burocrática que tende progressivamente à cristalização.

Para Pareto, as sociedades da Europa ocidental eram governadas por elites plutocráticas, pertencentes à família das raposas, dominadas exageradamente pelo instinto das combinações e, cada vez mais, incapazes de empregar a força indispensável ao governo das sociedades. Via surgirem novas elites que usariam mais a força e menos a astúcia, renovando as fórmulas de legitimidade. Pareto teria certamente reconhecido nas elites fascistas e comunistas estas elites violentas da família dos leões que tomam o poder nas sociedades decadentes. Ao mesmo tempo, na visão de Pareto o movimento das sociedades europeias modernas se orienta no sentido da ampliação gradual do número das atividades burocratizadas, no sentido do recalque do papel da livre iniciativa, criadora de riqueza. As sociedades europeias evoluem no sentido da economia coletivista e cristalizada. "Bizâncio nos mostra aonde pode levar a curva de evolução que nossas sociedades estão em via de percorrer." (*Traité de sociologie générale*, § 2612).

Não se pode dizer com certeza que Pareto considerava esta cristalização burocrática como próxima. Na verdade, sobre este ponto os textos são contraditórios. Às vezes esta perspectiva é apresentada como distante, outras vezes Pareto parece acreditar que a fase burocrática poderia ter início brevemente[13]. Não há dúvida, porém, de que quando escreveu o *Traité de sociologie générale*, isto é, às vésperas da guerra de 1914, surgiam elites violentas e economias estatizadas. Por mais desagradável que pudesse ser sua teoria, seria difícil não lhe atribuir uma parte de verdade.

O *Traité de sociologie générale*, e de modo mais amplo toda a obra sociológica de Pareto, leva portanto a um diagnóstico das sociedades democráticas (que ele chama de plutodemocráticas), lembrando que sua característica é a ligação entre a classe política, ou elite, no sentido estrito do termo, e os quadros dirigentes da indústria e das finanças. De acordo com Pareto, os regimes plutodemocráticos são governados por elites que empregam astúcia de preferência à força. Pareto constata, por outro lado, o desenvolvimento das ideologias humanitárias, e acredita que seu excesso é perigoso para o equilíbrio social. Finalmente, nota a expansão gradual da gestão administrativa da economia e a diminuição correlata do domínio da iniciativa privada e dos mecanismos do mercado. Vê assim as sociedades ocidentais evoluírem, como a sociedade romana do Baixo Império, no caminho da cristalização burocrática.

Ciência e política

Em que medida Pareto conseguiu estudar cientificamente a sociedade, como era sua intenção? Em outras palavras, para empregar uma expressão que eu mesmo já utilizei, em que medida logrou estudar logicamente as condutas não lógicas? Há uma primeira resposta que se impõe imediatamente a esta questão. Segundo o próprio Pareto, um estudo lógico-experimental das condutas não lógicas deve ser moral e politicamente neutro, desprovido de julgamentos de valor e de paixão, pois não há solução lógico-experimental para o problema da conduta humana. Ora, é evidente a todo leitor do *Traité de sociologie générale* que os escritos de Pareto são passionais, estão repletos de julgamentos de valor. O autor tem seus alvos preferidos, seus inimigos íntimos, suas vítimas preferidas de "gozação". Esta atitude, que não difere da de outros sociólogos, não se ajusta em princípio à vontade, que proclama sem cessar, de fazer ciência com neutralidade e objetividade. Este contraste entre uma intenção declarada de ciência pura e a paixão reprimida pode servir de ponto de partida para nosso exame crítico. Como combinar essas intenções e essa prática?

Pareto reserva sua ironia e suas invectivas a certos homens e a certas ideias. Antes de mais nada, tem horror às associações virtuosas e aos propagandistas da virtude, que procuram melhorar os costumes. É severo também com determinadas versões do humanitarismo moderno, e impiedoso com os que pretendem, em nome da ciência, prescrever uma moralidade ou um programa social, e condena os cientistas que agem assim. Finalmente, não suporta a burguesia "decadente", que perdeu a percepção dos seus interesses e, cega ou hipócrita, não reconhece a lei de ferro da oligarquia, imaginando que a sociedade atual corresponde à fase conclusiva da história, mostrando-se incapaz de se defender. A burguesia decadente tolera as violências dos grevistas e se indigna com as da polícia. Está pronta, movida pela esperança de apaziguar as reivindicações populares, a proceder a qualquer forma de nacionalização das empresas, correndo o risco de burocratizar a vida econômica. Não encontra outro método, para se manter no poder, além da corrupção dos líderes sindicais, que podem representar a nova elite.

"Atualmente, quando os conflitos são sobretudo econômicos, acusa-se o governo de 'intervir' numa disputa econômica quando ele quer proteger os patrões ou os 'furadores de greve' contra a violência dos grevistas. Se os agentes da força pública não se deixam bater sem usar suas armas, diz-se que lhes falta sangue-frio, que são 'impulsivos ou neurastênicos'... Os julgamentos dos tribunais são vistos como 'julgamentos de classe'; de qualquer forma, são sempre considerados muito severos. Por fim, admite-se a conveniência de que as anistias apaguem todas as lembranças desses conflitos. Dir-se-ia que, do lado dos patrões, há derivações exatamente opostas, já que seus interesses se opõem aos dos trabalhadores, mas isto não acontece, ou só acontece de forma atenuada, em surdina... Muitos patrões são especuladores que pretendem recuperar-se dos prejuízos causados pelas greves com a ajuda do governo, à custa dos consumidores e dos contribuintes. Seus conflitos com os grevistas são contestações de cúmplices que querem compartilhar o resultado da pilhagem. Os grevistas que fazem parte do povo (que abunda em resíduos da segunda classe) têm não só interesses mas também um ideal. Os patrões especuladores, que fazem parte da classe enriquecida por combinações, têm, ao contrário, resíduos da primeira classe em abundância. Em consequência, têm sobretudo interesses, e poucos ideais, ou nenhum ideal. Empregam melhor seu tempo em operações lucrativas do que na elaboração de teorias. Entre eles encontramos muitos demagogos plutocratas, hábeis em fazer virar a seu favor uma greve que parecia feita verdadeiramente contra eles." (*Traité de sociologie générale*, § 2187)[14].

Aos propagandistas da virtude, adversários da vida e dos seus prazeres, Pareto opõe um sistema de valores aristocrático. Nobre, descendente de família de patrícios, de Gênova, era favorável a uma versão moderada e elegante do epicurismo, e hostil às formas extremas do moralismo puritano e do ascetismo. Para ele não havia razão que justificasse a recusa do que a existência nos proporciona, e os que se instauram como porta-vozes da virtude são animados frequentemente por sentimentos menos puros. Mas este primeiro inimigo tem pouco interesse político, e revela mais a personalidade privada de Pareto do que suas convicções políticas e sociais.

Os outros alvos de Pareto revelam contudo o sistema intelectual, moral e político do autor do *Traité de sociologie générale*.

A denúncia do cientismo resulta do seu respeito e amor pela ciência. Para ele, nada mais contrário ao espírito científico do que a supervalorização da ciência, do que a tendência a pensar que ela nos pode dar, como pensava Durkheim, uma doutrina política, talvez mesmo uma religião. Esta crítica do cientismo é simultaneamente a crítica de uma forma do racionalismo comum no fim do século XIX e no princípio do século XX. Para Pareto, a única razão autêntica é a científica. Ora, esta só se sustenta se tem consciência das suas limitações. A ciência estabelece simplesmente as uniformidades verificadas pela concordância entre nossas ideias e a experiência; não esgota a realidade, não descobre os princípios últimos, não ensina uma moral ou uma metafísica em nome de um racionalismo experimental e pragmático. O racionalismo paretiano é também a crítica da ilusão racionalista na psicologia, isto é, da ilusão segundo a qual os homens seriam, em última análise, motivados por argumentos racionais. O pensamento de Pareto é uma reação contra as esperanças racionalistas do "estúpido século XIX", como diria Léon Daudet. Ele próprio empregaria com prazer esta expressão, dando-lhe um sentido preciso e limitado. Segundo Pareto, é absurda a ideia de que os progressos da ciência darão como resultado a racionalização das próprias sociedades, e de que os homens, transformados pelo progresso do conhecimento, serão capazes de organizar a sociedade com base na razão. Pareto denuncia impiedosamente esta esperança falaciosa. Admite uma expansão muito lenta do pensamento lógico-experimental e não nega que, a longo prazo, aumentará o papel da conduta lógica, determinada pela razão, mas este aumento não levará a uma sociedade cimentada pela razão científica. Por definição o pensamento lógico-experimental não pode fixar os objetivos individuais ou coletivos, e a sociedade só mantém sua unidade na medida em que os indivíduos consentem em sacrificar seu próprio interesse ao interesse coletivo. Pareto consagra longas páginas ao problema da concordância ou da contradição entre o interesse egoísta do indivíduo e o interesse da coletividade, e não deixa de focalizar os sofismas com que os filósofos e moralistas ensinam o ajuste final desses dois objetivos.

Os que pretendem demonstrar o acordo essencial entre o interesse individual e o coletivo alegam geralmente a necessidade que tem o indivíduo de que a sociedade exista, e de que seus membros tenham confiança uns nos outros. Em consequência, se um indivíduo rouba ou mente, ele contribui para destruir a confiança recíproca necessária à ordem comum, e por isso age contrariamente a seu interesse. A isso Pareto responde, sem dificuldade, que é preciso distinguir entre o interesse direto e o indireto. O interesse direto pode ser, para um certo indivíduo, mentir e roubar; mas disso resultará para ele, certamente, um prejuízo indireto, na medida em que o atentado à ordem social reduz a vantagem que extrai do seu ato moralmente culpado; contudo, em grande número de casos este prejuízo indireto é inferior, quantitativamente, à vantagem direta causada pelo ato culposo. Se o indivíduo se limita a calcular seu interesse, considerará lógico violar as regras coletivas. Em outras palavras, não se podem convencer os indivíduos, por meio de raciocínios lógico-experimentais, de que devem sacrificar-se pela coletividade, ou obedecer às normas coletivas. Se a maior parte do tempo os indivíduos obedecem a estas normas é porque, por felicidade, não agem de modo lógico-experimental, e não se converteram racionalmente ao egoísmo a ponto de só agir no próprio interesse, por meio de um cálculo rigoroso. Os homens agem por paixão ou por sentimento, e são as paixões e os sentimentos que os fazem agir de modo que a sociedade possa existir. As sociedades existem porque as condutas humanas não são lógicas. A expressão "conduta não lógica" não é, como tal, pejorativa. Certas condutas lógicas são moralmente repreensíveis – por exemplo, as do especulador e do ladrão.

A argumentação paretiana é odiosa ao racionalista tradicional. Afirmando que a coerência das coletividades é garantida pelos sentimentos, e não pela razão, chega, com efeito, à conclusão de que o progresso do pensamento científico traz o risco de aumentar o egoísmo, que pode desagregar a comunidade social. Esta é mantida pelos resíduos da segunda e, em grau menor, da quarta e quinta classe. Ora, estes resíduos se enfraquecem ou são corroídos pelo desenvolvimento de uma atitude intelectual que está na origem das civilizações superiores e também dos desmoronamentos sociais. O pensamento de Pareto leva portanto a um sistema de valores históricos profundamente antinômicos. Tendemos a crer que o progresso da moralidade acompanha o progresso da razão e da civilização; mas Pareto, cuja reflexão é marcada por um pessimismo profundo, afirma que a razão não pode ganhar sem que o egoísmo triunfe, que as sociedades cuja civilização é a mais brilhante são também as que estão mais próximas do declínio, que as cidades onde se desenvolve o espírito humanitário não estão longe de grandes efusões de sangue, que as elites mais toleráveis porque menos violentas atraem as revoluções que vão destruí-las.

Este sistema de interpretação histórica se opõe radicalmente ao do professor de filosofia Durkheim, otimista e racionalista. Durkheim escreveu que, embora os Estados conservem ainda certas funções militares, associadas à rivalidade das soberanias, estas sobrevivências do passado estavam a ponto de desaparecer. Pareto teria julgado com severidade este otimismo, que consideraria uma forma típica de doutrina pseudocientífica, determinada, na realidade, por resíduos. No entanto, Durkheim e Pareto estão de acordo num ponto importante: os dois veem as crenças religiosas surgirem da própria sociedade, dos sentimentos que agitam as multidões. Mas Durkheim queria salvar o caráter racional dessas crenças coletivas, dando-lhes um objeto de adoração digno dos seus sentimentos. Com um cinismo algo desconcertante, Pareto alega que esses sentimentos não necessitam de um objeto digno; não são os objetos que suscitam os sentimentos, mas os sentimentos preexistentes que escolhem objetos, quaisquer que sejam.

Esta listagem dos inimigos de Pareto, inimigos políticos – os humanitaristas, os burgueses decadentes – e inimigos científicos – os filósofos que interpretam racionalmente as condutas humanas, os moralistas que pretendem demonstrar a harmonia preestabelecida entre os interesses particulares e o interesse coletivo –, permite, a meu ver, compreender os diferentes sentidos que podemos atribuir ao pensamento do autor do *Traité de sociologie générale*.

O que Pareto queria sugerir? Qual o partido político ou intelectual que defendia com seus argumentos?

No período entre as duas guerras, Pareto foi interpretado com base no fascismo. Num artigo escrito há quase trinta anos eu mesmo o acusei de ter oferecido uma ideologia ou uma justificação ao fascismo. Mas isso foi em 1937, época em que as paixões que nos agitavam eram bem diferentes das de hoje, embora, devido à pobreza do vocabulário, as palavras não tenham mudado[15].

A interpretação de Pareto tomando como ponto de referência o fascismo é muito fácil. Os fascistas, e estou pensando nos fascistas italianos, e não nos nacional-socialistas alemães, defendiam e ilustravam uma teoria oligárquica do governo, exatamente como Pareto. Afirmavam que os povos são sempre governados por minorias, e que estas minorias só podem manter seu domínio quando são dignas das funções que assumem na sociedade. Lembravam que as funções dos dirigentes políticos nem sempre são agradáveis, e que, em consequência, as pessoas de muita sensibilidade deviam renunciar a elas ou ser afastadas. Pareto não era, de modo algum, um selvagem. Admitia que o objetivo da política era reduzir o mais possível a violência histórica, mas acrescentava que a pretensão ilusória de suprimir toda violência levava quase sempre ao seu crescimento desmesurado. Os pacifistas contribuem para provocar as guerras, os humanitaristas ajudam a precipitar as revoluções. Os fascistas podiam utilizar esta argumentação paretiana, deformando-a. Simplificando sua teoria, afirmavam que as elites governantes, para serem eficazes, precisam ser violentas.

Muitos intelectuais do fascismo italiano utilizaram de fato Pareto como uma recomendação, apresentando-se como burgueses não decadentes, prontos a substituir a burguesia decadente. Justificavam sua violência pretendendo que era uma réplica necessária à violência operária. Privadamente, se não em público, afirmavam que sua justificação suprema era a capacidade que tinham de restabelecer a ordem, ainda que fosse pela força. E, como em última análise não há uma justificação intrínseca, moral ou filosófica, para o poder da minoria dirigente, qualquer elite que a substitui está justificada, em larga medida, pelo seu próprio êxito.

Era igualmente fácil associar o pensamento fascista ao de Pareto interpretando a distinção entre o máximo de utilidade *para* a coletividade e o máximo de utilidade *da* coletividade. O primeiro conceito, isto é, a maior satisfação do maior número possível de indivíduos, é, no fundo, o ideal dos humanitaristas, ou dos socialistas democráticos. Dar a cada um, na medida do possível, o que cada um deseja, elevar o nível de todos, é o ideal burguês das elites plutodemocráticas. Pareto não afirma explicitamente que adotar esse objetivo seja um erro, mas sugere que existe outro objetivo, o máximo de utilidade *da* sociedade, isto é, o máximo de poder ou de glória da coletividade considerada como uma pessoa. Afirmar a impossibilidade de uma escolha científica entre estes dois termos desvaloriza o máximo de utilidade *da* coletividade e pode ser considerado como uma opção implícita em favor do máximo de utilidade da coletividade. Pode-se mesmo dizer que quem nega a possibilidade de uma escolha racional entre dois regimes políticos (como Pareto) serve à causa das elites violentas que pretendem demonstrar, pela força, seu direito ao governo.

As relações entre o próprio Pareto e o fascismo foram limitadas. Pareto morreu em 1923, muito pouco tempo depois da ascensão de Mussolini ao poder. Não foi radicalmente hostil ao movimento do Duce[16], inclusive porque era um sociólogo, não um político, e porque sua sociologia explicava aquela reação histórica. Para ele o fascismo era claramente uma reação do corpo social aos problemas causados pelo excesso de resíduos da primeira classe, pelo desenvolvimento exagerado do espírito humanitarista e pelo enfraquecimento da vontade burguesa. Numa sociedade normal, problemas deste tipo provocam reações de sentido contrário. A revolução fascista era uma fase de um ciclo de dependência mútua, uma resposta violenta às desordens provocadas pelo declínio de uma elite astuciosa[17].

Que regime político-econômico mereceria, teoricamente, as preferências de Pareto? De um lado, ele considerava que a iniciativa individual era o mecanismo econômico mais favorável ao crescimento da riqueza. Era portanto, em doutrina econômica, um liberal que admitia, aliás, certas intervenções do Estado na medida em que estas ou facilitavam o funcionamento do mercado ou permitiam aos especuladores se ocupar dos seus negócios e dos negócios de todos. No plano político, suas ideias levam a favorecer um regime *autoritário* e *moderado.* Pareto poderia ter combinado os adjetivos prediletos de Maurras, a saber, *absoluto* e *limitado.* Não é assim que se exprime, mas o regime mais desejável para todos, pelo menos de acordo com sua ideia do bem de todos, é aquele em que os governantes têm a capacidade de tomar decisões mas não têm a pretensão de tudo regular, sobretudo não tentam impor aos cidadãos, e em particular aos intelectuais e professores, o que devem pensar. Em outras palavras, Pareto teria sido favorável a um governo forte e liberal, tanto do ponto de vista econômico como do científico. Recomendaria o liberalismo intelectual aos governos, não só porque esta posição o atraía pessoalmente, mas porque a seus olhos a liberdade de investigação e de pensamento era indispensável ao progresso da ciência; e a longo prazo, toda a sociedade se beneficia com o progresso do pensamento lógico-experimental.

Portanto, se não é impossível interpretar Pareto no sentido do fascismo, o que tem sido feito com frequência, é igualmente possível interpretá-lo num contexto liberal, e empregar os argumentos paretianos para justificar as instituições democráticas ou plutodemocráticas.

G. Mosca, que Pareto conhecia, tinha passado a primeira parte da sua vida a expor as torpezas dos regimes democráticos representativos, que chamava também de plutodemocráticos. Na segunda parte da sua vida, procurou demonstrar que tais regimes, a despeito das suas falhas, eram os melhores que a história havia conhecido, pelo menos para os indivíduos.

É possível assim, aceitando muitas das críticas de Pareto aos regimes democráticos, considerá-los os menos maus para os indivíduos, já que, como todo regime é oligárquico, a oligarquia plutodemocrática tem pelo menos a vantagem de estar dividida e, ao mesmo tempo, limitada nas suas possibilidades de ação. As elites democráticas são as menos perigosas para a liberdade individual.

Admirador apaixonado de Pareto, Maurice Allais vê nele um teórico do liberalismo, não só econômico, mas político e moral. A doutrina de Pareto constituiria uma resposta à questão sobre como reduzir ao mínimo o inevitável domínio da sociedade sobre o indivíduo. Para limitar a dominação do homem sobre o homem, é preciso que os mecanismos do mercado funcionem livremente, e que haja um Estado suficientemente forte para impor o respeito às liberdades intelectuais de alguns, e às liberdades econômicas de todos.

Como vimos, Pareto não é necessariamente um doutrinário dos regimes autoritários, como se ouve às vezes. Na verdade, ele oferece argumentos a muitas correntes de opinião, talvez a todas; suas ideias podem ser utilizadas em sentidos diferentes. A elite que detém o poder invoca Pareto para dar fundamento a sua legitimidade, pois, como todas as legitimidades são arbitrárias, o êxito se torna a legitimidade suprema. Neste tipo de debate, quem tem o poder dá a última palavra. Quem perde a posição de comando, ou não consegue conquistá-la, pode abrir o *Traité de sociologie générale* e encontrará ali, se não uma justificativa da causa perdida, pelo menos um consolo para sua desgraça. Estes poderão afirmar então que o fato de terem sido mais honestos do que os que estão no poder e de terem recusado a violência necessária é que fez com que fossem terminar sua vida numa prisão e não nos palácios do governo.

Há uma certa verdade nestas explicações. Em 1917, houve acesos debates entre as diversas escolas marxistas russas sobre a possibilidade de uma revolução socialista num país ainda não industrializado. Os mencheviques diziam que, devido à falta de industrialização e capitalismo, a Rússia não estava madura para uma revolução socialista; acrescentavam que se por infelicidade um partido operário tentasse realizar uma revolução socialista sem as necessárias condições objetivas, a consequência inevitável seria uma tirania de pelo menos meio século. De seu lado, os socialistas revolucionários queriam uma revolução mais populista do que marxista, e não se dispunham a sacrificar todas as liberdades. Quanto aos bolchevistas, depois de muitas discussões, antes da guerra de 1914, sobre a possibilidade da revolução socialista num país não industrializado, empenharam-se na ação esquecendo suas divergências teóricas, achando que o mais importante, antes de qualquer outra coisa, era tomar o poder.

Em suma, os bolchevistas tiveram a última palavra, e os menchevistas também. Os primeiros conquistaram o poder, que detêm até hoje; os menchevistas foram postos na prisão, embora tivessem previsto corretamente os acontecimentos, porque a revolução feita num país de capitalismo nascente resultou, de fato, num regime autoritário que se mantém há meio século.

Pareto não é porta-voz de nenhum grupo. Tinha suas paixões, mas estas eram tais que permitiam a várias escolas concordar com suas ideias. Muitos fascistas italianos adotaram seu pensamento juntamente com o de Sorel; o próprio Pareto provavelmente viu no fascismo, a princípio, uma reação sadia contra certos excessos. Contudo, como liberal autêntico, não poderia ter ficado muito tempo ao lado do poder. Sociólogo liberal, anuncia lucidamente as violências vindouras, às quais não se resignará. Ou se ama ou se detesta Pareto; mas é preciso ver nele não o representante de um partido, mas o intérprete de uma maneira de ser, pessimista e cínica, à qual ninguém adere de todo, nem mesmo ele, felizmente.

Pareto é um destes pensadores que são definidos em grande parte pelos seus inimigos: pensam *contra*. Ele pensa ao mesmo tempo contra os bárbaros e os civilizados, contra os déspotas e os democratas ingênuos, contra os filósofos que pretendem encontrar a verdade definitiva e os cientistas para quem só a ciência tem valor. Em consequência, a significação intrínseca da sua obra só pode ser ambígua. Explicitamente, Pareto se recusa a determinar o objetivo do indivíduo ou da sociedade. Indagando se seria bom para uma coletividade algumas décadas ou alguns séculos de civilização, se este período brilhante devesse terminar com a perda da independência nacional, afirma que não há resposta para uma indagação deste gênero. Alguns leitores pensarão que é melhor salvaguardar o brilho de uma civilização, mesmo que este leve à queda política no futuro; outros dirão que é preciso antes de mais nada manter a unidade e a força da nação, ainda que à custa da sua cultura.

Pareto sugere uma espécie de contradição intrínseca que haveria entre a verdade científica e a utilidade social. A verdade a respeito da sociedade é antes um fator de desagregação social. O verdadeiro não é necessariamente útil. O útil é feito de ficções e de ilusões. Cada indivíduo é livre para escolher a verdade, movido por sua preferência pessoal, ou a utilidade, para servir a sociedade a que pertence. A lição política de Pareto é, portanto, ambígua por essência.

Uma obra contestada

O *Traité de sociologie générale* ocupa um lugar especial na literatura sociológica. É um enorme bloco, enorme no sentido físico, fora das grandes correntes da sociologia, que continua a ser objeto dos julgamentos mais contraditórios. Alguns o consideram uma das obras-primas do espírito humano; outros, com igual paixão, o veem como um monumento de estupidez[18]. Já ouvi estes julgamentos extremados por parte de homens igualmente qualificados.

Trata-se de um caso raro. Quase sempre, depois de meio século, as paixões se abatem e as obras encontram um lugar que não corresponde necessariamente ao mérito exato do autor mas que tem uma certa relação com ele. No caso do *Traité de sociologie générale*, não é possível fazer referência à opinião comum, porque ela não existe. Isto significa que o *Traité* tem caráter ambíguo, e sobretudo que as paixões que despertou quando foi publicado ainda estão vivas. A razão essencial é que o livro cria um certo mal-estar no leitor; alguns, como um dos meus amigos italianos, dizem que o pensamento de Pareto é apropriado a pessoas de uma certa idade, desgostosas com a marcha do mundo. Mas é preciso evitar estas paixões, e os julgamentos exagerados. Minha própria opinião, que gostaria agora de esclarecer, se situa entre os dois extremos.

O mecanismo psicológico com que Pareto elaborou o *Traité* é o seguinte: o sociólogo começou como engenheiro, e na sua profissão teve a experiência daquilo que é a ação lógica: uma ação comandada pelo conhecimento científico, cuja eficácia demonstra o acordo entre os atos da consciência e o modo como os fatos se desenrolam no mundo objetivo. De engenheiro passou a economista, encontrando, sob forma diferente, as mesmas características da conduta lógica, definida agora pelo cálculo dos lucros, custos e rendimentos. O cálculo econômico permite definir uma ação lógica que, diante de certos objetivos e de determinados meios disponíveis, se esforça por responder a uma hierarquia de preferências levando em conta as circunstâncias externas, de acordo com os conhecimentos científicos.

Mas Pareto não continuou como economista. Observou o mundo político, os regimes da França e da Itália, nos fins do século XIX e no princípio do século XX. Ficou impressionado com as diferenças fundamentais entre as ações lógicas do engenheiro ou do agente econômico e as condutas dos homens políticos. Os políticos invocam a razão, raciocinam indefinidamente, mas são irracionais. Alguns pensam que a religião da humanidade tem a mesma origem que a conduta do engenheiro ou do sujeito econômico; outros acreditam poder transformar a ordem das sociedades humanas, graças à ciência, e anunciam o reino da justiça depois de uma revolução socialista ou liberal.

Em outras palavras, confrontando sua experiência de engenheiro e de economista com a observação do cenário político, Pareto concebeu o tema fundamental da sua obra, a saber, a antinomia entre as ações lógicas e as ações não lógicas. Simultaneamente, descobriu que a pior ilusão é a dos liberais e dos democratas da geração anterior, que pensavam que os progressos da razão iam introduzir a humanidade numa nova era. Pareto pensa contra as convicções erradas da geração de 1848. Constatando como terminou a democracia efetiva, como funcionam as instituições representativas, conclui com amargura que nada mudou, e que são sempre as minorias privilegiadas que fazem o jogo. As minorias podem mudar indefinidamente de derivação ou de teoria justificativa, mas a realidade é a mesma. Todo regime político é oligárquico, todo homem político é interessado, ou então ingênuo, e muitas vezes o menos ingênuo, quer dizer, o menos honesto, é mais útil à sociedade. Aliás, por que razão a honestidade individual deveria ser uma condição da utilidade coletiva? Por que a verdade científica deveria servir de cimento à sociedade?

Este é, a meu ver, o centro do pensamento de Pareto; compreende-se portanto por que ele permanecerá sempre isolado entre os professores e os sociólogos: é quase insuportável para o espírito confessar que a verdade, enquanto tal, pode ser nociva. Não sei se o próprio Pareto acreditava nisso integralmente, mas usava todo o seu charme para afirmá-lo.

Para apreciar o *Traité de sociologie générale* como sociólogo é preciso examinar sucessivamente suas duas partes fundamentais, isto é, a teoria dos resíduos e das derivações e, de outro lado, a teoria da circulação das elites e dos ciclos de mútua dependência.

A teoria paretiana dos resíduos e das derivações pertence a um movimento de ideias que inclui também as obras de Marx, Nietzsche e Freud. O tema é o de que os motivos e o significado dos atos e dos pensamentos dos homens não são os que os próprios atores confessam. A teoria de Pareto se relaciona com o que chamamos de psicologia profunda, desde Nietzsche e Freud, ou com a sociologia das ideologias, a partir da obra de Marx. Mas a crítica de Pareto difere do método psicanalítico e do método sociológico de interpretação. Contrariamente ao método psicanalítico, o método de Pareto não é psicológico porque ignora voluntariamente os sentimentos ou os estados de espírito de que os resíduos são apenas a expressão. Pareto renuncia à exploração do subconsciente e do inconsciente para focalizar um nível intermediário, entre as profundezas da interioridade e os atos ou as palavras perceptíveis do exterior de forma imediata. Comparado à crítica marxista das ideologias, o método de Pareto apresenta uma dupla originalidade: não privilegia o relacionamento das derivações ou ideologias com as classes sociais; Pareto nem mesmo sugere que as classes sociais sejam os sujeitos dos conjuntos ideológicos. Preocupa-se pouco com as particularidades históricas e singulares das derivações e teorias. Sua investigação, que tende a uma enumeração integral das classes de resíduos e de derivações, tende a reduzir o interesse pelo curso da história humana e a apresentar um homem eterno, ou uma estrutura social permanente.

O método paretiano não é, portanto, nem propriamente psicológico nem especificamente histórico: é *generalizador*. Indubitavelmente, Pareto, na busca de uma tipologia universal dos resíduos, se aproxima de vez em quando da análise dos mecanismos psicológicos. Em particular, ao estudar os métodos pelos quais os homens são persuadidos e convencidos, dá uma contribuição à psicologia moderna da propaganda e da publicidade. Mas ele não pretende nos revelar os *impulsos* fundamentais da natureza humana, à maneira de um psicanalista que distingue o impulso sexual, o impulso de possuir, o impulso orientado para o que os alemães chamam de *Geltungsbedürfnis*, a necessidade de ser reconhecido pelos outros. Pareto se mantém no nível intermediário dos resíduos, isto é, das expressões dos sentimentos perceptíveis através das condutas. Não se pode dizer que este método seja, em si mesmo, ilegítimo, mas ele comporta evidentemente o perigo de levar a constatar e não a explicar, ou o perigo de substituir a explicação pelo próprio fato da conduta, traduzido em termos de resíduos.

Vou tomar um exemplo predileto de Pareto. Os antropólogos constatam que os indivíduos atribuem significado especial a um lugar ou a uma coisa, a uma pedra ou a um elemento. Alguns procuraram explicar tais combinações buscando o sistema de pensamento que lhes dá um sentido. Pareto objeta que este modo de explicação consiste em levar a sério as derivações que são fenômenos secundários, não determinantes da conduta, e que podem ser renovados indefinidamente, sem que os agregados afetivos se modifiquem. É verdade que o sistema intelectual não é necessariamente o determinante das condutas, mas, se explicarmos estes agregados afetivos dizendo que são um exemplo da segunda classe de resíduos, uma pessoa imbuída de má vontade poderá dizer que a explicação é mais ou menos tão convincente quanto a da ação do ópio pela virtude dormitiva. Em última análise, explicar os conjuntos afetivos pelos resíduos da persistência dos agregados pode não ser mais do que uma pseudoexplicação.

Em outras palavras, como Pareto não se preocupa com os mecanismos psicológicos tais como foram analisados por Nietzsche e por Freud, ou com os mecanismos sociais, tal como Marx procura analisar nas sociedades concretas, o método intermediário das generalidades sociológicas se mantém num nível formal. Não ousaria dizer que os resultados são falsos, mas pode ser que nem sempre sejam instrutivos.

Finalmente, surpreende constatar que Pareto distingue seis classes de resíduos, mas que, na segunda parte do *Traité*, quando aborda os ciclos de mútua dependência, só duas classes têm uma função importante, o instinto das combinações e a persistência dos agregados. O primeiro é a origem da investigação intelectual, do progresso da ciência e do desenvolvimento do egoísmo, isto é, ao mesmo tempo o princípio das civilizações superiores e a causa do seu declínio. A persistência dos agregados corresponde ao equivalente do conjunto dos sentimentos religiosos, nacionais, patrióticos que mantêm as sociedades.

Neste momento, tem-se a impressão súbita, e um pouco desagradável, de que se está ouvindo um filósofo do Iluminismo, com seus valores parcialmente invertidos. No fundo, vemos de um lado o progresso da razão e do espírito crítico, de outro os padres de todas as Igrejas, difundindo ilusões e entretendo aberrações, com a ressalva de que o espírito de superstição não é obra dos padres, como teriam dito os enciclopedistas, mas a expressão permanente da necessidade humana de crer sem provas, e de se dedicar a mitos.

Neste sentido, Pareto está na linha do pensamento racionalista do século XVIII, embora passe talvez das esperanças excessivas para uma resignação prematura. Qualquer que seja a verdade parcial desta oposição, não se pode deixar de perguntar se é indispensável escrever tantos capítulos, páginas e exemplos para chegar à velha antítese da conduta lógica e da ação pelo sentimento, da razão científica e da superstição religiosa, a antítese que é apresentada como a estrutura fundamental do homem e das sociedades.

Se a primeira parte do *Traité* me parece insuficientemente psicológica, a segunda me parece, ao contrário, demasiadamente psicológica. Esta crítica não é um paradoxo. O método da primeira parte, devido à ambição generalizada e à recusa de ir até o sentimento, se detém no limiar da psicologia. Na segunda parte, porém, as elites são caracterizadas, sobretudo, pelos seus traços psicológicos. Elites violentas e elites astuciosas, predominância dos resíduos da primeira ou dos resíduos de segunda classe, todas estas noções são, fundamentalmente, de natureza psicológica. As peripécias das histórias nacionais são interpretadas e explicadas pelos sentimentos, pelos humores, pelas atitudes das elites e das massas. O despertar das paixões patrióticas e religiosas, no princípio do século XX, representa para Pareto mais um exemplo da permanência, nas consciências humanas, dos mesmos resíduos, um exemplo a mais da determinação dos acontecimentos históricos pelas flutuações dos sentimentos humanos. Pareto, concordo, reconhece de forma explícita que o curso da história depende das organizações sociais, mais do que dos sentimentos dos indivíduos: "A parte principal do fenômeno é a organização, e não a vontade consciente dos indivíduos, que, em certos casos, podem mesmo ser levados pela organização aonde sua vontade consciente jamais os levaria." (*Traité de sociologie générale*, § 2254). Mas as últimas páginas do *Traité* são uma espécie de resumo da história da Antiguidade, escrita em termos de resíduos da primeira e da segunda classes, de elites astuciosas e de elites violentas. Este modo de interpretação deixa o leitor insatisfeito, embora tenha uma parte de verdade.

Pareto procura elaborar um sistema geral de interpretação que seja um modelo simplificado, comparável ao da mecânica racional. Admite que suas proposições são muito esquemáticas, e que exigem precisões e complexidades sucessivas, mas pensa ter determinado, com os ciclos de mútua dependência, as características gerais do equilíbrio social. Ora, pode-se considerar, ao mesmo tempo, que algumas das suas afirmativas são verdadeiras, que se aplicam efetivamente a todas as sociedades e que, no entanto, não apreendem o essencial. Em outros termos, em matéria de sociologia, o que é geral não é necessariamente essencial, nem o mais interessante ou o mais importante.

Pareto afirma que em todas as sociedades há uma minoria privilegiada, uma elite, no sentido amplo, na qual se pode distinguir uma elite governante, no sentido restrito. Esta proposição me parece indiscutível. Todas as sociedades conhecidas até nossos dias foram fundamentalmente desiguais. É legítimo, portanto, distinguir o pequeno número de pessoas que ocupam as melhores posições, do ponto de vista econômico e político, da grande massa. Pareto afirma, em seguida, que estas minorias privilegiadas conservam sua situação por uma combinação de força e de astúcia. Se convencionarmos chamar de astúcia todos os meios de persuasão, não hesitaria em dar-lhe razão. De fato, como poderia uma só pessoa comandar um grande número de indivíduos senão pelo uso da força, ou então persuadindo-os da necessidade da obediência? A fórmula segundo a qual as minorias governam pela força ou pela astúcia é incontestável, desde que se interpretem estes dois termos de modo suficientemente vago.

Parece, porém, que os problemas começam a aparecer depois. Quais são as relações reais entre a minoria privilegiada e o grande número? Que princípios de legitimidade invocam as diferentes elites? Quais são os métodos pelos quais estas elites se mantêm no poder? Que possibilidades existem de que os indivíduos que não participam de uma elite possam nela penetrar? Admitidas as proposições mais gerais, as diferenças históricas me parecem consideráveis, e por isso mais importantes.

É verdade que Pareto não negaria as observações que acabo de fazer. Ele se limitaria a responder que lembrou essas proposições gerais porque os governantes, e até mesmo os governados, tendem a esquecê-las; que ele não nega as diferenças substanciais entre os diversos modos de exercer o poder pelas diferentes classes políticas; e que conhece as consequências desta diversidade para com os governados. Contudo, a verdade é que sentimos uma tendência explícita ou implícita para desvalorizar as diferenças entre os regimes, entre as elites e entre os modos de governo. Sugere que "quanto mais isso muda, mais continua igual"* e, portanto, que a história se repete indefinidamente e que as diferenças

---

* "Plus cela change, plus c'est la même chose."

entre tipos de regime são secundárias. Ensina, quer ele queira, quer não, uma aceitação, mais ou menos resignada, do mundo como ele é, e chama, quase automaticamente, de ilusões os esforços dirigidos para a reorganização das sociedades num sentido que chamaríamos de justiça.

Minhas objeções são, portanto, as seguintes: de um lado, Pareto caracteriza os regimes pela psicologia das elites, mais do que pela organização dos poderes e da sociedade; de outro, sugere que o mais geral é também o mais importante. Confunde assim as características comuns a todas as sociedades com os traços comuns a toda ordem social; desvaloriza as diferenciações históricas e tira quase todo o significado do próprio devenir.

Minha última observação diz respeito à teoria do lógico e do não lógico. De acordo com a definição de Pareto, as ações não lógicas podem ser divididas em muitas categorias; o caráter lógico ou não lógico de uma ação é apreciado pelo observador com base nos seus conhecimentos e nos conhecimentos do ator. Nestas condições, a ação ditada por um erro científico é uma ação não lógica, e a ação que se inspira em ilusões ou mitos é também não lógica. Os atos que denominamos simbólicos ou rituais são não lógicos porque sua função consiste apenas em manifestar sentimentos a seres ou a coisas que representam valores. Finalmente, as condutas religiosas ou mágicas são não lógicas.

Será apropriado incluir na mesma categoria os erros científicos, as superstições associadas a metafísicas que nos parecem hoje anacrônicas, os atos inspirados por convicções idealistas ou otimistas, as condutas rituais e as práticas mágicas? Trata-se verdadeiramente de uma única categoria? Pode-se, como Pareto, considerar que todos estes atos, por serem não lógicos, não são determinados pela razão mas por sentimentos ou estados de espírito? A dualidade lógico–não lógico serve para introduzir à dualidade das ações determinadas pela razão e, de outro lado, das ações determinadas pelos sentimentos ou estados de espírito. Esta antinomia simplificadora não seria, além de perigosa, deformadora da realidade? Será evidente que uma conduta comandada por proposições aparentemente científicas, mas que constatamos depois serem errôneas, possa ser explicada por um mecanismo comparável ao que explica uma prática ritual ou uma ação revolucionária[19]?

É bem verdade que se pode complicar progressivamente a classificação de Pareto, mas a dualidade ações lógicas–ações não lógicas, levando à antítese ação pela razão–ação pelo sentimento, é perigosamente esquemática. Ela leva Pareto a uma representação dualista da natureza humana, e a uma tipologia dualista das elites e dos regimes. Estes antagonismos estilizados podem suscitar uma filosofia que o próprio Pareto não subscreveria, mas que teria dificuldade em renegar inteiramente. Como, afinal de contas, a única justificação incontestável do poder de uma elite é o êxito, é tentador procurar alcançar êxito por meios eficazes a curto prazo. Diante de uma elite astuciosa, isto é, de uma elite que quer persuadir, o revolucionário poderá recorrer à coerção com a consciência tranquila. De fato, os bons sentimentos não acabarão por arruinar a sociedade, do mesmo modo como degradam a literatura?

Indicações biográficas

1848 15 de julho: nasce em Paris Vilfredo Pareto. Sua família, originária da Ligúria, recebeu título de nobreza no princípio do século XVIII. Seu avô, o marquês Giovanni Benedetto Pareto, em 1811 foi feito barão do Império, por Napoleão. Seu pai, partidário de Mazzini, foi exilado devido a suas ideias republicanas e antipiemontesas. Casou-se, em Paris, com Marie Méténier, a mãe de Vilfredo.

C. 1850 A família de Pareto volta à Itália. Vilfredo faz estudos secundários clássicos e, depois, estudos científicos na Universidade Politécnica de Turim.

1869 Pareto defende tese sobre os "Princípios fundamentais do equilíbrio dos corpos sólidos".

1874-92 Instala-se em Florença. Depois de ter sido engenheiro ferroviário, e nomeado diretor-geral das estradas de ferro italianas. Suas funções o levam a viajar ao exterior, principalmente à Inglaterra. Participa também, com a Sociedade Adam Smith, de Florença, em campanhas contra o socialismo de Estado, o protecionismo e a política militarista do governo italiano. Nesta época, Pareto é partidário da democracia e de um liberalismo intransigente.

1882 Candidata-se, sem êxito, a deputado, pela circunscrição de Pistoia.
1889 Casamento com Alessandra Bakunin, de origem russa. Participa de um congresso em favor da paz e da arbitragem internacional, em Roma, onde apresenta uma proposta, que é aprovada, defendendo a liberdade de comércio.
1891 Toma conhecimento da obra *Princípios de economia pura*, de Maffeo Pantaleoni. Este revela a Pareto as obras de Walras, Cournot e Edgeworth. Uma das conferências de Pareto é interrompida pela polícia, em Milão. Contato com L. Walras. O governo italiano nega a Pareto autorização para dar um curso gratuito de economia política.
1892 Walras propõe a Pareto que o substitua na cadeira de economia política da Universidade de Lausanne.
1892-94 Publica alguns estudos sobre os princípios fundamentais da economia pura, sobre a economia matemática e sobre diversos pontos de teoria econômica.
1893 É nomeado professor de economia política na Universidade de Lausanne. A partir desse momento, começa uma nova carreira, dedicando-se inteiramente à ciência, marcada pela publicação de suas obras.
1896-97 *Cours d'économie politique*, publicado em francês em Lausanne.
1898 Pareto herda um patrimônio importante de um tio. Acolhe, na Suíça, socialistas italianos foragidos depois da repressão que se seguiu a distúrbios em Milão e Pavia.
1901 Instala-se em Céligny, Cantão de Genebra, na vila "Angora". Suas ideias se tornam mais conservadoras, mais hostis ao humanitarismo da burguesia decadente. Viagem a Paris para ensinar na École de Hautes Études. Sua esposa o deixa e parte para a Rússia. Pareto solicita imediatamente a separação. A partir de 1902, viverá com Jeanne Régis, que esposará pouco antes de morrer, e a quem dedicará o *Traité de sociologie générale*.

1901-02 *Les systèmes socialistes*, publicado em francês, em Paris.
1907 *Manuale d'economia politica*, publicado em Milão.
1907-08 Doente, Pareto deixa aos poucos seu curso de economia para Pascal Boninsegni. Em 1912 deixará de ensinar economia, mantendo apenas um curso restrito de sociologia.
1909 Tradução francesa, muito reformulada, do *Manuale d'economia politica*.
1911 *Le mythe vertuiste et la littérature immorale*, publicado em francês, em Paris.
1916 Pareto dá, pela última vez, uma série de aulas de sociologia.
Trattato di sociologia generale, publicado em italiano, em Florença.
1917 Jubileu de Pareto na Universidade de Lausanne.
1917-19 Tradução francesa do *Trattato di sociologia generale*, que aparece em Lausanne e em Paris.
1920 *Fatti e teorie*, coleção de artigos políticos, especialmente sobre a Primeira Guerra Mundial, publicada em Florença.
1921 *Transformazioni della democrazia*, publicado em Milão.
1922 Em protesto contra uma iniciativa dos socialistas suíços, que querem instituir um imposto sobre a riqueza, Pareto se instala em Divonne durante alguns meses. No fim deste ano, aceita o princípio de representar o governo italiano (de Mussolini) na Sociedade das Nações.
1923 Pareto é nomeado senador do Reino da Itália.
Em dois artigos publicados em *Gerarchia* manifesta uma certa adesão ao fascismo, mas recomenda aos fascistas uma atitude liberal.
Em 19 de agosto, morre Pareto, em Céligny, onde é sepultado.

Notas

1. "Tendo chegado a este ponto, o leitor já terá talvez percebido que as investigações a que nos dedicamos apresentam uma analogia com outras que são habituais na filologia; isto é, as que têm por objetivo pesquisar as raízes e as derivações que originam as palavras de uma língua. Não se trata de uma analogia artificial. Ela provém do fato de que, nos dois casos, trata-se de produtos da atividade do espírito humano, que têm um processo comum.

"E isto não é tudo. Há também analogias de outro gênero. A filologia moderna sabe muito bem que a linguagem é um organismo que se desenvolveu de acordo com suas próprias leis, que não foi criada artificialmente. Só alguns termos técnicos, como *oxigênio*, *metro*, *termômetro* etc. foram fabricados pela atividade lógica dos cientistas, e correspondem às ações lógicas, na sociedade; mas a formação do maior número de palavras empregadas ordinariamente corresponde a ações não lógicas. É hora de a sociologia progredir procurando atingir o nível em que a filologia já se encontra." (*Traité de sociologie générale*, §§ 879 e 883).

2. Este ponto do pensamento de Pareto não pode ser compreendido se não nos lembrarmos das suas convicções profundamente liberais. Do mesmo modo Pareto tomou a defesa dos padres católicos perseguidos na França pelos ra-

dicais, e do bloco das esquerdas no início do século ou dos socialistas perseguidos na Itália, em 1898. É essencialmente contrário a todas as inquisições. O livro de Giuseppe La Ferla, *Vilfredo Pareto, filósofo volteriano*, Florença, La Nuova Italia, 1954, mostra bem este aspecto da personalidade do autor do *Traité de sociologie générale*.

3. Estudando este tipo de resíduo, Pareto procede a uma análise impiedosa e interessante das reivindicações igualitárias, cuja hipocrisia ele se empenha em desmascarar. Poderia dizer, como G. Orwell em *A revolução dos bichos*, que os igualitaristas têm como fórmula: "Todos os animais são iguais, mas alguns são mais iguais do que outros." Pareto escreve: "As demandas de igualdade ocultam quase sempre demandas de privilégios." (§ 1222). "Fala-se da igualdade para obtê-la em geral. Faz-se depois uma infinidade de distinções para negá-la em particular. Ela deve pertencer a todos mas só é conferida a alguns." (§ 1222). "Entre nossos contemporâneos a igualdade dos homens é um artigo de fé; mas isso não impede que na França e na Itália existam enormes desigualdades entre os 'trabalhadores conscientes', entre os simples cidadãos e aqueles que são protegidos por deputados, senadores, altas autoridades. Existem casas de jogo nas quais a política não ousaria tocar porque encontraria ali os legisladores ou outras altas personalidades." (§ 1223). Seus comentários se tornam uma crítica eloquente da hipocrisia social, com a constatação da diferença que existe entre os ideais proclamados pela sociedade e sua realidade cotidiana.

4. É conhecido o livro de S. Tchakhotine, *Le viol des foules par la propagande politique*, Paris, 1952. Existe uma considerável literatura sociológica moderna sobre os meios de propaganda, sobretudo em língua inglesa. Pode-se citar, por exemplo: D. Lerner, *Propaganda in War and Crisis*, 1951; A. Inkeles, *Public Opinion in Soviet Russia*, 1951; L. Fraser, *Propaganda*, 1957. Eis uma frase característica de Hitler: "Em sua grande maioria o povo tem uma disposição tão feminina que suas opiniões e seus atos são levados muito mais pela impressão que recebem sensorialmente do que pelo

pensamento puro." Não é uma impressão sutil mas sim bastante simples e limitada. Não comporta nuanças mas somente as noções positivas ou negativas de amor e de ódio, de justiça ou de injustiça, de verdade ou de mentira; os sentimentos parciais não existem. "Todo o gênio empregado na organização de uma propaganda seria puro desperdício se não estivesse apoiado de modo absolutamente rigoroso sobre um princípio fundamental. É preciso limitar-se a um pequeno número de ideias e repeti-las constantemente." (Texto extraído de *Ma doctrine*, Paris, Fayard, 1938, p. 61-2).

5. Pareto retorna muitas vezes a esta ideia, pois teme ser mal compreendido: "Devemos ter cuidado com o perigo de atribuir uma existência objetiva aos resíduos, ou mesmo aos sentimentos. De fato só podemos observar homens que se encontram num estado que é revelado por aquilo que chamamos de sentimentos." (*Traité de sociologie générale*, § 1690).

6. Georges Sorel (1847-1922) foi contemporâneo de Pareto e manteve com ele estreito contato epistolar e intelectual. Apresenta muitos pontos comuns com o autor de *Traité de sociologie générale*. Como ele, teve formação científica – Sorel foi aluno da École Polytechnique –; como ele, seguiu a carreira de engenheiro – Sorel foi engenheiro de pontes e estradas –; como ele, interessou-se pela economia – Sorel publicou uma *Introduction à l'économie moderne* –; como ele, afirmou seu desprezo pela burguesia decadente. Um bom número de teses de Sorel têm correspondentes na obra de Pareto, mas o pensamento de Sorel é mais próximo do marxismo, mais idealista, e sobretudo mais confuso. Suas obras principais são: *Les réflexions sur la violence* (1906), *La décomposition du marxisme* (1908), *Matériaux pour une théorie du prolétariat* (1919), *De l'utilité du pragmatisme* (1921), todas publicadas em Paris, por Rivière. O pensamento de Sorel teve grande repercussão na Itália, tanto por parte dos cientistas quanto dos ideólogos fascistas ou socialistas. Sobre a relação entre Pareto e Sorel consulte-se o livro de Tommaso Giacalone-Monaco, *Pareto e Sorel, riflessione e ricerche*, Pádua, C.E.D.A.M., t. I, 1960; t. II, 1961.

7. Na introdução de *Les systèmes socialistes*, obra anterior ao *Traité de sociologie générale*, Pareto apresenta o fenômeno da elite governante da seguinte forma: "Os homens podem ser dispostos em pirâmides de distribuição desigual, com a forma aproximada de um pião, conforme possuam mais ou menos um bem ou uma qualidade desejada, riqueza, inteligência, valor moral, talento político. Os mesmos indivíduos não ocupam os mesmos lugares nas mesmas figuras que acabamos de tratar como hipótese. Com efeito, seria evidentemente absurdo afirmar que os indivíduos que ocupam as camadas superiores na figura que representa a distribuição do gênio matemático ou político sejam os mesmos que ocupam a camada superior na figura que representa a distribuição da riqueza. Contudo, se distribuirmos os homens de acordo com seu grau de influência e de poder político e social, na maioria das sociedades serão, pelo menos em parte, os mesmos homens que ocuparão os mesmos lugares neste gráfico e no gráfico da distribuição da riqueza. Assim, as classes ditas superiores são geralmente as mais ricas. Representam uma elite, uma aristocracia." (*Les systèmes socialistes*, t. I, p. 27-8).

8. Sobre a "lei" da distribuição da renda de Pareto, consultem-se, além do *Cours d'économie politique* e do *Manuel d'économie politique*, os *Écrits sur la courbe de la répartition de la richesse* [Escritos sobre a curva da repartição da riqueza], reunidos e apresentados por G. Busino, Genebra, Dorz, 1965.

Esta "lei" de Pareto deu lugar a uma importante literatura econômica.

Citemos especialmente G. Tintner, *Mathématiques et statistiques pour les économistes*, Paris, Dunod, t. I; J. Tinbergen, "La théorie de la distribution du revenu", *Cahiers de l'I.S.E.A.*, *Cahiers franco-italiens*, n. 2, 1963; R. Roy, "Pareto staticien: la distribution des revenus", *Revue d'économie politique*, 1949; N. O. Johnson, "The Pareto Law", *Review of Economic Statistics*, 1937; C. Bresciani-Turoni, "Annual Survey of Statistical Data: Pareto's Law and the Index of Inequality of Incomes", *Econométrica*, 1939; Mary J. Bowman, "A Graphical Analysis of Personal Income Distribution in the United States", *American Economic Review*, 1945; reproduzido *in Readings in the Theory of Income Distribution*, Homewood, R. D. Irwin, 1951, p. 72-99; D. H. Mac Gregor, "Pareto's Law", *Economic Journal*, 1936; F. Giancardi, "Sulla curva dei redditi", *Giornale degli economisti*, 1949; R. Addario, "Ricerche sulla curva dei redditi", *ibid.*; E. C. Rhodes, "The Pareto distribution of incomes", *Economica*, 1944.

9. G. Mosca tinha desenvolvido sua teoria da elite governamental e da fórmula política dezessete anos antes da publicação de *Systèmes socialistes*, num livro intitulado *Sulla teoria dei governi et sul governo parlamentare*. A utilização da obra por Pareto não é nem um pouco certa. Mas, como escreve G. H. Bousquet: "Mosca tendo gentilmente solicitado a Pareto que reconhecesse a sua prioridade, este recusou alegando que os pontos de semelhança se reduziam a ideias banais já enunciadas por Buckle, Taine e outros mais. Tudo o que Mosca conseguiu foi ser mencionado em uma nota do *Manuale* (aliás, não traduzida na edição francesa), com um tom insolente e injusto." (*Pareto, le savant et l'homme*, Lausanne, Payot, 1960, p. 117).

Sobre esta polêmica, cf. A. De Pietri-Tonelli, "Mosca e Pareto", *Revista internazionale di scienze sociali*, 1935.

Mais tarde Mosca desenvolveu seu pensamento no seu *Elementi di scienza politica* (1ª ed. em 1896, 2ª ed. revista e ampliada em 1923, publicada por Bocca, Turim) da qual existe uma tradução inglesa com o título *The Ruling Class*, Nova York, MacGraw Hill, 1939 (pode-se encontrar um resumo do livro de G. Mosca, em francês, *Histoire des doctrines politiques*, Paris, Payot, 1965, p. 7-9 e 243-53). Cf. também o capítulo sobre Mosca no livro de J. Burnham, *Les machiavéliens, défenseurs de la liberté*, Paris, Calmann Lévy, 1949, p. 97-125.

10. Cf. art. de Jules Monnerot, "Politique en connaissance de cause", *in Écrits pour une Renaissance*, Paris, Plon, 1958, publicado pelo grupo Nação Francesa. Monnerot escreveu também *Sociologie du communisme*, Paris, Gallimard, 1949, muito inspirado na sociologia de Pareto.

11. A teoria sociológica da mútua dependência é a transposição das teorias econômicas da interdependência geral e do equilíbrio, que Pareto desenvolveu no *Curso* e no *Manual*, cuja essência tinha sido formulada por Léon Walras em *Éléments d'économie pure*. Sobre essas teorias econômicas, cf.: G. Pirou, *Les théories de l'équilibre économique, L. Walras et V. Pareto*, Paris, Domat-Montchrestien, 1938, 2ª ed.; F. Oules, *L'école de Lausanne, textes choisis de L. Walras et V. Pareto*, Paris, Dalloz, 1950; J. Schumpeter, *History of Economic Analysis*, Londres, Allen & Unwin, 1963.

12. "Têm-se confundido, e continuam-se a confundir, sob o nome de *capitalistas*, pessoas que tiram uma renda de suas terras ou de suas economias e empresários. Isto prejudica bastante o conhecimento do fenômeno econômico, e ainda mais o conhecimento do fenômeno social. Na realidade, essas duas categorias de *capitalistas* têm interesses bem diferentes, e às vezes opostos. Chegam mesmo a ser mais opostas do que as categorias das classes ditas 'capitalistas' e 'proletárias'. Do ponto de vista econômico é vantajoso para o empresário que a renda da poupança e dos outros capitais que ele toma por empréstimo (aluga) seja mínima, mas para esses produtores, ao contrário, é vantajoso que ela seja máxima. Um encarecimento da mercadoria que ele produz é vantajoso para o empresário. Para ele pouco importa um encarecimento das outras mercadorias se isso for compensado no ganho que ele tem com a sua própria mercadoria, enquanto todos esses encarecimentos prejudicam o possuidor da simples poupança. Quanto ao empresário, os direitos fiscais sobre as mercadorias que ele produz prejudicam-no um pouco, às vezes eles o favorecem, afastando os concorrentes. Prejudicam sempre o consumidor cujas rendas se originam do fato de colocarem as suas economias a juros. De modo geral, o empresário quase sempre pode se recuperar, em cima do consumidor, dos aumentos das despesas ocasionados por pesados impostos; o simples possuidor da poupança, quase nunca. Assim também o encarecimento da mão de obra prejudica frequentemente muito pouco ao empresário:

somente para os contratos em vigência, uma vez que para os contratos futuros o empreendedor pode se recuperar pelo aumento dos preços dos produtos. O simples possuidor de poupança, ao contrário, sofre habitualmente esses aumentos de preço sem poder se recuperar de maneira alguma. Em consequência, nesse caso os empresários e seus trabalhadores têm um interesse comum que se opõe ao do simples possuidor de economias. O mesmo acontece com os empresários e operários das indústrias que gozam de proteção alfandegária. Do ponto de vista social as oposições não são menores. Entre os empresários encontram-se pessoas com um instinto das combinações muito desenvolvido e esse instinto é indispensável para ter sucesso nessa profissão. As pessoas em que predominam os resíduos da persistência dos agregados permanecem entre os simples possuidores de poupança. Por isso os empresários são geralmente pessoas *aventureiras* intrépidas, sempre em busca de novidades, tanto no campo econômico quanto no social. Os movimentos não lhes desagradam: eles esperam tirar vantagem. Os simples possuidores de poupança, ao contrário, são frequentemente pessoas tranquilas, tímidas, que estão sempre levantando a orelha como a lebre. Esperam pouco e temem muito os movimentos porque sabem, por uma dura experiência, que são eles que pagam os prejuízos." (*Traité de sociologie générale*, §§ 2231 e 2232).

13. "A prosperidade dos nossos países é, pelo menos em parte, fruto da liberdade de ação dos sujeitos, do ponto de vista econômico e social, durante uma parte do século XIX. Agora começa a cristalização, exatamente como no Império Romano. Ela é desejada pelos povos e, em muitos casos, parece aumentar a prosperidade. Indubitavelmente estamos longe ainda de uma situação em que o trabalhador esteja definitivamente ligado à sua profissão, mas os sindicatos e as restrições impostas à circulação entre os Estados nos encaminham nesse sentido. Constituídos graças à imigração, os Estados Unidos, que devem aos imigrantes sua atual prosperidade, procuram agora rejeitar por todos os meios a imigração. Em outros países, como a Austrália, faz-se o mesmo.

Os sindicatos operários tentam impedir as pessoas não sindicalizadas de trabalhar. Por outro lado, estão bem longe de aceitar qualquer um como membro. Os governos e as comunidades intervêm diariamente, cada vez mais, nos assuntos econômicos. São impelidos pela vontade da população e muitas vezes com uma vantagem aparente para o povo... É fácil perceber que nós nos movemos segundo uma curva semelhante à que percorreu a sociedade romana depois da fundação do Império, e que, após um período de prosperidade, prolongou-se até a decadência. A história nunca se repete, e não é provável (a menos que se acredite no 'perigo amarelo') que a prosperidade futura decorra de outra invasão bárbara. Seria menos improvável que resultasse de uma revolução interior, a qual daria o poder aos indivíduos que possuem em abundância resíduos da segunda classe, e que sabem, podem e querem usar a força. Mas essas eventualidades distantes e incertas pertencem mais ao domínio da fantasia do que da ciência experimental." (*Traité de sociologie générale*, § 2553).

14. O desprezo pela burguesia decadente leva Pareto a escrever: "Assim como a sociedade romana foi salva da ruína pelas legiões de César e pelas de Otávio, pode acontecer que nossa sociedade, um dia, seja salva da decadência por aqueles que serão os herdeiros dos nossos sindicatos e de nossos anarquistas." (*Traité de sociologie générale*, § 1858).

15. Este artigo, intitulado "A sociologia de Pareto", foi publicado em 1937 no *Zeitschrift für Sozialforschung*, VI, 1937, p. 489-521. Cf. também o primeiro capítulo de *L'homme contre les tyrans*, Paris, Gallimard, 1945. "Le machiavélisme, doctrine des tyrannies modernes", p. 11-21.

16. As relações entre Pareto e o fascismo foram analisadas de forma completa por G. H. Bousquet, em *Pareto, le savant et l'homme*, Lausanne, Payot, 1960, p. 188-97.

Segundo G. H. Bousquet, "até o advento do fascismo, o mestre adotou com relação a ele uma atitude das mais reservadas, por vezes até hostil. Depois deu o seu apoio indiscutível à forma bastante moderada que o movimento revestia então. Esta aprovação foi feita com reserva enfatizando a necessidade de salvaguardar um certo número de liberdades". No dia 1º de junho de 1922, cinco meses antes da marcha sobre Roma dos Camisas-Negras, Pareto escreve a um amigo: "Posso estar enganado, mas não vejo no fascismo uma força permanente e profunda." Mas, em 13 de novembro de 1922, alguns dias depois da tomada do poder, ele dizia que, como homem, estava feliz com a vitória do fascismo, e feliz também como cientista cujas teorias se veem, assim, confirmadas... Pareto aceita as honras do novo regime: o cargo de representante da Itália na Comissão de Desarmamento da Sociedade das Nações, em dezembro de 1922, uma cadeira de senador em março de 1923. Pareto havia recusado esta última honraria quando ela lhe fora oferecida no regime anterior.

Em março de 1923 escreve: "Se a reconstrução da Itália marca uma mudança no ciclo percorrido pelos povos civilizados, Mussolini será uma figura histórica, digna da Antiguidade", ou ainda: "A França só se poderá salvar se encontrar um Mussolini". Mas na mesma época também escreve que se recusa a fazer parte dos aduladores e que, "se a salvação da Itália reside, talvez, no fascismo, existem abismos perigosos". Seu pensamento foi expresso, aliás de modo muito claro, na revista doutrinal do partido fascista: *Gerarchia*, em que publicou um artigo intitulado "Libertà". "O fascismo", escreve, "não é bom apenas por ser ditatorial, isto é, capaz de restabelecer a ordem, mas porque até agora os efeitos têm sido bons. Vários obstáculos precisam ser evitados: as aventuras bélicas, a restrição da liberdade de imprensa, os impostos excessivos aos ricos e aos camponeses, a submissão à Igreja e ao clericalismo, a limitação da liberdade de ensino... Convém que a liberdade de ensinar nas universidades não tenha nenhum limite; que seja possível ensinar tanto as teorias de Newton como as de Einstein, as de Marx como as da escola histórica."

Em outras palavras, Pareto era favorável a uma versão pacífica, liberal no plano econômico e intelectual, laica, e socialmente conservadora, de um regime autoritário. Não foi a favor do corporativismo nem dos acordos de Latrão, nem da conquista da Etiópia, nem do juramento de fidelidade imposto aos professores da universidade a partir de 1921, e é provável que exercesse sua verve e sua crítica contra todos os desvios hegelianos e nacionalistas dos Gentile, Volpe, Rocco e Bottai. Sem querer adivinhar o que teria sido a evolução das ideias de Pareto em relação ao fascismo, o que seria absurdo, não é inútil lembrar que Benedetto Croce, que se tornou um dos líderes da oposição liberal, também deu, no início de 1923, sua caução e sua adesão ao novo regime.

Quanto à influência de Pareto sobre o fascismo, é fato indiscutível, mas que está longe de ser preponderante. Mussolini passou algum tempo em Lausanne em 1902. É possível que tenha assistido às aulas de Pareto, mas não entrou em contato com ele. Não é evidente que o tenha lido e, em todo o caso, essa leitura não teria sido a única do jovem socialista exilado e autodidata. As "lições" de Marx, de Darwin, de Maquiavel e sua tradição, de Sorel, de Maurras, de Nietzsche, de Croce e do hegelianismo italiano e, com toda a evidência, escritores nacionalistas tiveram, pelo menos, tanta influência quanto as de Pareto na formação da ideologia fascista. A parte do maquiavelismo e, em consequência, do paretismo só poderá ser considerada importante no fascismo se dermos dele uma definição universal. Resta saber se um tal esforço de abstração não é inútil na medida em que são muito grandes as particularidades nacionais das experiências políticas e dos movimentos ditos políticos.

17. O modo como Pareto apresenta os políticos plutodemocratas, entre os quais predominam de modo quase exclusivo os resíduos da primeira classe, é dificilmente compreensível se não se recordar o espetáculo da vida política italiana no fim do século passado e no princípio deste século. Em 1876, a direita italiana, ou mais exatamente, piemontesa, perde o poder. Três homens passam a dominar o cenário político, sucessivamente: Depretis (de 1876 a 1887), Crispi e sobretudo Giolitti (de 1897 a 1914). "Giolitti, liberal moderado em política e em economia, é um realista e um empirista. Sua ação interna retoma os métodos do 'transformismo' de De-

pretis (dividir para reinar), evitando repressões brutais e manobrando com habilidade entre os homens e as tendências do parlamento e dos sindicatos. Sua 'ditadura' é flexível, conciliatória, distribuindo favores que neutralizam os adversários ou asseguram sua aliança; apoia-se na corrupção eleitoral para garantir uma maioria. Eficaz no plano tático, o giolittismo contribuiu para desacreditar a instituição parlamentar e para debilitar a ideia do civismo num país onde a tradição democrática tinha ainda raízes muito frágeis." (Paul Guichonnet, *Mussolini et le fascisme*, Paris, P.U.F., 1966).

18. De acordo com G. H. Bousquet o *Traité de sociologie générale* é "um dos mais vigorosos esforços do espírito humano para apreender a estrutura das sociedades e o valor das reflexões que nelas têm curso" (*Pareto, le savant et l'homme*, Lausanne, Payot, 1960, p. 150). Segundo G. Gurvitch, "uma tal concepção parece ter apenas uma vantagem científica, a de constituir um exemplo do que é preciso evitar" (*Le concept de classes sociales de Marx à nos jours*, Paris, C.D.U., 1957, p. 78).

19. Por exemplo: a maioria dos economistas do começo deste século, e mesmo nos anos 1920, acreditavam que, em caso de crise de desemprego e de retração das exportações, a melhor maneira de restabelecer o pleno emprego e o equilíbrio externo seria promover a redução dos salários e dos preços. Os keynesianos demonstraram que, dada a rigidez estrutural e a importância dos custos fixos, uma política deflacionária não podia, na verdade, restabelecer o pleno emprego e abrir os mercados externos. O equilíbrio pela deflação constituía, talvez, uma possibilidade teórica, mas não era, seguramente, uma política eficaz, a não ser à custa de sacrifícios desproporcionais. As políticas de Laval e Bruning, da década de 1930, ou a de Churchill, em 1925, que no entanto eram apoiadas por eminentes homens de ciência, e se apresentavam de modo sensato, não constituíam apesar de tudo condutas não lógicas da mesma categoria das práticas mágicas do adeptos do vudu?

Bibliografia
(*obras citadas pelo autor e em português*)

Obras de Pareto
(citadas pelo autor)

Existem duas bibliografias quase completas dos escritos de Pareto: a de G. H. Bousquet, publicada pela Faculdade de Economia e de Comércio de Gênova, e a do tomo III das *Cartas de Pareto a Pantaleoni*, editadas pela Banca Nazionale del Lavoro, Roma, 1960.

O editor Droz, de Genebra, publicou, sob a direção de G. Busino, as *Obras completas* de Pareto. Até novembro de 1968, 12 volumes tinham sido publicados:

Cours d'économie politique, 1 vol., 1964;
Écrits sur la courbe de répartition de la richesse, 1 vol., 1965;
Le marché financier italien (1891-1899), 1 vol., 1965;
Les systèmes socialistes, 1 vol., 1965;
Lettres d'Italie. Chroniques sociales et économiques, 1 vol., 1967;
Libre-échangisme, protectionnisme et socialisme, 1 vol., 1965;
Manuel d'économie politique, 1 vol., 1966;
Marxisme et économie pure, 1 vol., 1966;
Mythes et idéologies de la politique, 1 vol., 1965;
Sommaire du cours de sociologie, seguido de *Mon Journal*, 1 vol., 1967;

Statistique et économie mathématique, 1 vol., 1966;
Traité de sociologie générale, 1 vol., 1968.

As outras obras importantes de Pareto são:
Fatti e teorie, Florença, Vallechi, 1920;
Le mythe vertuiste et la littérature immorale, Paris, Rivière, 1911;
Transformazioni della democrazia, Milão, Corbaccio, 1921.

Obras sobre Pareto

Amoroso, L. e Jannaccone, P. *Vilfredo Pareto economista e sociologo*, Roma, Bardi, 1948.
Aron, R. "La sociologie de Pareto", *Zeitschrift für Sozialforschung*, 1937.
Borkenau, F. *Pareto*, Londres, Chapman & Hall, 1936.
Bousquet, G. H. *Pareto (1848-1923). Le savant et l'homme*, Lausanne, Payot, 1960.
___. *Précis de sociologie d'après Vilfredo Pareto*, Paris, Payot, 1925.
___. *Vilfredo Pareto, sa vie et son oeuvre*, Paris, Payot, 1918 (contém uma bibliografia).
Burnham, J. *Les machiavéliens défenseurs de la liberté*, Paris, Calmann-Lévy, 1949.
Cahiers de l'I.S.E.A., suplemento *Cahiers franco-italiens*, n. 2, 1963, número especial sobre Pareto.
"Cahiers Vilfredo Pareto", *Revue européenne d'histoire des sciences sociales*, Genebra, Librairie Droz, sete números publicados desde 1963, todos eles contendo um ou mais artigos sobre Pareto.
Giacalone-Monaco, T. *Le "Cronache"politiche e economiche di Pareto*, Pádua, C.E.D.A.M., 1961.
___. *Pareto e Sorel. Riflessioni e ricerche*, Pádua, C.E.D.A.M., t. II, 1961.
Henderson, L. J. *Pareto General Sociology. A Physiologist's Interpretation*, Cambridge, Harvard University Press, 1935.
La Ferla, G. *Vilfredo Pareto, filosofo volteriano*, Pádua, C.E.D.A.M., 1958.

Meisel, James H. *Pareto and Mosca*, Nova Jersey, Prentice Hall, 1965.
___. *The Myth of the Ruling Class*, Ann Arbor, Michigan Press, 1958.
Oules, Firmin. *L'École de Lausanne. Textes choisis de L. Walras et V. Pareto*, apresentados e comentados por F. Oulès, Paris, Dalloz, 1950.
Parsons, T. "Pareto", artigo in *Encyclopedia of the Social Sciences*, vol. XI, 1933.
___. *The Structure of Social Action*, Nova York, MacGraw Hill, 1937.
Perrin, G. *Sociologie de Pareto*, Paris, P.U.F., 1966 (grande bibliografia).
Pietri-Tonelli, A. de. "Vilfredo Pareto", *Rivista di politica economica*, três números publicados, 1934-35.
Pirou, G. *Les théories de l'équilibre économique. Walras et Pareto*, Paris, Domat-Montchrestien, 1938, 2ª ed.
Revue d'économie politique, número especial sobre Pareto, 1949.
Schumpeter, J. *History of Economic Analysis*, Londres, Allen & Unwin, 1963.
___. *Ten Great Economists*, Nova York, Oxford University Press, 1965.

Obras de Pareto

(em português)

Crítica a O capital de Karl Marx, trad. de Luis Nogueira de Paula, Rio de Janeiro, Pongetti, 1937.
Manual de economia política, trad. de João Guilherme Vargas Netto, 2 vols., col. Os Economistas, São Paulo, Nova Cultural, 1996.
Vilfredo Pareto: sociologia, org. de José Albertino Rodrigues, trad. de Ruy R. Cunha, col. Grandes Cientistas Sociais, São Paulo, Ática, 1984.

Obras sobre Pareto
(*em português*)

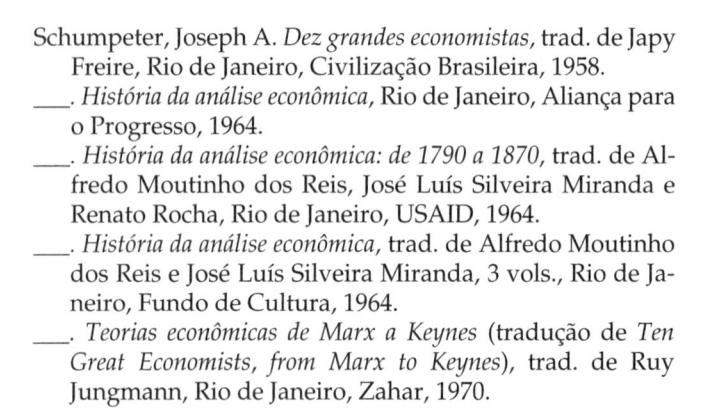

Schumpeter, Joseph A. *Dez grandes economistas*, trad. de Japy Freire, Rio de Janeiro, Civilização Brasileira, 1958.
___. *História da análise econômica*, Rio de Janeiro, Aliança para o Progresso, 1964.
___. *História da análise econômica: de 1790 a 1870*, trad. de Alfredo Moutinho dos Reis, José Luís Silveira Miranda e Renato Rocha, Rio de Janeiro, USAID, 1964.
___. *História da análise econômica*, trad. de Alfredo Moutinho dos Reis e José Luís Silveira Miranda, 3 vols., Rio de Janeiro, Fundo de Cultura, 1964.
___. *Teorias econômicas de Marx a Keynes* (tradução de *Ten Great Economists, from Marx to Keynes*), trad. de Ruy Jungmann, Rio de Janeiro, Zahar, 1970.

MAX WEBER

> A racionalização da atividade comunitária não tem como consequência uma universalização do conhecimento, com relação às condições e às relações desta atividade, mas quase sempre produz o efeito contrário. O "selvagem" conhece infinitamente mais sobre as condições econômicas e sociais da sua própria existência do que o "civilizado"; no sentido ordinário do termo, sabe sobre as suas.
>
> *Essais sur la théorie de la science*, p. 397.
> La sociologie compréhensive

A obra de Max Weber é considerável e variada. Portanto, não poderei expô-la seguindo o método que usei para analisar os trabalhos de Durkheim e de Pareto.

Resumidamente, podem-se classificar as obras de Max Weber em quatro categorias:

1º) Os estudos de metodologia, crítica e filosofia, que tratam essencialmente do espírito, objeto e métodos das ciências humanas, história e sociologia. São simultaneamente epistemológicos e filosóficos; levam a uma filosofia do homem na história, a uma concepção das relações entre a ciência e a ação. Os principais trabalhos deste gênero estão reunidos numa coletânea intitulada *Gesammelte Aufsätze zur Wissenschaftslehre*, traduzida para o francês sob o título *Essais sur la théorie de la science*[1] [Ensaios sobre a teoria da ciência].

2º) As obras propriamente históricas: um estudo sobre as relações de produção na agricultura do mundo antigo (*Agrarverhältnisse im Altertum*), uma história econômica geral, cursos dados por Max Weber e publicados depois da sua morte, trabalhos especiais sobre problemas econômicos da Alemanha ou da Europa contemporânea, por exemplo, uma pesquisa sobre a situação econômica da Prússia oriental, em particular sobre as relações entre os camponeses poloneses e as classes dirigentes alemãs[2].

3º) Os trabalhos de sociologia da religião, a começar pelo célebre estudo sobre as relações entre *A ética protestante e o espírito do capitalismo*, que Max Weber continuou com uma análise comparativa das grandes religiões e da ação recíproca entre as condições econômicas, as situações sociais e as convicções religiosas[3].

4º) Finalmente, sua obra-prima, o tratado de sociologia geral intitulado *Economia e sociedade* (*Wirtschaft und Gesellschaft*), publicado postumamente. Max Weber trabalhava nesse livro quando foi atingido pela gripe espanhola, logo depois da Primeira Guerra Mundial[4].

É impossível resumir em algumas páginas essa obra de riqueza tão excepcional. Pretendo, assim, examinar as principais ideias dos trabalhos da primeira categoria, numa tentativa de expor as concepções fundamentais de Max Weber no campo da ciência e da política, e suas mútuas relações. Esta interpretação das relações entre a ciência e a política leva a uma certa filosofia, que na época não se chamava ainda existencialista, mas que pertence ao tipo que, hoje, é assim chamado. Resumirei, em seguida, os temas principais das investigações propriamente sociológicas; por fim, analisarei a interpretação dada por Max Weber à época contemporânea, para manter o paralelismo entre este capítulo e os dois precedentes.

Teoria da ciência

Para estudar a teoria weberiana da ciência pode-se seguir o mesmo método do capítulo precedente, tomando como ponto de partida a classificação dos tipos de ação. Pareto parte da antítese entre a ação lógica e a ação não lógica. Da mesma forma, é válido dizer, embora não seja este o procedimento clássico de exposição, que Weber parte da distinção entre quatro tipos de ação: a ação racional com relação a um objetivo (*zweckrational*), a ação racional com relação a um valor (*wertrational*), a ação afetiva ou emocional e, por último, a ação tradicional.

A ação racional com relação a um objetivo corresponde aproximadamente à ação lógica de Pareto; é a ação do engenheiro que constrói uma ponte, do especulador que se esforça por ganhar dinheiro, do general que quer ganhar uma batalha. Em todos estes casos a ação *zweckrational* é definida pelo fato de que o ator concebe claramente seu objetivo e combina os meios disponíveis para atingi-lo.

Entretanto, Weber não diz explicitamente, como Pareto, que a ação na qual o ator escolhe meios impróprios devido à inexatidão dos seus conhecimentos é não racional. A racionalidade com relação a um objetivo é definida com base nos conhecimentos do ator, e não do observador. Esta última definição seria a de Pareto[5].

A ação racional com relação a um valor é, por exemplo, a do socialista alemão Lassalle, que se deixou matar num duelo, ou do capitão que afunda com seu navio. A ação é racional não porque tende a alcançar um objetivo definido e exterior, mas porque seria desonroso deixar de responder a um desafio ou abandonar o navio que afunda. O ator age racionalmente, aceitando todos os riscos, não para obter um resultado extrínseco, mas para permanecer fiel à sua ideia de honra.

A ação que Weber chama de afetiva é a ação ditada imediatamente pelo estado de consciência ou o humor do sujeito. É a bofetada dada pela mãe na criança que se comporta de modo insuportável, é o soco dado numa partida de futebol pelo jogador que perdeu o controle dos nervos. Em todos estes casos, a ação é definida por uma reação emocional do ator, em determinadas circunstâncias e não em relação a um objetivo ou a um sistema de valores.

A ação tradicional é aquela ditada pelos hábitos, costumes e crenças, transformada numa segunda natureza. Para agir de conformidade com a tradição, o ator não precisa conceber um objetivo, ou um valor, nem ser impelido por uma emoção; obedece simplesmente a reflexos enraizados por longa prática.

Esta classificação dos tipos de ação foi discutida e refinada durante quase meio século. Limito-me aqui a indicá-la, acentuando que, de certo modo, ela elucida todas as concepções de Max Weber; de fato, voltaremos a encontrá-la em vários níveis.

A sociologia é uma ciência que procura compreender a ação social; a compreensão implica a percepção do sentido que o ator atribui à sua conduta. Enquanto Pareto julga a lógica das ações referindo-se aos conhecimentos do observador, o objetivo e a preocupação de Weber é compreender o sentido que cada ator dá à própria conduta. A compreensão dos sentidos subjetivos implica uma classificação dos tipos de conduta e leva à percepção da sua estrutura inteligível.

A classificação dos tipos de ação comanda em certa medida a interpretação weberiana da época contemporânea. O traço característico do mundo em que vivemos é a racionalização. Numa primeira aproximação, esta corresponde a uma ampliação da esfera das ações *zweckrational*. O empreendimento econômico é racional, a gestão do Estado pela burocracia também. A sociedade moderna tende toda ela à organização *zweckrational*, e o problema filosófico do nosso tempo, problema eminentemente existencial, consiste em delimitar o setor da sociedade em que subsiste e deve subsistir uma ação de outro tipo.

Esta classificação dos tipos de ação está associada, por fim, com o que constitui o centro da reflexão filosófica de Max Weber, a saber, os vínculos de solidariedade e de independência entre a ciência e a política.

A indagação sobre o tipo ideal do político e do cientista apaixonava Max Weber. Como é possível ser ao mesmo tempo um homem de ação e um professor? O problema era, para ele, ao mesmo tempo filosófico e pessoal.

Embora nunca tenha sido um político, Max Weber jamais deixou de sonhar com a possibilidade de vir a sê-lo. Na verdade, sua atividade propriamente política foi a de professor, ocasionalmente atuou como jornalista e, às vezes, como um conselheiro do príncipe, naturalmente não ouvido. Durante a Primeira Guerra Mundial, enviou um memorando confidencial ao governo de Berlim quando os líderes militares e políticos alemães se preparavam para declarar uma guerra submarina irrestrita, o que trazia o risco de precipitar a intervenção dos Estados Unidos da América. Neste memorando secreto, expunha as razões pelas quais essa decisão provocaria provavelmente uma catástrofe para a Alemanha. Fez parte também da delegação alemã que foi à França tomar conhecimento das condições do armistício. Weber apreciaria ter sido um dirigente partidário ou líder político, mas foi sobretudo um professor e um cientista. O gosto pelas ideias claras e a honestidade intelectual fizeram com que não deixasse de especular sobre as condições em que a ciência histórica ou sociológica pode ser objetiva, sobre as condições que permitem à ação política ser conforme à sua vocação.

Estas concepções estão resumidas em duas conferências, intituladas: *Politik als Beruf* e *Wissenschaft als Beruf*, o que significa *A política como profissão* e *A ciência como profissão*[6].

A ação do cientista é racional com referência a um objetivo. O cientista se propõe enunciar proposições factuais, relações de causalidade e interpretações compreensivas que sejam universalmente válidas.

A investigação científica é, assim, um exemplo importante de ação racional com relação a um objetivo, que é a verdade. Mas este objetivo é determinado por um juízo de valor, isto é, por um julgamento sobre o valor da verdade demonstrada pelos fatos ou por argumentos universalmente válidos.

A ação científica é portanto uma combinação da ação racional em relação a um objetivo e da ação racional em relação a um valor, que é a verdade. A racionalidade resulta do respeito pelas regras da lógica e da pesquisa, respeito necessário para que os resultados alcançados sejam válidos.

Tal como Weber a entende, a ciência é um aspecto do processo de racionalização característico das sociedades ocidentais modernas. Weber chegou mesmo a sugerir, e a afirmar, que a ciência histórica e sociológica da nossa época representa um fenômeno historicamente singular, na medida em que não houve, em outras culturas, o equivalente a esta compreensão racionalizada do funcionamento e do desenvolvimento das sociedades[7].

A ciência positiva e racional valorizada por Max Weber faz parte do processo histórico de racionalização, e apresenta duas características que comandam o significado e o alcance da verdade científica. Estes dois traços específicos são o não acabamento essencial e a objetividade, esta última sendo definida pela validade da ciência para todos os que procuram este tipo de verdade, e pela rejeição dos juízos de valor[8]. O cientista observa com a mesma serenidade o charlatão e o médico, o demagogo e o estadista.

Para Max Weber, o não acabamento é fundamental, ele que não imagina, como Durkheim, uma época futura em que a sociologia estivesse plenamente edificada, com a existência de um sistema completo de leis sociais. Nada mais distante do modo de pensar de Weber do que a concepção, cara a Auguste Comte, de uma ciência que chegasse a formular um quadro claro e definitivo das leis fundamentais. A "ciência" dos tempos antigos podia considerar-se num certo sentido acabada, porque procurava apreender os princípios do ser. A ciência moderna é por essência um devenir; ignora as proposições relativas ao sentido último das coisas, tende a um objetivo situado no infinito e renova sem cessar as indagações dirigidas à natureza.

Para todas as disciplinas, tanto ciências da natureza como ciências da cultura, o conhecimento é uma conquista que nunca chega ao seu termo. A ciência é o devenir da ciência. É sempre possível ir mais longe na análise, levar mais adiante a investigação na direção dos dois infinitos.

Mas, para as ciências da realidade humana, da história e da cultura, não é só isso. O conhecimento nesse caso está subordinado às questões que o cientista coloca à realidade. À medida que a história avança e renova os sistemas de valor e os monumentos do espírito, o historiador e o sociólogo espontaneamente formulam novas questões sobre os fatos, presentes ou passados. Como a história-realidade renova a curiosidade do historiador ou do sociólogo, é impossível conceber uma história ou uma sociologia acabadas. A história e a sociologia só poderiam ser completadas se o devenir humano chegasse ao fim. Seria necessário que a humanidade perdesse a capacidade de criar para que a ciência do homem fosse definitiva[9].

Essa renovação das ciências históricas, graças às questões formuladas pelo historiador, pode parecer que coloca em dúvida a validade universal da ciência, mas, para Weber, não é isso. A validade universal da ciência exige que o cientista não projete seus próprios juízos de valor na investigação em que está empenhado, isto é, que não a contamine com suas preferências estéticas ou políticas. O fato de que tais preferências se manifestam na orientação da curiosidade do cientista não exclui a validade universal das ciências históricas e sociológicas, que devem ser respostas universalmente válidas a questões orientadas legitimamente pelos nossos interesses e valores, pelo menos em teoria.

Descobrimos assim que as ciências da história e da sociedade cujas características são analisadas por Weber diferem profundamente das ciências da natureza, embora tenham a mesma inspiração racional. As características originais e distintivas destas ciências são três: elas são *compreensivas*, *históricas* e se orientam para a *cultura*.

O termo *compreensão*, no sentido de entendimento, é a tradução clássica do alemão *Verstehen*. A ideia de Weber é a seguinte: no domínio dos fenômenos naturais, só podemos apreender as regularidades observadas por meio de proposições de forma e natureza matemáticas. Em outras palavras, é preciso explicar os fenômenos por meio de proposições confirmadas pela experiência, para ter o sentimento de compreendê-las. A compreensão é, por conseguinte, mediata, passa por intermediários – conceitos ou relações. No caso da conduta humana, a compreensão é, num certo sentido, imediata: o professor compreende o comportamento dos que acompanham suas aulas, o viajante compreende por que o motorista do táxi pára diante do sinal vermelho. Não é necessário constatar quantos motoristas se detêm diante do sinal vermelho para entender por que razão eles agem assim. A conduta humana tem uma inteligibilidade intrínseca, que vem do fato de que os homens são dotados de consciência. Com muita frequência certas relações inteligíveis se tornam imediatamente perceptíveis, entre atos e objetivos, entre as ações de uma pessoa e as de outra. As condutas sociais têm uma textura inteligível que as ciências da realidade humana são capazes de apreender. Esta inteligibilidade não significa que o sociólogo ou o historiador compreendam intuitivamente tais condutas. Pelo contrário, o cientista social as reconstrói gradualmente, com base em textos e em documentos. Para o sociólogo, o sentido subjetivo é, ao mesmo tempo, imediatamente perceptível e equívoco.

A compreensão não implica, no pensamento de Weber, uma faculdade misteriosa, capacidade exterior ou superior à razão ou aos processos lógicos das ciências da natureza. A inteligibilidade não é imediata, no sentido de que possamos apreender de súbito, sem nenhuma investigação prévia, o significado da conduta dos outros. Mesmo quando se trata dos nossos contemporâneos, podemos dar imediatamente uma interpretação de suas ações ou de suas obras, mas, sem investigação e sem provas, não podemos saber qual interpretação é a verdadeira. Em suma, é mais apropriado falar em inteligibilidade intrínseca do que em inteligibilidade imediata, lembrando sempre que esta inteligibilidade implica, por essência, uma ambiguidade. O ator nem sempre conhece os motivos da sua ação; o observador é menos capaz ainda de adivinhá-los intuitivamente. Precisa investigá-los, para poder distinguir entre o verdadeiro e o verossímil.

A ideia weberiana da compreensão é, em grande parte, tomada da obra de Karl Jaspers, notadamente dos trabalhos que Jaspers escreveu na juventude sobre a psicopatologia, em particular o *Tratado* que Jean-Paul Sartre traduziu em parte[10]. O centro da psicopatologia de Jaspers reside na distinção entre *explicação* e *compreensão*. O psicanalista compreende um sonho, a relação entre determinada experiência infantil e um certo complexo, o desenvolvimento de uma neurose. Há portanto, segundo Jaspers, no nível das experiências vividas, uma compreensão intrínseca dos seus significados. Contudo, existem limites para esta compreensão. Estamos longe de poder compreender o vínculo entre um certo estado de consciência e determinado sintoma patológico. Compreende-se uma neurose, mas nem sempre se compreende uma psicose. Num certo momento a inteligibilidade desaparece dos fenômenos patológicos. Por outro lado, não se compreendem as condutas reflexas. Em termos gerais, pode-se dizer que as condutas são compreensíveis dentro de certos quadros; fora desses quadros, as relações entre o estado de consciência e o estado físico ou psicológico deixam de ser inteligíveis, embora sejam explicáveis.

Esta distinção é, a meu ver, o ponto de partida da ideia weberiana segundo a qual as condutas sociais oferecem um imenso campo suscetível de uma compreensão, por parte do sociólogo, comparável à compreensão do psicólogo. É óbvio que a compreensão sociológica não se confunde com a compreensão psicológica. A esfera autônoma da inteligibilidade social não abrange a da inteligibilidade psicológica.

Do fato de sermos capazes de compreender resulta que podemos explicar fenômenos singulares sem a intermediação das proposições gerais. Há um vínculo entre a inteligibilidade intrínseca dos fenômenos humanos e a orientação histórica destas ciências. Não que elas visem sempre ao que aconteceu uma só vez, e se interessem exclusivamente pelas características singulares dos fenômenos. Como compreendemos o singular, a dimensão propriamente histórica assume, nas ciências que têm por objeto a realidade humana, uma importância e um alcance que ela não pode ter nas ciências da natureza.

Nas ciências da realidade humana devem-se distinguir duas orientações: uma no sentido da história, do relato daquilo que não acontecerá uma segunda vez, a outra no sentido da sociologia, isto é, da reconstrução conceitual das instituições sociais e do seu funcionamento. Estas duas orientações são complementares. Max Weber nunca diria, como Durkheim, que a curiosidade histórica deve subordinar-se à investigação de generalidades. Quando o objeto do conhecimento é a humanidade, é legítimo o interesse pelas características singulares de um indivíduo, de uma época ou de um grupo, tanto quanto pelas leis que comandam o funcionamento e o desenvolvimento das sociedades.

As ciências que se orientam para a realidade humana são as ciências da cultura, que se esforçam por compreender ou explicar as obras criadas pelos homens no curso do seu devenir, não só as obras de arte mas também as leis, as instituições, os regimes políticos, as experiências religiosas, as teorias científicas. A ciência weberiana se define, assim, como um esforço destinado a compreender e a explicar os valores aos quais os homens aderiram, e as obras que construíram.

As obras humanas são criadoras de valores, ou se definem por referência a valores. Como pode existir uma ciência objetiva, isto é, não falseada pelos nossos julgamentos de valor, obras carregadas de valores? O objetivo específico da ciência é a validade universal. Ela é, para empregar os conceitos weberianos, uma conduta racional cuja finalidade é atingir julgamentos de fato, universalmente válidos. Como é possível formular tais julgamentos a propósito de obras que se definem como criações de valores?

Max Weber respondia a esta questão, que está no centro de toda a sua reflexão filosófica e epistemológica, traçando a distinção entre o julgamento de valor (*Werturteil*) e a relação com os valores (*Wertbeziehung*).

A noção de julgamento de valor é fácil de compreender. O cidadão que considera que a liberdade é algo essencial, e afirma que a liberdade de expressão e de pensamento é um valor fundamental, está fazendo um julgamento em que sua personalidade se manifesta. As outras pessoas estão livres para rejeitar tal julgamento e achar que a liberdade de expressão não tem grande importância. Os julgamentos de valor são pessoais e subjetivos; todos têm o direito de considerar a liberdade como um valor positivo ou negativo, primordial ou secundário; como um valor que convém salvaguardar antes de tudo, ou que podemos subordinar ou sacrificar a alguma outra consideração. Por outro lado, a fórmula *relação aos valores* significa, para retomar o exemplo precedente, que o sociólogo da política considerará a liberdade como um objeto a respeito do qual os sujeitos históricos debaterão, como aquilo que estava em jogo nas controvérsias ou nos conflitos entre os homens e os partidos, e que ele irá explorar a realidade política do passado estabelecendo uma relação entre ela e o valor liberdade. A liberdade é um ponto de referência para o sociólogo, que nem por isso está obrigado a declarar seu apreço com relação a ela. Bastar-lhe-á que seja um dos conceitos com a ajuda dos quais vai delimitar e organizar uma parte da realidade a estudar. Isto implica simplesmente que a liberdade política seja um valor para os homens que a viveram. Em suma, não formulamos um julgamento de valor, mas relacionamos a matéria estudada com um valor, que é a liberdade política.

O julgamento de valor é uma afirmação moral ou vital, a relação aos valores é um procedimento de seleção e de organização da ciência objetiva. Como professor, Max Weber queria ser um cientista, e não um político. A distinção entre o julgamento de valor e a relação aos valores lhe permitia ao mesmo tempo marcar a diferença entre a atividade do cientista e a do político, e a semelhança de interesses entre um e outro.

Esta distinção não é contudo imediatamente óbvia, e coloca vários problemas.

Antes de mais nada, por que razão é necessário utilizar este método, e "relacionar a matéria histórica ou sociológica com valores"? A resposta, em sua forma mais elementar, é que o cientista, para determinar seu objeto de estudo, está obrigado a fazer uma opção com respeito à realidade: uma seleção dos fatos e a elaboração de conceitos que exigem um procedimento do tipo *relação aos valores.*

Por que é necessário selecionar? A resposta de Max Weber é dupla, e pode situar-se ora no nível de uma crítica transcendental de inspiração kantiana, ora no de um estudo epistemológico e metodológico, sem pressupostos filosóficos ou críticos.

No nível da crítica transcendental, a ideia weberiana tem raízes na filosofia do neokantiano H. Rickert[11]. Para ele, o que é dado primordialmente ao espírito humano é uma matéria informe, que a ciência elabora e constrói. Rickert tinha desenvolvido também a ideia de que há dois tipos de ciência, conforme a natureza da elaboração a que essa matéria é submetida. A elaboração característica das ciências da natureza consiste em considerar os caracteres gerais dos fenômenos e estabelecer relações regulares ou necessárias entre eles. Ela tende à construção de um sistema de leis ou de relações cada vez mais gerais, tanto quanto possível de forma matemática. O ideal da ciência natural é a física de Newton ou de Einstein, na qual os conceitos designam objetos construídos pelo espírito. O sistema é dedutivo e se organiza a partir de leis ou princípios simples e fundamentais.

Mas existe também um segundo tipo de elaboração científica, característico das ciências históricas ou das ciências da cultura. Neste caso, o espírito não procura inserir progressivamente a matéria informe num sistema de relações matemáticas; aplica uma seleção à matéria relacionando-a a valores. Se um historiador pretendesse contar com todos os detalhes, com todos os seus caracteres qualitativos, cada um dos atos e dos pensamentos de uma só pessoa, num só dia, não conseguiria fazê-lo. Alguns romancistas contemporâneos tentaram registrar os pensamentos que podem cruzar uma consciência durante determinado período de tempo. Foi o que fez, por exemplo, Michel Butor, no romance *La modification*, que se passa numa viagem entre Paris e Roma. Esta narrativa das aventuras interiores de um singular indivíduo, durante um só dia, exige um número respeitável de centenas de páginas. Basta imaginar o trabalho do historiador que pretendesse contar do mesmo modo o que aconteceu em todas as consciências de todos os soldados que participaram da batalha de Austerlitz para perceber que esta narrativa impossível exigiria mais páginas do que todos os livros já escritos sobre todas as épocas da humanidade.

O exemplo, que pertence ao método da experiência mental, mostra bem que se pode admitir sem dificuldade que todo relato histórico é uma reconstrução seletiva do que aconteceu no passado. Esta seleção é predeterminada, em parte, pela seleção operada nos documentos. Somos incapazes de reconstituir uma grande parte do que aconteceu nos séculos passados pela simples razão de que os documentos disponíveis não nos permitem conhecer tudo o que ocorreu. Contudo, mesmo quando os documentos são abundantes, o historiador seleciona com base no que H. Rickert e Max Weber chamam de valores estéticos, morais ou políticos. Não tentamos reconstruir tudo o que os homens viveram no passado, tentamos antes reconstruir, a partir de documentos, sua existência histórica, realizando uma seleção orientada pelos valores vividos pelos mesmos homens, objeto da história, e pelos valores dos historiadores, sujeitos da ciência histórica.

Se admitíssemos a ciência como acabada, chegaríamos, no caso das ciências da natureza, a um sistema hipotético-dedutivo que poderia explicar todos os fenômenos a partir de princípios, axiomas e leis. Este sistema hipotético-dedutivo não nos permitiria contudo determinar como e por que, em todos os detalhes concretos, se produziu uma explosão em determinado momento do tempo e do espaço. Haverá sempre um hiato entre a explicação legal e o acontecimento histórico concreto.

No caso das ciências da cultura e da história, chega-se não a um sistema hipotético-dedutivo, mas a um conjunto de interpretações, todas seletivas e inseparáveis do sistema de valores escolhido. Se cada reconstrução é seletiva, e comandada por um sistema de valores, haverá tantas perspectivas históricas ou sociológicas quantos sistemas de valores orientando a seleção. Passamos assim do nível transcendental para o metodológico, em que se situa o historiador ou o sociólogo.

Max Weber tomou emprestado a H. Rickert a oposição entre reconstrução generalizadora e reconstrução singularizante, com base nos valores. O que o interessava nesta ideia, ele que não era um filósofo profissional, mas um sociólogo, era o fato de que ela lhe permitia lembrar que uma obra de história ou de sociologia deve seu interesse, em parte, ao interesse das questões propostas pelo historiador ou sociólogo. As ciências humanas são animadas e orientadas por questões que os cientistas dirigem à realidade. O interesse das respostas depende amplamente do interesse das questões. Neste sentido, não é mau que os sociólogos que estudam a política se interessem pela política, e que os sociólogos da religião tenham interesse pela religião.

Max Weber pretendia superar deste modo uma antinomia bem conhecida: o cientista que se apaixona pelo objeto da sua investigação não será nem imparcial nem objetivo. Mas quem estima que a religião só se compõe de superstição corre o risco de nunca compreender em profundidade a vida religiosa. Distinguindo assim as perguntas e as respostas, Weber encontra uma saída: é preciso ter o senso do interesse daquilo que os homens viveram para compreendê-los autenticamente; mas é preciso distanciar-se do próprio interesse para encontrar uma resposta universalmente válida a uma questão inspirada pelas paixões do homem histórico.

As questões a partir das quais Max Weber elaborou uma sociologia da religião, da política e da sociedade atual foram de ordem existencial. Têm a ver com a existência de cada um de nós, com relação à vida em sociedade, à verdade religiosa ou metafísica. Max Weber perguntou-se quais as regras a que obedece o homem de ação, quais as leis da vida política, que sentido o homem pode dar a sua existência neste mundo. Qual é a relação entre a concepção religiosa de cada pessoa e a maneira como vive, sua atitude em relação à economia, ao Estado? A sociologia weberiana se inspira numa filosofia existencialista que propõe uma dupla negação:

Nenhuma ciência poderá dizer aos homens como devem viver, ou ensinar às sociedades como se devem organizar. Nenhuma ciência poderá indicar à humanidade qual é o seu futuro. A primeira negação o opõe a Durkheim; a segunda, a Marx.

Uma filosofia do tipo marxista é falsa porque é incompatível com a natureza da ciência e da existência humana. Toda ciência histórica e social representa um ponto de vista parcial; é incapaz de prever o futuro, pois ele não é predeterminado. Na medida em que alguns acontecimentos futuros são predeterminados, o homem terá sempre a liberdade, seja de recusar este determinismo parcial, seja de se adaptar a ele de diferentes maneiras.

A distinção entre julgamento de valor e relação aos valores coloca, portanto, duas outras questões fundamentais:

Na medida em que a seleção e a construção do objeto da ciência dependem das questões propostas pelo observador, os resultados científicos estão aparentemente relacionados com a curiosidade do cientista, e portanto com o contexto histórico em que este se situa. Ora, o objetivo da ciência é chegar a julgamentos universalmente válidos. De que forma uma ciência orientada por questões que se modificam pode, a despeito de tudo, alcançar uma validade universal?

Por outro lado (e este ponto é, ao contrário do precedente, filosófico e não metodológico), por que os julgamentos de valor são, em essência, não universalmente válidos? Por que são subjetivos ou existenciais e necessariamente contraditórios?

O ato científico, como conduta racional, se orienta pelo valor da verdade universalmente válida. Ora, a elaboração científica começa por uma escolha que só tem justificação subjetiva. Quais são, portanto, os procedimentos que permitem, para além desta escolha subjetiva, garantir a validade universal dos resultados da ciência?

A maior parte da obra metodológica de Max Weber tem por objetivo responder a esta dificuldade. Muito esquematicamente, sua resposta é que os resultados científicos devem ser obtidos, a partir de uma escolha subjetiva, por procedimentos sujeitos a verificação, que se imponham a todos os espíritos. Esforça-se por demonstrar que a ciência histórica é racional, demonstrativa; que só procura enunciar proposições do tipo científico, sujeitas a confirmação. Nas ciências históricas ou sociológicas a intuição não tem um papel diferente do que desempenha nas ciências naturais. As proposições históricas ou sociológicas são proposições de fato, que não tendem, de modo algum, a atingir verdades essenciais. Max Weber diria, como Pareto, que os que pretendem apreender a essência de um determinado fenômeno vão além da ciência. As proposições históricas e sociológicas tratam dos fatos observáveis e visam atingir uma realidade definida, a conduta dos homens, na significação que lhe dão os próprios atores.

Como Pareto, Max Weber considera a sociologia uma ciência da conduta humana na medida em que esta conduta é social. Tomando como centro de referência a conduta lógica, Pareto acentua os aspectos não lógicos da conduta, que explica pelos estados de espírito, ou pelos resíduos. Weber, que também estuda as condutas sociais, dá ênfase ao conceito de significação vivida, ou de sentido subjetivo. Sua ambição é compreender como os homens puderam viver em sociedades diversas, com base em crenças diferentes; como, segundo as épocas, se dedicaram a esta ou àquela atividade, depositando suas esperanças ora neste mundo ora no outro mundo, ora obcecados pela salvação, ora pelo crescimento econômico.

Cada sociedade tem sua cultura, no sentido que os sociólogos norte-americanos dão ao termo, isto é, um sistema de crenças e de valores. O sociólogo se esforça para compreender como os homens viveram inumeráveis formas de existência, que só se tornam inteligíveis à luz do sistema próprio de crenças e de conhecimentos de cada sociedade considerada.

História e sociologia

Mas as ciências históricas e sociológicas são não só interpretações compreensivas do sentido subjetivo das condutas mas também ciências causais. O sociólogo não se limita a tornar inteligível o sistema de crenças e de conduta das coletividades; ele quer determinar como as coisas ocorrem, como uma certa crença determina uma maneira de agir, como uma certa organização política influencia a organização da economia. Em outras palavras, as ciências históricas e sociais pretendem explicar causalmente, além de interpretar de maneira compreensiva. A análise das determinações causais é um dos procedimentos que garantem a validade universal dos resultados científicos.

Segundo Max Weber, a investigação causal pode se orientar em dois sentidos, que chamaremos para simplificar de causalidade histórica e causalidade sociológica. A primeira determina as circunstâncias únicas que provocaram um certo acontecimento. A segunda pressupõe a determinação de relação regular entre dois fenômenos. Esta relação não assume necessariamente a forma: o fenômeno A torna inevitável o fenômeno B. Mas pode ser formulada assim: o fenômeno A favorece mais ou menos fortemente o fenômeno B. Um exemplo é a proposição (verdadeira ou falsa): os regimes despóticos favorecem a intervenção do Estado na gestão da economia.

O problema da causalidade histórica é o da determinação do papel dos diversos antecedentes na origem de um acontecimento. Pressupõe os passos seguintes:

Em primeiro lugar, é preciso construir a individualidade histórica cujas causas queremos determinar. Pode tratar-se de um acontecimento particular, como a guerra de 1914-18, ou a Revolução Russa de 1917; pode ser também uma individualidade histórica de proporções mais amplas, como o capitalismo. A construção da individualidade histórica permite determinar com precisão as características do acontecimento cujas causas buscamos. Procurar as causas da guerra de 1914 é indagar por que houve uma guerra, na Europa, no mês de agosto de 1914. As causas deste acontecimento singular não se confundem nem com as causas da frequência das guerras na história da Europa, nem com as causas do fenômeno que encontramos em todas as civilizações, e que se chama guerra. Em outras palavras, a primeira regra da metodologia causal, em matéria histórica e sociológica, consiste em definir com precisão as características do indivíduo histórico que se quer explicar.

Em segundo lugar, convém analisar o fenômeno histórico, que é por sua natureza complexo, em seus elementos. Uma relação causal nunca é uma relação estabelecida entre a totalidade de um instante t e a totalidade de um instante precedente $t - 1$: ela é sempre uma relação parcial e construída entre certos elementos do indivíduo histórico e determinados dados anteriores.

Em terceiro lugar, se considerarmos uma sequência singular, que só ocorreu uma vez, para chegar a uma determinação causal, precisaremos, depois de proceder à análise do indivíduo histórico e seus antecedentes, pressupor por experiência mental que um desses elementos antecedentes não se produziu, ou se produziu de modo diferente. Em termos vulgares, deveremos formular a questão: Que teria ocorrido se...? No caso da guerra de 1914-18, que teria acontecido se Raymond Poincaré não fosse o presidente da República Francesa, ou se o czar Nicolau II não tivesse assinado a ordem de mobilização, algumas horas antes de o imperador da Áustria tomar a mesma decisão, ou se a Sérvia tivesse aceito o ultimato austríaco, etc. Aplicada a uma sequência histórica singular, a análise causal deve passar pela modificação irreal de um dos seus elementos e procurar responder à pergunta: que teria ocorrido se este elemento não tivesse existido ou tivesse sido diferente?

Finalmente, convém comparar o devenir irreal, construído a partir da hipótese de uma modificação de um dos antecedentes, com a evolução real, para poder concluir que o elemento modificado pelo pensamento foi de fato uma das causas do indivíduo histórico considerado no ponto de partida da pesquisa.

Esta análise lógica, apresentada de modo abstrato e simplificado, coloca um problema evidente: como se poderia saber o que teria acontecido se o que aconteceu não tivesse acontecido? Este esquema lógico foi muitas vezes criticado e mesmo impiedosamente ironizado pelos historiadores profissionais, precisamente porque este procedimento parece exigir um conhecimento daquilo que jamais conheceremos com certeza, a saber, um conhecimento do irreal.

Max Weber respondia que os historiadores podiam afirmar o quanto quisessem que eles não colocavam tais questões; mas, de fato, eles não poderiam deixar de fazê-lo. Não há narrativa histórica que não comporte implicitamente questões e respostas do tipo das que descrevemos. Se deixarmos de formular perguntas deste gênero, ficaremos limitados a uma narrativa pura: em tal data, esta pessoa disse ou fez tal coisa. Para a análise causal, é preciso que se sugira implicitamente que, sem determinada ação, o curso dos acontecimentos teria sido outro. Ora, é só isso que uma tal metodologia propõe.

> Não há absolutamente nada de "inútil" na questão: o que poderia ter acontecido se Bismarck não tivesse tomado a decisão de fazer a guerra. Ela toca, de fato, o ponto decisivo para a estruturação histórica da realidade, a saber, que significação causal devemos, no fundo, atribuir a esta decisão individual, no centro da totalidade dos elementos infinitamente numerosos que deviam, justamente, ser agenciados daquela maneira, e não de outra, para levar àquele resultado; e que lugar tal decisão ocupa na exposição histórica. Se a história pretende se elevar acima do nível de uma simples crônica dos acontecimentos e das personalidades, não lhe resta outro caminho senão o de formular questões deste tipo. E, enquanto ciência, ela sempre procedeu assim (*Essais sur la théorie de la science*, p. 291).

Comentando livremente Max Weber, poderíamos acrescentar que os historiadores têm tendência a considerar simultaneamente que o passado foi fatal e que o futuro é indeterminado. Ora, essas duas proposições são contraditórias. O tempo não é heterogêneo. O que corresponde ao nosso passado representou o futuro para outros homens. Se o futuro fosse indeterminado, não poderia haver nenhuma explicação determinista na história. Na teoria, a possibilidade de uma explicação causal é a mesma, com relação ao passado ou ao futuro. Não se pode conhecer com certeza o futuro pelas mesmas razões que fazem com que não se possa chegar a uma explicação necessária, quando procedemos a uma análise causal do passado. Os acontecimentos complexos resultaram sempre, simultaneamente, de um grande número de circunstâncias. Nos momentos cruciais da história, um homem tomou certas decisões. Da mesma forma, amanhã outras pessoas tomarão determinadas decisões. Essas decisões, influenciadas pelas circunstâncias, comportam sempre uma margem de indeterminação, no sentido preciso de que um outro homem, naquele lugar, poderia ter tomado uma decisão diferente. Em cada instante, há tendências fundamentais que operam, deixando contudo uma margem de liberdade para os homens. Ou pode haver uma multiplicidade de fatores agindo em sentidos diferentes.

A análise causal retrospectiva tende a distinguir o que foi, num momento dado, a influência das circunstâncias gerais e a eficácia de um certo acidente, ou de certa pessoa. Como os indivíduos e os acidentes exercem um papel na história e a direção do futuro não é prefixada, torna-se interessante fazer uma análise causal do passado, para determinar as responsabilidades assumidas por certos homens, para encontrar a hesitação do destino, no momento em que, segundo a decisão que tivesse sido tomada, a história teria se orientado numa ou noutra direção. Esta interpretação do devir histórico permitia a Weber respeitar o sentido da grandeza do homem de ação. Se os homens não podem deixar de ser cúmplices de um destino fixado antecipadamente, a política é uma atividade miserável. Mas, como na verdade o futuro é incerto, e alguns homens podem forjá-lo, a política é uma das atividades nobres da humanidade.

Assim, a análise causal retrospectiva está associada a uma concepção do devenir histórico. Esta metodologia abstrata está ligada a uma filosofia da história. Mas esta filosofia é a da história positiva, e se limita a dar forma ao que vivemos e pensamos espontaneamente. Nenhum homem de ação age refletindo que "o que quer que eu faça, o resultado será o mesmo"; não há homem de ação que pense que qualquer outro em seu lugar faria o mesmo ou que, se o outro não fizesse o mesmo, nem por isso o resultado seria diferente. O que Max Weber enuncia de forma lógica é a experiência espontânea e a meu ver autêntica do homem histórico, isto é, daquele que vive a história antes de reconstruí-la.

Deste modo, o procedimento pelo qual se chega a uma causalidade histórica comporta, a título de método essencial, a construção do que teria ocorrido se um dos antecedentes não houvesse existido, ou tivesse sido diferente. Em outras palavras, a construção do irreal é um meio necessário para compreender como, na realidade, os acontecimentos se desenrolaram.

Mas como podemos construir um desenvolvimento irreal? A resposta é que não é necessário reconstruir em detalhe o que poderia ter acontecido. Basta partir da realidade histórica tal como ela se apresentou para demonstrar que se este ou aquele antecedente singular não tivesse ocorrido, o acontecimento que queremos explicar também teria sido diferente.

Quem pretende que o acontecimento histórico singular não teria sido diferente, mesmo se um certo acontecimento particular não tivesse sido o que foi, faz uma afirmação que cabe a ele demonstrar. O papel das pessoas ou dos acidentes, na origem dos acontecimentos históricos, é um dado primordial e imediato; cabe, aos que o negam, a tarefa de provar que esse papel é uma ilusão.

Por outro lado, pode-se, às vezes, encontrar por comparação não o meio de construir em detalhe a evolução histórica irreal, mas a forma de demonstrar a probabilidade de que outra evolução teria sido possível. Max Weber dá o exemplo das guerras dos gregos contra os medas. Imaginemos que os atenienses tivessem perdido a batalha de Maratona, ou a de Salamina, e que o Império dos persas pudesse ter conquistado a Grécia. Nesta hipótese, a evolução da Grécia teria sido substancialmente diferente da que conhecemos? Se pudermos demonstrar a probabilidade de que, na hipótese aventada, elementos importantes da cultura grega teriam sido modificados, estaremos focalizando a eficácia causal de uma vitória militar. Para Max Weber, é possível construir esta evolução irreal de duas maneiras: pode-se observar o que aconteceu nas regiões efetivamente conquistadas pelos persas e, por outro lado, analisar a situação da Grécia na época das batalhas de Maratona e de Salamina. Na Grécia daquela época havia germes de uma cultura e de uma religião diferentes das que se desenvolveram no contexto das cidades gregas. Começavam a se expandir religiões dionisíacas, próximas das orientais. Por isso é provável, por referência ao que aconteceu em outras partes, que uma conquista persa tivesse impedido o progresso do pensamento racional, que foi a maior contribuição da cultura grega à obra comum da humanidade. Neste sentido, podemos dizer que a batalha de Maratona, que garantiu a independência das cidades helênicas, foi *uma* das causas necessárias da cultura racional.

Ninguém expôs de forma mais clara e agradável do que Meyer (cuja metodologia explícita é questionada por Weber) o "alcance" histórico e universal das guerras contra os medas, para o desenvolvimento da cultura ocidental. Qual foi o seu procedimento lógico? Basicamente, demonstrou que a batalha de Maratona decidiu entre duas possibilidades: de um lado uma cultura teocrático-religiosa, cujos germes podemos encontrar nos mistérios e nos oráculos, e que se teria desenvolvido sob o patrocínio do protetorado dos persas, pois sabemos que estes utilizavam em toda a parte, tanto quanto possível, a religião nacional como instrumento de domínio (por exemplo, no caso dos judeus); de outro lado a vitória do espírito helênico livre, voltado para os bens deste mundo, que nos deu valores culturais que continuam ainda hoje a nos alimentar. Essa "batalha" de proporções reduzidas foi portanto a "condição prévia" indispensável da construção da frota ática, e também do desenvolvimento ulterior da luta pela liberdade, para a salvaguarda da independência da cultura grega, para o impulso que deu origem à historiografia própria do Ocidente, à evolução completa do drama e a toda a vida espiritual singular que se desenrolou – considerando as coisas quantitativamente – nesta pequena cena (*Duodezbühne*) da história do mundo (*Essais sur la théorie de la science*, p. 300-1).

Fica claro, portanto, que numa situação histórica dada basta um acontecimento, uma vitória ou derrota militar, para decidir a evolução de toda uma cultura, num sentido ou em outro. Essa interpretação tem o mérito de devolver às pessoas e aos acontecimentos sua eficácia; de mostrar que o curso da história não está determinado antecipadamente, e que os homens de ação podem alterá-lo.

O mesmo tipo de análise poderia ser aplicado a uma conjuntura histórica diferente. Por exemplo: que teria acontecido, na França de Louis-Philippe, se o duque de Orléans não tivesse morrido num acidente de carruagem, e se a oposição dinástica pudesse ter se reunido em torno do herdeiro que era considerado liberal? Que teria acontecido se, depois da primeira revolta de fevereiro de 1848, alguns tiros acidentais nas ruas não tivessem reacendido a insurreição, e se o trono de Louis-Philippe tivesse sido salvo naquela data precisa?

Mostrar como fatos parciais podem determinar um movimento de alcance considerável não significa negar o determinismo global dos fatos econômicos ou demográficos (digamos, em termos abstratos, dos fatos maciços). Significa apenas conceder aos acontecimentos do passado a dimensão de incerteza e probabilidade que caracteriza os acontecimentos tais como os vivemos, ou como qualquer homem de ação os concebe.

Enfim, a análise da causalidade histórica será tão mais rigorosa quanto mais o historiador dispuser de proposições genéricas que lhe permitam seja construir evoluções irreais, seja precisar a probabilidade de um certo acontecimento com base em tal ou tal antecedente.

Há, no pensamento de Max Weber, uma solidariedade estreita entre causalidade histórica e causalidade sociológica, uma e outra expressas em termos de probabilidade. Uma fórmula de causalidade histórica seria, por exemplo, a que afirmasse que, devido à situação global da França, em 1848, era provável uma revolução, o que significa que muitos acidentes, de todos os tipos, seriam suficientes para provocá-la. Dizer também que a guerra era provável em 1914 significa que, dado o sistema político europeu, muitos acidentes seriam suficientes para provocar a explosão. Assim, a causalidade entre uma situação e um acontecimento é adequada quando concebemos que essa situação tornava, se não inevitável, pelo menos muito provável o acontecimento que procuramos explicar. O grau de probabilidade desta relação varia, aliás, de acordo com as circunstâncias.

De um modo mais geral, todo o pensamento causal de Max Weber se exprime em termos de probabilidades ou de oportunidades. O exemplo da relação entre um certo regime econômico e a organização política é típico. Muitos autores liberais afirmaram que a planificação econômica tornava impossível um regime democrático, enquanto os marxistas afirmam que um regime de propriedade privada dos meios de produção torna inevitável o poder político da minoria proprietária de tais meios. Todas estas proposições relativas à determinação de um elemento da sociedade por outro devem, segundo Max Weber, ser expressas em termos de probabilidade. Um regime econômico de planejamento total torna apenas mais provável um certo tipo de organização política. Se imaginarmos um dado regime econômico, a organização do poder político se situará dentro da margem que é possível delimitar de modo mais ou menos preciso.

Não há, portanto, uma determinação unilateral do conjunto da sociedade por um elemento, seja ele o econômico, o político ou o religioso. Max Weber concebe as relações causais da sociologia como relações parciais e prováveis. São relações parciais no sentido de que um fragmento dado da realidade torna provável ou improvável um outro fragmento. Por exemplo: um poder político absolutista favorece a intervenção governamental no funcionamento da economia. Mas podemos também conceber e estabelecer relações de sentido contrário, isto é, partir de um dado econômico, como a planificação, a propriedade privada ou a propriedade pública, e indicar em que medida esse elemento da economia favorece ou desfavorece uma maneira de pensar ou um modo de organizar o poder. As relações causais são parciais e não globais; comportam um caráter de probabilidade, e não de determinação necessária.

Esta teoria da causalidade, parcial e analítica, é, e pretende ser, uma refutação da interpretação vulgar do materialismo histórico. Exclui a possibilidade de que um elemento da realidade seja considerado como determinante dos outros aspectos da realidade, sem ser também influenciado por eles.

Esta rejeição da determinação do conjunto da sociedade por um só elemento exclui também a possibilidade de que o conjunto da sociedade futura seja determinado a partir de certas características da sociedade presente. Analítica e parcial, a filosofia weberiana proíbe prever em detalhes o que será a sociedade capitalista do futuro ou o que será a sociedade pós-capitalista. Não é que Max Weber julgue impossível prever certas características da sociedade do futuro. Ele estava convencido, por exemplo, de que o processo de racionalização e burocratização continuaria inexoravelmente. Para ele, esta evolução não parecia suficiente para determinar a natureza exata dos regimes políticos, nem a maneira de viver, de pensar e de crer dos homens de amanhã.

Em outras palavras, o que permanece indeterminado é o que mais nos interessa. Uma sociedade racionalizada e burocratizada pode ser, como Tocqueville teria dito, despótica ou liberal. Como diria Max Weber, ela pode ser composta por homens sem alma ou, ao contrário, permitir a autenticidade dos sentimentos religiosos, tornando possível aos homens viverem humanamente.

Esta é a interpretação geral que Max Weber dá à causalidade e às relações entre a causalidade histórica e a sociológica. Esta teoria representa uma síntese entre as duas versões da originalidade das ciências humanas, professadas pelos filósofos alemães do seu tempo. Uns consideravam que essa originalidade consistia no interesse que encontramos nessas ciências pelo histórico e pelo devenir singular, pelo que jamais se repetirá. Disso resultava uma teoria segundo a qual as ciências da realidade humana são, antes de tudo, ciências históricas. Outros acentuavam as características originais do homem como objeto de estudo, explicando que essas ciências humanas apreendiam a inteligibilidade imanente da conduta humana.

Max Weber aceita estes dois elementos, mas se recusa a considerar que as ciências que têm por objeto a realidade humana sejam exclusivamente, ou mesmo prioritariamente, históricas. É verdade que as ciências da realidade humana se interessam mais pelo singular, pelo devenir único, do que as ciências da natureza. Mas não é verdade que não se interessem por proposições de caráter geral. As ciências da realidade humana só são ciências na medida em que são capazes de formular proposições gerais, mesmo quando buscam compreender o singular. Há, portanto, uma relação íntima entre a análise dos acontecimentos e a formulação de proposições gerais. A história e a sociologia marcam duas direções da curiosidade, não duas disciplinas condenadas a se ignorar mutuamente. A compreensão histórica exige a utilidade de proposições gerais, e estas só podem ser demonstradas a partir de análises e comparações históricas.

Esta solidariedade da história e da sociologia aparece muito claramente na concepção do tipo ideal que é, de um certo modo, o centro da doutrina epistemológica de Max Weber.

O conceito de tipo ideal se situa no ponto de convergência de várias tendências do pensamento weberiano. O tipo ideal está ligado à noção de compreensão, pois todo tipo ideal é uma organização de relações inteligíveis próprias a um conjunto histórico ou a uma sequência de acontecimentos. Por outro lado, o tipo ideal está associado ao que é característico da sociedade e da ciência moderna, a saber, o processo de racionalização. A construção de tipos ideais é uma expressão do esforço de todas as disciplinas científicas para tornar inteligível a matéria, identificando sua racionalidade interna, e até mesmo construindo esta racionalidade a partir de uma matéria ainda meio informe. Por fim, o tipo ideal se vincula também à concepção analítica e parcial da causalidade. O tipo ideal permite, de fato, perceber indivíduos históricos ou conjuntos históricos. Mas o tipo ideal é uma percepção parcial de um conjunto global; conserva para toda relação causal o seu caráter parcial, mesmo quando, em aparência, abrange toda uma sociedade.

A dificuldade da teoria weberiana do tipo ideal prende-se ao fato de que este conceito é empregado tanto para designar todos os conceitos das ciências culturais como também para algumas espécies determinadas de conceitos. Penso, portanto, que se deve distinguir de um lado a tendência idealtípica de todos os conceitos das ciências da cultura e de outro as espécies definidas de tipos ideais que Max Weber propõe, pelo menos implicitamente.

Por tendência idealtípica de todos os conceitos utilizados pelas ciências da cultura, quero dizer que os conceitos mais característicos das ciências da cultura, quer se trate de religião, dominação, profetismo ou burocracia, comportam um elemento de estilização ou de racionalização. Diria mesmo, correndo o risco de chocar alguns leitores, que a tarefa dos sociólogos consiste em tornar a matéria social ou histórica mais inteligível do que ela foi na experiência que tiveram dela aqueles que a viveram. Toda sociologia é uma reconstrução que tende à inteligibilidade das existências humanas, que são confusas e obscuras como todas as existências humanas. O capitalismo nunca é tão claro como nos conceitos dos sociólogos, e estaríamos errados se os criticássemos por isso. Os sociólogos têm o objetivo de tornar inteligível até o limite o que não o foi, de fazer aparecer o sentido daquilo que foi vivido sem que o sentido tenha sido consciente aos que o viveram.

Os tipos ideais se exprimem por definições que não se ajustam ao modelo da lógica aristotélica. Um conceito histórico não retém as características que todos os indivíduos incluídos na extensão do conceito apresentam e menos ainda as características médias dos indivíduos considerados; visa ao típico, ao essencial. Quando se diz que os franceses são indisciplinados e inteligentes, não se quer dizer que todos eles sejam indisciplinados e inteligentes, o que é improvável. O que se pretende é reconstruir um indivíduo histórico, os franceses, identificando certos traços que parecem típicos e definindo sua originalidade. Quando um filósofo afirma que os homens são prometeicos, que definem seu futuro tomando consciência do passado, que a existência humana é um engajamento, ele não quer dizer que todos os homens concebem sua existência pela reflexão simultânea a respeito do passado e do futuro. Está sugerindo que o homem é verdadeiramente homem quando se eleva a este nível de reflexão e de decisão. Quer se trate da burocracia ou do capitalismo, do regime democrático ou de uma nação particular, como a Alemanha, o conceito não será definido nem pelas características comuns a todos os indivíduos nem pelas características médias. Será uma reconstrução estilizada, um isolamento dos traços típicos[12].

A tendência idealtípica está ligada à filosofia geral de Max Weber, e implica a relação com os valores e a compreensão. Compreender o homem histórico enquanto prometeico significa compreendê-lo tomando como ponto de referência o que nos parece decisivo, isto é, sua vocação própria. Para que se possa chamar o homem histórico de prometeico é preciso admitir que ele se interroga sobre si mesmo, seus valores e sua vocação. A tendência idealtípica é inseparável do caráter compreensível da conduta e da existência humana, assim como a relação com os valores da atitude inicial das ciências da cultura[13].

Simplificando, pode-se dizer que Max Weber chama de tipos ideais três espécies de conceitos:

A primeira espécie é a dos tipos ideais de indivíduos históricos, por exemplo, o capitalismo ou a cidade ocidental. Neste caso, o tipo ideal é uma reconstrução inteligível de uma realidade histórica global e singular;

global porque o conjunto de um regime econômico é chamado de capitalismo; singular porque, para Weber, o capitalismo, segundo sentido em que define este termo, só se realizou plenamente nas sociedades ocidentais modernas. O tipo ideal de um indivíduo histórico é uma reconstrução parcial: o sociólogo seleciona, no conjunto histórico, um certo número de características, para constituir um todo inteligível. A reconstrução é uma entre várias outras que são possíveis, e a realidade toda não entra na imagem mental do sociólogo.

A segunda espécie é a dos tipos ideais que designam elementos abstratos da realidade histórica, que encontramos em um grande número de circunstâncias. Quando combinados, estes conceitos permitem caracterizar e compreender os conjuntos históricos reais.

A oposição entre estas duas espécies de tipos ideais aparecerá claramente se tomarmos o capitalismo como exemplo da primeira espécie, e, da segunda, a burocracia. No primeiro caso, designamos um conjunto histórico real e singular; no segundo, definimos um aspecto das instituições políticas que não cobre todo um regime, e que pode ser encontrado em diferentes momentos da história.

Estes tipos ideais dos elementos característicos da sociedade se situam em diferentes níveis de abstração. Num nível inferior, aparecem conceitos tais como burocracia ou feudalismo. Num nível mais elevado de abstração, figuram os três tipos de dominação: o racional, o tradicional e o carismático. Cada um destes três tipos é definido pela motivação da obediência ou pela natureza da legitimidade pretendida pelo chefe. A dominação racional se justifica por leis e regulamentos; a dominação tradicional, pelo passado e pelo costume; a dominação carismática, pela virtude excepcional, quase mágica, que atribuem ao chefe os que o seguem e a ele são devotados. Os três tipos de dominação constituem exemplos de conceitos que poderíamos chamar de "atômicos". São utilizados como elementos graças aos quais se reconstroem e se compreendem regimes políticos concretos. A maioria destes últimos combina elementos pertencentes aos três tipos de dominação. Uma vez mais, como a realidade é confusa, precisamos abordá-la com ideias claras. Como os tipos se confundem na realidade, é preciso defini-los rigorosamente; é porque não existe regime puramente carismático ou tradicional que é preciso separá-los rigorosamente em nosso espírito. A reconstrução dos tipos ideais representa não o fim da investigação científica, mas um meio. Utilizando conceitos precisamente definidos, medimos o seu afastamento da realidade, e combinando conceitos múltiplos apreendemos uma realidade complexa. Finalmente, num terceiro nível de abstração, temos os tipos de ação: a ação racional com relação ao objetivo, a ação racional com relação aos valores, a ação tradicional e a ação afetiva.

Por fim, chegamos à terceira espécie dos tipos ideais, constituída pelas reconstruções racionalizantes de condutas de um tipo particular. O conjunto das proposições da teoria econômica, segundo Max Weber, não passa da reconstrução idealtípica do modo como os sujeitos se comportariam se fossem sujeitos econômicos puros. A teoria econômica concebe o comportamento econômico rigorosamente conforme sua essência e definido de maneira precisa[14].

As antinomias da condição humana

Assim, as ciências da cultura são compreensivas e causais. A relação de causalidade é, segundo o caso, histórica ou sociológica. O historiador visa pesar a eficácia causal dos diferentes antecedentes numa única conjuntura; o sociólogo procura estabelecer relações de sucessão que se repetiram ou que são suscetíveis de repetição. O instrumento principal da compreensão é o tipo ideal, nas suas diversas variedades, cujo traço comum é a tendência para a racionalização, ou então a percepção da lógica implícita ou explícita de um tipo de conduta ou de um fenômeno histórico singular. Em todos os casos, o tipo ideal é sempre um meio, não um fim; o objetivo das ciências da cultura é compreender os sentidos subjetivos, isto é, em última análise, a significação que os homens atribuem à sua existência.

Esta ideia de que a ciência da cultura busca compreender o sentido subjetivo das condutas não é evidente. Muitos sociólogos atuais a abandonaram, e consideram que o objetivo científico autêntico é a lógica inconsciente das sociedades ou das existências. Para Max Weber o objetivo consiste em compreender a existência vivida. Provavelmente esta orientação da curiosidade científica está vinculada à relação que se estabelece, no pensamento de Max Weber e na sua teoria epistemológica, entre o conhecimento e a ação.

Um dos temas fundamentais do pensamento de Weber é a oposição, já analisada, entre o julgamento de valor e a relação com os valores. A existência histórica é, por essência, criação e afirmação de valores. A ciência da cultura é a compreensão dessa existência, e sua abordagem é a relação com os valores. A vida humana é feita de uma sucessão de escolhas pelas quais os homens edificam um sistema de valores. A ciência da cultura é a reconstrução e a compreensão das escolhas humanas pelas quais um universo de valores foi edificado.

A filosofia dos valores tem uma relação estreita com a teoria da ação. Max Weber pertence ao grupo dos sociólogos "frustrados com a política", cuja aspiração não satisfeita pela ação é um dos móbeis do esforço científico.

A filosofia dos valores de Max Weber se origina na filosofia neokantiana, tal como era apresentada no seu tempo nas universidades da Alemanha do Sudoeste. É uma filosofia que propõe, como ponto de partida, a distinção radical entre os fatos e os valores.

Os valores não são dados nem no plano sensível nem no plano transcendente; são criados pelas decisões humanas, que diferem dos atos pelos quais o espírito percebe o real e elabora a verdade. Pode ser (certos filósofos neokantianos o afirmam) que a própria verdade seja um valor. Para Max Weber, porém, há uma diferença fundamental entre a ordem da ciência e a ordem dos valores. A essência da primeira é a sujeição da consciência aos fatos e às provas; a essência da segunda é o livre-arbítrio e a livre afirmação. Ninguém pode ser obrigado, por uma demonstração, a reconhecer um valor ao qual não adere[15].

Neste ponto, vale a pena fazer uma comparação entre Weber, Durkheim e Pareto. Durkheim pensava encontrar naquilo que chamava sociedade o objeto sagrado por excelência e o sujeito criador de valores. Pareto postulava em princípio que só a relação entre meios e fins pode ser caracterizada como lógica, e que, em consequência, toda determinação dos fins é, como tal, não lógica. Procurou nos estados de espírito, nos sentimentos ou resíduos as forças que afirmam os fins, em outras palavras, que determinam os valores. Mas esta determinação só o interessava nas suas características constantes. Acreditava que todas as sociedades são trabalhadas por contradições fundamentais, contradições entre o lugar ocupado por cada um e seus méritos; entre o egoísmo dos indivíduos e as necessidades do devotamento ou do sacrifício pela coletividade. Desejava, antes de mais nada, estabelecer uma classificação dos resíduos que fosse permanentemente válida, isto é, queria construir o equivalente a uma teoria da natureza humana, à qual remontava a partir da diversidade infinita dos fenômenos históricos.

Nenhuma destas fórmulas se coaduna com o pensamento weberiano. Weber teria respondido a Durkheim que as sociedades são efetivamente o meio ambiente onde os valores são criados, mas que as sociedades reais são compostas de homens, isto é, por nós mesmos e pelos outros, e que em consequência não é a sociedade concreta, como tal, que nós adoramos ou devemos adorar. Se é verdade que cada sociedade nos sugere ou nos impõe um sistema de valores, isto não prova que a sociedade em que vivemos seja melhor do que a dos nossos inimigos ou da que nós mesmos queremos construir. A criação de valores é social, mas é também histórica. Dentro de cada sociedade surgem conflitos entre grupos, partidos e indivíduos. O universo de valores a que cada um de nós acaba aderindo é uma criação ao mesmo tempo individual e coletiva. Resulta da resposta da nossa consciência a um meio, ou a uma situação. Portanto, não tem cabimento transfigurar o sistema social existente e atribuir a ele um valor superior ao da nossa própria escolha. Este último é, talvez, criador do futuro, enquanto o sistema que recebemos representa a herança do passado.

Weber teria respondido a Pareto que as classes dos resíduos correspondem talvez a tendências permanentes da natureza humana, mas que, insistindo numa classificação dos resíduos, o sociólogo ignora ou negligencia o que há de mais interessante no curso da história. Claro, todas as teodiceias, todas as filosofias são não lógicas, ou comportam desrespeitos às regras de lógica e aos ensinamentos dos fatos, mas o historiador quer compreender os significados que os homens deram a sua existência, o modo como aceitaram o mal, a combinação que estabeleceram entre o egoísmo e o devotamento. Todos estes sistemas de significações, ou de valores, têm caráter histórico: são múltiplos e variados, e interessantes na sua singularidade e por causa dela. Pareto procura o constante, enquanto Max Weber quer apreender os sistemas sociais e intelectuais nos seus traços singulares. O que o apaixona é a determinação precisa do papel da religião numa determinada sociedade e a determinação da hierarquia dos valores adotados por uma época ou por uma comunidade. O objetivo predominante da curiosidade weberiana são os sistemas não lógicos (como diria Pareto) de interpretação do mundo e da sociedade.

A meu ver, Max Weber tratou de duas maneiras esse mundo de valores, mundo da ação e objeto da ciência atual, e estes dois tratamentos levam a resultados coerentes entre si. De um lado, como filósofo da política, Weber procurou elaborar o que eu chamaria de as antinomias da ação. De outro, como sociólogo, ele quis refletir sobre as diferentes atitudes religiosas e a influência que exercem sobre a conduta dos homens, notadamente sobre sua conduta econômica.

A antinomia fundamental da ação, de acordo com Max Weber, é a da *moral da responsabilidade* e da *moral da convicção*; Maquiavel de um lado, Kant de outro. A ética da responsabilidade (*Verantwortungsethik*) é aquela que o homem de ação não pode deixar de adotar; ela ordena a se situar numa situação, a prever as consequências das suas possíveis decisões e a procurar introduzir na trama dos acontecimentos um ato que atingirá certos resultados ou determinará certas consequências que desejamos. A ética da responsabilidade interpreta a ação em termos de meios-fins. Se for preciso convencer os oficiais de um exército a aceitar uma política que não apreciam, ela será apresentada em linguagem tal que eles não a compreenderão, ou com fórmulas que tolerem interpretação estritamente contrária à intenção real do ator, ou ao objetivo procurado. É possível que num momento dado haja uma tensão entre o homem de ação e os executantes, estes talvez tenham a sensação de que foram enganados, mas, se este era o único meio de atingir o objetivo pretendido, quem terá o direito de condenar os que enganaram pelo bem do Estado? Max Weber gostava de tomar como símbolo da ética da responsabilidade o cidadão de Florença que (segundo Maquiavel) preferiu a grandeza do Estado à salvação da sua alma. O homem de Estado emprega meios reprovados pela ética vulgar para realizar um objetivo supraindividual, que é o bem da coletividade. Weber não elogia o maquiavelismo, e uma ética da responsabilidade não é necessariamente maquiavélica, no sentido comum do termo. A ética da responsabilidade é simplesmente a que se preocupa com a eficácia, e se define pela escolha dos meios ajustados ao fim que se pretende. Max Weber acrescentava que ninguém vai até o extremo da moral da responsabilidade no sentido de aceitar qualquer meio que seja contanto que, em última análise, ele seja eficaz. Citava Maquiavel e o sacrifício da salvação da alma à grandeza do Estado, mas lembrava também Lutero e sua famosa fórmula diante da Dieta de Worms: *"Hier stehe ich; ich kann nicht anders; Gott helfe mir, Amen."* ["Aqui me detenho; não posso fazer de outro modo; que Deus me ajude, Amém."]. A moral da ação comporta dois termos extremos, o pecado para salvar a cidade e, nas circunstâncias extremas, a afirmação incondicional de uma vontade, quaisquer que sejam as consequências.

Acrescentemos que a moral da responsabilidade não basta a si mesma, na medida em que se define pela busca de meios adaptados aos objetivos, e que estes objetivos permanecem indeterminados. Aparece aqui o que alguns autores, como Léo Strauss, chamaram de niilismo weberiano. Weber não acreditava que pudesse haver um acordo entre os homens e as sociedades sobre o objetivo a alcançar. Tinha uma concepção voluntarista dos valores criados pelos homens; negava a existência de uma hierarquia universal dos fins e, mais ainda, pensava que cada um de nós é obrigado a escolher entre valores que, em última análise, são incompatíveis entre si. Em matéria de ação, há escolhas que implicam sacrifícios.

Os diversos valores a que podemos aspirar estão encarnados nas coletividades humanas e, por isso, entram espontaneamente em conflito uns com os outros. Max Weber retomava a tradição de Hobbes: a do estado de natureza, existente entre as sociedades políticas. Os grandes Estados estão empenhados numa competição de poder permanente. Cada um desses Estados é portador de uma certa cultura; essas culturas se defrontam pretendendo a superioridade, sem que se possa, de modo nenhum, resolver a disputa.

Dentro de uma coletividade, não há medida política que não traga vantagem para uma classe e sacrifício para outra. Por isso as decisões políticas, que podem e devem ser iluminadas pela reflexão científica, serão sempre, em última análise, ditadas por julgamentos de valor não suscetíveis de demonstração. Ninguém pode determinar com segurança a medida em que tal indivíduo ou tal grupo deve ser sacrificado pelo bem de outro grupo, ou da coletividade global. O bem da coletividade global só pode ser definido por um grupo em particular. Em outros termos, de acordo com o pensamento de Max Weber, a noção genérica de bem comum não comporta uma determinação rigorosa.

Há mais. Para Weber, a teoria da justiça implica uma antinomia fundamental. Os homens são desigualmente dotados do ponto de vista físico, intelectual e moral. Há uma loteria genética no ponto de partida da existência humana: os genes que recebemos dependem, no sentido exato do termo, de um cálculo de probabilidades. Sendo a desigualdade o fenômeno natural e primeiro, nossa tendência pode ser ou apagar pelo esforço social a desigualdade natural, ou, pelo contrário, retribuir a cada um com base nas suas qualidades. Com ou sem razão, Max Weber afirmava que a ciência não pode orientar a escolha entre as duas posições: a que defende a proporcionalidade entre condição social e desigualdades naturais, e o esforço para suprimir essas desigualdades. Cada um precisa escolher sozinho seu Deus ou seu demônio.

Enfim, os deuses do Olimpo, para falar como Max Weber, estão naturalmente em conflito. Por outro lado, sabemos hoje que uma coisa pode ser bela não "apesar de" não ser moral, mas "porque" não é moral. Não só os valores podem ser historicamente incompatíveis, no sentido de que uma mesma sociedade não pode realizar ao mesmo tempo os valores do poder militar, da justiça social e da cultura, mas também a realização de alguns valores estéticos pode contrariar a realização de certos valores morais, e a realização destes últimos pode dificultar a realização de determinados valores políticos.

O problema da escolha dos valores nos introduz à ética da convicção (*Gesinnungsethik*), que incita a agir de acordo com nossos sentimentos, sem referência, explícita ou implícita, às consequências. Weber dá dois exemplos: o do pacifista absoluto e o do sindicalista revolucionário.

O pacifista absoluto se recusa incondicionalmente a portar armas e matar seu semelhante. Se ele pensa que irá impedir as guerras com essa recusa, é um ingênuo e, no plano da moral da responsabilidade, ineficiente. Mas se seu objetivo é simplesmente agir de acordo com sua consciência e se a própria recusa é o objeto de sua conduta, se torna sublime ou absurdo, não importa, mas não pode ser refutado. Quem proclama: antes a prisão e a morte do que matar seu semelhante está agindo de acordo com a ética da convicção. Pode-se não lhe dar razão, mas não se pode demonstrar que está enganado, pois o ator não invoca outro juiz a não ser sua própria consciência, e a consciência de cada um é irrefutável na medida em que não tem a ilusão de transformar o mundo, e a única satisfação que ambiciona é a própria fidelidade. No plano da responsabilidade, pode ser que os pacifistas não contribuam para suprimir a violência, mas apenas para a derrota da sua pátria. Estas objeções, contudo, não preocupam os moralistas da convicção. O mesmo acontece com o sindicalista revolucionário, que diz não à sociedade, indiferente às consequências imediatas ou a longo prazo da sua recusa; na medida em que tem consciência do que faz, ele escapa às críticas científicas ou políticas dos que se colocam no plano dos fatos.

> Vocês perderão o seu tempo expondo, da forma mais persuasiva possível, a um sindicalista convencido da verdade da ética de convicção, que o único resultado da sua ação será aumentar as possibilidades da reação, retardar a ação da sua classe, e escravizá-la ainda mais. Ele não acreditará. Quando as consequências de um ato realizado por sua convicção são negativas, o partidário dessa ética não atribuirá a responsabilidade ao agente, mas ao mundo, à tolice dos homens ou à vontade de Deus, que criou os homens como são (*Le savant et le politique*, p. 187).

Haveria muito a dizer sobre esta antinomia fundamental. É evidente que não há moral da responsabilidade que não se inspire em convicções, pois, em última análise, esta moral é uma procura de eficácia, e podemos questionar o objetivo de tal procura.

Está claro, também, que a moral da convicção não pode ser a moral do Estado. Diremos mesmo que a moral da convicção, no sentido extremo, não pode ser a ética do homem que participa, por menos que seja, do jogo político, mesmo que seja pelo uso da palavra oral ou escrita. Ninguém diz ou escreve sem se preocupar com as consequências de suas palavras e de seus atos, unicamente preocupado em obedecer à consciência. A moral unicamente da convicção é um tipo ideal do qual ninguém deve se aproximar demais, a fim de poder ficar dentro dos limites da conduta racional.

Apesar de tudo, penso que subsiste uma ideia profunda na antinomia weberiana da convicção e da responsabilidade. No campo da ação, notadamente na ação política, ficamos divididos entre duas atitudes, talvez devêssemos dizer entre o desejo de duas atitudes. A primeira, que chamaria de instrumental, busca produzir resultados adequados aos nossos objetivos; obriga-nos assim a ver o mundo como é e a analisar as consequências prováveis do que fazemos ou dizemos. A segunda, moral, nos leva muitas vezes a falar e a agir sem considerar os outros, e nem o determinismo dos acontecimentos. Às vezes cansamo-nos de fazer cálculos e obedecemos ao impulso irresistível de entregar nas mãos de Deus, ou mandar para o inferno, as consequências de nossos atos. A ação baseada na razão inspira-se ao mesmo tempo nestas duas atitudes. Mas é útil, e na minha opinião esclarecedor, enunciar rigorosamente os tipos ideais das duas atitudes entre as quais oscilamos: a do homem de Estado, certamente mais inclinado à responsabilidade, quando menos para se justificar, e a do cidadão, mais propenso à convicção, talvez apenas para criticar o estadista. Max Weber afirmava: "As duas máximas éticas se opõem num antagonismo eterno, que é absolutamente impossível de superar com os meios de uma moral fundamentada puramente em si mesma" (*Essais sur la théorie de la science*, p. 425), e também que "A ética da convicção e a ética da responsabilidade não são contraditórias, mas se completam mutuamente, constituindo, juntas, o homem autêntico, isto é, um homem que pode pretender à 'vocação política'" (*Le savant et le politique*, p. 199).

A sociologia da religião

No pensamento weberiano a moral da convicção aparece como uma das expressões possíveis da atitude religiosa. A moral do Sermão da Montanha é o tipo desta moral. O pacifista ideal se recusa a tomar armas, a responder à violência com a violência. Weber costumava citar a fórmula "oferecer a outra face", afirmando que se esta fórmula não for sublime, é covarde. O cristão que por um esforço de vontade deixa de responder a uma ofensa está agindo com grandeza; aquele que faz o mesmo por fraqueza, ou medo, é desprezível. A mesma atitude pode ser sublime, quando exprime uma convicção religiosa, ou vil, se traduz falta de coragem ou de dignidade. A análise da moral da convicção leva, assim, a uma sociologia da religião.

O pacifismo por convicção só se explica dentro de uma concepção global do mundo. O pacifismo do cristão só é inteligível, isto é, adquire seu verdadeiro sentido, com referência à ideia que ele tem da vida, e aos valores supremos aos quais ele adere. Para ser compreendida, toda atitude exige a percepção da concepção global da existência que anima o ator e na qual ele vive. Este é o ponto de partida do estudo weberiano no campo da sociologia da religião. Essas atitudes respondem à seguinte indagação: em que medida as concepções religiosas têm influenciado o comportamento econômico das diferentes sociedades?

Tem-se afirmado muitas vezes que Weber procurou refutar o materialismo histórico e explicar o comportamento econômico pelas religiões, em vez de postular que estas são apenas a superestrutura de uma sociedade cuja infraestrutura seria constituída pelas relações de produção. Na verdade, Weber não pensava assim. Ele quis demonstrar que a conduta dos homens nas diversas sociedades só pode ser compreendida dentro do quadro da concepção geral que esses homens têm da existência. Os dogmas religiosos, e sua interpretação, são partes integrantes dessa visão do mundo; é preciso entendê-los para compreender a conduta dos indivíduos e dos grupos, notadamente seu comportamento econômico. Por outro lado, Weber quis provar que as concepções religiosas são, efetivamente, um determinante da conduta econômica e, em consequência, uma das causas das transformações econômicas das sociedades.

Sobre estes dois pontos o estudo mais elucidativo é o que Max Weber dedicou às relações entre o espírito do capitalismo e a ética protestante.

Para interpretar corretamente este famoso estudo, é preciso partir da análise do capitalismo contida na introdução e no capítulo 2 do livro. Segundo Max Weber, não há um capitalismo, mas capitalismos. Em outras palavras, toda sociedade capitalista apresenta singularidades que não encontramos em outras sociedades do mesmo tipo. O método dos tipos ideais aplica-se portanto neste caso.

> Se existe um objeto ao qual esta expressão (espírito do capitalismo) pode ser aplicada de modo sensato, só pode ser um indivíduo histórico, isto é, um complexo de relações presentes na realidade histórica que, devido a sua significação cultural, reunimos num todo conceitual. Ora, este tipo de conceito histórico não pode ser definido de acordo com a fórmula *genus proximum, differentia specifica*, porque está associado a um fenômeno significativo considerado no seu *caráter* individual próprio; mas deve ser *composto* gradualmente, a partir dos

elementos singulares que precisam ser extraídos um a um da realidade histórica. Portanto, o conceito definitivo não pode ser encontrado no início mas sim no fim da investigação. Em outras palavras, só durante a discussão se revelará seu resultado essencial; a saber, o melhor modo de formular o que entendemos por "espírito" do capitalismo; o melhor modo, isto é, o modo mais apropriado de acordo com os pontos de vista que nos interessam aqui. Além disto, estes pontos de vista, a partir dos quais os fenômenos históricos que estudamos podem ser analisados, não são absolutamente os únicos possíveis. Como acontece com cada fenômeno histórico, outros pontos de vista nos mostrariam outros traços como sendo "essenciais". Segue-se, portanto, que sob o conceito de "espírito" do capitalismo não é necessário compreender *só* o que se apresenta *a nós* como essencial para o objeto de nossa investigação. Isto decorre da própria natureza da conceituação dos fenômenos históricos, que não enquadra, para servir como metodologia, a realidade em categorias abstratas, mas procura articulá-la em relações genéticas concretas que assumem inevitavelmente um caráter individual próprio (*L'éthique protestante et l'esprit du capitalisme*, p. 47-8).

É válido, portanto, construir um tipo ideal do capitalismo, isto é, uma definição centrada em torno de certas características escolhidas porque nos interessam particularmente, e porque comandam uma série de fenômenos subordinados[16].

Segundo Max Weber, o capitalismo é definido pela existência de empresas (*Betrieb*) cujo objetivo é produzir o maior lucro possível, e cujo meio é a organização racional do trabalho e da produção. É a união do desejo de lucro e da disciplina racional que constitui historicamente o traço singular do capitalismo ocidental. Em todas as sociedades conhecidas houve sempre indivíduos ávidos de dinheiro, mas o que é raro, e provavelmente único, é o fato de este desejo tender a satisfazer-se não pela conquista, especulação ou aventura, mas pela disciplina e pela ciência. Um empreendimento capitalista visa ao lucro máximo por meio de uma organização burocrática. A expressão "lucro máximo", aliás, não é inteiramente justa. O que constitui o capitalismo não é tanto o lucro máximo, quanto a acumulação indefinida. Os comerciantes sempre quiseram auferir o maior lucro possível, em qualquer negócio; o que caracteriza o capitalismo não é o fato de ele não limitar seu apetite de ganhos, mas de estar animado pelo desejo de acumular sempre, cada vez mais, de sorte que também a vontade de produzir se torna indefinida.

> A "sede de adquirir" e a "busca do lucro", do dinheiro, da maior quantidade possível de dinheiro, em si mesmas nada têm a ver com o capitalismo. Garçons, médicos, cocheiros, artistas, prostitutas, funcionários venais, soldados, ladrões, cruzados, frequentadores de jogatinas, mendigos, todos podem ser possuídos por esta sede... A avidez por ganhos sem limites não corresponde em nada ao capitalismo, e menos ainda a seu espírito. O capitalismo poderia ser identificado mais com a *dominação* (*Bändigung*), pelo menos com a moderação racional deste impulso irracional. Não há dúvida de que o capitalismo se identifica com a procura do lucro, de um lucro sempre *renovado*, numa empresa contínua, racional e capitalista – ele é procura da *rentabilidade*. Ele é obrigado a isso. Onde toda a economia está sujeita à ordem capitalista, uma empresa capitalista individual que não se orientasse (*orientiert*) pela procura da rentabilidade estaria condenada ao desaparecimento... Chamaremos de ação econômica capitalista a que se fundamenta

na expectativa de lucro, pela exploração das possibilidades de *troca* – isto é, as possibilidades (formalmente) pacíficas de lucro... Se a aquisição capitalista for objeto de uma procura racional, a ação correspondente será analisada por meio de um cálculo efetuado em termos de capital. O que significa que, se a ação utilizar metodicamente materiais ou serviços pessoais como meio de aquisição, o balanço da empresa, expresso em dinheiro, ao fim de um período de atividade (ou o valor do ativo avaliado periodicamente, no caso de um empreendimento contínuo), deverá *exceder* o capital, isto é, o valor dos meios materiais de produção movimentados para a aquisição por meio da troca... O importante para nosso conceito, o que determina aqui a ação econômica de modo decisivo, é a *tendência* (*Orientierung*) efetiva a comparar um resultado expresso em dinheiro com um investimento avaliado em dinheiro (*Geldschätzunseinsatz*), por mais primitiva que seja tal comparação. Na medida em que os documentos econômicos nos permitem julgar, houve, neste sentido, em todos os países civilizados, um capitalismo, e empreendimentos capitalistas baseados numa racionalização aceitável das avaliações de capital (*Kapitalrechnung*). Na China, na Índia, na Babilônia, no Egito, na Antiguidade mediterrânea, na Idade Média como nos nossos dias... Nos tempos *modernos*, porém, o Ocidente conheceu propriamente uma outra forma de capitalismo: a organização racional capitalista do *trabalho* (formalmente) *livre*, do qual em outros lugares só são encontrados vagos esboços... Mas a organização racional da empresa, associada às previsões de um mercado regular e não às oportunidades irracionais ou políticas especulativas, não é a única particularidade do capitalismo ocidental. Não teria sido possível sem dois outros fatores importantes: *a separação entre a família* (*Haushalt*) *e a empresa* (*Betrieb*), que domina toda a vida econômica moderna; e a *contabilidade* racional, que lhe é intimamente associada. Encontramos também, aliás, a separação espacial da residência e da oficina (ou loja), como por exemplo o bazar oriental e as *ergasteria* de certas civilizações. No Levante, no Extremo Oriente, na Antiguidade, encontramos associações capitalistas com sua contabilidade independente. Contudo, comparativamente à moderna independência das empresas, estas são apenas tentativas modestas... Houve sempre uma tendência a que as empresas que procuram lucros se desenvolvessem a partir de uma grande economia familiar, quer ela seja de príncipe quer seja de senhores de domínios (o *oikos*); como bem notou Rodbertus, elas apresentam, ao lado de um parentesco superficial com a economia moderna, uma evolução divergente, talvez mesmo oposta. Contudo, em última análise, todas essas particularidades do capitalismo ocidental só receberam seu sentido moderno por sua associação com a organização capitalista do trabalho. O que conhecemos de modo geral como "comercialização", o desenvolvimento de títulos negociáveis e a Bolsa, que é a racionalização da especulação, lhe estão também estreitamente ligados. Sem a organização racional do trabalho capitalista, todos estes fatos, mesmo admitindo que fossem possíveis, estariam longe de ter a mesma significação, sobretudo no que se refere à estrutura social e todos os problemas próprios do Ocidente moderno, que lhe são conexos. O cálculo exato, fundamento de todo o resto, só é possível na base do trabalho livre... Em consequência, o problema central numa história universal da civilização, mesmo do ponto de vista puramente econômico, não será, para nós, em última análise, o desenvolvimento da atividade capitalista em si mesma, diferente de forma segundo as civilizações: ora aventureira, ora mercantil, ou orientada para a guerra, para a política ou para a administração; será antes o desenvolvimento do *capitalismo de empresa burguês*, com sua organização racional do *trabalho livre*; ou, para nos expressarmos em termos de história das civilizações, nosso problema será o do nascimento da classe burguesa ocidental, com seus traços distintivos (*L'éthique protestante et l'esprit du capitalisme*, *passim*, p. 15-23).

De acordo com Max Weber, a burocracia não é uma singularidade das sociedades ocidentais. O novo Império egípcio, o Império chinês, a Igreja católica romana, os Estados europeus, todos tiveram burocracias, como as têm as empresas capitalistas modernas de grandes dimensões. No sentido weberiano, a burocracia é definida por alguns traços estruturais: é a organização permanente da cooperação entre numerosos indivíduos, na qual cada um exerce uma função especializada. O burocrata exerce uma profissão separada da sua vida familiar, afastada, por assim dizer, da sua individualidade. Quando lidamos com um funcionário do correio, escondido atrás do balcão, não nos relacionamos com uma pessoa, mas com um executante anônimo. Chegamos mesmo a ficar um tanto chocados quando a funcionária do correio troca algumas observações de caráter pessoal com a colega. O burocrata deve cumprir uma função que nada tem a ver com seus filhos ou com as suas férias.

Esta impessoalidade é essencial à natureza da burocracia, em que, teoricamente, todos conhecem as leis, e agem em virtude das ordens abstratas de uma regulamentação estrita. E, por último, a burocracia assegura a todos os que trabalham no seu seio uma remuneração determinada segundo certas normas, o que exige que disponha de recursos próprios[17].

Esta definição do capitalismo, isto é, da empresa trabalhando para a acumulação indefinida do lucro e funcionando segundo a racionalidade burocrática, difere da de Saint-Simon e da maioria dos economistas liberais. Aproxima-se da de Marx, apresentando porém algumas diferenças. Como Marx, Max Weber afirma que a essência do regime capitalista é a busca do lucro, por intermédio do mercado. Também ele insiste na presença de trabalhadores juridicamente livres que alugam sua força de trabalho aos proprietários dos meios de produção, e, por fim, mostra que a empresa capitalista moderna utiliza meios cada vez mais poderosos, renovando perpetuamente as técnicas para acumular lucros suplementares. O progresso técnico é, aliás, o resultado não procurado da concorrência dos produtores.

> É notório que a forma propriamente moderna do capitalismo ocidental tenha sido determinada, em larga medida, pelo desenvolvimento das possibilidades *técnicas*. Hoje, sua racionalidade depende essencialmente da *possibilidade de avaliar* os fatores técnicos mais importantes. O que significa que ela depende de características particulares da ciência moderna, em especial das ciências da natureza, fundamentadas na matemática e na experimentação racional. Por outro lado, o desenvolvimento dessas ciências e das técnicas delas derivadas recebeu e recebe por sua vez um impulso decisivo por parte dos interesses capitalistas que associam recompensas (*Prämie*) às suas aplicações práticas, embora a origem da ciência ocidental não tenha sido determinada por tais interesses (*L'éthique protestante et l'esprit du capitalisme*, p. 23).

A diferença entre Marx e Weber está em que, segundo este, a principal característica da sociedade moderna e do capitalismo é a racionalização burocrática, que não pode deixar de ser procurada, qualquer que seja o estatuto da propriedade dos meios de produção. Max Weber evocava de bom grado a socialização da economia, mas não a considerava uma transformação fundamental. A necessidade da organização racional, para obter a produção com o melhor custo, subsistiria depois da revolução que tivesse dado ao Estado a propriedade dos meios de produção.

Os seguidores de Saint-Simon acentuavam o aspecto técnico da sociedade moderna, isto é, a ampliação prodigiosa dos meios de produzir. Em consequência, não atribuíam uma importância decisiva à oposição entre trabalhadores e empresários, e não acreditavam na necessidade da luta de classes para a realização da sociedade moderna. Como Marx, Max Weber se refere à organização típica da empresa moderna: "O proletariado, enquanto classe, não podia existir fora do Ocidente, por falta de empresa que organizasse o trabalho livre." (*L'éthique protestante et l'esprit du capitalisme*, p. 22). Mas acaba, como os seguidores de Saint-Simon, por reduzir a importância da oposição socialismo–capitalismo, porque a racionalização burocrática sendo essencial à sociedade moderna, e subsistindo em qualquer regime de propriedade, uma modificação deste regime não representaria uma mutação da sociedade moderna. Mais do que isso, Max Weber, aderindo a um sistema de valores individualista, temia os progressos da sociedade suscetíveis de reduzir a margem de liberdade de ação deixada ao indivíduo. Numa sociedade socialista, pensava ele, a promoção ao nível superior da hierarquia seria realizada de acordo com procedimentos burocráticos. Chegava-se a ser um homem político ou um ministro da mesma maneira como se chega a funcionário graduado de um ministério. Por outro lado, numa sociedade de tipo democrático, a promoção se faz por meio do conflito e do diálogo, em outras palavras, por procedimentos que reservam um lugar mais importante para a personalidade dos candidatos.

Hoje, já não há necessidade de motivação metafísica ou moral para que os indivíduos se conformem com a lei do capitalismo. Do ponto de vista histórico-sociológico, é preciso ainda distinguir entre a explicação da formação do regime e a explicação do funcionamento do regime. Hoje pouco nos importa saber se o indivíduo que se encontra diante de uma grande sociedade industrial é católico, protestante ou judeu; se é luterano ou calvinista; se vê uma relação entre seu êxito econômico e as promessas de salvação. O sistema existe, funciona, e é o meio social que comanda os comportamentos econômicos: "Os puritanos queriam ser homens de profissão e nós estamos condenados a sê-lo... Hoje, o espírito do ascetismo religioso fugiu da gaiola – definitivamente? Quem poderia dizê-lo?... De qualquer forma, o capitalismo vitorioso já não tem necessidade desse apoio, uma vez que se sustenta sobre uma base mecânica." (ibid., p. 245-6). Muito diferente, porém, é o problema de saber como este regime foi instituído. E não está excluído que motivações psicorreligiosas tenham intervindo na sua constituição. A hipótese avançada por Weber é que uma certa interpretação do protestantismo criou algumas das motivações que favoreceram a formação do regime capitalista.

Para poder confirmar esta hipótese, Weber orientou sua investigação em três direções:

No início de seu estudo, realizou análises estatísticas análogas às de Durkheim em *O suicídio*, para determinar o seguinte fato: nas regiões da Alemanha onde coexistem os grupos religiosos, os protestantes, e especialmente os protestantes de certas Igrejas, possuem uma porcentagem desproporcional da riqueza e das posições econômicas mais importantes. Isto não demonstra que a variável religiosa determine o êxito econômico, mas coloca a questão de saber se as concepções religiosas não exerceriam uma certa influência sobre a orientação que os homens e os grupos dão à sua atividade. Max Weber passa rapidamente sobre estas análises estatísticas, que constituem apenas uma introdução a estudo mais profundo.

Outras análises procuram estabelecer a adequação intelectual ou espiritual entre o espírito da ética protestante (ou de uma certa ética protestante) e o espírito do capitalismo. Trata-se, neste caso, de relacionar de modo compreensivo um pensamento religioso com uma atitude a respeito de certos problemas da ação.

Por fim, desenvolvendo em outros trabalhos o estudo sobre o capitalismo e o protestantismo, Weber procura saber em que medida as condições sociais e religiosas seriam favoráveis ou desfavoráveis à formação de um capitalismo do tipo ocidental em outras civilizações, como na China, Índia, no judaísmo primitivo e no Islã. Embora existam fenômenos capitalistas em civilizações exteriores ao Ocidente, as características específicas do capitalismo ocidental (a combinação da busca do lucro com a disciplina racional do trabalho) só apareceram uma única vez no curso da história. Em nenhum lugar fora da civilização ocidental se desenvolveu esse tipo de capitalismo. Max Weber se perguntou, assim, em que medida uma atitude particular em relação ao trabalho, determinada por crenças religiosas, teria constituído o fato diferencial, presente no Ocidente e inexistente em outras regiões, capaz de explicar o rumo singular da história do Ocidente. Essa interrogação é fundamental no pensamento de Max Weber, que inicia seu livro sobre a ética protestante deste modo: "Todos aqueles que, criados na civilização europeia de hoje, estudam os problemas da história universal são levados, cedo ou tarde, a colocar, com razão, a seguinte pergunta: a que encadeamento de circunstâncias devemos atribuir o surgimento, na civilização ocidental, e unicamente nesta civilização, de fenômenos culturais que (pelo menos gostamos de pensar assim) se revestiram de significado e de valor *universais*?" (ibid., p. 11).

A tese de Max Weber é a da adequação significativa do espírito do capitalismo e do espírito do protestantismo. Exposta em seus elementos essenciais, esta tese pode ser apresentada da seguinte forma: ajusta-se ao espírito de um certo protestantismo a adoção de uma certa atitude em relação à atividade econômica, que é ela própria adequada ao espírito do capitalismo. Há uma afinidade espiritual entre uma certa visão do mundo e determinado estilo de atividade econômica.

A ética protestante mencionada por Max Weber é basicamente a concepção calvinista, que ele resume em cinco proposições, inspirando-se sobretudo no texto da Confissão de Westminster, de 1647:

– Existe um Deus absoluto, transcendente, que criou o mundo e o governa, mas que não pode ser percebido pelo espírito finito dos homens.

– Esse Deus todo-poderoso e misterioso predestinou cada um de nós à salvação ou à condenação, sem que, por nossas obras, possamos modificar este decreto divino.

– Deus criou o mundo para sua glória.

– O homem, que será salvo ou condenado, tem o dever de trabalhar para a glória de Deus, e de criar seu reino sobre a terra.

– As coisas terrestres, a natureza humana, a carne pertencem à ordem do pecado e da morte; a salvação só pode ser para o homem um dom totalmente gratuito da graça divina.

Todos estes elementos, precisa Max Weber, estão dispersos em outras concepções religiosas, mas sua combinação é original e única. E as consequências são importantes.

Uma visão religiosa dessa ordem exclui, inicialmente, qualquer misticismo. A comunicação entre o espírito finito da criatura e o espírito infinito de Deus criador é interditada antecipadamente. Trata-se também de concepção antirritualista, que inclina a consciência no sentido de uma ordem natural que a ciência pode e deve explorar. Ela é, portanto, indiretamente favorável ao desenvolvimento da investigação científica, e contrária a todas as formas de idolatria.

> Assim, na história das religiões, chegava à sua conclusão esse longo processo de "desencantamento" (*Entzauberung*) do mundo, iniciado com as profecias do judaísmo antigo e que, de acordo com o pensamento grego, rejeitava todos os meios mágicos de alcançar a salvação, como outros tantos sacrilégios e superstições. O puritano autêntico chegava à rejeição de qualquer suspeita de cerimônia religiosa nos funerais; enterrava seus próximos sem cânticos ou música, para não deixar transparecer nenhuma "superstição", para não dar nenhuma impressão de acreditar na eficácia das práticas mágico-sacramentais com vistas à salvação (ibid., p. 121-2).

Neste mundo de pecado, o crente deve trabalhar na obra de Deus. Mas como? Neste ponto, as várias seitas calvinistas têm interpretações diferentes. Aquela que é favorável ao capitalismo não é nem a mais original nem a mais autêntica. O próprio Calvino se esforçou por edificar uma república de conformidade com a lei de Deus. Mas há outra interpretação que é pelo menos concebível. O calvinista não pode saber se será salvo ou condenado, o que é uma conclusão que pode se tornar intolerável. Por uma inclinação não lógica, mas psicológica, procurará no mundo os sinais da sua escolha. Max Weber sugere que é assim que certas seitas calvinistas terminaram por ver no êxito econômico uma prova dessa escolha de Deus. O indivíduo se dedica ao trabalho para vencer a angústia provocada pela incerteza da salvação.

> No fundo, Calvino só admite uma resposta para a pergunta sobre como o indivíduo pode ter certeza da sua eleição: devemos contentar-nos em saber que Deus decidiu, e perseverar na inabalável confiança em Cristo que resulta da fé verdadeira. Por princípio, ele rejeita a hipótese de que se possa reconhecer, pelo comportamento de uma pessoa, se ela foi eleita ou condenada, pois seria temerário pretender penetrar nos segredos de Deus. Nesta vida, os eleitos não se distinguem em nada, exteriormente, dos que não o são; melhor ainda, todas as experiências subjetivas dos primeiros – que como *ludibria spiritus sancti* – estão igualmente ao alcance dos segundos, à exceção contudo da confiança perseverante e fiel, *finaliter*. Os eleitos constituem, assim, a Igreja invisível de Deus. Naturalmente, tudo era muito diferente com os epígonos – desde Théodore de Bèze – e com mais razão ainda para a grande massa dos homens comuns. A *certitudo salutis*, no sentido da possibilidade de reconhecer o estado de graça, se revestia necessariamente (*musste*), a seus olhos, de importância absolutamente primordial. Em toda parte onde se mantinha a doutrina da predestinação era impossível abafar a pergunta:

há critérios pelos quais se pode reconhecer com segurança quem pertence ao número dos *electi*?... Na medida em que se colocava a questão sobre o estado de graça pessoal, era impossível aceitar a confiança de Calvino no testemunho da fé perseverante, que resultava da ação da graça sobre o homem – confiança que nunca foi formalmente abandonada pela doutrina ortodoxa, pelo menos em princípio. Sobretudo na prática do serviço das almas, os pastores não se satisfaziam com ela, porque se mantinham em contato direto com os tormentos engendrados por tal doutrina. A prática pastoral se acomodou portanto às dificuldades, de diferentes maneiras. Na medida em que a predestinação não sofria nova interpretação, não era suavizada e, no fundo, abandonada, surgiram dois tipos de conselhos pastorais, interligados. De um lado, considerar-se eleito constituía um dever; qualquer espécie de dúvida a este respeito precisava ser afastada como tentação do demônio, já que uma falta de confiança em si mesmo decorria de uma fé insuficiente, isto é, da eficácia insuficiente da graça. A exortação do apóstolo a consolidar a sua vocação pessoal é interpretada aqui como o dever de conquistar, na luta cotidiana, a certeza subjetiva da sua própria eleição e da sua justificação. Em lugar dos humildes pecadores a quem Lutero promete a graça, em troca de confiança em Deus, com fé e arrependimento, surgem os "santos", conscientes de si mesmos, que nós encontramos naqueles comerciantes puritanos de têmpera de aço, dos tempos heróicos do capitalismo, e de que ainda hoje aparecem exemplos isolados. De outro lado, para ter confiança em si, o meio recomendado como o melhor é o trabalho sem descanso numa profissão. Isto, e só isto, dissipa a dúvida religiosa e dá a certeza da graça. Nas particularidades profundas dos sentimentos religiosos professados na Igreja reformada encontra-se a razão pela qual a atividade temporal é capaz de dar essa certeza e pode ser considerada, por assim dizer, o meio apropriado para reagir contra os sentimentos de angústia religiosa. Contrastando com o luteranismo, estas diferenças aparecem mais nitidamente na doutrina da justificação pela fé (ibid., p. 131-5).

Esta derivação psicológica de uma certa teologia favorece o individualismo. Cada um de nós está só diante de Deus. O sentido da comunhão com o próximo e do dever com relação aos outros se enfraquece. O trabalho racional, regular, constante, termina sendo interpretado como a obediência a um mandamento divino.

Opera-se além disso uma surpreendente convergência entre certas exigências da lógica teológica e calvinista e determinadas exigências da lógica capitalista. A ética protestante convida o crente a desconfiar dos bens deste mundo e a adotar um comportamento ascético. Ora, trabalhar racionalmente tendo em vista o lucro, e não gastá-lo, é por excelência uma conduta necessária ao desenvolvimento do capitalismo, sinônimo do reinvestimento contínuo do lucro não consumido. É aí que aparece, com o máximo de clareza, a afinidade espiritual entre uma atitude protestante e a atitude capitalista. O capitalismo pressupõe a organização racional do trabalho; implica que a maior parte do lucro não seja consumida, mas sim poupada, a fim de permitir o desenvolvimento dos meios de produção. Como afirmava Marx, em *O capital*: "Acumulai, acumulai; esta é a lei e os profetas." De acordo com Max Weber, a ética protestante proporciona uma explicação e uma justificativa deste comportamento estranho, de que não há exemplo nas sociedades não ocidentais, a busca do lucro máximo, não para gozar a vida, mas para a satisfação de produzir cada vez mais.

Este exemplo ilustra claramente o método weberiano da compreensão. Pondo à parte o problema da causalidade, Weber tornou pelo menos verossímil a afinidade entre uma atitude religiosa e um comportamento econômico. Colocou um problema sociológico de grande alcance, o da influência das concepções do mundo nas organizações sociais e nas atitudes individuais.

Weber quer apreender a atitude global de indivíduos ou de grupos. Quando o acusamos de ser um analista, ou um detalhista, sob o pretexto de que ele não utiliza o termo totalidade, tão na moda, estamos ignorando que foi ele quem tornou evidente a necessidade de abranger o conjunto dos comportamentos, das concepções do mundo e da sociedade. A verdadeira compreensão deve ser global. Mas como Weber era um cientista, e não um metafísico, não acreditou que devia chegar à conclusão de que sua própria compreensão era a única possível. Tendo interpretado de determinada maneira a ética protestante, não quis excluir que outras pessoas, em outras épocas, pudessem perceber o protestantismo sob luz diferente, estudando-o de um outro ângulo. Não rejeitou a pluralidade das interpretações, mas exigiu a globalidade da interpretação.

Por outro lado, Weber demonstrou que, fora da lógica científica, há outras coisas além da loucura e da arbitrariedade. A meu ver, a fraqueza do *Traité de sociologie générale* reside no fato de que Pareto abrange sob a mesma etiqueta de não lógico tudo o que não se ajusta ao espírito da ciência experimental. Max Weber mostra que há organizações inteligíveis do pensamento e da existência que, embora não sejam científicas, não são destituídas de significação. Tende a reconstruir estas lógicas, mais psicológicas do que científicas, pelas quais se passa, por exemplo, da incerteza sobre a salvação para a procura de sinais de eleição. Trata-se de uma passagem inteligível, sem que no entanto se ajuste propriamente às regras do pensamento lógico-experimental.

Finalmente, Max Weber demonstrou por que a oposição entre a explicação pelo interesse e a explicação pelas ideias não tem sentido, pois são as ideias, e as ideias metafísicas ou religiosas, que comandam a percepção que cada um de nós tem dos seus interesses. Pareto põe os resíduos de um lado e, do outro, os interesses, no sentido econômico ou político. O interesse parece reduzir-se ao poder político e à fortuna econômica. O que Weber demonstra é que a direção do interesse de cada um é orientada pela sua visão do mundo. Que há de mais interessante para um calvinista do que descobrir os sinais da sua eleição? É a teologia que comanda a orientação da existência. Como o calvinista tem uma concepção determinada das relações entre o criador e a criatura, como tem uma certa ideia da eleição, vive e trabalha de um certo modo. Desta forma, a conduta econômica é função de uma visão geral do mundo, e o interesse que tem cada um nesta ou naquela atividade se torna inseparável de um sistema de valores, ou de uma visão total da existência.

Com relação ao materialismo histórico, o pensamento weberiano não representa uma inversão total. Nada mais falso do que imaginar que Max Weber sustentou tese exatamente oposta à de Marx, explicando a economia pela religião em lugar de explicar a religião pela economia. Ele não pretendeu derrubar a doutrina do materialismo histórico, para substituir a causalidade das forças econômicas pela causalidade das forças religiosas, embora tenha usado algumas vezes, em particular numa conferência pronunciada em Viena no fim da Primeira Guerra Mundial, a expressão "refutação positiva do materialismo histórico". Para começar, uma vez instituído o regime capitalista, é o meio que determina as condutas, quaisquer que sejam as motivações, fato de que temos muitas provas na difusão da empresa capitalista por todas as civilizações. Além disso, mesmo para explicar a origem do sistema capitalista, Weber não propõe uma outra modalidade de causalidade exclusiva. O que quis demonstrar é que a atitude econômica pode ser orientada pelo sistema de crenças, tanto quanto o sistema de crenças pode ser comandado, num dado momento, pelo sistema econômico. "Será necessário afirmar que nosso objetivo não é substituir uma interpretação causal exclusivamente 'materialista' por uma interpretação espiritualista da civilização e da história, que não seria menos unilateral? *As duas* pertencem ao domínio do *possível*. Na medida em que não se limitam ao papel de trabalho preparatório, mas pretendem chegar a conclusões, as duas servem mal à verdade histórica." (ibid., p. 248-9). Max Weber incita seus leitores, portanto, a admitir que não há determinação das crenças pela realidade socioeconômica, ou pelo menos que não é legítimo postular como ponto de partida uma determinação desse tipo. Ele próprio demonstrou que se pode às vezes compreender a conduta econômica de um grupo social a partir da sua visão do mundo, e abriu uma discussão em torno da proposição segundo a qual, numa conjuntura determinada, motivações metafísicas ou religiosas podem comandar o desenvolvimento econômico.

O essencial, para Weber e também para seus comentaristas, é a análise de uma concepção religiosa do mundo, isto é, de uma atitude com relação à existência por parte de homens que interpretavam sua situação a partir de certas crenças. Max Weber quis demonstrar principalmente a afinidade intelectual e existencial entre uma interpretação do protestantismo e determinada conduta econômica. Esta afinidade entre o espírito do capitalismo e a ética protestante torna inteligível o modo como uma forma de conceber o mundo pode orientar a ação. O estudo de Weber permite compreender de forma positiva e científica a influência dos valores e das crenças nas condutas humanas. Mostra a maneira como opera, através da história, a causalidade das ideias religiosas[18].

Os outros estudos de sociologia religiosa feitos por Weber são dedicados à China, à Índia e ao judaísmo primitivo. Representam o esforço de uma sociologia comparativa das grandes religiões, de acordo com o método weberiano da relação aos valores. Max Weber coloca duas interrogações à matéria histórica:

Pode-se encontrar, fora da civilização ocidental, o equivalente da ascese no mundo, da qual o exemplo típico é a ética protestante? Em outras palavras, pode-se encontrar em outro lugar, além da civilização ocidental, uma interpretação religiosa do mundo que se exprime numa conduta econômica, comparável àquela com a qual a ética protestante se manifestou no Ocidente?

Como se podem pôr em evidência os diferentes tipos fundamentais de concepção religiosa e desenvolver uma sociologia geral das relações existentes entre as concepções religiosas e os comportamentos econômicos?

A primeira questão surge diretamente das reflexões que levaram à concepção de *A ética protestante e o espíri-*

to do capitalismo. Sabemos que o regime capitalista não se desenvolveu em nenhuma outra região, a não ser no Ocidente. Esta singularidade poderia ser explicada, pelo menos em parte, pelas concepções religiosas ocidentais?

Esta forma de análise vem a dar no que chamaríamos, dentro da lógica de J. Stuart Mill, de método da ausência. Se tivesse havido o mesmo conjunto de circunstâncias nas civilizações não-ocidentais e na civilização ocidental, e o único antecedente encontrado no Ocidente e ausente nas outras civilizações fosse a religião, haveria uma demonstração convincente da causalidade do antecedente religioso com relação ao regime capitalista.

É desnecessário dizer que na realidade não é possível encontrar circunstâncias exatamente iguais às do Ocidente, onde o único fator diferencial seria a ausência de uma ética religiosa do tipo da protestante. A experimentação causal feita por comparação histórica não pode dar resultados tão rigorosos como no esquema ideal do método da ausência. Contudo, Max Weber constata que em outras civilizações, a chinesa, por exemplo, havia muitas das condições necessárias ao desenvolvimento de um regime econômico capitalista, e que uma das variáveis necessárias ao desenvolvimento desse regime, ou seja, a variável religiosa, estava ausente.

Por meio destas comparações históricas, que são experimentações intelectuais, Max Weber tem a ambição de pelo menos confirmar a tese de que a representação religiosa da existência e a conduta econômica por ela determinada foram, no Ocidente, *uma* das causas do desenvolvimento do regime econômico capitalista, sendo este antecedente, fora do mundo ocidental, um daqueles cuja ausência explica o não desenvolvimento de um tal regime.

A segunda questão é retomada e desenvolvida em termos genéricos na parte de *Economia e sociedade* dedicada à sociologia geral das religiões. Seria impossível resumir aqui as análises weberianas, que são extraordinariamente ricas, em especial as relativas à China e à Índia. Limito-me a indicar algumas das ideias essenciais, nesta exposição de conjunto.

Para Max Weber, o conceito de racionalidade material é característico da concepção chinesa do mundo. Num certo sentido, trata-se de concepção tão racional, e talvez mais razoável que, quanto a racionalidade protestante. Contudo, ela é contrária ao desenvolvimento do capitalismo típico.

Se uma sociedade vive de acordo com uma concepção de determinada ordem cósmica, e adota uma maneira de viver segundo a tradição, mais ou menos determinada pela ordem cósmica, os objetivos da sua existência estão dados, e seu estilo de vida está fixo. No quadro desta representação do mundo, há lugar para uma racionalização, isto é, para um trabalho eficaz. O objetivo não será, como no caso da ascese temporal protestante, produzir o máximo e consumir o menos possível, o que, de certo ponto de vista, é o grau extremo da insensatez, embora constitua a essência do capitalismo, visto por Marx, e a essência do sistema soviético, visto pelos não comunistas. O objetivo será trabalhar tanto quanto for necessário para atingir um certo equilíbrio ou felicidade, que não tem nenhuma razão para se modificar. O surgimento do capitalismo ou, em outras palavras, de uma racionalidade da produção tendo por objetivo uma produção sempre crescente exigia uma atitude humana à qual só uma moral ascética podia dar sentido. Em contrapartida, a racionalização do trabalho e da existência, no contexto de uma ordem cósmica e tradicional, não comporta a abstenção do prazer, nem o investimento, nem o crescimento indefinido da produção que constituem a essência do capitalismo. Se o ponto de partida tivesse sido uma outra definição do capitalismo, por exemplo, uma definição pela técnica, as análises históricas teriam sido inevitavelmente diferentes.

Na Índia também ocorreu um processo de racionalização. Mas esta racionalização se operou dentro de uma religião ritualista, no contexto de uma metafísica cujo tema central era a transmigração das almas. De acordo com Max Weber, o ritualismo religioso é um princípio muito forte de conservadorismo social. As transformações históricas das sociedades tiveram como condição a ruptura do ritualismo. Na linguagem de Pareto, este último representava o triunfo dos resíduos da segunda classe, isto é, da persistência dos agregados e do relacionamento das coisas e dos seres, das ideias e dos atos. O ritualismo de Weber e a persistência dos agregados são duas conceituações do mesmo fenômeno fundamental. Para Weber, o ritualismo pode ser superado pela ideia profética; para Pareto, os resíduos da primeira classe, isto é, o instinto das combinações, são a força revolucionária, de caráter mais geral, mais abstrato e também (e sobretudo) mais intelectual. Na visão paretiana, é o instinto das combinações que quebra o conservadorismo dos agregados. Na visão weberiana, é o espírito profético que triunfa sobre o conservadorismo ritualista.

Na sociedade indiana, o ritualismo não era o único fator que tornava impossível o desenvolvimento de uma economia capitalista. A formação progressiva e a evolução da mais orgânica e da mais estável das sociedades que se poderiam imaginar, em que cada indivíduo nasce em determinada casta, e fica limitado a uma certa categoria profissional, em que toda uma série de interditos limitam as relações entre indivíduos e castas, foram os obstáculos decisivos. Mas esta estabilização de uma sociedade de castas teria sido inconcebível sem a ideia da transmigração das almas, que desvalorizava o destino terreno de cada um e fazia com que os desfavorecidos esperassem em outra vida uma compensação para a injustiça aparente da sua situação atual.

O tema central da sociologia weberiana das religiões é uma ideia simples e profunda. Para compreender uma sociedade ou uma existência humana é preciso que não nos limitemos, como Pareto, a relacionar as instituições ou as condutas a classes de resíduos; é necessário identificar sua lógica implícita, a partir das concepções metafísicas ou religiosas. Para Pareto só há lógica na ciência experimental ou nas relações entre meios e fins. Weber demonstra que existe uma racionalidade nas religiões e nas sociedades, nas existências vividas e pensadas, que não é uma racionalidade científica, mas não deixa de ser uma atividade do espírito, uma dedução semirracional, semipsicológica, a partir de princípios.

O leitor do *Traité de sociologie générale*, de Pareto, tem a sensação de que toda a história humana é comandada pela força dos resíduos que determinam o retorno regular dos ciclos de mútua dependência, embora o setor do pensamento científico se expanda gradualmente. Max Weber nos dá a impressão de uma humanidade que propôs, e continua a propor, a questão fundamental sobre o sentido da existência, isto é, uma questão que não implica resposta logicamente imperativa, mas comporta muitas respostas significativas, igualmente válidas a partir de premissas aleatórias.

A sociologia da religião de Max Weber, tal como a vemos em *Gesammelte Aufsätze zur Religionssoziologie* e no capítulo de *Economia e sociedade* intitulado "Typen Religiöser Vergemeinschaftung", se baseia numa interpretação da religião primitiva muito próxima da concepção de Durkheim em *As formas elementares da vida religiosa*. Talcott Parsons também notou esta semelhança, e é bem possível que se trate de um empréstimo. Há trinta anos falei sobre isso a Marcel Mauss, que me respondeu ter visto no escritório de Max Weber toda a coleção de *L'année sociologique*. Discussões como esta se têm mantido vivas, através da história, pois os cientistas são homens. Weber considera como o conceito mais importante da religião primitiva a noção de *carisma*, muito próxima da noção de sagrado (ou de *mana*) de Durkheim. O carisma é a qualidade de quem está, nas palavras de Max Weber, fora do cotidiano (*ausseralltäglich*). Há seres, animais, plantas e coisas carismáticas. O mundo primitivo comporta uma distinção entre o banal e o excepcional (para me exprimir em termos weberianos) e entre o profano e o sagrado (para usar conceitos de Durkheim).

O ponto de partida da história religiosa da humanidade é portanto um mundo povoado de sagrado. Seu ponto de chegada, em nosso tempo, é o que Max Weber caracterizou como o desencantamento do mundo (*Entzauberung der Welt*). O sagrado, ou excepcional, que na aurora da aventura humana se associava a coisas e a seres que nos rodeiam, desapareceu, expulso pelos homens. O mundo no qual vive o capitalista, em que todos vivemos hoje, soviéticos e ocidentais, é feito de matéria ou de seres que se encontram à disposição da humanidade, destinados a serem utilizados, transformados, consumidos, e que não têm mais os encantos do carisma. Neste mundo material, desencantado, a religião tem de se retirar para a intimidade da consciência, ou escapar para além de um deus transcendente e um destino individual depois da existência terrena.

A força religiosa e histórica que rompe o conservadorismo ritualista e os laços estreitos que unem o carisma e as coisas é o profetismo. Este é religiosamente revolucionário, porque se dirige a todos os homens e não apenas aos membros de um só grupo étnico ou nacional, e porque estabelece uma oposição fundamental entre este mundo e o outro, entre as coisas e o carisma. Por isso, porém, o profetismo coloca alguns problemas difíceis para a razão humana. Se admitimos a existência de um Deus único e nosso criador, como podemos justificar a existência do mal? A teodiceia se transforma no centro da religião, exigindo a procura de uma razão para resolver as contradições, ou para ao menos lhes dar um sentido. Por que Deus criou o mundo, se a humanidade está entregue à desgraça e à infelicidade? Deus dará uma recompensa aos que foram injustamente atingidos? Estas são as questões a que o profetismo se esforça por responder, e que comandam a atividade racionalizante da teologia e da ética. "O problema da experiência da irracionalidade do mundo foi a força motriz do desenvolvimento de todas as religiões." (*Le savant et le politique*, p. 190).

A sociologia weberiana procurou estabelecer uma tipologia das atitudes religiosas fundamentais que constituiriam respostas aos problemas intelectuais de que estão carregadas as mensagens proféticas. Weber opõe duas atitudes fundamentais: o misticismo e o ascetismo, que são duas respostas possíveis ao problema do mal, dois caminhos possíveis para a redenção.

O ascetismo, de seu lado, comporta duas modalidades fundamentais: o ascetismo no mundo e fora do mundo. A ética protestante é o exemplo perfeito do ascetismo no mundo, isto é, da atividade levada além das normas ordinárias, não em busca de prazeres materiais ou espirituais, mas em vista do cumprimento de um dever terreno.

Além destas análises tipológicas, Max Weber concebeu e desenvolveu, em particular, um capítulo intitulado: "Zwischenbetrachtung: Theorie der Stufen und Richtungen religiöser Weltablehnung", que se encontra no fim do primeiro tomo de *Sociologia da religião*, uma análise do mesmo estilo, isto é, ao mesmo tempo racional e sociológica, da relação entre as representações religiosas e as diferentes ordens da atividade humana.

A oposição entre o mundo mágico dos primitivos e o mundo não mágico dos modernos domina a evolução religiosa da humanidade. Uma outra ideia diretriz é a da diferenciação das ordens de atividade humana. Nas sociedades conservadoras e ritualistas não há uma diferenciação de ordens; os mesmos valores sociais e religiosos impregnam ao mesmo tempo a economia, a política e a vida privada.

O rompimento do conservadorismo ritualista pelo profetismo abre caminho para a economia crescente de cada ordem de atividade e, ao mesmo tempo, coloca os problemas da incompatibilidade ou da contradição entre os valores religiosos e os valores políticos, econômicos ou científicos. Como já vimos, não há tabela científica de valores. A ciência não pode estabelecer, em nome da verdade, as ações que devemos realizar. Os deuses do Olimpo estão em conflito permanente. A filosofia weberiana dos valores é uma descrição do universo de valores a que chega a evolução histórica. O conflito dos deuses é o termo da diferenciação social, do mesmo modo como o desencantamento do mundo é o ponto de chegada da evolução religiosa. Cada religião precisou, em cada época, conciliar as exigências resultantes dos princípios religiosos e as exigências internas de um certo domínio de atividades. As interdições que pesam sobre os empréstimos com juros se opuseram, muitas vezes, à lógica intrínseca da atividade econômica. Assim também a política comporta o emprego da força. A conduta digna não implica que se ofereça a outra face ao agressor, mas, ao contrário, que se responda à força com a força. Há portanto um conflito possível entre a moral cristã do Sermão da Montanha e a moral da dignidade ou da honra do combatente. Aparecem essas contradições à medida que as diferentes ordens de atividade tendem a se afirmar na sua essência própria e que a moral, metafísica ou religiosa, antes total, tende a ser recalcada fora da existência terrena.

> A ética religiosa se ajustou de diferentes maneiras à situação fundamental que faz com que nos situemos em regimes de vida diferentes, subordinados a leis igualmente diversas. O politeísmo helênico oferecia sacrifícios a Afrodite e a Hera, a Apolo e a Dionísio, sabendo que esses deuses frequentemente se davam combate. O sistema de vida hindu regulava cada profissão com uma ética particular, um *dharma*, separando-as por meio de castas e integrando-as numa hierarquia imutável. O indivíduo nascido numa certa casta já não tinha possibilidade de desertá-la, a não ser mediante uma reencarnação, numa vida futura. Em consequência, cada profissão estava a uma distância diferente, maior ou menor, da salvação suprema. Cada casta tinha seu *dharma*, desde a dos ascetas e brâmanes até a dos ladrões e prostitutas,

dentro da hierarquia baseada em leis imanentes, próprias a cada profissão. A guerra e a política encontraram naturalmente um lugar nessa estrutura. Lendo no *Bhagavad Gîtâ* o diálogo entre Krishna e Arjuna, vemos que a guerra é parte integrante da vida. "Faz o que é necessário", o que quer dizer: cumpre o dever que te impõe o *dharma* da casta dos guerreiros e as prescrições que a regulam, em suma, realiza "a obra" objetivamente necessária ao objetivo de tua casta, a saber, fazer a guerra. Segundo esta crença, cumprir a obrigação de guerreiro estava longe de representar para este um perigo à sua salvação; era, ao contrário, benéfico para a alma. Sempre o guerreiro hindu teve tanta certeza de alcançar, depois de uma morte heroica, o céu de Indra quanto o guerreiro germânico de ser acolhido no Walhalla; teria tanto desdenhado o nirvana quanto o germânico o paraíso cristão com os seus coros angélicos. Esta especialização da ética permite à moral hindu considerar a arte real da política como uma atividade perfeitamente consequente, sujeita a suas próprias leis, sempre mais consciente de si própria. A literatura hindu nos oferece mesmo uma exposição clássica do "maquiavelismo" radical, no sentido popular de maquiavelismo; basta ler o *Arthaçâstra* de Kautilya, escrito muito antes da era cristã, provavelmente na época de Chandragupta. Comparado a ele, *O príncipe* de Maquiavel é inofensivo. Sabemos que, na ética católica, os *consilia evangelica* constituem uma moral especial, reservada aos que têm o privilégio do carisma da santidade. Ao lado do monge, proibido de buscar lucros ou de derramar sangue, encontramos as figuras do cavalheiro e do burguês piedoso que tinham estes direitos, o primeiro podia derramar sangue, o segundo enriquecer. Indubitavelmente a diferenciação ética e sua integração num sistema de salvação são menos marcantes do que na Índia. Contudo, dadas as pressuposições da fé cristã, podia e devia ser assim. A doutrina da corrupção do mundo pelo pecado original permitia integrar com relativa facilidade a violência na ética, enquanto meio para combater o pecado e as heresias que constituem precisamente perigos para a alma. Entretanto, as exigências acósmicas do Sermão da Montanha, sob a forma de uma pura ética da convicção, assim como o direito natural cristão, compreendido como uma exigência absoluta baseada nesta doutrina, conservaram sua força revolucionária, retornando sempre à superfície com toda sua fúria em quase todos os períodos de convulsão social. Notadamente, deram nascimento a seitas que professam um pacifismo radical; uma delas tinha mesmo tentado instituir na Pensilvânia um Estado que se recusava a utilizar a força nas relações exteriores – experiência que foi aliás trágica, pois, quando estourou a guerra da Independência, os *quakers* não puderam intervir num conflito cujo objetivo era a defesa de ideais idênticos aos seus. O protestantismo comum, pelo contrário, em geral legitima o Estado, e assim o recurso à violência como uma instituição divina, e justifica particularmente o Estado autoritário legítimo. Lutero retirou do indivíduo a responsabilidade ética pela guerra, atribuindo-a à autoridade política, de modo que a obediência às ordens dos poderes políticos não pode implicar culpa, exceto nas questões de fé. O calvinismo reconhecia também, em princípio, a força como meio de defesa da fé, legitimando em consequência as guerras de religião. Sabe-se que estas guerras foram sempre um elemento vital do Islã. Vê-se agora, portanto, que não é a incredulidade moderna, nascida do culto renascentista dos heróis, que levantou o problema da ética política. Todas as religiões debateram este problema com maior ou menor êxito, e nosso estudo demonstrou suficientemente que não podia ser de outro modo (*Le savant et le politique*, p. 191-4).

Há, finalmente, um duplo conflito implícito entre o universo da religião e o da ciência. A ciência positiva, experimental e matemática, expulsou gradualmente deste mundo o sagrado, deixando-nos num universo utilizável, mas sem sentido. "Em toda a parte onde a aplicação sistemática dos conhecimentos empíricos racionais retirou do mundo seu aspecto mágico, fazendo dele um mecanismo sujeito às leis da causalidade, o postulado ético segundo o qual o mundo é um universo ordenado por Deus, tendo em consequência um certo sentido no plano moral, foi definitivamente contestado, pois uma concepção empírica do mundo, e principalmente matemática, exclui por princípio todo modo de pensar que procura um 'sentido', qualquer que ele seja, nos fenômenos do mundo interior." (*Gesammelte Aufsätze zur Religionssoziologie*, p. 564). Por outro lado, a ciência leva a uma crise espiritual, pois, na medida em que os homens se lembram da religião, a ciência os deixa insatisfeitos. Uma concepção religiosa do mundo dava um significado aos seres, aos acontecimentos e ao destino individual. O cientista sabe que jamais encontrará uma resposta definitiva; não ignora que seu trabalho será ultrapassado, pois a ciência positiva é por essência um processo, que nunca chega ao fim.

Há portanto uma contradição fundamental entre o saber positivo, demonstrado mas inacabado, e o saber nascido das religiões, que não pode ser provado mas que dá resposta às questões essenciais. Segundo Max Weber, os homens hoje só encontram resposta a tais questões através de uma decisão individual, arbitrária e incondicional. Cada um de nós deve escolher seu Deus, ou seu demônio.

Economia e sociedade

Economia e sociedade (*Wirtschaft und Gesellschaft*) é um tratado de sociologia geral que desenvolve ao mesmo tempo uma sociologia econômica, jurídica, política e religiosa.

Seu objeto é a história universal. Todas as civilizações, todas as épocas e todas as sociedades são utilizadas como exemplos ou ilustrações. Mas este tratado é uma obra de sociologia, não de história. Tem o objetivo de tornar inteligíveis as diferentes formas de economia, de direito, de dominação e de religião, inserindo-as num único sistema conceitual. Esse tratado de sociologia geral orienta-se para o presente; propõe-se pôr em evidência a originalidade da civilização ocidental, comparativamente às outras civilizações.

São quase oitocentas páginas cerradas, representando portanto mais ou menos a metade do *Traité* de Pareto; mas, ao contrário deste, não permite ao leitor saltar páginas, e é quase impossível de resumir. Procurarei assim retraçar as etapas da conceituação geral para explicar em que consiste aquilo que alguns têm chamado de nominalismo e individualismo de Max Weber. Tomarei como exemplo a sociologia política, para mostrar como se opera a conceituação weberiana num nível menos abstrato.

Segundo Max Weber, a sociologia é a ciência da ação social, que ela quer compreender interpretando, e cujo desenvolvimento quer explicar, socialmente. Os três termos fundamentais são, aqui, compreender (*verstehen*), interpretar (*deuten*) e explicar (*erklären*), respectivamente, apreender a significação, organizar o sentido subjetivo em conceitos e evidenciar as regularidades das condutas.

A ação social é um comportamento humano (*Verhalten*), em outras palavras, uma atitude interior ou exterior voltada para a ação, ou para a abstenção. Este comportamento é a ação quando o ator atribui à sua conduta um certo sentido. A ação é social quando, de acordo com o sentido que lhe atribui o ator, ela se relaciona com o comportamento de outras pessoas. O professor age socialmente na medida em que o ritmo lento da sua elocução se relaciona com a conduta dos seus estudantes, que devem fazer um esforço para tomar nota das demonstrações escritas no quadro-negro. Se falasse sozinho, muito depressa, sem se dirigir a ninguém, sua ação não seria social, pois não estaria orientada para a conduta de um grupo de ouvintes.

A ação social se organiza em relação social (*soziale Beziehung*). Há uma relação social quando o sentido de cada ator, de um grupo de atores que age, se relaciona com a atitude do outro, de modo que suas ações são mutuamente orientadas. O professor e seus alunos vivem uma relação social.

Se as condutas de vários atores se orientam regularmente umas com relação a outras, é preciso que algo determine a regularidade de tais relações sociais. Diz-se que há costume (*Brauch*) quando tal relação social é regular, e que há hábito (*Sitten*) quando a origem dessa relação é uma longa tradição que a transforma numa segunda natureza. Max Weber emprega o termo *eingeleitet*: um costume, por assim dizer, penetra na vida. A tradição se torna uma forma espontânea de agir.

Neste ponto da análise surge a noção de probabilidade. Quer se trate de costume ou de hábito, a regularidade não é absoluta. Pode-se dizer que é costume nas universidades os estudantes não tumultuarem as aulas;

portanto, é provável que a palavra do professor encontre alunos silenciosos, mas esta probabilidade não é uma certeza. Mesmo no caso das universidades francesas, onde em geral os estudantes ouvem passivamente, não poderíamos dizer, como uma afirmação de fato, que durante uma hora só o professor fale.

O conceito de ordem legítima intervém, logo depois da noção de relação regular. A regularidade da relação social pode ser apenas o resultado de um longo hábito, mas é mais frequente que haja fatores suplementares: a convenção ou o direito. A ordem legítima é convencional quando a sanção que responde à sua violação é uma desaprovação coletiva. É jurídica quando esta sanção assume a forma de coerção física. Os termos convenção e direito são definidos pela natureza da sanção correspondente, como em Durkheim.

As ordens legítimas (*legitime Ordnungen*) podem ser classificadas de acordo com as motivações dos que obedecem. Weber distingue quatro tipos, que lembram os quatro tipos de ação, mas não são exatamente os mesmos: as ordens são afetivas ou emocionais, racionais com relação a valores, religiosas e, finalmente, determinadas pelo interesse. As ordens legítimas determinadas pelo interesse são racionais com relação a um objetivo; as ordens determinadas pela religião são chamadas tradicionais, o que põe em evidência a afinidade entre religião e tradição, pelo menos numa certa fase da evolução histórica, pois o profetismo e a racionalização religiosa nele originada são frequentemente revolucionários.

Da ordem legítima Max Weber passa ao conceito de combate (*Kampf*) que, desde o início da análise, tem um sentido evidente. Ao contrário do que alguns sociólogos se inclinam a crer, as sociedades não são conjuntos harmoniosos. Comte insistia na ideia do consenso e dizia que a sociedade é composta tanto de mortos como de vivos. Para Max Weber, as sociedades são feitas tanto de lutas como de acordos. O combate é uma relação social fundamental. Num duelo, a ação de cada duelista está orientada para a ação do outro. A orientação recíproca das condutas é, neste caso, ainda mais necessária do que num acordo, pois o que está em jogo é a própria existência dos combatentes. A relação social do combate se define pela vontade de cada um dos atores de impor-se ao outro, malgrado sua resistência. Quando o combate não comporta o uso da força física, chama-se concorrência. Quando seu objetivo é a própria sobrevivência dos atores, nós o chamamos de seleção (*Auslese*).

Os conceitos de relação social e de combate permitem, numa etapa subsequente da conceituação, passar à própria constituição dos grupos sociais. O processo de integração dos atores pode levar à criação de uma sociedade ou de uma comunidade. A distinção entre estes dois processos (*Vergesellschaftung* e *Vergemeinschaftung*) é a seguinte:

Quando o resultado do processo de integração é uma comunidade (*Gemeinschaft*), o fundamento do grupo é um sentimento de pertinência experimentado pelos participantes, cuja motivação pode ser afetiva ou tradicional. Se este processo de integração leva a uma sociedade (*Gesellschaft*), isto se deve ao fato de que a motivação das ações sociais se constitui de considerações ou ligações de interesses, ou leva a um acerto de interesses. Uma sociedade comercial por ações, ou um contrato, são integrações racionais, com relação a um objetivo. O processo de integração social ou comunitário resulta no agrupamento (*Verband*). O grupo pode ser aberto ou fechado se a entrada nele for estritamente reservada ou, ao contrário, acessível a todos ou quase todos. O agrupamento acrescenta às sociedades ou às comunidades um órgão de administração (*Verwaltungsstab*) e uma ordem regulamentar.

Depois do agrupamento vem a empresa (*Betrieb*). Esta se caracteriza pela ação contínua de vários atores, e pela racionalidade com vistas a um fim. Um agrupamento de empresa (*Betriebverband*) é uma sociedade com um órgão de administração, com vistas a uma ação racional. A combinação dos conceitos de agrupamento e de empresa mostra bem como progride a conceituação weberiana. O agrupamento comporta um órgão especializado de administração, a empresa introduz as duas noções, de ação contínua e de ação racional com vistas a um fim. Combinando as duas noções, obtém-se um grupo de empresa, sociedade sujeita a um órgão de administração e que exerce uma ação contínua e racional.

Max Weber define ainda alguns conceitos-chave, na sua reconstrução da ação social. Os dois primeiros são os de associação (*Verein*) e instituição (*Anstalt*). Na associação, a regulamentação é aceita consciente e voluntariamente pelos participantes; na instituição ela é imposta por decretos aos quais os participantes devem submeter-se.

Dois outros conceitos importantes são os de poder (*Macht*) e de dominação (*Herrschaft*). O poder é definido simplesmente como a probabilidade de um ator impor sua vontade a outro, mesmo contra a resistência deste. Situa-se portanto dentro de uma relação social, e indica a situação de desigualdade que faz com que um dos atores possa impor sua vontade ao outro. Estes atores podem ser grupos – por exemplo, Estados – ou indivíduos. A dominação (*Herrschaft*) é a situação em que há um senhor (*Herr*); pode ser definida pela probabilidade que tem o senhor de contar com a obediência dos que, em teoria, devem obedecê-lo. A diferença entre poder e dominação está em que, no primeiro caso, o comando não é necessariamente legítimo, nem a obediência forçosamente um dever; no segundo, a obediência se fundamenta no reconhecimento, por aqueles que obedecem, das ordens que lhes são dadas. As motivações da obediência permitirão portanto construir uma tipologia da dominação. Para passar do poder e da dominação para a realidade política, é preciso acrescentar a ideia de agrupamento político (*politischer Verband*). O agrupamento político contém as noções de território, de continuidade do agrupamento e de ameaça de aplicação da força física para impor respeito às ordens ou às regras. Entre os agrupamentos políticos, o Estado é a instância que dispõe do monopólio da coerção física.

Weber introduz, por fim, um último conceito: o de grupo hierocrático, ou sagrado (*hierokratischer Verband*). É o agrupamento no qual a dominação pertence aos que detêm os bens sagrados, e podem dispensá-los. Os agrupamentos hierocráticos evocam os regimes teocráticos de Auguste Comte, sem contudo ser seus equivalentes. Quando o poder recorre ao sagrado, e o poder temporal e o espiritual se confundem, a obediência é imposta menos pela coerção física do que pela posse das receitas de salvação. Se o poder distribui os bens dos quais os indivíduos esperam a redenção, é ele que possui, para cada um e para todos, o segredo da vida feliz neste mundo ou no outro.

Em *Economia e sociedade* Max Weber trata duas vezes da sociologia política. Uma primeira vez, na primeira parte, expõe a tipologia das formas de dominação ("Die Typen der Herrschaft"); depois, na segunda parte, notadamente nos dois últimos capítulos ("Politische Gemeinschaften" e "Sociologie der Herrschaft"), descreve com mais pormenores a diferenciação dos regimes políticos observados através da história, servindo-se da tipologia exposta na primeira parte.

Vou deter-me no capítulo sobre sociologia política de *Economia e sociedade*. Primeiramente, é menos difícil identificar suas grandes linhas do que resumir a sociologia econômica. Minha exposição será esquelética e pobre, comparada com a riqueza do texto de Weber, mas não trairá, talvez, o pensamento do autor. Um resumo da sociologia econômica exigiria, porém, muitas páginas.

A sociologia política de Weber se inspira diretamente em uma interpretação da situação contemporânea da Alemanha imperial e da Europa ocidental. Permite perceber o projeto mais importante de Max Weber, que era compreender seu tempo à luz da história universal, ou ainda tornar inteligível a história universal na medida em que esta tende à situação presente como à sua conclusão.

Finalmente, ela se associa estreitamente à personalidade do autor, mais do que qualquer outro capítulo de *Economia e sociedade*. Max Weber pertence à escola dos sociólogos que se interessam pela sociedade a partir do interesse que sentem pela coisa pública. Como Maquiavel, é um desses sociólogos nostálgicos da ação política, e desejaria participar da luta política e exercer o poder. Sonhava em ser estadista. Na verdade ele não foi um homem político, mas somente um conselheiro do príncipe, conselheiro que não foi ouvido, como ele mesmo confessa.

A sociologia política de Weber se baseia numa distinção entre a essência da economia e a essência da política, estabelecida a partir do sentido subjetivo das condutas humanas. Este método deriva diretamente da definição da sociologia. Se toda sociologia é compreensão interpretativa da ação humana, isto é, do sentido subjetivo que os atores atribuem ao que fazem ou deixam de fazer, é no plano do sentido subjetivo das condutas que definimos a ação econômica e a ação política.

A ação economicamente orientada é aquela que, de acordo com o sentido que lhe é atribuído, se relaciona com a satisfação dos desejos de utilidade (*Nutzleistungen* – de *Leistung*, que vem do verbo *leisten*, realizar, produzir, e de *Nutz*, raiz do termo utilidade). Esta definição se aplica à ação economicamente orientada, e não ao comportamento econômico. Este, *wirtschaften*, verbo forjado a partir do substantivo *Wirtschaft*, designa o exercício pacífico de uma capacidade de disposições economicamente orientadas. A orientação para a categoria econômica implica apenas que se procuram satisfazer as necessidades que os indivíduos sentem de prestações de utilidade. O conceito de prestação de utilidade engloba simultaneamente os bens materiais e os imateriais, como os serviços. O agir econômico implica por outro lado uma ação pacífica, o que exclui a guerra e o banditismo que foram através da história meios frequentemente empregados e quase sempre eficazes de assegurar prestações de utilidade. Em todos os tempos os mais fortes sempre foram aconselhados, não pela moral, mas pela racionalidade instrumental, a se apropriar dos bens produzidos com o trabalho alheio. Este método, para satisfazer os desejos de prestação de utilidade, é contudo afastado pela definição weberiana do agir econômico, que pressupõe, além de tudo o que citamos, o emprego de coisas e de pessoas para alcançar a satisfação de necessidades. O trabalho é um agir econômico, na medida em que é o exercício pacífico da capacidade de um ou vários indivíduos de dispor de materiais ou de instrumentos no sentido da satisfação de necessidades. Se qualificarmos o agir econômico com o adjetivo racional, teremos o agir econômico característico das sociedades atuais, isto é, uma atividade que comporta a arregimentação dos recursos disponíveis de acordo com um plano, e a continuidade do esforço dirigido para a satisfação das necessidades.

Uma primeira distinção surge logo entre a ordem da política e a da economia. A economia tem a ver com a satisfação das necessidades, e também com o objetivo determinado pela organização racional da conduta; a política se caracteriza pela dominação exercida por um homem ou por alguns homens sobre outros homens.

Estas definições permitem simultaneamente compreender a inter-relação do agir econômico e do agir político, cuja distinção é apenas conceitual, não real. Concretamente, é impossível separar o agir econômico do agir político, como se se separassem dois corpos em uma composição química. O agir econômico pode comportar o recurso, aqui ou ali, a meios de força e, por conseguinte, comportar uma dimensão política. Por outro lado, qualquer ação política, isto é, qualquer exercício contínuo de dominação de um ou de alguns homens sobre outros homens, exige um agir econômico, isto é, a posse ou a disponibilidade de meios para satisfazer às necessidades. Há uma economia da política e uma política da economia. A oposição entre os dois termos só se torna rigorosa, conceitualmente, na medida em que se excluem do agir econômico propriamente dito os meios de força; na medida também em que se relaciona a racionalidade própria do agir econômico com a escassez e com a escolha racional dos meios.

A política é, portanto, o conjunto das condutas humanas que comportam a dominação do homem pelo homem. O termo dominação traduz o alemão *Herrschaft*. Julien Freund, que traduziu Max Weber para o francês, escolheu esse termo porque *Herr* significa senhor, e porque dominação provém do latim *dominus* (senhor). Se voltamos ao sentido original da palavra *dominação*, ela se aplica perfeitamente à situação do senhor com relação àqueles que o obedecem. É preciso porém afastar a conotação desagradável desta palavra, entendendo-a apenas como a probabilidade de que as ordens dadas sejam efetivamente cumpridas pelos que as recebem. O termo *autoridade* não seria apropriado como tradução de *Herrschaft*, pois Max Weber o utiliza também (*Autorität*) para designar as qualidades naturais ou sociais que possui o senhor.

Os tipos de dominação são em número de três: *racional, tradicional* e *carismática*. A tipologia se fundamenta portanto no caráter próprio da motivação que comanda a obediência. Racional é a dominação baseada na crença na legalidade da ordem e dos títulos dos que exercem a dominação. Tradicional é a dominação fundamentada na crença do caráter sagrado das tradições antigas, e na legitimidade dos que são chamados pela tradição a exercer a autoridade. Carismática é a dominação que se baseia no devotamento fora do cotidiano, justificado pelo caráter sagrado ou pela força heroica de uma pessoa e da ordem revelada ou criada por ela.

Os exemplos destes três tipos de dominação são abundantes. O agente tributário nos faz obedecer porque acreditamos na legalidade dos títulos que lhe permite enviar-nos documentos de cobrança fiscal. Sua dominação é, portanto, racional. De modo geral, o conjunto da gestão administrativa das sociedades modernas, quer se trate da regulamentação da circulação dos automóveis, dos exames universitários, ou do fisco, comporta uma dominação tal de homens sobre outros homens que estes se submetem às ordens legais ou aos intérpretes e executantes da própria legalidade e não a indivíduos isolados. A ilustração da dominação tradicional é menos fácil de encontrar nas sociedades modernas, mas se a rainha da Inglaterra exercesse ainda um poder efetivo, o fundamento desta dominação seria o longo passado e a crença na legitimidade da sua autoridade, cuja origem remonta a muitos séculos. Hoje, resta apenas a aparência desta dominação. Os homens continuam a respeitar o detentor desse poder tradicional, mas de fato não têm oportunidade de o obedecer. As leis são promulgadas, em nome da rainha, mas não é ela que determina o conteúdo. Hoje, nos países que conservaram a monarquia, a dominação tradicional é meramente simbólica.

Podemos encontrar nos nossos dias, contudo, muitos exemplos do poder carismático. Lênin exerceu durante alguns anos uma dominação carismática, que não se baseava na legalidade ou em antigas tradições, mas no devotamento dos homens, convencidos da virtude incomum daquele que se propunha convulsionar a ordem social. Hitler e o general De Gaulle são outros exemplos, embora tão opostos, de chefes carismáticos segundo a definição weberiana. O próprio De Gaulle acentuou o caráter carismático da sua dominação nas circunstâncias em que, tendo de escolher entre apelar para a legitimidade eleitoral e apelar para o 18 de junho de 1940, ele escolheu a segunda alternativa. Em abril de 1961, para exigir obediência contra os generais rebeldes da Argélia, voltou a envergar o uniforme de general de brigada de junho de 1940, dirigindo-se aos oficiais e aos soldados não como presidente da República eleito por um congresso mas como o general De Gaulle, que havia vinte anos representava a legitimidade nacional. Quando um homem declara encarnar a legitimidade nacional durante dois decênios, sua dominação não pertence mais à ordem racional, como não pertence à ordem tradicional (o general De Gaulle não nasceu numa família real reinante), é carismático[19].

O chefe está fora do cotidiano, do mesmo modo que está fora do cotidiano o devotamento que os homens consagram a esta personalidade heróica e exemplar.

Como é natural, estes três tipos de dominação pertencem a uma classificação simplificada. Max Weber esclarece que a realidade é sempre uma mistura ou confusão desses três tipos puros.

Não obstante, sua análise coloca uma série de questões.

Weber distingue quatro tipos de ação e três tipos de dominação. Por que não há uma conformidade entre a tipologia das condutas e a tipologia das dominações?

Os três tipos de dominação correspondem aproximadamente a três dos quatro tipos de conduta. O quarto tipo de conduta não está representado por um tipo específico de dominação. Entre a conduta racional em relação a um fim e a dominação legal, o paralelismo é perfeito. Entre a conduta afetiva e a dominação carismática, há uma aproximação pelo menos justificável. A conduta tradicional e a dominação tradicional são designadas pelo mesmo termo. Devemos dizer que a classificação das condutas está errada? Que só há na realidade três motivações fundamentais e por conseguinte três tipos de conduta e três tipos de dominação? A razão, a emoção e o sentimento explicariam a conduta racional, afetiva ou tradicional e, do mesmo modo, a dominação racional, carismática ou tradicional.

Esta interpretação é possível, mas o problema me parece mais sutil. A classificação dos tipos de dominação se refere às motivações dos que obedecem, mas estas motivações são de natureza essencial, e não psicológica. O cidadão que recebe a intimação de impostos a pagar pagará o que lhe é cobrado quase sempre não por ter refletido sobre a legalidade do sistema fiscal, ou porque tenha medo das sanções implicadas no não pagamento, mas apenas pelo hábito de obedecer. A motivação psicológica efetiva não coincide necessariamente com o tipo abstrato de motivação, ligado ao tipo de dominação. O hábito pode comandar a obediência, no caso de uma dominação racional, em lugar da razão. Se é verdade que a distinção entre os tipos de dominação deriva de uma classificação das motivações, estas não são as que podemos observar, no sentido comum do termo.

A melhor prova está em que Max Weber apresenta várias tipologias diferentes da motivação da obediência. No primeiro capítulo de *Economia e sociedade*, depois de ter formulado o conceito de ordem legítima, ele se pergunta sobre uma classificação em duas ou quatro categorias. Uma ordem legítima pode ser sustentada interiormente pelos sentimentos (*innerlich*) dos que a obedecem. Se ela é interiorizada, há três modalidades possíveis deste fenômeno, que se referem aos três tipos de conduta: a afetiva; a racional com relação aos valores; e a religiosa (substituindo, neste caso, a tradicional). Se não é interiorizada, a ordem legítima pode ser apoiada pela reflexão a respeito das consequências do ato, esta reflexão determinando a conduta dos que obedecem. Neste caso, a tipologia das motivações da obediência tem portanto quatro categorias, e não reproduz a tipologia tríplice dos modos de dominação. Em outra passagem do primeiro capítulo, ao tratar dos motivos pelos quais se atribui legitimidade a uma certa ordem, Weber retoma quatro termos que, desta vez, são exatamente paralelos aos quatro tipos de conduta. Ele considera, com efeito, que há quatro fórmulas de legitimidade, tradicional, afetiva, racional em relação a valores e resultado da afirmação positiva de uma ordem legal.

Vemos, assim, que Max Weber hesita entre diferentes classificações. E chega sempre à fórmula da ação racional em relação a um fim, que é o tipo ideal da ação econômica ou política. Esta ação é de fato também a ação comandada por uma ordem legal e a ação determinada pela consideração das consequências possíveis da conduta, do tipo da conduta interessada ou do contrato. Contudo, a ação emocional está sempre presente nas classificações. Sua correspondência no mundo da política é o tipo profético ou carismático. Por outro lado, dois tipos de conduta recebem nomes diferentes, que ora aparecem, ora desaparecem. A ação tradicional se transforma às vezes em ação religiosa e, na verdade, a religião é uma forma de tradição; mas, num certo sentido, é a forma inicial e profunda da tradição. Por outro lado, a ação *wertrational* figura em alguns casos como um dos fundamentos da legitimidade (a honra), mas desaparece na tipologia dos modos de dominação, porque não constitui um tipo abstrato.

Estas dificuldades de tipologia se relacionam com o fato de que Max Weber não escolheu entre conceitos puramente analíticos e conceitos semi-históricos. Os três modos de dominação deveriam ser considerados como simples e puros conceitos analíticos, mas Weber lhes atribui também um sentido histórico.

De qualquer forma, esta tipologia da dominação permite a Max Weber entrar na casuística conceitual dos tipos de dominação. Partindo da noção de dominação racional, ele analisa as características da organização burocrática. Tomando como ponto de partida a noção de dominação tradicional, acompanha o seu desenvolvimento e diferenciação progressiva: dominação gerontocrática, patriarcal, patrimonial. Esforça-se por demonstrar como é possível passar da definição simplificada de uma forma de dominação para a infinita diversidade das instituições historicamente observadas, mediante a discriminação de diferentes modos. A diversidade histórica se torna então inteligível, porque deixa de parecer arbitrária.

Desde que existem homens que refletem sobre as instituições sociais, a primeira surpresa é causada pela existência do outro. De fato, vivemos numa sociedade, mas há outras sociedades; uma certa ordenação política ou religiosa nos parece evidente, ou sagrada, e há outras ordens. Podemos reagir a esta descoberta pela afirmação agressiva ou ansiosa da validade absoluta da nossa ordem, e a desvalorização simultânea de todas as outras. A sociologia começa com o reconhecimento desta diversidade e com a vontade de compreendê-la, o que não implica que todas as modalidades de ordem social se situem no mesmo nível de valor, mas apenas que todas são inteligíveis porque exprimem a mesma natureza humana e social. A política de Aristóteles tornou inteligível a diversidade de regimes das cidades gregas; a sociologia política de Max Weber tenta fazer o mesmo no contexto da história universal. Aristóteles se interrogava a respeito das dificuldades que cada regime precisava resolver e das perspectivas de sobrevivência e prosperidade de cada um. Max Weber pergunta qual é a evolução provável, possível ou necessária de um tipo de dominação.

A análise das transformações da dominação carismática é exemplar. Esta forma de dominação tem, na sua origem, algo que está fora do cotidiano (*ausseralltäglich*). Possui portanto, em si mesma, algo de precário, porque os homens não podem viver de forma duradoura fora do cotidiano, e porque tudo o que é incomum inevitavelmente se desgasta. Ocorre, em consequência, um processo estreitamente ligado à dominação carismática: o retorno do poder carismático à vida cotidiana (*Veralltäglichung deo Charismas*). A dominação fundamentada nas qualidades excepcionais de um homem pode sobreviver a esse homem? Todo regime marcado pela origem carismática do seu líder supremo não pode deixar de ser confrontado com a questão da sobrevivência e da herança. Max Weber se volta assim para uma tipologia dos métodos pelos quais se resolve o problema mais importante da dominação carismática, que é o da sucessão.

Pode haver uma procura organizada de outro portador do carisma, como na teocracia tibetana tradicional. Os oráculos e o apelo ao julgamento divino podem ser utilizados também para institucionalização do excepcional. O chefe carismático pode escolher pessoalmente seu sucessor, mas é preciso que este seja aceito pela comunidade dos fiéis. O sucessor pode ser selecionado igualmente pelo estado-maior do chefe carismático, e depois reconhecido pela comunidade. Pode-se admitir que o carisma é inseparável do sangue, tornando-se hereditário (*Erbcharisma*). A dominação carismática leva neste caso à dominação tradicional. A graça de uma pessoa se torna propriedade de uma família. Finalmente, o carisma pode ser transmitido de acordo com certos processos mágicos ou religiosos. A coroação dos reis da França representava a transmissão da graça; desse modo, ela passava a pertencer a uma família, e não a um homem.

Este exemplo simples ilustra bem o método e o sistema de Max Weber. Seu objetivo é sempre o mesmo. Trata-se de identificar a lógica das instituições humanas e de compreender as singularidades das instituições, sem com isto renunciar ao uso dos conceitos. Trata-se de elaborar uma sistematização flexível que permita ao mesmo tempo integrar fenômenos diversos num quadro contextual único e não eliminar o que constitui a singularidade de cada regime ou de cada sociedade.

Esta forma de conceituação leva Max Weber a perguntar qual é a influência exercida pelo modo de dominação sobre a organização e a racionalidade da economia; qual a relação entre um tipo de economia e um tipo de direito. Em outras palavras, a conceitualização não tem só por fim uma compreensão mais ou menos sistemática, mas também a colocação dos problemas de causalidade ou das influências recíprocas dos diferentes setores do universo social. A categoria que domina esta análise causal é a de oportunidade ou de influência e de probabilidade. Um tipo de economia influencia o direito num certo sentido; é provável que um tipo de dominação se manifeste na administração ou no direito de uma certa maneira. Mas não há, nem pode haver, causalidade unilateral de uma série de instituições particulares sobre o resto da sociedade. Neste sentido, o método weberiano pode ser admirado ou criticado, pois multiplica as relações parciais e não acrescenta aquilo que os filósofos chamam hoje de totalização. No estudo sociológico das religiões, Max Weber se esforçou por reconstruir o conjunto de uma maneira de viver e pensar o mundo. Ele não ignorava a necessidade de inserir cada elemento de uma existência ou de uma sociedade num conjunto. Contudo, em *Economia e sociedade* analisa as relações entre os setores e, por isso, multiplica as relações parciais sem reconstruir a totalidade. Parece-me que Max Weber poderia justificar-se afirmando que não excluía outros métodos, e que, no nível da generalidade conceitual em que se situa sua análise, era impossível identificar relações causais comportando uma rigorosa necessidade, e que era impossível também reconstruir a totalidade de uma sociedade particular, ou de um regime político singular, porque o objetivo procurado é a apreensão dos diferentes aspectos de tais totalidades, com a ajuda dos conceitos.

A sociologia política de Max Weber é inseparável da realidade histórica em que viveu[20]. Politicamente, Weber era, na Alemanha de Guilherme II, um nacional-liberal. Weber foi um nacional-liberal, mas não um liberal no sentido norte-americano. Ele não era propriamente um democrata no sentido francês, inglês ou norte-americano. Punha acima de tudo a grandeza da nação e o poder do Estado. Indubitavelmente, estimava as liberdades a que aspiram os liberais do velho continente. Sem um mínimo de direitos individuais, escreveu, já não poderíamos viver. Não acreditava, porém, na vontade geral ou no direito dos povos de dispor de si mesmos, nem na ideologia democrática. Se desejava uma "parlamentarização" do regime alemão, era para aprimorar a qualidade dos líderes, e não por princípio. Pertencia à geração pós-bismarckiana, que se propunha como tarefa primordial a manutenção da herança do fundador do Império alemão, e como segunda tarefa o acesso da Alemanha à política mundial (*Weltpolitik*). Não era um desses sociólogos (como Durkheim) que acreditavam que as funções militares dos Estados eram anacrônicas. Acreditava na permanência dos conflitos entre as grandes potências e esperava que a Alemanha unificada ocupasse um lugar importante no cenário mundial. Só levava em conta as questões sociais da atualidade tomando como referência o objetivo supremo da grandeza do Reich. Weber foi um adversário apaixonado de Guilherme II, a quem atribuiu, durante a guerra de 1914, a principal responsabilidade pelas desgraças que se abateram sobre sua pátria. Na mesma época, esboçou um projeto de reforma das instituições cujo objetivo era a "parlamentarização" do regime alemão. Atribuía a mediocridade da diplomacia do II Reich ao sistema de recrutamento dos ministros e à ausência de vida parlamentar.

Pensava Weber que a dominação burocrática caracteriza todas as sociedades modernas e constitui um setor importante de qualquer regime, mas o funcionário não foi feito para impulsionar o Estado ou para exercer funções propriamente políticas, e sim para aplicar os regulamentos de acordo com os precedentes. Formou-se na disciplina, não na iniciativa e na luta e, por isto, será normalmente um mau ministro. O recrutamento dos políticos implica regras diferentes das que se aplicam ao recrutamento dos burocratas. Por isso, Max Weber desejava a transformação do regime alemão no sentido parlamentar. As assembleias dariam oportunidade de aparecerem melhores líderes, isto é, líderes mais bem formados para a batalha política do que aqueles que só escolhiam um imperador ou que ocupavam funções no alto da hierarquia administrativa.

O regime alemão comportava um elemento tradicional, o imperador, e um elemento burocrático, a administração. Faltava-lhe o elemento carismático. Observando as democracias anglo-saxãs, Max Weber imaginava um líder político carismático que, como chefe partidário, adquirisse na luta as qualidades sem as quais não há estadista, a saber, a coragem de decidir, a audácia de inovar, a capacidade de despertar a fé e de conseguir a obediência[21]. Este sonho de um líder carismático foi vivido pela geração que sucedeu à de Max Weber. Mas, evidentemente, este não teria reconhecido seu sonho na realidade alemã de 1933-45.

A sociologia política de Weber leva a uma interpretação da sociedade presente, como sua sociologia da religião conduz a uma interpretação das civilizações contemporâneas. O que singulariza o universo em que vivemos é o "desencantamento" do mundo. A ciência nos habitua a ver a realidade exterior apenas como conjunto de forças cegas que podemos pôr à nossa disposição; nada resta dos mitos e das divindades com que o pensamento selvagem povoava o universo. Nesse mundo despojado desses encantamentos, e cego, as sociedades se desenvolvem no sentido de uma organização cada vez mais racional e burocrática.

Sabemos que uma obra só é realmente científica quando pode e deve ser ultrapassada. Daí o caráter patético de uma vida dedicada à pesquisa que, mesmo no caso de êxito, está condenada a não encontrar toda a verdade. Jamais chegaremos ao ponto final do nosso esforço renovado; nunca teremos resposta definitiva às perguntas que consideramos mais importantes.

Por outro lado, quanto mais racional a sociedade, mais cada um de nós está condenado ao que os marxistas chamam de alienação. Sentimo-nos sujeitos a um conjunto que vai além de nós, condenados a só realizar uma parte daquilo que poderíamos ser; condenados a exercer, toda a nossa vida, uma ocupação limitada sem outra esperança de grandeza senão a de aceitar tal limitação.

Desde logo, o que é preciso salvaguardar antes de tudo, dizia Max Weber, são os direitos humanos que dão a cada indivíduo a possibilidade de viver uma existência autêntica, independentemente do lugar que ocupa na organização racional. Do ponto de vista político, é a margem de livre competição graças à qual se afirma a personalidade, e podem ser escolhidos os líderes verdadeiros, e não meros burocratas.

Além da racionalização científica do mundo, precisamos reservar os direitos de uma religião puramente interior. Além da racionalização burocrática, é preciso salvaguardar a liberdade de consciência e o confronto das pessoas. Sem suprimir as desigualdades entre os indivíduos e entre as classes, o socialismo marcaria – se se transformasse de utopia em realidade – uma etapa do processo de burocratização integral.

A conclusão weberiana procede da análise existencial da incompatibilidade dos valores e da luta entre os deuses. O mundo é racionalizado pela ciência, pela administração e pela gestão rigorosa dos empreendimentos econômicos, mas continua a luta entre as classes, as nações e os deuses. Como não há um árbitro, ou um juiz, só existe uma atitude adequada à dignidade: a escolha solitária de cada um de nós, diante da sua consciência. Pode ser que a última palavra desta atitude filosófica seja a de engajamento. Max Weber dizia: escolha e decisão (*Entscheidung*). A decisão era menos a escolha entre dois partidos do que o engajamento em favor de um deus que podia ser um demônio.

Weber, nosso contemporâneo

Mais do que Durkheim, Max Weber é ainda nosso contemporâneo. Admiramos a análise estatística das causas do suicídio como uma etapa da ciência. Continuamos a utilizar o conceito de *anomia* mas deixamos de nos interessar pelas ideias políticas de Durkheim e pelas teorias morais que ele pretendia difundir nas escolas de formação de professores. O *Traité de sociologie générale* é um monumento estranho, obra-prima de uma pessoa extraordinária, objeto de admiração para uns, de irritação ou exasperação para outros. Pareto não tem muitos discípulos ou continuadores. Mas o caso de Max Weber é bem diferente.

Em 1964, em Heidelberg, durante um congresso organizado por *Deutsche Gesellschaft für Soziologie* por ocasião do centésimo aniversário do nascimento de Weber, houve um debate ardoroso, que continuou depois de encerrada a reunião. Um historiador suíço, Herbert Lüthy, chegou mesmo a escrever que havia "weberianos", da mesma forma como "marxistas", igualmente suscetíveis quando alguma das ideias de seu mestre era questionada. Na verdade, weberianos e marxistas têm pouco em comum: os primeiros estão nas universidades, os segundos governam Estados. O marxismo pode ser resumido e vulgarizado num catecismo destinado às multidões, mas o pensamento de Weber não se presta à elaboração de uma ortodoxia, a menos que se considere como ortodoxia a rejeição de todas as ortodoxias.

Por que razão quase meio século depois de morto Max Weber desperta ainda tantas paixões? Devido a sua obra ou à sua personalidade?

A controvérsia científica sobre *A ética protestante e o espírito do capitalismo* não terminou ainda, não só porque este famoso livro passou por uma refutação empírica do materialismo histórico mas também porque propõe dois problemas de grande alcance. O primeiro é histórico: em que medida certas seitas protestantes, ou, de modo mais geral, o espírito protestante, influenciaram a formação do capitalismo? O segundo problema é teórico, ou sociológico: em que sentido a compreensão das condutas econômicas exige a referência às crenças religiosas e aos sistemas do mundo dos atores? Entre o homem econômico e o homem religioso não há uma separação radical. É devido a uma ética determinada que o homem concreto, de carne e ossos, o homem de desejos e gozos se transforma, em algumas raras situações, em *homo oeconomicus.*

A tentativa weberiana de analisar a estrutura da ação social, de elaborar uma tipologia das condutas, de comparar os sistemas religiosos, econômicos, políticos e sociais, por mais criticável que nos pareça em alguns dos seus métodos e resultados, é ainda do nosso tempo.

Deveríamos mesmo dizer que ela ultrapassa de longe o que os sociólogos atuais se julgam capazes de realizar. Pelo menos, a teoria abstrata e as interpretações históricas tendem a se dissociar. A "grande teoria" no estilo de T. Parsons caminha para a abstração extrema de um vocabulário conceitual utilizável para a compreensão de qualquer sociedade. Ela pretende afastar-se da sociedade moderna e da filosofia que inspirava Weber. A referência ao presente terá desaparecido da conceituação do tipo parsoniano ou, mais genericamente, da conceituação peculiar à sociologia de hoje? Esta é uma questão que pode ser debatida. O que queríamos era demonstrar que, combinando uma teoria abstrata dos conceitos fundamentais da sociologia com uma interpretação semiconcreta da história universal, Max Weber é mais ambicioso do que os professores de nossos dias. Neste sentido, pertence possivelmente tanto ao passado quanto ao futuro da sociologia.

Por mais válidos em si mesmos que sejam estes argumentos, eles não explicam a violência dos debates em torno de Weber, que têm ocorrido aliás na Europa, não nos Estados Unidos. Nos Estados Unidos, Max Weber foi interpretado e traduzido por Talcott Parsons. Sua obra é acolhida sobretudo como a de um cientista puro. Foi por isso que ela penetrou nas universidades onde é agora exposta, comentada, muitas vezes também discutida. Quanto ao homem que se exprime na obra ou se esconde atrás dela, não é ele um democrata, hostil a Guilherme II? Por outro lado não é legítimo ignorar o político e só reconhecer o cientista?

Na Europa, o centenário do nascimento de Max Weber despertou paixões. Os professores de formação europeia, alguns dos quais se naturalizaram norte-americanos, adotaram posições veementes pró e contra Weber como político, filósofo e sociólogo. A este propósito, nada foi mais revelador do que as três sessões plenárias do congresso de Heidelberg a que já me referi. A primeira, aberta com conferência de Talcott Parsons sobre as concepções metodológicas de Weber, provocou um debate propriamente acadêmico. As duas seguintes, porém, tiveram outro caráter, bem diferente. A conferência que pronunciei sobre *Max Weber und die Machtpolitik* se inseria na polêmica desencadeada pelo livro de Wolfgang J. Mommsen[22], a qual prossegue até o momento em que escrevo este estudo (1966). A conferência de Herbert Marcuse, *Industrialisierung und Kapitalismus*, parecia animada por uma espécie de furor contra Weber, como se ele estivesse ainda vivo e se mantivesse em posição irredutível.

Estes dois debates – um relativo ao lugar ocupado por Max Weber na política alemã, às suas opiniões, o outro a propósito de sua filosofia e de suas atitudes fundamentais – diferem em alcance e em estilo. Alguns autores, nos Estados Unidos e na República Federal Alemã, tinham tendido a apresentar Weber como um bom democrata, de estilo ocidental, conforme à imagem que se tinha disso depois da Segunda Guerra Mundial. Esta concepção estava evidentemente muito distante da realidade. O valor que Max Weber punha acima de tudo por sua livre decisão era, como vimos, a grandeza nacional, não a democracia ou as liberdades pessoais. Tinha sido favorável à democratização mais por motivos circunstanciais do que por princípio. Os funcionários entre os quais o imperador escolhia seus ministros eram, segundo ele, desprovidos, por formação e temperamento, de ambição do poder, primeira qualidade dos governantes, e talvez mesmo dos povos em um mundo duro, entregue à luta entre indivíduos, classes e Estados.

A filosofia da política, inspirada pelo seu trabalho como cientista e por sua ação, é pessimista. Alguns veem em Weber um novo Maquiavel. Em artigo penetrante, a despeito de um tom que os admiradores de Weber têm dificuldade em suportar, Eugene Fleischmann[23] focalizou as duas influências mais importantes, possivelmente sucessivas, a de Marx e a de Nietzsche, a partir das quais se formou o pensamento de Weber: "Marx da burguesia", e mais nietzscheano do que democrata.

Esta reinterpretação da política weberiana causou escândalo porque tirava do seu pedestal um dos patronos e fundadores da nova democracia alemã, um antepassado cheio de glória, um gênio. Contudo, ela é, no essencial, indiscutível, fundamentando-se em textos e, aliás, está marcada pelo respeito devido a uma personalidade excepcional. Max Weber foi nacionalista como o foram os europeus a partir do fim do século passado, e como deixaram de sê-lo hoje. Um nacionalismo que não se limitava ao patriotismo, à preocupação com a independência ou a soberania estatal, mas que conduzia de modo quase irresistível ao que hoje seríamos tentados a chamar de imperialismo. As nações estão engajadas numa competição permanente, ora aparentemente pacífica, ora claramente cruel. Esta competição não tem fim, e é impiedosa. Os homens morrem em trincheiras ou vegetam trabalhando em minas ou fábricas, ameaçados pela concorrência econômica ou pelo fogo dos canhões. O poder da nação é ao mesmo tempo um meio e um fim; garante a segurança, contribui para a difusão da cultura (porque as culturas são essencialmente nacionais) mas o poder é desejado por si mesmo, como expressão da grandeza humana.

Indubitavelmente o pensamento político de Max Weber é mais complexo do que o sugerem estas breves indicações. Se ele viu na unidade alemã uma etapa do processo que levava à política mundial, não ignorou o fato de que o poder do Estado não implicava o desenvolvimento da cultura. Em particular, no caso da história alemã, a fase de desenvolvimento espiritual e a fase de poder estatal não parecem coincidir. Embora tenha empregado a expressão *Herrenvolk* ("povo de senhores"), não o fez no sentido em que Hitler a usou. Como Nietzsche, Weber criticava muitas vezes o povo alemão, pela obediência passiva, a aceitação de um regime tradicional, suas atitudes de novo-rico – condutas indignas de um povo que assume e deve assumir um papel de importância mundial. Quanto à democracia de sua preferência, com um líder escolhido por todo o povo, ela tem alguns traços que vamos encontrar em todas as democracias da nossa época, lembrando sobretudo a V República da França, sob o general De Gaulle. Líder carismático, eleito por sufrágio universal, tomando sozinho as grandes decisões, responsável perante sua consciência e a história, tal é o chefe "democrático" imaginado por Max Weber, figura que os déspotas do período entre as duas guerras caricaturaram, e que o presidente da República francesa encarnou a partir de 1959. Nem o presidente norte-americano nem o primeiro-ministro britânico correspondem em grau e estilo a esse *Führer*, condutor do povo que lidera as massas a serviço da ambição que nutre por elas e para si. Esta ascendência carismática do líder político representava, para Weber, uma reação salvadora ao reinado anônimo dos burocratas. Ele não ignorava contudo a importância da deliberação dos parlamentares e o respeito pelas regras. Conhecia a necessidade de uma Constituição, de manter o Estado de direito (*Rechtstaat*), o valor das liberdades pessoais. É possível que tivesse sobretudo a tendência a crer, como homem do século XIX, que as frágeis conquistas da civilização política estavam já definitivamente consolidadas.

O segundo debate, iniciado por Herbert Marcuse, focaliza, em última análise, a filosofia histórica de Max Weber. Este toma como tema central da sua interpretação da moderna sociedade ocidental a racionalização, tal como se manifesta na ciência, na indústria e na burocracia. O regime capitalista, baseado na propriedade individual dos meios de produção, e na concorrência do mercado, esteve historicamente associado ao processo de racionalização. Este processo é o destino do homem, contra o qual seria vão nos revoltarmos, e ao qual nenhum regime pode escapar. Max Weber foi hostil ao socialismo a despeito da admiração que sentia por Marx, e não só porque era nacionalista ou porque na luta de classes, tão fatal quanto a luta das nações, se situava ao lado da burguesia. O que ameaçava a dignidade do homem, a seus olhos, era a servidão dos indivíduos com relação a organizações anônimas. O sistema de produção eficaz é também um sistema de dominação do homem sobre o homem. Max Weber reconhecia que "os operários seriam sempre socialistas, de um modo ou de outro"; chegou mesmo a afirmar que não há "nenhum meio de eliminar as convicções socialistas e as esperanças socialistas"[24] (no que talvez se enganasse), mas o socialismo realizado comportaria para os valores humanos os mesmos perigos que o próprio capitalismo. Mais ainda: o socialismo não poderia deixar de agravar esses perigos, na medida em que, para restaurar e manter a disciplina do trabalho num regime burocratizado, precisava impor uma dominação mais rigorosa ainda do homem sobre o homem, ou da organização sobre o indivíduo, limitando ainda mais as liberdades pessoais.

Terão os acontecimentos desmentido Max Weber sobre este ponto? Evidentemente eles lhe deram razão, e é o próprio Herbert Marcuse que o confessa: "Enquanto espírito cristalizado, a máquina não é *neutra*: a razão técnica é a razão social que domina em cada época, e pode ser transformada na sua própria estrutura. Enquanto razão técnica, ela pode ser utilizada tendo em vista uma técnica de liberação. Para Max Weber esta posição era uma utopia. Hoje, parece que ele tinha razão." Em outras palavras, Marcuse recrimina Max Weber pelo fato de ter denunciado antecipadamente como utopia o que se revelou efetivamente, até o presente, uma utopia, isto é, a ideia de uma liberação humana que passa pela modificação do regime da propriedade e pela planificação.

Entre a propriedade coletiva dos meios de produção e a planificação de um lado, e a liberação do homem de outro, não há nenhum vínculo causal ou lógico. A história dos últimos cinquenta anos o demonstrou indiscutivelmente. Um marxista de Frankfurt (que não é marxista-leninista) detesta em Max Weber aquele que nunca compartilhou suas ilusões e que lhe rouba os sonhos de que talvez precise para viver. Mas a utopia socialista é hoje radicalmente vazia de substância. Um sistema de produção ainda mais automatizado trará talvez outras possibilidades concretas de liberação. Não suprimirá a ordem burocrática, a saber, a dominação racional e anônima denunciada, com um certo exagero, por Weber e pelos marxistas.

Certamente a sociedade industrial de hoje não é a sociedade capitalista que Max Weber conheceu; já não é essencialmente burguesa, nem mesmo essencialmente capitalista, se este regime pode ser definido antes de mais nada pela propriedade e pela iniciativa do empresário individual. Contudo, precisamente por este motivo, estaria tentado pessoalmente a criticar Weber de outro ponto de vista muito diferente: ele foi demasiado marxista na sua interpretação da sociedade moderna, isto é, muito pessimista. Não percebeu exatamente nem as perspectivas de bem-estar para as massas, graças ao crescimento da produtividade, nem a atenuação dos conflitos de classes (e talvez mesmo dos conflitos entre as nações), numa época em que a riqueza depende mais da eficiência do trabalho que das dimensões territoriais. Por outro lado, é um mérito, e não um erro, ter distinguido rigorosamente a *racionalidade*, científica ou burocrática, da *razão histórica*. A experiência nos mostrou que o espírito e os meios da tecnologia podem ser empregados no genocídio; mas a responsabilidade não cabe ao capitalismo, à burguesia e menos ainda a Max Weber. Este tinha reconhecido antecipadamente que a racionalização não garante o triunfo do que os hegelianos chamam de razão histórica, e os democratas de boa vontade chamam de valores liberais.

Em Weber, uma filosofia da luta e do poder, de inspiração marxista e nietzscheana, se combina com a visão de uma história universal que leva a um mundo desencantado, a uma humanidade em servidão, despojada das suas virtudes mais elevadas. Max Weber colocava acima de tudo não o êxito e o poder, mas uma certa nobreza, a coragem de afrontar a condição humana tal como ela aparece a quem rejeita as ilusões da religião como as das ideologias políticas. Todos os que pensam possuir uma verdade absoluta ou total, todos os que pretendem reconciliar valores contraditórios, marxistas-hegelianos, doutrinários da democracia ou do direito natural, continuam (com razão) sua polêmica contra um autor que dá caráter dogmático à recusa do dogmatismo, que empresta uma verdade definitiva à contradição de valores, que só conhece a ciência parcial e as escolhas estritamente arbitrárias.

Alguns destes dogmatismos estão na origem dos totalitarismos da nossa época. Contudo, é preciso reconhecê-lo, Max Weber, com sua filosofia do engajamento, não oferece necessariamente uma melhor proteção contra o retorno dos bárbaros. O líder carismático devia servir de recurso contra a dominação anônima da burocracia. Aprendemos a temer as promessas dos demagogos, mais do que a banalidade da organização racional.

Estes debates sobre a personalidade, a filosofia e as opiniões de Max Weber ilustram, a meu ver, a multiplicidade dos sentidos em que me parece apropriado afirmar que ele é nosso contemporâneo. Primeiramente, porque pertence à família dos grandes pensadores, cuja obra é tão rica e ambígua que cada nova geração a lê, interroga e interpreta à sua maneira. Depois, porque é um cientista cuja contribuição está ultrapassada, mas que ainda permanece atual. Trate-se da compreensão, dos tipos ideais, da distinção entre julgamento de valor e relação aos valores, do sentido subjetivo enquanto objeto próprio do estudo sociológico, da oposição entre a maneira como os autores se compreenderam a si mesmos e a maneira como o sociólogo os compreende, sentimo-nos sempre tentados a multiplicar questões ou pelo menos objeções. Não é certo que a prática de Weber responda sempre à sua teoria. É mesmo duvidoso que ele próprio se tenha abstido de qualquer julgamento de valor, e mais duvidoso ainda que a referência aos valores e o julgamento de valor possam ser separados radicalmente. A sociologia de Weber poderia ser talvez mais científica, mas seria, na minha opinião, menos apaixonante se não tivesse sido animada por um homem que colocava constantemente as questões fundamentais: o relacionamento entre o conhecimento e a fé, a ciência e a ação, entre a Igreja e o profetismo, a burocracia e a liderança carismática, entre a racionalização e a liberdade individual. E que, graças a uma erudição histórica quase monstruosa, procurava em todas as civilizações as respostas dadas a suas próprias questões, para, no fim dessa exploração, por natureza indefinida, encontrar-se, só e dilacerado, diante da escolha do seu próprio destino.

Indicações biográficas

1864 21 de abril – Nasce Max Weber em Erfurt, na Turíngia. Seu pai era um jurista, de família de industriais e comerciantes têxteis da Vestfália. Em 1869 foi com a família para Berlim, onde foi membro da Dieta municipal; foi deputado na Dieta prussiana e no Reichstag, pertencia ao grupo dos liberais de direita, cujo líder era Hanovrien Bennigsen. Sua mãe, Helena Fallenstein-Weber, era uma mulher de grande cultura, preocupada com os problemas religiosos e sociais. Até sua morte, em 1919, ela manteve estreito contato intelectual com o filho, em quem avivava a nostalgia da fé religiosa. Na casa dos seus pais o jovem Max Weber conheceu a maioria dos intelectuais e políticos mais importantes da época.
1882 Depois da sua Abitur, Max Weber inicia os estudos superiores em Heidelberg. Inscreve-se na Faculdade de Direito, mas estuda também história, economia, filosofia e teologia. Participa das cerimônias e duelos da sua corporação estudantil.
1883 Depois de três semestres em Heidelberg, Max Weber faz um ano de serviço militar em Estrasburgo, como simples soldado e depois como oficial. Durante toda sua vida Weber terá muito orgulho de seu título de oficial do Exército Imperial.

1884 Max Weber retoma seus estudos nas Universidades de Berlim e de Göttingen.
1887- 88 Participa de várias manobras militares na Alsácia e na Prússia Oriental. Torna-se membro da Verein für Sozialpolitik que agrupa os universitários de todas as tendências, preocupados com os problemas sociais. Essa associação havia sido fundada em 1872 por G. Schmoller e era dominada pelos "Socialistas da Cátedra".
1889 Doutorado em Direito, com tese sobre as empresas comerciais na Idade Média. Aprende italiano e espanhol. Inscreve-se no Tribunal de Berlim.
1890 Novos exames de Direito. Inicia uma pesquisa sobre o campesinato na Prússia Oriental a pedido da Verein für Sozialpolitik.
1891 *História agrária romana e sua significação para o direito público e privado*. Esta defesa de tese na qual Weber teve um diálogo com Mommsen lhe valeu um cargo na Faculdade de Direito de Berlim. Inicia então uma carreira de professor universitário.
1892 Entrega o seu relatório sobre a situação dos trabalhadores rurais na Alemanha Oriental.
1893 Casamento com Marianne Schnitger.
1894 Nomeado professor de Economia Política na Universidade de Freiburg.
As tendências da evolução da situação dos trabalhadores rurais da Alemanha Oriental.
1895 Viagem à Escócia e à Irlanda.
Inicia seu curso em Friburgo com uma conferência sobre "O Estado Nacional e a política econômica".
1896 Aceita uma cadeira na Universidade de Heidelberg, onde Knies acaba de se aposentar.
1897 Doença nervosa séria, que o obriga a interromper seus trabalhos durante quatro anos. Viagem à Itália, à Córsega e à Suíça para tentar apaziguar sua ansiedade.
1899 M. Weber deixa, voluntariamente, de pertencer à Liga Pangermânica.

1902 Retoma seu curso na Universidade de Heidelberg, mas já não poderá ter uma vida universitária tão ativa como antes.
1903 Funda, com Werner Sombart, os *Archiv für Sozialwissenschaft und Sozialpolitik.*
1904 Viagem aos Estados Unidos da América, para participar do Congresso de Ciências Sociais em Saint-Louis. O Novo Mundo lhe causa profunda impressão. Em Saint-Louis faz uma conferência sobre o capitalismo e a sociedade rural na Alemanha.
Publicação da primeira parte de *A ética protestante e o espírito do capitalismo* e um ensaio sobre *A objetividade do conhecimento nas ciências e políticas sociais.*
1905 A revolução russa leva-o a se interessar pelos problemas do Império dos czares e aprender o russo para ler os documentos originais.
Publicação da segunda parte de *A ética protestante e o espírito do capitalismo.*
1906 *A situação da democracia burguesa na Rússia.*
A evolução da Rússia para um constitucionalismo de fachada.
Estudos críticos para servir à lógica das ciências da cultura.
As seitas protestantes e o espírito do capitalismo.
1907 Recebe uma herança, o que lhe permite aposentar-se e se dedicar à ciência.
1908 Interessa-se pela psicossociologia industrial e publica dois estudos sobre o tema.
Em sua casa em Heidelberg recebe a maioria dos cientistas alemães da época: Windelband, Jellinek, Troeltsch, Naumann, Sombart, Simmel, Michels, Tönnies.
Orienta jovens estudantes universitários como Georg Lukács e Karl Löwenstein.
Organiza a Associação Alemã de Sociologia e lança uma coleção de obras de ciências sociais.
1909 *As relações de produção na agricultura do mundo antigo.*
Começa a redigir *Economia e sociedade.*
1910 No congresso da Associação Alemã de Sociologia toma posição contra o racismo.

1912 Deixa o Comitê Diretor da Associação Alemã de Sociologia devido a divergência sobre a questão da neutralidade axiológica.

1913 *Ensaio sobre algumas categorias da sociologia compreensiva.*

1914 Quando estoura a guerra, Max Weber pede para ser reintegrado ao serviço militar. Até o fim de 1915 dirige um grupo de hospitais implantados na região de Heidelberg.

1915 Publicação de *A ética econômica das religiões universais* ("Introdução" e "Confucionismo e Taoismo").

1916-17 Várias missões oficiosas em Bruxelas, Viena e Budapeste; multiplica os esforços para convencer as autoridades alemãs a evitar uma ampliação da guerra; mas ao mesmo tempo afirma a vocação da Alemanha para a política mundial e vê na Rússia a principal ameaça.

Publicação em 1916 dos capítulos da *Sociologia da religião* relativos ao "Induísmo e Budismo" e, em 1917, "O Judaísmo Antigo".

1918 Em abril, curso de verão na Universidade de Viena, quando apresenta sua sociologia da política e da religião como uma *Crítica positiva da concepção materialista da história.*

No inverno, pronuncia duas conferências na Universidade de Munique: *A profissão e a vocação do cientista; A profissão e a vocação do homem político.*

Após a capitulação torna-se consultor da delegação alemã em Versalhes.

Publica o ensaio sobre o *Sentido da neutralidade axiológica nas ciências sociológicas e econômicas.*

1919 Aceita uma cátedra na Universidade de Munique, onde sucede Brentano. O curso que dá no período 1919-20 será publicado em 1924 com o mesmo título: *História geral da economia.*

Max Weber, que apoiou sem entusiasmo a República e que vê em Munique a ditadura revolucionária de Kurt Eisner, participa da comissão incumbida de redigir a Constituição de Weimar.

Continua a redigir *Economia e sociedade*, que começa a ser impresso no outono desse ano. Mas o livro ficará inacabado.
1920 Em 14 de junho, morre Max Weber, em Munique.
1922 Publicação de *Economia e sociedade*, por Marianne Weber. Outras edições, ampliadas, aparecerão em 1925 e 1956.

Notas

1. Paris, Plon, 1965. Esta coletânea compreende a tradução para o francês dos quatro ensaios epistemológicos mais importantes de Max Weber. *A objetividade do conhecimento nas ciências e políticas sociais*, que é de 1904. *Estudos críticos para servir à lógica das ciências da cultura*, de 1906; o *Ensaio sobre alguns conceitos da sociologia compreensiva*, de 1913, e o *Ensaio sobre o sentido da neutralidade axiológica nas ciências sociológicas e econômicas*, de 1917-18.

A tradução francesa da célebre conferência pronunciada em Munique, em 1919, com o título "Wissenschaft als Beruf" e cujo texto original foi publicado na Alemanha na coletânea *Gesammelte Aufsätze zur Wissenschaftslehre*, está incluída no livro *Le savant et le politique*, Paris, Plon, 1959. A coletânea alemã inclui ainda outros quatro ensaios de maior importância que nunca foram traduzidos para outra língua: *Roscher und Knies und die logischen Probleme der historischen Nationalökonomie; R. Stammlers Uberwindung der materialistischen Geschichtsauffassung; Die Grenznutzlehre und das psychophysische Grundgesetz; Energetische Kulturtheorien.*

2. São numerosos os estudos de Max Weber sobre a Antiguidade. Não podemos esquecer que um dos seus primeiros professores foi o grande historiador Mommsen e

que deve sua formação às faculdades de Direito onde, na época, na Alemanha como na França, o Direito Romano tinha um lugar preponderante. Além do livro intitulado *Agrarverhältnisse im Altertum*, cuja edição definitiva é de 1909, Weber escreveu um estudo sobre *As causas sociais da decadência da civilização antiga* (1896) e sua tese era sobre *A história agrária romana* (1891). Nenhum desses estudos foi traduzido em francês. *A história geral da economia* foi o curso dado em Munique, em 1919, um pouco antes de morrer. Esse curso foi publicado em 1923. Existe também uma tradução inglesa. Os trabalhos de Weber sobre os problemas políticos, econômicos e sociais da Alemanha e da Europa contemporânea são muito variados e estão dispersos. Encontram-se em três coletâneas: *Gesammelte politische Schriften*; *Gesammelte Aufsätze zur Sozial- und Wirtschaftsgeschichte*; *Gesammelte Aufsätze zur Soziologie und Sozialpolitik*. O estudo sobre as tendências na evolução da situação dos trabalhos rurais na Alemanha Oriental foi publicado na segunda coletânea. Foi realizado por Weber em 1890-92 a partir de uma pesquisa nessa região que lhe havia sido solicitada pela *Verein für Sozialpolitik*. Weber mostrava nesse estudo que os grandes proprietários de terra do Leste do Elba, para reduzir seus custos salariais, não hesitavam em importar mão de obra de origem eslava (russa e polonesa) para suas propriedades, forçando assim os trabalhadores de raça e cultura germânica a emigrar para as cidades industriais do Oeste. Denunciava esta atitude capitalista dos *junkers* que desgermanizavam assim o Leste alemão.

3. Os estudos de sociologia das religiões foram reunidos nos *Gesammelte Aufsätze zur Religionssoziologie*, que compreendem três tomos. O tomo I contém os dois estudos sobre o protestantismo e o espírito do capitalismo e a primeira parte de *A ética econômica das religiões universais* ("Introdução", "Confucionismo e Taoísmo", e "Zwischenbetrachtung"). O tomo II compreende a segunda parte de *A ética econômica das religiões* ("Hinduísmo e Budismo"). O tomo III contém a terceira parte ("O Judaísmo Antigo"). Na época da sua morte, Max Weber projetava acrescentar um tomo IV dedicado ao

Islã. Para ter uma visão completa da sociologia religiosa é necessário acrescentar aos textos dessa coletânea os capítulos de *Wirtschaft und Gesellschaft* relativos à religião, principalmente o capítulo V da segunda parte: "Typen religiöser Vergemeinschaftung."

4. Cf. a Bibliografia.

5. "Chamamos comportamento racional por finalidade aquele que se orienta exclusivamente pelos meios dos quais fazemos uma representação (subjetivamente) como sendo adequados aos fins percebidos (subjetivamente) de maneira unívoca." (*Essais sur la théorie de la science*, Paris, Plon, 1965, p. 328).

6. Estas duas conferências pronunciadas em Munique em 1919 foram traduzidas para o francês e publicadas sob o título *Le savant et le politique* (Paris, Plon, 1959). O texto alemão de *Politik als Beruf* faz parte dos *Gesammelte Politische Schriften*.

7. "O método de Tucídides não se encontra na alta erudição dos historiadores chineses. Não há dúvida de que Maquiavel teve precursores na Índia, mas falta a todos os escritores políticos asiáticos um método sistemático comparável ao de Aristóteles e, sobretudo, faltam-lhes conceitos racionais. As formas de pensamento estritamente sistemáticas, indispensáveis a toda doutrina jurídica racional, próprias ao direito romano e ao seu herdeiro, o direito ocidental, não existem em nenhum outro lugar. E isso a despeito de ter havido verdadeiros inícios na Índia, com a escola Mîmâmsâ, a despeito de vastas codificações como as da Ásia anterior, e a despeito de todos os livros de leis indianos ou outros. Além disso, só o Ocidente possui um edifício como o direito canônico." (*L'éthique protestante et l'esprit du capitalisme*, Paris, Plon, 1964, Introdução, p. 12).

8. "É e continua sendo verdade que na esfera das ciências sociais uma demonstração científica, metodologicamente correta, que pretende ter atingido seu fim, também deve poder ser reconhecida como exata por um chinês ou, mais precisamente, *deve ter este objetivo*, embora talvez não seja possível realizá-lo plenamente devido a uma insuficiência de ordem material. De qualquer forma é verdade que a análise lógica

de um ideal, destinada a desvendar seu conteúdo e seus axiomas últimos, bem como a explicação das consequências que dele decorrem, lógica e praticamente, quando se considera que nosso esforço logrou êxito, devem ser válidas também para um chinês – embora este possa nada compreender dos nossos imperativos éticos, e até mesmo rejeitar (o que seguramente acontecerá muitas vezes) o próprio ideal e as avaliações concretas que dele decorrem, sem contestar em absolutamente nada o valor científico da análise teórica." (*Essais sur la théorie de la science*, p. 131).

9. "Existem ciências que estão destinadas a permanecer sempre jovens. É o caso de todas as disciplinas históricas e todas aquelas para as quais o fluxo eternamente em movimento da civilização traz, sem cessar, novos problemas. Por essência sua tarefa se defronta com a fragilidade de todas as construções idealtípicas, mas são inevitavelmente obrigadas a elaborar continuamente outras... Nenhum desses sistemas de pensamento, que não podemos desprezar se quisermos apreender os elementos cada vez mais significativos da realidade, pode esgotar sua riqueza infinita. Não são nada mais do que tentativas para pôr ordem no caos dos fatos que fizemos entrar no círculo de nosso interesse, sobre a base, a cada vez, do estado de nosso conhecimento e das estruturas conceituais que estão, cada vez, à nossa disposição. O aparelho intelectual que o passado desenvolveu por uma elaboração reflexiva, o que quer dizer, na verdade, por uma transformação reflexiva da realidade imediata, e por sua integração nos conceitos que correspondiam ao estado do conhecimento e à orientação da curiosidade, está perpetuamente em processo com aquilo que nós podemos e queremos adquirir em novos conhecimentos da realidade. O progresso de trabalho nas ciências da cultura se realiza por esse debate. O resultado é um processo contínuo de transformação de conceitos por meio dos quais procuramos perceber a realidade. A história das ciências da vida social em consequência é, e permanece, uma contínua alternância entre a tentativa de ordenar teoricamente os fatos por uma construção de conceitos – decom-

pondo os quadros de pensamento assim obtidos graças a uma ampliação e a um deslocamento do horizonte da ciência – e a construção de novos conceitos sobre a base assim modificada. Não se quer significar com isso, de modo algum, que seria errado construir em geral sistemas de conceitos, porque toda ciência, mesmo a simples história descritiva, trabalha com a provisão de conceitos de sua época. Ao contrário, o que se mostra é o fato de que nas ciências da cultura humana a construção de conceitos depende do modo de colocar os problemas que, por sua vez, varia com o próprio conteúdo da civilização. A relação conceito/concebido traz para as ciências da cultura a fragilidade de todas as sínteses. O valor das grandes tentativas de construções conceituais em nossa ciência consistia, geralmente, em mostrarem os limites da significação do ponto de vista que lhes servia de fundamento. Os maiores progressos no campo das ciências sociais estão ligados positivamente ao fato de que os problemas práticos da civilização se deslocam e que eles tomam a forma de uma crítica da construção dos conceitos." (*Essais sur la théorie de la science*, p. 202-4).

10. *Allgemeine Psychopathologie*, traduzido para o francês por Kastler e Mundousse, sob o título *Psychopatologie générale*, Paris, 1923, 3.ª ed. Esta tradução foi revista em parte por Jean-Paul Sartre e Paul-Yves Nizam.

11. Rickert (1865-1936) foi professor de filosofia em Heidelberg. Suas obras principais são: *Die Grenzen der naturwissenschaftlichen Begriffsbildung*, 1896-1902; *Die Probleme der Geschichtsphilosophie*, 1904; *Kulturwissenschaft und Naturwissenschaft*, 1899. Para uma análise crítica da sua obra, vide Raymond Aron, *La philosophie critique de l'histoire. Essai sur une théorie allemande de l'histoire*, Paris, Vrin, 3.ª ed., 1964, p. 113-57.

12. "Um tipo é obtido acentuando-se unilateralmente um ou vários pontos de vista e encadeando uma infinidade de fenômenos dados isoladamente, difusos e discretos, que são encontrados, ora em grande, ora em pequeno número, e que não são encontrados em certos lugares, que são ordenados segundo os pontos de vista anteriores, escolhidos unila-

teralmente para formar um quadro de pensamento homogêneo (*einheitlich*). Um quadro como esse nunca será encontrado empiricamente em lugar algum na sua pureza conceitual: é uma utopia. O que compete ao trabalho histórico é determinar, em cada caso particular, o quanto a realidade se aproxima ou se afasta desse quadro ideal, em que medida é preciso, por exemplo, atribuir, no sentido conceitual, a qualidade de 'economia urbana' às condições econômicas de determinada cidade. Aplicado com critério, este conceito dá a ajuda específica que se espera dele em benefício da pesquisa e da clareza." (*Essais sur la théorie de la science*, p. 181).

"O tipo ideal é um quadro de pensamento; não é a realidade histórica e, sobretudo, não é a realidade 'autêntica', e serve ainda menos como esquema no qual se pudesse ordenar a realidade a título de exemplar. Não significa outra coisa senão um conceito-limite (*Grenzbegriff*), puramente ideal, com o qual se mede (*messen*) a realidade para tornar claro o conteúdo empírico de alguns de seus elementos importantes e com o qual ela é comparada. Esses conceitos são imagens (*Gebilde*) nas quais nós construímos relações, utilizando a categoria de possibilidade objetiva que nossa imaginação formada e orientada de acordo com a realidade julga adequadas.

"Nessa função o tipo ideal é, em particular, uma tentativa para apreender as individualidades históricas ou seus diferentes elementos em conceitos genéticos. Tomemos, por exemplo, as noções de 'Igreja' e de 'seita' . Elas se deixam analisar por meio da pura classificação em um complexo de características nas quais não apenas a fronteira entre os dois conceitos, mas também seu conteúdo permanecerão sempre indistintos. Pelo contrário, se me proponho apreender geneticamente o conceito de 'seita', isto é, se eu o concebo em relação a certas significações importantes para a cultura que 'o espírito de seita' manifestou na civilização moderna, então, certas características precisas de um e de outro desses dois conceitos se tornam essenciais porque comportam uma relação causal adequada em relação à sua ação significativa." (ibid., p. 185-6).

13. A construção dos tipos ideais em relação aos valores é, em abstrato, distinta dos juízos de valor. No trabalho concreto do cientista, porém, é frequente o deslize.

"Todas as exposições que têm como tema a 'essência' do cristianismo são tipos ideais que quando reivindicam a qualidade de uma exposição histórica do dado empírico têm apenas, necessária e constantemente, uma validade relativa e problemática; por outro lado têm um grande valor heurístico para a pesquisa e um grande valor sistemático para a exposição se forem utilizados simplesmente como meios conceituais para comparar e medir a realidade. Nessa função eles são mesmo indispensáveis.

"Mas existe ainda um outro elemento que, regra geral, está ligado a esse tipo de apresentações idealtípicas, que complicam ainda mais a sua significação. Em geral elas se propõem ser (e também podem sê-lo, inconscientemente) tipos ideais não apenas no sentido lógico, mas também no sentido prático, isto é, tipos exemplares (*vorbildliche Typen*) que – no nosso exemplo – contêm aquilo que o cristianismo deve ter (*sein soll*) segundo o ponto de vista do cientista, isto é, aquilo que, segundo ele, é 'essencial' nessa religião pelo fato de ela representar um valor permanente. Sendo assim, essas descrições contêm então, conscientemente, ou, o que é mais frequente, inconscientemente, os ideais que o cientista associa com o cristianismo quando o avalia (*Wertend*), isto é, as tarefas e os fins segundo os quais o sábio orienta sua própria 'ideia' do cristianismo. Naturalmente esses ideais podem ser diferentes, e sem dúvida sempre o serão, dos valores aos quais os contemporâneos da época estudada, por exemplo os primeiros cristãos, associavam por seu lado o cristianismo. Nesse caso as ideias, evidentemente, já não são auxiliares puramente lógicos nem conceitos com os quais a realidade é medida por comparação, mas sim ideais a partir dos quais se julga a realidade avaliando-a. Já não se trata, então, do procedimento puramente teórico da relação do empírico a seus valores (*Beziehung auf Werte*), mas propriamente juízos de valor (*Werturteile*) que são acolhidos no conceito de cristianismo. Como o tipo ideal reivindica nesse caso uma validade empírica, ele adentra a área da interpretação avaliativa do cristianismo: abandonamos o domínio da ciência e encontramo-nos em presença de uma profissão de fé pessoal, e não mais de uma construção conceitual propriamente ideal-típica.

"Por mais marcante que seja esta distinção quanto aos princípios, constatamos que a confusão entre essas duas significações fundamentalmente diferentes da noção de 'ideia' invade, com muita frequência, a condução do trabalho histórico. Ela espreita principalmente o historiador logo que ele se põe a expor sua própria 'interpretação' de uma personalidade ou de uma época. Contrariamente aos padrões éticos estabelecidos, que Schlösser utilizou dentro do espírito do racionalismo, o historiador moderno, de espírito relativista, que se propõe, por um lado, 'compreender em si mesma' a época sobre a qual trabalha e que, por outro lado, insiste em fazer um 'julgamento', sente a necessidade de tomar 'na própria matéria' do seu estudo os padrões de seus julgamentos; isto quer dizer que ele deixa surgir a 'ideia', no sentido de ideal da 'ideia', no sentido de 'tipo ideal'. Além disso a atração estética desse procedimento leva-o sem cessar a apagar a linha que separa as duas ordens – daí esta meia medida que, por um lado, não pode privar-se de fazer juízos de valor e que, por outro lado, faz de tudo para não assumir a responsabilidade desses julgamentos. A isso é necessário opor o dever elementar do controle científico de si mesmo que é, também, o único meio de nos preservar das confusões, convidando-nos a fazer uma distinção estrita entre a relação que compara a realidade com tipos ideais no sentido lógico e a apreciação valorizante dessa realidade com base em ideais. O tipo ideal como nós o entendemos é, repito, algo totalmente independente da apreciação avaliativa; não tem nada em comum com uma outra 'perfeição'; [sua relação é] puramente lógica. Existem tipos ideais de bordéis assim como de religiões; no que se refere aos primeiros existem aqueles que, do ponto de vista da ética policial contemporânea, poderiam aparecer como tecnicamente 'oportunos' ao contrário de outros que não o seriam." (*Essais sur la théorie de la science*, p. 191-4).

14. "A teoria abstrata da economia nos oferece um exemplo desses tipos de sínteses, que designamos habitualmente por 'ideias' (*Ideen*), dos fenômenos históricos. Com efeito, ela nos apresenta um quadro ideal (*Idealbild*) dos acontecimentos que ocorrem no mercado de bens, no caso de uma sociedade organizada segundo o princípio da troca, da livre concorrência e de uma atividade estritamente racional. Esse quadro de pensamento (*Gedankenbild*) reúne relações e acontecimentos determinados da vida histórica num cosmo não contraditório de relações pensadas. Por seu conteúdo essa construção tem o caráter de uma utopia que se obtém acentuando, pelo pensamento (*gedankliche Steingerung*), determinados elementos da realidade. Sua relação com os fatos que são dados empiricamente consiste simplesmente no seguinte: ali onde se constata ou se suspeita que relações, do tipo das que são apresentadas abstratamente na construção citada anteriormente – no caso, os acontecimentos que dependem do 'mercado' –, tiveram a um certo grau uma ação sobre a realidade, podemos representar pragmaticamente, de modo intuitivo e compreensível, a natureza particular dessas relações segundo um tipo ideal (*Idealtypus*). Esta possibilidade pode ser preciosa, até mesmo indispensável, para a pesquisa assim como para a exposição dos fatos. Quanto à pesquisa, o conceito idealtípico se propõe formar o julgamento de imputação: não é em si mesmo uma 'hipótese', mas procura guiar a elaboração das hipóteses. Por outro lado não é uma exposição do real, mas se propõe dotar a exposição de meios de expressão unívocos. É, portanto, a 'ideia' da organização moderna, historicamente dada, da sociedade numa economia de troca; ideia esta que se deixa desenvolver por nós exatamente segundo os mesmos princípios lógicos que serviram, por exemplo, para construir a da 'economia urbana' na Idade Média sob a forma de um conceito genético (*genetischer Begriff*). Neste último caso, o conceito de 'economia urbana'

não é formado estabelecendo uma média dos princípios econômicos que existiram efetivamente na totalidade das cidades examinadas, mas sim, justamente, construindo um tipo ideal." (*Essais sur la théorie de la science*, p. 178-81).

15. "O destino de uma época de cultura que provou do fruto da árvore da sabedoria é saber que não podemos ler o sentido do devir mundial no resultado, por mais perfeito que seja, da exploração que possamos fazer desse devir, mas que nós mesmos é que temos de ser capazes de criá-lo; que as 'concepções do mundo' não podem ser nunca o produto de um progresso do saber empírico, e que, em consequência, os ideais profundos que atuam mais fortemente sobre nós só se atualizam na luta contra ideais que são tão sagrados para os outros quanto os nossos o são para nós." (*Essais sur la théorie de la science*, p. 130).

16. Max Weber retomou o problema da definição do capitalismo no fim da sua vida, no curso de Munique sobre a história econômica geral.

Encontramo-nos, no capitalismo, naquele ponto em que, numa economia de produção, as necessidades de um grupo humano são cobertas por meio da empresa, pouco importando a natureza dessas necessidades a serem satisfeitas; e a empresa capitalista racional é, de modo particular, uma empresa que comporta um cálculo de capitais, isto é, uma empresa de produção que calcula e controla a rentabilidade pelo cálculo, graças à contabilidade moderna e à realização de um balanço (exigido pela primeira vez em 1608, pelo teórico holandês Simon Stevin). É claro que as medidas em que uma unidade econômica pode se orientar de modo capitalista podem ser radicalmente diferentes. Alguns aspectos do suprimento das necessidades podem ser organizados segundo o princípio capitalista, outros de um modo não capitalista, na base do artesanato ou da "economia de subsistência" (*Wirtschaftsgeschichte*, citado por Julien Freund in *Sociologie de Max Weber*, p. 150).

17. Max Weber definiu a burocracia no Capítulo 6 da terceira parte de *Wirtschaft und Gesellschaft*. Julien Freund,

resumindo essa passagem e algumas outras, expõe assim o pensamento weberiano:

"A burocracia é o exemplo mais típico da dominação legal. Baseia-se nos seguintes princípios: 1º A existência de serviços definidos, portanto, de competências rigorosamente determinadas pelas leis ou regulamentos, de modo que as funções são nitidamente divididas e distribuídas, assim como os poderes de decisão necessários ao cumprimento das tarefas correspondentes; 2º A proteção dos funcionários no exercício de suas funções, em virtude de um estatuto (inamovibilidade dos juízes, por exemplo). Geralmente, o indivíduo se torna funcionário para toda a vida, de modo que, ao lado de um outro trabalho, o serviço do Estado se torna uma profissão principal e não uma ocupação secundária; 3º A hierarquia das funções, o que significa que o sistema administrativo é fortemente estruturado em serviços subalternos e cargos de direção, com possibilidade de se apelar de uma instância para a instância superior; esta estrutura é, em geral, monocrática e não colegiada, e mostra uma tendência para a maior centralização; 4º O recrutamento se faz por concurso, exames ou títulos, o que exige uma formação especializada por parte dos candidatos. Em geral o funcionário é nomeado (raramente eleito) com base na seleção livre e no compromisso contratual; 5º A remuneração regular do funcionário sob a forma de um salário fixo e de uma aposentadoria quando deixa o serviço do Estado. As remunerações são hierarquizadas com base na hierarquia interna da administração e da importância das responsabilidades; 6º O direito da autoridade de controlar o trabalho de seus subordinados, eventualmente por meio da instituição de uma comissão de disciplina; 7º A possibilidade de os funcionários progredirem com base em critérios objetivos e não segundo a descrição da autoridade; 8º A separação completa entre a função e o homem que a ocupa, porque nenhum funcionário poderia ser proprietário da sua tarefa ou dos meios da administração.

"Essa descrição só tem valor, evidentemente, para configurar o Estado moderno, porque o fenômeno burocrático é mais antigo, uma vez que já o podemos encontrar no Egito antigo; na época do principado romano, em particular depois do reino de Diocleciano; na Igreja romana a partir do séc. XIII; na China desde a época de Shi-hoangti. A burocracia moderna se desenvolveu sob a proteção do absolutismo real no início da era moderna. As antigas burocracias tinham um caráter essencialmente patrimonial, isto é, os funcionários não gozavam das garantias estatutárias atuais nem da remuneração em espécie. A burocracia que conhecemos desenvolveu-se com a economia financeira moderna, mas não é possível, no entanto, estabelecer uma relação unilateral de causalidade porque outros fatores entram em consideração: o racionalismo do direito, a importância do fenômeno de massas, a centralização crescente devida às facilidades de comunicação e às concentrações de empresas, a ampliação da intervenção estatal nos mais diversos campos da atividade humana e, sobretudo, o desenvolvimento da racionalização técnica." (*Sociologie de Max Weber*, p. 205-6).

18. *A ética protestante e o espírito do capitalismo* foi, e continua a ser, o livro mais conhecido de Max Weber. Foi amplamente comentado e suscitou o aparecimento de toda uma literatura em razão da importância dos problemas históricos evocados e do seu caráter de refutação da versão corrente do materialismo histórico. Citemos, entre as resenhas recentes: a controvérsia entre Herbert Lüthy e Julien Freund; *Preuves*, julho-setembro de 1964; o artigo bibliográfico de Jacques Ellul, *Bulletin du S.E.D.E.I.S.*, 20 de dezembro de 1964.

Citemos entre a literatura sobre o protestantismo e o capitalismo: A. Bieler, *La pensée économique et sociale de Calvin*, Genebra, Georg, 1963; R. H. Tawney, *La religion et l'essor du capitalisme*, Paris, Rivière, 1951; W. Sombart, *Le bourgeois*, Paris, Payot, 1966; H. Sée, *Les origines du capitalisme moderne*, Paris, Armand Colin, 1926; H. Sée, "Dans quelle mesure puritains et juifs ont-ils contribué au progrès du capitalisme moderne", *Revue historique*, 1927; M. Halbwachs, "Les origines puritaines du capitalisme moderne", *Revue d'histoire et de philosophie religieuses*, março-abril de 1925; H. Hauser, *Les débuts du capitalisme*, Paris, 1927; B. Groethuysen, *Les origines de l'esprit bourgeois en France*, Paris, Gallimard, 1927; H. Lüthy, *La banque protestante en France de la révocation de l'Édit de Nantes à la Révolution*, Paris, S.E.V.P.E.N., 1960-62, 2 vols.

19. "Algumas vezes a teoria da dominação carismática gerou mal-entendidos, porque se procurou ver nela, *a posteriori*, uma prefiguração do regime nazista. Alguns tentaram, até mesmo, fazer de Weber um precursor de Hitler, embora ele apenas se limitasse à análise sociológica e ideal típica de uma forma de dominação que sempre existiu. Houve regimes carismáticos antes de Hitler e houve outros depois, como por exemplo o de Fidel Castro. Mesmo supondo que a análise weberiana possa ter ajudado os nazistas a adquirir uma consciência mais nítida de sua posição, ainda assim a acusação precedente não é menos ridícula porque equivale a responsabilizar o médico pela doença que ele diagnostica. Se fosse assim a sociologia política deveria transformar-se em questão de bons sentimentos, renunciar ao exame objetivo de certos fenômenos e, por fim, renegar-se como ciência para fazer condenações que agradariam aos que reduzem o pensamento às puras avaliações ideológicas. Uma atitude assim seria contrária à distinção que Max Weber sempre fez entre constatação empírica e juízo de valor, ao seu princípio da neutralidade axiológica em sociologia e ao dever que ele exige do cientista, de nunca fugir diante do exame de realidades que lhe pareçam pessoalmente desagradáveis. Além disso os censores de Max Weber negligenciaram o essencial de sua concepção do tipo carismático. Em vez de procurar aí a teoria de um movimento histórico particular, que ele não conheceu, ganhariam mais lendo as páginas consagradas a esse tipo de dominação; elas contêm, de modo explícito, seu pensamento sobre o fenômeno revolucionário, porque, ao redigi-las, ele pensava sobretudo em Lênin ou em Kurt Eisner (este último citado explicitamente)." (Julien Freund, *Sociologie de Max Weber*, p. 211-2).

20. Sobre Max Weber e a política alemã, cf. J. P. Mayer, *Max Weber in German Politics*, Londres, Faber, 1956; W. Mommsen, *Max Weber und die Deutsche Politik*, Tübingen, Mohr, 1959.

21. Marianne Weber relata a conversa que seu marido teve em 1919 com Ludendorff, que ele considerava um dos responsáveis pelo desastre alemão. Depois de um diálogo de surdos, em que Max Weber procurou convencê-lo a se sacrificar, apresentando-se aos Aliados como prisioneiro de guerra, a conversa se orienta para a situação política da Alemanha. Ludendorff acusa Max Weber e a *Frankfurter Zeitung* (da qual Max Weber era um dos principais editorialistas) de se constituírem advogados da democracia:

"Weber – E você pensa que eu considero essa porcaria que temos atualmente como democracia?

Ludendorff – Se você fala assim, talvez nós possamos chegar a um acordo.

W. – Mas a porcaria de antes também não era monarquia.

L. – O que você entende por democracia?

W. – Na democracia o povo escolhe um chefe (*Führer*) em quem deposita a sua confiança. Depois, aquele que foi escolhido diz: 'Agora calai a boca e obedecei.' O povo e os partidos já não têm direito de colocar seu grão de sal.

L. – Uma tal democracia me agradaria.

W. – Mais tarde, o povo pode julgar. Se o chefe cometeu erros, que se enforque." (Marianne Weber, *Max Weber, ein Lebensbild*, Tübingen, J. C. B. Mohr, 1926, p. 664-5).

22. *Max Weber und die Deutsche Politik*, Tübingen, 1959.

23. *Archives européennes de sociologie*, t. V, 1964, 2, p. 190-238.

24. As citações são de uma conferência pronunciada em Viena, em 13 de junho de 1918, diante de oficiais da monarquia austro-húngara e reproduzidas em *Gesammelte Aufsätze zur Soziologie und Sozialpolitik* e em *Max Weber, Werk und Person*, por E. Baumgarten, Tübingen, 1964, p. 243-70.

Bibliografia
(*obras citadas pelo autor e em português*)

Obras de Weber
(*citadas pelo autor*)

Para as obras de Max Weber o leitor poderá consultar os apêndices sobre os trabalhos do autor publicados anexos às traduções francesas já editadas pela Livraria Plon. Essas bibliografias compreendem não apenas as obras em alemão – a maior parte publicada por Mohr, em Tübingen –, mas também as referências às traduções inglesas, espanholas e italianas.

Já estão publicadas em francês (Paris, Plon):

Essais sur la théorie de la science, 1965 (trad. J. Freund), trad. dos ensaios mais importantes da coletânea *Gesammelte Aufsätze Wissenschaftslehre*.

Le savant et le politique, 1959 (trad. J. Freund), trad. de *Politik als Beruf* e *Wissenschaft als Beruf*.

L'éthique protestante et l'esprit du capitalisme, 1964 (trad. J. Chavy), trad. de *Die protestantische Ethik und der Geist des Kapitalismus* e de *Die protestantischen Sekten und der Geist des Kapitalismus*.

Em 1967, tinha sido anunciada uma tradução integral de *Wirtschaft und Gesellschaft*. A 4.ª edição alemã foi ampliada e estabelecida por J. Winckelmann (Tübingen, Mohr, 1956); há uma edição italiana integral, *Economia e società*, Milão, Edizioni di Communità, 1962, e ainda traduções inglesas, infelizmente incompletas e dispersas:

From Max Weber: Essays in Sociology, Nova York, Oxford University Press, A Galaxy Book, 1958 (trad. Gerth e Mills).

Max Weber on Law in Economy and Society, Cambridge (Mass.), Harvard University Press, 1954 (trad. E. A. Shils e M. Rheinstein).

The City, Glencoe, The Free Press, 1958 (trad. D. Martindale e G. Neuwirth).

The Sociology of Religion, Boston, Beacon Press, 1963 (trad. E. Fischoff).

The Theory of Social and Economic Organisation, Nova York, Oxford University Press, 1947 (trad. A. M. Henderson e T. Parsons).

Obras sobre Weber

Aron, Raymond. Introdução à tradução de *Politik als Beruf* e de *Wissenschaft als Beruf* (Max Weber, *Le savant et le politique*, Paris, Plon, 1959, p. 9-57).

___. *La philosophie critique de l'histoire. Essai sur une théorie allemande de l'histoire*, Paris, Vrin, 3ª ed., 1964 (somente o cap. IV, p. 219-73, "Les limites de l'objectivité historique et la philosophie du choix", é sobre a obra de Max Weber).

___. *La sociologie allemande contemporaine*, Paris, P.U.F., 2ª ed., 1950 (o capítulo III, p. 97-153, é uma exposição da obra de Max Weber). Essas duas obras contêm uma grande bibliografia dos trabalhos alemães consagrados a Max Weber, anteriores a 1938.

Baumgarten, Eduard. *Max Weber, Werk und Person*, Tübingen, J. C. B. Mohr, 1964.

Bendix, R. *Max Weber, an Intellectual Portrait*, Nova York, Anchor Books Doubleday & Co., 1962.

Fleischmann, E. *De Weber à Nietzsche, archives européennes de sociologie*, t. V, 1964, n. 2, p. 190-238.
Freund, J. Introdução à tradução de *Wissenschaftslehere* (Max Weber, *Essais sur la théorie de la science*, Paris, Plon, 1965, p. 9-116).
___. *Sociologie de Max Weber*, Paris, P.U.F., 1966 (bibliografia).
Gerth, H. H. e Gerth, H. I. "Bibliography on Max Weber", *Social Research*, vol. XVI, 1949.
___ e Mills, C. Wright. Introdução aos textos extraídos da obra de Max Weber, publicados com o título de *From Max Weber: Essays in Sociology*, Nova York, Oxford University Press, A Galaxy Book, 1958, p. 3-74.
Halbwachs, M. "Économistes et historiens: Max Weber, un homme, une oeuvre", *Annales d'histoire économique et sociale*, n. 1, jan., 1929.
Hughes, H. Stuart. *Consciousness and Society*, Nova York, Alfred A. Knopf, 2ª ed., 1961.
Max Weber und die Soziologie heute. Relatórios e debates do XV Congresso da Sociedade alemã de sociologia, Tübingen, J. C. B. Mohr, 1965.

A Universidade de Munique publicou uma obra coletiva: *Max Weber*, por ocasião do centenário do seu nascimento (Berlim, Duncker und Humblot, 1966). O livro foi publicado por Karl Engisch, Bernhard Pfister, Johannes Winckelmann.
Mayer, J. P. *Max Weber in German Politics*, Londres, Faber, 2ª ed., 1956.
Merleau-Ponty, M. *Les aventures de la dialectique*, Paris, Gallimard, 1955, p. 15-42.
Mommsen, W. J. *Max Weber und die deutsche Politik, 1890-1920*, Tübingen, Mohr, 1959.
Parsons, T. *The Structure of Social Action*, Glencoe, The Free Press, 2ª ed., 1949.
Revue internationale des sciences sociales (publicada pela Unesco), vol. XVII, 1965, n. 1: quatro artigos sobre a atualidade de Max Weber:
Bendix, R. "Max Weber et la sociologie contemporaine";
Mommsen, W. "La sociologie politique de Max Weber et sa philosophie de l'histoire universelle";

Parsons, T. "Évaluation et objectivité dans le domaine des sciences sociales; une interprétation des travaux de Max Weber";

Rossi, P. "Objectivité scientifique et présuppositions axiologiques".

Strauss, L. *Droit naturel et histoire* (trad.), Paris, Plon, 1954.

Weber, Marianne. *Max Weber, ein Lebensbild*, Tübingen, J. C. B. Mohr, 1926 (bibliografia da obra de Max Weber).

Weinreich, M. *Max Weber, l'homme et le savant*, Paris, Les Presses Modernes, 1938.

Winckelmann, Johannes. "Max Weber, Soziologie, weltgeschitliche Analysen", *Politik Kröner Taschenausgabe*, n.º 229.

Obras de Weber
(em português)

Cidade: conceito e categorias da cidade, São Paulo, FAU, 1971.

Ciência e política: duas vocações, trad. de Leonidas Hegenberg e Octany Silveira da Mota, 11.ª ed., São Paulo, Cultrix, 1999.

Ciência e política: duas vocações, trad. de Leonidas Hegenberg e Octany Silveira da Mota, 4.ª ed., Brasília, UnB, 1983.

Conceitos básicos de sociologia, trad. de Gérard Georges Delaunay e Rubens Eduardo Ferreira Frias, São Paulo, Moraes, 1989.

Economia e sociedade: fundamentos da sociologia compreensiva, trad. de Régis Barbosa e Karen Elsabe Barbosa, 3 vols., 3.ª ed., Brasília, UnB, 1994.

Ensaios de sociologia, trad. de Waltensir Dutra, 5.ª ed., Rio de Janeiro, Zahar, 1982.

Ensaios de sociologia e outros escritos, trad. de Maurício Tragtenberg et al., 3.ª ed., col. Os Pensadores, São Paulo, Abril Cultural, 1985.

A ética protestante e o espírito do capitalismo, trad. de Maria Irene de Q. F. Szmrecsányi e Tamás J. M. K. Szmrecsányi, 15.ª ed., São Paulo, Pioneira, 2000.

A ética protestante e o espírito do capitalismo, trad. de Maria Irene de Q. F. Szmrecsányi. Brasília, UnB, s.d.

Fundamentos da sociologia, 2ª ed., Porto, Rés, 1983.
Os fundamentos racionais e sociológicos da música, trad. de Leopoldo Waizbort, São Paulo, Edusp, 1995.
História agrária romana, trad. de Eduardo Brandão, São Paulo, Martins Fontes, 1994.
História geral da economia, trad. de Calógeras A. Pajuaba, São Paulo, Mestre Jou, 1968.
Max Weber: sociologia, trad. de Amélia Cohn e Gabriel Cohn, 7ª ed., col. Grandes Cientistas Sociais, São Paulo, Ática, 1999.
Metodologia das ciências sociais, trad. de Augustin Wernet, intr. de Maurício Tragtenberg, 2 vols., 2ª ed., São Paulo, Cortez; Campinas, Unicamp, 1993.
Parlamento e governo na Alemanha reordenada: crítica política da burocracia e da natureza dos partidos, trad. de Karin Bakke de Araújo, Petrópolis, Vozes, 1993.
Sobre a teoria das ciências sociais, 3ª ed., Lisboa, Presença, 1979.
Sobre a universidade: o poder do Estado e a dignidade da profissão acadêmica, trad. de Lolio Lourenço de Oliveira, São Paulo, Cortez, 1989.
Textos selecionados, trad. de Maurício Tragtenberg *et al.*, col. Os Economistas, São Paulo, Nova Cultural, 1997.
___ e Durkheim, Émile. *Socialismo* (parte 2: conferência de Weber sobre o socialismo), trad. de Antonia Bandeira, org., intr. e rev. de Luís Carlos Fridman, Rio de Janeiro, Relume-Dumará, 1993.

Obras sobre Weber

(em português)

Bendix, Reinhard. *Max Weber: um perfil intelectual*, trad. de Elisabeth Hanna e José Viegas Filho, Brasília, UnB, 1986.
Freund, Julien. *Sociologia de Max Weber*, trad. de Luís Cláudio de Castro e Costa, 3ª ed., Rio de Janeiro, Forense Universitária, 1980.
Gerth, H. H. e Mills, C. Wright. Introdução a *Ensaios de sociologia*, trad. de Waltensir Dutra, 5ª ed., Rio de Janeiro, Zahar, 1982.

CONCLUSÃO

Émile Durkheim, Vilfredo Pareto e Max Weber pertencem a três nações diferentes, e ao mesmo período histórico. Sua formação intelectual não foi a mesma, e contudo os três se esforçaram por promover a mesma disciplina.

Estas constatações nos levam a propor questões que permitem traçar um paralelismo do seu pensamento e da sua obra: Quais foram os elementos pessoais e nacionais que marcaram cada uma destas três doutrinas sociológicas? Qual foi o contexto histórico em que se situaram estes três autores, e que interpretações, análogas ou distintas, eles deram da conjuntura em que viveram? Qual foi a contribuição da sua geração ao progresso da sociologia?

O tom destes três sociólogos é diferente. Durkheim é dogmático, Pareto irônico, Max Weber patético. Durkheim demonstra uma verdade que pretende ser científica e moral. Pareto elabora um sistema científico que concebe como parcial e provisório, e que, a despeito da sua intenção de objetividade, ironiza as ilusões dos humanitaristas, as esperanças dos revolucionários e desmascara os inescrupulosos e os ingênuos, os violentos e os plutocratas. Max Weber se esforça por compreender o sentido de todas as existências, individuais e coletivas, impostas ou escolhidas, sem dissimular o peso das necessidades sociais ou a obrigação ineluctável de tomar decisões que nunca poderão ser demonstradas cientificamente. O tom de cada um destes autores é explicado pelo seu temperamento pessoal e pelas condições nacionais em que viveram.

Durkheim foi um livre-docente de filosofia francês, e o estilo dos seus livros foi influenciado, pelo menos superficialmente, pelo das dissertações a que foi obrigado a fim de vencer as barreiras sucessivas que a Universidade francesa antepõe às ambições dos intelectuais. Este professor universitário da III República acreditava na ciência e no seu valor ético com uma paixão de profeta. É, ou pretende ser, cientista e reformador social, observador dos fatos e criador de um sistema moral. Esta combinação hoje pode nos parecer estranha, mas não parecia assim no princípio do século, numa época em que a fé na ciência era quase uma religião. A expressão mais forte desta combinação de fé e de ciência é o conceito de sociedade. Na sociologia de Durkheim, é o princípio explicativo, a fonte dos valores superiores e o objeto de uma forma de adoração. Para Durkheim, francês de origem judia, professor universitário à procura de resposta para os problemas tradicionais da França, isto é, para os conflitos da Igreja e do Estado ou da moral religiosa e da moral laica, a sociologia era o fundamento da ética. Explicitada pela ciência sociológica, a sociedade propõe como valores supremos da idade moderna o respeito pela pessoa humana e a autonomia do julgamento individual. Esta tentativa de encontrar na ciência nova o fundamento de uma moral laica, sociológica e racionalista, é característica de um momento histórico.

Passando de Durkheim a Pareto, abandonamos o *normalien**, livre-docente em filosofia, para encontrar um patrício italiano sem ilusões, engenheiro hostil à metafísica, e um observador sem preconceitos. O estilo já não é o do professor de ética, mas o do aristocrata refinado e culto, que não deixa de ter alguma simpatia pelos bárbaros. Este erudito está longe de ser um cientista puro. Observa com ironia o trabalho de professores como Durkheim, que procuram fundamentar uma ética na ciência. "Se soubéssemos o que é a ciência", dizia ele, "saberíamos que não se pode deduzir dela uma moral. Se soubéssemos o que são os homens, saberíamos também que eles não têm nenhuma necessidade de descobrir razões científicas para aderir a uma moral; o homem tem bastante engenhosidade e sofisma para imaginar motivos que a seus olhos sejam convincentes, para aderir a valores que, na verdade, nada têm a ver com a ciência e a lógica."

Pareto pertence à cultura italiana do mesmo modo como Durkheim pertence à cultura francesa. Ele se situa claramente na linha de pensadores políticos que se origina em Maquiavel, o primeiro e o maior de todos eles. A insistência na dualidade dos governantes e dos governados, a observação à distância, talvez até cínica, do papel das elites e da cegueira das massas, criam uma sociologia focalizada no tema político, característico de

---

* Aluno da École Normale Supérieure, uma das "Grandes Escolas". (N. E.)

uma tradição italiana ilustrada por Guicciardini e Mosca, além de Maquiavel.

É preciso não exagerar, porém, a ação do meio nacional. Um dos autores que influenciaram Pareto foi o francês Georges Sorel. Não faltaram, na França, autores da escola que chamamos de maquiaveliana; por outro lado, houve na Itália, na época de Pareto, autores racionalistas e cientistas, prisioneiros da ilusão de uma sociologia que fosse ao mesmo tempo uma ciência e o fundamento da moral. Como Pareto é descendente intelectual de Maquiavel, ele nos parece essencialmente italiano. Mas não será isto um preconceito do observador francês? Na verdade, as duas correntes de ideias representadas por Durkheim e por Pareto se manifestaram tanto na França como na Itália. Houve pensadores franceses que aplicaram também às ilusões humanitárias e às esperanças dos revolucionários a mesma crítica sociológica que Pareto manejou com o maior virtuosismo.

Max Weber é, sem dúvida, profundamente alemão. Seu pensamento, para ser bem compreendido, deve ser visto no contexto da história intelectual alemã. Formado pela escola histórica, foi a partir do idealismo histórico que ele procurou formular sua concepção de uma ciência social objetiva, capaz de demonstrações e de provas, compreensiva da realidade social, inteiramente separada de uma metafísica do espírito e da história.

Contrariamente a Durkheim, Weber não tinha formação filosófica mas sim jurídica e econômica. Vários aspectos do seu pensamento têm raízes nesta dupla formação. Por exemplo: quando acentua a noção de sentido subjetivo, e afirma que o sociólogo pretende apreender essencialmente o sentido que o ator atribui a seus atos, decisões e abstenções, está sendo influenciado pela sua reflexão de jurista. Com efeito, é fácil distinguir o sentido objetivo que o professor pode dar às regras de direito, e o sentido subjetivo dessas regras, isto é, a interpretação que lhes dão os que estão sujeitos a elas; e esta distinção permite compreender a ação que a regra de direito exerce sobre a conduta dos indivíduos. Em vários dos seus estudos epistemológicos Max Weber se esforçou por discriminar rigorosamente os diferentes modos de interpretação do direito, para lembrar sempre que o sociólogo procura o sentido subjetivo, isto é, a realidade vivida do direito, tal como é concebida pelos indivíduos e tal como condiciona, em parte, as condutas. De igual modo, sua experiência de economista levou-o a refletir sobre as relações entre a teoria econômica, como reconstrução racionalizante da conduta, e a realidade econômica concreta, muitas vezes incoerente, tal como é vivida pelos homens.

Mas o pensamento de Weber, nascido da experiência do jurista e do economista, foi marcado sobretudo por uma tensão interior que parece ligada à contradição entre uma nostalgia religiosa e as exigências da ciência. Já observei, na introdução desta segunda parte, que o tema central dos três autores foi o das relações entre a ciência e a religião. Para Durkheim, a ciência permite compreender a religião e conceber o surgimento de novas crenças. Para Pareto, a propensão à religião é eterna. Os resíduos não mudam e, qualquer que seja a diversidade das derivações, novas crenças surgirão. Weber, por sua vez, viu de maneira patética a contradição entre uma sociedade que se racionaliza e as necessidades da fé. "O mundo está desencantado", já não há lugar para os encantos das religiões do passado, na natureza explicada pela ciência e manipulada pela tecnologia. A fé deve, portanto, retirar-se para a intimidade da consciência, e o homem se divide entre uma atividade profissional cada vez mais parcial e racionalizada e a aspiração a uma visão global do mundo, e a certezas definitivas.

Weber foi dilacerado também pela contradição entre a ciência e a ação, entre sua profissão de professor e a de homem político. Pertence à escola de sociólogos que a frustração política conduziu e limitou à ciência e à universidade. Combinava, além disso, em política, opções que não se casam bem. Apaixonado pelas liberdades pessoais, acreditava que sem um mínimo de direitos individuais não era possível viver. Por outro lado, tinha a obsessão da grandeza nacional, e sonhava, durante a Primeira Guerra Mundial, com o acesso da sua pátria à *Weltpolitik*. Embora manifestasse oposição às vezes frenética ao imperador Guilherme II, mantinha-se partidário do regime imperial.

Paixão pela liberdade e obsessão pela grandeza alemã, hostilidade a Guilherme II e fidelidade ao regime imperial: estas atitudes levaram à concepção de uma reforma da Constituição do Reich num sentido parlamentar que, com o recuo de quase meio século, nos parece hoje uma solução insignificante para os problemas que ele mesmo havia levantado.

Durkheim criou uma moral a ser ensinada nas escolas de formação de professores. Pareto destruiu ironicamente todas as ideologias. Max Weber preconizou uma reforma parlamentar da Constituição alemã. Não há dúvida de que estes três pensadores pertenciam a diferentes países da Europa.

Quando começou a guerra, Durkheim se comportou como um patriota apaixonado, que precisou suportar com dor e coragem a morte de seu filho único e os insultos vergonhosos proferidos na tribuna do Senado. Max Weber foi um patriota alemão igualmente apaixonado. Cada um deles escreveu um estudo sobre as origens da guerra mundial. Estes estudos, a meu ver, nada acrescentam à sua glória científica. Por serem cientistas, nenhum deles deixava de ser cidadão. Pareto foi também fiel a si mesmo, isto é, observador irônico e bom profeta. Pensava que a única esperança de que a guerra terminasse com uma paz estável residia em que ela terminasse por um compromisso[1].

Poder-se-ia dizer, portanto, que cada um destes três sociólogos reagiu aos acontecimentos de 1914-18 à sua maneira. Mas a verdade é que Durkheim não tinha nada na sua sociologia que o predispusesse a reagir aos acontecimentos, a não ser como um homem comum. Considerava que os Estados tinham ainda funções militares, mas estas eram apenas lembranças de um passado em via de rápido desaparecimento. Quando essas lembranças revelaram, em 1914, um vigor imprevisto (talvez imprevisível), Durkheim não se comportou como um professor otimista, inspirado por Comte, mas como cidadão: compartilhou as emoções e as esperanças de todos os franceses, intelectuais e não intelectuais.

Weber, por seu lado, acreditava na permanência e na irredutibilidade dos conflitos entre as classes, os valores e as nações. A guerra não o perturbava em sua concepção do mundo. Não acreditava que as sociedades modernas fossem essencialmente pacíficas. Aceitava a violência como parte da ordem normal da história e da sociedade. Foi hostil à guerra submarina sem limites e às pretensões dos pangermanistas que sonhavam com vastas anexações territoriais, e nisso não foi menos extremado*. Durkheim teria pensado do mesmo modo, se não tivesse falecido antes da vitória.

Podem-se comparar também estes três pensadores examinando a interpretação que deram da sociedade em que viviam.

Para Durkheim, o problema social é essencialmente um problema moral, e a crise das sociedades contemporâneas é uma crise moral, cujo fundamento pode ser encontrado na estrutura da sociedade. Ao colocar deste modo o problema, Durkheim se opõe a Pareto e a Weber. Pode-se classificar a maior parte dos sociólogos com base no sentido que deram às lutas sociais. Durkheim, como Auguste Comte, pensa que a sociedade é, por natureza, uma unidade baseada num consenso. Os conflitos não constituem nem a mola do movimento histórico nem o acompanhamento inevitável de toda vida em comum, mas a marca de uma doença, de um desregramento. As sociedades modernas são definidas pelo interesse predominante associado à atividade econômica, pela diferenciação extrema das funções e das pessoas e, portanto, pelo risco de uma desagregação do consenso, sem o qual não é possível haver ordem social.

Durkheim, porém, que teme a anomia, ou decomposição do consenso, principal ameaça às sociedades modernas, não duvida de que os valores sagrados da nossa época sejam a dignidade humana, a liberdade do indivíduo, o julgamento autônomo e a crítica. Seu pensamento tem, portanto, um duplo aspecto, que justifica a existência de duas interpretações contraditórias.

---

* "Jusqu'au-boutiste". (N. E.)

Se, seguindo o método de Bergson, eu precisasse resumir em uma frase a intuição fundamental de Durkheim, diria que para ele as sociedades modernas são definidas pela obrigação assumida pela coletividade, com relação a todos os seus membros, no sentido de que cada um seja o que é, e realize sua função social desenvolvendo ao mesmo tempo sua personalidade autônoma. É a própria sociedade que postula o valor da autonomia pessoal.

Essa instituição é profundamente paradoxal. Como o fundamento do valor da personalidade autônoma é o imperativo social, o que dizer quando a religião, surgida da sociedade, se volta contra os valores individualistas e obriga cada um, em nome da reconstituição do consenso, não a ser ele mesmo, mas a obedecer? Se, de acordo com a essência do pensamento de Durkheim, o princípio e o objeto das obrigações e das crenças morais e religiosas é a sociedade, Durkheim pode ser incluído na linha dos pensadores que, como Bonald, postularam, de fato e de direito, o primado da coletividade sobre o indivíduo. Mas se aceitarmos, ao contrário, que os valores supremos da nossa época são o individualismo e o racionalismo, Durkheim aparece como herdeiro da Filosofia do Iluminismo.

Evidentemente o verdadeiro Durkheim não se esgota em nenhuma destas interpretações. Ajusta-se mais a uma combinação delas. O problema central do pensamento de Durkheim é, no fundo, o mesmo problema de Auguste Comte: pensador de inspiração racionalista, quer fundamentar os valores do racionalismo em imperativos sociais.

Pareto e Weber podem ser situados mais facilmente do que Durkheim. Basta analisá-los com relação a

Marx, isto é, com relação a um autor em que não se inspiraram diretamente, mas que leram muito e criticaram.

Pareto se referiu com muita freqüência à obra de Marx, e o pensamento paretiano pode ser considerado uma crítica do marxismo. Em *Les systèmes socialistes*, Pareto fez uma crítica econômica profunda de *O capital*, notadamente das teorias do valor-trabalho e da exploração. Em suma, Pareto, que pertence à Escola de Lausanne, onde deu continuidade à obra de Walras, desenvolveu uma teoria do equilíbrio a partir das escolhas individuais, considerando a noção de valor-trabalho como metafísica, definitivamente ultrapassada. Todas as demonstrações marxistas da mais-valia e da exploração são, para ele, desprovidas de valor científico. Além disso, Pareto acredita que a desigualdade das rendas é mais ou menos constante em todas as sociedades. Os dados empíricos mais diversos demonstram, segundo ele, que a curva da distribuição da renda tem sempre a mesma expressão matemática. As possibilidades de modificar a distribuição da renda com uma revolução socialista são, portanto, pequenas. Além disso, Pareto afirma, como bom economista, que em qualquer regime o cálculo econômico é sempre indispensável. Em consequência, persistirão muitas das características das economias capitalistas, mesmo depois de uma revolução do tipo socialista. Em nossa época não há economia eficiente sem uma organização racional da produção, isto é, sem submissão às exigências do cálculo econômico[2].

A partir daí Pareto justifica, pela eficácia, o regime de propriedade privada e a concorrência. A concorrência é, em certa medida, uma forma de seleção. Pareto vai buscar no darwinismo social a analogia entre a luta pela vida no reino animal e, de outro lado, a concorrência econômica e as lutas sociais. A concorrência econômica, que os marxistas chamam de anarquia capitalista, é, na verdade, um processo de seleção relativamente favorável ao progresso econômico. Pareto não é um liberal dogmático. Muitas medidas condenáveis, no plano estritamente econômico, podem ter efeitos favoráveis, indiretamente, por meio dos mecanismos sociológicos. Assim, por exemplo, uma medida que traz benefícios consideráveis aos especuladores, que é humanamente injusta e economicamente condenável, pode ser benéfica, se os lucros forem investidos em empreendimentos úteis à coletividade.

Pareto responde de modo definitivo à crítica marxista do capitalismo, afirmando que alguns dos elementos denunciados pelo marxismo são encontrados em todos os outros sistemas, que o cálculo econômico está associado intrinsecamente a uma economia racional moderna, que não há exploração global dos trabalhadores, pois os salários tendem a se manter no nível da produtividade marginal, e que a noção de mais-valia não tem sentido.

Em Max Weber, a crítica da teoria marxista tem mais ou menos o mesmo estilo, mas a ênfase é posta menos na importância do cálculo econômico em qualquer regime do que na constância da burocracia e dos fenômenos de organização e de poder. Para Pareto, a concorrência e a propriedade privada são, de modo geral, as instituições econômicas mais favoráveis ao desenvolvimento da riqueza; assim, o crescimento da burocracia, a extensão do socialismo estatal e a absorção de rendas pela administração, em benefício próprio ou de setores improdutivos, causariam provavelmente um declínio de toda a economia. Max Weber demonstrou que a organização racional e a burocracia constituíam as estruturas reais das sociedades modernas. Longe de serem atenuadas pela instauração do socialismo, estas características seriam antes reforçadas. Uma economia socialista, em que a propriedade dos meios de produção fosse coletiva, acentuaria os traços que o próprio Max Weber considerava como os mais perigosos para a salvaguarda dos valores humanos[3].

Pareto e Weber rejeitam a crítica marxista da economia capitalista, considerando-a cientificamente infundada. Nenhum dos dois nega que num regime capitalista haja uma classe privilegiada, que retém para si uma parte importante da renda e da riqueza. Não afirmam que o regime capitalista seja perfeitamente justo, ou o único possível. Mais ainda: ambos tendem a acreditar que este regime evoluirá no sentido do socialismo, mas os dois se recusam a aceitar a teoria da mais-valia e da exploração, e negam que uma economia socialista seja fundamentalmente diferente de uma economia capitalista, no que se refere à organização da produção e à distribuição da renda.

Não se detém aí a crítica de Pareto e de Weber ao pensamento de Marx. Tomam também como alvo o racionalismo implícito, ou pelo menos aparente, da psicologia e da interpretação histórica do marxismo.

Quando Pareto ridiculariza as esperanças dos revolucionários, em particular dos marxistas, a primeira forma dessa refutação irônica é econômica. Mostra que uma economia socialista se assemelharia, em todos os seus defeitos, a uma economia capitalista, contando ainda com um certo número de defeitos suplementares. Uma economia baseada na propriedade coletiva dos meios de produção e privada dos mecanismos do mercado e da concorrência seria uma economia burocratizada, com os trabalhadores submetidos a uma disciplina autoritária, pelo menos tão opressiva quanto a das empresas capitalistas. Seria também menos eficaz, do ponto de vista do desenvolvimento das riquezas.

A segunda forma de refutação consiste em apresentar as esperanças revolucionárias não como uma reação racional a uma crise social efetivamente observada e experimentada, mas como a expressão de resíduos permanentes, ou de sonhos metafísicos eternos. Na versão corrente do marxismo, as contradições do capitalismo provocam a organização do proletariado em classe, e este realiza a obra exigida pela Razão histórica. A perspectiva marxista é racional, com relação à história global. Sugere assim uma espécie de psicologia racional segundo a qual os indivíduos ou os grupos agem com base nos seus interesses. Otimista, na verdade é uma psicologia que pressupõe que os homens são egoístas e clarividentes. Ordinariamente, esta interpretação da conduta humana é considerada materialista, ou cínica. Que ilusão! A vida das sociedades seria mais fácil se todos os grupos conhecessem seus interesses e agissem com base neles. Como disse um profundo psicólogo chamado Adolf Hitler, é sempre possível conciliar interesses, mas nunca é possível conciliar diferentes concepções do mundo.

Pareto, e de certo modo também Max Weber, respondem a esta visão racionalista de Marx afirmando que os movimentos sociais, entre eles o socialismo, não se inspiram na consciência dos interesses coletivos e não representam um produto da Razão histórica, mas constituem a manifestação de necessidades afetivas ou religiosas tão duradouras quanto a própria humanidade.

Max Weber chamou sua sociologia das religiões de "refutação empírica do materialismo histórico". Ela mostra, de fato, que a atitude de certos grupos com relação à vida econômica pode ser determinada por concepções religiosas. Não há necessariamente uma determinação das concepções religiosas pelas atitudes econômicas, e o contrário pode ser também verdadeiro.

Para Pareto, se os homens agissem logicamente, sua conduta seria determinada efetivamente pela busca de lucros ou de poder; a luta entre os grupos poderia ser interpretada em termos estritamente racionais. Na realidade, porém, são os resíduos de classes relativamente constantes que movem os homens. A história não evolui no sentido de uma conclusão, que seria a reconciliação da humanidade, mas obedece a ciclos de mútua dependência. As flutuações da força de uma classe de resíduos produzem as fases da história, sem que nunca se possam imaginar um ponto de chegada e uma estabilização definitiva.

Nem Pareto nem Weber deixam de levar em conta a contribuição de Marx. Para Pareto, "a parte sociológica da obra de Marx é, do ponto de vista científico, muito superior à parte econômica" (*Les systèmes socialistes*, t. II, p. 386). A luta de classes preenche uma grande parte da crônica dos séculos, e constitui um dos fenômenos mais importantes de todas as sociedades conhecidas. "A luta pela vida e pelo bem-estar é um fenômeno geral de todos os seres vivos, e tudo o que sabemos sobre ela nos leva a considerá-la um dos fatores mais poderosos para a conservação e o aprimoramento da raça." (ibid., p. 455). Pareto admite, portanto, a luta de classes, dando-lhe porém um significado diferente do de Marx. De um lado, a sociedade não tende a se dividir em duas classes, e só duas, a dos proprietários dos meios de produção e a grande massa explorada. "A luta de classes se complica e se ramifica. Estamos longe de uma simples luta entre duas classes; as divisões se acentuam, tanto entre os burgueses como entre os proletários." (ibid., p. 420). Existem muitos grupos sociais e econômicos. Por outro lado, na medida em que Pareto adota uma representação dualista da sociedade, esta representação dualista se fundamenta na oposição entre governantes e governados, elite e massa. A integração na elite não é definida necessariamente pela propriedade dos meios de produção. Como a dualidade fundamental é a que existe entre governantes e governados, a luta de classes é eterna, e não pode ser superada num regime em que não haja exploração. Se, como pensava Marx, a luta de classes tem sua origem última na propriedade dos meios de produção, é possível conceber uma sociedade sem propriedade privada, e portanto sem exploração. Contudo, se a origem última dos conflitos sociais é o poder exercido por uma minoria sobre a maioria, a heterogeneidade social é irredutível, e a esperança de uma sociedade sem classes se alimenta de uma mitologia pseudorreligiosa. Por último, Pareto tende a caracterizar as classes essencialmente pela sua psicologia. As elites são violentas ou astuciosas, compõem-se de combatentes ou de plutocratas, são ricas em especuladores e agiotas; assemelham-se ao leão ou à raposa. Todas estas fórmulas tendem a sugerir uma característica psicológica, mais do que propriamente sociológica, das classes e principalmente da classe dirigente.

Max Weber, cujo pensamento social é dramático, e nada tem de irônico, admitia também a realidade e a importância da luta de classes e, num certo sentido, aceitava portanto a herança marxista e o valor das observações sociológicas que servem como ponto de partida para o *Manifesto comunista*. "Quem quer que assuma a responsabilidade de enfiar os dedos entre os raios da roda do desenvolvimento político de sua pátria deve ter os nervos sólidos e não ser muito sentimental, para poder fazer a política temporal. E quem se empenha no caminho da política temporal precisa antes de mais nada permanecer livre de ilusões, e reconhecer (...) o fato fundamental da existência da luta inevitável e eterna dos homens contra os homens nesta terra." (*Protokoll über die Vertreter-Versammlung aller National-Sozialen*, Erfurt, 1896, citado por Julien Freund, in *Essais sur la théorie de la science*, Introdução, p. 15). Embora não retomasse com a mesma crueza os argumentos de Pareto, Weber observava que num regime de propriedade coletiva e de planificação uma minoria disporia de imenso poder econômico e político, e só uma confiança desmedida na natureza humana justificaria a expectativa de que esta minoria não cometesse abusos. As desigualdades na distribuição da renda e dos privilégios sobreviverão ao desaparecimento da propriedade privada e da concorrência capitalista. Mais ainda: numa sociedade socialista, os que alcançassem o cume seriam os mais hábeis numa competição burocrática obscura, mal conhecida, seguramente menos agradável do que a concorrência econômica. A seleção burocrática seria menos má, do ponto de vista humano, do que a de caráter semi-individualista que subsiste nos interstícios das organizações coletivas das sociedades capitalistas.

Para estabilizar e moralizar as sociedades modernas, Durkheim concebia e preconizava uma reconstituição das corporações profissionais. Pareto não assumia o direito de propor reformas, mas anunciava a cristalização burocrática e a ascensão ao poder de elites violentas que sucederiam as raposas da plutocracia; hesitava apenas com relação aos prazos. Já Max Weber profetizava com pessimismo a expansão gradual da organização burocrática.

Destes três autores, a meu ver, Durkheim é aquele cujas sugestões foram menos apoiadas pelos acontecimentos. Tais como as concebia, isto é, como corpos intermediários dotados de autoridade moral, as corporações não se desenvolveram em nenhum dos países de economia moderna. Estes se dividem hoje em dois tipos de regime, mas não há lugar para essas corporações em nenhum deles: nem na Rússia soviética nem nas sociedades ocidentais. Na Rússia soviética, porque o princípio de toda autoridade e de toda moralidade deve ser o Partido e o Estado confundidos; no Ocidente porque seria necessário ter excepcional acuidade de visão a fim de perceber o menor traço de autoridade moral, aceita ou reconhecida, nas organizações profissionais de assalariados e de empresários. Em compensação, Pareto não errou ao anunciar a ascensão de elites violentas; como Weber também não se enganou ao prever a expansão da burocracia. Se estes dois fenômenos não esgotam toda a realidade social moderna, sua combinação é, seguramente, uma das características do nosso tempo.

As contribuições desses três autores para o progresso da sociologia científica foram diferentes e convergentes. Todos os três pensaram, no mesmo contexto histórico, sobre o tema das relações entre ciência e religião, esforçando-se para dar uma explicação social das religiões e uma explicação religiosa dos movimentos sociais. O ser social é um ser religioso, e o crente de todas as Igrejas é membro de uma sociedade. Esta preocupação primordial elucida a contribuição deles ao desenvolvimento da sociologia como ciência. Pareto e Max Weber (de modo explícito), como também Durkheim (implicitamente), enunciaram a concepção da sociologia como a ciência da ação social. Ser social e religioso, o homem cria valores e sistemas sociais, e a sociologia procura apreender a estrutura desses valores e sistemas, isto é, da ação social. Para Max Weber, a sociologia é uma ciência compreensiva da ação humana. Se esta definição não pode ser encontrada, palavra por palavra, no *Traité de sociologie générale*, uma ideia análoga aparece na obra de Pareto, e a definição de Durkheim não é muito diferente.

Concebida desta maneira, a sociologia elimina a explicação naturalista, excluindo que se possa explicar a ação social a partir da hereditariedade ou do meio. O homem age, define objetivos, combina meios, adapta-se às circunstâncias, inspira-se em sistemas de valores. Cada uma destas fórmulas visa a um aspecto da compreensão das condutas e leva a um elemento da estrutura da ação social.

A fórmula mais simples é a da relação meios–fins. É este o aspecto da ação que Pareto colocava no centro da sua definição da conduta lógica, e que Max Weber integrava na noção de conduta racional com relação a um fim. A análise das relações entre os meios e os fins nos leva diretamente a propor as questões sociológicas essenciais: como são determinados os fins? Quais são as motivações das condutas? Ela permite desenvolver uma casuística da compreensão das condutas humanas, cujos elementos mais importantes são a relação meios-fins, as motivações das condutas, o sistema de valores com base no qual os homens agem, e, eventualmente, a situação à qual o ator se adapta e de acordo com a qual determina seus objetivos.

T. Parsons dedicou seu primeiro livro importante, *The Structure of Social Action*, ao estudo das obras de Pareto, Durkheim e Weber, consideradas como contribuições à teoria da ação social que deve servir de fundamento à sociologia. Ciência da ação humana, a sociologia é, ao mesmo tempo, compreensiva e explicativa. Compreensiva, identifica a lógica ou a racionalidade implícita das condutas individuais ou coletivas; explicativa, estabelece as regularidades e insere as condutas parciais em conjuntos que lhes dão um sentido. Pareto, Durkheim e Weber, segundo Parsons, proporcionam, com conceitos distintos, os materiais para uma teoria comum da estrutura da ação social. Esta teoria compreensiva, resumindo o que há de válido na contribuição dos três autores, seria naturalmente a teoria do próprio Parsons.

Durkheim, Pareto e Weber são os últimos grandes sociólogos a elaborar doutrinas de sociologia histórica, isto é, sínteses globais que comportam simultaneamente uma análise microscópica da ação humana, uma interpretação da época moderna e uma visão do desenvolvimento histórico a longo prazo. Estes diferentes elementos, reunidos nas doutrinas da primeira geração (1830-70), a de Comte, Marx e Tocqueville, e que se encontravam ainda mais ou menos unidos nas doutrinas da segunda geração (1890-1920), estão hoje dissociados.

Para estudar a sociologia contemporânea, seria necessário analisar a teoria abstrata da conduta social, encontrar os conceitos fundamentais utilizados pelos sociólogos e examinar o desenvolvimento da investigação empírica em diferentes setores. Os sociólogos empíricos do Ocidente se recusam a fazer interpretações históricas da época moderna, argumentando que elas ultrapassam as possibilidades da ciência. No Leste, estas interpretações históricas são anteriores a qualquer investigação, e baseadas nos resíduos de uma doutrina da primeira época, que uma astúcia da Razão histórica transformou em ortodoxia estatal.

Mas os marxistas da Europa oriental se converteram à pesquisa empírica. E é possível, por outro lado, que estas pesquisas contenham uma interpretação da sociedade moderna.

Eis-nos aqui, no limiar do presente, retornando à Introdução deste livro. Se não fosse imprudente, na minha idade, desafiar os deuses, anunciaria de boa vontade o livro que deveria seguir-se a este.

Notas

1. Durkheim escreveu dois trabalhos sobre a guerra de 1914-18: *L'Allemagne au-dessus de tout — la neutralité Allemande et la guerre* e *Qui a voulu la guerre? — les origines de la guerre d'après les documents diplomatiques*; os dois publicados por Armand Colin em 1915.

Nesse mesmo ano perdeu o filho único, morto no *front* de Salônica. Pouco tempo depois da morte de seu filho, um senador exigiu, no Senado, que a comissão incumbida de controlar as permissões de permanência dos estrangeiros revisse a situação "desse francês de ascendência estrangeira, professor na nossa Sorbonne, e sem dúvida representante — é pelo menos o que se alega — do *Kriegsministerium* (Ministério da Guerra) alemão".

Os escritos de Weber relativos à guerra foram reunidos em *Gesammelte Politische Schriften*, Tübingen, Mohr, 2ª ed., 1958; cf. principalmente os dois artigos de 1919: *Zum Thema der Kriegsschuld* e *Die Untersuchung der Schuldfrage*.

Pareto se absteve de mencionar a guerra em curso no seu *Traité de sociologie générale*, cuja edição italiana foi publicada em 1916; mas ele a analisou, depois que as hostilidades terminaram, em *Fatti e teorie* (Florença, Vallechi, 1920). Antes da guerra pensava que, no caso de um conflito, a Alemanha venceria. Por instinto preferia, aliás, o império alemão à França e à Itália plutocráticas, e foi sempre rebelde ao entusiasmo da maioria de seus amigos e compatriotas, como Pantaleoni. Mas alegra-se com a vitória dos aliados. Em seus sentimentos em relação à Itália havia muito de amor desiludido. Em *Fatti e teorie* explica os erros da diplomacia alemã. Desde 1915 declarava que essa guerra não seria a última e que ela trazia o risco de gerar uma outra.

2. Para Pareto, "se uma organização socialista, qualquer que seja, pretende obter o máximo de ofelimidade para a sociedade, só pode agir sobre a distribuição que ela irá alterar diretamente, retirando de uns o que dará aos outros. Quanto à produção, precisará ser organizada exatamente como no regime de livre concorrência e de apropriação de capitais" (*Cours d'économie politique*, § 1022). Para demonstrar essa afirmativa, Pareto supõe uma economia em que a propriedade seria coletiva e em que o "governo regularia tanto a distribuição quanto a produção" (ibid., §§ 1013-1023), e mostra que, se um regime socialista pode exercer uma ação sobre a escolha dos titulares das rendas, essa escolha podendo ser feita "para aumentar a utilidade da espécie", a organização da produção, "se o governo pretende obter o máximo de ofelimidade a seus administrados", supõe um cálculo econômico realizado a partir de relações de troca, isto é, de preços, e não apenas para os bens consumíveis mas também para os serviços produtores. A determinação dos preços dos bens consumíveis supõe um mercado de bens de consumo: "Qualquer que seja a regra que o governo queira estabelecer para a repartição das mercadorias de que dispõe, é evidente que, se quiser obter o máximo de ofelimidade para seus administrados, deverá cuidar para que cada um tenha a mercadoria de que mais necessita. Não dará óculos de míope a um presbita e vice-versa. Seja permitindo que seus administrados troquem entre eles os objetos que lhes são distribuídos, seja fazendo ele mesmo essa nova distribuição, o resultado é o mesmo... Se as trocas de bens consumíveis são permitidas,

os preços reaparecem; se é o Estado que realiza essa nova distribuição, os preços apenas mudarão de nome, serão relações segundo as quais se fará a nova distribuição." (§ 1014). A determinação dos preços dos serviços produtores, e especialmente dos capitais, supõe trocas entre as unidades de produção e as administrações. Essas trocas poderão ser feitas sobre uma simples base contábil, e a realidade econômica fundamental será a mesma que num regime capitalista. "É preciso repartir os capitais entre as diferentes produções, de modo que a quantidade de mercadorias corresponda à necessidade existente. Quando se pretende fazer esse cálculo, surgem certas quantidades auxiliares que são simplesmente os preços que teriam os serviços desses capitais num regime de apropriação de capitais e de livre concorrência. Para dar a esse cálculo uma forma tangível pode-se supor que o ministério da produção se divida em dois departamentos; um que administrará os capitais e que venderá os serviços ao outro departamento a preços tais que esse segundo departamento seja obrigado a economizar os serviços de capitais mais raros, mais preciosos, e procurar substituí-los pelos serviços de capitais mais abundantes e menos preciosos. Recorrendo à matemática, demonstra-se que os preços que preenchem essa condição são exatamente os mesmos que se estabeleceriam num regime de apropriação de capitais e de livre concorrência. Esses preços, aliás, só têm utilidade para a contabilidade interna do ministério. O segundo dos departamentos em questão exercerá as funções de empresário e transformará os serviços de capitais em produtos." (§ 1017). Assim, para Pareto, uma economia socialista gerida de modo eficaz e organizada para obter o máximo de ofelimidade dos indivíduos não difere fundamentalmente de uma economia capitalista. Como esta, ela só pode ter como base a troca e o cálculo econômico. Mas para provar esta identidade dos problemas econômicos fundamentais, quaisquer que sejam os regimes e o parentesco essencial das instituições econômicas, Pareto foi levado a mostrar – e foi o primeiro economista a fazê-lo – que um regime socialista podia funcionar, isto é, que *a priori* a propriedade privada não era indispensável ao cálculo econômico, quando o mercado – ou seu substituto – permaneciam. Estas observações de Pareto, desenvolvidas um pouco mais tarde por E. Baroni, servirão de base para os economistas que, como O. Lange, F. Taylor, H. D. Dickinson, A. P. Lerner, procuraram responder à crítica de F. A. von Hayek, L. Robbins, L. von Mises e N. G. Pierson sobre a impossibilidade do cálculo econômico em regime socialista. Para a escola Lange-Taylor, se uma economia socialista mantiver a liberdade de escolha dos consumidores e a liberdade de escolher as ocupações, isto é, se mantiver um mercado de bens de consumo e a livre negociação dos salários, será mesmo mais racional que uma economia capitalista e se aproximará cada vez mais do estado ideal que resulta da concorrência pura e perfeita. Pareto, num sentido, é o primeiro dos economistas que são favoráveis à economia socialista de mercado.

Até hoje, no entanto, a economia socialista de mercado permanece uma hipótese de escola. Sem fazer um julgamento antecipado sobre as experiências que se realizam atualmente na Iugoslávia, na Tchecoslováquia e mesmo na União Soviética, é preciso constatar, como o faz Peter Kende: "De O. Lange a J. Marczewski, um grande número de eminentes economistas se empenharam em refutar o argumento de Mises sobre a impossibilidade do cálculo racional em uma economia coletivista. Parece-nos, no entanto, que a maior parte deles facilitaram um pouco as coisas demonstrando a possibilidade de organizar uma economia socialista que – seja com a ajuda do mercado (*New Socialist School*, de Taylor-Lange), seja por um cálculo organizado segundo os princípios marginalistas (Dobb, Marczewski), seja, enfim, graças aos modelos da era eletrônica (Koopmans) – conhecesse os verdadeiros preços dos fatores. Mises visava a uma economia que não conhece os preços em questão. Enquanto a viabilidade dos diferentes modelos propostos contra Mises ainda está por ser demonstrada, o modelo real da economia planificada se assemelha de modo impressionante àquele que Mises tinha em vista." (*Logique de l'économie centralisée; un exemple, la Hongrie*, Paris, S.E.D.E.S., 1964, p. 491).

Sobre esse problema ver: F. A. von Hayek et al., *L'économie dirigée en régime collectiviste*, Paris, Médicis, 1939 (esta obra contém, além dos estudos de Hayek, a tradução do artigo de 1920 de L. von Mises, "Le calcul économique en régime collectiviste", e a tradução do ensaio de 1908 de E. Baroni, "Le ministère de la production dans un État collectiviste"); O. Lange e F. M. Taylor, *On the Economic Theory of Socialism*, Nova York, McGraw Hill, 1964 (reedição de dois ensaios, um de F. Taylor datado de 1929 e o outro de O. Lange, de 1937); L. von Mises, *Le socialisme, étude économique et sociologique*, Paris, Médicis, 1938; P. Wiles, *The Political Economy of Communism*, Oxford, Blackwell, 1962.

3. No pensamento de Max Weber não estão ausentes as considerações de cálculo econômico. F. A. von Hayek, em seu estudo sobre a natureza e o histórico do problema das possibilidades do socialismo, até cita Max Weber entre os primeiros autores que trataram detalhadamente do problema do cálculo econômico em economia socialista. Max Weber, em sua grande obra póstuma *Wirtschaft und Gesellschaft*, publicada em 1921, trata explicitamente das condições que fazem com que decisões racionais sejam passivas num sistema econômico complexo. Como L. von Mises – cujo artigo de 1929 sobre o cálculo econômico numa comunidade socialista ele cita dizendo só ter chegado ao seu conhecimento quando seu próprio estudo já estava sendo impresso –, Max Weber insiste no fato de que os cálculos *in natura* propostos pelos principais defensores de uma economia planificada não poderiam oferecer uma solução racional aos problemas que as autoridades de um tal sistema teriam de resolver. Insiste principalmente em que o uso racional e a preservação do capital só poderiam ser obtidos num sistema baseado na troca e no uso da moeda, e que o desperdício provocado pela impossibilidade do cálculo racional num sistema completamente so-

cializado poderia ser tão sério que tornasse impossível a vida dos habitantes dos países atualmente mais populosos. "Não é um argumento de peso supor que um sistema qualquer de cálculo seria encontrado a tempo se se procurasse enfrentar seriamente o problema de uma economia sem moeda; o problema é o problema fundamental de toda socialização completa, e é certamente impossível falar de uma economia racionalmente planificada quando, na medida em que o ponto essencial é envolvido, não se conhece nenhum meio de construção de um 'plano' (*Wirtschaft und Gesellschaft*)." (*L'économie dirigée en régime collectiviste*, Paris, Médicis, 1939, p. 42-3).

1ª edição 1982 | **7ª edição** 2008 | **5ª reimpressão** 2017
Fonte Palatino | **Papel** Chambril Book 63 g/m²
Impressão e acabamento Orgrafic